世界一周船栗毛

MASUDA Kiyoshi
増田 潔

文芸社

目　次

はじめに……………………………………………………………6

1 うめぼしの紹介　……………………………………………… 13

2 航海中のトラブル紹介　……………………………………… 29

3 2014年の航海（岡山から沖縄まで：1333海里）……………… 43

4 2015年の航海（沖縄からタイまで：3668海里）……………… 75

5 2016年の航海（タイからカーボベルデへ：9803海里）……………… 221

6 2017年の航海（カーボベルデからトルコのマルマリスへ：5746海里）… 301

7 2018年の航海（トルコのマルマリスからスペインのアルメリマルへ：3287海里）
　　……………………………………………………………… 451

8 2019年の航海（アルメリマルからドミニカ共和国へ：4750海里）……… 509

9 2020年の航海（ドミニカ共和国から米国デルタビルへ：1418海里）…… 561

10 2021年（米国デルタビルにて）……………………………… 601

11 2022年の航海（米国デルタビルからグアムへ：11716海里）……………… 629

12 2023年の航海（グアムから小笠原経由油壺へ：1343海里）……………… 711

あとがき……………………………………………………………… 734

世界一周船栗毛

＊世界一周航海のルート図（2014年～2023年）＊

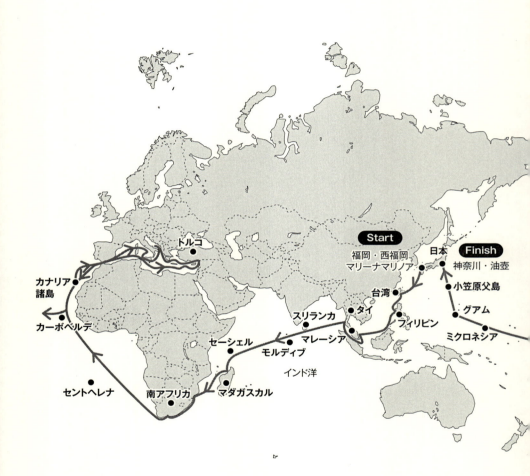

はじめに

　世界一周の旅をしたいという夢を持っている人は多いであろう。ただヨットで行くとなるとちょっとハードルが高くなる人が多いかもしれない。しかし現代ではGPSが普及し航海計器も手軽に使えるようになってきた。天気予報の情報もインターネット経由で手軽に入手できるようになりヨットでの長距離航海はもはや冒険ではなく比較的安全に手軽に実現できる旅行手段の一つになってきている。この本はこれからヨットで世界一周をしたいと思っている人の参考になる本にしたい。ゆっくりとゆとりを持って安全第一で航海をしてかつ寄港地では船内での衣食住の生活を中心にすればコスト的にもかなり抑えることができる。またできるだけ自分で艇のメンテナンスをするようにすれば更にコストを抑えることができる。もし一人で行くのであれば30フィート前後の小型ヨットが比較的ローコストでハンドリングのしやすさの面からも手頃かもしれない。

放浪の旅は昔からの夢

　高校を卒業して大学に入学する前の1970年3月に一人で1週間の海外旅行をした。海外旅行といってもお隣の韓国まで関釜フェリーで往復するもので所持金も100ドル（当時は1ドル360円）だけという質素なものでツアーに参加するわけでもなく事前にホテルを予約するわけでもなく、とりあえず博多から下関まで国鉄列車で行き下関の港から釜山までフェリーで行ってしまうという行き当たりばったりの放浪の旅だった。釜山につくとそこで宿を探して1泊し、龍頭山公園や梵魚寺などを巡って東莱温泉に泊まり翌日列車で慶州に行き仏国寺などに寄った。大邱ではフェリーで知り合った大学生が通う慶北大学にも行きそのあとソウルを観光して高速バスで釜山に戻った。当時は朴正煕大統領の時代で治安もそれほど良くなく対日感情も決して良いものではなかったが、なんとか無事に帰り着くことができた。その後大阪万博に一人で出かけているところをみても若い頃から一人で旅行に行くことが好きだったようだ。しかし大学でヨット部に入るとなかなかまとまった休みを取ることもできず、富士通に就職してからは仕事も忙しく放浪の旅はお預け状態になっていた。2013年6月61歳でやっと仕事が終わることに

なり、さっそく放浪の旅の準備を始めた。以前から注目していた国内の木造ヨットメーカーの足立ヨット造船に連絡をとり候補の艇を見に行き7月には購入を決めていた。

なぜ放浪の旅が好きなのか

なぜ放浪したくなるのかはよくはわからないが、まだ行ったことがないところに行くとこれまでに経験したことのない新たな驚きや発見があり、それが自分にとっての喜びになっているような気がする。もちろんその中には新たな人との出会いも含まれる。人との出会いは大きな財産になっていると思う。私は日本という国と日本人が好きだ。海外に行けば日本とは異なる自然や文化に触れることができる。日本との違いに気が付くこともある。国内の旅も新たな自然や文化に触れるという意味では同じだ。ヨットで放浪しているとどうしてもヨット関係者との出会いが多くなる。ヨット乗りの世界は比較的狭い。この狭いヨット乗りの世界の中での出会いが適度な交流の輪の広がりと共通の話題の盛り上がりにつながっていると思う。私にとっては居心地の良い世界の一つだ。自分でエンジンの整備をしたりヨットを改造したりする人も多い。そういう人との出会いもたくさんあった。その一つ一つが私にとっての財産になっている。放浪の旅に出かけることができるのはある意味では運がよく幸せなことだ。そしてわがままなことでもあり、同時に無心でもある。

ヨットで外洋を航海するのはもはや冒険ではない

ヨットで太平洋や大西洋などの外洋を長距離にわたって航海することはかなり危険な冒険だと思っているかたもいるかもしれないが、実際にはGPSと海図を組み合わせた機器（GPSマッププロッター）や自動船舶識別装置（AIS：Automatic Identification System）の普及及び天気予報の精度向上などにより、これら最新の設備や情報を利用することで航海のリスクは大いに少なくなってきている。もちろん低気圧や強風域の近くは航海しないなど、リスク要因をできるだけ排除した上での話ではあるが。

2019年3月にカーボベルデからセントルシアまでの2100海里（3889km）を20日間かけて大西洋を横断したが、風速は5mから10m／秒の間で安定して風が吹き、

波も最大３ｍくらいで他の船舶と行き交うこともほとんどなく安心して航海することができた。夜も２〜３時間おきに軽くウォッチをするくらいで十分に睡眠をとることができた。それでも大きな漂流物やくじらなどにぶつかるなどのリスクがあるわけだが、そのような事態に遭遇する確率はそれほど大きくはないと考えられる。むしろ最近はアンカーリングした時の走錨やマリーナに係留する時にうまく泊められるかどうかの方が気になるくらいだ。そのようなトラブルについては数多く体験してきたので参考にしていただけるように後ほど記載したい。

科学技術の進歩

科学技術の進歩は益々スピードを上げている。スターリンクのような衛星通信でのインターネットサービスが低価格で利用できるようになれば長距離航海も益々身近なものになってくるだろう。コストコではスターリンク スタンダードキット＋通信費２か月分クレジット付きが３万3000円で販売されている（2023年12月）。これがヨットの上で使えるのかどうかは私にはわからないがチャレンジしているヨット仲間はいる。2024年にはスマホ対応のサービス開始も計画されている。外洋を航海中でも高速インターネットにアクセスできるようになればいつでも最新の天気予報や風予報や潮流予測を閲覧できるようになり、航海の安全性は更に高まるだろう。太陽光パネルやリチウムイオンバッテリーの性能も10年後になれば格段に良くなるだろう。利用できる電気の容量が増えれば造水機も使えるようになり、水の心配もしなくてよくなる。エンジンの代わりに電気モーターで航海できるようになれば燃料も積まなくてよくなる。今後10年から20年くらいの間に長距離航海のスタイルは大きく変化するかもしれない。

欧米にはヨットの中で生活している人がたくさんいる

アラン・ドロンが主演する『太陽がいっぱい』のような昔の映画を見ているとヨットに乗るのはとてもお金がかかるという印象を持つ人もいるかもしれないが、実際にはあまりお金をかけないで暮らすことが可能な乗り物なのだ。実際に地中海やカリブ海にはヨットの中で生活している人はたくさんいて、その中の多くの人々があまりお金をかけずに生活をしている。１か月のうちマリーナに停泊するのは数日だけにしてその他の多くの日はアンカーリングすることにすれば生

活費は燃料費と食費くらいしかかからない。食費も食材を買ってきて船内で調理をするようにすれば月に数万円で済む。宿泊費は船内に泊まれば無料だし交通費も燃料費だけで済む。例えばの話だが１泊2000円のマリーナに１か月に５泊しても１万円で燃料費は100リットルで１万3000円くらい、食材費に５万円かけても１か月７万3000円しかかからない。もちろんそのほかに船の修理費などの維持費がかかる。これはピンキリだが小さな船の場合は年間百万円以内で済ますことも可能だと思われる。今回の世界一周航海の中でもお手本になる多くのセーラーに出会った。これも本文の中で紹介していきたい。

ヨット乗りは幅広い技術者

　ヨットを自分でメンテナンスするにはいろいろな技術が必要だ。木工、塗装、電気工事、水道、ガス、エンジン（機械）、FRP、計器類、パソコン、無線など枚挙にいとまがない。私はすべての分野においてほとんど素人の状態だったが、航海をする中で少しずつ覚えていった。足立社長に教わったことは多い。また最近はユーチューブなどで分解修理のやり方を丁寧に説明している動画なども多い。エンジンなどは英語で検索するとかなりマニアックなものもある。例えばVolvo2030のインジェクションポンプの分解方法なども紹介されている。電気工事や水道工事の技術などは家庭で役に立つこともある。また航海に必要な技術もたくさんある。気象、セーリング、海図、航海ルール、シーマンシップ、調理、食材の買い物など幅広い分野でスキルが必要だ。欧米の貴族がヨットを趣味にする理由として自然の中で船を操る能力が判断力や人間力の養成に役に立つからだと言われている。そういった面を含めてヨットから学べることは多くある。学び続けるという意味でも格好の環境だ。

道具の位置付け

　人類が作り出した道具、祖先の人々が受け継ぎ改良した道具、ヨットをメンテナンスする時も道具が必須アイテムだ。出航前に足立社長に工具箱とメンテナンス工具一式及び部品一式を揃えてもらった。工具リストから興味深いものをあげるとハンドリベッター、バイスクリップ、ネジザウルス、ロブスター圧着工具など素晴らしい道具がある。ヨット乗りはある程度自分でヨットをメンテナンス

る必要がある。私は素人でスタートしたので足立社長や行く先々で出会った人にメンテナンスの方法を教わりながら航海してきた。出会った人の中には自分でヨットを作る人も多くいた。私にはとてもできないすごいノウハウでありスキルだと思う。ただ私にとっては放浪の旅をすることが目的であってヨットはその手段の一つだと思っている。私にとってはヨットそのものが道具の一つなのだ。私はうめぼしをピカピカに磨き上げようとは思っていない。安全に乗ることができればそれで良いと思っている。そういう意味では同じヨット乗りであってもヨットその物に対する考え方にはかなり幅があるようだ。

入国出国の手続き

　外国に行く時に必要になるのが入国手続きだ。飛行機で行く時とヨットで行く時とは手続きや条件が異なることがある。私はNoonsiteのFormalityを参考にしながら航海してきたが英語力不足もあり的確に対処できず予想外のトラブルや、関係者に迷惑をかけることが多々あった。初めの頃の状況を少し紹介する。台湾はMT-NETへの事前登録が必要だ。フィリピンは入国する場所によって手続き費用が異なる。係官の裁量次第ということだ。マレーシアはイミグレーション、カスタム、Jabatan Laut（ジャバタンラウト）の３か所で手続きが必要で費用は無料だ。マレーシアでは国内の移動であっても州が異なると港に着くごとに必ずこの３か所を訪問することが必要だった。ブルネイはマレーシアと基本的に同じだ。タイはプーケットで入国と出国手続きをした。事前にオンラインチェックインシステムへの入力が必要でまたAISの搭載も求められた。手続きはハーバーマスター、カスタム、イミグレーションの３部門に行くことが必要だが実際にはピアーの先の一つの建物の中にすべて同居していて非常にスムーズに処理できた。スリランカは事前にオンラインビザ申請（35USドル）が必要であることと現地エージェントを経由することを求められた。エージェントはWindsor reefにお願いし費用は入出国費用を含めて225USドルだった。モルディブは48時間以内の滞在はエージェント不要だということでエージェントに依頼せずに行ったのだが、結果は関係者に大いに迷惑をかけた。コーストガード、ポートヘルス、カスタム、イミグレーションの４部門の手続きが必要だ。セーシェルは首都のビクトリアで入出国手続きをした。入港してVHFで呼びかけるとヘルス、カスタム、イミグ

レーション、セキュリティの４部門の人がパイロットボートでうめぼしまで来てくれて入国処理は完了した。マダガスカルはノシビーで入国手続きをした。上陸するとすぐにロメオというエージェントが寄ってきてあとはロメオに任せきりになった。ポリス、イミグレーション、カスタムを回り7200円程度支払い、ロメオにも2200円程度支払った。南アフリカはリチャーズベイのスモールクラフトハーバーで入国手続きをした。ポリスが係留場所を指定してくれイミグレーションに連絡をしてくれたのでＱフラグを掲げて艇で待ったがいつになっても来てくれない。結局２日後丸々49時間待ってやっとイミグレーションの係官がきてくれて、手続きが完了した。セントヘレナ島では入国時にポートオーソリティとイミグレーションで約7000円を支払い、出国時に同じ２か所を回って手続き完了した。アセンション島でも同じ手続きだった。アセンション島については事前にメールで入国許可申請書を送った。またセントヘレナ島とアセンション島では健康保険証の提示を求められた。カーボベルデのミンデロではマリーナオフィスで受付を済ませ徒歩10分ほどのポートオフィシャルズ、イミグレーションの事務所で５ユーロ（600円）を支払い入国手続きが完了した。

うめぼし航海のブログ

➡ https://fujitsuyacht.cocolog-nifty.com/blog/

　この本は10年にわたって書き連ねてきた「うめぼし航海」というブログが下敷きになっている。ブログはバックナンバーから参照していただくと時系列に並んでおり、写真や航跡図なども掲載している。この本を読みながら同時にブログを見ていただくとより臨場感を持って読んでいただけるかもしれない。

1 うめぼしの紹介

艇の選定について

　私は長い間江の島で木製のレース用小型ヨットのシーホース級に乗ってレースに参加しその整備をしてきた。木製のヨットは手入れをこまめにすれば劣化する部分は少なく性能的にも新艇の状態を半永久的に維持することができる。クルーザーも整備をしっかりすれば相当の耐久性があることと、木造独特の乗り心地の良さから木製が良いと思っていた。足立ヨット造船は既に30艇近くの木造艇を建造しており実績は十分あり価格的にも手頃なレベルであることから、WOODY82という中古艇（2003年5月進水）を購入することにした。艇の長さは8.03m、幅は2.86m、深さは1.35m、モノハルのスループ艇だ。2013年7月に購入契約をして8月中旬には足立ヨット造船の岡山工場に陸送搬入し、2014年3月末の進水に向けて整備をしてもらうことにした。

うめぼしはサバニ船形

　うめぼしは足立ヨット造船のWOODY82というモデルで横山晃さんのハルの設計をもとに足立社長が艤装や内装をデザインした、サバニ船形フィンキールのモノハルスループ艇だ。保針性は良く普通に走っていればヘルムは感じない。ハルにはマホガニー材のシングルプランキングで3.8mmのビスが1万本、40kgのビスが入っている。エポキシ樹脂をバキューム工法で木材の隙間に入れて作られている。喫水より下側は、内側も外側もエポキシ接着剤とダイニールという特殊なクロスでコーティングされている。船齢は10年。木造艇は手入れをすればいつまでも新品同様だ。上りは苦手だがアビームではモルディブからセーシェルまで北東モンスーンに乗って1100海里を6ノット8日で航海した。足立ヨット造船の船は九州大学ヨット部先輩の浜田鴻之介さんがマーベリックで世界一周した実績がある。

船の名前「うめぼし」の由来

　私は日本と日本人が大好きで日本の誇れる文化を名前にしたいと思っていた。その時、たまたま『梅干と日本刀』という樋口清之氏の本を読んだ。その中で梅干が日本が世界に誇れる食文化の一つであると紹介されていた。もともと好きな食べ物でもあったので、その名前をもらい船名を「うめぼし」にした。樋口清之

氏の著書『梅干と日本刀』は私たち日本人の祖先が生きていくために自然を観察しそれにうまく順応していく知恵が蓄積され、日本の文化となっている様々な技術、芸術、思想を的確に紹介した名著である。そのタイトルにも採用された「梅干」は日本人が米を主食とする時に栄養のバランスがとれるように作り出したものだ。日の丸弁当は、白米のご飯と一粒の梅干だけのお弁当だがこれが胃の中に入ると梅干一粒が99％の米の酸性を中和し米の栄養分がほとんど吸収されるのだそうだ。日本が世界に誇れる技術や文化は多数あるが私たちに最も身近で親しみを持てるものの代表として「うめぼし」という名前をいただいた。私の出身地である福岡県の県花は梅でもあるし、菅原道真の「東風吹かば匂ひおこせよ梅の花主なしとて春な忘れそ」は昔から飛び梅伝説とともによく話題にしたものである。しかし梅干の種を海に捨てると神様が怒り嵐になるという言い伝えもあるためかうめぼしという船名をつける人は少ないようだ。

2013年7月22日の足立社長からのメール

「船名を見て思わず笑ってしまいました。良いですね。下記の点　お返事申し上げます。いくつかお願い事項と確認事項があります。

・希望追加工事
 − ツナタワーとハードドジャー
 − 電動ウィンドラスとアンカーチェーン収納スペース
 − マスト登り用ステップ
 − 予備燃料タンク
 − エアコンと温風ヒーター
　⇒予備の燃料タンクは必要ないと思います。ただ予備タンクとしてSUSの20Lタンクをしっかりと固定できるよう再度見直します。ウィンドラス用のアンカーウェールは船内にありますがデッキをオープンにできるように改造します。チェーンの長さも大切になりますので場合によっては収納方法収納場所が大切になります。マスト用ステップは私も賛成です。一緒にマストとブームも塗装した方が良いと思います。リギンについてはチェックします。エアコンは5200BTUで温風ヒーターは一番小型の物で十分だと思います。

1 うめぼしの紹介　*15*

・追加するかどうか相談して決めたいもの
　－レーダー、GPSプロッター用アーム
　－ジェネカー
　　⇒レーダーはお勧めですが費用もそれなりにかかりますので要検討ですね。
　　　GPSプロッターはアーム式の方が良いと思います。費用は大してかかりま
　　　せん。
　－ホールディングタンク（外付けの取り外し可能型にならないか）
　　⇒基本的にトイレ内に納めてしまいます。使用方法は排出バルブを閉めたり
　　　開けたりだけです。
　－発電機
　　⇒ホンダまたはYAMAHAの16ⅰが安価で、使いやすいです。他艇に何台も
　　　積んでいます。
・船名
　－うめぼし
　－umeboshi
　うめぼし　のまま表示の方が似合いそうですね。」

名義変更

　2013年8月7日に艇の名義変更をした。同時に船名も変更した。日本では日本
小型船舶検査機構に手続き申請して船舶検査証書を発行してもらうことが必要に
なる。船検証によると艇の長さは8.03m、幅は2.86m、深さは1.35m、総トン数は
4トンとなっている。長さをフィートに換算すると26.3フィートになる。エンジ
ンはVolvo（ボルボ）のMD2030だ。新規登録は平成15年5月1日で書換え登録は
平成25年8月7日だ。船齢は10年ということだ。現在の航行区域は沿海だが整備
後には近海に変更予定だ。

購入費用

　中古艇の購入費用は800万円だ。その中には足立ヨット造船での基本的整備が
含まれる。船底塗装、ハルのニス塗装、エンジン整備、マストや艤装の整備など
だ。追加の艤装工事費が400万円だ。その中にはハードドジャー作成、ツナタワ

一作成、ソーラーパネル、ウィンドラス、エアコン、冷蔵庫、レーダー、マスト
ステップ、ジェネカー、オートパイロット2台などが含まれる。そのほかにイー
パーブ、ライフラフト、双方向無線機、船外機、インフレータブルボート、アマ
チュア無線機、VHF国際無線機、AIS、イリジウム無線機などは中古品を含め自
前で購入した。その後の航海中の費用は本文の中に記載している。

岡山の造船所への搬入

　2013年8月19日にうめぼしを岡山の造船所に搬入した。艇の陸送は足立ヨット
造船の社長の足立治行さんにすべて行っていただいた。8月18日の酷暑の中でマ
ストを倒しトラックへ積み込んだ。高さ制限に引っかかりパルピットを外して何
とかクリアしたそうだ。

整備作業1

　2013年8月29日足立さんからメールが来た。コクピット、右舷サイドデッキ、
コーミングマホガニーのサンディングを実施。左舷はまだ磨く前でチークが白く
なっているので右舷の磨いた後との違いがよくわかる。コーミングはマホガニー
の赤色がとてもきれいになった。マストのシートはすべて取り外し塗装のための
サンディング中だ。

整備作業2

　2013年10月14日足立さんからメールが来た。デッキをカーボンファイバーで塗
りかためた。木製とは言ってもさすがにデッキはカーボンで補強しないと長持ち
しない。これで雨漏りは無くなると期待している。この上にエポキシパテを塗り
サンディングをして塗装する。

整備作業3

　2013年11月11日足立さんからメールが来た。ハルのニス剥がし作業中だ。10年
前に塗ったニスなので色が薄くなっている。ネームプレートの部分だけは昔の色
が残っている。またしっかり固まっているのでサンダーではなかなか取れない。
木部を痛めないように丁寧に表面のニスの部分だけを剥がしていく。今回は全面
塗り替えなので木肌が全部出るまで剥がす。右半分がきれいに剥がし終わったと
ころだ。きれいな木肌が出ている。

2013年11月18日に足立社長と打ち合わせた内容

>電動ウィンドラス：設置したい。

　了解⇒500Wの小型のものを設置する。足立さんが調達施工を実施する。

>アンカーチェーン収納スペース：どうするか

　⇒デッキアクセスに変更する。但しアンカーチェーンは5mとする。予備チェーン20mは船底に収納する。

>温水シャワー：頻繁に使う予定。

　温水はトイレとコクピットで使用できるようになっている。⇒現状のままとする。

>ハードドジャー：必要

　了解。⇒ハードドジャーを設置する。メインシートトラベラーを後ろに持ってくる。

>ツナタワー：必要

　了解。⇒ツナタワーを設置する。

>太陽光パネル：100W×3枚

　使用電力と設置可能面積にて検討する。⇒100W×3枚を設置する。少し高価でもできるだけ小さいものにする。足立さんが施工を行う。

>バッテリー：ACデルコのM31MF、リチウムイオン電池は？　火災の危険？

　これについては直接お話で。⇒バッテリーは2台追加して4台とする。リチウムイオン電池は使わない。

>発電機：設置するか？

　艇に取り付ける物と、ポータブル発電機の方法がある。⇒2.5KW程度の小型ガソリン発電機を設置する。調達と設置は足立さんが行う。

>ホールディングタンク：どうするか、

　最近は付ける艇が増えてきた。改造はそんなに難しくはない。⇒設置する。トイレは電動水洗、ウォシュレットにする。

>マストにつけるステップ：どうするか、

　付けた方が良いだろう。⇒ステップを付ける。

>オートパイロット：リモコン端末あるか？

　リモコンは現在付いていないが、簡単に取り付け可能　費用もそんなに高価で

はない。⇒リモコンを付ける。調達と施工は足立さんが行う。

＞エンジン：リモコン端末あるか？　整備用品の調達方法？　整備についてのチェックポイント教えてほしい。

　お会いして。⇒エンジンのリモコンは設置しない。エンジンはセールドライブのゴム板、シーリングなど必要部分を交換整備する。整備用品の調達方法とチェックポイントは別途。

＞国際VHF：必要、購入予定

　これもお会いして。⇒据置型を増田が調達する。設置は足立さんが行う。

＞AIS：AIS-700を購入予定（VHF&GPSアンテナ必要）

　これもお会いして。⇒増田が調達する。設置は足立さんが行う。アンテナの共用可能かどうかは別途検討。

＞イリジウム：9555を購入予定（アンテナ必要）

　これもお会いして。⇒調達は増田が行う。アンテナ設置は足立さんが行う。

＞アマチュア無線：オケラネット用としてIC-206中古（HF帯）を購入予定、APRS用（VHF帯）は購入済、２台設置（VHF&GPSアンテナ必要）

　了解。⇒調達は増田が行う。設置は足立さんが行う。HF、VHFのアンテナが必要。

＞レーダー：どうするか？

　ある方が良いだろう。特にシングルハンドでの航海では。⇒設置する。調達と設置は足立さんが行う。レーダーとGPSプロッターはキャビン入り口にアーム式で設置する。

＞レーダーリフレクター：

　付いている。⇒そのままとする。

＞海図：必要、大鹿さんの海図は？　電子海図をどうするか？

　大鹿氏に借りることはＯＫ。⇒大鹿さんの海図は紙ベース。パソコンベースのOpenCPNは増田が調達。

＞パソコン：複数台使用予定

　了解です⇒ノートブックスタイルを２台、タブレットを１台。

＞ドライブレコーダー：設置してみたい。どうするか？

　お会いして⇒設置しない。

1 うめぼしの紹介 　*19*

＞テンダー：インフレータブルタイプを購入予定、ブームで上げ下ろしできる構造、コンプレッサー必要

　　電動の専用コンプレッサーがある。⇒利用したい。

＞船外機：購入予定。ホンダの２馬力空冷式がお勧め。

＞海水の供給は可能か：

　　取り付けは可能。⇒海水供給装置は設置しない。

＞冷蔵庫：

　　既に冷凍冷蔵庫がある。⇒現状のものを利用する。

＞コンロ：ガスボンベ？

　　カセット式に変更を勧める。⇒プロパンガスをやめてカセット式に変更する。

＞電子レンジ：⇒インバーターと電子レンジともに交換する。

＞エアコン：電気orガス

　　⇒5200BTUのエアコンを設置する。軽油ヒーターは設置しない。

＞陸電設備：⇒50HZ、60HZ、220Ｖでの利用は可能か。

＞今後のスケジュール：2014年３月末の進水、費用のお見積もり

＞進水する場所：⇒牛窓ヨットハーバーに１か月程度。

＞ジェネカー：スナッファー方式のジェネカーを設置する。調達設置は足立さんが行う。（ジェネカーは航海ではまったく使うことがないままで終わった）

＞セールカバーとオーニング：セールカバーは取り替える。ハードドジャーオーニングを作る。

整備作業４

　2013年12月16日のメール。ハルのニス塗装だ。サンディングシーラーを塗り重ねていく。この写真は８回塗ったところだ。木部特有の深いこげ茶色の素晴らしい色合いが出ている。サンディングシーラーで厚みをつけて最後に上塗りをする。

整備作業５

　2014年２月17日のメール。マストトップでの整備作業をしやすくするためにマストにステップを取り付ける。下から２段はフォールディング式だ。

整備作業６

　2014年３月３日のメール。ハルの上塗りが完了した。AWLGRIPトップコート

というエポキシ系ウレタン塗料で最終仕上げをした。紫外線に強く、非常に硬いことが特徴だ。完全乾燥には1か月以上かかるようだ。光沢が素晴らしくまるで鏡のようだ。この光沢が紫外線の98％を跳ね返し紫外線にも強いとのことだ。新しいタイプのニスで、半年から1年後に増し塗りが必要とのこと。ニスを塗り重ねると木部特有の深いこげ茶色の素晴らしい色合いが出てくる。

整備作業7

2014年3月7日のメール。ハードドジャーを新たに作ってもらった。木造の屋根と柱にアクリルの窓が入る予定だ。最初にキャビン入り口を取り壊している。そして手前両側のコクピット側に柱を立てる。前半分の構造物と屋根ができてきた。ほぼ全体像が見えてきた。メインシートトラベラーを屋根の上に設置した。塗装工程で下塗りを20回した。アクリルパネルの入り口扉と天井シートを張り出来上がりだ。

10年後の感想はドジャーが小さ目で雨の時に計器類が濡れて表示や操作がうまくできなくなる。スコールなどの激しい雨が降っても濡れないで操船できる構造にすべきであった。

舵杯に参加した

4月12日、13日に岡山県の牛窓ヨットハーバーで開催された舵杯に参加した。12日の夕刻に日生マリーナで「うめぼし」を降ろし牛窓まで回航し前夜祭に少し遅れて参加した。その後ラー三世におじゃまして夜遅くまで楽しいひと時を過ごした。ラー三世のオーナーK氏は10年以上海外をクルージングしてこられたベテランだ。牛窓のハーバー内でアンカーリングしテンダーをハリヤードで手軽に上げ下ろしをしたりといろいろ勉強させていただいた。13日のレースは66艇が参加し島回り10海里のコースだ。スタートラインは切ったもののあいにくの微風が続き、強い逆潮もあって、クルージングクラスは全艇DNFという結果に終わった。それでも予想された雨は降らず、新緑に映えるなごり桜を眺めつつ風光明媚な瀬戸内の海を堪能させていただいた。14日は牛窓ヨットハーバーから頭島経由で日生マリーナまで回航した。頭島ではプライベート海岸に接岸し海岸のオーナーから相生のかきとカレーをご馳走になり日本のエーゲ海気分を満喫した。うめぼしは日生マリーナに上架して引き続き整備作業を継続する予定だ。

整備作業8

2014年4月21日のメール。アンカーを手軽に使えるようにするために電動のウィンドラスを新たに設置した。ウィンドラスはチェーンのピッチと同じサイズのものにする必要がある。巻き上げたチェーンはバウ右側の穴から落とし込みバウバースの前方に作ったアンカーウェールに収納する。バウに穴を空け仮設置した後、本体の設置完了。フットスイッチの取り付け穴を開けフットスイッチ取り付け完了。キャビン内部の配線をしてコントロールボックスを設置した。

整備作業9

2014年5月20日のメール。マリンエアコンを設置した。機械はMERMAID社のマリンエアコンM-5だ。水冷式の5200BTU冷房と暖房の両用でキャビン座席の下に収納した。これでまたスルーハルの穴が2つ増えた。座席のカバーを外して上からアクセスする。キャビンの空気吹き出し口を設置した。

- ・エンジン船内機：Volvo2030、3気筒27馬力のディーゼルエンジン（2022年にVolvoD1-30に入れ替え）
- ・船外機エンジン：HONDAの2馬力BF2D、4サイクル空冷ガソリンエンジン、インフレータブルゴムボート用エンジン

ハーネスとテザー

シングルハンドなのでコクピットにいる時は常時ハーネスを着けてテザーをジャックラインにつないでいる。デッキ上でも必ずハーネスとテザーを使用している。絶対に落水しないようにしている。落水したら命は無いと思っている。

アンカー

艇を購入した時は8kgのブルースアンカーが付いていたが航海を始めたあとマレーシアのランカウイ島で湾内にアンカーリングしている時走錨した。そこで足立ヨット造船の足立社長に相談したところ、2016年1月6日に足立社長から川崎の自宅に大きなお年玉が届いた。MANSONの15kgブルースアンカーを無償で譲っていただいた。これであれば少し海が荒れても安心していることができる。タイのクラビーでこれに置き換えた。

アンカーチェーン

アンカーはチェーンでつなぐことが必須である。ロープだとアンカーリングし

ている時に岩などに擦れて切れてしまうリスクがあるからだ。当初はアンカーロープを使っていたがフィリピンで一部チェーンに代えてタイのクラビーですべてをチェーンに変えた。その後のチェーンの長さは36mである。本来は50mは欲しいところであるがバウが重くなりすぎるので36mで我慢している。水深の3倍の長さが必要なので36mだと水深10m未満のところにしかアンカーリングできない。実際には水深10mから15mくらいのところが結構多くあってそういうところにアンカーリングするのはあきらめざるを得ない。

航海計器

　GPSマッププロッターはNFUSOのNF-882で8インチである。これで水深も表示される。但し海図は日本国内と台湾までしかサポートされていない。次の目的地を登録しておくことで目的地までの進路チェックや艇速確認、残り距離確認などの用途に使っている。

　レーダーはKODENのMCD-921で8インチである。

　海図はPlan2NavというソフトをベースにC-MAPの地図を地域ごとに有料で購入して使っている。これは五島列島で香山さんに教えてもらったソフトである。Plan2NavというソフトはアンドロイドとIOSで動く無料アプリケーションで当方はアンドロイド版を使っている。その上に有料の地図をダウンロードして使うことになる。価格は1枚あたり5400円だ。地図は日本、台湾、フィリピン、タイ＆マレーシア、インド、南東アフリカ、北西アフリカ、地中海の西側、地中海の東側の9枚を購入した。その後中央アメリカカリブ海、南アメリカカリブ、南太平洋、キリバスマリアナスの4枚を購入し合計13枚で世界一周分の海図を購入した。地図は3台のハードウェアにダウンロードできるのでタブレット1台とスマホ2台にダウンロードしてもしもの場合のバックアップとしている。ハードウェアとしては当初はArrowsTABという大きな画面のタブレットを使っていたのだが昼間使う時はどうしても画面を明るくしないと見えづらいこともあり電気の消費量が大きく充電に手間取りそのため大事な時に利用できないといったトラブルが続いたために現在はスマホを中心に使っている。画面は小さいのだが常時電源を入れっぱなしにしていても大丈夫だし航跡データもある程度連続して採取できるようになってきた。それでもGPSアンテナが本体内蔵になっているためキャビン内部などでは時々GPSのトラッキングが途切れることがある。

そのほかにガーミンの端末などを積んでいるがあまり使っていない。六分儀は積んでいない。当初はライフラフトを譲っていただいた大鹿さんから借用した150枚の紙の海図を持って行ったのだが結局一度も使うことなく現在は自宅に持ち帰ってしまった。

キャビン入り口にアームでせり出す方式（上がNF-882、下がレーダー）になっている。更にその上にアームでPADを取り付けられるようになっている。

Plan2Nav からC-MAPへの移行

Plan2Nav というのはJeppesenというボーイングの子会社で航空機の運航支援システムを製造販売している従業員3200人の大きな会社が提供しているGPS航海ナビゲーションシステムだ。リアルタイムで海図上に自船の位置が表示されるのでうめぼしにとっては航海をする時の必須のアイテムだ。2020年にスマホを買い替えたのでPlan2NavをインストールしようとするとGoogle Playからなくなっていて代わりにC-MAPというソフトウェアが出てくる。JeppesenがPlan2Navの販売をやめてC-MAPという新しいソフトの提供に切り替えたようだ。ところが新C-MAPでは旧Plan2Nav用に買った13枚の地図（ほぼ世界一周できる範囲をカバーしている）が使えないようなのだ。またPlan2Navでは北米東岸の地図などを新たに購入することもできなくなっている。そこでやむを得ずPlan2NavとC-MAPの２本立てで行くことにした。C-MAPには北米の地図を購入し北米東岸の必要な部分の地図をダウンロードして使えるようにして、バックアップのために３台のスマホに両方のソフトと地図を入れて使えるようにした。Plan2Navもなかなか使い勝手の良いソフトだったがC-MAPも結構良さそうなソフトだ。

Plan2Nav：http://ww1.jeppesen.com/documents/marine/light-marine/
　　　　　Plan2NavAndriodUserManual.pdf

C-MAP：https://play.google.com/store/apps/details?id=com.isea.
　　　　　Embark&hl=ja&pli=1

日本国内の航海では定置網などの情報が記載されているNewpecが便利である。ただ自動ルート作成機能はC-MAPの方が優れているようで私はC-MAPも使っている。

航海計器２

AIS-700というAIS送受信機はパソコンにつなぎOpenCPNというソフトを使っ

て利用している。他船の位置と針路と速度を確認でき夜間の航海では非常に有効だ。AISの表示はキャビンの中だけで使用している。パソコンの電源が長持ちしないので必要な時だけ表示する運用だ。これらの機能が一つのデバイスに収まっていると良いと思うがそのような機器は高価だし、故障すると全部使えなくなるリスクもある。少し手間はかかるが個別機器の利用も実際の航海では慣れてしまえばそれほど不便は感じない。

GPSロガー

アンドロイドのソフトは不安定で度々固まって再立ち上げをしながら使っている。そのため航跡採取専用にGPSロガーGT-730FL-S USBドングルという航跡の記録をとる専用機を購入し使用している。

日本船籍証明書

国際航海のための準備の一つとして艇の日本船籍を証明する船籍証明書を取得した。国土交通省関東運輸局に出向き住民票、艇の写真、船検証、申請書と3250円の収入印紙を購入して提出した。数日後また現地に赴き船籍証明書を取得できた。船籍証明書は入出国手続きやマリーナ係留の際に必ず必要になる書類である。関東運輸局に申請すれば5年間有効な証明書を発行してくれる。

海外での船検取得

船検証が必要になるのは日本近海だけだ。しかしうめぼしはラスパルマスで中間船検を受けた。いわゆる海外船検である。海外船検費用11万円強を払ったがライフラフト整備費用や信号紅炎が国内より安くトータルでは国内で受検するより安く済んだ。帰国時に船検が切れているとトラブルになるのを回避するために取得した。しかし新型コロナウィルスにより帰国が遅れ結局船検切れになってしまった。

デラウェア船籍

2022年3月。うめぼしの船検が2020年6月に切れて日本への入国時のトラブルを避けるために外国船籍の取得を検討した。またうめぼしの米国滞在が1年を超えてクルージングパーミットの有効期間も2021年10月で期限切れとなったことも踏まえ米国船籍を取得することを検討した。米国船籍の中でもデラウェア船籍は

比較的手軽に容易に取得することができそうだった。グーグル検索で出てきたBoatandyachtregistration.comに申し込み、フォームを入力するとデラウェア船籍を取得するために必要な書類の案内があった。

1　公証役場で証明を受けたうめぼし購入の売買契約書（英文）
2　船検の抹消登録（英文）
3　パスポートのコピー
4　ハルIDの写真
5　申請書

　足立さん他のご協力で何とか書類を準備してeメールで送りクレジットカードで申請料金180ドルと手数料179ドル合計359ドルを支払ったところ1週間ほどで船籍登録証を送ってきた。2024年12月まで有効なのでしばらくはこれで航海できると思う。（2023年6月に日本の船舶検査証を取得した時点でデラウェア船籍は失効した。）

航海に必要な免許

　国際航海に必要となる一級小型船舶操縦免許は2006年12月に取得した。5年ごとに更新が必要だ。同じく国際航海で必要となる第一級海上特殊無線技術士の免許は2010年7月に取得した。これは更新の必要はなく終身有効だ。第二級アマチュア無線技士の免許は2009年11月に取得した。これも更新の必要はなく国際航海する際にはなくても構わない。自動車の国際運転免許証は有効期間が1年なので毎年取得する必要がある。無線局（船舶局）の免許はイーパーブ、AIS、レーダー、国際VHS無線などを使用するために必要であり2014年1月に開局した。5年ごとの更新が必要だ。アマチュア無線局の免許は必須ではないが私は取得している。

小型船舶の無線局の申請と認可

　うめぼしにはいろいろな無線機器を搭載している。

1　レーダー（光電製作所MDC-921）
2　AIS（自動船舶識別装置：Automatic Identification System）（AIS-700）
3　DSC付き国際VHF（IC-M504J）
4　イーパーブ（EPIRB:衛星非常用位置指示無線標識）
5　双方向無線電話装置（古野電気FM-8）

6 アマチュア無線（HF、VHF+APRS）（IC-706、TM-D710）

7 イリジウム（9555）

このうちの1項から5項までの機器については船舶局の免許が必要になる。船舶局は初めての申請だが自分で申請をした。事前の印象では書類作成が大変で時間もかかるだろうと思っていた。ところが、中国総合通信局の無線通信部航空海上課の担当の方は極めて親切でかつスピードも速く、最初にコンタクトをとってからなんと10日で免許状をもらうことができた。今回は近海仕様での申請だったので特に申請書類が多くなったが、参考までに申請書類を記載すると以下の9項。

1 無線局免許申請書（1枚）

2 無線局事項書（3枚）

3 工事設計書（4枚）

4 添付図面（3枚）

5 無線従事者選任届（1枚）

6 現在の船舶検査証書の写し

7 小型船舶検査機構あての船舶検査申請書の写し

8 小型船舶検査機構あての無線電信等施設免除申請書の写し

9 日本セーリング連盟の海岸局加入証明書の写し

イーパーブとDSCとAISには免許状で得られた識別信号（コールサイン）を登録して利用することになる。古野電気のFM-8は中古を購入したが、指定事業者による点検検査が必要でありその費用は2万5000円程度かかった。

損害賠償保険

損害賠償保険はマリーナに係留する時に提示を求められることが多くある。うめぼしは賠償額1億円の保険に加入していた。年間費用は13万円強だった。

❷ 航海中のトラブル紹介

うめぼし航海はトラブルの連続だ。プロペラやエンジンのトラブルをはじめアンカー関連やオートパイロット、雨漏りや雨漏りが原因で電気製品が壊れるトラブルなど常にトラブルを抱えながら航海してきた。また艇の故障ではない不注意による怪我や衝突、座礁などもたくさんある。最も多いエンジン系のVolvo2030とセールドライブのトラブルから紹介しよう。

燃料系統のトラブル

　2014年11月15日に宝島から奄美大島へ向かう途中でエンジンが動かなくなった。燃料タンクの燃料残量が少なくなりタンクの底に溜まっていたゴミがエンジンの入り口の燃料パイプに詰まって燃料が流れなくなったことが原因だった。対策として宜野湾マリーナの整備で外付け燃料フィルターを増設した。燃料タンクは常に満タンにしておくのが常識だということを知らなかった。

冷却水系統のトラブル

　2014年9月7日の朝に壱岐島を出航しようとしたらエンジンのクーラントがエンジンから噴き出してエンジン全体にシャワーのように降り注いでいた。冷却用海水の出口のミキシングエルボーが詰まったのが原因である。足立社長に対処マニュアルを送ってもらいクーラント関連配管の清掃とミキシングエルボーの清掃をすることでエンジンは復旧した。

　2016年9月9日モッセルベイでエンジンのクーラントタンクからクーラントが噴水のように噴き出してきた。ヒートエクスチェンジャーからミキシングへの出口が詰まって海水がクーラントに侵入してきたのだ。前回同様クーラント系配管の清掃をして復旧した。

電気系統のトラブル

　2017年3月22日のフンシャル出航時に電気系統のトラブルが起こった。スターターを押してもうんともすんとも言わない。ヒューズが錆びて断線していたのだ。清掃し再接続で復旧した。

オイル系統のトラブル

2020年10月にドミニカ共和国から米国アナポリスに向かう時にエンジンのフロントタイミングカバーのつなぎ目からエンジンオイルが漏れているのが見つかった。その時はデルタビルのエンジニアに部品交換を依頼して修理した。

シリンダーヘッドのトラブル

2020年３月ドミニカ共和国でエンジンが動かない。技術者に診断してもらうとピストンへの吸気が少なく圧縮が十分でないようだ。エンジンヘッドのオーバーホール修理をした。

インジェクションポンプのトラブル

2021年米国デルタビルでエンジンを分解し原因切り分けをした結果インジェクションポンプがうまく動いていないことがわかった。新エンジンに取り替えることにした。

セールドライブのギアオイル白濁化

海水がオイルに混入することでオイルが白濁するトラブルが頻発した。プロペラの胴体取り付け部分のオイルシールとＯリングを交換するがすぐに再発する。このトラブルは今でも解決していない。

プロペラのトラブル

2015年２月２日に台湾の碧砂港内でプロペラと胴体がセールドライブから外れて海底に落ちた。プロペラは潜って拾い上げた。クレーン車を手配し船を上架して足立社長に来てもらい胴体は新品に交換しプロペラは拾い上げたものを取り付けた。プロペラが落ちた原因は未だに不明だ。2017年７月27日エーゲ海のイカリア島でプロペラが回らなくなった。アギオスキリコス港へ曳航して現地技術者に依頼をしてエンジンのフライホイール部分の四角い部品とプロペラの胴体を交換した。プロペラに負荷がかかると胴体の中の溝が擦り切れて空回りするようになる。

プロペラにロープやビニールが巻き付くトラブル

プロペラにロープやビニールなどが巻き付くトラブルは何度も発生した。ペラルックからプロペラを見て外れない時は潜って巻き付いたものを外すようにしている。ペラルックは足立ヨットの優れものの一つで非常に便利に利用させていただいている。

2014年11月13日に口之島でアンカーを打った後アンカーを引っ張ったままで一回転したところプロペラにアンカーロープをからめてしまった。ダイバーが潜りアンカーロープを確認しプロペラからロープをほどいてくれた。明らかな操船ミスだ。

2018年7月17日バーリのマリーナで17時過ぎに係留費節約のためにマリーナを出てバーリの旧港内に錨泊しようとしたところ、出航時に後進のプロペラを回した時にプロペラに係留ロープを巻き込んでしまい身動きが取れなくなってしまった。マリーナの担当者に相談したところすぐにダイバーを呼んでくれ、1時間もしないうちに屈強そうなダイバー（100ユーロ）が来てくれ素潜りで巻き付いた係留ロープを切断しプロペラから取り除いてくれた。19時過ぎにはマリーナを出航し港湾内にアンカーリングすることができた。

2018年8月23日メノルカ島からマヨルカ島へ機走中、9時頃に突然プロペラの回転数が落ちたのですぐにエンジンを止めてペラルックからプロペラを確認すると黒っぽいものが引っかかっている。ペラルックからボートフックを突っ込んで引き上げるとロープが上がってきた。しかしどうしてもプロペラから外れないので手の届く範囲のロープを切り取りエンジンをかけると何とかプロペラは回っている。とりあえずそのまま走ることにしてただ用心のためにより近いポリェンサに向かうことにした。ポリェンサで潜ってロープを取り外した。

2019年4月1日マルティニークのル・マランにて隣の船のスターンアンカーのロープにプロペラが巻き付きエンジンが止まってしまった。やむを得ず手袋と水中メガネをつけて潜りプロペラに一回転巻き付いたロープを取り外すことで事なきを得た。

2022年5月27日ジャマイカのキングストンでプロペラの後進がうまく動いていないことがわかりペラルックで確認すると黒いビニールのようなものがプロペラに巻き付いているのが見えた。Royさんに助けてくれというとその場ですぐにテ

ンダーを出してうめぼしのバウラインを取り白ブイにつないでくれた。うめぼし
は何とか前進することはできたので白ブイにたどり着くことはできたかもしれな
いが一人で白ブイを捕まえることは至難の業であったであろう。翌朝潜ってビニ
ールを取り除いた。

船外機エンジン

HONDA 2馬力BF2D、4サイクル空冷ガソリンエンジン

しばらく使わないでいると始動困難になる。キャブレターの清掃とガソリンを
交換することで復旧することが多い。チルト部分など外側部品が塩水で錆びつい
てくるので時々清掃しカバーをかけておく。

オートパイロット故障

オートパイロットはレイマリンのST-2000＋を使っているが何度も故障した。
マニュアルでティラーを握るのは他の作業ができず危険だ。南アフリカのレイマ
リン代理店で学習し以降は自分で修理（チェンジニア）するようにした。分解す
ると大きく4つの部品から構成されている。駆動モーター、プリント基板、方角
を検出するマイクロフラックスゲートエレメント、ロッドとギアだ。日本出航時
2台、南アフリカ、カーボベルデ、マルマリスで各1台ずつ購入、米国で2台、
タヒチで2台購入しこれまでに累計9台購入したが7台は壊れてしまった。

ジブセール破れ（2回）

ジブセールのリーチ及びクルー部分の破れが発生。原因は強風航海中に長時間
シバーさせたこと。現地セールメーカーに持ち込み修理（南アフリカリチャーズ
ベイ、マデイラ諸島フンシャル）。

メインセール不具合

メインセールのボルトロープとマストレール付近もかなり破れてきた。トルコ
のマルマリスでジブとメインセール一式新品発注し交換した。

ジブセールタックのシャックル飛び

2015年3月28日フィリピンへの航海中にジブセールタックのシャックルが飛ん
だ。ジブファーラーのグルーブだけで何とかセールが飛び上がらずに済んでいた。
6m前後の比較的弱い風だったのが幸いだった。すぐにバウスプリットまでいき
必死の思いでシャックルを取り付けた。2m前後のうねりの中での作業は困難を

2 航海中のトラブル紹介

極めた。

ウィンチの故障

　航海の初めに何回かウィンチが回らなくなっていることがあった。ウィンチの動作確認は航海前の必須チェックポイントだ。航海中にウィンチの分解清掃をするのはリスクが大きい。

レーダーリフレクターの破損

　2017年3月マデイラに停泊中にデッキ上にL字形金具が落ちていることに気が付いた。マストに登ってみるとレーダーリフレクターが壊れて半分だけ残っている。多分航海中に何らかの要因で壊れたのだろう。新品を購入して交換した。

フォアステーの交換

　2017年11月にマルマリスで整備中に足立さんがマストに登った時にフォアステーのトップ部分のワイヤーが数本切れているのを見つけた。マリーナ内の整備工場に発注して新品を作ってもらい足立さんと一緒に交換した。

電動ウィンドラスの故障

　ベアリングのグリースが固着して動かなくなった。2017年7月トルコ南岸のギョジェキでIrmak Yachting（イルマックヨッティング）の技術者アジズさんに修理してもらった。

ライフラフトの塩害による腐食

　ラスパルマスで船検のためのライフラフト整備で見つかった。ラフトをスターンのスイミングデッキ上に設置していたことでラフト内に海水が浸入した。ラフト膨張用エアタンクのバルブが錆びて腐食していた。ラフトに内蔵している非常食なども水浸しだった。対策としてラフト設置台を作成して波が被らないようにした。

ボブステーワイヤーの部分切断

　バシー海峡横断時にボブステーのワイヤーの部分切断が起きた。原因は航海中に何か固いものにぶつかったためと思われる。足立社長から交換部品を郵送してもらい交換は自分で（足立社長作成の手順書あり）実施した。

スタンションが曲がる

　スリランカ沿岸で漁船が近づいた時にうめぼしの右舷にぶつかりスタンションが曲がった。スリランカ沿岸で漁船に缶ビール2本を提供。それを聞いたのか他

世界一周船栗毛

の漁船も近づいてきて話しかけてきた。近づき過ぎてスタンションに接触。南アフリカリチャーズベイでHennyさんが新品に交換してくれた。

左舷ハルに大きなこすりキズ

2014年11月6日種子島の西之表港の岸壁に係留している時に夜の間にハルに傷がついたようだ。翌日気が付いた。またトカラ列島の口之島で漁港の岸壁に係留して風待ちをしている時に風と波のために船が揺れて岸壁にハルが擦れてニス塗りの表面に大きなこすりキズができた。沖縄整備で足立社長に補修してもらった。

アカ漏れ

アカ漏れ一晩で10cm、マリンエアコンの海水冷却フィルターからの漏れだった。ドミニカ共和国ではエンジン冷却水取水バルブから漏水した。バルブ交換で対処した。

スイミングデッキの腐食

2022年3月米国デルタビルでスターンのスイミングデッキが腐食して内部に水が溜まっていることが判明し足立さんに木材で補修してもらった。

清水タンクの再固定

2023年6月油壷で清水タンクのボルトが外れてタンクが動いてハルの木材を傷つけていることが判明し足立さんに木材を補強し再固定してもらった。

ツナタワーのトラブル

ツナタワーは艇の揺れの影響が大きいようでネジがゆるんだり溶接破断などトラブルが多発した。マダガスカルではスターンのツナタワーのボルトが6か所以上緩み、風力発電機の支柱も外れた（締めなおしで対処）。カディス湾横断時にツナタワーの溶接部分が破断した。これはカディスマリーナ内の修理業者に依頼し出張溶接で対応してもらった。2017年11月マルマリスで溶接修理をした。2019年3月ミンデロで溶接修理をした。

イリジウム無線機の故障

マダガスカルから南アフリカのリチャーズベイへの航海中にイリジウムのアンテナ部分故障で8日間音信不通になった。イリジウム無線機の予備機を購入した。

HF無線機の故障

HF無線機一度雨漏りで濡れて壊れた。中古機を再度オークションで購入したがまた壊れた。ほとんど使うこともないままに2回壊れた。補充はしていない。

2 航海中のトラブル紹介 *35*

AISの送信ができていない（AIS-700）

　エーゲ海でイスラエル海軍退役軍人のヨットからAIS信号が出ていないと指摘された。トルコのマルマリスで原因切り分けの結果本体不良と判断、本体を新品に交換した。

冷蔵庫が動かなくなる

　1回目は冷蔵庫の電源コードが錆びて切れていた。コードを再接続して復旧した。2回目は冷蔵庫の12V電源を供給する配線のヒューズボックスの接触不良だった。

温水器から水漏れ

　2021年米国デルタビルで温水器から清水が漏れていることが判明し翌年足立さんに新品に交換してもらった。

電動トイレポンプの故障

　2016年8月南アフリカのリチャーズベイでHennyさんに手伝ってもらってさび付いたトイレポンプを分解清掃して動くようになった。Hennyさんのおかげでトイレポンプの構造を理解することができた。2017年2月カーボベルデにトイレアッセンブリーを日本から持って行き交換した。2018年8月ポジターノで電動トイレポンプが動かなくなり分解清掃した。2023年4月にグアムで故障し油壷で新品に交換した。

清水ポンプの故障

　2022年米国デルタビルで清水ポンプの動きが不安定になったので同等品をアマゾンで購入して交換した。

清水蛇口の交換

　2022年米国デルタビルで清水蛇口から水漏れするようになったので近くの荒物屋で同等品を買ってきて交換した。

海水ポンプの故障

　2015年7月にマレーシアのクチンに艇を置いている時に海水ポンプから水が出なくなっていた。取り外して分解してみるとインペラのケースが溶けて水の出口が塞がっていた。水が無い状態で長時間インペラが回ったことが原因と考えられる。2022年4月ナッソーで海水ポンプを古い清水ポンプに交換した。2023年4月グアムで新品の海水ポンプに交換した。

バッテリーの交換

バッテリーは4台積んでいる。バッテリーの使い方が荒っぽいようでバッテリーの寿命が短い。2014年の沖縄整備で2台交換した。2016年8月南アフリカリチャーズベイで3台交換した。2018年9月にスペインのアルメリマルで3台交換した。2021年にデルタビルで1台交換した。2022年にデルタビルで1台、その後のキリバスからミクロネシアへの航海中に1台交換した。いつも使うバッテリーは2年から3年に一度の割合で交換している。

インバーターの故障

2016年11月ミンデロに艇を置いている時に2KWのインバーターが故障したので2KWのインバーターを日本から持ってきて交換した。故障した原因は不明だ。

パソコンの故障

航海中にパソコンが何度か壊れた。メインキャビンのサイド収納スペースに入れていて漏れてきた水に濡れて壊れたり、波の揺れでテーブルから落として壊れたりいろいろだ。パソコンは必ず予備機を用意することにしている。

マリンエアコンの故障

マリンエアコンは何度か壊れた。そのたびに部品を交換して修理をしたが海外では利用頻度が少ないこともありコロナ禍以降は修理をあきらめ油壷で撤去した。

日本製電気製品の信頼性

電子レンジ、冷蔵庫2台、ウォシュレット、レーダーの本体については一度も故障していない。いずれも日本製の電気製品だ。過酷な利用環境であるにもかかわらず10年間故障しなかったというのは素晴らしい信頼性だ。

デッキからの雨漏りや海水漏れ

雨漏りはフォアキャビン、メインキャビンのサイド収納部、メインキャビンハードドジャー部分などから頻繁に発生した。修理をあきらめてデッキ上に防水カバーを設置して漏れる量が少なくなるようにした。

怪我

2015年10月23日はプーケットでクリニックに行った。実はランカウイからプーケットに向けて航海中の夕刻に赤ブイに係留しようとして作業中に右足中指を強

打して指が腫れあがった。骨折しているかもしれないと思い足指を固定して動かないようにしていたら3日ほどで腫れは引いてきた。そっとしていれば痛みもなく特に問題なさそうなのだが一応念のためレントゲンで確認してもらった。結果は特に異状なしということで一安心した。航海中は結構打ち身や生傷などが絶えないので用心はしているのだがこのようなことが時々おこる。海外で初めて病院に行ったが非常に親切でスピードも速く安心感があった。料金も600バーツ（約2000円）とレントゲン2枚にしては格安だった。

　南アフリカのケープタウンを出航して数日後に大きな揺れに体を飛ばされてガスコンロの上に背中から落ちた。肋骨1本が折れていた。その時は医者に行くこともできずじっと寝ていた。

漁船との衝突

　2015年5月31日の午前3時にボルネオ島北岸をミリからクチンに向かう途中北東の風3mを西南西に向けメインジブを上げ2ノット程度で帆走していた。キャビンの中で寝ていると突然バウからガガーンという大きな音が聞こえて艇が止まった。半分夢の中で「しまった。油井の柱にぶつかったか」と思った。すぐに飛び起きてコクピットに出てみると、明かりを点けた木造と思われる長さ20mくらいの小型艇と接触している。漁船は網を入れてそれを引き上げようと止まっていたようだ。相手の艇には3人ほどの人影が見え「ライト、ライト」と叫んでいる。真追手に近い状態でこちらが風上側でセールをはらんだまま相手の艇に横抱き状態でくっついている。エンジンをかけてバックしようと思いエンジンスターターを動かそうとしたがバッテリーが弱っているのか動かない。エンジンをあきらめメインセールを降ろした。次にジブファーラーを巻き取った。すると相手の艇の人がこちらの艇を押していたこともあってか艇が相手艇から離れ後ろ側（と思われる）をすり抜けて風下側に出た。あとはじわじわと艇が風に流されて漁船と思われる相手艇から離れていく。20分ほど様子を見ていたが相手艇に何も変化がなく操業を続けているようなのでこちらもまた目的地に向かった。当方の艇の被害は特になかった。

走錨

　走錨はクチンの河口、ランカウイ、セーシェル、イビサ島、マルティニーク、ブイヤント、ナッソーで２回など10回以上発生した。私が上陸中に起こった２回は近くの人が艇に乗り込んで助けてくれていた。幸運としか言いようがない。

　2015年６月３日の朝の４時にクチンのマリーナの手前の河口で潮待ちをするために岸から１海里前後の水深９ｍ程度のところにアンカーを打った。アンカーチェーンの長さは25ｍだ。GPSで確認すると初めのうちは少し流されていたが10ｍほど流れたところでほぼ止まった。６時過ぎに夜が明け始める頃に２人乗りの小舟が近づいてきてアンカーが網に引っかかっているのでアンカーを上げろと手振りで言ってくる。すぐにアンカーを上げ始めると横に長い網がチェーンと共に上がってきた。小舟の人が手で網とアンカーが絡まないように気を使いながらアンカーを上げてくれた。そしてアンカーと網が離れると笑顔でこのあたりは網があるのでもっと沖に出るようにと言われた。アンカーが流れて漁網に引っかかったのだが親切な小舟の人に助けられ運良く事なきを得た。

　2015年10月15日はテラガハーバーで大林さんご夫妻とイタリアンマーレ・ブルーで昼食をとった。午後14時前に艇に戻ると小畑さんがテンダーに乗ってうめぼしの横にいる。うめぼしが走錨して岸から５ｍのところまで流されているのを小畑さんが見つけテンダーで元の位置まで引っ張ってきたということである。小畑さんはうめぼしの命の恩人だ。

　2016年２月17日セーシェルのビクトリア港にて朝起きて艇の外を見ると外の景色が昨日と少し違っている。どうも夜中の間にアンカーが流れたようだ。すぐに航海計器のスイッチを入れて確認すると移動量は東側に向けて約90ｍだ。さっそくアンカーチェーンを上げてみると50cm以上ありそうな大きな岩が上がってきた。アンカーが大きな岩を抱えていたのだ。

　2018年５月５日（土）は朝の８時頃にアモルゴス島で槍付け係留中にバウアンカーが流れて艇のスターンにあるスイミングデッキの上のエンジン排気管が岸壁にぶつかっていることに気づいた。幸い大きな損傷はなくすぐにエンジンをかけてアンカーの打ち直しをした。最初は水深８ｍに対してチェーン長は15ｍ程度だったが次は水深９ｍに対してチェーン長35ｍにした。

　2018年８月26日イビサ島のポルティナチュで早朝の２時頃アンカーから音が聞

こえたのでコクピットに出てみると隣のカタマランと２ｍほどで並んでいる。GPSマップのスイッチを入れて確認すると70ｍくらい西に流されている。東の風が３〜４ｍほど吹いているがそれほど強くはない。水深は５ｍほどで深くはないのだがチェーンの長さが足りなかったのかかかりが悪かったのか流されてしまった。幸い月明かりもあり周りのヨットがぼんやり見えるのですぐにアンカーを上げて東へ50ｍほど移動して再度アンカーを入れた。

2019年４月４日マルティニークのフォール・ド・フランスでの錨泊地の水深は3.7ｍでチェーンを10ｍ程度出してしばらく様子を見た。そのあとテンダーを降ろして上陸して１時間ほどで戻ってきたところうめぼしがいないのだ。あわてて周りを探すと観光船の桟橋の陰にいるようだ。急いでテンダーに乗ってうめぼしまで行ってみると桟橋にロープでつないである。艇を離れた１時間ほどの間に走錨して誰かが助けてくれたようだ。艇に上って状況を確認しているとすぐにアダムさんがテンダーで近づいてきてロープを回収にきたと言う。聞くと船が流れていたので桟橋にもやっておいたということだ。

2019年４月11日にル・ゴジエ沖にアンカーリングしたが少しずつアンカーが流れて風下にいるカタマランに近づいてきたのでもう一度すぐ隣にアンカーを打ちなおした。水深2.5ｍでチェーンを20ｍ出し今回は停まった。

2019年４月13日にブイヤントで夕刻に風向が変わり始め360度回転した。その後東からの風が８〜10ｍ吹き出し夜の20時30分頃にふと気が付くと艇が流されている。ゆっくりとではあるが風下側に係留しているカタマラン２隻の方向に向かって流れている。10分ほど様子を見たが一度流れ始めたアンカーは再度かかる様子はない。東の風が10〜12ｍくらい吹いている。カタマランにぶつかりそうになってきたので急いでアンカーを引き上げエンジンで船を少し動かしかろうじて接触せずに済んだ。夜の海は真っ暗で何も見えないのでそのまま流されて沖に出た。

2022年５月７日バハマのナッソーで午前中は良い天気だったが15時から激しい雷雨になり16時頃に突風に煽られてうめぼしが走錨した。雷雨の中エンジンを始動し風下の艇にぶつからないように風上に向けて少し走って流されないようにした。うめぼしのアンカーチェーンは水深３ｍに対して35ｍ出している。それでも流されるのだから注意が必要である。

アンカーが上がらなくなるトラブル

　セーシェルではアンカーが50kgくらいある大きな石を抱き込んだ。エーゲ海では後から隣に係留したヨットのアンカーチェーンが引っかかった。対処はアンカー外しロープの併用だが取り扱いが難しく今は使っていない。

座礁

　岡山から博多への航海途中、石垣島をはじめ座礁した回数は数えきれない。ミクロネシアやグアムでも岩にキールがぶつかった。

　2015年2月14日西表島の船浮港から白浜港へは狭い水路の近道がありそこを抜けようとした時、案内標識に沿って行くと水深が急激に浅くなり1.3mの表示になった時にキールがザザザーと座礁した。海底が砂地でありスクリューの後進をかけることですぐに離底することができ幸運であった。

　2015年7月28日ティオマン島からジョホール州へ行く途中正面に小さな島が出てきた。上ってかわすのはちょっと苦しいので少し風下に下して避けようとしたところ島に近づくに従って急に水深が浅くなってきた。2m、1.5m、1m、ドスンとキールが砂地にぶつかった。6mの風3ノットのクローズホールドで真っ暗闇の中で座礁したのだ。すぐにエンジンをかけて後進を入れ、メインとジブセールを緩めたところなんとかバックし始めた。しばらくそのままバックでGPSの航跡を見ながら来たとおりに戻った。海図では海だが水深の記載はなかった。

　2015年8月4日の朝6時55分にジョホールのマリーナを出航して7時5分に機走を始めたところ7時8分に浅瀬に座礁した。ドンザザーという感じの音で岩と砂の海底のような感じの音だった。マリーナの出口を出てすぐに左に向かったのが注意不足だった。すぐにギアをバックに入れてしばらく戻り本来あるべきルートに沿って機走を続けた。

　2022年4月6日デルタビルからノーフォークへの航海で6時34分には風速も7m程度に上がっていたが出航した。出航直後に細い水路を通っていく部分があるのだが海図の見誤りで反対方向に舵を切ったところ泥の海底に座礁してしまった。あいにく風下側に座礁したのでそのままだと風に流されて抜け出せない。スクリューを後進にして強く回したところ少し後ろに動いた。その時運良く風で艇のスターン側が風下に流されたのでバウが風上側につまり水路側に向いた。そこ

2 航海中のトラブル紹介　　*41*

でスクリューを前進に入れて強く回したところゆっくり少しずつ動き出した。九死に一生を得たという思いである。

❸ 2014年の航海（岡山から沖縄まで：1333海里）

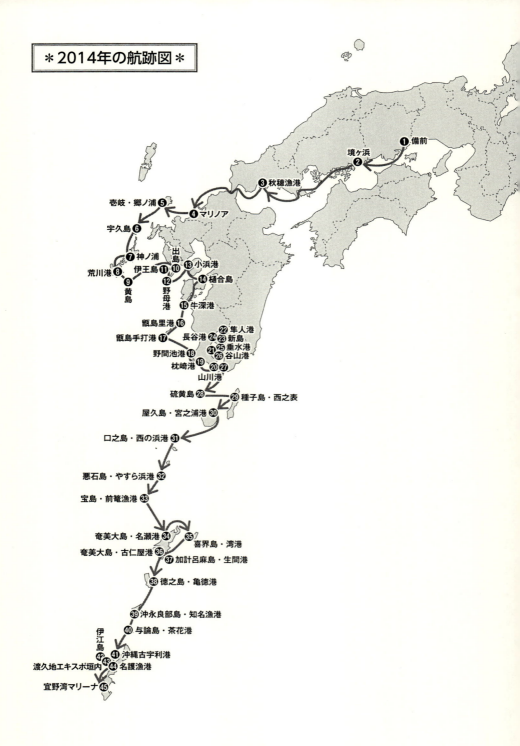

2014年の航海のルートと寄港地について ［まとめ］

　2013年7月に足立ヨット造船の中古艇を購入し岡山の造船所で1年かけて整備した。2014年8月4日から6日にかけて岡山から博多湾のマリノアに向けて昼夜通して回航した。寄港地は尾道市の境ガ浜マリーナと山口市秋穂漁港の2か所のみだ。その後マリノアに1か月間滞在した。その間タモリカップレースやスナイプマスターズワールドレースに参加するとともに艇上での生活に慣れるようにした。そして9月5日にマリノアを出航し九州西海岸の各地に寄港しながら南下し鹿児島を経て11月28日に沖縄の宜野湾港マリーナに到着した。博多から長崎出島まで（9月5日〜18日）途中の寄港地は壱岐の郷ノ浦、平戸、パールシー、五島列島の宇久、若松島、荒川港、黄島、長崎出島である。長崎から鹿児島まで（10月14日〜29日）途中の寄港地は野母港、小浜、湯島、樋合島フィッシャリーナ天草、牛深港、甑島里港、手打港、野間池港、枕崎港、山川港、谷山港、隼人港、新島、桜島の長谷港、垂水港、谷山港である。鹿児島〜沖縄まで（11月4日〜28日）途中の寄港地は山川港、硫黄島、種子島の西之表港、屋久島の宮之浦港、口之島の西之浜港、悪石島、宝島、奄美大島の名瀬港、喜界島、古仁屋港、生間港、徳之島の亀徳港、沖永良部島の知名港、与論島、沖縄の古宇利島、伊江島、エキスポ垣内港、名護港、宜野湾港マリーナである。寄港地の数にして40か所あまり距離にして1333海里、燃料の軽油消費量約700リットルである。

　今回の航海は私にとっては初めての航海であり、練習と経験を積むという意味では極めて重要な位置づけにあった。しかし、経験不足であるがゆえに多くのトラブルを起こし多くの方々に助けていただき、またご迷惑をおかけした。助けていただいた方々には厚く御礼申し上げるとともにご迷惑をおかけした方々にはお詫びを申し上げる。特にエンジントラブルをはじめ様々な状況に対して的確なご支援をいただいた足立社長、口之島でプロペラに巻き付いたロープを外していただいた司さん、宝島でエンジントラブル時に漁港まで曳航していただいた平田さんには言葉では言い尽くせない感謝の気持ちでいっぱいである。

　また艇のシェイクダウンという意味でも重要な航海であった。エンジン関係、セールハンドリングその関連装備、航海計器、船内生活環境（食事、睡眠、洗濯など）というそれぞれの分野で改善がなされたと思っている。特に安全面では絶

対に他人の世話にはならないという気持ちで取り組んでいきたいと思っている。

岡山から博多湾まで回航

　2014年8月4日から6日の3日間で一気に岡山から博多湾まで回航した。4日朝5時半に岡山県備前市の日生マリーナを出発し平均7ノットで9時間60海里を走り14時半に広島県尾道市の境ガ浜マリーナに到着。燃料と水その他を補給し小休止。8月5日0時に境が浜マリーナを出発し40海里走り音戸の瀬戸の5ノット近くの逆潮を乗り切り70海里走り山口県秋穂漁港に8月5日18時に到着した。かなり疲労していてビールも飲めない。ケロニアメンバーの臼井和尚の歓待を受けて各種補給と休養をとった。8月6日0時に秋穂漁港を出発し関門海峡に向かう。本船の船団が列をなしている。20海里で関門海峡入り口に着き10海里走って関門海峡を出て45海里走って博多の小戸ヨットハーバーに8月6日12時に到着した。九大ヨット部の東先輩に出迎えてもらった。その後西福岡マリーナ・マリノアに移動した。赤穂先輩の訪問を受けて臼井さんに差し入れてもらったスイカを割った。回航メンバーは足立ヨット造船の足立社長とケロニアオーナーの大谷さんと私の3人での強行軍回航だった。航海時間は39時間、航海距離は245海里、平均6.3ノットで走った。

初めての船上生活

　8月6日からうめぼしの中での生活が始まった。生活の最も大切な基本はぐっすり寝ることから始まると考える。これまで一度も船内に泊まったことが無い私にとっては睡眠がうまくとれるかどうかが大きな不安要素の一つだった。そのために快眠につながりそうなまくら、シーツ、大きなタオルケット、掛けシーツなどを買い揃えた。船内の夜は波による揺れや波の音など安眠を妨げる要素も多くあるがここ数日のところ大きな支障もなく過ごすことができ一安心している。メインキャビンのテーブルを畳んでベッドにする。また船内で朝、昼、夜の3食をまかなうための調味料や食材を調達した。新鮮な野菜やくだものなどを中心にヘルシーな食事を心がけている。食材を小さな保存容器に小分けして冷蔵庫に保管することで少量多品種で栄養バランスのとれた食事ができるよう工夫をしている。洗面関係では温水シャワーとウォシュレットがあり特に支障はきたしていな

い。日々のシャツや下着などを手洗いで洗濯していたがあまり効率的でないので小型洗濯機を購入した。

メインキャビン内のベッド（その後の体験から）

うめぼしは全長26フィートと小さな船なのでフォアキャビンとメインキャビンの２つの部屋しかない。フォアキャビンはいろいろな物の収納庫になっている。そこで普段寝るのはメインキャビンになる。メインキャビン中央のテーブルを下にスライドさせてその上にマットを置いてベッドにする。マリーナに係留していたりアンカーリングしている時にはこのベッドで十分なのだが遠洋航海をしている時には艇が横に傾くことがよくある。これをヒールするというのだが風を横から受けて走るアビームの時などには20度から30度くらいは普通にヒールする。そうするとこの縦向きのベッドでは通路に転げ落ちたり壁にぶつかってしまうことになる。そういう時に２つのソファーの間につなぎのマットを置いて横向きに寝ると心地よく寝ることができる。

遠洋航海の時の夜間は１～２時間ごとに短時間のウォッチと確認をする時以外はほとんど寝て過ごしている。航海中にもよく睡眠をとることが健康維持の第一歩だと思ってよく寝ることを心掛けている。

メインキャビン内のベッド

西福岡マリーナ・マリノアにて

　岡山から博多まで回航したあと1か月近く西福岡マリーナ・マリノアに滞在したのはヨットの中で生活することに慣れるという意味合いもあった。この頃はまだすぐに海外に出るつもりはなく九州一周くらいをして翌年は本州一周でもしようかというような思惑だった。8月7日に東先輩来訪。8月11日は小戸ヨットハーバーの九大ヨット部に行き午前と午後の練習に参加させてもらった。午前は三原さん午後は篠崎さんがクルー。8月12日九大ヨット部の本部船に乗船した。夕刻石橋先輩が藤井さん夫婦木下さんとともにうめぼしに来訪された。

タモリカップ福岡に参加

　8月15日と16日に博多湾で開催されたタモリカップ福岡にうめぼしで参加した。8月15日の朝はあいにくの大雨だった。地下鉄で比恵の実家まで行き車を借りて福岡空港に行き妻邦子をピックアップして筑豊の宮田へ行き邦子の母の初盆法要に参加した。17時タモリカップ艇長会議、19時から前夜祭だが雨の中の開催となりLOGOSのBBQの火は消えなかったもののビールは雨水割りの状態だった。16日は雨もあがり9時からの海上パレードでは他の艇に接触することもなくうまく観覧車の前を通過することができた。11時からのレースでは北風が適度に吹いて80艇ほどの参加艇はよく滑っていた。うめぼしは上りの走りが今一歩でほぼラストに近い順位でのフィニッシュだった。やはりレースで速く走るのはうめぼしでは無理なようだ。レースには萩尾先輩と義弟の稲葉高広さんと甥の洋介君に同乗していただいた。15時半から表彰式だった。

一時帰宅

　8月16日の夕刻のJAL便で初盆参りに来ていた妻とともに川崎の自宅に帰った。24日の気象予報士の試験を受けるためだ。8月25日にまた福岡に飛んでマリノアでの船上生活を再開する予定だ。

クルージング計画

　8月31日に博多の小戸ヨットハーバーで開催されていたスナイプマスターズワールドのレースが終わった。これからうめぼしのクルージングが始まる。

現時点での予定は以下の通りだ。

9月5日～7日：壱岐の郷ノ浦港

9月8日～10日：平戸港

9月11日～20日：五島列島（宇久島、奈留島、福江港）

9月21日～25日：長崎出島ハーバー

25日の飛行機で川崎の自宅へ

お客様の来訪

2014年9月3日の夜に富士通ヨット部の若手の土井さんがうめぼしに来訪された。目的は後輩社員のためのビデオメッセージを作成するためということでお仕事が終わったあとの来訪となった。土井さんは470セーラーで福岡を拠点に全国を飛び回ってレースで活躍されている。その時土井さんから私に国際信号旗の「UW」を贈っていただいた。私は知らなかったが「安航祈願」という意味だと教えてくれた。

福岡マリノアから壱岐の郷ノ浦へ

9月5日の朝6時半にマリノアを出航し12時半に壱岐の郷ノ浦港に到着した。天気は晴れで南寄りの風が4m程度吹いていたので機帆走で走った。エンジンは2000回転で艇速は平均6ノットだった。郷ノ浦港には壱岐市営の外来者専用のポンツーンがあり、あらかじめ連絡をしておいたところ到着と同時に管理者がポンツーンまで出迎えに来てくれた。係留料は2泊3日で345円という安さだった。航海距離37海里。

西郷さんと石川さんとの出会い

西郷五十生さんはDONの泊地情報で有名な西郷さんである。西郷どんからのネーミングだそうだ。ECHO POINTは熱海がホームポートで今回は対馬から壱岐に来て唐津方面に行くとのことだ。長距離航海懇話会の主導的メンバーでもある。

石川杏爺さんは「いしこあんじー」と呼ぶそうだ。杏爺は3歳の初孫のアンナさんがアンジーと呼ぶことから付けた名前だそうで艇名でもある。大学の法学部

の先生で学会発表などでパソコンを使うことが多くパソコンなど電子機器を使いこなしておられる。ヨットを始めたのは比較的遅く10年ほど前に妹さんのご主人が佐島でクルーザーに乗っておられるのに誘われたのがきっかけで2年ほど前に今の艇を購入されたとのこと。銚子がホームポートで銚子から千倉、御前崎、大王崎、田辺、徳島、和歌山、瀬戸内海、姫島、新門司、芦屋、小戸を経由して壱岐に来航された。壱岐は鬼の地名が多くその由来をたどるために来られたとのこと。馬場あき子さんの鬼の研究の話は興味深いものだった。

エンジントラブル

9月7日朝に壱岐の島を出航しようとエンジンを始動してエンジンをチェックするとクーラントのタンクから海水が噴水のようにエンジン全体の上に降りかかっている。すぐに足立さんに電話をするとミキシングの部分が詰まっているということでワードで10ページくらいある足立さんが自分で作った修理マニュアルを送ってくれた。そのマニュアルを見ながら自分で清水ホースを外してミキシング部分をドライバーで清掃しまた水を入れて何回かエンジンを回して海水中の塩分を洗い流して最後にまたクーラントを入れて修理が完了した。このように自分で一度修理するとその部分の構造は概ね理解できるようになる。

壱岐郷ノ浦から平戸へ

9月8日の朝6時半に郷ノ浦を出航した。日本の南海上にある台風14号の影響もあるようで北東の風が強くななめ後ろからの波にあおられて艇が大きくローリングをしてキャビンの中に置いていたものがすべて飛び出してしまった。また波のために船酔い気味になり苦しい航海になった。それでも平均6ノット以上で機帆走し10時半には平戸に到着した。平戸港の入り口はさすがに潮の流れが速く少し緊張したがなんとか港内に入った。大きなクルーザーが2艇係留している手前側のポンツーンをめがけて近づいていくと外国人の方が4人でもやいを取ってくれた。係留料は無料だ。立派なポンツーンで陸電は無いが水道はある。艇に持参の30mの水道ホースを接続したが長さが足りない。大きなクルーザーに乗っている外国人が延長ホースを貸してくれ、清水タンク（150リットル）を満杯にすることができた。また併せて溜まっていた下着類を洗濯機で洗うこともできた。航海

距離は24海里だった。

平戸港からパールシーへ

　9月12日の朝6時過ぎに平戸を出航。途中5ノット程度でゆっくり機帆走しトローリングをした。午前10時半には佐世保のパールシーヨットハーバーに到着した。航海距離20海里。奥薗先輩がハーバーで出迎えてくれた。午後から奥薗先輩の28フィートクルーザー「まかじ」で九十九島観光船と同じルートを通って島めぐり観光をした。

パールシーから宇久島へ

　9月14日の朝6時にパールシーを出航し五島列島北端の宇久島の海の駅フィッシャリーナ宇久に向かった。平戸島の南端を過ぎるまでは比較的穏やかだった海は8時半頃から風が強まり北東の風、風速10m前後で波が2m程度になってきた。ちょうどアビームの風でメインとジブを満開にして帆走だけで7ノットのスピードが出て快調に飛ばしていった。しかし9時半頃から更に風が強まり風速12m前後波が2.5mとなりジブをファーラーで巻き取りメインと機走で残りの行程を走り港に入る前にメインを降ろして10時半頃に入港した。航海距離30海里。

宇久島から若松島の神ノ浦港へ

　9月15日の朝6時半にフィッシャリーナ宇久を出航し五島列島を一路南下し10時半には若松瀬戸の若松島の神ノ浦の漁港に到着した。途中は風が弱く2900回転の機走で走った。航海距離25海里。神ノ浦ではパールシーの横山さんから紹介していただいた香山さんが桟橋まで出迎えに来てくれていた。艇を係留し終えるとすぐに香山さんの車で島内観光に連れて行っていただいた。お陰様で島内の諸事情、各港には浮桟橋が非常によく整備されている状況、展望台からの五島列島の絶景などを堪能させていただくことができた。香山さんは50フィートのケッチクルーザー「DYLAN」を88年に地中海で入手され地中海各地をクルージング後、カリブ海を経て日本に来られ2年前から神ノ浦に奥さんと一緒に住まわれているとのことだ。

若松島神ノ浦港から福江島荒川港へ

　9月16日の朝6時に五島列島真ん中の若松島の神ノ浦港を出航し、12時前に福江島の西側の荒川港に着いた。波は穏やかで風も5m前後と弱くほとんどを機走で行った。航海距離31海里。荒川港は荒川温泉で有名で街の中に300円で入れる公衆温泉浴場がある。

荒川港から黄島へ

　9月17日の朝6時に荒川港を出航し福江港に向かった。福江島の西側を南下し大瀬埼という岬を越え東進し、途中、津多羅島やモーツ瀬などの自然の絶景を眺めながら航海した。天気は快晴、風はなく、海面は鏡のような静けさの中、ひたすら機走で走った。福江港に11時過ぎに着いたものの、香山さんの教えの通り適当な係留場所は無く街並みを遠望するだけで係留をあきらめ、香山さんに紹介された黄島に向かった。黄島では13時前に海上タクシーイーグルに横付け係船した。航海距離25海里。黄島は人口38人で民宿は2軒あるが商店はない。漁師の濱崎さんのお話ではのどぐろ、伊勢えび、いさき、やりいかなどが近くでよく獲れるとのこと。また小坂部島、大坂部島はサンゴ礁が広がっており隠れたダイビングのメッカだそうだ。

黄島から長崎出島ハーバーへ

　9月18日の朝5時半から出航の準備をして空がわずかに明るくなりかけた5時45分にもやいを解いて出航した。台風が近づいていることもあり早めに安全な係留が可能な長崎出島ハーバーに直接向かうことにした。天候は曇りで北東の風が12m波少々ありでほぼ真風上に向かうコースで約50海里の距離を最初は機帆走にトライしたが途中からあきらめて機走だけで行き到着したのは14時だった。

長崎出島ハーバーに滞在

　長崎の出島ハーバーは出島ワーフというおしゃれな海辺の通りに面しており人通りが非常に多くイベントもいろいろ開催されている。このハーバーに10月10日まで係留することにして、9月24日から10月7日まで川崎の自宅に帰ることにした。出島ハーバーのホームページで紹介していただいた。

世界一周船栗毛

長崎出島ハーバー

➡ http://dejimaharbor.blog.fc2.com/blog-entry-263.html

お客様の来訪

9月22日は富士通の昔の同僚の林さんが博多から長崎までわざわざ訪ねてきてくださった。林さんは長崎の出身で長崎の地理に詳しく昔はよく鼠島で海水浴をしていたとのことで、現在もヨットやシーカヤックに乗ったりと海のスポーツを楽しまれている。伊王島までクルージングをして現地の寿司屋で昼食をとり、夕刻から思案橋の雲龍亭で一口餃子を頬張った。長崎の街を思う存分に楽しんだ一日だった。

川村さんとの出会い

出島ハーバーに係留している時にヤマハ30の「OLIVE」号が入港してきた。艇長の川村暢夫さんは多分日本ではシングルハンドでクルーザーに乗っておられる最高齢のかたではないだろうか。大正15年生まれの88歳とのこと。ひとりで操船することはもちろん朝昼夜の三食とも艇の中で自炊されている。しかも2回はご飯を炊き自分の健康状態に合わせた栄養のバランスにも配慮した食事を作っているとのことだ。インターネットで天気予報情報を入手しメールも活用されてい

るとのことだ。母港は三河湾の碧南ヨットクラブとのこと。私にとってのあこがれの姿を見せていただいた。

今後のクルージング計画

2014年9月5日から9月18日までの航海のルートを地図に書いてみた。福岡マリノアから壱岐の郷ノ浦、平戸、佐世保パールシー、宇久島、若松島の神ノ浦、福江島の荒川港、黄島、長崎出島の順で総行程約260海里だ。そして今後の計画は以下の通りだ。10月7日に川崎から長崎に移動予定。長崎では7日から9日まで「くんち」が行われている。10月10日頃に長崎出島を出航し、野母崎、小浜、口之津（ここまでは長崎県）、湯島、フィッシャリーナ天草、本渡、御所浦島本郷港（ここまでは熊本県）、阿久根、上甑島里港、下甑島手打港、串木野、野間池、山川港、平川シーサイドマリーナという順番で計画しているが、もしこの通りだとすれば総行程270海里になる。10月29日までには平川に到着したいところだ。途中余裕があれば開聞岳にも登ってみたいと思っている。

長崎くんち

10月9日は長崎「くんち」の後日（7日が前日、8日が中日）ということで朝の7時から10時半まで出島ワーフの横の大波止広場に設営されたお旅所（諏訪神社の神様が旅に出てくるところ）にて奉納踊りがあった。普通は売り切れで入手困難と言われていた桟敷券の1人分を運良く2000円で買うことができたのでさっそく見にいった。桟敷は7列の26番桟敷で4人席だ。1人分の広さは40cm四方の座布団一枚分の広さしかない。7年に一度の当番町が今年は7町で麹屋町、興善町、銀屋町、八幡町、万才町、西濱町、五嶋町の順番でそれぞれおよそ30分の持ち時間で奉納踊りが行われた。当番町はそれぞれいろいろな工夫をして新しい出し物を出している。中でも五嶋町は従来の青龍に加え今回新たに白龍を加えた双龍踊を披露し多くの人から喝采を得ていた。

網戸の設置など

2014年10月10日は台風19号が接近しつつあり、台風が通り過ぎるまで長崎出島ハーバーに滞在することにした。時間にゆとりができたので少し作業をした。よ

く蜂やハエがキャビンの中に入ってきて困ったことがあったのでキャビンの入り口に吊り下げ式の網戸を付けた。また、強風時にジブファーラーを引きにくかったので途中にベアリング式ブロックを4個入れて引きやすくした。ツナタワーのテントが古くて雨漏りが激しかったので雨漏り対策の防水塗料を刷毛で塗ってみた。テンポというメーカーのもので1リットルちょうどを使い切った。効果のほどは雨が降ってみないとわからない。

大鹿元さんの来訪

　大鹿さんは今から30年ほど前にケッチ「きさらぎ」で10年ほどかけて世界一周をされた。小笠原からカナダに渡り、南下してパナマ運河を越えカリブ海から地中海をクルージングされた。その後も沖縄の宜野湾に7年、五島列島に10年係留され奈留島には専用のポンツーンと別荘を持っておられる。現在は長崎出島に係留されて日本各地をクルージングし楽しんでおられる。うめぼしには大鹿さんから譲っていただいた4人乗りライフラフトと豪州南太平洋の海図100枚が積んである。そして南太平洋のクルージング事情など多くの貴重な情報を教えていただき大いに参考にさせていただいている。

大鹿元さん

長崎出島から野母港へ

　10月14日の朝9時に長崎出島を出航した。久しぶりの出航で水の補給や洗濯など事前準備に時間がかかった。これから数日は陸電と給水の無い航海になる予定だ。昨日は台風が去っても吹き返しの風が非常に強かったのだが、今日はかなり収まってきた。快晴の北風10m前後の中ジブセールだけをあげてクォーターランで5ノット前後で快走した。途中昔の炭鉱の跡地として観光クルーズなどが人気になっている軍艦島を眺めつつジャイブをするともう目の前に野母崎が見えてきた。11時半に港の一番奥のほうにあるポンツーンに無事にもやいを取ることができた。

野母港から小浜港へ

　10月15日の朝4時半に目が覚めて起きた。そういえば昨晩は21時前に眠りに入っていた。陽の岬温泉で含鉄炭酸マグネシウム温泉にひたりそのまま艇に戻って夕食をとり寝てしまった（残念ながら柴田さんに紹介していただいた期待のおおとり丸は休みだった）。九州の夜明けは遅いのでまだ真っ暗な中に朝食をとり、トイレ、歯磨きをして出航に備えた。6時半には明るくなってきたので小浜に向けて出航。出た時はなぎのような海面だったが樺島大橋をくぐる頃には北東の風が強まり小浜に近づく頃には15m強になっていた。ほとんど向かい風だったので機走のみで6～7ノットで走り11時半に小浜港に到着した。小浜は町中至るところから温泉の湯気が出ており105℃の源泉が105m広がる足湯に無料でひたることができる。海岸にある露天風呂からは夕日が沈む光景を貸し切りで眺めることができた。

長崎小浜から熊本湯島へ

　10月16日の朝6時半に小浜港を出航し天草の湯島に向かった。九州地方は高気圧におおわれ概ね晴れで無風に近い状況だった。ひたすら機走で約20海里を平均7ノットで走り9時半には湯島港に到着した。湯島は1637年徳川家光の時代の天草・島原の乱において10月24日に一揆側の天草四郎とキリシタンが密談をした場所として有名だということだ。現在の島の人口は300名程度で役場、JA、郵便局、診療所といった基本サービスがあった。

湯島から樋合島のフィッシャリーナ天草へ

　10月16日の12時半に湯島を出航し樋合島のフィッシャリーナ天草に向かった。緩い暖かい南寄りの風で絶好のセーリング日和だったが機走で約1時間で到着した。地中海風のクラブハウスから親切でおおらかな職員の方々が出迎えてくれ大変居心地の良いハーバーである。樋合島は九州と橋でつながっている自然豊かな小さな島で自転車で20分ほどで一周できた。

フィッシャリーナ天草から御所浦島経由でうしぶか海の駅へ

　10月17日の朝7時にフィッシャリーナ天草を出航した。本渡の瀬戸を渡るべく一目散に南下し一時間半で本渡に到着、そのまま瀬戸を通過した。幅30mくらいの水路が2kmほど続き途中には昇降式の橋があったりすれ違う船や追い越す船などもありスリルと興奮が入り混じった30分だった。その後上りの風でセーリングをしながらゆるりと御所浦島の本郷港に到着し通船のポンツーンに11時半に係留した。ところがそこには夕刻にフェリーが着くということで係留は無理だとわかりそのほかにも探したがうまい係留場所を見つけることができず、やむを得ずうしぶか海の駅に行くことにした。15時20分に到着しポンツーンに迎えに来てくれた観光サブマリンの船長にもやいを取ってもらった。

天草牛深港から甑島里港へ

　10月18日の朝6時半にうしぶか海の駅を出航した。港を出てすぐ右側に海図には載っていないまぐろ養殖の大きないけすがいくつもあり大きく迂回して南へ甑島の里港へ向かった。快晴で北東の風4m途中一部セーリングをしたもののほとんどを機走でいった。10時40分に里港に到着し南側の漁港に良い係留場所がないか物色したが、目当ての観光船の浮桟橋は片方に補強ロープがあり係留は無理だった。そこで北側の一般港に入り岸壁に横付けした。岸壁横付けは初めてなので潮汐を確認しもやいロープの長さを整えロープが岸壁で擦り切れないように補強をした。それでも艇から長時間離れるのは怖い気がした。

甑島の内侍舞

　10月18日（10月の第三土曜日）は年に一度の内侍舞が奉納される日だ。夕方の

18時から上甑島の里八幡神社で行われる。地区の女子中学生から選ばれた内侍は紋付の着物に麻製の打掛を羽織り、伝統の冠をかぶり神楽太鼓に合わせて伝承通りに舞いを披露する。また明日の日曜日には相撲大会が催され相撲甚句に合わせて相撲踊りも奉納されるとのことだ。

上甑島里港から下甑島手打港へ

　10月19日の朝9時半に上甑島の里港を出航し下甑島の手打港に向かった。天気は快晴、東の風4mから8m波やや高く南西に向かいクォーターの風となりジブセールを展開し機帆走7ノット強で約20海里を走り12時過ぎに到着した。手打港でも岸壁に横付けとなったが昨日の経験からそれほど恐怖やとまどいはなかった（昨日は干潮時の23時と満潮前の4時に目が覚めもやいその他のチェックをした）。手打には下甑郷土館という博物館があり縄文弥生古墳時代から近代の遺物までこの島において先人たちが多くの苦難の中で残してきた文化を多数展示していた。

手打港から野間池の笠沙恵比寿へ

　10月20日の朝7時に下甑島手打港を出航し、11時半に鹿児島県南西部の野間岬近くの野間池港にある笠沙恵比寿のポンツーンに到着した。天気は晴れ北東の風から南東の風に変わり8m前後ほとんどが上りで機走で突っ走った。笠沙恵比寿は海辺に作られた観光宿泊施設でポンツーン係留と給水、入浴料、博物館拝観料込みで1泊2000円である。野間岬はサンゴ礁が広がり春先にはくじらやイルカが訪れる自然豊かなところである。（笠沙恵比寿は2020年2月末閉館された。）

野間池港から枕崎港へ

　10月21日の朝8時半に野間池港の笠沙恵比寿のポンツーンを出て野間岬を回って枕崎に向かった。晴天南東の風8m機走で走り11時半に枕崎港に到着した。漁港は堤防の奥のほうにあり波はほとんど入ってこない感じである。入り口付近の岸壁にもやい隣の漁船の人に係留して問題ないか確認したところ大丈夫そうな感じではあるものの問題があれば漁協の人が来るよという返事だった。野間池といい枕崎も暖かいを通り越して暑いくらいの陽気である。

枕崎港から山川港へ

10月22日の朝8時40分に枕崎港を出航し山川港に向かった。前日の天気予報では前線が通過したあとであり波3m、海上風警報が出ていた。しかし夜が明けてみるとまったくの無風で昨夜来の雨もやみ出航すべきか否か迷いつつテレビの天気予報などをチェックしていた。昨日すぐ近くに係留していた大村湾から来たという「うまそー」というクルーザーの菊池さんの艇を見ると出航直前だったのであわてて見送りにいった。菊池さんいわく天気予報よりも自分で見て判断するということである。それに勇気づけられさっそく出航することにした。途中予報通り西の風が強まり10m弱、波はさすがに太平洋に面しているだけに2m強のうねりがあり通り雨もあったが、機帆走で20海里強を走り12時過ぎに山川港に到着した。

開聞岳登山

10月23日は風が強いという予報だったので出航を取りやめ開聞岳登山に行ってきた。バスで山川から登山口まで45分ほどで到着し9時から登山を始め12時に山頂にたどり着いた。高度924mとそれほど高くはないのだが、7合目までは両手ステッキで体重を支え膝の負担をできるだけ少なくするようにして登った。7合目より先は岩場やロープ場があり当方にとってはかなり険しいルートになり、ステッキよりも広葉樹の枝や幹や根っこがつかまりやすく助けになった。頂上ではあいにく雲がかかって360度のパノラマ展望はできなかったが山川港方面をかろうじて望むことができた。開聞岳登山から戻ってきて艇の中でくつろいでいるとクルーザーがもう一艇入港してきた。小浜港をホームポートにしている英国バンクーバー製34フィート「みのつる」のオーナー下田さんとクルーの艶島さんである。さっそく「みのつる」にお邪魔してコミュニケーションを図った。翌日7時に屋久島に向けて出航された。

山川港から鹿児島谷山港へ

10月24日の朝7時半に山川港を出航し鹿児島市の平川ヨットハーバーを目指した。途中平川ヨットハーバーに電話をして係留可能かどうかを確認したところクルーザーヨットの係留はできないということで、ハーバーの方から鹿児島港の中

の谷山区にあるケイエムエスヨットヤードを紹介された。11時に無事係留完了した。

鹿児島の谷山港から隼人港へ

10月25日の朝9時半に鹿児島の谷山港を出航し桜島港に向かった。朝出航する時にちょっとヒヤッとすることがあった。バウのもやいを解いてバウスプリットによじ登った時に足を滑らせてバウスプリットとワイヤーの間に片足が落ちてしまった。幸いなことに特にけがも無かったのだが一人で航海する時にはちょっとしたミスが命取りになりかねない。これからはこのようなミスが起こらないように一つ一つの動作を注意深く確実に実施していかないといけないと改めて思った出来事だった。11時には桜島港に着いたのだがあいにく適当な係留場所を見つけることができずにそのまま隼人港に向かった。航海中に軽く昼食をとって13時頃に隼人港に到着した。クルーザーが十数艇係留されており結構良いハーバーになっている（あいにく当方のGPSマップにはまだ記載されていなかったが）。ただ先ほどと同じように適当な係留場所を見つけることができなかったので、昨日谷山港でお世話になった宮田さんに電話で相談したところ、地元のヨットクラブ会長の中澤さんのカタリナ30「シーバナ」に横抱き係留して良いということでうまく対応できた。さっそく中澤さんが駆けつけてくださり艇内でしばらく歓談した。その後中澤さんの車で「富士の湯」まで送迎していただきミョウバン質のお肌にやさしい温泉につかることができた。中澤さんは錦江湾で毎月一回の定例レースを開催されているということでヨット活動の活性化に尽力しておられる。中澤さんには何から何までお世話になった。

隼人港から新島へ

10月26日は日曜日で朝の6時半に隼人港を出航した。鹿児島湾の奥深く隼人港よりも更に奥の福山港を目指した。8時には福山港に到着し係留できそうなところを探したがまたしても適当なところが見つからない。早々にあきらめて桜島の北東側にある新島（江戸時代の噴火でできた島）という無人島に向かった。昨年までは住人がいたということで立派な港と係留しやすい岸壁があり10時には係留を終えて島内散策に出かけた。南北750m、東西400mの小さな島だが少し中に入る

と巨大な広葉樹が繁り果実がなり小鳥がさえずる自然豊かな島である。無人島で過ごす一日はさぞや静かにのんびりできるだろうと思っていたらさにあらず、釣り船が入ってきて公民館のトイレを使い、水上オートバイが来たり、挙句の果てには無人島上陸ツアーの観光船までできた。午後は雷鳴とともに噴煙を含んだ黒い雨が一時的に降ったがそのあとはまたカラッと晴れてきた。ところが夜の間にまた火山灰を含んだ雨が降ったようで翌朝は艇のデッキは真っ黒だった。

桜島の噴煙

新島から桜島港の隣の漁港へ

　10月27日の朝7時半に新島を出航し一昨日あきらめた桜島港へ向かった。9時過ぎにフェリー乗り場の右側の桟橋に仮係留しフェリー事務所に確認に行ったところフェリー運航上支障があるので許可できないとのことだった。しかし事務所の担当のかたは親切で北側隣の小池地区の漁協で相談したらどうかということで、仮係留のまま自転車で漁港まで相談に行きOKをもらうことができた。すぐに桜島港を出て北側1海里の漁港（長谷港？）に行き11時半にうまく係留できた。今日はこれから桜島観光である。

桜島から垂水港へ

　10月28日の朝7時半に桜島港の北側にできた新港（長谷港？）を出航し垂水港を目指した。9時過ぎには到着し漁港の中の状況を確認し、漁船のそばで網の手入れをしていた漁師さんに隣に係留していいかどうかを確認したところ一発でOKの返事がもらえた。岸壁にも少しずつ慣れてきたし漁港の中のどのあたりが泊めて良い場所なのかも少しずつわかり始めたような気がする。先日帰宅した時に自宅から持ってきたArrows Tabが壊れてしまった。多分揺れて床に落としたのが原因だと思われる。Plan2Navでのナビやワンセグテレビ視聴で重宝してい

たので残念である。穏やかな海面の時でも出航する時は物が落ちないように用心することが必要だ。今日は北西の風で桜島の噴煙が垂水市に向かってきているのでコンタクトレンズが痛くてたまらない。せっかくの南から見る桜島ももやに隠れて見えない。午後からは風も北東に変わり噴煙も飛んでこなくなり目やのどが楽になった。夕方にはもやも晴れてきて南側からの桜島を望むことができた。富士山に似ているような感じである。

垂水港から鹿児島谷山港へ

10月29日の朝7時半に垂水港を出航し鹿児島湾を横断して真西の谷山港へ向かった。9時には到着しベルギーから来ている艇の横に係留し横抱きさせてもらった。ギー（Guy）さんと奥さんのクリスさんと2人で20年間ヨットで世界中を回ってきたそうである。ギーさんはエンジニアだが50歳で自分の会社を売り払いヨットの旅を始め現在は70歳、世界中で日本が一番良いということで対馬あたりに家を買ってベルギーと日本の2つの家で暮らしたいということである。鹿児島港の中の谷山地区にあるケイエムエスヨットヤードは海外のセーラーの間では有名なようで（逆に言うと鹿児島湾にはほかにはちゃんとしたハーバーがない）、海外艇の訪問が多いようである。うめぼしもここに11月4日まで係留し当方はしばらく陸上生活に戻る予定だ。（高等学校サッカー部同期会が40年ぶりに博多で開催されるのに参加するためだ。）

鹿児島谷山港から山川港へ

2014年11月4日の朝10時前に鹿児島市の谷山港を出航した。台風が近づきつつあり明後日は風が強まる予報だが、今朝は晴天無風で谷山港の出口から静かな桜島を望むことができた。しかし、30分ほどのちにはけっこう大きな爆発が起こり噴煙が2000m以上に達したような感じである。噴煙は上空部分と降下分とに分かれて見ることができた。12時半には指宿港に到着し適当な係留場所を海上から探したが見つけることができなかった。やむを得ず隣の山川港を目指し前回と同じ浮桟橋に13時半に係留することができた。明日からいよいよ太平洋に出て沖縄を目指す。明日は小さくきざんで硫黄島に行く予定である。

山川港から硫黄島へ

　11月5日の朝6時40分に山川港を出航し硫黄島に向かった。晴天北東の風5ｍで南西に向けて真追手の風、機走で7ノット、約35海里を5時間で走り12時に硫黄島の港に到着した。硫黄島ではケイエムエスの剥岩さんの紹介で徳田さんが迎えにきておられた。さっそく車で島内観光に出発。硫黄岳は活火山でガス水蒸気の噴煙が常時上がっており島の中の至るところでいろいろな種類の温泉が湧出している。港では鉄分を含む温泉が出ており海水は茶色になっている。他の地区では海水が薄青い色だったり、乳白色だったり湧き出す温泉の種類によって色が様々に変わるということである。島の人口は120人だが小学校も中学校もあり南海のリゾート観光の島として様々な取り組みをしておられるとのことである。徳田さんは10年ほど硫黄島の村役場の長をされ、定年後は鹿児島市の小中学校の自然研修施設の管理者をされ、一貫して硫黄島の活性化に尽力しておられるということである。今後も島の顔としてのご活躍を期待したい。

硫黄島の東温泉へ

　午後17時前に徳田さんに迎えに来ていただき東温泉に向かった。漁港から2.5kmとの表示だが途中上り下りの多い道で車でないとなかなか大変な道のりで

車で島内一周観光に連れて行っていただいた徳田さん

ある。東温泉は海辺にありながら強酸性のミョウバン泉でペーハー1.6という極めてまれな温泉だそうである。まず温泉の温度を確認し源泉の流量を石を並べて調整して適度な温度にする。湯船は3つある。

硫黄島港から種子島の西之表港へ

　11月6日の朝7時半に硫黄島港を出航し針路を真西にとり約35海里先の種子島の西之表港を目指した。夜明けの艇内の気温は22℃と南国に来たことを実感できる。北の風6mから10m途中から雲が広がり小雨交じりの中をアビームで機帆走し一時は8ノット弱のスピードが出た。もしかしたら黒潮の連れ潮があったのかもしれない。久しぶりの波に艇が揺れ船酔い気味になるのを腹に力を入れて精神力でこらえようとするがなかなかうまくいかない。途中うとうとしながらもまったく障害物のない航路をなんとか乗り切った。午後13時に西之表の旧港に到着し漁協の荷揚げ場の片隅に係留することができた。

種子島から屋久島へ

　11月7日の朝7時に西之表港を出航し屋久島の宮之浦港を目指した。快晴北東の風8m前後で南西に向け真追手で機走した。約28海里を4時間で走り11時過ぎに到着したが係留場所を探すのに手間取り12時半に漁港の入り口付近の岸壁に係留できた。今朝出航前にハルに傷がついていることに気がついた。夜の間に岸壁に直接触れて傷になったものと思われる。大切に取り扱ってきたつもりなのにショックである。でもシイラ2尾が釣れた。

屋久島で風待ち

　11月9日は低気圧の接近で荒天が予想されたので屋久島の宮之浦港で風待ちをしている。昨晩は豪雨とともに20m以上と思えるような強風が吹き、真夜中にもやいチェックをした。艇内で時間ができたので今後の航海計画を立てた。これから口之島、中之島、諏訪之瀬島、悪石島、宝島、奄美大島の名瀬港、喜界島、奄美大島の古仁屋港、徳之島、沖永良部島、与論島、古宇利島、名瀬港、宜野湾港マリーナと寄って行こうと思う。11月中に宜野湾までたどり着けるかどうかという感じである。

宮之浦岳登山

　11月10日は宮之浦岳登山に挑戦した。早朝３時に起きて朝食と弁当を作り、５時に昨晩借りたレンタカーで出発、しかし宮之浦港はあいにくの雨である。屋久島はひと月に35日雨が降ると言われるように非常に降水量の多い島である。淀川登山口までまだ夜明け前の真っ暗で雨が降る中を１時間半ドライブしながら、今日の登山はあきらめるべきかなと半分観念していた。しかし、登山口に着くと何と晴れている。６時37分に登山開始、山頂まで５時間の予定でよく整備された登山道を登った。途中泥炭層でできた花之江河というめずらしい湿原を通り、至るところに超軟水の湧水が出ていて登山に必須の水は現地調達が可能だということがわかった。山頂まで８kmの行程の中5.5km強の地点で10時７分（登山開始から３時間半）になり予想よりも時間がかかっていることとガスも濃くなってきていることから山頂まで行くことを断念し引き返した。

屋久島からトカラ列島の口之島へ

　11月11日の朝７時15分に屋久島の宮之浦港を出航しトカラ列島の口之島を目指した。出航時は雨で南風、屋久島を時計回りに９時に安房を過ぎる頃にやっと雨がやみ同時に西風が弱くなり、屋久島を離れる頃には晴れてきて北西の風が10mとクローズホールドで機帆走、その後12時頃には雷がなり風も14mと強くなりメインジブともにリーフして機帆走、14時頃は快晴と目まぐるしく気象状況が変化する一日で16時半に口之島の西之浜漁港になんとか無事に到着した。55海里を９時間強で走る強行軍だった。

口之島での風待ち

　11月12日は天気予報とは異なり北東の風が強く口之島で風待ちをすることにした。漁を見合わせた漁師さんの話によると今日行く予定にしていた中之島は漁港が狭く係留は難しいだろうとのことである。従って明日は風が収まれば直接諏訪之瀬島に向かうかもしれない。艇を係留した岸壁のすぐ前に九州電力の発電所がありそこから水道水を分けてもらうことができ水の心配が解消された。

プロペラにアンカーロープを絡ませる失敗

　11月13日も口之島で一日風待ちをしている。実は今朝大失敗をした。一昨日より北東の強風が吹き続き口之島の西之浜港に係留したままだが、岸壁に艇が打ち付けられ、なおかつ相当の波が押し寄せてきてフェンダーがぼろぼろになってしまっている。そこで思い立って、隣の漁船の漁師さんに手伝ってもらって横アンカー打ちに挑戦した。ところが、アンカーを打った後、強風でうまく接岸できず、アンカーを引っ張ったままで一回転したところプロペラにアンカーロープをからめてしまった。ギアを入れるとエンジンが止まり、もう一度エンジンをかけてギアを入れると再度エンジンが止まった。そこで異変に気づきペラルックを見るとロープが絡んでいるのが見えた。アンカーは効いていて艇はドライブ部分でアンカーに引っ張られて港の真ん中で止まったままになった。種子島の漁師の中河さんがすぐにダイバーを呼んでくださり、30分ほどでダイバーが到着し、まず岸壁と艇の間にもやいロープを渡した。艇のスターンにもやったロープを岸壁側から少し引き寄せアンカーともやいロープの両方から引いた状態になった。再度ダイバーが潜りアンカーロープを確認し、ドライブとプロペラからロープをほどいてくれた。その後は岸壁とアンカーロープを使い艇を風上向きに回して着岸させた。アンカーロープを引いたまま一回転をするなど論外なのだが艇が風に流されると焦ってしまってばかなことをしてしまった（まだまだ操船に未熟な状態である）。漁師さんとダイバーさんに厚く感謝申し上げる。ダイバーの日高司さんはこれまでにもヨットを助け海上保安部長表彰も受けられていた。その後日高司さんの車でセランマ温泉まで連れて行っていただいた。

口之島から悪石島へ

　11月14日の朝7時半にトカラ列島の口之島の西の浜港を出航し悪石島を目指した。予定していた中之島、諏訪之瀬島への寄港は諸事情により取りやめにした。昨日までの北東の強風は収まったが風速は6〜10m、3m程度のうねりがかなり残っていて、クォーターの風の機帆走で波に乗りながら7ノット強で36海里を5時間弱で走った。

エンジントラブルと救助支援

　11月15日の朝7時半過ぎに悪石島のやすら浜港を出航し宝島の前篭漁港を目指した。天候は曇り北寄りの風6m前後クォーターで行程28海里約4時間の予定である。行程の前半は順調に機帆走をしたのだが小宝島に近づく10時頃にエンジンの回転数が急に落ちてスロットルでのコントロールがうまくいかなくなった。それでも回転数を落とすとそれなりには動く。そこでエンジンは低速運転でセーリング中心に宝島を目指した。しかし宝島まで5海里のところでエンジンがストップしてしまった。後でわかったことだが燃料の軽油残量が20リットル前後になり艇のヒールでエンジンの燃料系統にエアをかんでいたことが原因である（実際には燃料パイプにごみが詰まっていたと思われる）。その間何度か足立さんに電話するもつながらない。このまま宝島近くまでセーリングしてアンカーリングするのも一案ではある。しかし不安が大きく宝島の船に港まで曳航してもらうすべを探した。宝島の地元の関係各所に電話をして船を出してくれそうな人を探した。うまく平田さんにつながり助けていただけるということになったので帆走で港近くまで行き、曳航ロープを取ってもらい堤防の中まで行き波が少ないところでそのまま平田さんの漁船に横抱きにしていただき、なんとか港内に連れて行ってもらい着岸することができた。今回の反省点は燃料タンクの残量が少なくなるとヒールなどで燃料系統にエアをかみやすくなるということを知らなかったことである。勉強不足である。また平田さんにご迷惑をおかけしたことにお詫び申し上げるとともに助けていただいたことに感謝申し上げる。

宝島から奄美大島の名瀬港へ（再度のエンジントラブル）

　11月16日は朝、周りが薄明るくなる6時半頃に宝島を出航し約50海里先の奄美大島の名瀬港を目指した。7ノットで7時間の予定だ。出航後1時間半ほどは特に問題なく行ったのだが、8時過ぎに昨日と同じエンジントラブルが出始めた。そして11時過ぎにはエンジンが止まってしまった。まだ名瀬までは20海里強あり携帯電話は圏外でつながらず足立さんとは連絡がとれない。まずは名瀬に向けてクローズホールドでセーリングをした。幸いに風速10m程度の適度な風に恵まれ5ノット前後で走ることができた。そしてエンジンの修復に取りかかった。プスフフススと回転数が落ちていく症状からすると原因は昨日と同じ燃料供給系統で

あることは想定できた。燃料供給ホースのエンジン側付け根にあるフィルターが詰まっている可能性があるということで何度かホースを外してフィルター部分を拭いたりしたのだが良くならない。そうこうするうちに2時間で10海里ほどセーリングし名瀬まで残り10海里になりやっと携帯電話が通じ、足立さんの「引っかき出せ」というアドバイスがキーワードだった。弟からプレゼントされた救急箱からピンセットを取り出し内径5mm程度で長さ5cm程度のパイプ状のエンジンの燃料受け入れ口の中をほじくりだした。よごれのようなかたまりが出てきて、再度ホースを接続しポンプを押すと燃料が軽くスゥーと通っていった。名瀬港には15時半に到着し漁港の中に無事係留することができた。今日も一日疲れた。

名瀬の城間さんの来訪

11月16日夕刻に名瀬の漁港に係留していると地元の城間さんが訪ねてこられた。城間さんは沖縄の生まれだが奥さんと東京で知り合い奥さんの里である奄美大島に来て30年になるそうで、20年前から大島特産のミカンの一種タンカンを栽培しているそうである。近くの大熊漁港にアルペジオの31フィートのヨットを持っているそうである。17日の夕刻にもエラブチ（アオブダイ）のから揚げを手土産にお越しいただき艇内で歓談させていただいた。奄美大島の魅力をたっぷりと教えていただいた。私もスキンダイビングに挑戦したいと思った次第である。

奄美大島の名瀬港から喜界島へ

11月19日の朝7時に奄美大島の名瀬港を出航し喜界島の湾港を目指した。約35海里5時間の行程である。2日間の風待ちとなった昨日までの北寄りの季節風は弱まり北東の風が6mから10m程度だがうねりはまだ残っており2.5mくらいはありそうだ。それもお昼頃にはだいぶ収まってきた。今日の航海は順調で12時には湾港に到着した。フェリー乗り場の横を通って一番奥に長い堤防がありその一番右端がほんの少し開いていて、そこをゆっくり入っていくと中に広い漁港があった。ところが今日は係留で手間取った。最初に堤防の裏側に泊めようとしたところ意外にも岸壁近くにテトラポッドが沈んでいて気が付いた時にはキールがテトラに当たっていた。あわててバックをかけて難なく抜けることができた。次に荷揚げ場の近くにたまたま人がいたので声をかけたところここに槍付けするとい

68　世界一周船栗毛

いと言ってくれたのでアンカーを打って恐る恐る岸壁に近づきうまくもやいを取ってもらった。一安心してもやいを整理し、念のため漁協の事務所に確認に行ったところそこは駄目だということで、漁港の西側の一番端に横付けさせてもらうことになった。今日は係留に手間取った。でも皆さん総じて親切で気持ち良く係留させてもらっている。

喜界島から奄美大島の古仁屋港へ

11月20日の朝6時40分に喜界島の湾港を出航し、約38海里先の奄美大島の大島海峡にある古仁屋港を目指した。夜明け前の晴天無風で海面は非常に穏やかだが波長の長い小さなうねりがのたりのたりと艇を揺らしている。途中北西の風が5m前後吹き出して機帆走し順調に7ノット前後で走った。12時20分に古仁屋港に到着し、古仁屋港の海の駅に連絡して係留場所を確認するとフェリー桟橋の反対側ということで難なく12時40分には着岸係留することができた。今日はすべてが極めて順調に進んだ。大島海峡は両側をリアス式海岸に囲まれた自然の良港で深い入り江が多く停泊やダイビングには最適の地である。五島列島の若松水道と似たような感じだがこちらの方が街が大きく人が多い印象で、海上タクシーの出入りも頻繁にありその引き波で船が揺れている。

奄美大島の古仁屋から加計呂麻島の生間へ

11月21日の朝9時7分に古仁屋港を出航し生間を目指した。古仁屋から生間は大島海峡を挟んで目と鼻の先にある。今朝は4時と8時にスコールのような雨が降り現在も小雨がぱらついている。9時35分には生間の漁港に到着した。すると岸壁でケロニアの大谷さんに紹介していただいた谷さんが待ってくれていて谷さんのカタマランのバースに係留するように案内してくれた。谷さんは奥さんと3人のお子さんと生間に住みブルーウォーター24やカタマランで近海を乗り回しておられるということで、今朝うめぼしが古仁屋を出航するのを見た古仁屋の海上タクシーから連絡があって来るのを待っていてくださったそうである。今日は一日生間に係留させていただくことにした。谷さんに感謝。

加計呂麻島から徳之島へ

　11月22日の朝6時35分まだ夜が明けきらない薄暗い時間に加計呂麻島の生間港を出航し徳之島の山村港を目指した。天気は小雨で北東の風が6mから8m、北東からのうねりがやや大きく2m前後ありクォーターの風で機帆走をした。途中雨が強くなり土砂降りになり上下とも合羽を着てドジャーの中に隠れていた。当初は山村港に行く予定だったが、北東の風とうねりが大きいことから東に開いている山村港を避けて亀徳港に向かうことにした。行程は約35海里で波に乗りながら7ノット強で飛ばしていった。亀徳港には11時15分に到着し港内をうろうろしていると漁師の吉山さんが「いつも自分の船を泊めているところに来い」と声をかけてくれもやいも取っていただいた。徳之島は農業が盛んな島で街にも活気が感じられる。

お客様（井野さん）の来訪

　亀徳港で瑞風の井野さんが訪ねてこられた。井野さんは東京の晴海にお住まいで横須賀のヴェラシスをホームポートにしている岡崎造船の31フィート瑞風にシングルハンドで乗られ瀬戸内海から九州東岸を渡ってこられちょうど亀徳港に立ち寄られたそうだ。これから沖縄まで行かれるということで当方と似たような行程なので多くの情報交換をさせていただいた。また梵天フェンダーのカバーにはお風呂用のバスマットが良いという話を聞きさっそく100円ショップで購入してきた。井野さんは若い時江ノ島でシーホースに乗られその後仲間とクルーザーを購入され金沢八景や横浜市民ハーバー、その後ヴェラシスに係留されクルーザー歴は30年以上の大ベテランである。この後、知名港、茶花港と一緒に移動した。

徳之島から沖永良部島へ

　11月23日は朝6時40分に徳之島の亀徳港を出航し12時10分に沖永良部島の知名漁港に到着した。天気は晴れ北東の風が最初は4m前後で昼頃には10mと強くなりうねりもでてきた。35海里を7ノット弱の5時間半で機帆走してきた。今日の沖永良部島は暖かいを通り越して暑い陽気である。子供も半袖だ。知名の町は洒落たリゾート風ホテルがあり町全体がカラフルできれいな印象である。南国の街に来たなという感想である。

沖永良部島から与論島へ

11月24日の朝7時20分に沖永良部島の知名港を出航し与論島の茶花港を目指した。約20海里で3時間程度の航海である。天気は晴れ時々曇り到着直前にスコールのような雨、南東の風8mから10mアビームの機帆走で順調に飛ばした。入港コースが難しいと言われていたとおりコースを間違えて入港しようとしたところ目の前の海面が黒くなってきたのであわててバックして難を逃れた。そのあたりをうろうろしているとちょうど漁船が出航してきて「そっちに行くと座礁するぞ。こっちのこのコースだ」と丁寧に教えてくれた。おかげで何とかポンツーンにたどり着くことができた。ここはまさに南国である。気温27℃、服装も夏物に衣替えが必要だ。与論島では野口さんにお世話になった。

与論島から沖縄の古宇利島へ

11月25日は朝7時20分に与論島の茶花港を出航し沖縄の古宇利島の古宇利港を目指した。晴天で南西の風6m前後、真風上向で30海里を機走した。与論島を出てしばらくは東からのうねりがあったが沖縄本島の西側に入ってからはうねりも収まりまるで内海にいるような静かさであった。12時20分に古宇利港に到着し13時にもやいを完了した。港内が狭くたまたま艇内で作業をしていた漁師さんに紹介された隅っこにもやうことができた。

沖縄の古宇利島から伊江島へ

11月26日の朝8時に沖縄の古宇利島の古宇利港を出航し伊江島の具志漁港に向かった。10海里程度の距離で9時半には着いた。今日も快晴無風である。半袖半ズボンにしてふとんを干した。今日は時間があり天気もよかったので自転車で伊江島一周サイクリングに出かけた。また城山にも登ってきた。夕刻に漁港の西側にあるヨットハーバーに行ってみると立派な桟橋に瑞風が係留されていた。井野さんは事前に調べてこの桟橋を目指して来られたそうである。定食屋で夕食を一緒にすることにした。

お客様の来訪

伊江島の漁港でくつろいでいると夜暗くなってから突然外から声がかかった。

なんと昼間にヨットハーバーでちょっと立ち話をした宮城さんがわざわざ訪ねてきてくれた。しかもジョニ黒のボトルとオリオンビール、富士山の水素珪素天然水1本とつまみ一式という豪華な手土産を持参してこられた。すぐに艇内にご案内しさっそく懇親会が始まった（狭い艇だが）。宮城さんは中学の教員を定年退職され現在は伊江村教育委員会の委員長をされているそうである。東京の大学時代に横浜ベイサイドマリーナでヨットを見てヨットに引き付けられ、その後伊江島に戻りヨットを5艘（最後はトリマラン）も自作したそうである。いろいろな情報を教えていただき、明日は美ら海水族館に一番近い港に行き海洋博公園の見学をすることにした。

伊江島から本部町へ

11月27日は朝8時20分に伊江島を出航し対岸の渡久地港エキスポ・垣内という港に行った。薄曇り北東の風10mで4海里40分の航海だった。港内にちょうどダイビングに出航直前の船がいて係留場所の指示ともやいとりを手伝ってくれて比較的楽に係留することができた。ここから美ら海水族館に行く予定だ。

沖縄海洋博公園の観光

海洋博公園は1975年に沖縄県で開催された沖縄国際海洋博覧会を記念して設置された国営の公園だ。垣内港からは水族館まで自転車で20分程度で行くことができる。公園全体は非常に広くて端から端まで自転車でも20分以上かかりそうなほどだ。美ら海水族館ではサンゴ礁の生命溢れる旅を見て、大海の黒潮のダイナミックな旅も見た。世界最大の魚ジンベエザメの迫力は忘れられない。海洋文化館ではミクロネシアの星を頼りにした航海術にいにしえの人の知恵の素晴らしさを感じた。熱帯ドリームセンターではブーゲンビリアの咲き誇る様を観賞させていただいた。

本部町から名護漁港へ

11月27日の14時20分に渡久地港を出航し16時に名護漁港に到着した。曇り東の風8mの中約10海里の機走である。名護漁港では一番奥の静かなところに係留することができた。

名護から宜野湾マリーナへ

11月28日の朝7時40分に名護漁港を出航し宜野湾マリーナに向かった。天気は曇り時々雨、南東の風が5mから10mで機帆走で30海里を走り12時前に入港した。クレーン横のビジターバースに係留し管理事務所で手続きをした。その後夕刻になってから奥のバースに移動してほしいということでR-4の一番奥に係留しなおした。何はともあれ第一ステップの目標地の宜野湾マリーナに無事に到着できたことはうれしい限りである。ここに2か月ほど艇を置いて上架整備や川崎の自宅への帰宅をしたいと思っている。

艇の整備計画の打ち合わせ

11月30日に足立ヨット造船の足立社長が宜野湾マリーナに来られた。9月から11月まで3か月かけて博多から沖縄まで航海してきた内容を踏まえて宜野湾マリーナでの整備計画の打ち合わせをした。主な内容は以下の通りである。

・種子島で傷をつけたハルの補修
・船底の清掃と船底塗料塗装
・ステー関連のチェックと整備
・強風時にジブファーラーの巻き取り展開に課題があることへの対応
・マストトップの3色灯全周灯機器交換
・軽油タンクとエンジンの間の燃料濾し器の追加
・エンジンの冷却水系統の清掃など整備
・エンジンパネルのアラームが鳴らないことへの対応
・エンジンが故障した時のために2PS船外機をスイミングデッキに設置できるブラケットの追加
・コクピット入り口取っ手の追加（3か所）
・洗い物などに利用できる海水ポンプと配管の追加
・バッテリーの交換2台、追加1台、合計4台での運用
・キャビン入り口の網戸の設置
・タブレット端末でナビができるようにキャビン入り口に設置台の追加
安全な航海と快適なヨット生活の両面での対策である。

沖縄宜野湾港マリーナでの上架整備

　2014年12月から2015年の１月にかけて宜野湾港マリーナでうめぼしを上架して整備をした。足立ヨット造船の足立社長に出張していただき、これまでに見つかった不都合点や補修すべき点を中心に整備をしてもらった。ハルのニス塗りと船底塗装がきれいにできた。エンジンの燃料濾し器（中央上）を追加した。コクピット前部にパッドホルダーを設置した。Plan2Navをコクピットで使えるようになった。木製の取っ手をコクピットとキャビン入り口に合計４個追加した。

2014年11月末頃の認識

　2014年11月末に沖縄の宜野湾マリーナに着いた頃はまだ海外航海について具体的な検討をしておらずとりあえず南太平洋に行きたいので台湾、フィリピン、インドネシアを経由してオーストラリアに行ってみようと大雑把に考えていた。２月に契約したインターランド社との保険契約にもそのような記載をしていた。しかしその後台湾に行きそしてフィリピンに着いてから周りの人に話を聞くと南太平洋に行くためには一度日本に戻って小笠原経由で行くほうが行きやすいと言われ初めて大きな風の流れや貿易風というものの性質を知った次第だ。そこで南太平洋へ行くのを後回しにして西回りで航海することに計画を変更したのは2015年４月末頃フィリピンからマレーシアに向かう頃だ。元々放浪の旅が好きで今回の航海も南太平洋、カリブ海、地中海の３か所に行ってみたいというのが始まりでその順番が逆になっただけだといつもの調子で気楽に考えていた。しかしインターランド社との契約でルートを変更するために５万円強の費用がかかってしまった。行きあたりばったりの航海はお金もかかるものだということもこの時認識した次第だ。

4 2015年の航海（沖縄からタイまで：3668海里）

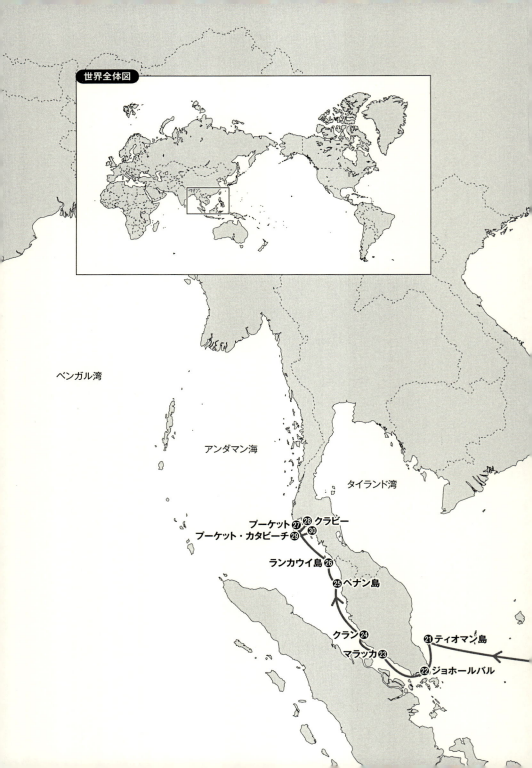

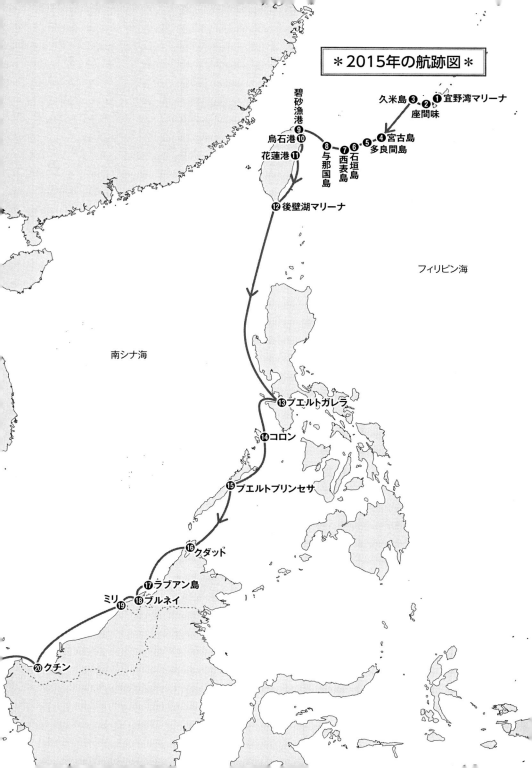

2015年の航海のまとめ

　2015年の１月に沖縄の宜野湾マリーナで上架整備をしたあと２月２日に宜野湾マリーナを出港し石垣島、台湾、フィリピン、ブルネイ、マレーシアを経て12月にはタイまで来た。その間の総航海海里数は3668海里、航海日数70日、燃料の軽油使用量1400リットルだ。途中の４回の帰国を含め113日は日本で生活していたので現地での生活日数は252日になる。252日の生活費として現地で使った通貨の合計金額は約70万円だ。艇の整備費（沖縄整備費を除く）が110万円。日本を５往復した飛行機代が22万円。キングスカップレガッタ参加費が17万円（ホテル代を含む）。軽油購入費約14万円。マリーナ係留費が約15万円。総合計約250万円が今年１年間の費用だ。

沖縄の宜野湾港マリーナから慶良間列島の座間味港へ

　2015年２月２日の朝８時20分に宜野湾港マリーナを出港した。昨日のうちにマリーナでお世話になった方々にご挨拶をし、マリーナ事務所で出航手続きを終えていたので今朝は淡々と出航するつもりでいたらカティサークの池田さんが港から出るまで見送ってくれた。天気は曇りで風は２ｍ以下の微風、波もほとんどない静かな海面を、一路座間味へ向けて機走した。２か月ぶりの航海だったが特にトラブルも無く順調な出だしとなった。ただ少し船酔いがきたことと、途中座間味フェリーが艇のすぐ横を追い抜いて行ったあとの引き波で艇が思わぬローリングをしてスマホやWi-Fi端末がコクピットの底に落ちてしまったこと程度のことがあった。座間味港は周囲を山に囲まれた天然の良港で立派なポンツーンまであった。12時30分にポンツーンに係留することができた。明日は久米島まで行き、その後宮古島、多良間島、石垣島、西表島、与那国島と回る予定である。

慶良間列島の座間味港から久米島の兼城港へ

　２月３日の周りがほんの少し明るくなってきた朝７時に座間味港を出航した。天気は曇り時々雨、北の風が８ｍから12ｍ、波は１ｍから２ｍ、西北西約30海里にある久米島の兼城港に向けて機走７ノットから８ノット（黒潮の連れ潮？）で飛ばした。久しぶりの波で船酔いがひどくコクピットに立って必死で我慢をしていた。それでも12時には港内に入ることができた。しかし係留を予定していた岸

壁は工事中でほかにあまり良い場所がなく工事現場の隣に無理やり係留をした。ちょうど大潮でもあり岸壁への登り降りが大変な状況である。3日から7日までここに停泊予定である。6日に大谷さんが飛行機で久米島まで来られて合流し、7日の午後宮古島に向け出航し初めてのオーバーナイトに挑戦する予定である。

久米島の散策

2月4日立春の久米島は曇り空で北風が強く吹く寒い一日だったが、停泊日ということで島を一周する路線バスに乗って散策に出かけた。島の西側は島尻湾という大きなサンゴの環礁になっておりダイビングのメッカになっている。イーフビーチの傍らで楽天イーグルスが春季キャンプを張っていた。さっそくのぞいて見ると練習試合のようなことをやっている。野球音痴の私には選手の名前などはまったくわからなかったがピッチャーの投げるボールのスピードは相当なものに感じられた。そのすぐ隣の泊フィッシャリーナは水道設備も備えたポンツーンがある立派なマリーナで桟橋には空気ボンベがたくさん並んでいる。そしてサンゴ礁の一翼を担っている奥武島の畳石を見にいきサンゴのかけらを拾って持ち帰った。帰りはいつものAコープで食材を仕入れて艇に戻った。島を一周する県道沿いには植栽が整備されていて、真っ赤なハイビスカスやサルビアの花がきれいに咲いていた。

NPO法人くめしま

兼城港のターミナル管理はNPO法人「くめしま」が担っている。今日はそこの管理人室に来られたNPO法人理事長の松山さんと松山さんの娘さんで法人の事務をされている松山さんにお茶をご馳走になった。昨日は管理人の久持さんにはうめぼしの臨時係留先として地元の方の漁船に横抱きできるように交渉していただいたり、松山さんには町の案内をしていただいたり大変お世話になった。また貴重な水道水の補給もさせていただいた。NPO法人ではターミナル管理のほかにフラワーリング大作戦ということで、花の苗を育ててそれを無料で婦人会や商工会などに配布し、島の一周線といわれる県道沿いの植栽升に植えてもらって島にフラワーリングを作る取り組みをされている。また島を訪れる人の観光案内や地産地消を進めるためのネット販売などいろいろなことを手掛けておられるそ

うである。久米島では各家庭にWi-Fiサービスが行き届いていて、これを活用していろいろな取り組みをされている。先ほど触れた地産地消を進めるための野菜や果物などのネット通販もその一つだし、役場のかたによるお年寄りの見守りサービスなど様々な取り組みをされている。松山さんは久米島生まれで2人の娘さんに恵まれ還暦を迎えられた今の時期が最も充実しているとおっしゃっている。久米島の中で島の豊かさを感じながら島の活性化と人の役に立てる仕事に取り組んでおられるというのが幸せの源泉になっているだろうか。

久米島の兼城港から宮古島の平良港へ

　2月6日12時45分に久米島空港に到着する飛行機で大谷さんが来られた。空港まで路線バス10分で迎えに行き大谷さんを出迎えてまた路線バスで戻り兼城港ターミナル食堂で豆腐チャンプルーをいただいた。そして食料の調達をして15時に兼城港を出航した。天気は曇り時々晴れで風は2～4mと穏やかだが北からのうねりが残って艇は相当ゆれた。初めてのオーバーナイトに挑戦するにあたり大谷さんに助っ人に来ていただいた。安心したためか船酔いがひどく夜21時には昼食べた豆腐チャンプルーをそのまま戻してしまった。翌日2月7日11時に約130海里20時間の機走と機帆走で無事に宮古島の平良港に到着した。

大谷さんとうめぼし

伊良部大橋の観光

2月8日の日曜日は強風のため停泊日ということでレンタカーを借りて島内観光に出かけた。まず来間大橋を通って宮古島の南西端にある来間島に行き、次に南東端の東平安名崎に行った。そして池間大橋を渡って島の北端の池間島、最後に先月31日に開通したばかりの伊良部大橋を渡った。

もやいロープの切断と岸壁への接触

8日の午後13時から18時まで島内観光に出かけている間に大変なことが起こった。風上側のもやいロープが岸壁のコンクリートに擦れて切れてしまっていたのだ。スプリングを含め残り3本のロープだけになりバウパルピットが岸壁にこすれていた。隣にヨットを係留されている田口さんが自分の艇の様子を確認するために来られた時にその状況を見つけられ急きょ応急処置をしていただき、そのうえで私の携帯に連絡をしていただいた。被害がバウパルピットの擦れ傷だけで済んだのは幸運であった。田口さんの速い処置のおかげで大事に至らずに済んだ。

宮古島から多良間島へ

2月10日の朝7時半に宮古島の平良港を出航し多良間島の普天間港に向かった。天気は曇り時々晴れ、風は北寄りの風が10m前後、のちに3〜5m程度、昨日までの強風のうねりが残っており2.5m程度、アビームからクォーターの風で機帆走で35海里程度を走り、12時半に到着した。普天間港から町までは距離があるとのことだが、島のかたは親切で自分の弟の車が倉庫にとめてあるから自由に使って良いとのことで、大変助かった。これから車で買い出しに行く予定だ。

多良間島から石垣島へ

2月11日の7時半に多良間島の普天間港を出航し石垣島に向かった。天気は晴れのち曇り、風は無風から南寄りの風が5〜8m、うねりも収まり機帆走で快適なクルージングだった。想定に反して距離が50海里弱あり時間にして7時間強かかり午後14時50分に石垣港の中のフィッシャリーナのポンツーンにもやいを取ることができた。このフィッシャリーナはできたばかりのようで水道や電気が完備された立派なポンツーンが2本あり40艇くらいは係留できそうな規模である。

石垣島にて

　2月12日は午前中に税関に行き出国の手続きの確認をして、その後、大谷さんが帰宅されるので石垣空港まで見送りに行った。そして、入れ違いに岩崎さんが石垣空港に到着されたので出迎えて艇に戻った。石垣港フィッシャリーナは昨年の9月から利用できるようになったそうでまだできたてのほやほやである。管理者は石垣市役所水産課で非常に丁寧に対応していただいた。うめぼしの係留料金は1日900円と格安である。

石垣島から西表島の白浜港へ

　2月14日朝8時半に石垣島の石垣港フィッシャリーナを出航し西表島の船浮港を目指した。今日から台湾までは岩崎さんに同乗していただく。天気は快晴、南東の風5mからのち10m、波は穏やかで初めはランニング、途中からアビームで快調に飛ばした。船浮港の手前ではイルカの出迎えを受けた。13時には船浮港に到着し、連絡船の桟橋に仮泊めし、近くの民宿のご主人に教えてもらった岸壁にアンカーを使って係留した。そして民宿で昼食を食べようと思ったら食材がないのでだめだと断られ艇内で簡単な昼食をとった。船浮は道路が通じていない集落で港は奥まった入り江の中にあり自然の宝庫といわれる場所である。イリオモテヤマネコが初めて発見されたところでもあり、多くの観光客が連絡船で訪ねてきていた。しかし、係留した場所が強い南東の風のために艇が岸壁にたたきつけられる状況だったので、岩崎さんと相談して隣の湾の白浜港に移動することにした。船浮港から白浜港へは狭い水路の近道があり、そこを抜けようとした時事件が起こった。案内標識に沿って行くと水深が急激に浅くなり1.3mの表示になった時にキールがザザザーと座礁した。海底が砂地でありスクリューの後進をかけることですぐに離底することができ幸運であった。白浜港では公共岸壁の北西端に係留して岸壁を散策している時にレジャー船にいる浅原さんから横抱きしてもいいよというご提案をいただき本日の最終係留場所が決まった。今日は4回係留することになった。

西表島の白浜港から与那国島の久部良漁港へ

　2月15日の朝8時に西表島の白浜港を出航し約50海里先の与那国島久部良漁港

を目指した。天気は晴れ時々曇り、南寄りの風が５ｍくらいから徐々に強まり後半は13ｍ程度になり、うねりが大きくなった。前半は機帆走、後半はヒールが大きくなったので機走に切り替え走った。15時半頃に久部良漁港に到着した。係留予定の谷口さんのクルーザーに横抱きしようと準備をしていると、現地の人がその隣に係留できるということでそこに着岸しようとしたが強風と着岸場所が狭いことから時間がかかり16時半にやっと係留完了した。明日は北風予報だが午前５時には出航予定である。岩崎さんが艇内で夕食を作ってくれた。

与那国島の久部良港から台湾の碧砂漁港へ

　２月16日の朝５時過ぎの雨が降る真っ暗闇の中、もやいを解いて久部良港を出航しようとしたが、GPSマップの地図と実際の岸壁が異なっていて出ようとすると岸壁に行きあたってしまった。再度港内に戻って昨日入港してきた航跡を確認し、岩崎さんのバウからの指示に従って恐る恐る艇を進めなんとか港を出ることができた。その間の試行錯誤は20分くらいかかり、岸壁に何度かぶつかりながら出口を見つけるべく、お互いに大声で声をかけあいながらの必死の取り組みであった。港外に出てからはGPSマップに従っての快走ができた。天気は雨のち曇りのち晴れ、北の風が８ｍからのち12ｍ、波は前半は穏やかで後半は３ｍ強のうねりを伴っていた。与那国島から台湾の碧砂漁港までは約75海里あり所要11時間のつもりでいたが、行程の半ば過ぎ頃から徐々に艇速が落ちて７ノットが５ノット弱にまで落ち到着予定が大幅に遅れそうな気配になった。石垣島でお世話になった前田さんに台湾経由の携帯電話を利用して到着時間が遅れることを現地ハーバーに伝えてもらった。碧砂漁港には18時（現地時間17時）過ぎに到着し、岩崎さんがコーストガードのオフィスに行き交渉して仮係留場所から本係留場所まで案内してもらうことができた。その背景には前田さんに紹介していただいたボブさんと現地の碧砂ヨットハーバーマスターのブライアンさんの事前手配があったことが大きかったと思われる。その後ブライアンさんの車で７km離れた基隆の入出国管理事務所まで連れて行っていただき無事に入国手続きを終えることができた。途中艇速が落ちた原因は黒潮の影響ではないかと思っているが実際のところは不明である。

碧砂漁港と基隆の町

　昨日はボブさんとブライアンさんの手配とご対応によりまったく問題なくスムーズに入港し入国することができた。碧砂漁港はポンツーンの設備が整った大きなヨットハーバーである。うめぼしはポンツーンではなくポンツーン横の岸壁に係留しているが、風もなく波も静かで非常に居心地の良いハーバーである。水道電気の設備もあり、水道水は利用しているが陸電はコンセントの形式が異なり今回の利用はあきらめた。ハーバー係留利用料はちょっと高めだが1日450台湾ドル（約1600円）ということで出航前にブライアンさんに支払うということである。今日はタクシーで基隆の町まで散策に出かけた。中華電信でプリペイドSIMカードを購入しやっとインターネットにアクセスできるようになった。10日間で500台湾ドルだ。

台北観光と岩崎さんの帰国

　2月18日は朝から岩崎さんと一緒にバスで基隆に出て乗り換え鉄道で台北までいき台北観光をした。しかし今日は台湾の旧暦で大晦日に当たり多くの店や博物館などの公共施設がお休みであった。台北中心部は車の交通量も少なく閑散とした感じであった。228和平公園内の廟では明日のお正月の準備が行われているようであった。そして中正紀念堂から国父史蹟紀念館を訪ねた。午後は松山国際空港まで行き岩崎さんのお見送りをした。岩崎さんのおかげで台湾への入国が大変スムーズにいった。

台湾のお正月

　2月19日は台湾では旧暦のお正月に当たる。昨日から春節の連休が始まった。昨日の大晦日の台北の町はほとんどの店が閉まっていて閑散としていたが、今日お正月の基隆の中心部の繁華街は大変な賑わいであった。皆、家族で廟にお参りをして出店で食べたり遊んだりしているようであった。日本の出店よりも食べ物や売っている物や遊びの種類も多く、出店でできることの範囲が広いように見えた。例えば食べ物は生の海鮮を並べて選んだものをその場で料理をしたり、いろいろな種類の焼肉などもあり、また麺類も豊富である。売っているものも洋服からアクセサリー、遊具や花火など様々である。遊びも鉄砲から麻雀、カード、宝

くじのようなものまでいろいろである。また艇を係留している碧砂漁港のレストランも昨日は閉まっていたが、今日は多くの家族連れで（貸し切りバスで来ている家族もあり）賑わっていた。碧砂漁港は基隆の郊外にあるがヨットや大型モーターボートもありちょっとした観光スポットになっている感じである。

故宮博物院と海事博物館を見学

2月20日は台湾の正月2日になる。有名な国立故宮博物院に行くためにルートを調べると碧砂漁港からバスで基隆に出て鉄道で台北に行き、地下鉄で士林駅に行きそこからバスに乗るという3回乗り換えが必要で、2時間弱の行程である。まずバスに乗って基隆までいくと昨日の賑やかな喧騒はどこへやら出店（屋台）はすべて無くなっていて人通りもまばらである。昨日は春節のお正月だけのイベントに偶々居合わせることができたのだということがわかった。更に鉄道で台北の駅まで行くと台北の駅はさすがに多くの乗降客で賑わっていた。そして地下鉄乗り場に行くと乗車口の前に列ができている。地下鉄の列車が来て乗ろうとするが列の半分までしか乗れない。どうやら春節の連休で皆さん故宮博物院に行こうという人が多いようである。博物院の入り口はとんでもなく混んでいた。入場券を買う列が長く伸びている。博物院に入っても3階の301と302の前には団体客が並んでいてまったく入れない。どうも最悪の日に故宮博物院に来たように思われる。それでもやや混んでいないところを中心に鑑賞させてもらい特に青銅器や陶磁器のコレクションは素晴らしいものであった。帰る途中に台北でエバーグリーン海事博物館に寄った。

碧砂漁港から花蓮へ

2月22日の15時に碧砂漁港を出航することにした。23日の朝、花蓮港に入港し1泊の予定である。そして24日の早朝に花蓮港を出航し25日の夕刻にコンティン（懇丁）港に到着の予定である。

トラブルで出航見合わせ

2月22日は午後14時過ぎに出航の挨拶のためにコーストガードに行ったところ、出航前にコーストガードの横に艇を持ってきてチェックを受けるように要請

された。そこで出航準備万端整えて14時半頃に係留場所から移動しようとして岸壁から離岸したところ船がまったく動かないのである。岸壁からは離れていくばかりだ。エンジンは動いているのだがギアを入れても前進も後進もできない。エンジンのカバーを開けてみるとセールドライブの上のギアは確かに動いているのだがギアが入らないのである。そうこうしているうちに艇は係留していた岸壁から離れポンツーンのほうに流されていく。そこで先日の整備で作ってもらった船尾のブラケットにホンダの2馬力船外機を取り付けて艇を動かし何とか元の岸壁にたどり着くことができた。さっそく足立ヨット造船の社長の足立さんに電話をして原因究明にとりかかった。まずペラルックからボートフックを入れてペラがあるかどうか確認したがペラは見えない。それでウェットスーツを着て海に潜って確認すると何とペラがないのだ。ペラが脱落していたのである。修理をするためにはクレーンでつりあげてドライブとペラの修理作業が必要だということで足立さんに台湾まで出張していただく方向で調整することになった。当方もクレーンの手配をしようと思うがまったくすべがわからない。またまた前田さんのお世話になることになった。台湾は春節の真っ最中でもあり修理完了までには数日はかかりそうな状況である。

今後の予定

2015年2月23日（月）は弟からプレゼントされた水中ビデオカメラを使って海底の撮影をした。すると見事に水深5m程度の海底に落ちているのが確認できた。明日200台湾ドルでエアタンクを借りて私が潜って拾い上げようと思っている。私の潜水経験が少ないのが少し心配ではあるが、現地の関係者には立ち会ってもらうつもりだ。今日午後から前田さんに紹介してもらった鐘さんと光（Hikari）さんと打ち合わせをして今後の修理計画を立てた。私が3月上旬に日本に帰国しなければならないことから、艇はこのまま3週間ほど碧砂漁港に置いておくことにした。そして私が台湾に戻ってきて、3月12日にクレーン車で艇を釣り上げ、日本から足立社長に部品を持って来てもらい修理をしていただくことにした。花蓮、懇丁に行くのは3月中旬になりそうである。

ペラの引き上げ

　２月24日に潜水してペラを拾い上げるつもりだったが夜明け前から雨が降り天候が悪かったので作業を延期した。そして25日は朝から久々の晴れになったので洗濯や布団干しをして昼前からダイビングに挑戦した。光さんが近くのダイビングショップからエアタンクを運んできてくれたので、機材をセットしていざ海に入ったのだがウェイトの準備が漏れていた。BCDからエアをすべて抜いても潜れないのだ。そこで光さんのバイクで近くのダイビングショップまで連れて行ってもらい５kgのウェイトを購入し再度トライした。今度はなんとか潜れた。そしてすぐにペラが見つかった。ペラの中心部の穴に準備していたペラ引き上げ用のロープを通そうとするのだがなかなか通らない。やむを得ずロープで引き上げるのをあきらめて手で抱えて持ちあげようとすると重くて体が沈んでしまうのである。それならばBCDにエアを入れればいいだろうと思いペラを抱えてエアをいれた。しかし抱え方が悪くBCDは浮いていくのだが手に持っているペラは一番最後になるのだ。つまり逆立ち状態で海面まで浮いていきその後何とか体制を立て直して光さんにペラを受け取ってもらった。その間の悪戦苦闘は10分強だったと思われる。今日は疲れた。でもダイビングの練習にはちょうど良い体験であった。そして光さんのサポートが絶大であった。

碧砂漁港での係留

　３月上旬にどうしても対応しなければならないことがあり一時日本に帰国することにした。２月28日に台北松山空港から羽田に行く飛行機を予約した。そして３月11日に艇に戻ってくる予定である。帰国している間の艇の係留が不安の種の一つであったが、昨日潜ったついでに小さなダンフォースアンカーを艇の左後方に打った。これで一応前方２か所、後方２か所の４方向からもやいを取ることができるようになったのである程度安心できるようになった。碧砂漁港は西側と南側に高い崖が迫っており、そして北東側には背の高い岸壁があり、風があまり入ってこないし外洋の波もほとんど感じられない。時折入出港する艇の引き波が来る程度である。夜艇内で寝ているとまったく揺れが無く船の上にいることを忘れてしまうほど静かである。３月12日に艇をクレーンで引き上げプロペラの修理をする予定である。そして３月中旬には花蓮から懇丁に向けて航海を再開したいと

思っている。

気象予報士試験

2015年3月6日にうれしい通知が舞い込んできた。かねてより挑戦していた気象予報士試験の合格通知が来たのだ。昨年1月の初回受験では学科試験の専門知識のみに合格でき、昨年8月の受験で学科試験の一般知識になんとか合格し、今回今年1月の実技試験でかろうじて合格できた。3回目の挑戦でのやっとの合格である。準備期間を入れると1年半のプロジェクトであった。気象予報士試験は学科試験2科目（一般知識と専門知識）実技試験2科目の4つの試験からなっている。毎回すべての試験を受けることができるのだが学科試験2科目が合格していないと実技試験の採点はしてもらえない。毎回試験の直前に詰め込み勉強で分野を絞って準備してきたので試験が終わると細かいことはほとんど忘れてしまっている。今回の試験では受験者が3116名で合格者が130名（合格率4.2％）ということでかなり狭き門になっている。これまでの気象予報士試験合格者は累計で9588名いるようである。

私は学科の一般知識が苦手なほうで、例えば次のような問題が出る。これは今でも解くことができない。5択なので鉛筆を転がせば20％の確率で当たるのだが。

問：北緯30°線上で東西に1000km離れた2地点A，Bの高度5km面では等圧線が南北に走っており，西にある地点Aの方が東にある地点Bより気圧が高く，その差が10hPaで2地点間の気圧傾度は一様である。地衡風の関係が成り立つとき，地点Aと地点Bの間の高度5km面での風速値に最も近いものを，下記の①〜⑤の中から一つ選べ。ただし，必要により，空気密度＝0.5kg/m^3，重力加速度＝10m/s^2，空気の比熱＝$1 \times 103\text{J/kg/K}$，緯度30°でのコリオリパラメータ＝$7 \times 10-5\text{/s}$の値を使用せよ。

　①50m/s　②40m/s　③30m/s　④25m/s　⑤20m/s

碧砂漁港でのプロペラ取り付け

2015年3月12日は碧砂漁港でプロペラの取り付けをした。当日は朝から北東の風が強く雨も降っていたが足立さんの判断で作業は予定通り行うことになった。

世界一周船栗毛

11時にクレーンが来て吊り上げ用のベルトをセットアップして11時35分には吊り上げが完了していた。岸壁の上に艇を降ろして作業に入った。セールドライブの下部のオイルのネジを緩めると乳白色のオイルが出てきて少し海水が入っているようであった。そのためまずギアオイルを交換し、次にペラの胴体部分（足立さんが持参したもの）を取り付け、３翼のフォールディングペラは元のものを取り付けた。作業完了は13時20分頃ですぐに艇を海上に浮かべて13時40分にはクレーンは引き上げて行った。クレーンの費用は３時間分ということで１万1800台湾ドルをその場で現金で支払った。石垣島の前田さん、碧砂漁港の鐘さんと光さんのご支援のおかげでペラの修理を異国の地で無事に成し遂げることができた。作業終了後に鐘さんの事務所に足立さんと共に行き鐘さんと光さんに挨拶をし、お礼を払いたいと言ったがまったく受け付けていただけない。お世話になりっぱなしで申し訳ない気持ちでいっぱいである。

碧砂漁港でのプロペラの取り付け

碧砂漁港の出航と今後の予定

　3月13日の10時に碧砂漁港を出港し、烏石漁港に行く予定である。本日から3日間の金土日は天気も良く海も比較的穏やかなようなので久しぶりの航海に出ることにした。本日は烏石漁港に泊まり明日、花蓮港に行く予定である。そして明後日花蓮港を出てオーバーナイトで懇丁の後壁湖マリーナに行く予定だ。これからコーストガードに出航のための書類を出しにいく。

碧砂漁港から烏石漁港へ

　3月13日の10時に碧砂漁港を出港した。出航前にコーストガードのオフィスの前に艇を泊めてチェックを受けた。今日の天気は快晴で風は弱く（途中10mほど吹いた時もあったが）海は非常に静かであった。（ただ岬付近は波が高いところもあったが）烏石漁港には15時過ぎに着いた。着くとちょうど岸壁にStanley Fang（大型モーターボートのオーナー）さんと廖志堅さん（警察の小隊長、彼の姉が東京在住）がいた。Stanleyさんは係留場所を指示してくれて非常にスムーズに係留することができた。そして廖志堅さんの車で近くのレストランに連れて行ってくれた。そこで豪華な地元料理をご馳走になった。そのあとガソリンスタンドに寄り軽油を40リットル購入して艇まで運んでくれた。お陰様で次の航海の準備も万端整った。Stanleyさんと廖さんの最上級のサポートに心より厚く御礼申し上げる。

烏石漁港から花蓮港へ

　3月14日の朝6時15分に烏石漁港を出港し花蓮港に向かった。天気は晴天で風は弱く波も少なく海上は極めて穏やかで太平洋に面しているとは思えないような静けさであった。しかし黒潮の影響がありなかなかスピードは出ない。約65海里を10時間強かけて16時半に花蓮港に着岸した。花蓮港は大きな商業港でヨットハーバーの施設はない。適当な接岸場所がわからずにまた空いている場所も無かったので漁師さんが乗っている漁船に横抱きをさせてもらった。そしてコーストガードに行こうと思っていたらすぐに3人のコーストガードが船に来て、漁船に横抱き係留はだめだということで、コーストガード事務所近くの岸壁に着けるように指示された。着岸してしばらくすると前田さんが紹介してくれた現地在住でヨットクラブメンバーのテリーさんが来てくれた。テリーさんの話でわかったのだ

が花蓮港は１泊900台湾ドルをハーバーに支払う必要があり、またビザを取らないと港から上陸できないということである。また入港する際には国際VHF14チャネルでハーバーコントローラーに連絡しないといけないということであった。またテリーさんの車で軽油40リットルを近くのガソリンスタンドで補給することができた。港によっていろいろルールがあるようで当方はまったくわからないまま入港したが、テリーさんのおかげでいろいろな手続きをすることができた。明日は朝７時に花蓮港を出航しオーバーナイトで懇丁の後壁湖マリーナに向かう予定である。

花蓮港から懇丁後壁湖マリーナへ

　３月15日の朝７時に花蓮港を出航し３月16日の午前10時半に台湾最南端にある懇丁の後壁湖マリーナに到着した。140海里を27時間かけて走った。15日の午前中は快晴で風も弱く海況は穏やかだったが、午後になると南風が10mから13mほど吹き雨交じりの空模様になってきた。夜になると雨は止んだのだが風は収まらず真正面からの強風と黒潮の影響で艇速は伸びず４ノット弱まで落ちた。16日中に到着できるか心配になったが夜明け前頃から黒潮の反流なのか艇の速度が上がり始めた。16日の朝には空も晴れ南風が８ｍ前後と心地よく８ノット前後で快適に飛ばした。しかし、出航後23時間たった朝の６時過ぎにエンジンが燃料切れの吐息をつき始めたので、早めに予備タンクから軽油を補給した。海上での燃料補給は初めてだったので多少のうねりに補給中の予備タンクが動いたりヒヤッとする局面もあった。また、前日からの徹夜で疲れていたせいもあるのだろうか船酔いがきてしまった。後壁湖マリーナへ入港する時にルートを間違えて浅い岩場に迷い込んでいると近くのモーターボートが助けに来てくれなんとか無事に着岸できた。マリーナには久保さんの雪風がきれいに整備されてもやわれていた。

後壁湖マリーナ

　３月16日の10時半に後壁湖マリーナに入港したあとの話である。コーストガードが指定する場所に仮り泊めをした直後にキャシー ナンさんとシャー ホエイさんが訪ねてきてくれた。マリーナの一番奥のヨットに乗っていると言うのだ。そしていろいろとサポートをしてくれた。まずマリーナの管理事務所に行き係留の

契約をした。船の長さで計算すると1日当たり169台湾ドルで出航前日に精算することになった。またフィリピンに向けて出航する1日前に届ければ出国手続きもそこでできることがわかった。その後すぐに艇を移動しマリーナの中の一番奥の非常に静かなところにあるふたりが乗っているLagoon450の隣のバースに係留することができた。そして電気と水道の確認をしてすぐに使えるようになった。昼近くになったので何か食べに行こうかと話したら近くの店からヌードルを買ってきてくれた。午後にはカタマランLagoon450のオーナーのホセさんが来て何でもサポートするからと親切に声をかけてくれた。イタリアンレストランのオーナーでカタマランもビジネスの一環で近くのホテルと契約しホテル利用者向けにマリンレジャーを提供しているということであった。昨晩は徹夜で疲れたが今はシャワーも浴び洗濯も終えてのんびりできている。

後壁湖マリーナでの2日目

　3月17日は後壁湖マリーナでの2日目だ。今朝の10時頃に宜野湾マリーナの中林さんに紹介されたBudさんに電話をしたところ、なんとBudさんは10時半過ぎには後壁湖マリーナの私の艇に来てくれたのだ。私の Please help me の一言が効きすぎたのかなと少し反省した。艇の上で12時までいろいろなことを教えてもらった。また14時からBudさんの車で恒春の町まで連れて行ってもらい軽油100リットル、航海用の食材や飲み物の買い出しをすることができた。またハーバーの近くをドライブしながらいくつかの観光スポットを案内していただいた。そして夕刻18時半から陳ヨシオさんが主催するディナーパーティーに招待していただいた。陳さんの友人やその友人の友人と家族など12人ほどが集うパーティーで国家の話やビジネスの話に花を咲かせていたようだった。皆の会話はまったく理解できない。私にとってはBudさんの英語だけが頼みの綱だった。それでもチアーの挨拶だけは何度もした。乾杯と言うと龜鹿という濃い酒を飲み干さないといけなくなるのでそれだけは言わないように注意していた。

後壁湖マリーナでの3日目

　3月18日は後壁湖マリーナの3日目だ。真夏の良い天気が続いているので、午前中は洗濯や日干し掃除など艇内の片づけ整理をした。そして午後からBudさん

の車で再度恒春まで行き軽油60リットルを調達してきた。その後Budさんと出航予定日の検討をした。風の予報を見ると熱帯低気圧がフィリピン北部に近づいている。台湾とフィリピンの間のバシー海峡を見ると今日から25日までルソン島の北端近辺に常に風の強い海域がある。従って出航は26日以降にして1週間ほどこの地でのんびりすることにした。係留費は1日700円弱と安いし静かで電気と水道があるということでとても居心地の良いマリーナである。ということで明日はさっそく高雄の町まで観光に行くことにした。

後壁湖マリーナでの4日目

　3月19日はBudさんの車で高雄まで行き市内観光をしてきた。Budさんが台南までOPディンギーを取りに行くということで途中の高雄の最寄りの地下鉄の駅で降ろしてもらい、また帰りにピックアップしてもらった。高雄の港の近くにある東帝士85ビルという台湾で2番目に高いビルの展望台に登った。また、市議会の近くにある市立歴史博物館を見学した。高雄は台北に次ぐ台湾第二の大都市で150万人を超える人口を抱え石油精製や鉄鋼産業など重厚長大産業が発達している都市でもある。高層ビルの展望台から見るとダウンタウンの間近にマリーナが見え非常に便利な場所にこのような施設を作れるセンスはいいなと思った（ただ利用料金はわからないが）。Budさんの車で帰る途中小琉球島の近くにある大鵬湖の中にある帆船基地に寄った。立派なポンツーンとディンギーの施設もありヨットの寄港地としてはなかなか良いのではないかと思った。湖の入り口に橋はあるが橋脚17mで要請すれば更に橋は上がるということだった。台湾西岸にもヨットに良いスポットがあることがわかった。

沖縄から台湾最南端までのルート

　今年に入ってから沖縄宜野湾港マリーナを出港し台湾の最南端の後壁湖マリーナまでのルートを地図にプロットしてみた。宜野湾から座間味、久米島、宮古島、多良間島、石垣島、西表島、与那国島と寄港し台湾の基隆に行った。台湾の基隆市の碧砂漁港から宜蘭県の烏石港、花蓮港に寄港し現在の後壁湖マリーナに来た。この間の総距離は670海里、航海時間は111時間、使用した燃料は430リットルである。宮古島ではもやいが切れたり、碧砂漁港ではプロペラが外れて海底に落ち

たり、花蓮港を出てしばらく走ったところでプロペラにブルーシートのようなものが巻き付いたり、後壁湖の入港に際してサンゴ礁の中に迷い込んだりといろいろなトラブルや失敗に遭遇したが、何とか無事にここまで来ることができた。途中同行していただいた大谷さんや岩崎さん、またトラブルを助けていただいた田口さんや足立さん、各寄港地でご支援いただいた中林さん、谷口さん、前田さん、Bobさん、ブライアンさん、鐘さん、光さん、房さん、廖さん、テリーさん、Budさんほか多くのかたがたのご支援の賜物である。

恒春の町へバスで出かけた

3月21日はバスで恒春の町まで観光と買い物に出かけた。恒春の町の中心部は昔は城壁に囲まれていたそうでいくつかの城門が残されている。そして城壁の中の中心部には古い街道や昔からの小さな商店がたくさん並んでいる。バスターミナルの前のタクシー乗り場で客待ちをしているタクシー運転手と話をしているといろいろなことを教えてくれた。「海角7号」という映画の主人公の阿嘉の家が有名だということだ。また買い物をしたいと言うと古い伝統的市場と新しいスーパーマーケットの両方の場所を教えてくれた。私が日本人だとわかるとすぐに自分の車からメモ帳を取りだしてきてほとんど筆談で地図を交えて話をしてくれた。台湾の人はほんとうに親切な人が多いと思う。そういうことで阿嘉の家に行き、古い昔ながらの市場で果物を「多種少量」と筆談をしながら買い求め、その後スーパーマーケットでカセットガスボンベや洗剤、ハイターかブリーチに似たような漂白除菌剤などを買うことができた。途中の公園では木陰で年配の人が将棋のようなゲームをしているところに行きあたった。ここは日中でも日陰に入ると湿度が少ないせいか涼しくて心地よく最後まで勝負を観戦してしまった。

艇の向きを逆にした

3月22日は朝から北東の風が10m前後吹いている。予報によると24日は北東の風が最大20m吹くということで隣のカタマランのクルーのキャシーさんとシャーさんに手伝ってもらって艇の向きを北向きに入れ替えた。そしてポンツーンの両サイドからもやいを取ったので相当の風が吹いても大丈夫だろう。出航できるのは27日か28日くらいになりそうである。

懇丁の町までサイクリング

　3月22日は久しぶりに自転車を出して懇丁の町までサイクリングに行った。後壁湖マリーナの北側には原子力発電所がありその外側を大きく迂回していく必要があり片道10km強の距離がある。懇丁国家公園という国立公園の中にある懇丁の町は海沿いにあるマリンレジャー一色の町でホテルや民宿がメインストリート沿いに建ち並んでいる南国リゾートである。そして真っ白な砂浜にはビーチパラソルが林立し海の中にはジェットスキーやバナナボートが走っている。今日は日曜日ということもあって海岸も道路も車と人で混雑していた。うめぼしの隣に係留している大型カタマランのオーナーのホセさんが経営するAmy's cucinaというイタリアンレストランで昼食をして帰ってきた。

Budさんと打ち合わせとドライブ

　3月23日は午前中にBudさんが来てくれてスービックに向けてのいろいろなアドバイスをもらった。スービックベイヨットクラブにメールをすればいろいろな手続きを案内してくれるだろうということである。また出発日は27日の金曜日か28日の土曜日がいいだろうということである。出発の前日にはまた買い出しに連れて行ってもらうことになった。打ち合わせのあとは恒春の町の餃子屋まで連れて行ってもらって昼食をご馳走になった。この餃子屋で恒春ではめずらしい日本人の観光客に会った。午後からは陳さんのホテルでコーヒーを飲みながら、宮古島で会った台湾のモーターボートのオーナーがBudさんの知り合いでいまだに宮古島でトラぶっているというような話を聞いていた。そして太平洋側のサーフィンのメッカ佳楽水、海岸の砂が吹き上げてくる風吹沙、台湾最南端の鵝鑾鼻の岬までドライブに連れて行ってもらった。Budさんにはほんとうにお世話になり感謝している。

四重渓温泉

　3月24日は台湾で有名な四重渓温泉に行ってきた。バスで恒春に行き乗り換えて車城という町まで行き更に乗り換えて行く。ガイドブックに紹介の出ている新亀山別館に入り露天風呂のみの利用ができるかどうか確認をした。入浴だけだと150台湾ドル、1泊素泊まりだと800台湾ドルということだったので入浴のみ利用

することにした。日本の旅館とは違い夕食は近くのレストランに行って食べるとのことである。さっそく浴場に入りスイミングパンツに着替えて5つの湯船に入ってみた。2つは比較的温かくて3つはぬるま湯という感じだった。ちょうどお昼の12時頃だったので皆さんそれぞれ昼食を持ち込んでピクニックのような感じで食事をとっていた。日本の温泉とはだいぶ違う雰囲気でカラオケを歌いながら食事やデザートや飲み物をとりつつゆっくりと温泉につかったり冷泉につかったりしながら家族で団らんの一日を過ごすという感じである。

出航予定日の決定

3月25日は午後からBudさんに艇まで来ていただき出航の打ち合わせをした。風の状況や波の状況、またスービックまでの4日間若しくは5日間の変化などを勘案して、最終的に27日金曜日の午前中に出航することにした。そのあとマリーナ事務所に行き27日の朝9時に事務所にイミグレーションの人に来てもらうように依頼をした。またコーストガードに行き出航時に提出する書面をもらい27日朝提出と同時にそれに押印した書面をもらうことにした。それがフィリピン入国時に役に立つということである。そこでおとといのうめぼしブログにコメントをいただいた後壁湖マリーナのコーストガードの「て」さんにも会うことができた。日本語の勉強をしているということで日本語で会話をすることができた。またスービックヨットクラブ宛てにメールを3回それぞれ別のアドレスに出したがまだ返事が来ない。出発前までにコンタクトができると良いのだが。明日は午後からBudさんと恒春まで買い出しに行き夕食を一緒にすることにした。

後壁湖マリーナの出航準備

3月26日はBudさんに恒春の町まで連れて行ってもらいフィリピンで必要なドルへの両替、軽油の買い足し、航海中に必要な食料の調達などをした。そして最終的な天候の確認をした。そこにちょうどBudさんの友人でスービックにいるEricさんからメールが来てスービックよりもプエルトガレラのほうが助けてくれる友人も多いし入国費用も安いのでプエルトガレラに直接行くことを勧めるということだった。スービックベイヨットクラブからはメールの返事も来ていないこともあり急きょ目的地をプエルトガレラに変えることにした。その後18時半から

96　世界一周船栗毛

Budさん

　恒春の鴨肉がうまいというレストランでホセさんセットによるお別れ会を開催してくれた。Budさんや陳さんなど8名が集まってくれた。プエルトガレラまでは約500海里ということで5日から6日の航海になりそうだ。途中は連絡ができなくなるが富士通ヨット部の宮原さんに助っ人していただいて少しでも情報を出せるようにしたいと思っている。

後壁湖マリーナの出航

　3月27日の9時に高雄から入管の人が来て出国手続きをしてもらいその後すぐに出航予定である。今回の出国手続きは非常にもめた。その内容は後日報告したい。昨日まで吹き続けた北東の風も今日は非常に弱くなった。まさに出航日和である。Budさんホセさんほかに見送っていただいた。Budさんにはビールやビーフジャーキーなど差し入れていただいた。

台湾の入出国と停泊料

　2015年2月16日に台湾に入国して3月27日に出国したのだが入出国の手続きと各停泊港の料金などをまとめておく。台湾はヨットでの入出国にはMT-NETで処理するように半年ほど前にルールを決めたようである。
➡ https://web02.mtnet.gov.tw/MTNet/Default.aspx

これは事前に三村さんから聞いていた情報通りである。しかし、当方はこの処理をうまくクリアすることができずに前田さんの友人のボブさんに手続きをお願いした。ボブさんは基隆郊外にある碧砂漁港のマリーナマネージャーのブライアンさんに処理を依頼したようである。2月16日17時頃に碧砂漁港に到着しコーストガードのチェックを受けて港の中に係留が終わったのは周りが暗くなってきた頃だった。ブライアンさんの指示する場所に係留し水道施設の使い方を教えてもらい近くのレストランで食事をした。その後、艇に戻るとまたブライアンが来て自分の車で7kmほど離れた基隆駅の真正面にある入国管理事務所に連れて行ってくれて無事に入国の印をもらうことができた。手続きが終わったのは21時を過ぎていたと思う。検疫や税関の手続きはまったくしなかった。碧砂漁港のマリーナの運営権が1月中旬頃に別の会社に移管されたようでブライアンさんはその新しい会社のマリーナマネージャーになったばかりのようである。ブライアンさんの話では事務所予定地（近くのビルの一室）はあるもののまだオープンできていないということであった。その時点で碧砂漁港への停泊料は1日450台湾ドルだと聞いていた。22日に出航する予定で、21日の夜にブライアンさんが子供2人を連れて停泊料の徴収にきてくれた。16日から22日までの6泊分ということで2700台湾ドルを支払い手書き領収書をもらった。入国手続きの代行費用を含んでいると考えれば高くない感じである。2月23日から3月13日までの係留料は払わずじまいだった。3月13日〜14日は烏石漁港に停泊したが停泊料はまったくかからなかった。3月14日〜15日は花蓮港に停泊した。停泊料は900台湾ドルで1日450台湾ドルということだった。ここは商業港で大きな船舶と同じ料金体系になっているとのことだった。3月16日から3月27日までは後壁湖マリーナに停泊した。料金計算は単純で21台湾ドル×船長（8m）×12日＝2016台湾ドルだった。25日の午後にBudさんとマリーナの事務所に行き27日の朝の9時に出国手続きをしたいと申し入れた。マリーナ事務所は高雄の入出国管理事務所に連絡をとり、当日の朝は高雄から係官がわざわざマリーナまで出張してきて手続きをしてくれた。しかし、実は26日にもめごとが起こっていた。私の入国の手続きが本来のMT-NETで処理されていないことが原因であった。Budさんと高雄の入出国管理事務所との間で長い電話のやり取りが何度もあったようである。最終的には高雄側が折れてくれたようで27日はスムーズに手続きができた。

うめぼしの航行状況　懇丁の後壁湖マリーナ〜プエルトガレラ

　富士通ヨット部の宮原です。増田さんとは数十年来江ノ島で一緒にディンギー（シーホース級）に乗っていました。遠洋ではインターネット接続がないため、「うめぼし」からブログへ直接記事を書き込むことができなくなります。そこで、「うめぼし」からメールで届く航海状況を増田さんの代わりにブログへアップすることを頼まれました。「うめぼし」からイリジウム経由で届くメールでは、イリジウム端末の入力の制約により使える文字種が英数字のみなので、ローマ字表記の和文を使用しています。

　例えば、イリジウム経由のメールで届いた台湾〜フィリピン航海状況の第一便は以下のようにブログへアップしています。

『３月27日10時出港、

　27日18時、現在位置：北緯21度12.55分、東経120度35.12分。天候 曇り、風向315度、風速３ｍ、進行方向190度、艇速６ノット、出港後の航行距離45海里、機帆走、「ひどい船酔い」とのことです。

　上記の記事の内容は以下のような内容のメールで届きます。

　0　1000start　1　201503271800　2　211255N　1203521E　3　kumori　315　3 m　4　190
6 kt 45　5　kihansou　6　hidoifunayoi

　以上、船酔いの回復と安全航行を祈りましょう。』

　28日18時、曇り、風向90度、風速８ｍ、進行方向185度、艇速６ノット、出港後の航行距離170海里、２ポイントリーフで帆走、「午後３ｍのうねり」とのことです。アビームでほぼ真南へ帆走中。デイラン125海里で順調そうです。帆走しているせいか、船酔いも治まったようですね。全行程が約500海里なので２日弱で行程の３割強を消化しています。

　29日18時、快晴、出港後の航行距離285海里、「波もなく風が心地よい。夕日がきれい。やっと航海になれてきた。昨日まで船酔い」とのこと。風向がこれまでと真逆の西風４ｍを受けて２ポイントリーフのアビームで真南へ３ノットで帆走中。今朝６時からの航行距離は56海里。ルソン島北部西岸の沖合約50海里を航行中です。全行程約500海里の中間点を越えたところ。ようやく船酔いから解放されたようです。

　30日18時、午前南風８ｍ、機走、午後東風６ｍ、帆走、夕方西風３ｍ、機帆走。

快晴、出港後の航行距離360海里、1ポイントリーフで低速機帆走、「波静かで快適」とのこと。今日は風向・風速が南〜東〜西といろいろ変わり、最終的には西風を受けてアビームの機帆走5ノットでほぼ南に進んでいます。ルソン島中部西岸の沖合約10海里を航行中で、全行程約500海里の7割を超えたところです。

31日18時、今日は南南東の風8mが吹き一日中機走。快晴、出港後の航行距離470海里、2ポイントリーフで帆走。「波静か。17時半急に東が吹き出した。あと70海里。昨日はよく寝た。軽油残り60リットル」「今9m吹いている。今夜は徹夜」とのこと。このあとルバング島とルソン島の海峡を抜けて、ルソン島の隣のミンドロ島北岸のプエルトガレラまで陸地近くの油断できない航行が続きます。明日、目的地到着と思われます。無事の到着を祈りましょう。

4月1日6時、快晴、マニラの南西約40海里、ルバング島とルソン島間の海峡の真ん中で、東風10mを受けてほぼ南東に向け機帆走中。目的地のプエルトガレラまで残り行程35海里。陸地近くの油断できない航行が続きます。

1日15時、増田さんからイリジウム電話が入りプエルトガレラに到着したとのことでした。〈宮原〉

宮原大彦さんの紹介

宮原さんと私は中学、高校、大学の学科、富士通、富士通ヨット部が同じでずーっと1年違いだ。ご丁寧にも大学で1年留年して5年間在籍したことまで一緒だ。富士通ヨット部では一緒にシーホースに乗っている。宮原さんがヨットを始めたのはツバメ号とアマゾン号の影響とのことだ。沼津の重須でクルーザーのてんとう虫にも長年乗っておられた。

台湾の後壁湖マリーナからフィリピンのプエルトガレラまで

台湾の最南端の後壁湖マリーナからフィリピンのプエルトガレラまでの6日間の航海の様子を簡単にまとめた。2015年3月27日（金曜日）の10時にBudさん、ホセさん、キャシーさん、シャーさんに見送っていただき出航した。この日は曇りの無風でほとんど機走で走った。15時頃には雨が降り出し南風が10mほど吹き出したが16時頃にはその雨もやみ西の風が3mほど吹き出したので機走をやめ帆走にした。その後は翌朝まで徐々に北風から東風に回り3mから6mくらいの適

度な風でよく走ることができた。しかしうねりは２ｍ以上あり船酔いが激しく食べたものはすべて吐きだしお茶のみしか受け入れられなかった。

　28日（２日目）の朝５時半頃明るくなってきたので外の様子を確認すると、なんとジブセールタックのシャックルが飛んでいる。ジブファーラーのグルーブだけで何とかセールが飛び上がらずに済んでいた。６ｍ前後の比較的弱い風だったのが幸いだった。すぐにバウスプリットまでいき必死の思いでシャックルを取り付けた。２ｍ前後のうねりの中での作業はなかなか困難を極めた。作業を終わりコクピットに戻ると今度はメイントラベラーのボルトが床に転がっている。トラベラーシートの片方が外れてしまっている。ヨットは常にいろいろな部分のチェックが必要でネジやピンの確認は必須であることを改めて思い知らされた。２日目は東の風が８ｍほど吹き続け帆走でよく走った。午後からはうねりも高まり３ｍを超える感じである。斜め後ろからのうねりに持ち上げられた時に艇が大きく傾き右後ろのスタンションが水につかりジブシート入れがさらわれてしまった。また風速計の表示がゼロのままになった。その夜は東風に乗ってよく走ったがうねりが大きいことと水流の音がうるさくてなかなか寝付けなかった。食事も水分と簡単な流動食のみである。

　29日（３日目）はバシー海峡を越えてうねりが少し収まってきた。また風も弱く南寄りになってきたのでまた機走でいくことにした。午後からは風向がよく変化し帆走もした。この頃になるとやっと船酔いが治まり始めBudさん差し入れの中華風ちまきとビーフジャーキーがビールに合い心地よい夕食のひと時を過ごすことができた。夕刻に水流の音がうるさい原因を調べていたらプロペラが回っていることがわかった。ギアを後ろに入れるとペラが締まって動かなくなることを知らなかったのだ。29日の夜は体調回復とうねりが収まったこととペラの音がしなくなったことでぐっすりと寝ることができた。しかし、そういう時は何か起こるもので夜無風になったあと風が南から吹き始め艇は北東に向かって５海里以上流されていた。

　30日（４日目）午前中は南風で機走、午後は東風で帆走、夕刻から無風で機走した。夕刻５時頃沖に向かう漁船らしきものに出会ったがレーダーにはまったく映らない。これからは陸が近くなり漁船も増えそうなので夜の帆走は十分なウォッチが必要だと思った。

31日（5日目）この日の朝に出航後初めてお通じがあった。やっと消化器全体が通常の状態に戻ってきたことを感じた。夜も短時間の繰り返しだがそこそこ寝ることができるようになってきた。この日は一日中南風が強くほとんど機走で走った。夕刻東風が吹き出し2ポイントリーフで徹夜覚悟で帆走していると21時半には無風になり艇を止めて寝ることにした。

4月1日（6日目）明け方暗いうちにエンジンの音がするので起きてみると数十メートルしか離れていないところで漁船が操業している。やはり夜は動かなくて正解だった。この日も南東の風が12mくらい吹き機走でプエルトガレラまで行った。港に近づいて16チャネルで呼びかけたがまったく応答なしだった。12時半に港に到着しアンカーリングポイントをうろうろしているとヨットの上から手を振ってくれる人がいるので近づいて聞くと隣にアンカーを打てということで13時にはアンカーを打って一段落である。隣の艇はEricさんのメールで紹介のあったVent de Soleilのクラウディオさんだったのだ。すぐにテンダーでうめぼしまで来てくれ打ち合わせをして15時から陸上を案内してもらうことになった。最初に銀行のATMでペソをおろし、次にプリペイドSIMを1か月1000ペソで購入し、パソコンの外付けモニターの中古を3000ペソで購入した。入国管理官はイースターホリデーでお休みということで来週の月曜日に入国手続きをすることにした。

プエルトガレラヨットクラブ

4月2日（木曜日）の11時にクラウディオさんが一緒に陸上に行かないかと誘いに来てくれた。ありがたいことである。今日は陸に上がるとすぐに別行動になった。まずはプエルトガレラヨットクラブに行ってみることにした。陸上から歩いていくと結構な道のりでまちがって北東方向にあるハリゲビーチのほうにまで行ってしまった。でも幸いなことにそこからうめぼしを見ることができた。そこから戻って高級マンションのそばを通ってクラブハウスにたどり着いた。クラブハウスではマネージャーのAlmaさんが対応してくれた。今週の土曜日から来週の月曜日までクラブの係留ブイを借りる方向で話をした。クラブハウスの天井近くには小網代ヨットクラブのバージが飾られていた。その後渡し船で街に戻ったところでクラウディオさんと再会した。街の店でクラウディオさんが奨めるかき氷（halo-halo）を食べた。生ものはちょっと怖かったけれども何ともなかった

ようである。

インフレータブルボート

　4月3日（金曜日）は午前中に今回のクルージングで初めてインフレータブルボートを降ろして使ってみた。まずデッキの上で艇体を広げ12Vの小型電動エアポンプで空気を入れる。両サイドがそれぞれ1つのエアタンクになっている。そして床の中心部に縦に細いエアタンクが1本、更にその上に床面全体のエアタンクがある。概ね空気が入った段階でテンダーのバウ側をブームに吊り上げてスターン側を手で持ち上げて少しずつずらしながらゴムボートの底に傷をつけないように注意しながら海の上に浮かべた。そして海上で更にエアポンプで4つのエアタンクに順次空気を入れていった。両サイドにパドルを取り付け最後にホンダの空冷2馬力エンジンを取り付けた。午後からさっそく燃料タンクと水タンクを積んで買い出しに行った。とりあえず今日は60リットルの軽油と30リットルの水を調達することができた。緑色のフランス艇からJulienさんとBellaさんが遊びに来てくれた。

プエルトガレラ泊地にて

　4月4日は台風がルソン島の東北部に近づきつつありここの風もいつもの東風から北西の風に変わった。風向が変わる時のアンカー効き具合が気になっていたがほとんど場所は変化していないようであった。それでも用心のためにアンカーロープを目いっぱい伸ばしておいた。ところが意に反して夜中にはほとんど無風になってしまった。うめぼしは鏡のような海面上をあちこち彷徨い始め、隣のVent de Soleilにまつわりついたり離れたりあちこち放浪したようである。夜明けと同時に外に出てみるとクラウディオさんも出てきて「一晩中ぶつかっていた。ロープが長すぎる」としかられた。さっそくロープを短くしついでにエンジンをかけてもう少し岸側の浅いところに移動した。昨晩は無風になるともう一つ気になっていたことが起こった。夜中に蚊が入ってきたのだ。さっそく足立さんに作っていただいた蚊帳をキャビン入り口に張り、バウハッチの網付きのカバーを広げ、船内では蚊取り線香を焚くことで何とか蚊を撃退することができた。

　4月5日の朝はフィリピンの果物と野菜中心の朝食をとった。マンゴー1個、

イチジク風の果物（ミルクフルーツまたはスターアップル）1個、キャベツとたまねぎの野菜スープケチャップ風味カラマンシー絞り、トマトとレタスとレッドオニオンスライスのサラダとハニーマスタードドレッシング、パン2個、コーヒーである。

入国手続き

4月6日（月曜日）は朝からイミグレーションの手続きに行った。10時前頃クラウディオさんに同行してもらいスーパーマーケットの2階にある小さな事務所に行くと既に5～6名が部屋の中で順番を待っており係官が2名で順次対応していた。プエルトガレラの事務所は月曜日から水曜日までしか開かないようで月曜日の朝に皆が押しかけたようである。30分ほど待って順番が来ると、助手とおぼしき女性の係官が書類を作成してくれた。体重、身長、結婚しているかなどをヒアリングされた。そしてヨットで入国する時は24時間前までにFAXなどで事前に連絡するルールになっていると注意された。それでも船籍証のコピー、台湾出航証明のコピー、パスポートの台湾出国印のコピーを提出し2110ペソ（5700円程度）を支払うと手続きを受理してくれた。但し押印は60kmほど南東側に離れたカラパンの町でないとできないということでパスポートを預けて水曜日の午前中に再度事務所に行って受けとることになった。11時頃には無事に手続きが終了していた。入国手続きに際して前の国の出航証明が重要であると初めて知った。税関も検疫も手続きをしないままである。その後軽油60リットルと水を調達した。

シュノーケリング

4月7日は午前中に隣に係留している艇のBellaさんとJulienさんに誘われて近くのAquariusというサンゴ礁のきれいな海域にシュノーケリングに行った。海面に着くとJulienさんがバウラインを持って海底にもぐり適当な岩に結び付けてきた。当方にとっては初のシュノーケリングなので不安な面もあったが海に飛び込んでみると意外にスムーズに息ができて泳ぐこともできた。2人に誘われるままにサンゴ礁の中を泳ぎまわった。今回はフィンも手袋も付けずに泳いだのであまりサンゴ礁に近づき過ぎないように注意しながらの遊泳になった。そのあとテンダーに這い上がるのに結構苦労した。体力が落ちている。今日も昼食は昨日と

同じレストランでフィリピン特有の料理と言われる海鮮のビネガースープを食べた。

トライシクルは便利だ

4月8日は午前中にイミグレーションの事務所に行った。先日とは異なる係官が一人で数人の来訪者の対応しており、私の顔を見るなり待っていましたという感じで親切に案内してくれた。新たに3種類の書類を渡されその場で記入した。入出港関係の書類のようで4月15日にコロンに向けて出航の予定と記入すると来週の月曜日（13日）の午前中に再度この事務所に来るように言われた。どうもプエルトガレラからの出航のクリアランスを発行してくれるような感じである。無事にパスポートを受領し、事務所の下のマーケットでたまごと野菜や果物を買い、途中のパン屋さんで菓子パン3個を15ペソ（40円程度）で買いテンダーに戻った。そして更に軽油を60リットル調達した。フィリピンではトライシクルのサービスが至るところで待ち構えており軽油のような重いものを運ぶ時は非常に便利である。最初に価格交渉をする。港から近くのガソリンスタンドまで往復で40ペソでどうかと投げかける。向こうは60ペソだと返事をしてくる。最終的に50ペソで合意して1km弱離れたガソリンスタンドまで連れて行ってもらい軽油を購入して帰ってくる。そしてヨットクラブに行き水を20リットル補給した。

船のチェック

4月9日は朝から艇の整備などいろいろなことをした。艇全体のネジを締めシャックルを締めピンが無くなっていないか確認し一通りチェックした。結構緩んでいるところがあって驚くとともにチェックしてよかったと思った。エンジンチェック、アンカーチェーンを20m取り出してセットした。今朝は久しぶりにスコールのような雨が相当降ったので艇もきれいになったようだしテンダーにも雨水がたまっていたのでエアの充填やアカ汲みもした。海水を使って洗濯機で洗濯もした。最後の脱水の前に真水に浸して塩抜きをする。そうこうしているうちに11時半頃に隣の艇からランチに来ないかとお誘いのGmailが来た。iPhoneの最近のシステムはメッセージが来るとすぐにポップアップで知らせてくれるがGmailも着信と同時に教えてくれる。すぐにお誘いを受ける旨返事をして12時には隣の艇

に行っていた。Julienさんの手作りのごはんとチキン煮込みシチューにきゅうりとラディッシュの付け合わせである。マンゴーの食べ方から最新のナビソフトの使い方や次の寄港地の情報交換など話題は尽きない。午後から町に買い物に行き水タンクを2個買って水を補給しこれで燃料、水ともに満タンになった。

オリエントパールリゾートホテル

　4月10日はお昼にプエルトガレラヨットクラブを訪問しクラブの中のレストランでランチを食べた。フィリピンで定番の海鮮と野菜のビネガースープとタイライスである。メニューを見ているとレストランの女性が日本語で話しかけてきたのでどこで日本語を習ったのか聞くと近くの日本人が経営するホテルで3年間働いていたと言う。さっそくそのホテルの名前を聞いて行ってみることにした。オリエントパールリゾートというホテルでオーナーは日本人女性のモルテル・琴さんである。9年前にホテルとレストランを開業して今は順調に経営できているそうである。日本人向けに日本食を中心にメニューを用意しているということだ。明日のランチの場所が決まった。

プエルトガレラ泊地にて

　4月11日は午前中にアンカーのかかり具合をチェックしようとウェットスーツを着てシュノーケリングをしたがあいにく水が濁っていて確認できなかった。艇を係留している付近は海水の入れ替わりが少ないためか透明度がそれほどでもなく遠くは見えない。あきらめてお昼にはオリエントパールリゾートに行き日本食メニューの牛肉野菜炒めと味噌汁のランチをいただいた。オーナーの琴さんからいろいろな新しい情報を聞くことができた。12月から5月までが稼ぎ時で中でも今の時期が最も気候の良い時期だそうである。午後からは教えていただいた裏山に登って山頂からのプエルトガレラの港を眺めることができた。またマーケットでもココナッツミルクやルンピア（春巻）デラオ（うこん）などこれまで気づかなかった食材を買ったり見たりすることができた。夕刻艇に戻ると一昨日来たフランス艇はいなくなり別の大型クルーザーが隣にアンカーリングしている。結構いろいろな船の出入りがあるようである。Julienさんがシュノーケリングでうめほしまで泳いできて、今晩ピザを食べに行くが一緒に行かないかと誘われた。昨

106　世界一周船栗毛

日も誘われたのだが夜の出歩きは怖いということで断念した。艇から見える夕日はきれいである。

航海機器の紹介

4月12日は午前中にセールドライブのギアオイルの交換作業をした。台湾を出る時はオイルの色は透明だったがフィリピンに来る途中で何らかの要因でギアオイルに海水が混じって黄色くなってしまったと思われる。ただオイルの量そのものは増えていないので海水の混入量は少ないと思われる。まず上側の小さな口からオイルチェンジャーの細いチューブを差し込んでギアオイルを抜き取る。全部は無理で4リットルのうちの1.9リットルくらいを吸い出すことができた。あとは新しいディーゼル用エンジンオイルを2リットルほど満杯になるまで入れた。そのほうが海水が混入する可能性が少なくなるということだ。すべて足立さんの指示のままである。これでしばらく様子を見ることにした。昼食は昨日と同じホテルでパイナップルソースポークソテーを食べマーケットで食材を仕入れて帰ってきた。今日は航海機器について少し紹介する。GPSマッププロッターはNFUSOのNF-882で8インチである。これで水深も表示される。レーダーはKODENのMCD-921で8インチである。台湾まではこの2台でほとんどの用件は済んでいたが、フィリピンではNF-882の地図がサポートされていないため更にアンドロイドのPAD（FUJITSUのARROWS）にPlan 2 Navというソフトを入れてC-MAPを地域ごとに有料で購入して使うようにした。これは五島列島で香山さんに教えてもらったソフトである。更にAISを搭載しているのでその表示のためにパソコンにOPEN-CPN＋C-MAPを搭載して表示している。AISの表示はキャビンの中だけで使用している。今回台湾からフィリピンに来る時にはPADの取り付け台とシガープラグからの電源供給が大いに役立った。しかし、太陽光が当たる時は画面が見えにくいことやGPSの位置表示と地図の場所に少しずれがあるというような不具合もあった。そのほかにガーミンの端末などを積んでいるがあまり使っていない。また海図も少し積んでいるがまったく見ることはない。六分儀は積んでいない。キャビン入り口にアームでせり出す方式（上がNF-882、下がレーダー）になっている。更にその上にアームでPADを取り付けられるようになっている。

初めての散髪屋

　4月13日の月曜日は午前中にイミグレーションのオフィスにポートクリアランスを受け取りに行った。すると先週の水曜日と同じ係官がいてポートクリアランスの書類を受け取るだけでなんと2500ペソ（約6800円）を取られた。なんて高いんだと憤りを覚えつつ郵便局に荷物を受け取りに行くとまだ来ていないという返事で、4月4日に足立さんに発送していただいた部品が9日も経っているのにまだ届いていない、8日にはマニラの中継倉庫を出ているはずなのにプエルトガレラに着かない、なんてスローなんだと思いつつ散髪屋に入った。初めての散髪屋で今の半分の長さにしてほしいと言うとバリカンやハサミをたくさん使いながら手際よく短くしてくれカミソリも新品を使ってくれた。終わってからおそるおそるハウマッチと聞くとフィフティと言う。聞き間違いかと思って100ペソ札を1枚出すと50ペソのお釣りをくれた。なんと50ペソ（約135円）しかからなかったのだ。これで機嫌をよくしていつものホテルにランチにいった。

　午後からは34℃まで気温が上がったので海パン一つで艇のすぐ後ろにあるリーフまでシュノーケリングをしてみた。大きなガンガゼを見ることができたが透明度は今一歩でアンカーチェックはあきらめた。

うめぼしの電気系統の紹介

　うめぼしの電気系統の紹介をする。バッテリーはディープサイクルバッテリーACDELCOのM31MF、115Aを4台積んでいる。1台はエンジン起動専用で、残り3台は航海及び生活一般で使用している。この3台にはそれぞれ100Wの太陽光パネルが付いている。インバーターはAPCNEWという中国製の2000Wで一応PURE SIGNWAVEと書いてある。エンゲル冷蔵庫2台は100Vと12Vの両方の電源に対応している。陸電の時は自動的に陸電に切り替わるように配線してある。12V系の電気機器としては、航海灯、航海計器類、オートパイロット、ウィンドラス、電動トイレやビルジや清水や海水など各種ポンプ類、無線機器一式、CDステレオなどがある。100V系の電気機器としてはマーメイドエアコン5200BTU、電子レンジ、ウォシュレット、コンセント経由でパソコン、タブレット、プリンタ、蛍光灯、扇風機、洗濯機、コーヒーメーカー、ドライヤー、電動工具などがある。日常の運用としては冷蔵庫やポンプ類はつけっぱしだがそ

の他は使う時にスイッチを入れるようにしている。エアコンは陸電が無い時はエンジンかガソリン発電機を使わないとバッテリーだけではすぐに足らなくなる。バッテリーの電圧はいつもモニターして12.8Vで満杯、12V以下にはならないように注意している。

バウスプリット下側のボブステー交換作業

　4月15日の水曜日に待ちに待った足立さんからの荷物が届いた。台湾からここに来る航海の途中でバウスプリットの下側のワイヤー（ボブステー）が3本切れていたのだ。さっそく足立さんに連絡をし、交換用のワイヤーを作成してもらいEMS国際スピード郵便で送ってもらった。発送日は4月4日である。マニラには8日に着いて8日に発送と追跡システムには表示されている。それが今日やっと届いたのだ。しかも郵便局にこちらから取りに行って受け取った。さっそく午後から交換作業に取りかかった。まずスピンハリヤードをバウスプリットの根元に結び付けギンギンに引き、ジブハリヤードを緩め、フォアステーにあたるジブファーラー下のターンバックルを4回転緩めた。そしてボブステーのターンバックルを緩め、ボブステーの上下のピンを外してワイヤーそのものを取り外した。取り外したワイヤーのスウェジレスターミナルを分解し、新しいワイヤーに新しいコーンとリングを入れてまたねじ込んだ。そしてバスコークをワイヤーの両端に塗りこみ、これでボブステーは完成である。新ボブステーを艇に取り付けターンバックルを締め、フォアステーのターンバックルを締め、ジブハリヤードを引き、ファーラーが回るのを確認して作業終了である。14時から16時半までかかったが、今回も足立さんに作っていただいた作業手順書に従って作業することで何とか完了することができた。

プエルトガレラを出航

　4月16日10時頃に2週間強滞在したプエルトガレラを出航しコロンに向かった。これから1週間ほどは良い天気が続きそうである。テンダーを引き上げ空気を抜いてデッキに収納したが意外に手軽に作業ができた。2週間で藤壺や海藻がびっしりついていた。

うめぼし航行状況　プエルトガレラ〜コロン

　4月16日17時、コロンまで150海里の航海だ。10時前に出航した時は東の風が10m以上吹いていたが12時過ぎから弱くなってきて今は3m程度吹いている。プエルトガレラの湾を出てすぐにエンジンを止めて帆走している。前半はスターボードの真ランからクォーターで13時頃にジャイブして今はポートで3ノット。フルメインのアビームでミンドロ島の西端を目指している。あと130海里くらいだ。

　17日18時、現在位置はミンドロ島西端から南へ約70海里進んだ辺り。コロンまで約35海里。

　18日6時、現在位置は昨日18時とほぼ同じ位置です。夜中に着くと早すぎるので艇を止めていたようです。コロンまで約40海里。これから機走して午後には到着するのではないかと思います。

　18日13時、コロンに到着しアンカーリングした、とのこと。〈宮原〉

プエルトガレラからコロンへ

　2015年4月18日の13時にフィリピンのカラミアン諸島のコロンに到着した。4月16日にプエルトガレラを出航して2泊3日の航海だった。今回の航海はこれまでと少し違うやりかたにした。これまではできるだけあらかじめ想定した日程で走るというもので帆走が遅い時は機走で突っ走っていた。しかし、今回は少しゆとりを持って帆走中心で走ろうということである。だが結果はかなり機走で走ることになった。というのも今の時期は結構南寄りの風が多く、微風の向かい風ではほとんど止まっているのと同じでどうしても機走になってしまったということである。16日の朝は早くから出航準備をした。テンダーのエンジンを外し、テンダーをブームに着けたブロックとシートでデッキ上に引き上げ空気を抜いて固定した。そして、最後の大仕事がアンカーの引き上げだ。東の風が10mほど吹いておりアンカーロープは相当張っている。最初のロープ20mほどは手で引き上げたがそれ以上は上がってこない。そこでエンジンを前進スローにしてロープを引き上げると意外に軽く10mほどを引き上げることができた。しかし、その後の25mのチェーンになるとやはり手では上がらない。ここで初めてウィンドラスを使った。チェーンをウィンドラスにかませてスイッチを入れ少しあげ、チェーンを持ち直してまたスイッチを入れる。これを繰り返すことで意外に軽く上げることが

できた。それでも全部で30分くらいはかかったように思われる。クラウディオさんとJulienさんの艇に挨拶をして港を後にした。午前中は10m強の東風に乗って順調に飛ばしたが午後から徐々に風速が落ちてきて15時には３m前後、夕方には無風になり夜寝る前にミンドロ島の西端を回りたいと思い20時まで機走した。その後はメインジブともにフルセールのまま寝た。最初は北風のちに東風で２から３ノットで走り続けたようである。朝の３時に漁船から声をかけられて飛び起きた。明け方バッテリーの電圧計をチェックすると10.5ボルトまで下がっていた。一晩中エンジンなしで航海するとバッテリーが持たないことがわかった。17日は南東の風が４mほど吹いていたのでクローズホールドで帆走、しかし午後からは我慢できずに機走開始、黒潮が向かい潮で1.5ノットくらいあって艇速も伸びず、夜に流されることを考えて明るい間は機走を続けた。夜はメインジブともに２ポンレベルでほとんど停止状態だった。夜の間に北に流された距離は２海里ほどで済んだ。18日は朝から微風で機走し９時頃から南東の風で帆走、11時頃から機走で海峡を抜けてコロン湾に到着した。さっそくテンダーを膨らませて町の様子を見に行った。期待のマンゴーが無く野菜とパンを少し買って戻ってきた。

コロンタウン散策

　４月19日は午前中に洗濯や布団干しなどを済ませ昼前にまたコロンの町に出てみた。コロンの町はカラミアン諸島への観光の中継地でホテルや観光船、ダイビングサービスなどで賑わっている立派な観光都市であることがわかった。やはり見どころは旧日本海軍の軍艦ダイビングのようである。しかしカラミアン諸島の自然そのものも素晴らしいところがあるようである。今アンカーリングしている場所のすぐ真向かい（南東から南側）のコロン島にはアトワヤンビーチやツインラグーンズなどの見どころも多いようだし距離も２海里弱なのでうめぼしで行ってみようと思う。

コロン島クルージング

　４月20日は午前中にアンカーを上げてコロン島の海岸を観光クルージングした。朝アンカーを上げて走り出してしばらくするといきなりサンゴ礁の浅瀬に入ってしまった。C-MAPに出ていないのかGPSの表示位置がずれているのかマッ

プ上では浅瀬ではないのだが。しかし、水深計は1.5mで、周りの海底もはっきり見える。スローにして恐る恐る前進した。途中２度ほどキールが擦れる音がしたが何とか抜けることができた。コロン島ではツインラグーンズの入り口にアンカーを打ってテンダーで中に入ってみた。午後からはコロンの町に出て、明日の沈没船オリンピア丸ダイビングツアーの予約をしてきた。

オリンピア丸レック

４月21日の火曜日は沈没船オリンピア丸のダイビングツアーに参加してきた。SEADIVEというコロンでは一番老舗のダイビングサービスの会社に朝の８時にテンダーに自前のダイブギアを積んで乗りつけ受付をしてもらった。９時に出航し第一目的地のコロン島のバラクーダ湖に向かった。両側に翼のついた小さな船に船長とダイビングインストラクタ２名、客が７名全員で10名という構成である。バラクーダ湖は湖面から15mは淡水にちかくその下は温度の高い海水というめずらしい湖だそうだ。次にサンガット島の西側のオリンピア丸レックに向かう。沈没船にブイが結ばれており、船はブイに係留する。このブイのロープをたどって潜って行く。５mくらい潜ると耳が痛くなりバディのMikeさんにちょっと待ってのサインを送る。更に潜っていくと20mくらいで船にたどり着く。船の外側を一周し40分くらいで引き上げた。沈没船はサンゴや魚にとっては住みやすいところのようで素晴らしいサンゴの畑やきれいな熱帯魚のような魚を堪能することができた。残念ながら対深５mのビデオカメラは海水が浸入して動かなくなってしまった。次にもう１か所サンガットレックを経由してコロンの町に夕刻に戻ってきた。

これからのルートについて

昨年９月に博多のマリノアを出航する時はとりあえず鹿児島まで九州一周のつもりで出かけた。というのはまだ艇に乗り始めたばかりで慣れるまでしばらくの間は近場をクルージングするくらいが安全で良いだろうという考えであった。途中佐世保や五島列島や長崎でいろいろな人から話を聞くことができ昨年のうちに沖縄まで行くことにした。もともと南太平洋に行きたいというのが大きな目標の一つでそのためには少しずつ南下していくことが安全なルートだという認識でい

た。また長崎までの航海の経験から沖縄までならなんとか行きつけるだろうという感覚もできてきていた。今年に入って石垣島から台湾に渡った。ここには海外という大きなハードルがあったが幸運にも周りの多くの人の助けをもらうことができて大きなトラブルにならずに乗り越えることができた。そしてフィリピンまでの5泊6日の初めての長距離航海とアンカーリング及びテンダーの利用を経験した。ここにきて初めてここから南太平洋に出るのはかなり難しいということがわかってきた。もし行くのであれば日本に戻って小笠原かハワイ経由で太平洋を南下するしかないだろうというのが皆さんの意見である。一つは貿易風である。常時東の風が吹いていてこれに逆らって東に行くことは上りのセーリングが苦手なうめぼしでは不可能である。次に現地の治安の問題だ。フィリピンのミンダナオ方面やインドネシアの東側は独立紛争などがあり近づかないほうが良いということである。更にインドネシアにヨットで入国するには手続きだけで4週間かかるということである。そこで南太平洋に行くのは後回しにしてとりあえずは西に向かうことにした。コロンからプエルトプリンセサに行きそこでフィリピンを出国し、マレーシアのクダットに入国し、シンガポールに向かうことにする。その後はタイ、スリランカを経由してインド洋を下り南アフリカに向かいたいと思う。

コロンからプエルトプリンセサへ向けて

　4月23日はコロンからプエルトプリンセサに向けて出航の予定だったが朝から東風が10m強吹いていたので出航を翌日に順延した。翌日は少し風が収まる予報である。プエルトプリンセサまでは160海里程度だが風が良ければ2日か3日で着く予定である。私の航海計画は極めて簡単である。Plan2Navでおおよその距離と位置を確認する。あとはWebで天気予報を確認する。台風が来ていないか風の向きと強さはどのように推移しそうかというところである。そしてプエルトガレラでJulienさんに教えてもらったプエルトプリンセサでのアンカーリングに良い場所の確認だけだ。不安なことは現地でテンダーを降ろして上陸する際のテンダーを着ける良い場所が見つかるかどうかという点である。コロンでは観光船が発着する岸壁に乗りつけ観光船の下をくぐって一番乗り降りしやすい階段状の岸壁にテンダーを係留して町に出かけていた。プエルトガレラで教えてもらったスタイルである。従って今のところ長靴は不要である。明日からはまた宮原さん

に航海中のブログ更新をお願いしたいと思っている。

うめぼし航行状況　コロン～プエルトプリンセサ

　宮原です。うめぼしはコロンを出港し次の寄港地プエルトプリンセサへ向かって航海中です。

　4月24日6時20分にコロンを出航しました。快晴無風です。

　24日12時、東の風7m、うねりあり。現在位置はコロン島の南南西約30海里。目的地のプエルトプリンセサは、コロン島があるカラミアン諸島の南西にのびる長さ約400kmの細長いパラワン島のほぼ真ん中の東岸にあります。コロン島からの行程は約160海里。

　24日18時、現在位置はコロン島の南南西約75海里。今回の行程のほぼ半分を迎えるところ。

　25日18時、先ほど17時55分にアンカーを打ち終えました。プエルトプリンセサの町の真ん前です、とのこと。〈宮原〉

コロンからプエルトプリンセサへ

　4月24日から25日の1泊2日でコロンからプエルトプリンセサまで航海した。今回は風が良くとても速く走ることができた。これを貿易風というのだろうか。5mから8mくらいの優しい緩やかな風が東から吹き続けている。風は間隔の長い息をしているように8mくらいのブローが1時間以上続くかと思うとつぎに5mくらいのゆるい風になる。そのまま止んでしまうことはなくまた次のブローがきて昼も夜もずーっと吹き続けるのだ。10m以上に吹きあがることもない。フルセールでアビームからクォーターで走ると、5mで5ノット、6mで6ノットのスピードが出る。7m以上はうめぼしは好きではない。7m以上になると波が高くなり始める。夜の帆走は気を使う。今回はメインセールは2ポイントリーフ、ジブセールはファーラーで半分ほどの大きさに絞ってクォーターで走りつづけた。陸から5海里乃至10海里のエリアでは漁船が漁火を点けてたくさん出ている。レーダーに映るものもあればまったく映らないものもある。30分から1時間ほど寝ては起きて周りをチェックしまた寝るというパターンの繰り返しだ。夜に帆走する時はできるだけ陸地から離れるようにする。陸の近くには漁網があったり漂

流物があったり小型の漁船も多くてとても危険だ。今回の航海では少し遠回りしたこともあり200海里近くを36時間で走った。

プエルトプリンセサ散策

　4月26日はさっそくテンダーを降ろして町に上陸してみた。周りの小さな船が向かう方向と同じ方向へテンダーを進めていくといつもの階段状の船着き場があったのでさっそくそこにテンダーを着け燃料タンクと清水タンクを持って上陸した。しばらく様子を見ているとどうも町の真ん中の船着き場にいるようである。チケット売り場を普通とは反対にくぐり（乗り場の方から外に出る）チケット売り場のおじさんに挨拶をして外に出た。外はまた市場のど真ん中のようでさっそくトライシクルのお兄さんが声をかけてきたので50ペソで銀行と軽油と清水を買いたいというとすぐにＯＫとなった。最初にトライシクルに乗るとちょうど町の観光代わりになって良い面もある。コロンでは軽油が20リットルで900ペソだったがここは595ペソと元に戻っていた。軽油と清水をテンダーに積み込んで今度は徒歩で街中を散策する。比較的新しく発展してきた町のようで近代的なつくりのレストランやスーパーマーケットなどが立ち並んでいる。冷房のガンガン効いた中華風レストランで昼食をとり市場で買い物をしてとりあえず艇に戻った。

　午後からは地元のAbanico Yacht Clubにテンダーで行ってみることにした。大型クルーザーやカタマランがアンカーリングしている付近まで行くのだがヨットクラブの場所がわからない。あちこちと陸地近くをうろうろするがわからない。クルーザーに乗っている人に聞くとすぐに教えてくれた。テンダーで乗りつけるとこれがまた素晴らしい海上レストランである。ビールを飲んでひとしきり周りのお客さんと話をして引き上げてきた。オーストラリアから来た艇の人も明日はイミグレーション事務所に行くそうである。当方も明日の月曜日に行きたいと思う。

フィリピンの出国手続き

　4月27日（月曜日）はさっそくイミグレーションのオフィスに行ってみた。パラワンの州都だけあって事務所は5〜6人の事務員がいる立派なものだった。そして忙しくなかった時だったとみえて所長と思しき人が直接案内をしてくれた。

パスポートのコピー、船舶の証明書、クルーリストのコピーを持ってくるように指示された。事務所の向かい側のコピーショップでコピーを取り再度事務所に行くと今度は事務員が対応してくれポートクリアランスの書類に記入しパスポートに出国印を押して所長に回送してくれた。すぐに所長のサインがおりてすべて完了である。朝9時過ぎに行って10時前に終わっていた。そして明日の28日出国となってしまった。もうしばらくプエルトプリンセサの観光をしても良かったのだがなりゆきでそうなってしまった。恐れていた手続き費用はまったくかからなかった。そうなると出国手続きのために準備していた5000ペソが余ってしまう。軽油や清水、缶詰や冷凍食品、果物や飲み物など普段とはまったく逆の購買行動パターンで必要と思われるものを手当たり次第買ってしまった。そして明日はマレーシアのクダットに向けて出航予定である。

クダットに向けて出航

　4月28日の朝8時頃にプエルトプリンセサを出航しマレーシアのクダットに向かう。220海里ほどの距離で3日から4日くらいの予定である。

うめぼし航行状況　プエルトプリンセサ～クダット

　宮原です。4月28日朝プエルトプリンセサを出港しボルネオ島北端のクダットへ向けて航海中の増田さんからのイリジウムメールをアップします。

　28日12時の位置はプエルトプリンセサの南約30海里。朝から機走、晴れ、微風、波なし。

　28日18時の位置はプエルトプリンセサの南南西約60海里。17時まで機走、夜は帆走で寝る。波しずか。

　29日18時の位置はプエルトプリンセサの南南西約140海里。パラワン島南端の真横を過ぎた辺り。

　30日12時40分に無事到着。係留できた、とのこと。〈宮原〉

プエルトプリンセサからクダットへの航海

　4月28日の朝8時頃にプエルトプリンセサの港を出航しマレーシアのクダットに向かった。出航してから湾口を出るまではまったくの無風だったが10時を過ぎ

るころから２ｍから４ｍの南東の弱い風が吹き出した。その時は機走のほうが速くていいだろうと思って夕刻まで機走でいったが、これがもう一つの貿易風だったようだ。その後30日の朝８時頃までこの風が吹き続けたのである。弱い時で２ｍ、強い時でも４ｍ、それ以上にもそれ以下にもならない。いわゆる微風が吹き続けるのである。オートパイロットを使う時にこの吹き続けるということが大切なのである。オートパイロットは無風になるとコントロールできなくなりすぐにアラームが鳴り始める。２ｍの時アビームで2.5ノット、３ｍの時3.5ノット、４ｍの時に4.5ノットで走った。波はほとんどない。こんなに弱い風が１日も２日も吹き続けるというようなことは日本では滅多にないことだ。夜も安心してフルメインで帆走できる。あのトカラ列島やバシー海峡の波を思うと夢のように静かな穏やかな海である。お陰様で今回の夜間帆走は２日ともシャワーを浴びてゆっくり眠ることができた。しかし、課題も見つかった。夜間、航海灯を点け航海計器や無線機器を使い、オートパイロットを動かすとバッテリーが12時間持たないことがわかったのだ。夜間帆走のための電源対策はどうすれば良いのか今後の検討課題である。

クダットの初日

　４月30日の午後12時40分にはポンツーンに係留ができた。隣のカタマランの人とマリーナ従業員と思われる人がもやいを取ってくれた。その後少し片づけをしてマリーナ事務所に行くとマネージャーのジョナサンが対応してくれた。係留料は１日32RM（リンギット）、入門カード作成料100RM、電気はコンセントが合わないのであきらめ、水は無料だということである。そしてイミグレーションに行きたいと言うと自分の車で３kmほど離れた町の中心部まで連れて行ってくれた。イミグレーションの事務所は近代的ですべてコンピュータで処理し指紋まで取られた。若い係官がその場でパスポートに押印してくれ90日間滞在できて無料である。その後税関に行きチェックインの押印をもらって手続きは終了である。いつものようにプリペイドSIMを買って艇に戻った。

クダットにて（２日目）

　2015年５月１日（金曜日）はメーデーでマレーシアは休日である。朝から良い

天気だったので久しぶりに真水で洗濯をした。最近は海水で洗濯とすすぎをして最後に真水で塩抜きをして干すというパターンだったが、ここでは水道水が直接使える。そしてこれも久しぶりだが自転車を出して町を散策してきた。道路はきれいに整備され乗用車が静かに走っている。これくらいならレンタカーを借りて自分でも運転できるかなと思うくらいに交通量も少なくて皆さん安全運転をしている。台湾もフィリピンもバイクで動き回る人が多く相当混雑している狭い道を無理やり通りぬけるようなことがままあったがここは見違えるように交通量が少なく静かである。町の塗料屋兼工具屋さんで鉄のシャックルを買ってアンカーチェーンに使っていたステンレスのシャックルと交換した。15時過ぎからスコールのような雷雨が通り過ぎた。隣に係留しているカタマランには南アフリカから来たロンさんとジュリエットさんが乗っていてこれまでに何回もインド洋を横断したそうである。今日夕刻18時からマリーナジェティクダットに係留しそこで暮らしているメンバーによる歓迎会をマリーナカフェで開催してくれるそうである。皆さん年配のご夫婦が多いようである。

今後の計画

　5月2日は午前中に隣の艇のロンさんにマレーシアのどの港に行くのが良いのか、またその港での係留場所やイミグレーションの場所などを教えてもらった。お陰様でこれからしばらくの間の航海計画ができてしまった。クダットの次はタックスヘブンのラブアン島に行き次にブルネイに行き、ミリに寄り、クチンに行く予定にした。各港に3日滞在しても12日かかる。その後シンガポールの手前のジョホールバルのSabana Coveに係留し陸路でシンガポール観光をする。次はポートディクソン、ポートクラン、ペナン島、ランカウイと寄っていく。マレーシアでは州が変わるたびにイミグレーションが必要なのだそうだ。午後から軽油を買いに行ったがうまく買えず来週の火曜日になるようである。

気象FAX

　航海に出てしまうとどうしても通信手段が限られてしまう。ここマレーシアのクダットでも到着するとすぐにCelcomというプリペイドSIMを買いに行った。これがあれば一応のインターネットアクセスができるしそれなりの気象情報や地

域情報なども得ることができる。従って航海に出る前にはこれらの通信手段を使って必要な情報を得ることができるのだが、いったん航海に出てしまうとそうもいかない。プリペイドSIMも陸地から20海里も離れるとGSMやLTEはもちろん3Gもほとんどつながらなくなる。緊急時の電話連絡はイリジウムを使うことで何とかなるが、タイムリーな気象情報を得ることまではイリジウムでは難しいのが現状である。そこで気象FAXが役に立つはずだということで今日はKG-FAXのテストをした。アマチュア無線のHF受信機ICOMのIC-706で13.9866MHZの東京からの電波を受信しその音声をパソコンにつなぎKG-FAXというソフトで図面に展開する。一応天気図を入手することができたが図面の体裁や他の地域の天気図をどこから入手するかなどの課題はまだ残っている。指定された周波数の1.9KHZ下の周波数で受信するというのとUSBモードを選択するのと音量の調整が難しかった。

クダットの町に慣れてきた

　現在うめぼしを係留しているクダット（Kudat）という町はボルネオ島の最北端に位置していて人口８万人ほどの町だが、比較的歴史のある町のようで、ボルネオ島で一番古いゴルフコース、クダットゴルフクラブがマリーナに隣接してある。古いといっても1881年にイギリス人がクダットの沖合に油田を見つけてその開発会社を作ったことで町として発展してきたということである。町の中心部は比較的小さく大小200ほどの店が立ち並んでいる。中心部の人口は6000人ほどのようである。ホテル、レストラン、銀行、スーパーマーケット、電機機械サービス店、病院など一通りの店があり衣食住の日常生活には不自由しない程度である。自転車で町のスーパーマーケットに買い物に出かけると果物が安くておいしいのでかんきつ類、マンゴー、パパイヤ、スイカ、パイナップルなどの切り売りパックを毎日買っている。また近くには東南アジア最高峰のキナバル山や世界遺産のキナバル公園があるので出かけてみたいと思っている。電気と水があり船が揺れることも少ない静かなマリーナは居心地がよくてつい長居してしまいそうな感じである。

安い軽油

　今日は軽油60リットルとガソリン5リットルを購入することができた。両方とも1リットル当たり1.95RM（約66円）で日本に比べると非常に安く設定されている。どうも自国民に対する優遇策として補助金が出ているようである。そのため外国人である私が購入するためには役所での登録が必要なようである。しかし1人当たり20リットル以下であれば登録は不要のようで、今日はマリーナマネージャーのジョナサンの車で3人でガソリンスタンドに買いに行き1人20リットルずつ別々に購入することで登録をせずに済ませた。しかし詮索好きの私はその後わざわざ登録を受け付けてくれる役所に自転車で行き60リットル買いたいという申請をした。申請には船舶登録証とパスポートが必要だったが10分ほどで購入許可証が発行された。しかし残念なことにその許可証には購入日（明日）、購入スタンド名、購入数量が記載されておりそれ以外のところでは使えない登録証だった。軽油が安いのはいいのだが毎回役所に行って許可証をもらうのも面倒な仕組みである。

コタキナバル

　5月6日はクダットからバスでコタキナバルまで来た。コタキナバルの町に入るところで渋滞し5時間くらいかかった。コタキナバルはさすがに大きな街である。今晩はコタキナバルのホテルガーデンに泊まる。そして明日はキナバル公園に行ってキナバル山の登頂に挑戦する。しかし山のロッジの予約が取れていないのでどうなるかは明日次第である。

キナバル山への登山について

　5月6日から9日にかけてマレーシア最高峰キナバル山（標高4095m）に登頂したので概略を記載する。

タイムスケジュール：

5月6日は12時にマリーナを出発し徒歩でクダットの町に出て昼食をとり、14時にクダットをバスで出発しコタキナバルに19時に到着、ホテルガーデンにチェックイン、近くのレストランハンターで夕食。

5月7日は6時にホテルをタクシーで出発しイナナンの北バスセンターへ行き朝

食、サンダカン行きのバスで7時に出発し公園本部に9時に到着。手続きを済ませ更に朝食をとって10時に登山開始、17時にラバンラタレストハウス到着。18時夕食、19時就寝。

5月8日は2時起床、2時15分にロッジを出てレストハウスで朝食をとり2時40分に登山開始、6時5分に山頂到着、6時10分には下山開始、8時35分にロッジ到着、レストハウスで朝食をとって9時50分にロッジ出発、14時20分に公園本部到着、15時20分にタクシーで出発、16時30分にコタキナバルのホテルガーデンに到着、近くのレストランハンターで夕食。

キナバル山の山頂にて

5月9日は7時に近くの中華レストランで朝食をとり8時のバスでコタキナバルを出発し11時45分にクダットのマリーナに到着。

<u>費用</u>：

登山許可料100＋ロッジ宿泊料100＋傷害保険料7＋税金12＝219RM

ガイド料150RM＋チップ20RM＝170RM

公園本部と登山口の間のマイクロバス送迎料17＋17＝34RM

登山証明書＝10.6RM

公園本部での7日朝食とランチパックセット＝34.75RM

レストハウスでの7日のディナー＝61RM

コタキナバルのホテルガーデン2泊96×2＝192RM

6日の昼食7RM＋バス25RM＋夕食51RM＝83RM

7日のタクシー30RM＋バス15RM＋バスセンター朝食7RM＝52RM

8日のタクシー40RM（乗合）＋夕食28.6RM＝68.6RM

9日の朝食8.6RM＋バス25RM＝33.6RM
総合計で958.55RMとなり3万3000円程度である。

　持っていったものは夏用寝袋、フェザージャンパー、フリースジャンパー、登山靴、靴下5足、下着4セット、ジーパン、コットン長袖シャツ、ビニールカッパ、スリッパ、洗面用具一式、スマホ一式、ガーミンGPS、登山ステッキ2本、ヘッドランプというところである。
　全体の感想としては私にとっては少しハードすぎる山だったが、ガイドが良かったことと天候に恵まれたことで何とか登頂できたという感じである。レストハウスの予約を取らないで直接公園本部に行ったが、運良くほとんど時間を取らずにすぐに登録ができガイドが決まった。とはいえがらがらに空いていたわけではなくレストハウスもロッジもほとんど満室状態だった。これは私の想像だが、私が泊まったロッジには膝が動かないとか体調がすぐれない人が2人ロッジ内に宿泊していた。こういう人のために宿泊者数は少し余裕を持って運営しているのではないかと思われる。ロッジのベッドには分厚い毛布が1枚あったが最初は足先が冷たくて眠れなかった。寝袋に潜り込んでやっと温かくなってきた。水洗トイレに紙はなかった。シャワーは冷たくて浴びることができなかった。大きな温水ポットのお湯で足を拭いて寝た。ロッジとレストハウスの間には少し距離がありスリッパでの移動は厳しいと思われる。8日はほとんどの荷物をロッジに置いて身軽な格好で山頂を目指した。運良く晴天、無風だったのでフェザージャンパーは着なくて済んだ。しかし手袋を持っていかなかったことは大失敗だった。手袋はガイドに貸してもらったのだが山頂では手がかじかんでカメラの操作もできないような冷たさだった。

南アフリカのロンさんありがとう

　5月10日は休養日として艇の中でゆっくり過ごした。明日からの航海に備えて天気予報、航路の確認、食料の調達や消耗品類の確認をした。ラブアン島ではポンツーンに係留できる予定である。ロンさんの好意でこれから南アフリカまでの主要な寄港地の情報を得ることができたのは非常に大きな収穫である。ロンさんとジュリエットさんご夫妻はカタマランで世界一周をして更にインド洋を何度も

ロンさんとジュリエットさん

往復したそうである。息子さんが2人いてそれぞれにお孫さんがいて、クルージング中に生まれた子供もいるということである。寄港地は基本的に現地の人に教えてもらって決めている。マリーナがあるのかどうか、錨泊の場合は場所はどこが良いか、上陸地点はどこかなどを教えてもらう。地中海のトルコとギリシャではパイロットブックがあったので自分で本を見て決めることができたがこの時はまだパイロットブックの存在を知らなかった。放浪の旅が好きなので基本的にはルート上の各地に寄ることを前提にコース選定している。しかし居心地のよくないところは長居しないことが多くある。

ラブアン島へ向けて出航

5月11日の月曜日は朝から出航準備をして9時にイミグレーションの事務所に行った。ところがマリンデパートメントでポートクリアランスを取ってカスタムでチェックアウトしてから最後にイミグレーションに来るように言われた。小さな町だったのでそれぞれはすぐ近くにあり3か所でチェックアウトの処理を済ませて出航の手続きは終了した。その後マリーナ事務所で11日間1万円強の係留料金の精算をしていよいよ出航である。今回はラブアン島まで150海里前後なので、2日若しくは3日の航海になると思われる。

うめぼし航行状況　クダット～ラブアン島

　5月11日11時半にクダットを出港しボルネオ島の北岸に隣接したラブアン島へ向けてアビームでセーリング中。北東の風5m、北西に向け4ノットで走っている。

　11日18時、今ボルネオ島の最北端を通過した。小さな島のあいだを通った。こちらの海は本当に穏やかでいいね。東の風が5～6m、南西に向けてクォーターで4～5ノットで走っている。波もほとんど無く快適そのもの。日本や台湾のあたりの風とはまったく異なる。風が一定して吹き続けるので安心してセーリングできる。漁船や漂流物に注意は必要だ。今回は陸の近くを通っているのでeメールが届いているようだ。

　12日6時の位置はボルネオ島北部の北西岸沖合約30海里。キナバル山の西北西約90km。クダット～ラブアン島の中間を少し過ぎた辺りで、残り約70海里。

　12日17時の位置はボルネオ島北部の北西岸沖合約15海里。ラブアン島の北北東約20海里。夜を迎えるので安全な沖合で艇を泊めて朝を待つ由。ラブアン島到着は明朝になりそう。

　13日朝5時から機走中。8時過ぎにマリーナに着いた。大きな立派なマリーナだ、とのこと。〈宮原〉

ラブアン島に到着した

　5月13日の朝の8時過ぎにラブアン島のマリーナに着いた。入港するとすぐに係の担当の人がポンツーンに出てきてここに泊めるようにと指示をしてもやいを取ってくれた。お陰様でフェンダーを出さずもやいロープもポンツーンに付けてから出す始末であった。そしてすぐにマリーナ事務所まで一緒に行って手続きを済ませた。ポンツーンごとに専用の電気と水道の施設があり係員がメーターをチェックしていた。その後、さっそく自転車でフェリーターミナルにあるイミグレーションに行ってきた。なんと若い係官が言うには日本のヨットがラブアン島に来るのはお前が初めてだというので驚いた。多分その係官にとって初めてという意味だと思われるが。そもそも同じマレーシアの国内なのに入出国の手続きが必要なのも少し腑に落ちない感じもする。カスタムとジャバタンラウト（Jabatan Laut）というマリン部門に寄って書類をもらった。マリーナは大きくて立派だし、

124　世界一周船栗毛

街並みもとてもきれいである。念のためグーグル検索でラブアン、ヨットで検索してみたらすぐにお世話になった大林さんのヨットボラボラの記事が出てきた。日本のヨットが初めてというのは間違いである。多分リップサービスで言ってくれたのだろう。

マレーシアのクダットからラブアン島へ

　5月11日の11時30分頃にロンさんに見送っていただいて出航した。最初の1時間弱の間は機走していたが北東の風が吹き始めたのでセーリングに切り替えた。最初のうちは上りの風でスピードは出なかったが、一つ岬を越えると針路が北西になりアビームで快調に走りだした。クダットを出て北上しボルネオ島の最北端を越える時は浅瀬などがないか針路は大丈夫かという確認をアンドロイドのPADにPlan2Navを載せたナビを使って航海した。PADの明るさの問題は設定を変更することで解決したが、電池が5時間前後しか持たないのが課題である。常時12V電源から充電しているのだがうまく充電が追い付いていないようである。同じ機械をもう一台持っているのでそちらに充電をして5時間ごとに入れ替えて使っている。今回の航海ではナビゲーションに関しては特に問題は起こらなかった。しかし、FUSOのGPSマッププロッターはよくできている。マレーシアの地図も概略では入っているので陸地から離れたところではFUSOを中心に使っている。目的地までの距離の常時表示や艇の進行方向表示など便利な機能がたくさんある。今のところは両方のいいところを使いながらそれほどの問題は起こらずに航海できている。11日の夜は油井が林立する中をうまくかわしながらセーリングを継続できた。12日の12時半頃から14時まで無風になり機走した。その後北西の風が吹き出しアビームで南西に向けてうまく走ることができた。この風は陸風海風の海風ではないかと思う。ボルネオ島では陸地があるところでは昼間にいつも積乱雲ができている。この積乱雲に向けて海から風が吹くのは当然のことに思われる。貿易風と陸風海風の組み合わせで吹いているようである。12日の夜は時間調整のためにラブアン島の20海里ほど手前でセールを降ろして漂った。はずかしながらセールをすべて降ろして漂うと自分の船がどうなるのか今まで知らなかった。艇の向きはアビームでクォーターの方向に流れて行った。艇が波に対して横向きなので夜の間中横揺れが大きくキャビンのベッドの上で体が転がってよく寝

ることができなかった。シーアンカーの必要性を感じた次第である。ラブアン島に近づくとたくさんの大きな船がアンカーリングしているのに驚いた。タックスヘブンということで様々な船がこの島を利用しているようである。島の人口は9万人ほどのようだがフルノをはじめ多くの船舶関係会社や金融関係会社が事務所を出しているようである。

Mermaidマリンエアコン切り分け

　5月14日は朝から、先日より動かなくなったMermaidの5200BTUマリンエアコンのトラブル切り分け作業を行った。大きくはエアコン本体、コントロールボックス、リモコン、昇圧トランスの4つからなる。昇圧トランスは100Vを110Vにするものでマリーナの陸電の電圧が100Vを切る場合にトラブルにならないように入れてあるものである。マレーシアの場合は240Vなので当方のトランスで115Vまで下がる。それに110V昇圧トランスを入れると125V程度になる。今回の確認でマレーシアでは昇圧トランスを簡単にバイパスできることがわかった。リモコンは単三乾電池2本で動いている。コントロールボックスとの間は4本のケーブルでつながっており暖房、冷房、ファンのコントロール線になっている。ここにAC24Vが来ているはずなのだがテスターで確認すると来ていない。リモコンの液晶表示は正常である。コントロールボックスは20cm×10cm×10cmくらいの大きさで、24Vへの減圧トランスが1個、大型リレー1個、小型リレー2個、その他の部品が入っている。今回はFANだけでも動かない状況だが、大型リレーには100Vの電圧が来ていて、ドライバーで接点を閉じると本体の海水循環モーターが動いた。本体にはほかにコンプレッサーとファンがある。コントロールボックスの減圧トランスからAC24Vが出ていないことを確認して一応トランスのトラブルであると判断した。対処としては念のためコントロールボックスを一式交換することにしてこれから訪問予定のミリマリーナに送ってもらうことにした。その後軽油を20リットル調達、洗濯を済ませ、近くの日本料理店で昼食をとった。

ラブアン島にて

　5月15日は国際フェリーターミナルのイミグレーションオフィスに行ってチェ

ックアウト（出国）の手続きをした。ジャバタンラウト（Jabatan Laut）とカスタムはチェックアウトの時だけ行けば良いようである。ということで明日はブルネイに向けて出航予定である。ブルネイまでは20海里前後なので4時間程度の航海になると思われる。またラブアンマリーナの精算もしてきた。係留費用は13日から16日ということで3泊×26＝78RM（約2700円）だった。今日も軽油を20リットル購入し、洗濯をし、水道水で清水タンクを満タンにして、マリーナの隣のウォーターフロントというホテルで昼食をとった。そうこうしているうちに今日は17時からポンツーンの上で持ち寄りパーティーをするというお誘いがきた。隣のバースに昨日到着したロビンさんはカナダから太平洋を越えてきたそうで外国人にしてはめずらしくシングルハンドだ。

ラブアン島からブルネイへ

　5月16日はラブアン島最後の日だと思うと何か買っていかなければという思いが募る。ラブアン島はタックスヘブンの連邦直轄領なので多くの金が集まると同時に大消費地でもある。マリーナの近くにあるフィナンシャルパークは金融機関が入る高層ビルが3棟ありその1階、2階部分はすべてつながっていて巨大なショッピングモールになっている。高級時計などの宝飾品店、輸入ファッション店、

ラブアン島のポンツーンパーティー

酒タバコの免税店、スーパーマーケットなどいわゆる高級リゾート地の高級店から庶民向きのレストランやマーケットまで様々な店が入っていてとても回りきれないほど大きなモールである。結局庶民派（貧乏性）の私はタイガー缶ビール1箱（24本）を48RM（約1700円弱）で買っておしまいである。午前中は弱い南風が吹き午後から6mの北西の風との予報で北西の風を待ったが南風から南西の風になるだけで、12時半になって待ちきれずに出航した。それでも1時間ほど機走すると14時過ぎになってやっと西の風6mが吹いてきたので早速セーリングに切り替え南西に向けてクローズドリーチで5ノット近くの速度で走った。ブルネイの湾に入るところで細い水路を通って16時半過ぎにヨットクラブ前の海上に到達し10艇前後いる艇の近くにアンカーリングできた。ここのアンカーリングポイントは狭い通路になっていて水深は6mと浅いのだが干満の差が比較的大きく潮流も速いので毎日必ず2回、艇の向きが変わる。風ではなく潮流によって変わる。

ブルネイ初上陸

　5月17日は朝の3時から強い雨が降り出したので、あわてて天井にあるハッチに取り付けてある扇風機を外しハッチを閉めた。4時半頃には雨足は弱くなってきたがなかなか降りやまず夜が明けて10時過ぎにやっと晴れ間が見えてきた。この時期にこんなに長い時間の雨が降ることがあるのだ。今日はブルネイに初上陸するためにさっそくインフレータブルボートを膨らませて降ろした。そして12時過ぎにロイヤルブルネイヨットクラブの桟橋に着けてクラブハウスを訪ねた。会う人は皆親切でディンギーヤードで食事をしていた人は食事を中断してクラブハウスまで案内してくれるし、クラブ敷地の守衛さんは車でイミグレーションのあるフェリーターミナルまで送ってくれるというほどである。お陰様で13時には入国手続きも終わり、次にプリペイドSIMを買いに行った。ブルネイはマレーシアとは通貨は異なるし通信会社も異なるようでマレーシアのSIMカードは使えないのだ。近くのムアラの町に出て携帯電話ショップを訪ねるとバンダルまで行かないとだめだと言う。ブルネイドルで1ドル払ってバスに揺られて1時間でバンダルに着いた。PROGRESIFという通信会社のショップに行くと10ドルでプリペイドSIMを購入することができた。帰りもバスに乗ってムアラまで帰り更にヨットクラブまでヒッチハイクで帰った。クラブハウスに着いたのは夜の19時半くらい

になっていて門が閉まって中に入れないのではないかと心配していたが案に相違して大勢のお客さんがレストランで歓談していた。既に辺りは真っ暗闇だったがテンダーに乗って艇に帰り、着いたのは20時頃だった。

バンダルスリブガワン観光

　5月18日は朝の8時からバンダル観光に出かけた。やはりムアラからバスで1時間である。10時半頃にはバンダルのバスセンターに着き、町の中心にあるオールドモスクと呼ばれている白亜の大理石に黄金色のドームが乗っているスルタンオマールアリサイフディンモスクに行き、中に入ってみた。中はがらんとしていて大きな空間が一つあるだけだが立派な巨大なつくりに圧倒される感じである。次にロイヤルレガリアというブルネイ王家の歴史や財宝を展示してある史料館に行った。即位の行列などはどこの国の王室も同じで豪華絢爛でありながらスマートさを感じる歴史の重みとでもいうのだろうかよくできていると思った。次にその隣の歴史センターを見学して昼食をとったところで雨が降り出したのでそのままバスで帰ってきた。ムアラに着くと大型客船Pacific Jewelという7万トン乗客1900人が寄港していてオーストラリアからの観光客が多い理由がわかった。バンダルではどこの施設も名前と出身国を記帳するだけで無料で入ることができるのだがどこもオーストラリアの人が多かったのだ。ロイヤルブルネイヨットクラブは外来艇に対してオープンでありアンカーリング艇に対して1日ブルネイドル5ドルでクラブの施設利用を認めている。一応6日間滞在することにして30ドルを支払うとテンポラリーメンバーカードを発行してくれた。プール、水道水、洗濯機、シャワーが利用できレストランも割引になるようである。

バンダルスリブガワン観光2日目

　5月19日もバスでバンダルの観光に出かけた。最初にオープンマーケットに行きマンゴーを仕入れた。次に水上タクシーと交渉して10ブルネイドルで水上集落を観光した。水上集落といっても学校もあればモスクもあり、消防署やレストランもある。巨大な町が水上にあり舟が主要な交通手段であるというところはベネチアと似ているのかもしれない。次に少し離れたところにあるガドン地区の巨大ショッピングモールに行った。そこの一角にあるポンドックセリワンギというイ

ンドネシア料理のお店で昼食をとって帰ってきた。

ブルネイムアラ泊地について

　5月20日はヨットクラブのすぐ近くの浜辺で開かれている朝市に出かけて、エ
ビ、大型のアジ1尾、トマト、ダンピンなどを買った。また明日の出航に向けて
イミグレーションに行き出国手続きをした。ここではJabatan Laut（Marine
Department）は入国時も手続きが必要だということで入国時の書類と出国時の
書類の両方を記入した。Jabatan Laut、カスタム、イミグレーションの順に手続
きをして完了である。3つともフェリーターミナルの中にある。ブルネイを離れ
るにあたって今後ブルネイムアラ（Brunei Muara）泊地を訪れる人のために注意
点を記しておく。自分のための覚えと言った方が正しい。ロイヤルブルネイヨッ
トクラブの前の泊地は水深6m前後でアンカーリングは容易である。しかし潮の
流れが強いのに注意が必要である。muara tide table 2015で検索すると、かなり
変則的な潮位変動である。また、クラブハウス前の桟橋には青色のポンツーンが
あってテンダーの係留には便利である。しかし干潮時にはかなり浅くなり桟橋か
ら見てSlow 5 km/hの標識の右側を通るほうが安全である。クラブハウスからフ
ェリーターミナルまでは徒歩40分、バスはあるが33番ムアラ行きが1時間に1本
程度で、8時半、9時半前後にクラブハウス前を出てフェリーターミナルの近く
を通る。ムアラのバスターミナルにはスーパーや店舗が20軒程度ある。ムアラか
らバンダルまでは37番38番39番バスで1時間弱である。バスはあるが時刻表もな
く移動には車が無いと不便だ。

ブルネイ（ムアラ）からマレーシア（ミリ）へ

　5月21日はブルネイのムアラ泊地を出航しマレーシアのミリに向かう。距離は
100海里前後で1泊2日の予定である。午前中は逆潮なので12時前後に出発予定
である。朝からテンダーのエンジンを外しテンダー本体をキャビンの上に引き上
げ空気を抜いて収納した。ブルネイでは会う人みんなが親切そのものだった。生
き方にゆとりがあるという感覚である。道路を走る車もゆっくり走っている。し
かしやるべきことはちゃんとやるという雰囲気も日本の人と似ている感じがす
る。1926年にブルネイに石油があることが発見され、その富がブルネイの発展に

130　世界一周船栗毛

寄与してきたことは間違いないのだろうが、将来石油がなくなってもブルネイの人はきっと変わらずにゆとりをもって他人に親切にできる生活を送っていることだろうと思う。魅惑的な国ブルネイのほんの一部しか見ることができていないがその魅惑度は更に増してきているという感じである。12時頃にムアラを出航して、1時間ほどかけて北側の細い水路を抜けてやっと13時頃からセーリングを始めた。北北西の風3～4mで西に向けて4ノット弱で走りリーチングからアビームで帆走し翌朝までの20時間で70海里近く走った。この辺りは陸地から5海里離れても水深が10mから20mしかなく極めて広範囲の遠浅が続いている。そして石油の油井が林立している。夜の航海はこの油井の間を縫って走った。あまりに近づき過ぎた時は油井側からサーチライトを照らされてちょっとまずかったのかなという感じもした。翌朝の9時頃に岬をかわした頃から南風が吹き出し機走に切り替えて22日11時半にミリのマリーナに着いた。マリーナに入るとディビッドさんとスティーブンさんがポンツーンを指定してもやいロープをとってくれた。

ミリマリーナ

　ミリマリーナはミリの町の郊外に位置し浮桟橋に電気と水道が供給されている。また、敷地の入り口には守衛がいてセキュリティもしっかりしていて安心感がある。現在建設中のマリーナオフィスが来年には完成するということでシャワーなども使えるようになるそうである。係留料は1日1.3RM×28ft＝36.4RM（1240円）に電気水道料が1日5RMかかる。23日は近くのバースに係留しているヨットの中に住んでいるオーストラリア人のブライアンさんにミリの町まで自転車で一緒に行ってもらい観光案内所やマーケットなど町全体の様子を教えてもらった。ブライアンさんは50歳で軍隊をリタイアしてその後15年間ヨットで世界中を回ってこの2年間はミリに住み着いているということである。

ミリ散策

　5月24日は日曜日で多くの店はお休みだったが昔からあるマーケットは賑わっていた。今日も朝早くからブライアンさんに連れられて日曜日だけ開かれる特別のマーケットに行った。そこはボルネオ産品だけが売られているということで鹿、亀、ダックをはじめいろいろな地元でとれるものが露店に並んでいた。そのあと

散髪屋に行き、100Vの延長コードなどいくつか必要なものを買って艇に戻った。午後からはカナダヒルという町の近くの丘に登り、グランド・オールド・レディという昔の油田井戸（1910年マレーシア初）をみて、石油科学博物館を見学してきた。

南西モンスーン

　5月24日はめずらしく南西の強い風が吹き雨も伴っていたので何かと思って隣の艇のニックさんに聞いたところ南西モンスーンだということである。夏の6月には太陽が最も北に傾き大陸が暖められそこに向かってインド洋や南太平洋から吹き込む季節風である。コリオリの力で南風ではなく南西の風になる。日本では夏に南東の風が卓越し冬に北西の風が卓越するモンスーンが吹き和辻哲郎さんの『風土』につながっていくのだが、ユーラシア大陸の南側の赤道近辺では南西モンスーンが吹くということである。ここミリの風予報では今後10日ほどは従来通りの弱い北西の風（今までと同じ日々変わる海風）が吹く予報になっているので、今日は南西モンスーンの吹き始め（春一番）だったのかもしれない。それでも6月に入るとだんだんと南西モンスーンの吹く日が多くなってくるということである。従って今週末くらいにはクチンに行ってしまってその後は当面の間は南下しなくても良いようにしたいと思っている。

ミリ散策2

　5月25日は午前中に地元のプラネットボルネオというツアー会社に行きグヌンムル国立公園に行くツアーの見積もりをとった。ムルまで飛行機で行き1泊2日の最短コースで行くものでも1000RM（3万4000円）かかり当方にとっては価格が高すぎるということでやむなくあきらめた。そのかわり明日はディビッドさんと共に同じような洞窟があるニア国立公園に行くことにした。そしてまたミリの町を散策した。ミリマリーナの入り口にあるシーホースの灯台を見に行ったがあいにく工事中か何かで近づくことができなかった。そして完成したものの入居テナントがほとんどいない新設の大規模ショッピングモール、スーパーマーケットなどに寄って戻ってきた。

ニア国立公園

　5月26日は朝の7時からディビッドさんと一緒にニア国立公園の洞窟（Niah Cave）に行ってきた。ディビッドさんに案内してもらうつもりだったのだが何とディビッドさんも初めて行くのだということがその時になってわかりびっくりした。ミリの町の北の端にあるバスセンターまで約8kmを自転車で40分ほどかけて行き、7時45分発のバスに自転車と共に乗って（片道12RM）、110km南西にあるBatu Niahのバス停に9時45分頃に着いた。そこで軽くロティとティー（4RM）をとり、10kmほど離れた洞窟のあるニアの町に自転車で向かった。ニアの町には11時半頃に着いたのだが、あちこち標識に従って行ってみるものの洞窟への入り口がなかなか見つからず、ニアの交番に寄って確認すると国立公園の事務所に行かないといけないということで更に4kmほど自転車で走り12時半にやっと事務所に着いた。自転車はそこに置いて20RMの入園料を払い更に1RMを渡し船に払って川を渡り洞窟まで3kmを歩いた。The Great Caveはさすがに大きくて高さ60m幅250mという世界でもまれにみる広さだということである。この洞窟は4万年前の人類の化石が見つかったことでも有名だそうだ。4万年前は氷河期の真最中のようでありネアンデルタール人が絶滅した頃でもある。ホモサピエンスがグレートジャーニーの旅に出てしばらくの頃である。1時間ほど洞窟内を散策し、また同じジャングル内の散策路3kmを歩いて事務所に14時半頃に戻った。そこからは自転車で14kmを走り16時前にBatu Niahのバス停にたどり着いた。この時点で既に疲労困憊である。バスを待つ間に地元のハンバーガーショップでスパゲティミートソースとオレンジジュースで空腹を満たし一息つくことができた。17時発のバスに乗り18時20分にミリのバスセンターに着き19時にマリーナに戻ってきた。

日本人慰霊碑とクロコダイルファーム

　5月27日は朝の8時半からブライアンさんに連れられて自転車でマリーナの南側3kmほどの丘の上にある大学の敷地内に入っていった。そこには旧日本軍人の亡くなったかたがたの戦没者の墓があった。ボルネオの中のミリにも日本の軍隊がきてここで亡くなったかたをきっとご家族のかたか同じ隊にいたかたでしょう、生存者のかたがわざわざこの地まで来て鎮魂の思いを捧げられたのだと思わ

れる。元軍人のブライアンさんならではの案内であった。午後からはバス（5
RM）に乗りミリから24km北にあるクロコダイルファーム（26RM）を見学して
きた。巨大なワニがたくさん飼育され、同じ敷地内にダチョウ、熊、さる、鹿、
やぎなどのミニ動物園もあり、ワニの鳴き声や熊の赤ちゃんの抱っこなどはなか
なかの迫力であった。

ミリの休養日

　5月28日は午前中にカスタムに行きポートクリアランスを発行してもらった。
これでクチンへ向けての手続きは終了である。今回はマレーシアの中の同じサラ
ワク州内の移動なのでイミグレーションの手続きは不要ということである。その
後マリーナオフィスに行き係留費用の支払い手続きをした。22日から28日分まで
ということで306RM（1万400円程度）を支払った。午後からは出航に向けての買
い出しやエンジン点検などの準備をした。明日はクチンに向けて8時頃には出航
したいと思う。今回は300海里前後の距離があるので4日から5日くらいはかか
りそうである。

マレーシアのミリからクチンへ

　5月29日の朝8時過ぎにミリを出航した。出航前にディビッドさんとブライア
ンさんに挨拶をしてきた。出航して30分ほど機走して、エンジンを止めて、現在
は帆走している。とはいえ風がほとんど無い状況で漂っている感じだ。

うめぼし航行状況　ミリ～クチン

　29日18時の位置はミリの南西約35海里。岸から約10海里沖合を西南西へ航行中
のようだ。
　30日6時の風は南4m、西南西へ4ノットで航行中。曇り。雷。夜中じゅう無
風で漂っていた。
　30日18時の風は北北西2m、西南西へ2ノットで航行中。午後は風弱く漂って
いた。現在位置はミリの西南西約75海里。岸から約40海里沖合を西南西へ航行中。
　31日18時の風は北西2m、西南西へ2ノットで航行中。晴れ。風弱く波静か。
現在位置はミリの西南西約130海里。岸から約30海里沖合を西南西へ航行中。

世界一周船栗毛

1日18時の風は西北西２ｍ、西南西へ３ノットで航行中。今日は嵐によく遭った。２ポイントリーフに３回もセットした。今は静か。現在位置はミリの西南西約210海里、クチンの北東約70海里。

　２日18時は南南西４ｍ、西南西へ３ノットで航行中。曇り。昼は無風。夕刻嵐去る。現在位置はクチンの北東約20海里。クチン到着は明日午前だろう。

　３日６時はクチン近くの岬の沖合約１kmのところに碇泊中。

　３日13時50分ころ無事にクチンに着いた。マリーナは河口から７海里くらいさかのぼったところにある。潮の流れが激しくて昨晩から河口で潮待ちをしていた。11時半が潮の変わり目で機走で河口を通り川を１ノットくらいの追い潮でさかのぼったが13時過ぎになった。マリーナも川の流れが激しくていろいろな大きなものが流れてくる。〈宮原〉

ミリからクチンへ（from Miri to Kuching）

　５月29日の朝の８時過ぎにミリのマリーナを出航し、約300海里離れた南西側に位置するクチンのマリーナに向かった。今回の航海は風が無くてもできるだけセーリング中心で行こうと思っていた。そうしたら見事に無風状態に巻き込まれた。今回の６日間は大きく分けて前半の29日〜31日と６月１日〜３日に分けられる。前半は熱帯の海の無風状態である。航海日程は天気予報を見て風が弱い日を選定している。天気予報通りに風の弱い日が続いた。午前中は朝凪である。午後の海風も吹いている時で３ｍである。風がなくなると２〜３時間まったく吹かない。鏡のような海面で思わず泳いでみたくなる衝動に駆られたがそこはぐっと我慢して船上で過ごした。これだけ波が少ないと船上でもいろいろなことができる。今までは航海中はあまり料理をしないのだが今回は昼も夜も料理を作った。また船酔いするので読書は控えていたが、今回はたっぷり本を読むことができた。後半は南西モンスーンである。６月１日の午前２時に南西の風が６ｍ〜８ｍ吹き出した。その後少し弱くなり朝明るくなると周りにいくつかの雲と雨のゾーンが見え稲妻が光っている。前線に沿って積乱雲が連なって発達しているものと思われる。そして時々10ｍくらいの突風が来る。するといよいよ嵐が来るかと思いメインセールを２ポイントリーフにしてジブセールのファーラーを半分巻にして嵐に備える。ところが意外に来ないのだ。そうこうしているうちに嵐はどこかへ行っ

てしまい嵐に備えていろいろしたのは何だったのだと思う。また２時間もすると次の雲が近づいてくる。今度はフルメインのままでいると、本当に嵐の中に突っ込んだ。体感では20mくらいの突風が雨とともに吹いているように感じたが風速計は最大で12mしか表示していない。計器は正直なものだ。それでもジブを巻き取りメインは風を流してしばらく待った。20分ほどで過ぎ去った。次の嵐はもっと大きかったようで風はいくつかの方向から吹き最大でも10mほどだったが強い雨が３時間ほど続いた。お陰様で艇が洗われてきれいになった。２日も朝一番で嵐が近づき２ポンリーフにしたが肩すかしであった。その後昼間は静かだったが夕刻にまた嵐が近づいてきた。南東からの順風が吹いていたのだが、１分足らずの間に12mの突風が来たのだ。あわてて２ポンリーフをセットしたがまた肩すかしだった。３日も南西の風が続き空は嵐模様だった。今回もいろいろな風に巡り合いまた勉強になった。

アンカーに漁網を引っかける

　クチンのマリーナの手前の河口で潮待ちをしている時である。６月３日の朝の４時に潮の流れが止まったので今のうちにもっと岸寄りの流れの少ない場所に移動することにした。まだ夜明け前で周りは暗いのだが満月の月明かりを手助けに西に微速前進した。岸から１海里前後のところまで近づき水深９ｍ程度のところに再度アンカーを打った。アンカーはチェーンの長さと同じ25mと少し短めにした。GPSで確認すると初めのうちは少し流されていたが10mほど流れたところでほぼ止まった。そこにしばらくアンカーリングしていた。６時過ぎに夜が明け始める頃に５ｍ足らずの２人乗りの小さな船が近づいてきて、アンカーが網に引っかかっているのでアンカーを上げろと手振りで言ってくる。すぐにアンカーを上げ始めるとしばらくして高さは５ｍくらいだが横に長い網がチェーンと共に上がってきた。その時点では小舟が網とアンカーが絡まないように気を使いながらアンカーを上げていた。そしてアンカーと網が離れると笑顔でこのあたりは網があるのでもっと沖に出るように言われた。事なきを得てよかったのだが岸近くは漁網の危険が多く夜間の航海は厳禁だと再認識した次第である。

136　世界一周船栗毛

漁船との衝突

　ミリからクチンに向かう途中で一つ大きな事件があった。５月31日の朝の３時頃のことである。真夜中なのでオートパイロットで艇を走らせていた。北東の風３m程度、艇は西南西に向けて２ノット程度で走っていたと思われる。キャビンの中で寝ていると突然バウからガガーンという大きな音が聞こえて艇が止まった。半分夢の中で「しまった。油井の柱にぶつかったか」と思った。すぐに飛び起きてコクピットに出てみると、明かりを点けた木造と思われる長さ20mくらいの小型艇と接触している。漁船は網を入れてそれを引き上げようと止まっているようだ。相手の艇には３人ほどの人影が見え「ライト、ライト」と叫んでいる。真追手に近い状態でこちらが風上側でセールをはらんだまま相手の艇に横抱き状態でくっついている。エンジンをかけてバックしようと思いエンジンスターターを動かそうとしたがバッテリーが弱っていて動かない。エンジンをあきらめて、メインセールを降ろした。次にジブファーラーを巻き取った。すると相手の艇の人がこちらの艇を押していたこともあって、艇が離れ相手艇の後ろ側（と思われる）をすり抜けて風下側に出た。あとはじわじわと艇が風に流されて漁船と思われる相手艇から離れていく。20分ほど様子を見ていたが相手艇に何も変化がなく操業を続けているようなので、こちらもエンジンをかけてまた目的地に向かった。当方の艇の被害は特にないようである。今回のような小型漁船はレーダーにはまったく映らない。今回の事故で夜間ウォッチ特にいろいろなライトのある中で漁船を見分けることの重要性を再認識した。

クチンマリーナの紹介

　クチンマリーナはサラワク川を河口から７海里ほどさかのぼった川沿いにある。30艇ほどは係留できそうなポンツーンがあり、現在は十数艇が係留されている。マリーナ事務所はポンツーンの前の青く丸いドーム型の屋根の立派な建屋の中にありすぐに受け付けてくれた。係留料は船長８m×２RM×30日＝480RM÷２＝240RM（約8200円）ということである。つまり１か月係留すると半額になるサービスをしているということである。電気と水道の利用料は係留料に含まれるということである。建屋の中にはトイレシャワーの設備があり利用できるがあとは事務所があるだけでお店などはない。マリーナの近くにはコンベンションセン

ターと電力会社の事務所があるだけで町までは数キロ離れている。またいくつか注意点もある。川沿いにあるので川の上流からいろいろなものが流れてくる。大木などはざらである。また流れも速く潮の満ち引きによって両方向に相当の速さで流れる。流れが速い時の着艇には注意が必要である。また河口で潮待ちする時も流れが速いのでアンカーリングの仕方に注意が必要である。先日は流れがある中でアンカーを打とうとしたらアンカーが海底に着いた途端にチェーンが急激に出始めて止まらなくなった。流れがある場所でのアンカーリングは危険度が大きいということを認識した。川をさかのぼる途中でも漁師さんが網を使って漁をしていたので注意が必要である。

クチン散策　その1

2015年6月4日はさっそく自転車でクチンの市街地散策に出かけた。まずはサラワク川の南側の遊歩道だ。川向こうにある黄金色のとんがった建物が州議事堂である。ちょうど12時にその真向かいの観光船乗り場に通りかかったのでさっそく1時間コース19RMを払って12時発の船に乗ろうとした。ところが12時になってもなかなかスタートしない。最初は船の燃料補給で15分遅れると言っていたのだが30分経ってもスタートしない。よくよく確認すると最低2名で出発ということでもう1名の乗船客を待っていたのだ。その待ち時間に受付のリチャードさんと会話が弾んだ。それはそうだよね。向こうはもう1名がいつ来るか心配でしょうがないのだから。それでも12時40分には待ちきれなくてキャンセルしてリチャードさんに教えてもらった次の観光案内所に行った。そこで町の地図をもらいサラワク博物館と水族館とイスラム博物館に行った。また猫のモニュメントが3か所あるということで3か所に寄って写真を撮ってきた。猫博物館は川向こうの北側にあるということで今日は行かなかった。昼食は途中のショッピングコンプレックスの地下にあった回転寿司屋に寄り、帰りには途中のマーケットで果物や野菜などの青果を買って帰った。

クチン散策　その2

6月5日もクチンの町の散策に行ってきた。今日はサラワク川の北岸からのスタートである。まずは猫博物館に向かった。小高い丘の上にある市庁舎の中の1

階部分が猫博物館になっていた。それほど広くはないのだが猫に関することは何でも展示してあった。招き猫、ドラえもん、浮世絵の猫、津田覚のなめ猫、キティちゃん、猫のお墓までという感じである。市庁舎の一階の食堂で昼食をとって黄金のとんがり屋根の州議事堂に向かった。そこにちょうど渡し船が来たので飛び乗って昨日来た南岸に渡ってしまった。小さな船で櫓で漕いで行くのかなと思っているとスイッチを押したらエンジンがかかって急に速く走りだしまた向こう側に近づくとスイッチを切って櫓でうまく操作していた。

猫の街クチン

オランウータン

　6月6日は夜明け前から激しい雨が降り続いた。そしてそのあと明るくなってきてからも小降りの雨が続いたが午前中にはやんだのでまた出かけることにした。その後も今日のクチンは終日曇り空が続き涼しい一日となった。今日も自転車で街中のバスセンターまで行き、13時発のバスに乗ってセメンゴワイルドライフリハビリテーションセンターまで行ってきた。そこでは人に飼われていたりまたは何らかの理由で野生に戻れないオランウータンを野生に戻す取り組みをしているということである。飼育員の人が決して近づきすぎずにバナナなどのえさを餌置き場に投げ上げ、それをオランウータンが食べる様子はなかなかの迫力のある場面であった。

Fairy Cave & Wind Cave

　６月７日は朝一番でジュリーさんとルークさんそして７歳と４歳のお子さん４人でクルージングしているフランス艇Bulleのインドネシアに向けての出航を見送った。ルークさんは子供の頃からお父さんと一緒にクルージングをしていて世界中をめぐり、来年は日本にも行きたいと言っていた。

➡ http://www.voilierbulle.com/

　そのあとクチンの町から南西方面に35kmほど離れたところにある２つの鍾乳洞に行ってきた。クチンの町のマーケットの近くにあるバスセンターまで自転車で行き２番のバス（片道4.5RM）に乗りBAUという町まで１時間ほどかかった。12時前にBAUに着き茶店で昼食（６RM）をとり12時過ぎにタクシーをチャーター（60RM）してFairy CaveとWind Caveに行った（それぞれ入場料が５RM）。Fairy CaveはNiah Caveに似て入り口の大きな洞窟だった。Wind Caveは細くて狭い通路が３本通れるようになっていて真っ暗な中を自分のサーチライトを照らしながら見て歩くようになっていた。

Samajaya Nature Rescue

　６月８日は町の近くにあるSamajaya Nature Rescueという熱帯雨林の公園に行ってきた。マリーナから自転車で30分くらいの近場にありながら38ヘクタールの広さがあり１kmと1.6kmの遊歩道が整備されジョギングや散歩をする人が多く訪れていた。

Passage to the East 2015

　今日もシンガポールの艇が１艇マリーナに入港してきた。ここ数日で６艇係留艇が増えた。その中の３艇はSail Malaysiaのラリー「Passage to the East 2015」の参加艇のようで昼間にはこの近辺に住んでいるラリー関係者と思われる人が何人も訪ねてきていた。ラリーというのは同じ方向に行きたいと思っているヨットを集めて、主催者が航路や寄港するマリーナを設定し寄港地でのレセプションなどを開催してくれるものであり競技ではない。参加艇にとっては非常に便利で安心感のあるサービスである。

　Passage to the Eastという言葉は私にとっては衝撃的な言葉で、私は赤道近く

では貿易風が吹き続けていて東に向かうのは難しいと思い込んでいたのだ。しかしこの季節であれば南西モンスーンに乗って東へ行くこともできるということがこのラリーで証明されたのだ。

帰国の準備

6月10日は艇内の整理や日本への帰国の準備で終わってしまった。午前中にはラリー参加艇を見送り午後からはオーストラリアから来たという大きなカタマランが入ってきたのを出迎えた。明日から7月8日まで日本に帰るのでブログもしばらくお休みさせていただく。

父親の守の脳梗塞

2015年6月11日に弟の孝からメールが来た。「今朝、父が突然、起き上がれず、頭痛、吐き気、嘔吐、失禁があり、近くの神経内科の先生に往診してもらい、脳出血の可能性があるとのことで、浜の町病院へ救急車で搬送しました。意識は、はっきりしているのですが、左顔面神経麻痺があり、言葉もうまくしゃべれない状態です。検査結果がわかれば、また、メールします。」

次のメール。「さっき母が帰ってきましたので、聞いたところ、脳梗塞だそうです。しばらくリハビリが必要で入院です。」「父の状態ですが、2〜3日は悪化する可能性もあるとのことで、主治医の先生によると面会は控えて安静にさせてほしいとのことでした。」

6月12日のメール。「脳梗塞の原因ですが今、浜の町病院神経内科の主治医の先生と電話で話しました。脳底動脈が閉塞しており脳幹に梗塞がありそのために左の顔面麻痺、左上下肢の麻痺があり昨日に比べるとあまり変わらないとのことです。脳幹というのは呼吸中枢があり悪化すると呼吸不全の可能性があり今は、HCU（脳のICUみたいなところだそうです）に入っていて週末まではこのまま経過観察で来週には個室に移れる予定とのことでした。原因ですがもともと動脈硬化がありそのための閉塞かまたは心臓から血栓が飛んだのか現在精査中とのことです。今後のことですがとにかく今は梗塞が広がらないように治療するのが大事とのことでした。主治医の先生のご経験上このような病状の方でも治療リハビリがうまくいって自宅に帰れるようになる方もおられるとのことでした。しかし90歳

という年齢を考えると今までは元気でもいろいろな病気を併発する可能性が高くうまくいかない場合も考えられるとのことでした。母は少し気落ちしているようですが一応元気にしています。ただ耳が遠くなっており和子姉さんにも昨日からいろいろ世話をしてもらっています。私は仕事でまだ病院には行けていません。私は明日の土曜日の午後にでも行く予定です。以上、よろしくお願いします。」

追加メール。「先ほどのメールに追加ですが父本人のショックがかなり大きいようです。主治医の先生は父に小さい梗塞だから心配しなくて良いですよと説明しているといわれていました。突然手足が動かなくなり意識はしっかりしていますのでそのショックはかなりのものと推察されます。」

6月15日に福岡の浜の町病院にお見舞いに行った。父の容態は順調に回復傾向にある。梗塞の原因は検査の結果心臓に問題があったようだ。一過性の心房細動がありそのため血栓ができやすく脳に飛んだものと考えられるとのことだ。もちろん動脈硬化の影響もある。19日にはプリンを食べる予定だ。20日から血栓防止の内服薬の服用を始める予定だ。点滴はなくなるようだ。

6月29日のメール。「21日には排便があり23日には車椅子に移れたとのことです。母は大喜びで私の携帯に電話をしてきました。私が27日（土）に行った時は導尿は無くなっており尿瓶を使って排尿していました。まだ寝たままですが。以上のように経過は順調です。長尾病院に転院の件ですが7月2日（木）に決まりました。」

6月30日に再度福岡に飛んだ。7月2日の転院の手伝いをするためだ。母は付きっきりで看病している。

艇に戻ってきた

2015年7月8日の午前11時頃に艇に戻ってきた。今回の帰国はエアアジアでクチンからクアラルンプール経由で羽田までの往復で5万円弱という価格だった。羽田で預けた荷物が無事にクチンまで着くかどうか心配していたが杞憂であった。また艇を浮かべたままで1か月も放置しておくのも心配であったが、それも今回は幸いにしてそれほど大きな問題は起こっていないようである。しかしエンジンの海水冷却水は最初は泥だらけだったし、エアコンの海水冷却水も初めはかなり汚れていた。トイレポンプはなんとか動いた。食器洗い用の海水ポンプは海

水が上がってこなかった。ということで艇を浮かべたままで放置するのは1か月が限度だと認識した。マリーナの管理人が毎日何度か見回りをしてくれていたようで今日もお昼と夕刻に見回りにきてくれた。艇の艤装などのチェックはまだだが外見上は特に変化は見られない。ウッドのデッキのアダックスーパーが完璧に落ちてしまって木肌がむき出しになっているのが申し訳ないという状況である。

海水ポンプの診断

　7月9日は朝から食器洗い用の海水ポンプの状況調査をした。艇に戻ってきて確認したところポンプ（ビルジポンプを海水ポンプとして使用している）のモーターは回っているのだが海水が出てこない。そこで足立さんの指示に基づきポンプの吸水口のホースを外し、ホースに強く息を吹き込むとボコボコと空気が船底から出て行くのがわかった。これで給水口から水が入ってくることは確認できた。しかしまだ蛇口から水が出ない。そこで出口のホースを外して通水を確認した。これもOKである。モーターを回してみるもまだ出口から水が出てこない。そこでインペラ部分のふたを開けてみた。ビルジポンプなので水がなくなると自動的に止まるオートスイッチが付いていてそのネジ2本とインペラのふたのネジ2本の合計4本のネジを外してインペラを取り出してみた。しかし中はきれいでインペラ自身も壊れていない。そこで内部をよくよく見てみるとなんと水の出口の穴がないのだ？？　写真を撮って足立さんに見てもらったところインペラを収容しているプラスチックカバーが溶けて穴がふさがってしまったのではないかということである。足立さんによれば水がない状態でインペラを相当長い時間回し続けたのではないかとのことである。

出航の準備

　7月10日は朝から出航の事務手続きをした。マリーナオフィスで係留料金の精算を済ませてポートクリアランスの書類を受領した（Jabatan Lautが同居しているため可能）。その足で河向かいにあるカスタムとイミグレーションに行き明日11日12時に出航するということで手続きを済ませた。行先はマレー半島東岸南部のティオマン島のティオマンマリーナだ。今ここの同じクチンマリーナに係留しているフランス艇BlueWaveのLaurentさんとMargaさんがティオマン島が非常に

良いところで是非行った方が良いと薦めてくれたので、行先をジョホールバルからティオマン島に急きょ変更することにした。Noonsiteによればティオマン島は世界一美しい島だということで、美しい白砂、クリスタル色の海、彩り豊かなサンゴ礁、切り立った崖の上にそびえる山は昔から神秘的ランドマークとして信仰の対象となってきたそうである。

クチンからティオマン島へ（to Tioman）

　7月11日の12時頃にマレーシアのクチンマリーナを出港し、マレー半島の東岸南部のメルシンの沖合30海里にあるティオマン島に向かう予定である。クチンの潮汐表では12時30分が満潮なので、川の流れが止まった時にマリーナを出て、その後の引き潮に乗って7海里ほどサラワク川を下る。そのあと南シナ海のインドネシア領海を通ってマレー半島の南部に向かう。直線で見ると西北西400海里弱の距離である。途中Wi-Fiが通じない間はまた宮原さんに中継をお願いしたいと思っている。

うめぼし航行状況　クチン〜ティオマン島

　7月11日18時、晴れ。波静か。11時半出港。13時20分から帆走　北東へ4ノットで航行。南東3mの風。現在位置はクチン泊地からサラワク河を下って河口の北側にある岬をかわしてボルネオ島西端の北岸沖合約10海里。西北西へ航行中のようだ。

　12日18時、午前は南風、午後無風。13時から16時まで機走。半島を越えて帆走。晴、波静か。嵐も無い。現在位置は今朝の6時から西北西へ約50海里進んだ位置で、ボルネオ島西端の北岸沖合約10海里。もうすぐボルネオ島を離れマレー半島へ海峡を渡り始める。

　13日18時、晴れ、波1m。現在位置はボルネオ島西端の西北西約70海里。ようやくボルネオ島を離れマレー半島へ海峡を渡り始めた。ティオマン島まであと240海里。

　14日18時、風は南西9m、西へ6ノットで航行中。晴れ、波1m。今日は風がよく変わった。13mから6mまで。現在位置はティオマン島まで約120海里。

　15日18時、イリジウム電話があり「ティオマン島に着いた」とのことだ。今日

は一日連絡がなく少し心配したが元気そうな様子だった。今日、増田さんが送信したイリジウムメールがこちらに届かなかったようだ。

クチンからティオマン島へ

　7月11日の潮汐表では12時半が満潮となっていたが午前11時頃には既に川の水は川下に向かって引き始めていた。それではと出航も11時半に早めることにした。Laurentさん、Margaさん、地元艇のRobertさんに見送ってもらった。サラワク川のミルクコーヒー色の水面を地図の水深と見くらべながら恐る恐るゆっくり下って行った。大きな流木が浮いていたり漁師さんが網を入れていたりするのを注意深くよけて行く。河口を出て細い水路を抜けると13時半頃にはセーリングできるようになったのでさっそくセーリングに切り替え南東の風4mを北東に向けアビーム5ノットで水路を15時まで走り、岬を越えたところで北東の風3mに振れたので北西に向けてアビーム4ノットで走ったが、夕刻から風が弱まり、22時には無風になって潮に流され戻ってしまった。翌朝12日の6時に南寄りの風が吹き出し1〜3mで13時半まで続いたがまた無風になったので機走に切り替え16時にボルネオ西側北端の岬を越えたところで帆走に切り替えた。北西の風1〜2mがしばらく吹いたが20時には無風になり、また潮に流され岸から3海里まで近づいたので23時半から1時間ほど4ノットで真っ暗闇の中を機走して陸から離れた。13日の未明2時半に南西の風4mが吹き出し、西北西に向けほぼクローズホールドで4ノット弱で走った。6時頃には南西の風が5〜7mに強まり、吹き続けた。いわゆる南西モンスーンだと思うのだがこの風がこのあと長時間吹き続いた。5mから13mくらいまで強弱の変化はあったが風向は一定して南西である。西に向かうためにはポートタックの一本で結局一回もタックをしなかった。クローズドリーチでスピード優先で走るのだができるだけ高さも確保するように微調整を継続した。13日、14日、15日と毎日100海里以上を走り15日の17時にティオマンマリーナに到着した。

　今回は航海中に一度も嵐に遭遇しなかった。いわゆるスコールのようなものだが、こちらは乾季に入ったこともあるのだろうか、幸いだった。それでも14日の10時頃には急に薄暗い雲が広がって12mから13mの風が吹き出し、波も1.5mくらいに高まってきたのでこれは嵐になるかもしれないと思いメインセールを2ポ

イントリーフ、ジブセールも２ポイントリーフレベルまで巻き取って備えた。結構こういう時は心理的にはビビッているもので、もしマストが倒れたらどういう手順で何をしようかとか、もしジブセールのクルー付近が破れたらジブセールはどうなるのだろうかとか悪いことのほうばかりが頭に浮かんでくる。また、チェックするべき項目も結構多いのである。風向（南西）、風速（12m）、進行方向（西南西）、艇速（６ノット）、雲の状況（黒さの変化）、波の状況（高さや方向）、周囲の状況（他船や漂流物）、メインセールだけで10本以上あるシート類のセッティング状況、などなどである。こういう時（風が強く波が高く風上に向かう時）はコクピット内には波が飛び込んできて床やデッキは塩水で濡れているので座ることはできず、立ったままで両手でハンドレールを握り体を支えながら操作をしている。

　14日、月の無い新月の夜メインセールを２ポイントリーフで自動帆走していると22時頃に風が10m強に強まり艇速も６ノット以上出ているのでジブセールも２ポイントレベルまでリーフした。風が強く行く手には本船航路が控えているので徹夜でウォッチをすることにした。まだ真っ暗な夜明け前の５時頃に本船航路に差しかかった。レーダーでは数隻しか見えていないし６海里以内には船はいない状況だったのでそのまま突っ切ることにした。しかし、左側から２艇が近寄ってきて大丈夫だろうかとレーダーの船映の動きに注目していると急に右側から２艇の船映が近づいてきた。１艇はうめぼしの後方を通過したのだがもう１艇は右側１海里まで近づき一瞬動かなくなった。この時はびっくりしてあわてて懐中電灯を取り出しセールをフラッシュライトで照らして相手に見えるようにした。そしてうめぼしの前方半海里を通りすぎて行った。多分本船航路の船が多数行き交うところに突っ込んでいった形になったものと思われる。もしかしたら前を通り過ぎた船は急速停止をして針路を変えていったのかもしれない。半海里というと１km弱だが真っ暗な中で相手のライトが見えるだけの状態でここまで近づいたのは相当危険な状況にあったのではないかと思われる。無事であったことを幸いに思っている。AISのパソコン表示を並行して利用するつもりだったのだがその日の夜に接続してみると信号はきているのだがOpenCPNにうまく表示ができず利用できなかったのも事前チェック不足として反省すべき点である。

146　世界一周船栗毛

ティオマンマリーナの紹介

　ティオマンマリーナはティオマン島の西側中ほどの奥まったところにある。南側と東側を山に囲まれた静かな環境にある。40艇ほどがポンツーンに係留できるようになっていて３艇分以上が空いていた。電気と水道の設備はあるが電気は多くが壊れていて使えない。隣のクルーザーのLarryさんが私のためにわざわざ分電盤のヒューズを交換して電気が来るようにしてくれたのだがポンツーンのコンセントの種類が大きいもので今のところまだ使えていない。小さいコンセントのもので空いているのはすべて壊れている。16日の夕刻に入港してきた船から大きなタイプのコンセントを借用することができて16日の夜からエアコンが使えるようになった。こちらはそれほど湿度が高くないので夜はエアコンがなくても扇風機で外の風を艇内に入れることで何とかしのげる。しかし、昼間はエアコンがないと艇内には居ることができない。

ティオマン島中心街テケッの町並み

　７月16日はお昼前にイミグレーションに行って手続きを済ませた。マリーナの北側にあるフェリーターミナルビルの中にオフィスがあり担当の係官が対応してくれた。車は少なく観光地としてはそれほど人も多くなく静かな町並みでゆっくり過ごすにはもってこいのリゾート地である。

ティオマン島（ラマダンハリラヤ）

　７月17日は午前中から自転車で島の北側にあるサランの町に向かった。テケッの町の北端までは問題なく行けたのだが、そこからアイルバタン（通称ABC）へ行くには階段のある細い歩道を通る必要がありバイクなどはそこで行き止まりになっている。当方は自転車を持ち上げて階段を上りまた階段を下りてＡＢＣに行った。ここは白浜沿いに戸建方式のバンガローが立ち並び午前中から多くの海水浴客で浜辺もレストランも賑わっていた。雰囲気的にはテケッよりも観光客が多く繰り出していて賑わっている感じだった。しばらく行くと日本人夫婦のAkiさんとAikoさんが経営するブルーヘブンダイバーズというダイビングサービスの店がありここも多くのお客さんがその日のダイブツアーに参加するために集まっていて、なんとなく他のダイブショップよりも賑わっているように感じた。きっ

と日本人のサービスが行き届いているせいではないかと勝手に決めつけていた。ここに店を開いて18年になるというAkiさんによれば、「今のラマダンの時期は海外だけでなくマレーシア本土からのお客様も多い」ということである。更に北に向かうと急な山道になったので、そこに自転車を置いてスリッパで山道を越えると10分でペヌーバのバンガローに着いた（10時半）。更に歩き続けると山道はいよいよ険しくなりスリッパではとても登れないような険しい山道を登ったり下ったりを何度も繰り返して何と２時間もかかりやっとサランの町にたどり着いた。途中会った人は一人もいなく蜘蛛の巣を払いながら熱帯雨林のジャングルの中の人無き道を進むのは相当危険だったと思う。ミツバチの集団に追いかけられた時は思わず駆け出した。事前調査不足で出かけるとこのような危ない目に遭うという計画不足の典型であった。サランの町はABCほど大きくはないが賑やかさはABCと似たような感じであった。サランの町に着くと（12時半）すぐにレストランに入り昼食とお茶をとった。ところがこの昼食とお茶が無料だったのだ。今日はお祝いの日（ハリラヤ）だということなのだ。なんと７月17日はラマダン明けの祝日でイスラム教の人は１か月のラマダンが終わり今日から昼食を食べることができるというおめでたい日なのだ。サランからABCまでチャーターボートに乗ると10分足らずで着き自転車でマリーナまで戻ってきた。

リンギス島のダイビング

　７月18日は午後からティオマンリーフダイバーズというダイビングショップからダイビングに出かけた。このショップはマリーナから西側に歩いて10分程度のところにあるバブラシービューリゾートというホテルの中に同居しており日本人の山本あけみさんがご主人とともに経営しているそうだ。今日のダイビングスポットは海岸からすぐ近くにあるリンギス島で美しいサンゴ礁や熱帯魚を見ることができた。しかし、ダイビング初心者の私にとってはBCDエアのコントロールが難しく沈みすぎてサンゴ礁にぶつかることが度々あった。サンゴにとっては迷惑なダイバーである。またエアを入れすぎ海面まで浮上してしまうこともあった。ダイビングショップで出会った加藤さんは結婚式の３日後にシンガポールに引っ越して10年になるそうである。日本の建設会社勤務のご主人と２人のお子さんとともにティオマン島で休暇を過ごされているのだろう。

世界一周船栗毛

経営者の山本あけみさん

ティオマンリーフダイバーズ

　7月19日の日曜日も昨日と同じダイブショップからダイビングに行った。昨日のダイブが相当危険だったようで今日は私専用で指導員がついてくれることになった。昨日と同じリンギス島までボートで5分弱で行きさっそくのダイブである。今日はウェイトを一つ減らして6個にしたところほぼ平行状態になりかなり安定して潜ることができた。それでも何もしないでじっとしていると海底に着いたのでもう少しウェイトを減らしたほうが良いのかもしれない。今日は海水に流れがあったようで潜り始めたところから100mくらい離れたところで浮上した。エアタンクの空気残量、水深確認、体の水平保持などまだまだやるべき課題がたくさんあることが少しわかってきた。昨日と同じ1ダイブで90RMであった。

自転車のパンク

　7月20日は自転車の後輪のタイヤがパンクしたので修理しようと思ったが修理キットを売っていそうな店が閉まっていて買うことができず今日のところは修理はお預けになった。実はクチンに1か月ほど艇を置いて日本に帰っている間にマリーナのオフィスビルに置いていた自転車の後輪チューブバルブが壊れてしまっていた。そこでクチンの町のサイクリング用自転車屋さんで後輪のチューブを取

り替えてもらった。ところが新しいチューブの空気入れバルブが仏式バルブだったのだ。ティオマン島に着いてから後輪の空気が抜けてきたのでカナダ艇のダリルさんから空気入れを借りて何とか乗ることができていたのだが、今日になって急に空気が抜けたので調べてみると後輪のバルブから5cmくらいのところに大きな穴が開いているのが見つかったのである。

今日は15時頃からマリーナの隣のビーチでシュノーケリングをした。砂浜からほんの20m沖合にはきれいなサンゴ礁が広がっていた。これは病み付きになりそうなくらい手軽で素晴らしい体験であった。

シュノーケリング

7月21日はうめぼしから5つほど離れたバースに係留しているニュージーランド艇MagneticのJolanta（ヨーランタ）さんとTrevorさんに昨日と同じマリーナから歩いて5分の白砂の海岸にシュノーケリングに連れて行ってもらった。波打ち際からわずか20mくらいのところからきれいなサンゴ礁が広がっていて浅いところでは深さ1mくらいのところに巨大なサンゴがあるかと思うと隣は深さ5mくらいの砂浜になっていてガンガゼが群れていた。そのあいだをきれいな熱帯魚がすいすい泳いでいるかと思うとその隣では数十匹の魚の群れがイソギンチャクや海藻の周りに群れていた。水温の差があり海水表面を静かに漂っていると温かいのだがちょっと潜ると肌寒さを感じるような環境で50分近く泳いでいた。

今日昼間に大失敗をしたので忘れないように記載しておく。昼食を艇内で食べたあとビーフ野菜スープが残っていたので鍋をコンロにかけて弱火で煮ていた。そのことを忘れて火をつけたまま艇から出かけてしまったのだ。1時間後くらいに気が付いて大急ぎで艇に戻ったところまだ水気が残っていたので大事に至ることなく済んだが大きな失敗をした。今後は長時間火を使う時はアラームタイマーを使うようにしたいと思う。

出航準備

7月22日はJabatan Lautとカスタムとイミグレーションを訪問し明日の朝8時に出航する予定での手続きを済ませた。イミグレーションとカスタムはフェリーターミナルビルの中にあり、Jabatan Lautはマリーナオフィスの中にある。マリ

150　世界一周船栗毛

ーナオフィスでは係留料金の精算もした。15日から22日までの8日間で168RM（約5700円）であった。ここは税金がかからないということでCarlsbergの缶ビールを1カートン（24本）55RM（約1870円）で2カートンも買った。これで明日からの出航準備は万端である。次の目的地はジョホールバルで140海里程度なので1泊2日を予定している。今日は18時から隣の艇のLarryさんがうめぼしに来てお別れ会をしてくれることになった。

出航を1日延期することにした

7月23日の出航予定を1日延期することにした。というのも足立さんからティオマン島に送っていただいた海水用ビルジポンプの部品の小包がメルシンという町の郵便局にあることがわかったので、今日はそれを取りに行くことにしたためである。メルシンはマレー半島の中央部のティオマン島の対岸にある街で、郵便小包はクアラルンプール経由でメルシンまで来て留め置かれていたのである。マレーシアの郵便追跡システムを検索することでわかったのだ。11時発のフェリーでメルシンまで行き郵便局で荷物を受け取ったらすぐに戻ってくるつもりである。

すれ違い

今日は1日がかりでメルシンまで行ってきた。しかし、結果は荷物を受け取ることはできなかった。11時発のフェリーに乗るために10時前からフェリーターミナルに行き片道チケットを買って（35RM）搭乗者の名簿に名前とパスポート番号を書いて待った。どうも今日は搭乗者が多かったようで2隻目のフェリーに乗ることになり出航が12時過ぎになってしまった。13時半頃にメルシンのフェリーターミナルに着き下船するとすぐに郵便局に向かった。メルシンの郵便局はフェリーターミナルの近くにありすぐに見つけることができた。そして窓口で確認をしたところなんと既にティオマン島に向かって荷物を発送してしまったという返事であった。そこでマレーシアの郵便追跡システムを確認すると確かに23日10時にディスパッチしたとなっている。この情報が今日の10時にわかっていればわざわざメルシンまで来ることはなかったのだが。こういうのをすれ違いというのだろうね。それとともにマレーシアのシステムは相当進んでいるということも実感

4 2015年の航海 ┊ *151*

できた。すぐに帰りのフェリーを確認し16時発のフェリーに乗って帰りティオマン島の郵便局に行くと次の荷物は来週の月曜日にならないと着かないということであった。システムは進んでいるのだが実際の物の動きは遅いままのようである。従って来週の月曜日若しくは火曜日まではここに滞在することになりそうである。でもせっかく送っていただいた荷物を受け取れる可能性があるということは良いことだと思って素直に待つことにした。

自転車の修理

　7月24日は午前中に自転車のパンクの修理をした。昨日メルシンまで行った時に自転車屋さんで700サイズのタイヤチューブを買う（15RM）ことができたのでタイヤチューブを交換してしまおうということである。後輪両側のボルトを外して後輪そのものを分離してチューブを取り換えまたセットして終わりである。もとのチューブは空気を入れてパンク箇所を調べたところ１か所だけだったので後日修理キットがある時に修理をすればまた使えると思う。今回のチューブは米式バルブなので結局、英式、仏式合わせて３種類のバルブを使うことになった。

これまでのルート

　フィリピンからティオマンまでの航跡を書いてみた。マニラの南にあるプエルトガレラに着いたのが４月１日、その後コロン、プエルトプリンセサに寄って、カリマンタンの最北端にあるマレーシアのクダットに着いたのが４月30日である。ラブアン島、ブルネイ、ミリ、クチンと航海して、その後クチンに船を置いて６月11日から１か月ほど一時帰国した。クチンから現在のティオマン島に来ている。プエルトガレラからティオマン島まで約1500海里ほどである。

マリンパークでシュノーケリング

　7月25日は朝の８時半からヨーランタさんとTrevorさんとともにテケッの町の北の端にあるマリンパークにシュノーケリングに行ってきた。海に突き出した突堤の先が魚の餌付け場になっていてたくさんの魚が集まってきている。50cm以上ありそうな大型のアジに似た魚や背中に吸盤を持ったコバンザメもいた。パンを投げるとそれをめがけて魚が素早い動きで集まってくる。またその近くはサ

152　世界一周船栗毛

ンゴ礁になっていてそこにもたくさんの種類の魚がいた。ここのところ毎日のように シュノーケリングに行っている。

今後の航海の予定

　7月26日はこれからマレー半島を回って西海岸のペナン島までの航海計画を立てた。ここティオマン島からジョホール州の南東にあるマリーナタンジュンペンゲリ（Marina Tanjung Pengelih）に向かう。約110海里だが向かい風が予想されるので1泊若しくは2泊3日かかるかもしない。マリーナタンジュンペンゲリにしばらく係留してシンガポールやジョホールバルの観光をしたい。その次はマリーナマラッカ（Marina Melaka）に行く。この間は140海里ほどあるがマラッカ海峡は夜間航海はしない方針にしているので、初日はシンガポール西側のピサン島まで60海里を10時間ほどかけて機走する。ピサン島の北側にアンカーリングをして1泊し、残り80海里は風次第だが1泊か2泊かけて夜は途中の海岸にアンカーリングしながら航海する予定である。マリーナマラッカにもしばらく滞在しマラッカ観光をしたい。次にポートディクソン（Port Dickson）まで35海里を1日で行く。更にクアラルンプールの近くにあるインダー島（Pulau Indah）にあるマリーナプラウインダー（Marina Pulau Indah）まで50海里ほどを走る。インダー島にもしばらく係留してクアラルンプール観光をしたい。次にペナン島のマリーナバツウバン（Marina Batu Uban）に行く。180海里ほどの航海になる。昼間だけの航海だと4日以上かかるかもしれない。ペナン島のマリーナは小さいので入れない可能性もある。その時は近くの海岸にアンカーリングすることになるかもしれない。比較的利用料金が安くなっているマレーシア政府の公立マリーナの一覧を参照しながらこのような計画を立てた。

蚊に刺されないように

　7月27日（月曜日）の朝も静かに始まった。昨日の夕刻に久しぶりにスコールが来たが今朝は曇ってはいるものの雨は降らなかった。この時期はマレー半島東側は乾季にあたるようで比較的スコールが少ないように感じる。また夜の最低気温も23℃程度と比較的過ごしやすい気候のようである。南国では夜の蚊や蠅の対応が大変なので私も2つのハッチには網をかけて、またキャビン入り口には網戸

を用意して、更にキャビン内部では毎日夜には蚊取り線香を焚くようにしている。しかしそれでも小型のショウジョウバエのような小さな虫が入ってくるので最近はハッチもキャビン入り口もしっかり閉めて虫が一切入ってこないようにしてなおかつキャビン内部で蚊取り線香を焚いている。そうすることでなんとか虫に煩わされることなく睡眠をとることができている。またこのマリーナは船の出入りも少なく寝ている間はまったく揺れないので陸の上に寝ているのと同じ感覚である。午前中に船からそろりと出て自転車で町に向かうとテケッの町で唯一のベーカリーが長いハリラヤの休みのあとやっと営業を始めていた。さっそく焼きたての食パンを買い併せてジャムを2つほど仕入れた。このベーカリーではできそこないのパンを魚の餌として販売していたが見た目には十分人間が食べられそうなパンだった。ダイビングの時の魚寄せ用の需要が多いのだろう。今日も夕刻からマリーナの隣の浜辺に行き1時間ほどサンゴ礁のシュノーケリングを楽しんだ。この浜辺には真水のシャワーがあるので、海に入ったあとはいつもシャンプーで頭を洗い塩水を流してから船に戻り再度船で全身シャワーを浴びてすっきりしている。

うめぼし航行状況　ティオマン島～ジョホール

　うめぼしは28日13時ジョホールへ向けてティオマン島を出港しました。

　28日18時、風は南東8m、南南西へ4ノットで航行中。晴れ、波静か。上りきれない。コースが難しい。夜どうするかは風次第。現在位置は、ティオマン島の南西約15海里。ティオマン島とマレー半島の間の海峡のほぼ中央にいます。マレー半島の沖合を半島に沿って南南東に進みたいのに南東の風で苦労しているようです。

　29日6時、風は南東8m、南南西へ3ノットで航行中。徹夜で動かしたがあまり進んでいない。上りはキビシイ。タックすると遠ざかる。曇り、波少ない。もっと機走すべきだった。現在位置は、ティオマン島の南約30海里。マレー半島の東岸沖合約10海里です。昨夜は徹夜で向かい風の中をタックを繰り返しながら帆走していたようです。

　29日18時30分に増田さんからイリジウム電話で「ジョホールのマリーナに、さっきついた」と連絡がありました。ずっと上りで大変だったそうです。〈宮原〉

154　世界一周船栗毛

ティオマン島からジョホール州のマリーナへ

　今回はティオマン島からシンガポールの隣のマレーシアのジョホール州のマリーナタンジュンペンゲリ（Marina Tanjung Pengelih）までの110海里の航海だった。今の時期は南東の風が基本で時々南や東に振れることもあるようだが今回は南東の風が６mから10mの間で吹き続けた。28日13時にマリーナを出て１時間ほど機走すると島陰を出て南東の風10mが来たのでさっそく帆走に切り替えた。しかしクローズホールドで４ノットから５ノットを維持しようとすると南南西までしか上れない。そのまま行くといずれマレー半島にぶつかってしまうのだがタックすると上り角度が悪いので目的地から離れる方向になる。また途中にたくさんの大小の島々（それぞれ特徴のあるリゾートだと思われる）がありそれを避けていく必要もある。初日の夜は島を避けたり漁船を避けたりしながら10回ほどタックを繰り返したが時間ばかりかかって実質的な上りの距離はあまり稼げない。うめぼしは上りは苦手なのだ。それでも十二夜の月は明るく島影や漁船もよく見えレーダーもいらないような感じであった。そうこうするうちに月も傾きかけた頃正面に小さな島が見えてきた。上ってかわすのはちょっと苦しいので少し風下に下して避けようとしたところ島に近づくに従って急に水深が浅くなってきた。２m、1.5m、１m、ドスンとキールが砂地にぶつかった。６mの風３ノットのクローズホールドで真っ暗闇の中で座礁したのだ。すぐにエンジンをかけて後進を入れ、メインとジブセールを緩めたところなんとかバックし始めた。しばらくそのままバックでGPSの航跡を見ながら来たとおりに戻った。海図では海だが水深の記載はなかった。小さな島がたくさんある海域だったのでその後はセーリングをやめて機走２ノットで安全なコースを走った。夜が明けると風が10m前後に強まりまた帆走に切り替え５ノット強で走るがいずれ陸にぶつかる。陸が近づくと機走で真風上に上りまた帆走することの繰り返しで平均５ノット前後で走ることができ16時には半島の南端をかわすことができた。あとは風下への下りのコースなので安心だと思っていると今度は嵐（スコール）だ。真っ黒い雲と共に少し冷たい風が南から吹き始め10mを超えてきた。すぐにセールを２ポンリーフにしたところ15mの風と猛烈な雨が横から降り計器類がびしょ濡れになってしまった。その後風が弱くなったのでジブを全部巻き取り機走に切り替えたところまた嵐になって今度は16mの風と猛烈な雨が来た。大型の嵐だったようでマリーナに着くまで降

り続いた。29日18時20分にマリーナのポンツーンにもやいを取ることができた。

マリーナタンジュンペンゲリ（Marina Tanjung Pengelih）

　マレーシア・ジョホール州にあるマリーナタンジュンペンゲリはクチンやティオマン島のマリーナと同様のマレーシア政府が運営しているマリーナの一つだ。従って比較的良い場所にありながら利用料は低めに設定されている。また、マリーナに隣接するビルにはマリーナオフィスやイミグレーション、カスタムが同居しており、小さなコンビニや食堂もある。今日もマリーナオフィス兼Jabatan Lautに行って手続きをしたが4日間で8ｍ×2RM×4日＝64RM（約2200円）を払っただけである。しかもシンガポールのチャンギポイントまでのフェリーが同じマリーナから出ている（さっそく明日の8時半に乗る予定にしている）。ところが不思議なことにこのマリーナにはバースはがら空きなのにヨットが一隻もいないのだ。マレーシア海軍やコーストガードの船が10隻ほど係留しているだけだ。不便な点を書き出してみる。まず電気と水道の設備はありながらまったく使えない。壊れていて補修する見込みもないようである（ただ、マリーナオフィス棟のトイレとシャワーは使えるようでそこで水道水も調達できそうである）。次にマリーナの周囲が岸壁で囲われていないのである。グーグルアースで一番外側に見えるのはポンツーンなのだ。従って周りの海を走る船の引き波が直接入ってくるので艇内にいるとかなり揺れる。ただ揺れの大きさはそれほどでもない。もともと静かな内海というのがベースのようである。また、マリーナの周辺には買い物などのできるところがまったくない。今日も自転車で7kmほど離れた小さな店まで野菜と果物を買いに行ったがスーパーマーケットは更に遠い町まで行かないとないようだ。多分軽油も買うところがないような雰囲気である。従って、シンガポールに行く目的で係留するか航海中のワンストップとして利用するのが良いところだと思われる。このマリーナは2008年に新設されたようだが、マリーナの東側に数キロ離れたところに新しいマリーナを作る計画がありそれが3年後に完成するとこのマリーナはそこに移転するようだ。

シンガポール日帰り観光

　7月31日は朝の8時半にマリーナオフィス棟のシンガポール行きフェリー窓口

に行くとすぐに担当らしき人が俺に付いてこいというので付いていくとイミグレーションで出国印をもらってそのまま小さな船に乗ってしまった。一緒に10人ほどが付いてきている。皆シンガポール人で釣りに来た帰りのようだ。船の中でパスポートを出せというので渡すと名簿のようなものを書いている。また同時にシンガポールの入国カードも記入した。担当らしき人は船長でもう一人手伝いの人がいるだけである。船長が28RMだというので言われるままに渡した。そのまま出発して18ノットで約1時間チャンギ国際空港の北の端にあるチャンギポイントフェリーターミナルに着いた。シンガポールの入国手続きを済ませると15時に同じ場所に集合ということで別れた。フェリーというよりも私営の渡し船という感覚だが入出国手続きが付帯しているのが特徴という感じである。そこからすぐにタクシーに乗って最寄りの地下鉄の駅（東西線のタンピネス駅）まで行ったがタクシーに乗ってからシンガポールドルを持っていないことに気が付いて途中のＡＴＭで100ドルを引き出して事なきを得た。タンピネスから地下鉄でベイフロント駅までいきマリーナベイサンズに行った。その後また地下鉄でラッフルプレイス駅まで行きマーライオンまで歩いた。そこで軽く昼食をとりラッフルプレイス駅からタンピネス駅に行きタンピネスのスーパーマーケットで買い物をしてタクシーでフェリー乗り場に戻った。タクシーの長い行列を待っているうちに15時を過ぎてしまい、15時15分に待ち合わせ場所に着いたのだが、ちゃんと別の人が待っていてくれた。帰りは里帰りの一家6人と私の7人だけだった。待っていた人が船長で船も別の船で、帰りの船賃はシンガポールドルで11ドルだった。時刻表も切符もない私設チャーターフェリーに近い感じだが一応日帰り国際観光ができた。明日も同じ要領で行ってみようと思っている。

船長にわがままを言ってしまった

　2015年8月1日もシンガポールに出かけるつもりでいたが、朝から雨が降っているし昨日の夕方からWi-Fiが使えなくなったので、急きょ今日のシンガポール行きを取りやめマリーナから10kmほど離れたレンギットという町まで買い物に行くことにした。朝8時半に昨日の帰りの船長が来たので急きょ乗船中止を申し入れたところ快く受け入れてもらい更にわがままを言って明日の8時半に行きたいと言うと明日の予約までしてくれた。マリーナでタクシー待ちをしているとそ

の船長がレストランでお茶を飲もうと誘ってくれた。そこで聞いてみると今日の予約は私一人だったとのことで私がキャンセルしたので船は出さないということだった。本来なら私がご馳走すべきお茶まで船長にご馳走になってしまって、なんと優しい人々だろうか。レンギットの町までタクシーで片道32RM、1か月6GBのWi-Fiを107RMで購入し、床屋ですっきりと散髪（11RM）をし、カセットガスボンベや果物などを購入して帰ってきた。今日は午後から整備や出航に向けた準備をする予定である。明日はシンガポール観光をして、あさっての朝にはマラッカに向けて出航する予定である。

2回目のシンガポール日帰り観光

　8月2日はまた日帰りシンガポール観光に行った。朝の8時半にフェリーの受付に行ったのだが誰もいなくて乗客らしき人が3人ほどいるだけだ。9時にはフェリーの船長ほかが来て乗客らしき人もだいぶ増えてきた。しかし出発する気配が見られない。待ちに待って10時半過ぎにやっと出発することになった。一昨日と同じ船長で同じ船だ（25RM）。シンガポールのチャンギポイントフェリーターミナルに11時45分に到着して帰りの時間を確認すると15時にターミナル受付で待つように言われた。これでは観光する時間がわずかしかとれない。すぐにタクシーに乗り今回は地下鉄の終点駅のパシールリズ駅に向かった。そして地下鉄に飛び乗りブギス駅で降りた。今日の計画はアラブストリートとリトルインディア界隈の散策である。昼食はリトルインディア駅近くのインド料理店でカレーを食べて、スリヴィラマカリアマン寺院とその界隈を散策した。そしてサルタンモスクに行きアラブストリート界隈を素通りしてまた地下鉄に乗って帰ってきた。帰りのフェリーターミナルで時間があったので看板表示の類を見ているとこのフェリーの運航規約のようなものがあり、やっと概要がわかってきた。木造艇とファイバーグラス艇があり速度も料金も異なり、12人集まったら運航し1人11ドルまたは25RM（ファイバー艇は13ドルまたは28RM）運航時間は不定期であると書かれている。今日の帰りの艇はファイバー艇で船長は一昨日の船長だった。乗客は2人しかいなかったが2人とも13ドルだった。17時前にマリーナに帰り着き、イミグレーションで明日の出航許可をもらって艇に戻ってきた。明日はマラッカに向けて出航予定である。ちょっと風が強そうなのが心配だが多分何とかなるだろう。

158　世界一周船栗毛

マリーナタンジュンペンゲリ出航

　８月３日（月曜日）の朝にマリーナタンジュンペンゲリを出航する予定だ。７月29日の夕方に到着してから６日目になるが、私にとっては非常に過ごしやすいマリーナだった。電気は使えなかったが夜は涼しくてエアコンは不要だったのでそれほど不便は感じなかった。水道水は無くてもマリーナ棟のシャワーを毎日浴びることができたのは最高だった。清水タンクにはポリタンクから補充することで何とかなった。ただ手軽なシンガポール観光を狙っていたのにフェリーのスケジュールがあいまいな点は少し期待はずれな面もあった。これからマラッカまで140海里ほど３日程度の予定だが昼のみの航海をして十分に気を付けて行くつもりだ。３日朝の時点では風は10ノット程度の予報になっている。７時に出航しようとしたら急に西風が吹き出し雨が降り始めた。出発を１時間延期または１日延期することになりそうである。朝９時になっても雨が降り続き天気が安定しないので今日の出航は延期して明日出航することにした。

ジョホール州のマリーナを出航

　８月４日の朝７時過ぎに夜明けと同時にマリーナタンジュンペンゲリを出航予定だ。今日は明るいうちにシンガポール海峡を越えてマレー半島西側のピサン島までたどり着く計画である。

うめぼし航行状況　ジョホール～マラッカ

　８月４日朝７時前、マラッカへ向けてジョホールのマリーナを出港しました。

　４日17時、朝は雨、昼前曇り、午後晴れ。思ったより時間がかかった。明るいうちに着きそう。現在位置は、マレー半島の先端の西側とピサン島のちょうど中間辺りで、ピサン島の南南東約７海里。今回のメールには風のことを全然書いていないので、今日は多分ずっと機走でシンガポール海峡を航行して、ピサン島北側の今晩のアンカーリング予定の場所へ向かっているようです。ピサン島があるマラッカ海峡は本船の交通が多いことで有名なところなので夜アンカーリングしていて大丈夫なのか心配ですが、ピサン島から北西に長さ40km、幅２kmくらいフェア・チャンネル・バンクという深さ10m前後の浅瀬があるので本船は通行を避ける場所のようです。

５日17時、晴れ、風なし。機走でずっと走ってきた。明るいうちに着きたい。今日の目的地はマラッカなのか、その手前でアンカーリングして１泊するのか今は不明です。後で現在位置を地図で確認すれば多分どちらかわかるでしょう。〈宮原〉

航海初日の状況

　８月４日の朝６時55分にもやいを解いて７時にはマリーナの外に出てフェンダーやもやいロープを片付け７時５分に機走を始めたところ７時８分に浅瀬に座礁した。ドンザザーという感じの音で岩と砂の海底のような感じの音だった。マリーナの出口を出てすぐに左に向かったのが注意不足だった。すぐにギアをバックに入れてしばらく戻り本来あるべきルートに沿って機走を続けた。このところ２回連続で座礁したのは気の緩みだと思われる。更に気を引き締めて行きたいと思っている。マリーナを出た時は曇り空だったのだがしばらくすると西南西の風が10mほど吹き出し雨が降りだした。シンガポールでも南西モンスーンで雨が降るのだろうか。それでも昼前には風も弱まり雨も止んできた。10時半にセントーサ島の南側を抜け、ブコン島の北側を通り、12時頃にジュロン島の南端をかわしてマラッカ海峡に向かった。昼過ぎには風はなくなり薄曇りながら太陽も顔を出すようになった。そしてマラッカ海峡に入ると非常に強い向かい潮になり3.5ノットから４ノットくらいしか進まない。ククップ島まで３ノット程度の向かい潮が続いた。逆潮の影響などで思ったより時間がかかったが18時20分にはピサン島の北側の水深4.7mのところに無事にアンカーリングすることができた。マラッカ海峡では意外に通行船舶は多くなく視界に入っているのは10艇以内という感じだった（ピサン島でWi-Fiがつながったのでアップしている）。

ジョホールからマラッカへ（２日目）

　８月５日は朝７時にアンカーを上げた。風がなかったのでウィンドラスを使うまでもなく手で上げることができたのだが、チェーンが海底のヘドロまみれになっていて私もうめぼしもそこら中がヘドロまみれになってしまった。ヘドロといってもサンゴの死骸などからなる比較的きれいなヘドロだとは思われる。７時５分には機走を開始し、19時にマリーナマラッカに着くまで走りっぱなしだった。

160　世界一周船栗毛

途中少し風が吹いたので機帆走もしてみたがすぐに風がなくなってしまった。宮原さんのご指摘のフェアチャネルバンクの西の端の水深10mから20mくらいのところを走ったので大型船と遭遇することはまったくなかった。時々漁船らしき船がいたくらいである。今日のびっくりはマリーナマラッカに到着する時に起こった。マリーナの入り口付近に近づくと水深が1.3mになってしまったのだ。座礁覚悟で入り口からマリーナ内に入ったが最も浅いところは1.2mだった。キールが海底のヘドロをかき分けながら進むような感じだと思われる。そしてマリーナの中も水深は1.4mしかないのだ。恐る恐るポンツーンにもやいを取った。

マラッカの町の散策（1）

8月6日は夜明け前から激しい雨が降り続き朝9時過ぎに少し小降りになったのでマリーナオフィスに行き7日分の112RM（約3800円）を払い手続きを済ませた（Jabatan Lautを含む）。そのまま近くのフェリーターミナルまで歩いていきカスタムとイミグレーションの手続きをした。マレーシアでは港に入るたびにこの3つの手続きが必要なのだ。手続きはすぐに終わったものの激しい雨のため玄関で雨待ちをしていると地元の人が一緒にコピを飲みに行こうと誘ってくれたので、さっそく車に乗せてもらって近くのフードコートに連れて行ってもらった。コピ（コーヒー）とテー（紅茶）をもらい私は店先でおいしそうに焼いているロティエッグを頼んだ。地元の人に職業を聞いたら一瞬嫌な顔をしながらも大きな病院の運転手をしていると答えてくれた。まとめて5RM（約170円）を払い、月のマークの入った病院の車で市内観光をしてスタダイスという博物館前で降ろしてもらった。雨が降り続いているのですぐに歴史博物館に入りマラッカの歴史をじっくりと見た。日本の陶磁器（柿右衛門）などもたくさん展示されていた。13時過ぎに博物館をでるとやっと雨がやみかけていたので散歩がてら歩いてレストランに行き昼食をとってまた川沿いの遊歩道を通って船に戻ってきた。

マリーナマラッカにて

8月7日のマラッカでもいろいろな出会いがあった。午前中はいつものように時々雷雨が降っていたので艇の中でバウキャビンの扉の修理やキャビン内のキッチンの掃除などいろいろなことをして過ごした。一人しかいない艇内だが結構い

ろいろなところが時間と共に汚れてくる。清掃一つでもやりだしたらきりがない。11時半頃にやっと雨が止んできたのでさっそくマリーナオフィスに行って石油スタンドやマーケットの場所を教えてもらっていると、マリーナ職員Juliaさんの友達のマスマンさんがちょうど来ていて石油スタンドまで連れて行ってくれるというので早速軽油缶3つを持って軽油調達をした。調達した60リットルはすべて燃料タンクの中に入ってしまったので更に80リットルを買う必要があった。今度はJuliaさんが昼休みの時間になったのでJuliaさんの車で地元のニョニャ料理で有名なレストランのオレサヤンに行き牛肉とエビの料理を食べ、そのあと石油スタンドで軽油を調達してマリーナに戻ってきた。その後自転車で近くのコンプレックスまで買い物に行き日本のダイソーの店とスーパーマーケットでいくつか買い物をして艇に戻った。夕方17時過ぎには昨日入港してきたカタマランのThomasさんからお誘いがありThomasさんの艇にお邪魔してビールをご馳走になった。ThomasさんのカタマランはSeawindというオーストラリアのビルダーの艇でベトナムで3か月前に進水したばかりの新艇だ。これからランカウイに行きそのあとオーストラリアに行く予定だということだ。

マラッカの町の散策（2）

8月8日（土曜日）も自転車で町に出てみた。まずチャイナタウンをぐるりと回ったのだがものすごい人出でびっくりした。マラッカ川を渡ってすぐ右側のチャイナタウンの入り口にある海南鶏飯団というチキンライスの店の前の行列は橋の上まで延びていた。そこでチャイナタウンは別の日に行くことにしてサンチャゴ砦（Famosa）にいった。500年前のポルトガル時代の建造物で残された石も相当風化していた。オランダとの戦争のために崩壊が進み保存状態が良くなかったのかもしれない。そのあとはリトルインディアというインド人街を通って北上しセントピーター教会に行き近くの食堂で昼食をとった。そのまま川沿いの観光化された地区を通ってマリーナに戻ってきた。世界遺産だということで町全体がきれいに整備されていてクリーンな感じがする。

マリーナマラッカについて

現在うめぼしを係留しているマリーナマラッカについて少し説明する。場所は

マラッカ川の河口の北西側にあり、マレーシア政府直営マリーナの一つである。直営マリーナには必ずJabatan Lautがある。というよりJabatan Lautの配下にマリーナオフィスがあると言った方が正しいのかもしれない。Jabatan Lautは日本の海上保安庁と国土交通省運輸局に近い部門だと思われる。JabatanLautMalaysiaのホームページを見ると、1、航行商船の安全性を確保する。2、船舶検査、認証、登録及びライセンスなどのサービスを商船に提供する。3、マレーシアと港に入ってくる船にサービスを提供する。4、船員のための検査を監督する。また主な活動状況としてA船舶の登録とボートのライセンス、B船舶法規制、C船舶の安全性チェック、Dポートステートコントロール、E国際安全管理コード（ISM）規制、F国際船舶及び港湾施設のセキュリティコード（ISPS）検証、G海難調査、H海上の安全及び検査、（以下省略）と記載されている。日本のJCIの機能の一部も含まれているのかもしれない。そういう政府の組織の中の一部門だからなのか敷地が広く敷地の入り口には守衛が24時間体制で常駐している。また管理棟にはトイレとシャワーがあり24時間利用することができる。しかし、ポンツーンの整備は良くないのだ。半分以上は壊れてしまっていて使えない。使えるポンツーンもいろいろと傷みが出ている。電気はまったくない。水道はポンツーンの1か所で供給されている。うめぼしはそこからポリタンクで運んでいる。水深に関する情報は正確ではないが多くのポンツーンで最干時には1.5m前後しかないと思われる。マリーナは一応岸壁で囲まれているが通船の波などで小さい揺れはよくある。現在マリーナに係留しているヨットは3隻である。係留料金は2RM×船長（8m）×日数（7日）＝112RM（約3800円）と低価格である。またマラッカの町やイミグレーションへのアクセスも非常に便利である。

マラッカの町の散策（3）

　8月9日は午後からまた自転車で散策に出かけた。オランダ広場のうしろの小高い丘の頂上に立つ1521年のセントポール教会とザビエル像、ポルトガルに占領される前のマラッカ王国の古い王宮を再現したマラッカスルタンパレス、独立宣言記念館、民族と美の博物館、建築博物館などを訪問した。

マラッカ大規模開発プロジェクト

　8月10日は自転車のタイヤを交換した。700×28Ｃというサイズのタイヤはそれほど一般的ではないようでこれまでなかなかみつからなかったのだが、マラッカでは３軒目のサイクルショップでやっと交換することができた。エクアトリアルホテルのすぐそばにある小さなショップで希望するタイヤの色をわざわざ近くの卸屋まで仕入れに行ってくれた。タイヤは１本38RM、一緒に空気入れ35RMとパンク修理キット10RMを買って合計で121RM（約4100円）だった。交換してもらう待ち時間に近くのMegamallとHattenホテルをぶらぶらしていたらHattenグループのHarbour City Projectというのが目に留まった。マラッカの海浜地区の大規模開発を計画しているということで2019年には利用開始の予定とのことである。これができればマリーナも格段に良くなるかもしれない。マレーシアはまだまだ元気な国のように見える。

マラッカの町の散策（４）

　8月11日は混雑が激しいので先日から訪問を見合わせていたチャイナタウンに行ってきた。最初はババニョニャヘリテージ博物館だ。100年ほど前の比較的裕福なババニョニャの家がそのまま公開されており当時の彼らの生活の様子を垣間見ることができた。ちょうど日本人観光客を連れたガイドさんがいたのでそのグループと一緒に見て回ることができた。それからHarmony Streetに中国寺院、イスラムモスク、ヒンドゥ寺院が３つ並んであるのを見て、例の海南鶏飯団に行った。十数人が並んでいたがすぐに入ることができた。鶏そのものはジューシーな蒸し焼きでなかなかおいしいのだがあとは丸いライスボールだけなのであまりたくさんは食べられなかった。そのあとセントフランシスザビエル教会に行くとザビエルと一緒に「やじろう」の像が建っていた。1549年にザビエルを日本の鹿児島の山川港に連れてきた人で、このマラッカでザビエルに会いインドのゴアでキリスト教を学び洗礼を受けた人だそうだ。

マラッカの町の散策（５）

　8月12日は海の博物館と海軍博物館に行ってきた。海の博物館は昔の大きな帆船そのものが博物館になっていて海のシルクロードといわれるマラッカ海峡での

交易の歴史や現在の海の資源と環境保護などが展示されていた。海軍博物館は海軍の装備などの展示があった。海軍の艦艇の一覧模型があったが広大な海岸線を持っている国の割にはかなり小規模だという印象だ。お昼はフードコートで香港猪腸粉をいただいた。

マラッカの町の散策（6）

8月13日は朝からマレーシアの大型客船SuperStar Geminiがマラッカ沖合に停泊し多くの乗客が小型船に乗り換えてマリーナマラッカから上陸してきた。マリーナには仮設のテントが張られ多くの大型観光バスやタクシーが来ていつもとはまったく違う賑わいを見せている。うめぼしはそのために昨晩からバースを譲って少し離れたバースに移動している。SuperStar Geminiはティオマン島でも会った。シンガポールを起点にマレーシア各地に行っているようである。

今日もマラッカの町を散策してきた。今日は町の東側のセントジョンの砦、大きな墓地ブキッチナ、ポーサンテン寺院をみて、そのあとポルトガル村のレストランリスボンで魚の丸焼きを食べてきた。

お盆の中日

8月14日は日本はお盆の中日で皆さん里帰りをされたりお墓参りをされたりそれぞれのお盆を過ごされていることだろう。安倍首相の談話もおわびで固まったようで私もそういう気持ちを持っていることは大切なことだと思う。マレーシアでは第二次世界大戦中の日本によるマレーシア占領を比較的淡々ととらえて表現しているところが多いようだ。その後のマレーシア独立につながったところも同様だ。もともとポルトガル、オランダ、イギリスに占領され続けてきていたわけでその占領政策の違いはあるものの現地の人々にとっては大差がないということなのだろう。また1966年から始まるODAなどの開発支援も1兆円に及ぶ金額になっているようでそういうことを含めたいろいろな面での日本からの支援が日本に対する印象を良くしているようだ。今日も整備されたマラッカ川の川岸をたどって北の方面に行きマラッカセントラルというバスターミナルまで行ってきた。そして夕方にはマリーナオフィスに行き16日の朝の7時に出航するということで精算を済ませてきた。

出航準備

　8月15日は午前中にカスタムとイミグレーションに行き出航の申請をした。Jabatan Lautでは次の寄港地をポートディクソンで出したのだが、ポートディクソンにはそれほど長くは滞在しないつもりだし、イミグレーションの場所を確認するとかなり離れた町の中にあるということなので、次の寄港地をマリーナインダーにして申請した。しかし、マラッカ海峡は危険が多いのでデイランだけで行くためにはポートディクソンに寄る必要があると説明すると、カスタムの所長からポートディクソンに寄るのは1日だけだと念を押されて次の寄港地をマリーナインダーとしてポートクリアランスを発行してもらうことができた。イミグレーションもパスポートには押印せずに通行証明書のようなものを発行してくれた。また、出航の準備として水を補給したりステーのテンションを確認したりエンジンのチェックをした。明日は夜明けの7時頃に出航予定である。

マラッカからポートディクソンへ

　8月16日の朝出航しようとしてオートパイロットを取り出しケーブルをコネクタにつないだところ電源は入っているのだがうまく動かない。何度かいろいろやってみたのだが動かないので予備のオートパイロットを取り出して何とか使えるようになった。これまでも時々変な動きをすることはあったのだが何とか動いていたのがとうとう壊れたようである。うめぼしにはオーパイが3台積んであるのでこういう時は助かる。そういうドタバタがあり朝の8時にマリーナマラッカを出航した。出航時はほぼ満潮に近い時刻だったので水深は2.5m程度はあり問題なく沖に出ることができた。天気は靄、快晴で雲はほとんど無いのだが空気がどんよりとして重く遠くが少しかすんでいる。それでも沖に出ると北東から東の風が6m前後吹いていてクォーターでセーリング中心に走った。午後からは南東の風が6m前後吹き続け真追手に近いのでジャイブをしながら追い潮にも助けられて6ノット強で走ることができた。15時にはポートディクソンのアドミナルマリーナに到着しもやいを取ることができた。

ポートディクソンの町の散策

　8月17日はさっそくポートディクソンの町へ散策に出かけた。マリーナを出て

166　世界一周船栗毛

表通りのバス停まで行くとバスを待っているらしき人が2人いる。ということは多分すぐにバスが来るのだろうと思ってしばらく一緒に待っていると、バスを待っている人の中の若い女性のほうが通りかかったタクシーに手を上げ止めて、私に一緒に乗って行かないかと誘ってくれた。そのタクシーには既に相乗り期待で乗客1人が助手席に乗っていたので3人で相乗りすることになった。ポートディクソンの町までは8km程度あり10分ほどで着き1人3RMで済んだ。思いのほか早く街中に着いたのでゆっくりと散歩することができた。地図を片手に生鮮市場やスーパーマーケットなどを覗いて見ながらぶらぶらと町を一周したがそれでも1時間程度で回ってしまうくらいの広さしかない。この頃に急に空に黒雲が広がり始め雷鳴も鳴り出したのでバスセンターに戻りバスで帰ることにした。午後からマリーナ事務所で精算をした。1泊43RM×2泊＋電気＋水道＝104RMだった。料金は思ったほど高くはなかった。食料も仕入れてきたので出航準備万端である。明日の7時にクアラルンプールの近くのクランのマリーナプラウインダーに向けて出航する。45海里程度なので夕刻には到着したいと思っている。

ポートディクソンからクランへ

　8月18日は朝の7時にポートディクソンのアドミラルマリーナを出航しクアラルンプール近くのクランのマリーナプラウインダーに向かった。天気は靄のかかった晴れ南東の風が3m前後で真追手になるのでセールを上げずに機走でしばらく走った。10時半頃には南東の風が6m前後になってきたのでセールを上げたが帆走だけだと3ノット前後なので機帆走を続けた。13時半頃に風が南から南西に振れやっと帆走をしたが、15時前には細い水路に入るためにセールを降ろしあとは機走で15時半頃にマリーナプラウインダーに着いた。マリーナマネージャーのアハマドさんをはじめ多くの人が出迎えてくれてもやいを取ってくれた。今日は幸いにも一日中嵐もなく晴れの良い天気が続いたが航海の後半は少し波が出てきてジャイブプリベンダーを強く引いていたところブロックを留めていたシャックルが飛んでしまった。すぐに別のシャックルを付けて事なきを得たが一昨日のオーパイに続きトラブルが出た。

マリーナプラウインダーについて

　８月19日はマリーナマネージャーのアハマドさんに車でクランの町まで連れて行ってもらいイミグレーションとカスタムの手続きを済ませ帰りに軽油20リットルを購入して帰ってきた。マリーナプラウインダーはクランの町の対岸にあるインダー島の中に位置するマレーシア政府直営のマリーナである。バースは100以上ありそこそこ大きなマリーナなのだが利用者は少なくヨットは７隻、警備艇その他の船が10隻程度しか係留されていない。マリーナのオフィス棟にはシャワー、トイレ、洗濯機があり利用できる。電気と水道の設備はあるが使えない。水道水はマリーナ棟で調達可能である。河のようなところにあるので潮の流れは速いのだが干満差はそれほど大きくない。昨夜は海面は静かでほとんど揺れを感じることはなかった。係留料は１か月で８ｍ×１RM×30日＝240RM（約7700円）と非常に安くなっている。クランの町までは22kmほどありバス停まででも４km離れているので町に出るアクセスは良くない。また近くには店一つもない。うめぼしはここに１か月ほど係留してその間に私は９月２日から17日まで日本に一時帰国する予定である。

クアラルンプール散策（１）

　８月20日は天気も良かったので朝の８時に出発してさっそくクアラルンプールまで出かけてみた。まず、自転車で最寄りのバス停まで４km15分程度、バス停で１時間以上待ったがバスが来ない。そのうち反対側の車線のバスの運転手さんがこのバスに乗れと声をかけてくれた。何とバス停とは反対側しかバスは通らなかったのである。いわゆる一方通行のバス路線だったのだ。そこで思い出してみると反対車線のバスはこのバスの前にも１台通っていた。一時間に１本程度だろうと言われていたのでまさにその１本をやり過ごしていたのだ。バスに乗ってからインダー島の中をほぼ一周して回り更に橋を渡ってからもクランの町中を途中いろいろなところに立ち寄っていくのでクランの終点まで１時間強かかった。クランのバスターミナルに着く頃には今度は黒雲と雷が鳴って大雨になっていた。バスターミナルといっても普通の道なのでバスを降りて土砂降りの中をアーケードの中に飛び込んだ。アーケードの中にはフードコートがあったのでそこで雨宿りだ。結構大きなスコールだったようで雨が止むまでに１時間半ほどかかった。

雨が止んだのを見計らってやおらクランのKTM鉄道駅まで歩いて行き12時前の列車でクアラルンプールに向かい約1時間かかって13時前にクアラルンプール駅に到着した。都合すべて合わせると片道5時間かかった。さっそくチャイナタウンに行き中華楼というレストランで食事をしてゆっくりしているともう帰らないといけない時間である。ここでたまたま会った日本人駐在員の奥さんに現地情報を教えてもらった。クアラルンプール駅を15時前の列車に乗りクランの駅でバスターミナルの出発場所を探してバスが出たのが17時前でインダー島の最寄バス停まで40分、18時過ぎにマリーナにたどり着いた。

クアラルンプール散策（2）

8月21日も朝の7時半頃に船を出てクアラルンプールまで行ってきた。昨日と同じクアラルンプール駅で降りてレイクガーデンの一部を散歩しマレーシアイスラム美術館を見てきた。そのあとムルデカスクエア方面をぶらぶらしたあと中華街のセントラルマーケットのすぐ近くのOriental Bowl Restaurantで昼食をとって帰ってきた。

クアラルンプール散策（3）

8月22日も朝早くから出かけてクアラルンプールの町まで行ってきた。今日はレイクガーデンの一角にある国立博物館に行った。というのも火木金土の朝10時から日本語によるガイドがあるということでそれを狙って9時40分には館内に入ってガイドを待った。今日のガイドさんは森さんでとてもわかりやすく各コーナーを説明していただいた。大きく4つのコーナー、石器から金属器時代、マレー王朝の時代、ヨーロッパ各国による占領時代、そして戦後から現代という4つのコーナーからなっている。私にとってはこれまで各地でばらばらに見てきた洞窟や博物館などの情報が今回の日本語の説明でやっと1本の糸でつながったような感じであった。そのあとLRTのクラナジャヤラインに乗ってKLCCまで行きペトロナスツインタワーまで行ったのだがものすごい混雑で展望台に登るのをあきらめて戻ってきた。帰りにクランの町でサトウキビを絞ったジュースを売る屋台で、そこの主は日本語が達者で3年間群馬の豆腐屋の会社で働いていたそうである。ペットボトル500mlを1本2RMで買って帰った。

オートパイロットの確認

　8月23日は朝から雨が降ったりやんだりの天気だったのでクアラルンプールに行くのをやめにしてマリーナ内で洗濯や艇のメンテや情報収集などをした。先日壊れたオートパイロットを8本のネジを外して中をチェックしてみた。駆動モーター部分は黒い墨のようなものが溜まっていてかなり汚れていたが、押しボタンなどを含む電気回路部分はさびも無く非常にきれいな状態だった。1年間酷使してきた割にはかなり良い保存状態だ。簡単に清掃をしてネジを締めて元に戻しふとコネクタに目をやるとピンがかなりさびている。ピンの錆をドライバーなどでこすり落としてきれいにした。そしてさっそくコネクタを差し込み電源を入れると見事に生き返った。これからはコネクタ部分の水分除去にも注意をしていくことにする。（レイマリンのST-2000＋）

クアラルンプール散策（4）

　8月24日もクアラルンプールの町まで行ってきた。いつものKTMでクランの町からKLセントラルまで行き、そこでKLモノレールに乗り換えチョウキットまで行った。庶民の町チョウキットの市場は非常に活気がありめずらしいものがたくさん売られていた。とりあえずジャックフルーツの中身だけとマンゴーを買い、定番になりつつある福建麺を食べてすこし歩き、今度はLRTという電車でPWTCからマスジッドジャメまで移動した。モノレールもLRTも地上の高いところを走るので町中の様子を見ることができてなかなか良い旅だった。そのあとムルデカスクエア周辺を歩きバンクネガラ（国立銀行）の駅からKTMでクランの町まで戻ってバスでインダー島に戻った。今日はそこで悲しいことが起こった。バス停に乗り捨てていた自転車が無いのだ。一応鍵はかけておいたのだが自転車まるごと持って行かれたのかもしれない。しかたなく6kmほどの道のりをとぼとぼと歩いてマリーナまで帰ってきた。いろいろ反省しながら、また歩くことで初めて見える景色を楽しみながら帰ってきた。

マリーナの生活

　8月25日の朝も静かに明けてきた。日の出が7時23分なので暗いうちに目が覚めて果物を含め朝食をとっている。今朝のメニューはスイカ、パイナップル、ぶ

170　世界一周船栗毛

どう、マンゴー、マンゴスチン、ジャックフルーツ、バナナを揚げたもの、自家製野菜ポークスープ、エビ、かまぼこ、食パン、紅茶である。先日マリーナのマネージャーのアハマドさんがうめぼしのバース横に水道水を引いてくれたので水はふんだんに使えている。しかし電気の方はこのところ太陽が照ることが少なく太陽光パネルだけの充電では足りなくて毎日エンジンをかけてバッテリーを充電している。電気を使うのは冷蔵庫、扇風機、パソコンくらいしかないのだが足りなくなる。マンゴスチンはフルーツの王様と言われるだけあって絶品だ。

　午後からクランの町に行き中古の自転車を450RMで買って乗って帰ってきた。あとで調べてみると楽天市場で同じタイプの自転車を１万3000円程度で売っていた。

クランの町の散策

　８月26日はバスに乗ってクランの町に行きぶらぶらと散歩（マレー語でJalan-jalan）してきた。クランはマリーナとクアラルンプールのちょうど中間点にありいままでは乗り換えるだけで通り過ぎていた。クランはセランゴール州の前の州都で州の王様が住み人口80万人の大都会である。バスを終点で降りるとすぐ目の前にクランの王室モスクがある。その周りは旧市街になっており昔ながらのマーケットや商店が並んでいる。クランはクアラルンプールで人気の肉骨茶（バクテー）の発祥の地でもあるということでさっそく王室モスクの隣にある平香客家排骨飯店という中華系のレストランに入って食べてみた。

ロイヤルセランゴールヨットクラブ

　８月27日はクランの町の中でも海沿いの町ポートクランに行ってきた。クランまでバスで出てKTMをクアラルンプールとは逆方向に乗り５つ目の駅が終点のペラブハン・クランだ。通称ポートクランと言われている。駅を出てすぐ右側のフェリーターミナルビルにはイミグレーションとカスタムが入っている。そして左側のフェリーターミナルからは蟹で有名なケタム島行きのフェリーが出ている。駅を出て海沿いを右側に700mほど行くとロイヤルセランゴールヨットクラブがあった。マレーシアで最も古いヨットクラブでセランゴール州のスルタンがパトロンになっている。また11月にはクルーザーの国際ヨットレースも毎年開催

4　2015年の航海　*171*

されている。場所はクラン川の河口付近にありバースはそれほど多くはないが大小のヨットやモータークルーザーが所狭しと係留されており人の出入りも多く活気に溢れる雰囲気が感じられた。クラブハウスもプール付きの立派なもので大きなレストランにはお客様も結構多く入っていた。メンバーでなくても食べることができるかをボーイさんに確認してさっそくボーイさんお奨めのカンポン焼き飯とリンゴジュースを頼んだ。

シャーアラムの町の散策

　8月28日はクランの隣の町のシャーアラムに行ってきた。セランゴール州の州都がクアラルンプールからシャーアラムに1974年に遷都してからできた近代的かつ緑の多い町である。ブルーモスクと言われるスルタン・サラフディン・アブドゥル・アジズ・シャー・モスクの大きな青いドームを見てきた。次にスルタンアラムシャー博物館に行きセランゴール州の歴史を見学してきた。ここでも日本占領時代について大きなスペースをとって展示されていた。現在のスルタンはSharafuddin Idris Shahという人で9代目になるそうでその父親のSalahuddin Abdul Aziz Shah（6代目と8代目）がブルーモスクの名前になっているようである。この父親がイギリスに留学しセーリングが好きになりその息子の現在のスルタンは若い頃にヨットで世界一周をしたそうだ。

クアラルンプール散策（5）

　8月29日はまたクアラルンプールまで行ってきた。いつもいろいろなことが起こるが今日もいろいろあった。今朝もいつものバスに乗ってクランの町まで行くと町に着く少し手前で大渋滞である。こちらのバスの運転手は臨機応変でいつもとは別のルートを通っていき渋滞の原因になった大きな交通事故の現場を避けていってくれたので助かった（その現場の横を通り抜けた）。そしていつものKTMに乗ると今度は東京の通勤並みの大混雑である。切符売り場は長い行列でやっと切符を買って何とか遅れてきた列車に乗ると列車内はすし詰め状態である。なにやらお揃いの黄色いTシャツにBersih4.0と書いてあるのを着た人がたくさん乗っている。どうもBersih（クリーン）な選挙を求める反政府NGOのデモが今日から31日（独立記念日）まで実行されるようでその参加者がクアラルンプールの町に

172　世界一周船栗毛

向かっているようだ。どうにかクアラルンプール駅について次にGOKLという無料のシティバスに乗ってブキッビンタンの町に向かった。GOKLは5分から10分おきに市内4つのルートを運航しており意外に混んでいなくてかつとても速く便利に目的地に着くことができた。もっと早くこれを利用すべきだったなと思いながら帰りもGOKLを利用しているとまた予想外のことが起こった。GOKLでクアラルンプールの駅に向かう途中、駅に近づくとデモ対応のためなのか何と道路が通行止めだということでいきなりバスから降ろされてしまった。やむを得ず歩いて行くと道は黄色いシャツのデモの人で溢れかえっておりその人並みを通り抜けるのに一苦労である。それでもパサールスニ駅の近くに来るとちょうどクラン行きのバスが発車したところだったので、それに手を上げて止めてもらいなんとか飛び乗ることができた。これが意外に速くクランに着くことができこれからはこれを利用しようと思った次第である。

インダー島の中の白砂のビーチ

8月30日はインダー島の最南西端にある白砂のパンタイビーチに行ってきた。自転車で4kmほどの距離だが途中から舗装されておらず道が砂に埋もれていて自転車で走るのに苦労した。自転車では砂の上は走れないのだ。途中の道は車も少なく静かだったのだがビーチに着くと多くの車が駐車していて家族連れで海水浴を楽しんでいる人もたくさんいた。マラッカ海峡もこのあたりになると少し水がきれいになってくるようだ。

国家記念日

8月31日はマレーシアの国家記念日である。1957年8月31日にイギリスからマラヤ連邦が独立したことを記念する日である。この日に向けて29日からクアラルンプールで「Bersih4.0」という反政府系の大規模なデモが起こっている。今日もSIMカードを買うためにクランの町に出かけてみたところ、駅前の中心部は記念日を祝うお祭りの出店がたくさん出ていて人通りも多く賑わっていたが、旧市街のほうは多くのお店はお休みでやや静かな感じだった。デモもみかけたが小規模なものだった。多分今日でデモ騒ぎも一段落すると思われる。マリーナに停泊している船（漁船？）の人から採れたての魚介類を分けていただいた。こちらか

らは缶ビール2本をお礼に差し上げた。

MANOUCHE

　9月1日はこのマリーナでうめぼしの向かい側に泊めていたオーストラリア艇MANOUCHEが出航して行き寂しくなった。MANOUCHEにはテッドさんとお子さんのオリバー君とオリビエちゃんの3人が乗っていていつもマリーナの中に笑い声を響かせていた。テッドさんはペナンやランカウイに数年停泊していてマレーシアの状況には詳しく、これからマラッカ、ジョホールに向かうそうである。これでこのマリーナの中で寝泊まりしているのは私とロシア艇の2艇だけになったようである。ロシア艇は若いご夫婦で既に10か月停泊しているということだがこのところ帰国したのか見かけない。

一時帰国

　9月2日も良い天気である。このところ毎日南東の風が吹き続けている。北や西に向かうには良い風である。今日から17日まで日本に帰国する。

父の状況

　9月15日の弟からのメール。「父のその後の経過ですが9月3日には比恵の自宅に一時帰宅して退院後の生活上必要な手すり等を検討しました。しかしその後10日に病院の部屋で夜トイレに一人で行って（夜中でも必ずナースコールをするように言われていたのですが）転倒して腰痛がひどくなり浜の町病院でMRIなどの精密検査の結果腰椎の圧迫骨折でした。腰痛がひどく一時寝たきりの状態でしたが今は椅子に座れるようになり歩行補助器具（ゴロゴロ押していくやつ）で何とか歩けるようになりましたが寝たり起きたりが痛いようで必ず介助が必要な状態です。退院すると母一人の看護で大丈夫かと和子姉さんが心配していました。」

艇に戻ってきた

　9月17日に予定通り艇に戻ることができた。今回の帰国はベトナム航空だったので昨日はホーチミン市に1泊してきた。ホーチミンは人口が多いこともあるのだろうが人の往来が多く活気のある町だった。道路は車よりもバイクが多くひっきりなしに通っているので道を横断するのも一苦労である。また道路には排気ガ

174　世界一周船栗毛

スが充満しておりバイクに乗っている人は皆マスクをつけている。会う人は皆底抜けに明るく気さくで親近感を持てる感じだった。日本語を話す人も時々いる。戦争証跡博物館はなかなか見ごたえのある内容でベトナム人の戦争での悲惨な状況と共にアメリカに負けなかったという誇りも感じた。艇は2週間ほど留守にしていたが特に大きな問題はみつからなかった。水栓を閉めて電気はすべてオフにしていたのが良かったのではないかと思う。

MANOUCHEのその後

9月18日は久しぶりに日本国旗を新しいものに付け替えた。今までの国旗は1年前から使っているもので端のほうはぼろぼろになっていたので今回の帰国の折に新しいものを調達してきた。その下に掲げているのは小網代ヨットクラブの旗だがこれも相当へたってきている。反対側（右舷）に掲げているのはマレーシア国旗である。話は変わるが今回マリーナに戻ってきて驚いたのはMANOUCHEが戻ってきていたことである。今日テッドさんにいきさつを聞いたところ大変なことが起こっていた。MANOUCHEはこのマリーナを出てポートディクソンに向かったのだが向かい風と向かい潮に阻まれてなかなか前進できず48時間経ってもたどり着けないし、オリビエちゃんは船酔いが激しくオリバー君は戻りたいと

MANOUCHE

いうのであきらめてこのマリーナに戻ることにしたらたった5時間でマリーナの
すぐそばの水路の入り口まで来たそうだ。そこで気のゆるみが出たのか艇が浅瀬
に乗り上げて動かなくなってしまい、艇を浅瀬に残したままテンダーで岸に上陸
し自転車でマリーナまで救助を求めに行ったそうである。マリーナの船で艇に戻
ってみると、いない間に船外機からGPS、パソコン、バッテリーまですべて盗ま
れてなくなっていたということである。マリーナの船でマリーナまで曳航しても
らったので艇は大丈夫だったのだが金目のものはすべて持っていかれてしまい何
も残っていないそうである。オーストラリアの銀行からお金を引き出す手続きに
2週間かかるようで今はお金を待っている状態だという話だった。やはりマラッ
カ海峡は油断をするといろいろなことが起こる危険な海域のようである。

クランの街の散策

　9月19日はまたクランの町の散策に出かけた。クランの町は東から西に向かっ
て流れるクラン川の両岸にまたがっており、その北側に旧市街が広がっている。
今日は南側のクラン駅の正面から南に向かってイスタナ通りを歩いた。駅から
100mほどは商店街が連なっているがその先は小高い丘になっており頂上付近に
セランゴール州のスルタンの宮殿イスタナアラムシャーがある。中に入ることは
できなかったが広大な敷地内の庭園はきれいに整備されており大砲なども設置さ
れていた。そこからUターンして丘を下りイスタナ通りよりも一つ西側のテンク
ケラナ通りを北に向かった。そこはインド人街リトルインディアになっており通
りの両側共にインド系の商店が立ち並んでいた。昼食はその中のカレーレストラ
ンで本場カレーをいただいた。そしてインド系ムスリム寺院インディアクランモ
スクのきれいなブルーのドームを見て帰ってきた。

ナイトマーケット

　9月20日はMANOUCHEのテッドさんに教えてもらった日曜日の夜だけ開か
れるというナイトマーケットに行ってきた。今艇を係留しているインダー島の中
は小さな店以外は何もないと思っていたが、このナイトマーケットは相当な規模
でいろいろなものが出ていた。300mほどの細い道沿いの両側にテントを張った
出店が100店舗近く出ており、新鮮な野菜、果物、肉や海産物、衣料、電機関係

176　世界一周船栗毛

の小物、いろいろな種類の食べ物が売られていた。皆買ったものを大きな袋に入れて持ち帰っていた。島内の人の多くは皆このマーケットで１週間分の食料やその他必要なものを仕入れているようだ。私も久しぶりに新鮮なレタスや菜の花といった青物野菜を買い、ランブータン、ドク、ぶどうのような果物を仕入れることができた。

出航手続きとロイヤルセランゴールヨットクラブ

　９月21日はマリーナマネージャーのアハマドさんの車でポートクランにあるJabatan Laut、カスタム、イミグレーションに連れて行ってもらった。Jabatan Lautでは到着時に来なかったということで怒られたがそれ以外は特に問題なく、明日の朝７時に出航してペナンに向かうということで書類を作ってくれた。そのあとロイヤルセランゴールヨットクラブで昼食を食べて戻ってきた。アハマドさんは現在49歳だが19歳の時からヨットクラブのメンバーでセーリング歴も長く11月に開催される国際レースでは香港艇に乗ってペナンまで行くそうである。ヨットクラブ内での顔も広く知らない人はいないという感じであった。このヨットクラブには日本人メンバーがいて係留している艇内で暮らしているという船も教えてくれたが、あいにくオーナーは日本に帰国中ということで会えなかった。とい

セランゴールヨットクラブにてアハマドさんと

うことで明日の朝7時に現在のマリーナプラウインダーを出航しパンコール島の向かい側のルムのマリーナに向かう予定だ。

インダー島からパンコールマリーナへ

　9月22日は朝の5時半に起きだして出航準備をし、7時12分の日の出とともに出航した。秋分の日なので真東から6時頃に日の出があると思いがちだがここは日本との時差が1時間しかなく日の出が遅いのだ。未明から遠くで雷の音が聞こえていたが今は雲の間に青空が見える無風静穏な朝である。久しぶりの航海なので用心しながらゆっくりと出航した。水道の入り口にあった座礁艇はまだそのまま残っていた。プラウインダーからパンコール島までは100海里近くあるので途中で1泊して行く予定で、帆走中心でいったが午後の後半は無風となり帆走5時間、機走6時間で中間地点の岸近く水深9mのところにアンカーリングして今日は終わりにした。

うめぼし航行状況　パンコール到着

　先程、うめぼしからパンコールへ無事到着したとのeメールが届きました。

　「22日の7時12分に出航し、途中でアンカーリングして23日朝8時に帆走開始して18時30分にもやい完了です。昨夜アンカーリング中に嵐が来て波が大きく船酔いで眠れませんでした。今日の機走中にエンジンの排気ガスが真っ黒になりびっくりしました。足立さんの診断ではペラに貝がついて負荷が増えたせいだろうということで明日はペラ掃除のために潜る予定です。」（増田）とのこと。〈宮原〉

インダー島からパンコールマリーナへ

　9月23日は夜中の0時に始まった。静かな海面（とはいっても周りは海だけ）にアンカーリングをしてぐっすり眠りかけた0時半頃風が吹き出し雨も降ってきた。いわゆるスコールのような嵐である。そのうち波も大きくなってきた。水深9mのところに25mのチェーンアンカーだけでは流されないだろうかと気になり始める。今回の嵐は結構長くて2時半くらいまで続いた。そしてその後も風は収まらず吹き続け波も押し寄せてくる。キャビン内には臨時で洗濯機や水と軽油のポリタンク5個などが置いてありこれらが波で動く。そして久々の航海でもある

178　世界一周船栗毛

ことから船酔い気味になり結局そのあとはあまり眠ることができなかった。朝7時に起きだしてみると景色は同じような感じである。とはいっても靄で周りの景色はほとんど見えないのだが。とにかく流されてはいないようである。波が残る中でのアンカー上げは大変だった。波でアンカーを持っていかれる。クリートとウィンドラスをうまく使いながら上げるコツが必要である。アンカーを上げてメインセールを上げて8時からセーリングを開始した。同時に船酔いもひどくなってきた。午前中は北東の風にアビームで5ノット前後で快適に走ったが午後からは風が無くなり機走を始めたところ久々のエンジントラブルである。スロットルをいっぱいにしても2900回転以上に上がらないし2700回転くらいで走っていると2600回転くらいまで落ちたり上がったり息をし始めた。そして後ろをみると排気ガスが真っ黒になっている。あわててエンジンをアイドリングにして足立さんとあれかこれかと原因について相談をした結果、ペラに貝か何かが着いて負荷が大きくなったのではないかという想定になった。ということでそこでは何もせずにそのまま2500回転くらいで6ノット4時間くらいかけてパンコールマリーナに18時半に到着した。明日は船底に潜ってペラの状況確認と貝落としに取り組むつもりだ。

パンコールマリーナについて

　パンコールマリーナはパンコール島の向かい側つまりマレー半島側のルムッという町のマリーナアイランドの中にある。マリーナアイランドはコンドミニアムを中心として開発されたリゾート地でその開発の中でマリーナも作られたようである。規模はそれほど大きくはなく係留が40艇から50艇ほどで電気、水道が完備しマリーナ要員が常駐しておりセキュリティも確保されている。ただ価格は高めで2泊3日で110RM（約3300円）だ。軽油もリッター3RM（90円）と高かったので買うのを見合わせた。通常はリッター2RM（60円）弱なのだ。今日はハリラヤハジ（聖地巡礼祭）という祝日でオフィスは閉まっていたがマリーナのマネージャーがわざわざ出かけてきて対応してくれた。また、その息子のアンガーさんはバイクで近くのイオンが入っている巨大なショッピングモールまで買い物に連れて行ってくれた。アンガーさんによるとお母さんはマリーナアイランドのオーナーなのだそうである。

潜水作業

　9月24日は11時から12時くらいまでペラ掃除のために船底に潜った。初めての潜水作業だったのでどの程度の作業ができるのか不安だったが、けがをすることもなく意外にうまくいった。海パンとゴーグル、ゴム靴と手袋にへらを持って、ポンツーンに係留した艇のスターンのスイミングラダーからゆっくりと海に入った。そしてスイミングデッキの端のところから潜ってラダースケグを伝ってペラのところまで行きペラを掴まえて木製のへらでごしごしと藤壺を削り落とした。藤壺は5mmほどでそれほど大きくはないがペラの片面に10〜20個くらいは着いていた。1回の潜りで片面しか削れない。3枚の両面を削るのに合計10回以上潜った。ついでにハルの両サイドの水面近くに着いた藤壺も落としておいた。パンコールマリーナあたりは比較的海水がきれいで潜っても藤壺の状態がよく見えたしまったく寒くはなかった。これで明日からの機走はうまく走れるだろうと思っている。ということで明日は7時にはパンコールマリーナを出港し70海里ほど離れたペナンのマリーナバツゥバンを目指す。基本的に機走で10時間を予定している。

パンコール島からペナン島へ

　9月25日はまだ朝日も出ない周りがほのかに明るくなった7時前にパンコールマリーナを出航した。霞でどんよりした空だが天気予報通り東の風がほんの少し吹く中もやいを解きスローペースで水深のあるところを探しながら行った。このマリーナは新しいせいかまだ海図に乗っていないし出入り口の水深マップも無いのである。今日は70海里強離れたペナン島のバツゥバンマリーナまで明るいうちに着きたいと思い基本的に機走中心で走る予定である。9時頃から東の風が6mほど吹き出しクォーターで走るのに最適だがメインを上げるのをやめて機走とジブだけで走り、12時には南に振れ、13時には西風が吹き出した。まさに天気予報通りの風である。そして13時過ぎ頃から西の空が暗くなり嵐の兆候である。しかし、少し雨が降っただけで通り過ぎてくれた。15時過ぎには風向は北西になったが風速は弱まり空も晴れてきた。そのまま15時過ぎから連れ潮に乗って走りペナンの第二大橋を17時半頃にくぐって19時にバツゥバンマリーナの外にアンカーリングすることができた。マリーナはいっぱいで泊める場所が見つからなかった。

180　世界一周船栗毛

ペナンのバツウバンマリーナにて

　9月26日は朝から久しぶりにテンダーを膨らませて降ろした。ブルネイ以来なので4か月ぶりになる。デッキ上に縛り付ける金具が錆びていること以外は何のトラブルもなく小型の船外機エンジンも快調である。朝9時頃にバツウバンマリーナの桟橋に着けると本間さんご夫妻（かめさんとユキさん）が迎えてくれた。ご夫妻は今朝日本からクアラルンプール経由でペナンに着いたばかりということである。LEVというカナダ船籍の1976年建造34フィートロングキール、緑色のハルの頑丈で丸いヨットで今年4月に購入しペナンに係留して、これから1か月ほど艇内で暮らすそうである。本間さんは以前は徳島のケンチョピアに「かめまる」というクルーザーを持って乗っておられたそうだ。そして遊帆（UFO）の小畑さんが出迎えてくれた。小畑さんは今日明日とクアラルンプールで剣道の試合があり、出かける直前だったがバイクを貸してくれた。さっそくそのバイクで散歩に出かけイオンの入っている大型ショッピングモールで買い物をして帰った。また昼食時には本間さんご夫妻にバイクで近くのフードコートまで連れて行ってもらい鴨肉ライスを食べて、買い物をして帰ってきた。今晩はLEVで食事会をやろうと誘われている。

小畑さん

ジョージタウンの散策

　9月27日はジョージタウンの散策に行ってきた。マラッカと一緒に世界遺産に指定された伝統の町である。バイクで行こうと思ったのだが高速道路への入り方が難しくてなかなか思うように走れない。そこでバイクはあきらめてユキさんに教えてもらったバスで行くことにした。クイーンズベイにあるイオンの前のバス停からバスに乗ると15分ほどでジョージタウンの北東端まで連れて行ってくれた。バスを降りてさっそくコーンウォリス要塞に行ってみた。1810年にイギリス

東インド会社によって作られた要塞で砲台や教会、牢屋などが残っていた。ペナンは8月〜10月が雨季だということで今日も要塞にいる時にスコールが来た。幸いにもパラソルの下の椅子に座って1時間ほどの雨宿りをすることができた。雨が止んで要塞を出てビーチストリートを南西にしばらく歩くとオールドタウンカフェがありお腹もすいてきたので早速店に入ってラクサとアイスカチャンを注文した。そのあとプラナカンマンションを通ってセントジョージ教会の前を通りペナン博物館に行った。ペナンの1800年前後からのいろいろな国の人の移民の歴史を学ぶことができた。そのあと南に下りチュリア通りに出て東に歩きインド様式のカピタンクリンモスクの前を通り、更に東に向かい海沿いまで行き周一族の橋の一番端まで行ってきた。

バツウバンマリーナのポンツーンに係留

9月28日は午前10時過ぎにテンダーでポンツーンまで行き本間さんと小畑さんといろいろなお話をした。小畑さんは昨夜21時過ぎにクアラルンプールを発って今朝の2時に艇に戻ってきたそうである。お疲れのところではあったが、軽油補給方法、ランカウイ回航、スリランカ情報、イミグレーション情報など多くの貴重な情報を教えていただいた。そしてこのマリーナの隙間ポンツーンに係留できるのではないかという小畑さん情報に基づきマリーナオフィスに行き艇の登録をして隙間ポンツーンの話をしたところ最初は断られたが何度か押し問答するうちにアンカートラブルで緊急避難してきたことにして係留しても良いということになった。さっそく小畑さん本間さんほか大勢に支援していただきながら隙間ポンツーンに係留する作業を進め1時間ほどかけて何とかうまく係留することができた。このマリーナに係留できたことは非常にラッキーなことだと思っている。午後からは小畑さんのバイクで近くのガソリンスタンドまで行き軽油を調達してきた。スクーターの足元に20リットルポリタンクを1個乗せて2往復で40リットルの調達である。安いのはいいのだがいろいろな規制があってなかなか調達が難しいところがある。マリーナオフィスの担当者は非常に親切である。

イミグレーション関連の手続き

9月29日は朝から小畑さんのバイクを借りてジョージタウンまでイミグレーシ

ョン関係の手続きに行ってきた。まず最初にハーバーマスターのあるJabatan
Lautに行った。Jabatan Lautはコーンウォリス要塞の南西端のライト通りの向か
い側にある。ここで到着の書類を記入する（これが必須だということが今まで知ら
なかった）。次にライト通りを東に向かいスウェッテンハムピアクルーズターミ
ナルビルの１階にあるカスタムに行った。どうもカスタムに行くのは出航の時だ
けで良いような感じだった。今までも入港時には何も書類をくれたことはない。
ここのクルーズターミナルにはちょうどM/S Sea Princessという大型クルーズ
シップが入港していて多くの人で賑わっていた。次にイミグレーションに行った。
これは白い時計台のある角の古いイミグレーションビルの中にある。ここではパ
スポートのコピーを取られ入港の書類を１枚記入した。３か所共に出航する前日
に来るように言われた。１時間ほどで３か所の手続きが終わったので、イミグレ
ーションの前から市内循環バスに乗りチョウラスタマーケットとその東側のクア
ラカンサー通りに行き生鮮品を買い、バスでクイーンズベイのイオンまで戻って
きた。そして昨日と同じガソリンスタンドで軽油20リットル（36RM）を調達し
て船に戻った。

陸電の接続

　９月30日は午前中に小畑さんに貸していただいた延長ケーブルを使って電源の
確保に取り組んだ。テスターを片手に電源供給スタンドのコンセントを一つ一つ
調べて電気が来ているコンセントを探した。そして小畑さんのUFOが係留して
いるポンツーンの一番先端のスタンドが使えるものの中では一番距離が短いとい
うことで、そこまで５本のケーブルをつないで総延長70m程度のケーブル配線を
した。マレーシアは240Ｖなのでステップダウントランスを途中に入れて艇の陸
電コンセントにつなぎこむ。エアコンを動かす前は110Ｖあるが動かすと100Ｖま
で下がる。このマリーナは電気も水も使い放題で係留料金も１日16RM（約480円
程度）と格安なのでだれも出て行かず空きはないのである。午後から自転車を出
して近くのテスコという巨大スーパーまで買い物に行ってきた。

バツウバンマリーナの艇

　2015年10月１日と既に10月になり今年も残すところ３か月になってしまった。

4 2015年の航海　*183*

小畑さんと本間さんご夫妻

時のたつのは速いものだ。今日のペナンのマリーナは気温30℃前後で一日中どんよりとした曇り空というか重たい霞がもたれかかっていて今にも雨が降り出しそうでなかなか降り出さない天気だった。そのような曇り空の中でマリーナ管理担当のアノアさんがバツウバンマリーナ内を案内してくれた。マリーナ全体はそれほど大きくはないのだが、世界中の国からいろいろな国のヨットが集まってきていてカラフルで静かなヨット溜まりの様子を見ることができた。その中で日本人所有の艇がUFO（小畑さん）、LEV（本間さん）、Wanderlustと3艇もあった。皆10年以上このマリーナに係留しているそうである。その中でWanderlustのオーナーは今は大阪に帰っていて体調がすぐれず艇を売りに出しているそうである。りっぱなクラシックタイプの丸いハルのヨットで、艇の中身の状態はよくはわからないがこのマリーナに係留できるだけでも相当な値打ちがあると思われる。そして今晩はLEVの本間さんご夫妻に料理持ち寄りで「うめぼし」に来ていただき歓談することができた。

ジョージタウンまでサイクリング

　10月2日は久しぶりに晴れの良い天気になったので洗濯ものを干したまま、自転車でジョージタウンまで行ってきた。マリーナから海岸沿いに自転車専用道路

が整備されていて信号もほとんどなく非常に快適にサイクリングすることができ、ジョージタウンの一番北の端のコーンウォリス要塞まで約9kmをゆっくり走って40分前後で行くことができた。インフォメーションセンターによって情報を仕入れ歴史的建造物が多い町の東側地区を回ってその一角にあるThe Royale Bintang Penangというホテルのレストランでフレンチを食べて帰ってきた。

ハラール

　10月3日の土曜日は自転車で近くの大型スーパーのテスコまで買い物に出かけた。テスコではノンハラールのコーナーがあり豚肉やアルコール類はそこで売られているが今日はビールのコーナーのレジの人がいなかったので普通のレジでビールを買ったところレジの人がいやな顔をしてビールに触りたくないという雰囲気がありありだった。マレーシアではハラールを尊重しないといけないなと改めて感じた瞬間であった。そしてスーパーからの帰り道に道路に青いテントを張って多くの人がビールや焼豚を食べているところに差しかかった。聞いてみるとお葬式だと言う。青と白と黒の幕を張って参列者に料理をふるまっているのだそうだ。マレーシアでも人口の24%を占める華人の社会ではハラールはまったく関係ないのだ。今日は小畑さんから和風おでんの差し入れがありおいしくいただいた。また小畑さんのバイクをお借りして近くのガソリンスタンドまで軽油を買いに行った。同じスタンドで買うのだが日によって価格が異なる。ペナンで合計80リットル買ったが最初の20リットルは39RM、次の20リットルは36RM、次も36RM、そして今日は38RM。マレーシアでは39RMが公定価格になっているので、いずれにしても最安値ではあるので特に不満はないのだがなぜ同じスタンドで日によって価格が異なるのかはよくわからない。これで燃料も合計200リットルになったし出航の準備は整った。

ヘイズ（HAZE）

　10月4日も朝から濃い靄が立ち込めている。海からの湿気った空気が南風に乗って吹き寄せることでできるものだと思い込んでいたがどうも違うようである。小畑さんの話ではヘイズ（HAZE）なのだそうだ。インドネシアのスマトラ島での山焼きや山火事による煙が原因でできる靄だ。マレーシア環境省のウェブサイ

4 2015年の航海　*185*

トのAPI指数では今日のペナンは172だそうだ。今日も大型スーパーテスコまで買い物に行き、カセットガスボンベを買ってきた。一本210円と日本で買うよりも倍くらいする。プロパンガスをブタンバスカセットボンベ3連結にして便利になったが価格は高くなった。でも3本で10日くらいは持つので1日当たり60円程度で済んでいる。

船底塗料その他の調達

10月5日（月曜日）は午前中から自転車でジョージタウンまで出かけた。足立さんに作ってもらった上架整備用の材料を調達するためである。足立さんから指示された整備用部材リストは以下である。

1　Bottom paint blue seajet033 or Equivalent Micron Extra 2gallon or 8LTR
2　Interprotect 750ml 1BTL
3　Perfectionplus 750ml 2BTL
4　Retarder thinner NO9 1LTR 1BTL
5　Epoxy thinner NO7 1LTR 1BTL
6　West system 105 4LTR and Hardener 1BTL 1set
7　Teak deck cleaner 1set

ジョージタウンに入っていくつか店を訪ね3軒目の店がジョージタウンの南東側のPengkalan weld通り沿いにあるPen Marineというヨット用品のショップだった。この店でくだんのリストを見せたところすぐに大丈夫だと言ってくれた。船底塗料はMicron Extraが4リットル4万5000円と高かったのでJOTUNのものにしたがそれ以外はほとんど指定のものを購入することができた。8日の14時に今いるマリーナまで届けてくれることになった。これで11月4日から11日までのクラビーでの上架整備に当たっての部材調達関係の不安はだいぶ軽減された。

ペナン島北側の高級リゾート地域

10月6日は自転車でジョージタウンのコムタバスセンターまで行きそこから101番のバスに乗ってペナン島の北西側の一番奥の町テロッ・バハンまで行った。途中バスの車窓からはペナン島北側海岸沿いの美しいビーチと高層マンション群を見ることができた。さすがのペナン島もテロッ・バハンまで来ると高層建築の

コンドミニアムもなく静かな港町の雰囲気に包まれていた。そして帰りはバスを途中のタンジュン・トコンの街で降りてStraits Quay Marinaに寄ってきた。ここは高級高層マンションやショッピングモールなどに囲まれた高級マリーナだった。

ヘビ寺観光

　10月7日は自転車でマリーナの南側にサイクリングに出かけた。ツインタワーマンションなどの高層ビル群を抜けて海沿いのサイクリングロードをしばらく走るとイオンなどがあるクイーンズベイに出る。更に南に下ると今度は大きな工場地帯に出た。低層の大きな建屋がいくつもあり電子精密産業の工場群のようである。その工場群の中の一角にヘビ寺があった。1850年に建てられた中国儒教寺院でヘビが守護神として祀られており生きたヘビと一緒に記念写真も撮れるようである。そしてその隣にはまだ新しいインドヒンズー教の立派な寺院があったので中を少し参観させてもらった。

本間さんご夫妻のLEV出航

　10月8日は午前10時半の満潮に合わせて本間さんご夫妻の乗るLEVがバツウバンマリーナを出航して行った。ランカウイまで2～3日かけて行きしばらく滞在してまた戻って来るそうである。ペナン大橋の手前を橋に沿って東に行きマレー半島に近いところにある橋脚の高いところをくぐり抜けて北に向かうそうだ。ここ数日は夜に弱い北風が吹き日中は晴れて南寄りの風が吹く良い天気が続いているので良い航海ができることだろう。うめぼしも明後日の朝に同じルートを通って行きたいと思っている。本間さんご夫妻にはペナンやランカウイについての多くの貴重な情報を教えていただいた。ランカウイでまたお会いできることを楽しみにしている。また、今日は先日購入した整備用品をマリーナで受け取った。残念ながら一部の品は明日の配送になってしまった。

出航準備

　10月9日は朝からジョージタウンに行きイミグレーションなどいつもの3か所の事務所を回って出航手続きを済ませてきた。明日10日の朝10時にランカウイの

テラガヨットハーバーに向けて出航する予定である。UFOの小畑さんももう一つのカタマラン「NONBIRI」に現地日本人のお客さんを乗せて明後日の朝にランカウイに向けて出航予定だそうだ。ランカウイで日本人艇「LEV」「NONBIRI」そしてうめぼしの3艇が揃ってアンカーリングすることになりそうだ。また小畑さんは「NONBIRI」で12月にタイのプーケットで開催されるキングスカップに参加予定とのことである。当方もうめぼしでなんとか参加できないかと模索中である。バツウバンマリーナ事務所に行きこれまでの係留費用の精算をしてもらった。9月25日の夕刻にここに来て初めはアンカーリングだったが28日からポンツーン係留で10月10日までの合計が168RM（約5000円）だった。どういう計算をしているのかわからないが非常に安い費用である。

ペナンからランカウイへの航海

　10月10日は朝から洗濯や水の補給、荷物のキャビン内への収納など出航準備をした。そして10時少し前に発注していた整備用品の残りをショップマネージャーのERIC LEEさんが持ってきてくれた。これで出航できる。ハーバーで毎日仕事をしている多くのクルーメンバーや小畑さんほかに見送られて10時50分にペナンのマリーナを出航した。いつものどんよりとした靄のかかった空ではあるが今日は太陽が少し見えている。無風で海面は鏡のように静かだが、潮の流れが強く南に向かって2ノット近くありそうだ。ペナン大橋のすぐ手前を東に向かって恐る恐る進んだが最も浅いところで2.9mだった。今日は一日中北西の風だったので機走で45海里強走り19時過ぎの日も落ちて暗くなりかけた頃にパヤール島の南側のブイをつかまえて海上係留することができた。航海中は漁船が網を引いているのを避けたり大きな流木を避けたりなかなか気を抜けないウォッチだった。

ペナンからランカウイへの航海2日目

　10月11日の朝は静かな夜明けだった。昨晩はほとんど風がなく時々艇がブイにぶつかって大きな音をたてていたが艇の揺れは少なくゆっくり休むことができた。朝の7時には北東の風が3mほど吹いていたのでまず最初にメインセールを上げて次にブイのもやいを解いてすぐに走り始めた。エンジンをかけないで出航するのは初めてである。しかしこの風も9時過ぎには止んでしまいあとは機走で

テラガハーバーまで走り14時にハーバー内にアンカーリングした。約30海里の航海である。今日も漁船や漂流物が多く常時ウォッチ体制だった。

ランカウイのテラガハーバーにて

10月12日は午前中にテンダーに船外機をセットしてテラガハーバーのポンツーンまで行きイミグレーションほか３か所にチェックイン（入港届）の手続きをした。ハーバーの目の前の時計台のある黄色い洒落た建物の中に３か所とも入居しておりしかもそれぞれが手続きに慣れており非常にスムーズに速く手続きを終えることができた。また、ハーバー前のガソリンスタンドで軽油20リットルを39RMで購入した。もう１缶買おうとしたら１日１回だけと言われ明日買うことにした。やはり何らかの規制があるようだ。またポンツーンで水40リットルも調達できた。その後免税酒屋でSKOLビール１ケースを40RM（約1200円）で購入し久しぶりに冷蔵庫がビールでいっぱいになった。午後からは24時間で30RM（約900円）のレンタルバイクを借りて近くのパダンマシラット村まで買い物に行ってきた。クランやペナンの空は靄がひどくてHAZE被害だったがランカウイの空は真っ青で一日のうちに何度も短いスコールが来る。海の水も比較的きれいで潜ってみてもいいかなという感じである。

ケーブルカーで展望台へ

10月13日は９時過ぎにテンダーで昨日夕刻にここに到着したカタマランNONBIRIまで挨拶に行った。誘われるままにお茶をご馳走になってしばらくお話をさせていただいた。小畑さんの剣道のお友達で川口さんご夫妻と林さんご夫妻の５名でペナンから１泊２日でここまで来たそうである。途中はべたなぎで気持ち良く航海できたとのことだ。ここで小畑さんに島内観光ならケーブルカーに行くのがいいと教えてもらいそのままハーバーのポンツーンにテンダーを着けて昨日借りたバイクに乗りランカウイ島の西の端にあるケーブルカー（SKYCAB）に行った。テーマパークオリエンタルビレッジの入り口にバイクをおいてビレッジの中をしばらく歩いていくとケーブルカー乗り場がある。乗車券35RMを買って乗ろうとするとドームシアターに案内されて宇宙の創生と火星にあるジェットコースター体験試乗の映像をみせられた。あまりにリアルで迫力がありかつ急降

下や急回転が続くので息をつめながらも船酔いしやすい私は少し気分が悪くなり
そうでもあった。映像が終わりほっとしてシアターを出るといよいよケーブルカ
ーである。6人掛けの小さなCABに乗り込むとこれがまた急こう配で眼下はは
るか下に緑の木々が小さく見えやや高所恐怖症ぎみの私はまたまた震え上がって
しまった。それでも自然の絶景の素晴らしさにまさるものはない。高度700mの
山頂の展望台からは北に急峻な山々の連なりが見え南東側にはテラガハーバーや
レバック島などきれいな海と陸の重なりを望むことができた。そのあとはバイク
で飛行場の南側にあるパンタイチェナンの免税店までアルコール類を買い出しに
行った。

テラガハーバーにて

　10月14日は昨晩の雨のためか涼しい夜明けだった。いつも通り5時半頃夜明け
前に起きだし果物から始め昨日屋台で買ってきたビーフンの炒め物やいつもの自
家製野菜スープなどをしっかりと食べた。その後エンジンチェック、燃料や水補
給など定例の仕事を済ませ11時前頃にテンダーでハーバーに出かけた。まず軽油
20リットル（ランカウイで合計60リットル）を購入し清水タンク20リットル×2本
を満タンにして免税店でビール1ケースとワイン3L×2本を調達するなどし
て、ハーバーの西側の一角にあるイタリアンレストランマーレ・ブルーに行った。
今日は64歳の誕生日なのだが誰もいないのでここで一人ビールでお祝いをした。
この季節の特徴なのかランカウイでは北の風とともに山で雲が発達しスコールと
なって強烈に強い雨が短時間に降る。マーレ・ブルーにいる間14時頃まで強烈な
雨が降り続きテンダーが雨水で沈むのではないかと心配するほどだった。そのあ
とはからっと晴れて暑くなったが雲行きは不安定だったので午後は艇に戻りワイ
ンを片手にゆっくりと過ごした。

大林さんとヨット「ぼらぼら」

　10月15日は北九州に在住の大林さんがレバックマリーナにおられるということ
で会いに行こうと思い朝の8時にテラガを出てレバックに向かった。大林さんは
レバックマリーナに愛艇「ぼらぼら」を係留していて今週一週間日本から奥さん
とともに来てクルージングを楽しんでおられるそうだ。大林さんは長距離航海懇

190　世界一周船栗毛

大林さんご夫妻

話会のメンバーで2年前にライフラフトを譲っていただいた縁がある。レバックに着いて大林さんにご挨拶をして小畑さんの話をすると、大林さんが小畑さんに会いたいということですぐに両艇でテラガに向かった。テラガに着いて小畑さんを含めいろいろと近況を話し、昼食は昨日と同じイタリアンマーレ・ブルーでハッピーアワーのサービスをいただいた。そこで事件が起きた。大林さんご夫妻とゆったりとした昼食を済ませて14時前に艇に戻ると小畑さんがテンダーに乗ってうめぼしの横にいる。うめぼしが走錨して岸から5mのところまで流されているのを小畑さんが見つけテンダーで元の位置まで引っ張ってきたということである。小畑さんはうめぼしの命の恩人だ。その後14時半にぼらぼらとともにテラガを出てランカウイ島の南のシンガベサール島の静かな浜辺に来ている。今晩はここにアンカーリング宿泊の予定である。夕刻暗くなるまでヨットぼらぼらで夕食をご馳走になった。

ロイヤルランカウイヨットクラブ

　10月16日は8時過ぎにシンガベサール島の浜辺近くのアンカーリングポイントのアンカーを上げて出航した。大林さんの「ぼらぼら」にお別れの挨拶に行くと夜間アンカーリング中に自動的にランプが点滅する優れものを譲っていただい

た。昼間は太陽光で充電し夜間は赤い光が点滅する。うめぼしがアンカーリング
している時にマスト灯を点けていないのを見て危ないからと心配していただいた
のである。今日は最初にクアの南側にあるロイヤルランカウイヨットクラブに行
った。大林さんに紹介していただいた松浦さんに会うためである。松浦さんは北
九州にお住まいだが最近の13年間はランカウイヨットクラブに係留しているヨッ
トCIMAを中心に一人で暮らしておられるそうで御年80歳である。80歳とは思え
ない元気さでお会いするなりタイやマレーシアの人の日本に対する感情には複雑
なものがあるという持論をお伺いした。またちょうど1週間前からここに係留し
ておられるAKITSUSHIMAⅢの松下さんにもお会いすることができた。松下さ
んはセイルインドネシアに参加してオーストラリアのダーウィンからここまで来
たそうである。そしてここマレーシアに来年春まで艇を置いて来週には日本に帰
るとのことである。そのあとどこに行かれる予定ですかとお伺いすると何と船籍
をマレーシアに変更してこの近辺に係留し、タイやマレーシア近辺をセーリング
して終わりにしたいということだ。日本のヨットマンがマレーシアにたくさんお
られ、そして長らく生活しておられる状況を見て、まだまだ私にはわからないマ
レーシアの魅力があるのだろうと思った次第だ。その後クアの街を散策しマーケ
ットで食材を仕入れ、スコールの待ち時間に床屋で散髪をして17時半にテラガに
戻ってきた。

出航準備

　10月17日はいろいろな所用を済ませた。水と軽油の補給、洗濯、Wi-Fi用の
SIMの期限が切れたのでその延長手続き、食料と酒の買い出しなどだ。昼前にバ
イクを借りて近くのスーパーに行くとブタンガスのカセットボンベが1本4.2RM
（約130円）で売っていたので12本購入した。ティオマンでは1本400円、ペナン
でも200円程度だったのでだいぶ安くなりやっと日本並みになった。プリペイド
SIMは1週間500MBで10RM（300円）だった。その後艇に戻り、ペラの藤壺取り
と船底の簡単な清掃をした。ペラには既に小さな藤壺がかなり付いていた。また
船底の水面付近には緑色の苔のような海藻が付いていたのである程度落としてお
いた。これでプーケットまでの航海の準備はほぼ完了である。来週月曜日か火曜
日に出航したいと思っている。

192　世界一周船栗毛

ランカウイからプーケットへ

　10月18日（日曜日）は急きょ出航することにした。プーケットまでの風の週間予報を見ると水曜日以降は北西の風が多くなりそうで、今日から火曜日までに概ねのところを走ってしまったほうが良いように思えたためである。朝一でプーケットのWebチェックインを入力し、イミグレーションなど３か所でチェックアウトの手続きをし、10時に出航予定である。プーケットまで170海里ほどを３泊４日で行くつもりだ。今日はコ・アダンまで30海里走り、島と島の間のブイをとり、明日はコ・ロック・ノックまで50海里、明後日はコ・ラッチャ・ヤイまで60海里、21日はプーケットまで20海里弱である。

うめぼし航行状況　ランカウイ～プーケット

　19日17時30分にロックノックの赤ブイにもやった。今日は西の風 弱く、機走５時間。晴れ、波なし。現在位置はプーケットの南南東約55海里、Ko Rok Noiという小さな島の東岸沖合約200mです。

　20日14時、目的地をPhuket Ao Chalongに変更。14時前に西の風８m吹き出し２ポイントリーフのクローズホールドで帆走中。５ノット、あと21海里。現在位置は当初の目的地Ko Racha Hyaiの東約15海里。

　20日18時Ao Chalongにアンカーリングした。船が混み合っている。現在位置はプーケット島南岸の湾の中、SUAN PALM VILLAGEという場所の沖合約500mです。〈宮原〉

ランカウイからプーケットへ

　10月18日の朝10時15分に出航し、予報通り南西の風であるが３m前後と弱く午後からは更に弱くなり機走４時間全部で約30海里を走り、17時40分にコ・アダンの島と島の間の赤いブイに係留した。赤いブイの情報はクダットで隣に係留していたロンさんに教えてもらったものだがまさに正確な位置にあった。水深は10m前後あるがはっきりと海底のサンゴ礁の様子が見える。ここはもうタイ領だがこの文章ではマレーシア時間を使う。翌朝19日は７時に出航し、午前中は風弱く機走、午後から西の風が３mから５m吹き出しリーチングで帆走、17時半にコ・ロック・ノックの赤いブイにもやった。この日のレグは約40海里で機走５時間であ

4 2015年の航海　*193*

る。ここもダイビングスポットのようでパンのかけらを投げるとたくさんの魚が寄ってきた。翌朝20日は7時20分に出航したが、西の風弱く機走中心で走り、午後から嵐に入った時に少し吹いたがその後北西の風になり機走に切り替え、18時15分にプーケットのチャローン湾にアンカーリングすることができた。この日のレグは約60海里で機走9時間である。当初予定していたコ・ラッチャ・ヤイへの寄港は風向き悪く取りやめにした。トータル130海里を3日間デイランだけで走った。コ・ロック・ノックあたりは漁船や漁網が多く昼間でもウォッチを欠かせなかったし回避行動もままあった。

タイへの入国手続き

10月21日は朝テンダーを降ろし、テンダーで突堤の先端にあるプーケットヨットコントロールセンターに行った。そこにはヨットに必要な手続きがすべてできるように各役場の出先が揃っていた。まずインフォメーションに行き基本情報の登録をし、次にハーバーマスターに行き入港手続き、次にイミグレーションに行き、次にカスタムに行き、最後に検疫のオフィスに行き必要書類を書いて終わりである。事前にWebで登録していたことや先方が処理に慣れていることもありすべての処理が1時間程度で済んだ。特筆すべきことはハーバーマスターでAISのチェックがあったことである。タイではプーケットへの入港に際してAISの設置が義務付けられておりその信号チェックが行われたことである。私も初めて自分のAISが実際に電波を出しているのを確認することができた。イミグレーションでは300バーツを払い30日の滞在許可がもらえた。カスタムでは艇の滞在許可が6か月もらえた。従って艇はタイに置いたまま私が一度タイ国外に出れば2か月の滞在が可能ということになる。但し、艇を置いて国外に出る時は2万バーツ（約6万円）のデポジットをイミグレーションに一時的に払う必要があるそうだ。このような情報はNoonsiteに書いてあるのだが実際にやってみて初めてそうだということがわかった。入国処理がすべて完了したのでそのあとは安心してプーケットタウンまでソンテオというバスで出かけて行きラサダ通りとラノーン通りを散策して帰ってきた。

チャローン湾界隈の散策

　10月22日は午前中に突堤の先端付近にある給油所で水40リットルと軽油20リットルを補給した。両方で494バーツ（約1700円）だった。やはりマレーシアに比べると少し高くなっている感じである。また洗濯機の脱水漕が回らなくなったので修理しようと試みたがうまくいかなかった。また明日の朝トライアルしてみたい。午後からはチャローン湾の突堤から徒歩で近場を散策した。町を歩いているとタイの人々はきれい好きのように感じる。真っ白な服を颯爽と着て歩く人もいればレンタルバイクを石鹸水できれいに洗い上げている人もいたり、それぞれの店の前は掃き清められていてゴミが落ちていない。またマッサージの店や散髪屋、カフェ、バーなども多く店の女性がよく声をかけてくる。きれい好きでサービス精神が旺盛なところは日本人の感覚とマッチするところが多いのかもしれない。突堤からサンライズ通りを西に歩いてロータリーを左に折れてしばらく行くと左手に24hrsという大きなスーパーマーケットがあった。ここで多くの食材を調達することができそうである。タイはいろいろな種類の食材が豊富でそれを比較的容易に調達できるのだと感じた。さっそくマンゴー、ドック、リンゴ、玉ねぎ、にんじんなどを買って帰った。またロータリーから北東側に歩いて行ったところにあるプーケットヨットクラブにも顔を出してみたが、思ったよりもこぢんまりした雰囲気だった。明日の夜19時からクラブの定例パーティーがありキングスカップ運営のメンバーもたくさん来るからと誘われたがちょっと思案中だ。

カタビーチ散策

　10月23日は午前中にスーパー24hrsの近くにあるクリニックに行った。実はランカウイからプーケットに向けて航海中の夕刻に赤ブイに係留しようとして作業中に右足中指を強打して指が腫れあがった。骨折しているかもしれないと思い足指を固定して動かないようにしていたら3日ほどで腫れは引いてきた。現在はそっとしていれば痛みもなく特に問題なさそうなのだが一応念のためレントゲンで確認してもらった。結果は特に異状なしということで一安心した。航海中は結構打ち身や生傷などが絶えないので用心はしているのだがこのようなことが時々起こる。今回も大事に至らずに済んでよかったと思っている。海外で初めて病院に行ったが非常に親切でスピードも速く安心感があった。料金も600バーツ（約

2000円）とレントゲン２枚にしては格安だった。そのあとレンタルバイクを借りてカタビーチ方面のドライブに行った。チャローン湾から西へ６kmほど行くとキングスカップの運営本部になるカタビーチリゾート＆スパという大きなホテルがある。そこで昼食をとって周りを散策して、帰りはプーケット島の南側を通って帰ってきた。その帰りに一つ事件が起こった。警察官が10人くらいで検問チェックをしていて免許証を見せろと言われたので日本の免許証を出したら国際免許証不所持ということで罰金500バーツをとられてしまった。わけのわからない書類をくれて今日一日はこの紙があれば運転できると言われた。次回帰国時には国際免許証を取るようにしたいと思う。

プーケットヨットクラブでののどかな一日

　10月24日は午前中に洗濯機を修理した。脱水槽の底部にある回転停止のブレーキを利かないようにして、またふたと連動している安全スイッチが接触不良だったのを修正してつながるようにしたところなんとか動くようになった。簡単な配線中心の機械はまだ修理ができるがこれが電子回路やICになると手の施しようがなくなる。そのあと昼食を外で食べようと今日はテンダーでプーケットヨットクラブのテンダー用ポンツーンまで行った。さっそく上陸してカウンターでビールを飲んでいるといつの間にか潮が引いて泥の浜が見えてきて水ははるか沖の方にしかない。また潮が満ちてくるまで帰れないとあきらめてカウンターでビールと食事とiPhoneとでのどかなひと時を過ごした。カウンター内のタイの女性は愛想よくサービスしてくれた。ついでなのでクラブの水道を借りて水40リットルも調達してきた。16時半頃には潮も満ちてきてうまく艇まで帰ることができた。今後の予定についてもいろいろ思案した。この後プーケットからクラビーに行き11月４日から11日までクラビーで上架整備をしたい。11日から27日まで日本に一時帰国し、12月４日から12日までプーケットのカタビーチでキングスカップに参加予定だ。一応スピリットオブクラシックというクラスで参加申し込みをした。ただ６艇以上参加艇がいないとクラスが成立しないので他艇の状況次第になる。その後、年内にスリランカまで行って今年は終わりにしたいと思っている。

クラビーでの整備の概要

　10月25日は昨夜北東の風と強い雨が降り続いたのでテンダーに相当量の雨水が溜まっていた。洗面器とスポンジで汲み出したのだが真水なので洗濯には使えるのではないかと少しもったいない感じもした。今後は雨水活用についても検討したほうが良いように思う。昼前にテンダーで突堤までいきチャローン湾界隈を徒歩で散策した。サンライズ通りをロータリー（ピーチガーデンサークル）まで行き右側に曲がってすぐの点心専門店で昼食をとり、スーパー24hrsで買い物をして帰ってきた。クラビーでの上架整備の内容はボトムの清掃船底塗装、ハルの傷の手当とニス塗、デッキのチークやマホガニー材の清掃と艶出し、エンジンの総点検、セールドライブギアオイルに海水が混入している点の整備、キャビン内トイレの固定と床整備、風力発電機の設置、太陽光パネルやバッテリーの点検、スパー類の点検などを予定している。今回の整備でうめぼしは一応の完成形に近くなると思っている。

イミグレーションでデポジットの支払い

　10月26日（月曜日）は朝からソンテオというバスに乗ってプーケットタウンのイミグレーションまで行ってきた。タイに船で入国した場合、船は6か月間滞在できるのだが人は30日しか滞在できない。キングスカップ終了までは60日程度のビザが必要になるが期間が足りない。そこで途中一度日本に帰国することにして再度入国すればまた30日の滞在ができるという算段である。しかし、船をタイ国内に置いて出国する場合は2万バーツのデポジットをイミグレーションに払う必要があるということで今日はその手続きに行った。イミグレーションはタウンの南東の端の方にあるのでモーターサイというバイクのタクシーを50バーツで利用した。ちょっとした移動には安くて大変便利である。この処理には帰国の飛行機の予約が必要でちょうど予約した飛行機の確認書を持っていたので助かった（これで既に半分は出国手続きをしたような感じである）。そのあとキングスカップの参加料3万バーツを送金するためにバンコク銀行に行き手続きを済ませた。タイ国内の送金だったのでこちらも比較的簡単に済んだ。そのあとオールドタウンの一角にあるカフェでレッドカレーとトムヤムヌードルを昼食にとり、オールドタウンを散策して帰ってきた。

プーケットのチャローン湾から出航準備

　10月27日はまたテンダーでプーケットヨットクラブに行きゆっくりと昼食をいただいた。風予報によると今週は東風が吹き続けるようである。北東モンスーンの時期はもうすぐという感じだ。ただここからクラビーに行くのには向かい風になってしまう。どうせ向かい風ならせっかくの機会なのでクラビーにいくついでに少し南に回り道になるがピーピー島に寄って行こうと思う。風向がうまくいけばセーリングの時間も長くとれるかもしれない。ということで今日は出航準備をして明日の朝から25海里ほどの距離をピーピー島に向けて航海したいと思う。午後早めにスーパーまで行き2日分の食料を仕入れてその後テンダーをデッキの上にあげてしまった。しかし今日も夕刻から雨模様で天気はよく変わる。

プーケットのチャローン湾からピーピー島へ

　10月28日は朝の8時にアンカーを上げてピーピー島に向けて出航した。風予報通りに東の風が7〜8m吹いている。そしてチャローン湾を出る頃には10m以上に吹きあがってきて波も1.5m程度と久しぶりの船酔いかげんになってきた。しかし10時過ぎ頃から次第に風も弱くなり波も収まってきたので助かった。東の風で真上りなのでそのまま機走で25海里を走り12時半にアンカーリングをした。ピーピー島は南北2つの島からなり北側の大きい島がピーピードン島、南側の小さい島は無人島でピーピーレイ島である。この島はザ・ビーチという映画のロケが行われたということで有名だそうだ。うめぼしはピーピードン島の中ほどロ・ダラム湾の奥にアンカーリングした。2つの島は両方とも断崖絶壁が多いのだがその隙間にはきれいなビーチもある。ロ・ダラムビーチからは夜中の1時まで歌とダンスミュージックが大きく聞こえていた。

ピーピー島からクラビーボートラグーンへ

　10月29日は朝の7時15分にピーピードン島を出航し北東に20海里ほど離れたクラビーボートラグーンを目指した。予報通り朝から東の風が8m前後吹きクローズホールドで半分くらいまで行った。前半は5ノット程度後半は4ノット程度しか出ない。その後風が北東に振れ真向かいになってきたこともあり、またクラビーは入り口付近に浅いところがあるということで11時の満潮に間に合うように途

６ｍクラスとセドリックさん

中から機走に切り替え12時にボートラグーンのポンツーンにもやいを取ることができた。ここで隣のバースに1926年製造の６ｍクラスが泊まっていてセドリックさんとジョンさんがちょうど練習に出航しようとしていた。この艇でキングスカップに参加するそうである。レースで一緒に走るのが楽しみだ。

クラビーボートラグーンについて

　10月30日はクラビーボートラグーンでゆっくり過ごした。とはいえ朝からいろいろな積荷を引っ張り出して動作確認や清掃などをした。まずケルヒャーを久々に引っ張り出してテンダーをひっくり返して清掃し船外機の動作確認と清掃、ハルやデッキの一部を清掃した。またポータブル発電機の動作確認と清掃をした。お昼はマリーナのレストランでゆっくり食事をして午後からは自転車で６km離れたマーケットまで買い物に行ってきた。クラビーボートラグーンはクラビータウンから30kmほど南東側に離れたところにあり周りには何もない相当の田舎である。また海からも川を２海里ほどさかのぼった奥まったところにある。しかしポンツーンはしっかり整備され電気水道はもちろん艇のメンテナンス設備も整っている。マリーナ職員のサービスも行き届いていて警備も十分で安心感がある。ここで11月５日から艇を上架し整備する予定である。足立社長に４日から11日ま

で来ていただく。その間は併設されたコンドミニアムに宿泊予定だ。10月29日から11月28日までの1か月間の係留料は8569バーツ（約3万円）である。

クラビーボートラグーンにて

　10月31日は今日も午前中はキャビンの底にあるチェーン10mと臼井さんから昨年8月にいただいた飲料水6本を引っ張り出し底の部分の清掃をした。ここは電気と水がありかつ船が揺れないので艇の内部の清掃をするにはもってこいの環境である。チェーンは現在の25mに10mを継ぎ足し35mにする予定である。やはりアンカーはチェーンでないと安心できない。飲料水はまだ賞味期限内だったので使ってしまう。午後からはレンタルバイクを借りてクラビーから南へ50kmほど離れたクロントム温泉に行こうとしたが、5kmほど手前から道が極端に悪くなり泥でバイクが滑り危険になってきたのであきらめて帰ってきた。今日はハロウィーンだということでマリーナでも生バンド演奏があってパーティーが開催されるようだ。

クラビータウン散策

　2015年11月1日は朝からバイクに乗ってクラビータウンまで行ってきた。途中空港前を通って行くが空港まで16km、タウン入り口まで24kmと結構距離があった。クラビータウンは人口10万人の割には静かできれいな町並みだ。クラビー川沿いに公園があり石灰岩の切り立った小山が良い景色になっている。午後からはまた艇内の片づけ清掃をした。

沖縄からタイまでの航跡

　今年2月初めに沖縄の宜野湾マリーナを出航してから10月末タイのクラビーまでの9か月間の航跡をまとめてみた。主な寄港地は石垣島、台湾の基隆、後壁湖マリーナ、フィリピンのプエルトガレラ、プエルトプリンセサ、マレーシアのボルネオ最北端クダット、ブルネイ、マレーシアのクチン、マレー半島東岸のティオマン島、ジョホール、マレー半島西岸のマラッカ、クラン、ペナン島、ランカウイ島、タイのプーケットという流れである。総行程3500海里（6500km）になる。9か月間のうち実際に航海をしたのは58日で残りは港やマリーナの中に係留かア

ンカーリングしていたことになる。航海の中で今回一番のチャレンジは台湾から
フィリピンに向かう時のバシー海峡の横断だったと思う。5泊6日昼夜連続で航
海した。夜は自動操縦にして1時間おきに起きて計器と目視で状況を確認してま
た寝る。船酔いを乗り越えてまたこの夜間のリズムを覚えて体調を崩すことなく
航海できたことは大きな自信につながっていったと思う。しかしボルネオ近海で
夜間自動航行中に漁船にぶつかるという大きな事故もあった。双方に大きな損傷
はなかったことは不幸中の幸いだった。フィリピンではすべてアンカーリングだ
ったのでアンカーリングのノウハウも少し習得することができた。またマレー
シアではマリーナが整備されておりポンツーンに係留できるところがたくさんあっ
た。それでもこの9か月間の係留費用総額は10万円程度で済んだ。燃料としての
軽油使用量は1340リットル単価100円としても13万円程度である。今後は更にセー
リングの時間を増やしていきたいと思っている。特に外洋に出るとセーリング
せざるを得なくなってくる。各寄港地では多くの人にお世話になりまた助けられ
た。石垣島の前田さん、後壁湖のBudさん、クダットのロンさん、ペナンの小畑
さんほか多くの方に助けていただいた。

パイロットチャートの見方

　皆さんはパイロットチャートについてはご存じだと思う。世界の5つの大洋（南
北太平洋、南北大西洋、インド洋）について毎月ごとの風や潮流など海の気象情報
が記載されたチャートでわれわれ海を航海するものにとっては必携の情報だ。以
下のホームページからダウンロードすることができる。

➡ https://msi.nga.mil/Publications/APC

　しかし具体的な数値の読み方は意外に難しく私もわからないところがたくさん
あったのでここに覚書として記載しておきたいと思う。ここではスリランカの東
側の丸の中に2とあり右上に51と書いてある部分の読み方だ。丸の中の数字は
calmつまり無風のパーセントの数字だ。羽の長さはパーセンテージだ。29％以
上は数字が書いてある。ここでは北東の風が51％、東の風が21％（長さから読み
取る）、北の風が10％だ。羽の数は風力だ。北東及び東の風は風力4なので約6
〜8m／秒ということになる。風力について詳しくは気象庁の風力階級を参照さ
れたい。緑の線は海流で数字はノットである。スリランカの東岸は北から南に

0.7ノット程度の流れがあるようだ。そのほかにここにはないが赤い線は波高12フィート以上のパーセントを表している。ほかにも気圧変化、気温変化、視界、台風情報などが記載されている。ということでタイからスリランカまでの航海について12月をやめにして北東モンスーンが適度に吹き続ける1月に延期したいと思っている。12月5日から12日までのキングスカップレガッタに参加し、その後またクラビーに戻って艇を係留して帰国し正月は日本でと思っている。

クラビーでの整備スタート

　11月4日は足立ヨット造船の足立社長が12時前にクラビーボートラグーンに到着された。昨日の真夜中に関空を出発して徹夜に近い状態でお疲れのところだったがさっそく艇のデッキのチーク張り部分の清掃をしていただいた。最初にデッキ全体に水をかける。そしてその上からチーククリーナーを小型携帯噴霧器で降りかける。そして30分以上そのままおいておく。クリーナーが十分チークにしみ込んだところで高圧洗浄機で丁寧に洗っていく。この時木材から黒い汚れが染み出てくる。この作業に2時間から3時間かかる。そのあとまた噴霧器でチークブライトナーを振りかけていく。そしてまた高圧洗浄機でざっと洗い流していく。洗剤のアルカリをブライトナーで中和するような感じである。これで木材本来の

クラビーボートラグーンにて足立社長

202　世界一周船栗毛

色が戻ってきた。この時汚れが残っているとチークの乾きが速くなる。つまり汚れが十分に落ちていると木材の表面がなかなか乾かないのだ。

クラビーでの整備2日目

　11月5日は午前中にエンジンオイル交換、燃料フィルター交換、冷却水系統の分解清掃をした。私のトレーニングを兼ねていろいろなことを教わりながら作業を進めてもらったので少し時間がかかった。そして午後からトラベルリフトで上架した。リフトのベルトは艇を定位置に置いた後スタッフが泳いで艇の下を通して設置していた。このようなやり方をすれば決してボトムのドライブやスケグなどを引っかけることもないし安心感がある。そして無事に上架は済み7本の脚とキールでしっかりと固定されている。しかし、エンジンオイル交換後エンジンオイルを抜き取る穴のキャップをするのを忘れたままエンジンを回して上架場所まで移動したためにエンジンルーム内にエンジンオイルが飛び散ってせっかく清掃したばかりの床が真っ黒になってしまった。

クラビーでの整備3日目

　11月6日は朝から空模様があやしく11時半頃から嵐になり猛烈な雨が降り出した。その後も断続的に降り続き午後はほとんど雨が降るというめずらしい天気になった。午前中にセールドライブのペラを外してギアオイルを抜きまた船底の清掃をしてプライマーとしてインタープロテクトを塗ったところで今日の作業は終了である。

クラビーでの整備4日目

　11月7日はキールとラダーに傷がついている部分をカーボンクロスとWestSystemのエポキシ接着剤で補修しその他の細かい傷をエポキシパテ（マイクロバルーン＋アエロジル）で補修した。同時に船底塗料5kgを2回塗った。7本の足の場所を順次入れ替えることで足の部分ももれなく塗ることができた。しかし今日も昼前から15時頃まで猛烈なスコールが来て作業を中断せざるを得なかった。長い昼食のあと夕方には雨も止んだのでハルのニス塗り部分の傷に軽くサンダーをかけて今日の作業は終了である。夜の初め頃にはまた少し雨が降った。11月から乾季のはずだが毎日激しい雨が降り作業がなかなか進まない。

クラビーでの整備5日目

　11月8日は朝から久しぶりに青空が見えて良い天気が期待できた。夜明け前の

気温は24℃と過ごしやすいのだが日差しが強い日は8時過ぎには30℃を超えてきて暑くなってくる。足立さんは今朝6時過ぎから船に行き整備作業をされていた。船底のパテ補修の継続、セールドライブのOリングが来たのでペラクリンを塗ったペラの組立作業が完了し、デッキにアダックススーパーの塗布、ハルのニス部分のエポキシパテ補修と埋め木補修、風力発電機の組立をしたところで雷が鳴り雨が降り出し夕刻17時で本日の作業は終了した。整備初日に高圧洗浄機の先端ノズルを誤ってポンツーンから海底に落としてしまったのだが、今日の干潮時に枝切り用の長い棒を艇から持ち出して2.5mほどの深さの海底からうまく引き上げることができた。透明度は50cm程度で海底の様子はまったく見えないのだが棒の先の手探りだけで運良くつかむことができた。

クラビーでの整備6日目

11月9日は朝の9時過ぎに少し雨が降り艇がぬれてしまった。しかし雨が止んだ後の時間でニス部分の補修とニスのタッチアップ塗装を終え風力発電機の設置を済ませた。午後14時頃からまた土砂降りの雨になり再度作業中断した。今回の雨は15時前に止んでくれたのでびしょ濡れのハルを雑巾でふき船底塗料の3回目を塗り風力発電機の配線を済ませたところで今日の作業は終了である。11月4日から作業開始した今回の整備では毎日雨が降り大幅に作業工程が遅れているがなんとか一応の陸上での整備作業は目途が付いたので明日の8時半に下架するようにマリーナに依頼をした。足立さんは今日も作業道具をコンドミニアムに持ち込んで部品の補修をして更に夜中に艇まで行ってハルのニスのタッチアップ作業をしていただけるとのことである。

クラビーでの整備7日目

11月10日は9時からトラベルリフトで艇を釣り上げ船底塗料の塗り残し部分に船底塗料を塗り10時前に水に浮かべた。そしてそのままマリーナから出て近くの川を30分ほどクルージングして戻ってきた。短い時間だが機走したあと確認したところでは懸案のセールドライブのギアオイルに水が入る件はとりあえずは良くなったようだ。その後エンジンの冷却水を2回入れ替えたあとクーラントを入れ、インペラを交換してエンジンの整備は終了である。そして風力発電機の接続を完了し、太陽光パネルの接続不良部分を補修し、アダックススーパーの塗り残し部分を塗り終わり、埋め木の欠けている部分を補修して本日の作業は終了である。

明日はデッキのニス補修、トイレの固定など残り作業をして今回の整備は終了予定である。

クラビーでの整備8日目

　11月11日は朝の5時にタクシーでクラビー空港まで行きバンコク経由で日本に戻ってきた。艇の整備の最後の仕上げは足立さんにお願いしてしまった。トイレの固定、敷板の補修、デッキのニス塗、最後の後片付けなどである。そして足立さんも11日夕刻の飛行機で帰国された。11月4日から11日まで長期間の出張整備に感謝申し上げる。また今回新たに設置した風力発電機はサンフォース製の400Wタイプのもので、これも足立さんに日本からステンレスパイプと共に持ち込んでもらった。整備費用のうちクレーン上下架とスタンド使用料は4万7000円、コンドミニアムの宿泊費ウィークリープランは4万8000円、塗料等の材料費10万円、風力発電機7万4000円ということでここまでで30万円弱かかっている。

父の状況

　11月10日の弟の孝からのメール。「11月3、4日に試験外泊がありました。それまでに、4か所（風呂の入り口、階段、医院との渡り口、車庫の入り口）に手すりをつけてもらいましたが、そんなことは関係なく、問題は夜間のトイレでした。結果から言うと尿瓶を準備しておかなければなりませんでした。母はその夜ほとんど一睡もできなかったようで翌日の朝はへとへとの感じでした。母には申し訳なかったと思っています。しかし長尾病院も外泊の注意として一言尿瓶を準備しておいた方が良いぐらいアドバイスしてくれても良かったのではないかと思いますがやはり実際に外泊してみないとわからないのでしょうね。とにかくこのままではいけないと11月6日の退院予定を延期できないかと姉が交渉しましたがそれはできないとのことで急遽介護用ベッドを入れることにしました。ベッドの位置はトイレに近い方が良いだろうと考え部屋の模様替えと大掃除（ほこりだらけ）をしました。正秀兄さんと和子姉さんで頑張ってしてもらいました。本当に感謝です。おかげで退院後の生活も順調です。昨日近くの内科医院のケアマネの方やデイケア担当の方ヘルパーの方フランスベッドの方と話し合いがありデイケアは火曜日から金曜日10時から15時までで火曜木曜は入浴もしてくれるとのことです。月曜日はヘルパーの方が自宅に来られて15時から16時まで入浴介助等してく

4 2015年の航海　*205*

れる予定です。いろいろありましたがデイケアは今日から始まっていて母がこの時間いろいろ自分の用事を済ませることができて大分落ちついてきているようです。これまでは月曜から金曜まで毎日長尾病院通いだったので本当に大変だったと思います。ただ夜は母一人で不安がいろいろありそうです。母には最近益々耳の聞こえが悪くなっているようなので補聴器をつけるように勧めています。明日、補聴器屋さんに行くようにしました。また姉の提案でガスコンロをIHに変える予定です。」

今後の日程

11月12日は自宅でゆっくりしている。今後の予定は27日にクラビーに戻り、30日頃にプーケットチャローン湾に回航する。12月3日には更にカタビーチまで回航しカタビーチで12月5日から12日まで開催されるキングスカップに参加予定である。レガッタ開催中は大会本部が設置されているカタビーチリゾート＆スパというホテルに宿泊する。13日にはカタビーチからまたチャローン湾に戻り、その後クラビーまで回航してクラビーボートラグーンに係留予定である。12月17日の飛行機で帰国しお正月は自宅で過ごして来年1月12日の飛行機でクラビーに行く。その後プーケットで出国手続きをしてスリランカに向かう予定である。

うめぼしに戻ってきた

11月27日の18時半頃にクラビーボートラグーンのうめぼしに戻ってきた。3週間近く留守にしていたが何も不具合は無いようで安心した。28日には艇の中の整理やコクピットの上のテントが破れかけていたのを修理したりした。また足立さんに出張整備のまとめをしていただいたのでその抜粋を記載する。

1　船底塗装
2　ラダー上部の加工と補修
3　フィンキールの補修（カーボンとエポキシパテ）
4　ハルの補修（ハルにラダーが接触している部分にカーボン）
5　ハルのニス塗部分の補修（埋め木、パテ、ニス塗）
6　トランサムの補修

7　セールドライブのパッキン、Oリングと防食亜鉛交換

8　コクピットの埋め木補修（20か所）

9　回転計のライト交換

10　エンジン室ブロアの吹き出し方向逆転

11　トイレを床板とともに固定

12　トイレグレーティング補修

13　エンジンヒートエクスチェンジャー清掃、ミキシングキャップ交換

14　クーラント交換、オイル交換、フィルター2個交換

15　ベルト点検

16　インペラー交換、インペラーケースボルト交換

17　風力発電機設置、コントローラー設置、配線

18　デッキ洗浄、アダックスーパー塗布

19　ハードドジャーの一部の研磨とニス塗装

20　バックステー締め直し

　足立ヨット造船のホームページに今回の整備の様子がアップされたので興味のあるかたはご参照ください。

クラビーからプーケットへ

　11月30日は11時過ぎにクラビーボートラグーンを出航予定である。この時期にしてはめずらしいのではないかと思われるが昨晩は一晩中雨が降り続いた。朝になっても分厚い雨雲に覆われているが雨は一応やんでいる。北から東の風が弱く吹いているだけなので出航に影響はなさそうである。水道水と電気の関係を片付けマリーナ事務所に行き11時過ぎに出航する旨届けを出してきた。

プーケットのチャローン湾に到着

　11月30日は予想より早くマリーナの水位がかなり高くなってきたので午前11時前に出航した。それでも細い水路を通って川に出て河口付近の最も浅いところで水深3mの狭い通路を通って外海に出た時は12時近くになっていた。結局ここからチャローン湾までの36海里を機走で走り抜けた。幸いにも風が弱く波もほとんどなかったので6時間を2350rpm 6ノット強で走り18時にチャローン湾にアンカ

ーリングすることができた。途中大きなトラブルはなかったが風力発電機を取り
つけた部分のライフラインがうまく止まらなくなっていたこととアンドロイドパ
ッド（No.1）のPlan2Navの地図表示が無料分しか表示できなかったのであわて
てNo.2に入れ替えて事なきを得たことくらいの小さなトラブルがあった。どん
よりとした空模様だったが雨も無く風はこの時期にしてはめずらしく北西の風が
弱く吹いていた。日差しも少なくおだやかな海面だったので昼食を船内で調理し
て食べることができ快適なクルージングだった。

デポジットの返還手続き

　2015年12月1日はさっそくテンダーに空気を入れて降ろしポンツーンのテンダ
ー置き場まで行った。そこでポンツーンの上にテンダーを引き上げて町に出かけ
た。引き上げておくと波などでテンダーに傷が付く心配も無く安心して置いてい
ける。バスでプーケットタウンまで行きバイクタクシーのモーターサイに乗って
イミグレーションまで行った。前回出国するために2万バーツのデポジットをし
ていたものを返してもらう手続きである。そして再度デポジットをするつもりで
いたのだが、次回の出国はデポジットなしでも出国できるということで2万バー
ツを返してもらえることになった。返還手続きに30分ほど待たされたがイミグレ
ーションの係官も愛想がよくて待っている間に冷たいペットボトルの水までご馳
走してくれた。そしてもらったのが小切手である。よくわからなくて近くの銀行
に行ったら、Krung Thai Bankの小切手なのでKrung Thai Bankに行くように言
われタウンの中心部にある支店に行ってなんとか現金にすることができた。実は
本当に返してくれるのかどうか心配していたのだがタイの役人はきちんとしてい
た。

チャローン湾からカタビーチへの回航

　12月2日は朝から10m弱の東風が吹き続け風力発電機がうなりながら回り続け
ていた。チャローン湾は東側が少し開いているので波が立ちテンダーで上陸する
のを見合わせて艇内で作業をしていたところ船が揺れているので少し船酔い気味
になった。風予報を見ると今日の午後は一旦風が収まるが明日の午前中はまた同
じような風が吹くようなのでカタビーチへの回航を1日繰り上げ今日の午後行く

ことにした。15時前にアンカーを上げて機走でゆっくりとプーケット島の南端を回りインド洋側に出た。弱い南風が吹いていたが海面は静かで真っ青できれいな水面と青空がこれまでの内海とは対照的に素晴らしい景色となって現れた。10海里弱の航海で16時半過ぎにはカタビーチの北側の水深6.5mのところにアンカーリングすることができた。ペナンでお世話になった小畑さんのカタマラン「のんびり」が既にアンカーリングしており小畑さんに挨拶をしてそのすぐそばに安心して泊めることができた。

カタビーチにて

12月3日はさっそくテンダーを降ろしてカタビーチに上陸した。風は東の風が10m近く吹いているが丘からの風なので波はほとんどない。しかしビーチの中央付近の遠浅の砂浜に着岸しようとしたところインド洋からの小さなうねりが砂浜ではちょっとした波になり小さなテンダーは翻弄されて大きく揺れた。そこで揺れるテンダーを押さえようと海に入ったところ全身に水をかぶりずぶ濡れになってしまった。ずぶ濡れのままこれから10日間お世話になるカタビーチリゾート＆スパホテルにチェックインをして海岸を散策したところ、カタビーチの南端は波も少しは静かで他のヨットのテンダーもいくつか置いてあったので次回はここに着けようとめぼしをつけて艇に戻った。携帯電話や財布がずぶ濡れになったのだが何とか壊れないで済んだのは不幸中の幸いだった。午後から再度テンダーで上陸し今回一緒にレースに参加してくれる小宮さんと合流し夕食をとって今日は久しぶりの陸上ホテルでゆっくりしている。

カタビーチにて（2）

12月4日の朝はいつもの通り北東の風がやや強く快晴で始まったが実は昨晩、一悶着があった。ホテルのすぐ隣に仮設された演奏ステージがあり20時頃から大きな音を出してタイ語の歌と演奏が始まったのだ。私たちの部屋は仮設ステージ側の4階だったのでその音が直接部屋に届き部屋が低音スピーカーの振動で「ドンドン」と振動してまったく眠ることができなかった。しばらくは我慢していたのだが22時半頃にはたまりかねてフロントに何とかしてくれとクレームをつけたところ、少し離れた別の棟の部屋を用意してくれた。それからがひと騒動で真夜

中に部屋中に広げた荷物を全部もう一度トランクにパックしなおして1階まで降りて隣の棟の4階まで引っ越しをすることになった。タイではいろいろなことが自由で良いのだが真夜中にホテルのすぐそばで大きな音を出されるのには困った。4日は午前中にテンダーで艇まで行き久しぶりにジェネカーをバウキャビンの下から引っ張り出し、バウにタック用ブロックを、両サイドデッキにシート用ブロックを取り付け、ハリヤードを確認してジェネカーが使えるように準備した。

キングスカップのレジストレーション

12月5日は午前10時からキングスカップヨットレガッタのレジストレーションが始まった。さっそく小宮さんと2人で同じホテルの2階にあるレジストレーション会場に行き手続きをした。提示された書類3枚ほどを記入し艇の参加費用振り込み済みの確認をしてもらいクルー参加費用1人5000バーツ×3人分を支払い、バウナンバーの大きなシールとセーリングインストラクションなどレース用品と記念のポロシャツやリュックサックなどをもらい1時間ほどで終了した。100万ドルの保険証書の現物確認はなく入っているかどうかの申告確認だけだった。午後から艇に行きしばらくセーリングをして帰ってきた。アンカーをテンダーにつないで置いて行ったのだがそのあたりのハンドリング手順にはいろいろ工夫する余地があったように思われる。

キングスカップレガッタのプラクティスレース

12月6日の朝は東風の晴れである。昨日の20時半頃に日本からの更なる参加メンバー2人（山岸さんと井上さん）がホテルに到着し小宮さんと私を含め4人でさっそく近場のレストランで会食をした。小宮さんと井上さんは私と同じ九州大学ヨット部の同期である。山岸さんは私と同じ富士通ヨット部の先輩である。今回のキングスカップヨットレガッタにはこの4名で参加する。朝7時半に近くのレストランのバイキング朝食200バーツ（約700円）を食べて10時にホテルを出発し艇に向かった。午前中に軽くセーリング練習をして昼食は艇内で小宮さんお手製のサンドイッチである。13時からプラクティスレースに参加した。レースは全104艇を2つのグループに分けてカタビーチ沖にマークを打った上下コースで行われた。各クラスごとに5分間隔でスタートしうめぼしはスピリットオブクラシ

210　世界一周船栗毛

ッククラスということで一番最後のスタートになった。うめぼしは上りコースは苦手だが２回目の上マークまで行ってそこをフィニッシュマークに見立てて終わりにした。その後艇を元の場所に戻しテンダーで上陸して、16時半からのスキッパーズミーティングに参加した。

キングスカップ第一レース

　12月７日は東風で晴れ、７時に朝食をし、８時にホテルを出て、８時55分からタイ海軍の艦船に乗った国王の前をヨットが整列して通過し敬礼をするロイヤルサルートがあった。その後10時からいよいよ本番のレース開始である。今日も昨日と同じカタビーチ沖の２つのコースエリアに分かれて実施された。われわれのスタートは４番目の艇群で10時20分にスタートした。コースは13番で島回り距離22海里の比較的長いレグで前半は上り後半は下りである。南東の風がブローで13mから14m吹くという強風下のレースとなったが良いスタートを切り途中からメインもジブもリーフして上って行った。しかしうめぼしはクルージング仕様で上りは苦手である。小宮スキッパーがベストのセーリングをして第一ゲートをトップ通過し第二ゲートに向かった。しかし上りレグ３分の２くらいまできたところ

キングスカップ（左から井上さん、山岸さん、私、小宮さん）

でタイムリミットとなった。ところが夜のプライズギビングパーティーではクラシッククラス1位の楯をもらうことができた。第一ゲートをトップで通過したことでの表彰だと思われる。

キングスカップレース2日目

　12月8日はキングスカップのレース2日目だ。今日は曇りのち晴れで少し弱めの東風が吹いている。7時に朝食をとり、8時10分にはうめぼしのアンカーを上げてレース海面に向かい9時の予告信号に備えた。第二レースは北東の風が5m前後吹く中で上下2回回りのコースを9時40分にスタートしたが風が落ちてコース短縮となり第一下で2位フィニッシュした。第三レースも北東の風が5～6m吹く中で引き続き上下2回コースを11時40分にスタートして13時45分に2位フィニッシュした。皆で楽しもうということでレースごとにスキッパーを交代して第二レースは山岸さん、第三レースは私がスキッパーをした。また風が弱かったので下りのレグではジェネカーを張ってみた。ジブよりは速く走れそうだがジャイブがなかなか難しくて皆でああでもないこうでもないと議論しながら走った。スピリットオブクラシッククラスのもう一艇は6mクラスという1926年建造の船だが非常に速く今日もまったく追いつけなかった。今日は2レースで終了になり早

キングスカップ

めに着岸してホテルに帰ってきた。

キングスカップレース3日目

　12月9日はレース3日目だ。朝から北東の良い風が吹いている。今日も7時に朝食をとりテンダーで出かけようとしたが昨夜のスコールでテンダーに相当の雨水が溜まっておりアカ汲みに時間がかかりまた途中船外機のエンジンが止まるなど思わぬことが重なりうめぼしの出艇が8時半になった。スタートラインは初日と同じカタビーチの南側沖合4海里ほどと遠くエンジン全開7〜8ノットで走り9時10分頃にやっとスタートラインに到着したところ回答旗が上がっているのを確認して一安心した。今日はわれわれのクラシッククラスはクラス別の中の最初のスタートで9時24分に回答旗が降り25分に予告信号、30分にスタートを切った。コースは29番でプーケット島の南のコ・ラッチャ・ヤイ島を往復する28海里のロングコースである。北東の風がブローで13mと強風下でクローズホールドで上り10時50分に第一ゲートを通過、その後リーチングで走り第四ゲートを12時に通過し9番マークを14時にクリアして戻ってきた。今日のパーティーでは2位の表彰を受賞した。

LAY DAY

　12月10日は予備日ということでレースはなく良い休養日になった。昨日の夜に山岸さんのご家族5人（奥さん、お子さん夫妻、お孫さん2人）が到着され、今日の午前中にうめぼしに試乗していただいた。テンダーで浜辺とアンカーリングしたうめぼしの間を2往復して7名が乗艇しカタビーチの南側の小さな入り江までクルージングをして入り江ではスイミングデッキから飛び込んで少し泳ぎをして帰ってきた。

キングスカップレース4日目

　12月11日はレース4日目だ。朝から晴れて北西の弱い風が吹いている。この時期に西からの風はまれで風予報では一日中弱い風のようだ。朝7時にいつものバイキングレストランで朝食をとり、8時5分にはうめぼしのもやいを解いて出航した。今日はカタビーチ沖のいつもより北寄りに本部船があり、9時前にスター

山岸さんのご家族

トラインに到着したが、風がなく風待ちの海上待機になった。風も波もないので「てんとうむし」からプレゼントでいただいたボースンチェアの使い初めをしてみた。実はレース初日にレース海面から帰ってきてアンカーリングしようとしていた時にモーターボートに引かれたパラセーリングのロープがマストをこすり風見が折れて風速計が曲がっていたのだが、今回それを確認するためにマストピークまで登り元に戻した。風待ちのあと12時20分に23番コース（上下2回）でスタートをした。スタート後しばらくスターボで行きタックをしてポートになって走っていると風が20度くらい左に振れて非常に良い位置で上マークを回り下に向かった。その後下マーク付近でまた無風になり結局コース短縮で次の上マークに14時55分に2位フィニッシュした。今日は山岸さんがスキッパーである。

キングスカップレース最終日

　12月12日はレース最終日だ。今日も朝から晴れて東の風が吹いている。いつも通り7時朝食、8時5分にもやいを解いてレース海面に向かった。カタビーチ沖の比較的陸に近い海面でスタートラインから第一マークまで1海里と短いコース設定である。第六レースは東風風速6mの軽風23番コース（上下2回回り）で9時20分にスタートし右寄りのコースをとって上マークを回り下りはジェネカーを

張って走りクルージング艇に負けない速さの時もあった。10時47分にフィニッシュちょっと一休みしていたら10時55分に予告信号がなりあわててラインに戻った。第七レースを11時にスタート東風風速5m23番コース左寄りのコースを走り上マーク手前で風の弱いところがあり少し遅れて上マークを回りジェネカーを展開し下マークを回り再度上マークに向かった。12時31分にフィニッシュして今日のレースは終わりである。帰りはいつもの冷えた缶ビールで乾杯をして小宮さんお手製の弁当を頬張りながらゆっくり機走して帰ってきた。第六レースは小宮スキッパーだ。第七レースは山岸スキッパーだ。

カタビーチからチャローン湾への回航

12月13日は朝一番で小宮さんと山岸さん一家が日本に帰国されるのをホテルから見送った。そして井上さんとともに艇に行きテンダーを引きあげアンカーを上げてカタビーチを10時20分に出航しプーケット島の南を回ってチャローン湾まで回航した。アンカーを打ちテンダーを降ろしてさっそく桟橋から上陸し昼食を井上さんにご馳走になった。2人だといろいろな作業をするのに時間が半分以下で済む。井上さんの回航支援に感謝申し上げる。井上さんは13日の夜の飛行機だっ

キングスカップ（左から井上さん、小宮さん、私、山岸さん）

たのでチャローン湾までの回航を手伝っていただきその後またカタビーチのホテルまで戻って帰国の途に就かれた。

チャローン湾からクラビーへ

12月14日は朝の5時半に起きて夜明けすぐの6時半にチャローン湾を出航した。クラビーは午前11時半が満潮ということで入り口の浅瀬を通過するために早めに行くことにした。いつもの北東の風が8m前後吹いていたので帆走はしないで2350回転6ノットで機走し13時20分にクラビーボートラグーンの前回と同じポンツーンにもやいを取ることができた。マリーナでは久々に水道を使えるのでテンダーをたたみながら真水で洗い船外機も洗ってきれいにした。マリーナオフィスの軒下に置いておいたライフラフトや洗濯機を運び出そうとしたらカエルの親子が10匹くらい出てきたりカマキリがいたりといろいろな生物の格好の住処になっていたようだ。一つ一つ運びかつ掃除をしながら艇に収納した。

キングスカップレガッタのまとめ

概要：

キングスカップレガッタはタイの故プミポン国王（在位：1946-2016）の誕生日である12月5日の前後に開催される国王杯レガッタである。1987年に国王60歳の誕生日を記念して開催されたのが始まりでその後毎年12月に開催される東南アジア最大級のお祭りレースで今年は29回目になる。開催場所はタイ南端近くのプーケット島の南西岸カタビーチでインド洋に面した青い海と白い砂浜が広がる観光地である。この地の12月は乾季に当たり暖かい南インド洋に向けて大陸から北東モンスーンの風が吹き青空が広がることが多いのだが時々スコールが来る。今年のレースは12月5日から12日までの日程で開催されキールボート＆マルチハルのメインフリートには世界13か国から104艇が参加し、OPやレーザーによるディンギーレースも同時に開催された。参加料は1艇3万タイバーツ（約10万5000円）とクルー1名ごとに5000バーツ（約1万7500円）である。104艇はIRCやチャーター艇など13のクラスに分かれて競いクラスごとに表彰される。うめぼしはスピリットオブクラシッククラスで参加しこのクラスは2艇の参加だった。

参加者：

　うめぼしで参加したのは九州大学ヨット部同期の井上さんと小宮さん、富士通ヨット部先輩の山岸さんの３人に日本から飛行機で駆けつけていただき私を含め４人で参加した。山岸さんのご家族５人も途中から合流された。今回は全員レガッタ本部が設置されているホテルと同じカタビーチリゾート＆スパに宿泊した。小宮さんと私が泊まった部屋はツインベッドで10泊３万7900バーツだった。

スケジュール：

　スケジュールは５日にレジストレーションと計測、６日にプラクティスレース、７日から12日が本レースで最大12レースが予定され、途中10日は予備日となっている。パーティーは夕刻から５日間（５回）開催されその日のレース結果の表彰がありビールやワインは飲み放題で食べ物は自由にとることができる。

詳細：

　５日のレジストレーションは書類を３枚記入し参加料の支払い確認、コースダイアグラム、バウナンバーシールなどと記念品の受領があり１時間ほどで終了した。うめぼしのセール計測はなかった。６日は午後からプラクティスレースである。スタートはクラスごとに５分間隔でスタートしクラス旗の下にコース番号が掲示される。コースは島回りの最長39海里のロングコースとカタビーチ沖に打ったマークを回る短いコース合わせて63種類の中から番号で指示が出る。プラクティスレースは23番の上下２回回りの短いコースで行われた。７日のレース初日は朝９時から国王が乗った軍艦の前を通過して敬礼するロイヤルサルートがあり９時半からレースが始まった。南東の風が10m以上吹く中コース番号は13番島回りのロングで22海里ある。初めに上りの長いレグがあり上りの苦手なうめぼしは苦戦したが小宮スキッパーのしぶといセーリングでタイムリミット５時間半の前に途中ゲートを通過しそこでコース短縮フィニッシュになった。相手艇はランニングバックステーのトラブルでスタートできずこのレースはクラス１位になり夜のパーティーで１位の楯を受賞した。８日は２レース、９日はロング１レース、10日の予備日は休息日になり、11日は無風の中１レース、最終日12日に２レースの合計７レースが実施された。12日の18時から国王代理による表彰式があり各クラスの１位から３位が表彰され、うめぼしもスピリットオブクラシッククラスの２位の楯と金メダル４個を受賞した。

食事：

　朝食はホテル近くのレストランがバイキング方式１人200バーツで朝の７時から営業していたので毎日そこに通った。レースのある日には艇上での昼食として小宮さんがお手製のサンドイッチを４人分作ってくれたのでレースをしながら昼食をとることができた。夕食はパーティーで十分だったしパーティーのない日にも山岸さん一家の誕生日パーティーに誘われたり、近くのレストランでタイ料理を食べていた。

その他：

　参加艇の中にはチャーターボートで参加する人も多くチャータークラスだけで20艇あった。レース中はVHF無線が活用されスタート時刻、スタート順番、コース番号などはすべて聞こえたし、マーク変更やリタイアなども無線で相互に連絡をしていた。余談だがプーケットにてタイに入国するためには艇にAISを搭載していることが必要であり、またレガッタ参加艇は100万ドル以上の保険に加入していることが必要である。うめぼしはたまたま両方ともうまくクリアすることができた。今回のレースでは山岸さん、小宮さん、井上さんにわざわざ日本から駆け付けて参加していただき大いに助かったし、また楽しいレース参加になった。改めて厚く御礼申し上げる。

クラビーボートラグーンにて

　12月16日は朝から無風の良い天気である。このマリーナに係留している船でキングスカップレガッタに参加した艇が結構ある。バウナンバーでいうと22Judy、52Popeye、61Pinocchio、62Piccolo、63Mas Alegre、69Lady Bubbly、72Rogue、79Selmaなどである。艇のレンタル業者がこのマリーナを利用していることもあるようだ。マリーナをぶらぶらしていると６ｍクラスでレガッタに出ていたセドリックに会った。セドリックは６ｍクラスを３艇持っていて２艇はこのマリーナに上架しておりこれからメンテナンスして乗れるようにするための打ち合わせに来たということである。一緒に来ていたマイケルに言わせると「セドリックはクレイジーだ。ひとりで６ｍを３艇も持っているなんて」ということだ。

今日の飛行機で帰国

　12月17日は朝の4時に起きて5時にタクシーに乗りクラビー空港に向かった。今日から来年の1月12日までは日本に帰国する。その間うめぼしはクラビーボートラグーンのポンツーンに係留しておく。このマリーナは海面は非常に静かでセキュリティもしっかりしているので比較的安心ではあるが1か月弱留守にする間うめぼしが無事でいてくれることを祈っている。

6mクラスとセドリックさん

5 2016年の航海（タイからカーボベルデへ：9803海里）

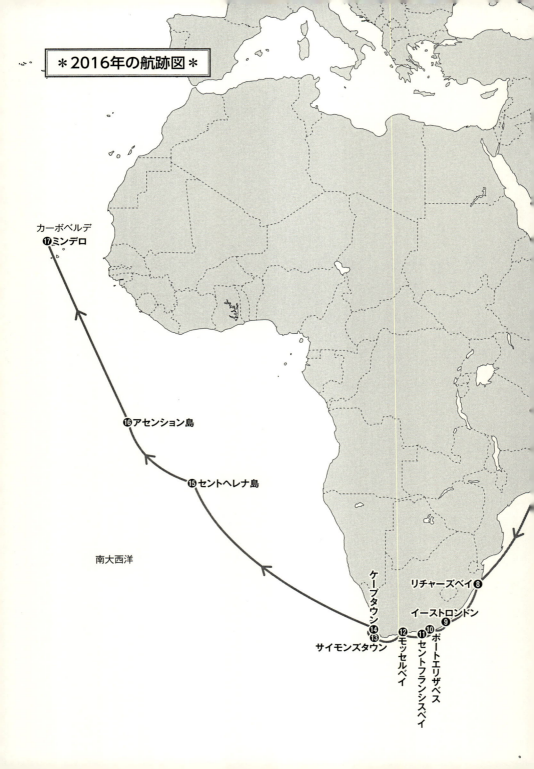

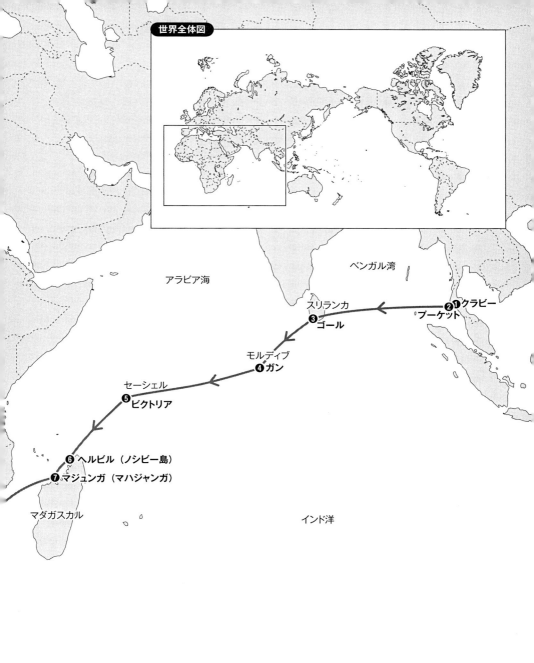

2016年の航海のまとめ

　うめぼしは2014年8月に博多湾をスタートし沖縄まで行き2015年に沖縄から東南アジアのタイまで行った。2016年はタイからインド洋を渡り南アフリカを経由して大西洋を北上しカーボベルデまで9803海里を航海した。これまでの合計で約15000海里弱を航海したことになる。2016年1月にタイのクラビーを出航しプーケット経由でスリランカのゴールまで1142海里、ゴールからモルディブのガンまで590海里、ガンからセーシェルのビクトリアまで1100海里、ビクトリアからマダガスカルのエルビルまで700海里、エルビルからマジュンガまで180海里、マジュンガから南アフリカのリチャーズベイまで1150海里を航海した。リチャーズベイには3月に到着しここに艇を置いて5か月間日本に帰った。8月に航海を再開しリチャーズベイからイーストロンドン、ポートエリザベス、セントフランシスベイ、モッセルベイ、サイモンズタウンを経由しケープタウンまで南アフリカの沿岸各都市に寄港しながらインド洋側から大西洋側まで921海里を航海した。9月23日にケープタウンを出航しセントヘレナ島まで1700海里、セントヘレナからアセンション島まで700海里、アセンションからカーボベルデのミンデロまで1620海里を南大西洋から赤道を越えて北大西洋まで航海した。ミンデロには11月7日に到着した。

　今年この間に航海に携わった期間は約5か月間（日本に滞在した期間は7か月間）でその中でも実際に航海していた時間は合計で2223時間で9800海里を平均速度4.4ノットで航海している。エンジン稼働時間は330時間で軽油630リットル（約6万円）を消費した。係留費用はクラビー3万円、リチャーズベイ6万円、ミンデロ7万円その他を合わせて合計20万円弱になった。艇のメンテナンス費用はセール補修8万円、オーパイ購入8万円、バッテリー交換5万円、PLB購入5万円、無線機やイリジウム端末購入費などを含め合計39万円弱かかっている。イミグレーション関連費用8万円、飛行機代26万円、飲食費生活費その他45万円、保険料21万円で航海関連の総合計で165万円かかった。今年の航海の特徴は長距離の航海が多かったことだ。その間の航海に関するトピックスと航海中の食生活に関するトピックスについて少し記載する。長距離航海の場合には基本的に帆走が中心になる。というのも機走で走ることができる距離には限界があるからだ。いつも

軽油を200リットル（燃料タンクに100リットルと携帯タンク5本に100リットル）積んでいるがこれで走れる距離は400海里程度でしかない。風が吹いている時は帆走するが無風になると機走する。無風になるとオートパイロットが使えなくなり自動操縦ができなくなるからだ。逆に近距離航海の場合は機走が中心になる。クラビーからプーケットの42海里やサイモンズタウンからケープタウンの56海里などはその典型で昼間の明るいうちに必ず目的地に到着したいので時間的に確実な機走で行く。遠洋航海では夜間のウォッチは1時間から2時間に1回程度するだけであとは寝る。ウォッチはGPSマップで針路や速度に異常がないか、AISで近くに大型船がいないか、風向や風速に変化はないかを確認して終わりだ。最近はレーダーはあまり使っていない。AISで大型船の動向を把握できるからだ。小型漁船などは遠洋の夜間にはいないという前提だ。風向や風速に変化がなければ何もしないでオートパイロットの自動操縦に任せきりになる。私が嵐と呼んでいるスコール性の突風はいつ来るかわからないので夜間は基本的にメインセールは2ポイントリーフにしている。長距離航海中の食事は普段とそれほど変わりはない。毎朝ヨーグルト、果物、ジュースまたは牛乳、チーズ、パンまたは麺などを食べる。昼食はトマト、リンゴ、玉ねぎ、ジャガイモ、カボチャなどを煮たスープに魚や肉、ハムと各種麺を加えて食べている。夕食は飲み物にチーズやビーフジャーキー、サラミなどをつまみにしてカレーやシチュー、スープにスパゲティなどを食べている。缶詰は肉、魚、カレーやシチュー缶、果物などを30個ほど積んでいる。果物はバナナ、パイナップル、パパイヤ、ぶどう、ミカンなど現地で採れるものを中心に食べている。野菜も各種積んでいるし、たまごやパウンドケーキのようなものも長持ちするので積んでいる。コーンフレークやオートミールも保存食として便利なので積んでいる。冷凍冷蔵庫は2台積んでいるが冷凍庫利用のニーズが少ないので両方とも冷蔵庫で運用している。20日程度の航海であれば冷蔵庫だけで十分に対応可能だということだ。

大きなお年玉

　2016年1月6日に足立ヨット造船の足立社長から川崎の自宅に大きなお年玉が届いた。MANSONの15kgブルースアンカーを無償で譲っていただいた。現在うめぼしに載せているアンカーは8kgなのでもう少し大きいものに取り換えたい

と思っていたところだ。これであれば少し海が荒れても安心していることができる。しかし飛行機の手荷物で運んでくれるかどうか心配だ。

うめぼしに戻ってきた

　1月12日は朝5時半に自宅を出て成田空港からタイのクラビー空港まで行った。成田空港では航空会社の受付でいろいろ交渉して何とか15kgのブルースアンカーを預かってもらうことができた。クラビー空港からクラビーボートラグーンまではタクシーに乗り途中で缶ビール2ケースを1600バーツ（約5600円）で購入して行った。現地時間の18時には無事に艇までたどり着き、荷物を運びこみ、艇の状況を確認したところアカ漏れ、電気、清水タンク、エンジンには特に異常はないような感じである。まずは一安心だ。成田空港では雪が舞う寒さだったがこちらの艇内の温度計は35℃を示している。

クラビーからプーケットのチャローン湾へ

　1月13日は朝からさっそくニューアンカーを設置した。従来のアンカーを留めていたシャックルがどうしても外れなかったのでやむを得ずチェーンの1つ目をサンダーで切り取って新しいアンカーに別のシャックルでつないだ。飛行機で運ぶ時は相当大きいと思っていたが、こうして実際にうめぼしのバウに設置してみるとちょうど良い大きさのように見える。あとはこの重いアンカーをうまく上げることができるかどうかだが、それはやってみないとわからないので今後のお楽しみである。9時にクラビーボートラグーンのマリーナオフィスに行きこれまでの係留料の精算をした。約1か月間の停泊料と2か月分の電気と水道利用分の合計で約3万2000円と決して安くはなかったが安心料だと思って気持ちよく払った。その後、出航準備をして11時にマリーナを出て42海里を機帆走し17時40分にプーケットのチャローン湾に到着、アンカーリングした。天気は快晴、初め北東の風が10m前後吹いていたが午後からは南寄りの微風になり波も収まった。これまでいつも見えていた入道雲もスコールもなく穏やかな日和だった。

プーケットでの出航準備

　1月14日は忙しい一日だった。朝一番でテンダーに空気を入れて降ろし、テン

世界一周船栗毛

ダーに燃料タンクを積んで長い桟橋の先にある給油所まで２往復をして、軽油100リットルとガソリン５リットルを購入した。軽油は20リットルで430バーツ（約1500円）と比較的安く買うことができた。その後12時半にプーケットヨットクラブに行きビールと牛ステーキの昼食を食べて少しゆっくりし、帰りがけに水道水20リットルを補給させてもらい艇に戻った。これで燃料と水の補給は完了だ。その後14時半に桟橋先端にあるヨットコントロールセンターに行き出国手続きをした。最初にサービスセンターでWebシステムの出国登録をし、次にハーバーマスターでAISのチェックを受けポートクリアランスを発行してもらった。ここで100バーツ取られた。次にイミグレーションに行ったのだが窓口が混んでいて、案内の女性が先にカスタムに行けと言うので隣の部屋のカスタムに行き、ここでもポートクリアランスの書類をもらい200バーツを支払った。最後のイミグレーションで１時間近く待たされて16時頃にやっと出国手続きが完了した。今日は手続きをする人が多かったようだ。その後スーパーマーケットで航海用の食料を調達し（テンダーまで２往復し）艇に戻った。テンダーのエンジンを外しテンダーをデッキに引き上げ空気を抜いて丸めて固定しやっと一息ついてシャワーを浴びたところだ。明日はプーケットを出てスリランカに向かう予定だ。

スリランカのゴールへ向けて出航

　１月15日の朝は曇り北東の風４m、昨夜は少し雨も降った。概ね北東モンスーンの穏やかな天気のようだ。昨年10月から滞在したタイを離れこれからスリランカのゴール（Galle）に向かう。８時半出航予定だ。ゴールはプーケットの西方の距離1100海里離れた彼方にある。風が良ければ10日ほどで到着できる見込みだ。このあとはしばらくWi-Fiが使えなくなるのでいつものように宮原さんにご協力いただき状況をアップしていただく。

インド洋のモンスーン

　インド洋には、夏と冬の２種類の季節風が吹いている。以下にそれぞれの季節風について説明する。

<u>夏季風（南西モンスーン）：</u>

　４月から９月までの夏季に、南半球から北半球に向かって吹く風である。アフ

リカ東岸沿いから南アジアにかけて、主に西から吹いている。この風は強い風と大雨をもたらすことが多い。インド洋の南部では、この季節風は海上交通を妨げるほどの大波や暴風を引き起こすことがある。

冬季風（北東モンスーン）：

10月から3月までの冬季に、北半球から南半球に向かって吹く風である。アフリカ南部沿岸から南アジアにかけて、主に東から吹いている。この風は夏季風に比べて穏やかで、航行に適している。

うめぼし航行状況　プーケット～スリランカ

1月15日18時は晴れ。北東から南東の微風。波なし。野菜と果物を切って料理をした。現在位置はプーケットの西約20海里。

16日6時、西北西の軽風。リーチングで南西へ4ノット帆走。2時から充電のため機走。3時無風、雨。セイルを巻いて漂流。6時雨、機走。やっと明るくなってきた。現在位置はプーケットの西南西約60海里。風は穏やかですが安定しないようです。雨でやや辛い夜だったような感じです。

17日6時、昨夜、北西の順風、西南西へ6ノット2ポイントリーフで帆走。今朝、北西軽風、南西へ2ノットで航行。睡眠不足。現在位置はプーケットの西南西約140海里。昨日から風向が北西でイマイチ良くない様子。昨晩はよく寝られなかったようです。

18日18時、午前は北から北東の軽風。午後は順風、2ポイントリーフで7ノットで帆走中。快晴のち曇り。現在位置はプーケットの西南西約240海里。スマトラ島の北端と大ニコバル島の間の海峡を横切るところです。今日は嵐もなく好天で、風向もクォーターで帆走できるようになったようです。

19日18時、今日北の順風～軽風、晴れ。本船航路の中に居る。現在位置はプーケットの西南西約390海里。大ニコバル島から約110海里。今日はずっと良い風だったようです。陸からは離れましたが本船航路にいるので孤独な航海ではないようです。

20日18時、北の軽風、西へ4ノットで帆走中。晴れ、時々嵐が近づくが遭遇せず。本船見えず。現在位置はプーケットのほぼ西約550海里。今回の航程の約45％を消化したところ。良い風が続いているようです。

21日18時、午前、北よりの微風、曇り。嵐が見えたが遭遇せず。雨が少し。午後、晴れ。現在位置はプーケットのほぼ西約650海里。目的地スリランカ（Galle）のほぼ東約500海里。今回の航程の約57％を消化したところ。

22日18時、午前東の微風。午後曇り。波おだやか。現在位置はプーケットのほぼ西約760海里。今回の航程の約67％を消化したところ。今日の昼間は、昨晩とは違って穏やかな追い風だったようです。

23日18時、日中快晴。東の軽風。布団を干し洗濯をした。4日ぶりに大型船を見た。波静か。現在位置はプーケットのほぼ西約860海里。スリランカのゴール（Galle）の東約280海里今回の航程の約75％を消化したところ。

24日18時、今朝北東の順風。曇り。嵐のそばを抜ける。うねり少し。午後北の軽風。曇りのち晴れ。現在位置はスリランカのゴール（Galle）の東約170海里。スリランカの東岸から約80海里。このペースであれば明日の昼にはスリランカの沿岸に届くと思われます。

25日18時、午前は北の順風。南東側に嵐あるが遭遇せず。北西側は快晴。午後北東の順風。ドンドラ岬の西側にアンカーリング予定。現在位置はスリランカのゴール（Galle）の東約25海里。スリランカ島の南端ドンドラ岬の東側沖合約1海里。今夜はドンドラ岬の西側にアンカーリングして停泊し、明日午前に目的地のゴール（Galle）入港と思われます。

26日6時、昨日19時にここにアンカーリングした。水深7m。静かな夜だった。現在位置は昨晩18時と同じ場所です。スリランカのゴール（Galle）の東約25海里。スリランカ島の南端ドンドラ岬の東側沖合約1海里。昨夜のイリジウムSMSを発信したあとそのまま碇泊したようです。今日午前に目的地のゴール（Galle）入港と思われます。

26日12時30分、スリランカの 現地時間11時にゴール（Galle）に着いた。しかし検疫待ちで今も港の外に待たされている。2時間くらい海上で検疫を待っているようです。〈宮原〉

スリランカ ゴール（Galle）にて

13時に軍の検疫担当者が艇まで来て艇内のチェックがありOKになった。13時半に港内に入ってポンツーンに泊めた。ポンツーンといっても浮きタンクがつな

いであるだけなので、アンカーをバウに打ってバックしてスターンを桟橋にもやった。14時にはWindsor reefのKiwerthyさんが来て艇内で打ち合わせをして、係官が来るのを待った。15時にイミグレーションの係官が来た。カスタムが来ないのでWindsor reefの車でカスタムまで行き手続きを済ませた。これで入国は完了だ。その後Windsor reefの車で市内を案内してもらい、ATMでルピーをおろして、スーパーマーケットで買い物をして、Wi-Fi用のSIMを買いに行った。なかなかうまくいかないので、結局お店のスマホ端末を借りることになった。19時に艇に戻って来た。ここには4日間滞在して29日に出国手続きをして30日の朝出航する予定だ。

　1月26日午後上陸したあといろいろ忙しかったようです。うめぼしに搭載しているパソコンのWi-Fiが未だ使えないので、ショップのスマホ端末を借りてこのeメールを送ったようです。〈宮原〉

タイのプーケットからスリランカのゴールへ

　1月15日の朝8時20分にプーケットのチャローン湾を出航し1100海里離れたスリランカのゴールに向かった。結果は11泊と12日かかり1月26日の現地時間で午前11時にゴールに到着した。これまでの最長距離は台湾からプエルトガレラまでの600海里だったので今回はそれを超える長距離だったが特にトラブルもなく無事に航海することができた。夜間航海に際してバッテリーの電気が不足したために充電のための機走を16時間行った（そのほかに無風などで8時間機走）。夜間電気を使うのは航海灯、オートパイロット、無線機器関連と冷蔵庫くらいで今回はGPSマップとレーダーは必要な時だけ使うようにしたのだが、それでも夜明け近くになると電圧が10V近くまで下がってしまう（現在は12V以下にならないようにしている）。使っているのは正確ではないが5A程度だと考えられるので、10時間で50AH使うとしても3台で300AH以上あるはずなのに持たないというのは、バッテリーそのものの容量が減ってしまっているような感じもする。風力発電機も6m以上の風があれば役に立った。ただ航海中は揺れが大きいためか羽の向きが一定せずなかなか風を受けてくれないので、本体の尾翼にロープを結んで風下側に引っ張ってやるとうまく回りだした。感覚値だが風速8mくらいで5Aくらいは出ているように思う。ニコバル諸島を越えるまでの航海の最初の3日間は風

が安定せず風向が360度変わったり夜の間中無風だったりして速度が上がらなかったが、18日以降は北から北東の風が３ｍから７ｍの間くらいで安定して吹き続け毎日100海里前後を走ることができた。海の上でもスコールがよく発生しており近くを通過することがよくあったが、スコールの中に入ってしまうことは少なかった。16日のスコールでは最大15ｍの風が吹き雨も降ったが短時間で通過してくれたので助かった。夜はメインセールを２ポイントリーフにして寝るようにしているが、風が７ｍ以上吹くとヒールしてくる。今回はスターボで走ることが多くヒールするとキャビンのベッドから落ちそうになる。16日の夜は風が強く大きくヒールして周りの棚に必死でつかまりながら寝ていた。食事は用意したものはほとんど食べつくした。野菜、くだもの、パンなどは使い切った。缶詰、ハム、チーズ、乾麺などは残っている。今回持って行ってよかったものはヨーグルト、箱入りジュース、ゼリー食、果物ではりんごやミカンが比較的長持ちした。いつも船酔いするが今回も最初の３日ほどは気分がすぐれなかった。その後はコクピットで本を読んだりちょっとした作業などはできるようになった。25日にスリランカ沿岸に近づいた頃漁船が多くなった。その中でも10人弱が乗っているやや背の高い高速艇が何艇か近寄ってきてタバコはないかウィスキーはないかなど話しかけてくる。一艇に缶ビール１本をあげると近くにいた船が次々に近づいてきてそのうちの１艇がうめぼしの右舷にぶつかり右舷のスタンションが大きく曲がってしまった。残念な事故だ。スリランカは入国ビザのオンライン申請時に手数料30USドルがかかり、現地での手続きをエージェントに依頼する必要がありその費用が225USドルかかるのが入国時の特徴だ。ゴールのマリーナには簡単なポンツーンがあるが係留料は無料のようだ。

ゴールの街の散策

　１月28日はまたゴールの街に出かけてきた。ここは古い港町でオランダが1640年に砦を築きその中に町を作ったのが外国支配のはじまりでそれが今に残って世界遺産にも指定されているとのことだ。その砦の外側に新市街が広がっており鉄道駅から湾岸に出て湾岸沿いのメインストリートを歩いてきた。スリランカ南部では最大の10万人の都市で賑やかさと活気の感じられる町並みだった。街中の散髪屋で久しぶりに坊主頭にしてもらった（300ルピー＝250円）。

ゴール旧市街の散策

　１月29日も午前中にゴールの旧市街を散策してきた。南に突き出した半島部分全体が城壁に囲まれており特に半島の付け根側は堅固なつくりになっている。その付け根部分に２か所だけトンネル状の出入り口が作られていて現在もそこだけで旧市街と新市街は行き来ができるようになっている。海側は遠浅のサンゴ礁のような岩に囲まれており船で近づくことは難しいつくりになっている。砦の上には時計塔や灯台、各方面に向かった砲台跡などがある。また旧市街には裁判所や教会、マリン博物館などがある。

ゴール港について

　ゴール港はスリランカ港湾局（Sri Lanka Ports Authority）が運営する国営の港でコロンボ港に次ぐ国内第二の商業港だ。またヨットなどプレジャーボートを受け入れているのも大きな特徴だ。港の中には消防署や病院もありイミグレーションやカスタムの事務所もある。国営でもあり港湾施設への出入り口はガードマンが24時間体制で厳しくチェックしておりセキュリティレベルはかなり高い感じである。プレジャーボート用のマリーナの新設工事は進められてはいるが少し遅れが出ているようでもある。Noonsiteによれば昨年９月完成予定と紹介されていたが現時点では2016年３月完成予定（Windsor reef情報）とのことだ。見たところ岸壁の工事はほとんど終了しておりこれから海底の浚渫工事を行いその後ポンツーンなどの設置工事を行う予定とのことだ。現状は新設予定地の入り口付近に仮設のポンツーンが設置されており、今日現在で４艇が係留している。仮設であり水道も電気もないしもやいクリートも仮設という状況である。ポンツーンのすぐそばにトイレとシャワーがあり、そこで水道水を取ることができる。軽油はエージェントのWindsor reef navigation経由で購入したが港湾内の給油船からの調達で40リットルで4400ルピー（約3740円）だった。エージェントフィーに含まれているのかもしれないがポンツーンへの係留料は個別にはないようだ。今回のエージェントフィーは入出国の手続きを含め225USドルだった。

スリランカからモルディブへ

　１月30日は朝の８時半からイミグレーションとカスタムを訪問し出国手続きを

232　｜　世界一周船栗毛

行い、9時半か10時頃にはスリランカのゴールを出航し590海里離れたモルディブの最南端のAddu環礁にあるGan港に向かう。昨日までに燃料と水を補給し、エンジンの点検をし、ステー周りの確認を済ませ準備万端になっている。前回の航海途中でレイジージャックのOリングが飛び、メインシートトラベラーのブロックを留めているシャックルがネジゆるみで飛び、サイドステーのOリングが2か所無くなっていたのをそれぞれ修復確認した。

うめぼし航行状況　スリランカ～モルディブ

　1月30日18時、朝9時半に出航。南の微風。18時まで機走。曇り。うねり1m。今は西風1ノットで航行中。現在位置はスリランカのゴールの南西約50海里。今日は風向が悪く風も弱いのでずっと機走のようです。

　31日18時、北から北東の微軽風。曇り。今北西の微風。2ポイントリーフで帆走。3ノット。現在位置はゴールの南西約110海里。風向は悪くないのですが風が弱めなので船脚はイマイチ伸びなかったようです。

　2月1日18時、午前午後北東の順風この3日ずっと濃い靄で薄曇り。嵐が見えない。でも夜は2ポイントリーフ。北の微風、うねり1m。現在位置はゴールの南西約210海里。今回の行程の約4割を消化したところ。船酔いとのこと、今日日中は追い風に大きなうねりで艇の揺れ方が安定しなかったのでしょう。

　2日18時、今日はずうっと曇り。数度雨。北東の順風、うねり少し。嵐とは違う。2ポイントリーフで帆走。現在位置はゴールの南西約330海里。今回の行程の約65％を消化したところ。このところ天候はパッとしませんが、風向は悪くないので順調に目的地ガン島へ近づいています。

　3日18時、朝、雨やみ北の微風、薄曇り。午後、北東の軽風。うねり1m。現在位置はゴールの南西約435海里。目的地ガン島の東南東約100海里。今回の航路の直線コースよりやや南側を進んでいます。今日は朝6時の連絡が届かなかったので少し心配しましたが、無事に走っているようです。相変わらず天候はパッとしませんが、風向は悪くないので順調に目的地ガン島へ近づいています。

　4日18時、午前、北東の順風。晴れ。午後、北の軽風。薄曇り。17時43分に赤道通過。現在位置はゴールの南西約565海里。モルディブのガンの北東約50海里。ほぼ赤道上にいます。明日の午前には目的地到着と思われます。

【註記：前日まで今回の目的地をモルディブの北方約300kmにあるガン島と誤認していました。正しい目的地はモルディブのアッドゥ環礁にあるガンです。お詫びして訂正します。宮原】（増田が宮原さんにGanの位置を連絡しなかったことが原因です。申し訳ありません。増田20231213記）

　5日6時、一晩中北東の軽風が吹き続けた。環礁の前で1時間半待った。現在位置はガンの北約9海里。アッドゥ環礁の北端の北側約2海里。明るくなるまで環礁に入るのを待っていたようです。今日午前中には目的地ガンに到着すると思います。

　5日8時20分にアンカーリング完了。碇泊地は、ガン国際空港があるガン島と北西側のフェイドホー島の間の狭い水道のガン島西端から約80m沖合です。これからいろいろ手続きをして上陸です。〈宮原〉

スリランカのゴールからモルディブのガンへ

　2016年1月30日にスリランカを出航し2月5日の朝8時20分にモルディブの最南端のガン島に到着した。こう書いてはいるが読んでいただいている皆さんの中にはスリランカがどこでモルディブがどこなのかはっきりわからないというかたも多いのではないかと思う。スリランカは昔セイロンと言っていたインドの南端の東側に浮かぶ小さな島国だ。そしてモルディブはインドの西側を南にはるか下ったインド洋の赤道直下にあるサンゴ礁の島2000島からなる島国で、その中でも最南端のガン島は赤道のわずか南側に位置している小さな環礁だが、モルディブでは首都マーレに次ぐ第二の都市で2万人近くの人々が住んでいる。スリランカとモルディブは地理的な位置関係は離れてはいるが近隣にほかの国はなく昔から双方の交流は相当に深かったものと思われる。しかし大きな違いはスリランカは仏教国だがモルディブはイスラム教の国なのだ。スリランカのゴールを出国する際には8時半にカスタム、8時55分にイミグレーションの手続きを終え、それから海軍の検疫担当官2名が艇に乗りこみ確認をしてその場でそのまま出航するように言われた。スリランカはこれまでに比べると入出国がやや厳しいようだ。カスタムの台帳によると今年になってからゴール港を出航するヨットとしては7隻目だった。1月30日9時半に無事に出航し弱い南風が吹いていたのでその日はそのまま機走で夕刻まで走った。その間に本船航路を横切ってしまったのであとは

234　世界一周船栗毛

比較的安心だ。その日の夜も風が弱く翌31日の10時半になってやっと北東の風が吹き出した。その後は３ｍから８ｍくらいまで強くなったり弱くなったりを繰り返しながらも良い風が吹き続けた。この海域では今回はほとんどの日が薄曇りで遠くの景色がよく見えない。同時にスコールのような嵐も見えないし遭遇もしなかった。時々雨が降るが風は少し強くなる程度でどちらかというと長続きする雨が多かったように思われる。安定した北東モンスーンを受けてほぼ毎日100海里強を走り６泊目の明け方４時にはガン島の環礁の入り口の前に着いていた。その間夜は必ずメインセールを２ポイントリーフにして走ったが少し速度が落ちるくらいで１日100海里は十分に走ることができた。夜間のバッテリー不足は継続しておりほぼ毎日夜中に１時間程度の充電のための機走をした。食事は果物、パン、野菜スープ麺にいろいろ追加して食べている。航海中もそれほどうねりが大きくない時に鍋を使って煮炊きをしていた。毎日夜にはシャワーを浴びてビールを飲み暗い間は基本的には寝ているという生活だ。昼間もやることがなく半分寝ているようなものなのだが、細かいことをすると船酔いになるので基本は何もしないことにしている。

モルディブのガンに着いて（初日）

　２月５日（金）の朝の７時50分にアンカーリングを終えてすぐにテンダーを降ろして近くの岸壁に上陸した。周りを歩いていると若いポリスがいたのでイミグレーションに行きたいと言うとさっそく携帯電話でいろいろ確認してくれた。そして金曜日はイスラムの安息日なのでイミグレーションは仕事をしていないというのだ。もしかしたら空港にはいるかもしれないということで車で空港まで連れて行ってくれたがあいにくいなかった。そしてもっと調べてくれてコーストガードの安全確認、ポートヘルスでの健康管理、カスタム、イミグレーションの４つの処理が必要だということでコーストガードのところに連れて行ってくれた。コーストガードはさっそくカスタムとイミグレーション、ポートヘルスと相談し４者が15時に艇まで行くのでそれまで艇の中で待つようにと指示された。皆さん非常に親切でたった一人の入国者の対応をするのに４部門の人が揃って対応するというセットアップまでしてくれたのだ。しばらく時間があるので艇の中の整理や洗濯をしたり水道水の補給をしたりして待った。水道水はコーストガードの事務

5 2016年の航海　*235*

所の近くの岸壁にあるものを使わせてもらったのだが、塩分が含まれているので料理には使わないほうが良いと言われた。多分地下水なのではないかと思われる。今日のガンは青空で８ｍくらいの北東風が吹き続けている。久しぶりの布団干しもした。しかし、15時になっても誰も来ないので15時20分にテンダーでコーストガードのところまで行くとまだメンバーが揃っていないということで待っているということである。イミグレーションの係官２人とポートヘルスの係官１人は来ているのだがカスタムの係官１人が来ないということでコーストガードの係官を含めて合計４人が待っているのだ。16時過ぎにやっと全員揃ったということで艇上にて手続きをするために当方のテンダーで３往復して係官をうめぼしに運んだ。そして約１時間かけて４部門の書類に記入をして係官をテンダーで送り終えたのは17時半になっていた。48時間滞在ということで明日は北のヒタドゥ島の町まで行って出国手続きをすることになる。

モルディブ出国手続き

　２月６日はモルディブ滞在２日目だ。昨晩は風も弱くなり波も静かで久しぶりにぐっすり眠ることができた。今日も快晴でさわやかなそよ風が吹いている。さっそく洗濯をして蒲団を干した。そして９時過ぎに上陸しコーストガードにタクシーを呼んでもらいヒタドゥの街に出かけた。携帯ショップに寄りプリペイドSIMを購入してカスタムの事務所に10時過ぎに行った。そこで初めて今日の出国手続きが大変であることがわかった。出国のためにはポートオーソリティ、イミグレーション、ポートヘルスという３つの部門で書類作成と押印が必要でそれを最後にカスタムに持っていくとポートクリアランスを発行してくれるというのだ。しかも土曜日なのでカスタム以外は事務所がお休みなのでそれぞれの事務所の担当者に連絡を取って出てきてもらう必要があるのだ。途方に暮れて１時間ほどいろいろ努力してみたがうまくいかない。そうこうするうちに11時過ぎに昨日艇に遅れてきたカスタムの係官が事務所に戻ってきた。さっそく事情を話すとしばらくここで待っているようにと言われ１時間ほどすると隣のポートオーソリティの係官が２人出て来てくれて対応してくれた。30分ほど待つと今度は２kmほど離れたイミグレーションとポートヘルスの事務所に行くように指示されポートオーソリティの係官も付いてきてくれた。そしてまたポートオーソリティでエン

トリーフィー53ルフィア（約424円）を支払い、最後にカスタムに行き入国出国の費用2000ルフィア（約1万6000円）を支払ってやっとポートクリアランスを発行してくれた。この時点で14時になっていた。昨日艇に来たカスタムの係官がすべてアレンジしてくれたものと思われる。その間ずーっと待ってくれていたタクシーの運転手とチキンカレーを食べてスーパーマーケットで食材を仕入れて艇に戻ってきたのは15時半だ。もともと入出国手続きはエージェントに依頼するのが通常のようだが48時間以内の滞在であればエージェントに依頼しないでも良いということと入出国費用も安いということで自分で処理しようと思ったことが間違いだった。また土曜日ということで事務所はお休みなのに出勤してもらったそれぞれの担当係官にも申し訳ないことをした。バイクに小さな娘を乗せて出てきていた係官もいた。モルディブの人々の親切さに助けられた1日だった。

モルディブのガン港からセーシェルのビクトリア港へ

2月7日の朝は快晴で北の風が6mほど吹いている。モルディブはエージェント経由でリゾートホテルに泊まるというのが一般的な入国形態で今回の私のように自分の好きな時に勝手に入国して出国するような人はめったにいないしそのようなニーズに対応できる仕組みにもなっていないようだ。それでも受け入れてくれるモルディブの人に心から感謝している。そういうことで何とか水道水を補給し食料も十分に調達することができた。これからモルディブのガンを出航し約1100海里離れたセーシェルのビクトリア港に向かう。ガン港を朝の8時前に出航予定だ。北東モンスーンにうまく乗れれば10日間18日くらいには到着できると思う。

うめぼし航行状況　モルディブ〜セーシェル

2月7日18時、8時出港。環礁の南側出口を出て西に向かう。午前は北北西5mの風。アビームより上り気味で走る。波なし。午後は北8mの風。うねり少し。現在位置は出発地モルディブのガン（Gan）の西約50海里。天候はわかりませんが、良い風のアビームで快走中のようです。

8日18時、昼間中北4mの風が吹き続けた。風向が少し右に振れ、ほぼアビームで帆走。晴れ、波少ない。北よりのコースは、潮に乗るためと後半の西風に対

応のため。現在位置はガンの西約210海里。

　９日18時、一日中北北東アビーム見かけ真横の風。西に向かう。午前３ｍ。晴れ。潮流が２ノット近くありそう。午後は４ｍ。晴れ。薄もや、波静か。現在位置はガンの西約370海里。

　12日18時、一日中北東３ｍの風、雲一つない快晴。12時に250度に針路変更。波静か。北東の風で西に行くとアビームで見かけの風は真横になる。10日のあとまる二日連絡がはいらず心配しましたが順調に航海中だったようです。現在位置はガンの西約890海里。目的地セーシェルの北東約380海里。天候、風共にずうっと好条件が続いているようです。

　13日18時、北北東の風５ｍ。うねり１ｍ。晴れ。進路230度。６ノット。今晩もフルメインで行く。現在位置はセーシェルの北東約180海里。南西にある目的地へ向けてクォーター～ランニングで帆走中と思います。

　15日６時、北西３ｍの風。22時に大雨。４時に南風12ｍの嵐。６時から機走中。大変な夜だった。現在位置はセーシェル ビクトリアの北約18海里。昨晩は久しぶりに大荒れだったようです。機走で今日午後には目的地到着と思います。

　15日９時45分、無事到着。入国手続き完了。〈宮原〉

モルディブからセーシェルのビクトリア港へ

　2016年２月７日の朝８時にモルディブの南端のガン港を出航し、８泊９日かけて２月15日の朝８時45分（現地時間）にビクトリア港に入港した。1100海里の距離を毎日平均で140海里走ったことになる。今の時期は北東モンスーンの風が北東から吹き海流もインド洋北東モンスーン海流が西に向かって流れている。この両方にうまく乗れたことが予定よりも早く着くことができた要因だと思う。黒潮は年中同じ方向に流れているがインド洋は冬と夏でまったく逆向きに潮が流れている。そして出航してから８日間はまったく嵐（スコール）にも遭うことなく天気も風も非常に安定していたので波に翻弄されるようなこともなく航海できた。しかし、セーシェル海域に入った最後の夜は雷が鳴り土砂降りの雨が何度も降り、それまでとはまったく逆の真南からの突風も吹くという荒れ模様になった。セーシェルは２月は雨期だということで今日も朝から何度も雨が降っている。ビクトリア港ではポートコントロールにVHFで連絡をしてＱ旗を掲げて30分ほど待つ

と、パイロットボートに乗ってイミグレーション、カスタム、ヘルス、セキュリティの各部門の人がうめぼしまで来てくれて艇内ですべての手続きをしてくれた。今回もちょうど食材を使い切ったところだったのでさっそく上陸してATMで現金をおろし、SIMカードを購入し、レストランでランチをとってスーパーで買い物をして帰ってきた。

母佐代子の病状

セーシェルでメールを確認すると弟の孝から母の状況報告が届いていた。昨年末から肩が痛いということで検査をしたところCEAマーカー60、血糖値350という結果で原因究明の検査を継続している。2月10日に胃内視鏡とCTをしたが異常なしで23日に大腸ファイバー検査を予約したとのことで心配である。

ビクトリアの街

2月16日は昨夜からの大雨が続き午前中は艇内でじっとしていた。セーシェルの2月は雨期に当たるようだが昨夜からの雨はものすごい豪雨で今日のお昼にテンダーに溜まった雨水を汲み出したのだが200リットルはゆうに超える量があったと思う。強い雨と同時に時々山側（西側）から強い風も吹いてくる。午後から雨が止んだのでポートオーソリティに行き明後日の出航申請をしてきた。明日イミグレーションとカスタムに行く必要がある。その後スーパーマーケットで今後の航海用の食材を調達した。また、ビクトリアヨットクラブで清水を調達し清水タンクに補給したところ90リットル入った。モルディブから9日で90リットルの消費だ。1日約10リットルで毎日のシャワーを含め対応できたことになる。軽油も37リットル購入（526ルピー＝114円／リットル）した。スリランカからここまで充電機走を含めて25時間の稼働で37リットルの消費だ。ビクトリアはセーシェルの首都で人口8万人くらいの都市だが街はきれいに整備され当方に必要なものも一通り揃っているようで非常にコンパクトに充実した街だという印象だ。また高い山ときれいな海にかこまれた景色も最高だ。

セーシェルのビクトリア港にて

2月17日の朝起きて艇の外を見ると外の景色が昨日と少し違っている。どうも

夜中の間にアンカーが流れたようだ。すぐに航海計器のスイッチを入れて現在の水深や昨夜からの移動量などを確認した。水深は6m、移動量は東側に向けて約90mだ。昨夜も大雨と共に西から強い風が吹いていた。近くに大型艇のアンカーが入っている。大型艇のアンカーチェーンに引っかかっているとまずいなと思いながらさっそくアンカーチェーンを上げてみた。しかし、10mくらいは引き上げることができるのだが残り8mくらいがどうしても上がらない。そこでエンジンで艇を少し前に走らせたところ幸いにも40mくらい風上まで移動できた。そこでウィンドラスを使ってチェーンを上げるとアンカーと共に50cm以上ありそうな大きな岩が上がってきた。ここの港は海底が泥ではなく岩場だったようでアンカーが大きな岩を抱えたことでアンカーの効きが悪くなり流された模様だ。艇の上からはアンカーから岩を落とすことができずに困っていると隣の大型カタマラン（多分現地のチャーター艇）に人がいる。さっそく頼んでテンダーで来てもらい海上から外してもらってやっと岩を外すことができた。そしてその人から明後日の金曜日までならイエローブイを使っても良いという提案があったのでさっそくそのブイを使わせてもらっている。これまでもクチンの河口やランカウイで走錨した経験があったが、今回の走錨はこれまでになく大きな危機であったと同時に運も良かったと思う。アンカーリングは海底の状況がわからない時はリスクも大きいという経験をさせていただいた。その後テンダーの雨水を汲み出し（今日も100リットル以上あったように思う）明日の出航のための手続きに行った。ポートオーソリティで入港時300ルピー、出航時591ルピー（合計約7800円）支払い、カスタムでポートクリアランスを受け取り、明日の朝の9時半にコーストガード前の海上でイミグレーションが艇まで来てくれてパスポートに押印してくれることになった。

セーシェルからマダガスカルのノシビー（Nosy Be）へ

2月18日の朝も雨が降り続いている。セーシェルは赤道からわずか4度ほど南側に位置しているが、この時期は北東モンスーンではなく西からの風が吹き続け、噴火でできた高い山に当たって雨が降るようだ。今日の朝9時半（日本との時差5時間）に海上で出国手続きをして出航する予定だ。行先はマダガスカルのノシビーという島の南側ヘルビル（Hell Ville）という観光地で、ここから690海里、

７泊から８泊くらいかかる見込みだ。この時期のインド洋はサイクロンが多く発生し用心が必要だが、天気予報によるとこれから１週間くらいはマダガスカル近辺には来ないようだ。北半球でいうと８月のお盆が過ぎた頃の暑さが続いている時期に当たる。風予報によると風は比較的弱く風向も定まらないような感じだ。昨年２月に沖縄を出航しちょうど１年が経過した。海外でも担保してくれる１億円の損害保険を約21万円で更新した。これまで大きな事故がなかったのは幸いでありこれからも事故が起こらないように細心の注意を払っていきたいと思う。

うめぼし航行状況　セーシェル〜マダガスカル ノシビー島

　２月18日18時、９時半出航、11時まで機走。北西11ｍの風。メインセール２ポイントリーフ、ジブセール半分。うねり４ｍ。今７ｍの風、うねり３ｍ。船酔い。現在位置は出発地セーシェル ビクトリアの南約40海里。今日の海上は風・うねりともに強く、楽ではなかったようです。今回の目的地は、マダガスカル島北部西側にあるノシビー島の南側ヘルビル（Hell Ville）です。ディストリクトダンバンジャの北西20kmくらいにある島がノシビー（Nosy Be）島です。目的地ヘルビル（Hell Ville）は島の南岸にあります。

　19日18時、現在位置はビクトリアの南西約140海里。風・うねりともに今朝までに比べてやや収まっていますがまだ強め。今回のメールは普通の字数です。ゆっくりメールを入れる余裕が出てきたかな。

　20日18時、快晴。うねり１ｍ。波静か。今晩はフルメインで行く。現在位置はビクトリアの南西約220海里。風・うねりともに帆走しやすい強さになったようで、今晩はフルメインで帆走するそうです。逆潮もやや弱まったのか、今日昼間の12時間で約50海里航行しているようです。

　21日18時、今、嵐の中を機走で通過中。現在位置はビクトリアの南西約300海里。今日は、朝と夕方に嵐に遭遇で今はどしゃ降りとのこと。昨夜から天候が良くないようです。

　22日18時、曇り。嵐がたくさん見えた。嵐には遭遇せず。現在位置はビクトリアの南西約400海里。今日午前から昼にかけては風が良くなかったのかずっと機走でした。午後からはやや上りですが良い風になったようです。

　23日18時、快晴。今、嵐が去り南南東２ｍの風。波少し。全体的には快晴微風。

現在位置はビクトリアの南西約490海里。今回の行程の約7割を消化したところ。風向はアビーム〜リーチングでほぼ安定していますが風速は微風〜嵐と変化が大きい一日だったようです。

　24日18時、雨。うねり3m、波けわしい。今日は「濡れた。揺れた。走った。見えた!!」現在位置はビクトリアの南西約600海里。マダガスカル島北端の北北西約10海里。無事ランドフォールしました。目的地のヘルビルまではマダガスカル島北部西側沿岸をあと約110海里。今日は南東の中風〜強風の雨の中をアビームで突っ走ったようです。このあと風が変わると思いますが、うまくいけば明日の夕刻には目的地近くに届きそうです。上陸は明後日の朝かな。

　25日6時、現在位置はノシビー島 ヘルビルの北北東約50海里。マダガスカル島北部西側沿岸を南南西へ航行中です。ノシビー島の南側へ回り込むので、ヘルビルまではあと60海里くらい。うまくいけば今日の夕刻には目的地近くに届きそうです。上陸は明日の朝かな。

　25日16時30分、着いた。ブイを借りた。11時から機走。風無く、波静か。〈宮原〉

セーシェルからマダガスカルへ

　セーシェルを2月18日の朝9時半に出航し、マダガスカルのノシビー島ヘルビルに2月25日の15時半（現地時間）に到着した。予報によると23日までは弱い風が続くということでそう思って出航したのだが、結果は初日から裏切られ非常に厳しいスタートになった。2月18日の朝9時半にコーストガードの岸壁に来いという前日のイミグレーションの指示に従い、当日朝9時半前にポートコントロールやコーストガードをVHFで呼んでも何も応答がない。そうは言ってもまずは指示された岸壁に行ってみようと港を出て10m強の北西の風が吹く中を大型船が係留している岸壁に行くと3人の人が岸壁から手を振ってくれている。近づいてみると岸壁に接岸しろと言っている。とんでもないこの風の中で岸壁に接岸するのは危険でとても無理だと言うと、岸壁の内側に来いと言っている。内側にコーストガードのものと思われる大きな救助艇のような船が係留してある。これなら何とか横抱きできるかもしれないと思い、もやいロープを出してイミグレーションの係官に相手艇に乗り移ってもらいロープを受け取ってもらうことで何とかパスポートを受け取ることができた。比較的海には縁の少ない係官だったようでこ

242　世界一周船栗毛

の強い風の中を本当に出航するのかと聞いてきたので、そうだと返事をしてやった。しばらく機走をして島陰で風が弱まった時にセールを上げ帆走に切り替えた。しかし島陰を出ると大きなうねり（４ｍくらい？）と波ですぐに船酔いになってしまいその後はただひたすら耐えて行くことになった。しかしその風と波も初日とその夜だけで２日目には治まりその後は比較的穏やかな天候が続いた。ただ、私がいつも嵐と言っているスコールは断続的に襲ってくるがこれは１時間とか２時間くらいで去っていく。海の上にいるとこのスコールがよく見えてあそこにもあるここにもあるという感じで見えるのだが実際にそのスコールに遭遇することはそれほど多くはない。そして今回の大失敗は23日の夜にやってきた。夜中の３時頃にピピッピピッとアラーム音が聞こえて目が覚めるとオートパイロットからアラームが出ている。風がなくなり艇の向きをコントロールできなくなったのだ。GPSを見ると逆走している。艇の向きを元に戻したいのだが風も弱いのでエンジンをかけて艇速４ノット程度で徐々に方向転換をした。その時ジブセールが逆ジブになっているのが見えたのでジブシートを緩めてやった。そしてほぼ目的の方向に艇が向いた頃に急に雨が降り出しとりあえずドジャーの中に一時避難をしたのだが風が後ろから吹いてきていて雨も強くなりドジャーの中にも吹きこんでくる。あわててキャビンの中に逃げ込む時に視覚の片隅にジブシートがするすると緩んでいくのが見えていた。やばいかなと思ってカッパを着てすぐにジブシートを引きに行ったのだが時既に遅しで両方のジブシート共にまったく引くことができない。これは後でわかったことだがジブセールがフォアステーに２回巻き付き更にジブシートがバウスプリットに引っかかっていたのだ。その後、十六夜の月も雲に隠れ真っ暗闇の強い雨の中、バウまで必死の覚悟で行き悪戦苦闘の20分弱で何とかシートを元に戻すことができた。この時はまだ風もそれほど強くはなかったので何とか対処できたのは幸運だった。今回の航海中にもオーパイ故障などいろいろなトラブルがあったが無事に到着できたことに感謝したいと思う。

マダガスカルのノシビーにて

　２月25日15時過ぎにヘルビルのフェリー乗り場の近くにアンカーリングをするとすぐにジョンリー（兄）とジョンウェー兄弟がカヤックに乗ってやってきた。そしてこの辺りは岩が多くてアンカーリングに適していないのでブイを紹介する

からそこに係留しないかと言う。それは良いとすぐに話に乗って近くのブイの太いロープにもやいを取り直した（ブイ使用料４万アリアリ）。そしてすぐにこのカヤックに一緒に乗ってハーバーのポリスに行けと言う。これもすぐに話に乗って岸まで送ってもらった。そこでロメオが待ち構えていた。ロメオはまずポリスに行き状況を説明してくれた。ポリスはイミグレーションを兼務しているようでビザ代として８万アリアリを出せと言う。ATMで降ろしてくると言うと、ロメオの案内でATMに行き18万アリアリを引き出し、ついでにSIMカードを買って（１万3000アリアリ）、ポリスに戻り８万アリアリを出し、次にカスタムで２万アリアリを出し、ポリスのボスのところに行き３万アリアリと10ドルを出し、他にももう少し出して手元の現金はほとんどなくなった。

　２月26日の朝の８時にハーバーまでテンダーに水と軽油のタンクを積んで行くとロメオが待っている。テンダーはロメオの友人に預ける（その友人は一日中私のテンダーをスロープに引き上げ見張りをしている）。まず最初に昨日時間切れで行けなかったポートキャプテンのオフィスに行く。ここで３万アリアリが必要でまたATMに行き今度は40万アリアリを引き出し、３万アリアリを払って手続きが完了した。次に軽油の調達だ。空のタンクを２つ持ってツクツクに乗って石油スタンドまで行く。軽油40リットルが11万アリアリ、そのままツクツクに軽油を乗せてスーパーマーケットに行き買い物をする。ビール24本ケース６万アリアリ、その他ヨーグルト、牛乳、ハム、鶏肉、野菜などを買って５万アリアリ、ツクツクで港まで帰ると、別の友人が来て、軽油を運んでくれる。テンダーに戻るとロメオの友人が飲料水40リットルを調達してくれていた。一旦テンダーで艇に戻り水をタンクに入れて、またテンダーで岸に行くとロメオが待ってくれている。友人にテンダーを預け、ロメオと街を散策した。マダガスカルランチ（ライス、ビーフ、マグロ、ビール２本）が２万アリアリ、テンダーに戻ると水40リットルが調達されている。ここでも一旦艇に戻り水をタンクに入れて再度空タンクを持って岸に戻る。ロメオの費用は１日３万アリアリ、ロメオのお母さんがマダガスカル国旗を作ってくれたので３万アリアリ、友人のテンダー見張りに２万アリアリ、調べてみると１万アリアリが350円程度なのでこれまでのトータルでも30万アリアリ（約１万500円）だ。明日は７時に艇まで迎えに来てもらってノシコンバ（隣の島）まで観光旅行に行く予定だ。

244　世界一周船栗毛

ノシコンバ島への観光ツアー

　2月27日は朝の7時にデカエル（ロメオの同僚）が高速船で迎えに来てくれた。今日はノシコンバという近くの島に観光ツアーに行く。デカエルが案内人として同行してくれる。しかし、その費用20万アリアリを払うと残りの手持ちが少なくなるので最初にATMに連れて行ってもらった。ATMから戻ってきてヘルビルの小型船の船着き場で1時間ほど待っているといろいろな人が乗り込んできた。あとでわかるのだがこの船はノシコンバのアンパングリナナ村のホテル兼レストランのオーナーの艇で地元の人がよく利用している艇だった。総勢10人ほどの乗員で出発し30分ほどでノシコンバの浜に着いた。さっそくレムールパークに行き入園料4000アリアリを払うと現地案内ガイドが付いて丁寧に見どころを紹介してくれた。カメ、ヘビ、カメレオン、キツネザル、そして植物は良い香りのするイランイランの花、バニラ、ココナッツ、胡椒など覚えきれないほど多くを説明してくれる。

　1時間ほど山歩きをしながら見て回り海辺の村まで降りてきて更に村の北側の端まで行ってもまだ10時だ。地元の若い主婦が常時湧き出している水道で洗濯をしている。そして小さな子供や小学生くらいの子供がたくさんいてあちこちで遊

マダガスカルのノシコンバ島のレムールパーク

んでいる。しばらくぶらぶらして少し疲れてきたところで小型艇のキャプテンの
レストランに入りビールを飲みながらゆっくり南国の浜辺を眺めて過ごした。ち
ょうどCosta Neoromanticaという大型クルーズ船がノシビーに来ていてその乗
客が群れをなしてノシコンバの村にも押し寄せてくる様子も眺めの中に入ってい
た。昼食は大きな焼きエビと小エビのトマトソースにサフランの黄色いライスだ。
キャプテンのレストランでゆっくりと食事をし、その後の帰りは高速小型艇の貸
切でうめぼしまで送ってくれた。午後は再度マーケットに行き17時にポートキャ
プテンのオフィスで出航手続き（３万5000アリアリ支払）をして艇に戻ってきた。
明日は朝からマハジャンガに向けて出航だ。

マダガスカルのノシビーを出航

　２月28日は朝の６時半にマダガスカルのノシビー島のヘルビルの港を出航し
た。次の目的地は同じマダガスカルの170海里ほど南にあるマハジャンガのナチ
だ。航海は２日か３日ほどを予定している。現在の天気は晴れ、風は無風で５ノ
ット強で機走している。このあとまたWi-Fiがつながりにくくなると思われるの
で宮原さんによろしくお願いしたいと思う。

うめぼし航行状況　マダガスカル ノシビー島～マハジャンガ

　28日18時、６時半出港。13時半まで機走。北６ｍの風、晴れ、波静か。（マハ
ジャンガまでの）総距離180海里以上あった。今、北１ｍの風。今晩はフルメイン
で行く。連れ潮あり。現在位置は、出発地ノシビー島 ヘルビルの南西約55海里。
マハジャンガへ向けて、マダガスカル島北部西岸沖合約10海里を南西へ航行中で
す。天候、風ともに穏やかそうです。今回の目的地 マハジャンガは、マダガス
カル島西岸の北より３分の１くらいにある港湾都市です。

　29日18時、現在位置は、出発地ノシビー島 ヘルビルの南西約140海里、目的地
マハジャンガの北東約35海里。マダガスカル島北部西岸沖合約10海里を航行中。
今は西南西の向かい風を受けてスターボードタックの上りで岸へ寄せているよう
です。明日の午前には目的地へ到着すると思います。

　３月１日の朝の８時にマダガスカルのマジュンガ（マハジャンガ）の町の前に
アンカーリングできた。フランスのカタマランが１艇だけ泊まっていてその艇に

乗っている人にアンカーリング場所を確認したので多分大丈夫だと思う。今回の航海は185海里で２泊３日だったが全般に風が弱く初日７時間、２日目12時間、最終日２時間と合計21時間の機走で走った。風が弱い分、波は穏やかで２日目の朝は海面が鏡のように穏やかだった、とのこと。〈宮原〉

最近の艇のトラブル

インド洋横断でうめぼしにかかった負担も相当大きかったようで、いくつか艇に関するトラブルが発生している。一つはバウ左舷に大きなこすりキズができて一部１cmくらいのニスがはがれてしまっている。多分大きな波でたたかれた時に漂流物とぶつかったものと思われる。そしてとうとう１台目のオートパイロットが壊れたようだ。動いてはいるのだがいつのまにか設定した方向とは違う方向に行こうとする。とりあえず２台目にバトンタッチだ。全部で３台あるのでもうしばらくは大丈夫だろう。航海中にアカ漏れが発生した。一晩で10cmくらい床下に溜まっている。足立さんのサジェッションで調査したところマリンエアコンの冷却用海水濾し器から漏れ出ていた。とりあえず海水取り入れ口のバルブを閉めたところ漏れてこなくなった。スターンのツナタワーのボルトが６か所以上緩んで無くなった。風力発電機の支柱も外れた。全部締めなおした。冷蔵庫が動かなくなった。これは今日冷蔵庫を取り出して調べたところ電源コードが錆びて切れていた。そのほかにもジブシートが擦れて一部表皮が破れてきたり、ジブセールもこすれて少しほつれてきているし、メインセールのマスト側ボルトロープとマストレールの間が少し壊れてきている。いろいろなものの取り扱いをもう少し丁寧にしないといけないと思う。例えば無風時には無用なシバーはさせないように工夫するなど、注意していきたいと思う。今日はイミグレーションとポートキャプテンを訪問し、清水、軽油を補給しスーパーで買い物をした。その間テンダーは隣のカタマランに紹介してもらったパトリックに監視してもらった。明日は出国手続きを済ませ明後日の朝に南アフリカに向けて出航予定だ。

母の検査状況

弟の孝からのメールによると大腸の異常はなく膵臓は一応CTで異常なかったようだ。しかし造影はしていなかったようだ。ERCPという内視鏡で造影剤を逆

行性に入れて確認する方法はあるがかなりきついという話だ。前回のCEAは80だった。今後血液検査を再検してそれでもCEA高値ならPETを行う予定だ。ということで心配だ。

マジュンガでの出国手続きと観光

　3月2日は朝の8時にテンダーで上陸しイミグレーションに行った。昨日行って確認した本部に行くとやはり港の中のイミグレーションに行けということになりまたツクツクに乗って港の方に行くとNoonsiteの案内通りブルーのゲートがあり守衛さんが案内してくれた。そこで2万アリアリを払ってパスポートの出国手続きが終わった。次にポートキャプテンのオフィスにいくと昨日の係官がすぐに対応してくれて3万5000アリアリを払うとポートクリアランスを発行してくれた。これで出国手続きは完了だ。まだ10時前なのでマジュンガの海岸通りをぶらぶら歩いて大きなバオバブの木まで行き、そこでツクツクを拾って12kmほど離れたシルクルージュというむき出しの圏谷(けんこく)に観光に行くことにした。シルクルージュに近づいたところで道を歩いていた橋本さんに偶然出会い、さっそく橋本さんとその職場同僚も一緒にツクツクに乗って行った。最後は道路工事中でツクツクでも入ることができず10分ほど歩いていった。橋本さんはJICAで昨年8月からマジュンガに駐在しているそうで帰りには生鮮マーケットを案内してくれて昼食もご馳走してくれた。

うめぼし航行状況　マハジャンガ～南アフリカのリチャーズベイ

　3月3日6時に出港。東の風2m。快晴。今、西に向けて機走中。これから約1200海里。15日くらいかかるようです。南アフリカ　リチャーズベイ情報：南アフリカの最東部。ダーバンの北東約150kmにあり、インド洋に面した入り江を持つ港湾都市。

　3日18時、快晴、波静か。今夜はフルメインで行く。現在位置は、出発地マハジャンガの西南西約70海里。リチャーズベイへ向けて、マダガスカル島中部西岸沖合約5海里を航行中。今のところ、良い天候と風に恵まれているようです。

　4日6時、快晴、波少し。現在位置は、出発地マハジャンガの西南西約130海里。リチャーズベイへ向けて、マダガスカル島中部西岸に沿って沖合約10海里を航行

中。今のところ、良い天候と風に恵まれていて、船酔いもないようです。

　３月14日８時半に増田さんから直接電話があり、「今、リチャーズベイから約30海里を航行中。今は嵐だが、これまで概ね良好に航海してきた。無事元気にしている。連絡をせず心配をかけて申し訳ない。イリジウムの具合が良くない」とのことでした。イリジウム不調のせいか通話が途切れがちで、詳しい状況は聞けませんでしたが、無事に航海中であることがわかりホッとしました。明日には目的地に到着と思われます。

　３月14日14時45分にうめぼしから直接電話があり、「リチャーズベイに無事到着した。今、入国手続きなどをやってくれる係官を待っているところ」とのことでした。

　電話は、イリジウム電話ではなくドコモ携帯を国際ローミングで使っているとのこと。先程の電話も同じ方法で、イリジウムはずっと使えないままなのかもしれません。〈宮原〉

マダガスカルのマジュンガから南アフリカのリチャーズベイへ

　３月３日朝の６時にマダガスカルのマジュンガを出て３月14日の15時半に南アフリカのリチャーズベイに到着した。約1150海里を11泊12日で走破したことになり、１日平均で100海里（約４ノット）ということだ。前半の３日から10日までは快晴が続き風が弱く昼間は機走が多くなったが、夕刻になると奇跡の風というか東から２～４ｍの弱い風が吹いて夜間にかなりの走行距離を稼ぐことができた。10日までの機走時間は55.5時間（90リットル使用）でそのほとんどは昼間の無風対応だ。しかし天気は快晴で波はなく、うねりはあっても周期の長いものでそれほど気になるほどではなく航海そのものは快適だった。途中トイレのポンプが回らなくなったが航海中に分解清掃してうまく回るようになった。変化が始まったのは11日の11時半からだ。嵐に遭遇して風も10ｍ前後が西から南へと変化していった。夜の21時半にオーパイのアラームに起こされてみるとヒーブツー状態になっている。風向が変化したのだ。南南東10ｍの風になっていたのでクローズホールドで帆走した。12日の朝８時にも嵐に遭遇し基本的に南寄りの風が続いた。しかし13日の朝には快晴が戻り夕刻には目的地まで100海里ということで明日中には着けるかもしれないという期待とともに安心感も出てきた。しかし試練はこの後

に待っていた。14日の朝3時にオーパイのアラームで起きると南西の風9mで雷が真上で光っている。すぐにメインセールを2ポイントリーフにして走ろうとするが風向きが悪く目的地に向かえない。そこでジブを巻き取って機走にした。その直後に嵐に突入した。17〜18m、最大20mの風が5時半まで吹き続け雨も降った。大きなうねりは4mくらいはありそうで船酔いになった。8時半にはいったん晴れたが9時半にはまた嵐で17〜18mの風と猛烈に強い雨が降り出した。ジブは巻き取ってあるがメインは2ポイントのままで機走を続けた。10時半にオーパイの電源が切れてまったく動かなくなった。ひっきりなしのしぶきと強い雨で水が入ったのかもしれない。やむを得ずラダーを手で持って航海を続けた。航海カッパを着ていたが強い雨が続き、頭からしぶきが降ってきて全身びしょ濡れ状態で1時間もするとさすがに寒くなってくる。海水をかぶると逆に生暖かく感じる状態だ。11時半に雨が止んだのでひとまずエンジンを止めてセールを降ろし、それから着替えをして3台目のオーパイをセットして再度機走を開始した。この時点であと20海里だが、風は強くうねりは大きくまだまだ安心できない。しかし、港の入り口に近づくとうねりは小さくなりうまく中に入ることができポリスの案内で検疫用の岸壁に15時半にはもやうことができた。今回の航海ではイリジウムがうまくつながらずに皆さんにご心配をおかけして申し訳なかった。原因はアンテナ部分の不良だった。予備機を持つなど何らかの対策を検討したい。また、インド洋横断で艇にもいくつか不具合点が出てきているのでリチャーズベイでメンテナンスしたいと思う。

リチャーズベイでの係留場所

　3月15日も一日中スモールクラフトハーバーで入国審査の係官が来るのを待ったが既に夕方の17時を過ぎたので今日もきっと来ないのだろう。今朝はポリスマンに確認してもらったらすぐに来るという返事だった。お昼にはヨットに詳しそうな人に催促してもらい午後にも再度催促してもらった。しかし係官は来ない。ヨットに詳しそうな人によるとこれがノーマルなのだそうだ。2日や3日待ちは普通のことだと言うのだ。すべてが時間に拘束されない今日できることは明日やるというのが南アフリカ流だと伺った。同じハーバーに船を係留しているルイさんが遊びに来いと誘ってくれたのでルイさんの艇に行ってビールをご馳走になり

いろいろな話を教えてもらった。その結果、元々行こうと思っていたズールーランドヨットクラブに係留するのをやめにして今いるスモールクラフトハーバーにこのまま係留する方向で進めることにした。ここは入管やカスタムなどが使う公共のハーバーなので利用料は無料だそうだ。電気や水道もありセキュリティ面でも安心できるそうだ。ただ岸壁なので艇に傷がつかないようにすることは注意が必要そうだ。そしてルイさんの友達が自分の艇に横付けして艇の面倒を見てくれるというのが心強い一押しになった。

スモールクラフトハーバーにて

3月16日は朝の6時からスモールクラフトハーバー内部で係留場所の移動をした。ルイさんの友人のHennyさんのモーターボートの内側に入れてもらった。その後Hennyさんの車でリチャーズベイの町まで行きイミグレーションとカスタムに行ったが、自分の船で待つようにという返事でそのまま帰ってきた。現在も黄色いQ旗を掲げて係官が来るのを待っている状況だ。

一時帰国

3月17日の朝は曇り気温23℃、ハーバー内の海面は非常に静かだ。昨夜は強い

Hennyさん

風と雨が降っていたがその嵐も通り過ぎて今日はこのあと晴れてくるようで昼間は29℃の予報だ。亜熱帯性の気候だが湿気が少なく昼間でもそれほど暑さを感じずに過ごすことができる。昨日の16時過ぎにやっとイミグレーションの係官が来てくれた。ハーバーに到着してから49時間待って入国手続きが完了した。Noonsiteによると8日待たされた人もいるようでそれに比べればまだ早いほうだったということで淡々と受け入れるしかないのだろう。昨日はHennyさんと一緒にメンテナンスの準備をした。メインセール、ジブセール、ビミニトップを外しリチャーズベイの町のテント屋に持っていき補修をしてもらう予定だ。スタンション、オートパイロットの修理、バッテリーのチェックと交換、ＨＦ帯無線機の修理などもHennyさんにお願いできることになった。Hennyさんはオランダ生まれで20歳の時に南アフリカに来てリチャーズベイに住んで20年になる76歳のナイスガイで、今は隣のモーターボートに住んでいる。そして私は所用があり急きょ今日の午後の飛行機で日本に帰ることにした。私の母（86歳）が膵臓がんで入院したのだ。うめぼし航海はここリチャーズベイでしばらくお休みさせていただくことになる。

母の病状

　３月７日の航海中の弟の孝からのメール。「浜の町病院での母の検査結果はCTで膵臓がんの全身転移であろうとのことでした。近くの内科の先生のお話では今後は緩和ケアになるだろうとのことです。自宅での療養は難しいでしょう。今後造影CTで再度詳細を確認する予定とのことです。近くの内科医院でのＣＴ検査結果を再度見直したがはっきりした異常はなくここ１週間で急激に転移が広がったのであろうとのことでした。父にいつ伝えるか和子姉さんと話して迷っています。一応明日にでも伝えようかと思っていますがいかがでしょうか。」

母の病状の続き（弟からのメール）

　「３月10日に緩和ケアの先生より今後の緩和ケアについて説明がありました。内容は痛みなどの苦痛をなるべく少なくして経過を見る。延命処置は行わない。ということでした。週単位で考えていくような経過で、１か月ぐらいしかもたないであろう、とのことでした。翌11日には、個室が空いたので、個室に移ったのですが、母が夜、さみしいと、４人部屋に戻してもらいました。病棟側としては

夜何回も起きるので個室に移ってほしかったようですが。14日には９階の緩和ケア病棟に移る予定です。13日土曜日、父が浜の町病院へ行って母に会ってきました。その後父に母の病状を言いました。少し泣いていましたが取り乱すようなことはなく落ち着いていました。父と相談の上誠おじさんと佐賀の広渡顕一おじさんに連絡して誠おじさんは14日に碁会のついでにお見舞いに行くとのことでした。広渡顕一おじさんは15日に妙子おばさんとお見舞いに行くとのことです。お見舞いに行ってもらうのはいいのですが母がまだ病状を知らないので不審に思うのでは？と心配です。」

帰国と看病

　メールを見ることができたのは３月15日だ。すぐに帰国の飛行機を手配して17日15時の飛行機に乗った。川崎の自宅に寄って20日10時には福岡空港に着いた。妹の和子と交代で毎日浜の町病院に泊まった。私は幼い頃は病弱でいつも母に心配をかけていたそうだ。３人の子供を育てながら医院開業後は看護師の免許も取り毎月のレセプト請求も書いていた。いつも夜遅くまで家事をして朝早くから朝食の用意をするような努力家でもあった。母は父の世話をすることが自分の仕事で自分にしかできないと思っていてそのために退院して家に帰りたいと最後まで言っていた。そして６月７日に静かに息を引き取った。86歳だった。

日本からリチャーズベイへ

　母が2016年６月７日に息を引き取り、そして49日と初盆の法要も終わりまた航海を続けることにした。８月18日の現地時間18時半頃（時差７時間）に南アフリカのリチャーズベイに係留してあるうめぼしに戻ってきた。８月17日21時成田発のエチオピア航空ボーイング787で香港経由でアジスアベバに飛び、そこで777に乗り換えヨハネスブルグに行きボンバルディアのプロペラ機でリチャーズベイまで28時間の長い旅だったが、機内で日本語がうまいカメルーンのサッカー選手と話したりリオオリンピックの帰りとおぼしき選手がいたりで飽きない旅でもあった。リチャーズベイの空港にはHennyさん手配のタクシーが待ってくれていた。なんと運転手はスモールクラフトハーバーで隣に係留している大型クルーザーのオーナーのHansさんだった。ということで空港からハーバーまでは見知らぬ土

> ### コラム　　　　ファミリーヒストリー
>
> 　増田潔の父方の祖父は増田喜一といって佐賀県武雄市の武雄駅前で武雄
> 病院を開いていた。喜一と妻タケの間には12人の子供がいて4男の守が潔
> の父親である。守は大牟田の鉱山病院に勤務している時昭和25年に佐代子
> と結婚し昭和26年に長男潔が生まれ昭和33年に福岡市に出てきて博多駅近
> くに耳鼻科を開業している。佐代子の父親広渡顕人は佐賀鍋島藩士族広渡
> 家を継ぎ終戦時陸軍大佐として第13軍独立野砲兵第2連隊を率いていた。
> 佐代子の弟の広渡顕一は九州大学ヨット部の先輩でもある。潔の妹和子は
> 小学校の教師として福岡の新宮に在住している。弟の孝は医師になり守の
> 医院を継いでいる。潔は博多駅前聖福寺境内にあった御供所小学校に通い
> 西公園にあった教育大学附属中学校に行き修猷館高校から九州大学電子工
> 学科に入学しヨット部に入っている。ヨット部ではスナイプ級に乗り茨城
> 国体にも参加した。大学で1年留年し昭和50年に富士通に入社し営業部門
> に配属された。富士通ヨット部では江の島でシーホース級に乗っている。
> 昭和52年に邦子と結婚した。邦子は管理栄養士として長年にわたり病院や
> 特養ホームに勤務しており今も現役だ。長女の浩子はJR東日本の子会社に
> 勤務しながら白子文章と結婚し孫の莉彩と耀大をもうけている。長男の健
> 一は三菱電機の子会社に勤務し炭井美香と結婚し孫の帆乃香と楓と剛が生
> まれている。

地での夜の移動だったが安心して行くことができた。こちらは真冬だが夜でも気
温は20℃と比較的過ごしやすい気候だ。ハーバーではHennyさんが待っていてく
れ、さっそくHennyさんの艇でワインを飲みながら再会を喜び、うめぼしの状況
など話が尽きなかった。そしてその日はそのあとは何もせずシャワーだけ浴びて
21時にはバタンキューと寝ていた。

艇の状況確認とメンテナンス

　8月19日金曜日、リチャーズベイは曇り時々晴れ、まずはうめぼしの状況を確
認した。エンジンはHennyさんが毎週1回動かしてくれていたので何の問題もな
く一発始動だった。小型船外機も月に一度動かしてくれたそうで多分問題ないと

思われる。ハルの状況は外から見ただけだが表面が薄く緑色になっているだけで藤壺や海藻はあまり付いていないようだ。しかし、今後の航海のことを考えると万全を期したほうが良いので上架整備をする方向で検討する。水ポンプ類は清水ポンプ、海水ポンプ、ビルジポンプは一応動いた。しかしトイレポンプがまったく動かない。さっそくトイレから外して分解してみるとモーターの軸受け部分が錆びついてまったく回らない状態だ。そこでモーターを分解して清掃したところ何とか回るようになった。モーターの分解はやったことがなかったのでHennyさんに助けてもらい実施した。整流子のところにあるカーボンブラシはバネで飛び出てくる構造になっていて組み立てるのが難しいのだが、カーボン部分を釣り糸で両側に引っ張って組み立てたあとに、行って来いになっている釣り糸をそっと引き抜くという素晴らしいアイデアでうまく組み立ててくれた。一応動くようになったがモーターのカバー部分も錆でぼろぼろになっている状態なのでJABSCOトイレポンプのセットを３万5000円弱で近くのズールーヨットクラブにあるショップで購入することにした。スリランカの漁船にぶつけられて曲がったままになっていたスタンションはHennyさんがきれいに新品に交換してくれていた。料金はHennyさんの工数もいれて1480ランド（約１万1000円）ということだ。交換した部品は在庫の最後の一本だったそうで手に入って運が良かったと言っていた。セールもきれいに修理されていた。ジブセールのリーチの青いカバー部分は新しいカバーになっていた。メインセールのマスト側のボルトロープとスライダー部分はうまく補修していただいた。メインセールのセールカバーとビミニトップは縫い糸のほつれた部分の縫い増しをしてもらった。これであと１年か２年は持ってくれるのではないかと思う。修理をしてくれたのはDam Dakkies Canvas Proというところで１万1692ランド（約８万7000円）だった。

艇の装備や備品

　８月20日も艇の状況確認を継続した。昨日、陸電と水道水が使えるようになったのでエアコンの稼働チェックをした。エアコンの吸水口かその近くでアカ漏れをしていたのでその近辺のホースバンドを締めなおしてスイッチを入れたところポンプは動いていて海水は汲み上がってくるものの排水口から水が出てこない。そこで排水口のホースを外してそこから逆に息を吹き入れてみたところ初めは詰

まっているようだったがしばらく吹き続けると少し通るようになった。再度ホースをつないでスイッチを入れたところうまく冷却水がハルの外に出てくるようになった。どうも熱交換器の入り口付近に何かが詰まっていたようだ。アカ漏れのほうは止まったようだ。うまく動かなくなったオートパイロットはHennyさんがズールーヨットクラブのNel's Marineに修理に出してくれていた。Nel's Marineはケープタウンまでオートパイロットを送って点検をしてくれたが特に悪いところは見つからなかったということだった。修理費542ランド（約4020円）を払ってNel's Marineから２本のオートパイロットを持ち帰ってきた。足立ヨットから新たに１本のST2000を７万2700円で購入して持ってきたのでST2000の３本だての運用になる。まだ稼働確認はできていない。HF無線機も調子が悪かったのでオークションで中古IC-706を３万円で調達して持ってきた。イリジウム端末もオークションで１万5000円で購入して持ってきた。２台体制だ。また個人用イーパーブResQLink+も足立ヨットから４万9000円で購入して持ってきた。南アフリカではカセットガスボンベがあまり流通していないことがわかった。ボンベの買い置きがなくなったので買おうとしたがどこにも売っていない。隣に係留しているクルーザーのDionさんに車に乗せてもらって10kmほど離れたGAMESTOREというホームセンターでようやく購入することができた。21本で840ランド（約6300円）と日本の３倍近い価格だった。これでやっと料理をすることができるようになった。夕刻からHennyさんが来てビールとワインでミニパーティーを開いた。

船内の清掃

　８月21日は前夜からの雨が降り続け明け方には気温が17℃まで下がり船の中にいても蒲団の中の温かさが心地よく感じられた。雨は午前中にはあがり昼間は24℃と過ごしやすい天気になった。冬場は天気の変化のサイクルが短いようで雨と晴れが日替わりでやって来るようだ。今日は午前中に艇の中の清掃と洗濯をして午後からはケルヒャーの高圧洗浄機を出してデッキの清掃や自転車のパンク修理などをしているとあっという間に時間が過ぎていく。清水ポンプの力が少し弱っているようなので分解清掃を試みたがなかなかうまく分解できず清掃するところまでいかなかった。明日はバッテリー屋に来てもらってバッテリー交換をするつ

256　世界一周船栗毛

もりだ。まだ上架整備の段取りができておらずもうしばらくはここに滞在することになりそうだ。

艇のメンテナンス

　8月22日の朝は久しぶりの快晴無風で始まり蒲団でも干そうかという気になったのだが9時頃から南西の風が吹き始め黒い雲に覆われてきて15m以上の冷たい風が吹き続けた。そのため昼でも20℃前後しかなく肌寒い一日になった。相変わらず変化の激しい天気模様が続いている。今日は9時にバッテリー屋が来るということで朝からバッテリーボックスを開けて準備しようとしたところバッテリーボックスがゴキブリの巣になっていることがわかり大騒ぎになった。急きょHennyさんにBMWでスーパーまで行ってもらいゴキブリ退治用のスプレーを買ってきてもらった。スプレーの威力は大したもので今日だけで20匹以上が捕獲できた。キャビンの床下に缶ビールを1ダースほど保管していたのだが全部錆びて破裂し中身が空になっていた。どうもビールに酔ったゴキブリが大繁殖したものではないかと思われる。バッテリーはNo.1とNo.3の2台がくたびれているという診断だった。ということで予備として使っていないNo.4以外の3台を交換することにした。またやっと上架整備のスケジュールが見えてきた。Hennyさんの考えは満潮時に係留場所のすぐ近くにあるスロープに艇を入れて固定しそのまま干潮時まで待つことにより艇をキールでスロープ上に浮き上がらせようということのようだ。今日現地を下見して隣のレストランから水道水と電気を借りる許可をもらってきた。天気予報と干満のタイドチャートを見ながら検討し明日実施することにした。朝の7時の満潮時にスロープに艇を入れる。干満差は1.5mだ。船底の整備がどうなるか明日が楽しみだ。

船底の清掃と塗装

　8月23日は朝5時半に起きて朝食を作って食べ今日の上架整備作業に備えた。6時半にトイレに入っているとさっそくHennyさんが声をかけてきてうめぼしの陸電を外しもやいを解けと言ってきた。食器も洗わないまま大慌てでエンジンをかけてもやいを解き艇の移動を開始した。7時前にはもうスロープにもやいをかけてうめぼしを固定していた。7時半にはキールが底に着いてハルが少しずつ浮

き上がってきた。そして隣のレストランから電気と水道を借りてケルヒャーの高圧洗浄機が使えるようにセットアップをした。そうこうするうちにデニスさんが来た。Hennyさんが当日の手伝いということで手配してくれた助っ人で日当は180ランド（約1350円）だ。デニスさんはさっそく高圧洗浄機を使って浮いてきたハルの洗浄を始めた。そして11時半にはキール、セールドライブ、ラダーを含めて洗浄が終わった。プロペラには相当量の藤壺や海藻類がついていた。11時半からマスキングテープを張りデニスさんが船底塗料を塗り始めた。私はペラクリンのプライマーを塗り12時にはクリアを塗り終えた。船底塗料は5kg缶の半分しか残っていなかったのでハルやキールの一部は塗りきれない部分が残った。そして12時半にはすべての作業が終了していた。あとは潮が満ちてくるのを待つだけだ。ということでローラーとトレイ購入費とデニスさんの日当合計2000円で船底清掃ができあがった。

スロープでの船底塗装

バッテリー交換ほかの整備

　8月24日（水曜日）は一日中晴天で風も弱く蒲団干しに最適の一日だった。朝から洗濯をして蒲団やマットレスなどをデッキ上に置いたりブームに引っかけて太陽の光を存分に吸い込ませた。こちらは冬場でも天候が安定している時は良い天気が続くようでこれから1週間程度は晴れが続くようだ。午前中にバッテリー屋さんが来てACデルコ31Sというバッテリー3台を設置してくれた。これで従来からあるACデルコM31MF1台と併せ4台のバッテリーがフル稼働してくれることだろう。費用はバッテリー3台で5832ランドと事前の調査費120ランドを合わせて5952ランド（約4万4200円）だった。ついでにバッテリー屋さんの車で軽油を買いにガソリンスタンドまで連れて行ってもらい軽油100リットル（1200ランド＝8900円）を調達することができた。これでほぼ出航準備が整ったので天気予報を見ながら出航日程を設定し8月27日（土曜日）の朝リチャーズベイを出航しイーストロンドンまで行くことにした。4日程度の航海になると思う。一昨日の夜に向かいのヨットクラブに係留しているケープタウンから来たカタマランのアンドルーさんに南アフリカの寄港地の情報を教えてもらったのでその情報に基づきまずは係留場所がありそうなイーストロンドンに行くことにした。午後からオートパイロットのテストをしたところ前から使っていた一本がうまく動いてくれないようだ。ケープタウンに着いたら再度チェック修理をしてもらおうと思う。

シュルシュルウエ・ウンフォロージ動物保護区

　8月25日は南アフリカに来て初めての観光ということで朝の4時半から起きて準備をした。6時40分にHennyさんのBMWで空港まで行きそこで昨晩予約を入れておいたレンタカーを借りた。韓国の車メーカーKIAのPICANTOという小さな車で保険などフルオプションの基本料が2日間で1126ランド（約8400円）だった。そして7時40分には空港を出てHennyさんの運転で約100kmほど北にあるシュルシュルウエ・ウンフォロージ公園の動物保護区に向かった。途中ドライブインのKFCに寄ったりしながら9時20分には動物保護区の入り口に着き手続きをした。レンタカーでそのまま入場するということで大人2人で305ランド（約2300円）で済んだ。入るとすぐにインパラの家族が道路を横切っているのに出会

い感激した。しかしそのあとはあちこちの水辺などを回ったのだがなかなか動物に出会えずに2時間ほどが経過し今日は運が悪かったのかなとあきらめかけたころ11時半過ぎに道端で草を食べている大きなアフリカゾウに出会い夢中でシャッターを切っていた。そして続けて大きなキリンやシマウマ、サイ、水牛、バッファロー、猿などに連続して遭遇した。ビッグ5のうちライオンとヒョウには会えなかったがアフリカゾウ、サイ、バッファローに会えたのは運が良かったとHennyさんから教えてもらった。13時前に公園内の休憩所でオーストリッチミートのハンバーガーを食べて16時前にハーバーに帰ってきた。広大な公園の中を車で50km以上走り回って動物を探すというのは正に現地の言葉でいうGAMEそのものだと思った。

出航準備

8月26日は昨日から借りているレンタカーでHennyさんに連れられて朝から出航手続きに出かけた。イミグレーションに行き、ズールーランドヨットクラブに行き、ツシガジヨットクラブに行ったがなかなか進まない。どうも5か月間スモールクラフトハーバーに居座っていたことが揉めているようだ。ツシガジヨットクラブの事務員がポートオーソリティに書類をメールで送って交渉してくれてやっと許可が出ることになったようだ。12時にズールーランドヨットクラブに行き、イミグレーション、カスタム、ポートポリスと回って最後にまたズールーランドヨットクラブに行き合計5か所の押印をもらってやっと14時半にすべての手続きが完了した。その間午前中の待ち時間に町に買い物に行き食料やワイン、ビール、エンジンの不凍液5リットルなど重たいものを調達することができた。レンタカーを空港まで返しに行き艇に戻って衣類の洗濯をしてエンジンの不凍液が錆びで茶色になっていたのを水で2回洗い流し新しい不凍液3.5リットルに入れ替えた。これで出航準備万端整った。夕方18時前にズールーランドヨットハーバーに係留しているヨットからクリスさん（スイス人）とオルガさん（ロシア人）の2人が来てHennyさんを入れて4人で明日からの航海の壮行会をやってくれた。オルガさんが焼いた大きなパンケーキを持ってきてくれた。

リチャーズベイを出航

　８月27日はいよいよ出航だ。天気予報では今日の土曜日から今度の木曜日まで は概ね北の風が適度に吹き天気も晴れが続くようだ。朝の７時過ぎには出航した いと思う。行先はイーストロンドンかポートエリザベスを考えている。うまくい けば４日ないし５日くらいで着けると思う。

うめぼし航行状況　南ア・リチャーズベイ～ポートエリザベス

　８月27日17時、快晴。波２m、現在位置は、出発地リチャーズベイの南南西約 60海里。リチャーズベイとダーバンのちょうど中間辺りの沖合約20海里で、追い 風を受けて艇は南南西へ快走中のようです。乗組員は久々の航海の初日と大きめ の不規則な波で船酔いに悩まされているかもしれません。

　28日17時、快晴、天気安定。波１m。連れ潮速い。現在位置は、出発地リチャ ーズベイの南南西約240海里。コーヒーベイの沖合約20海里。ポートエリザベス までの行程の約半分を消化したところです。相変わらず追い風を受けて艇は南南 西へ快走中のようです。

　29日６時、現在位置は、出発地リチャーズベイの南西約320海里。コーヒーベ イとイーストロンドンの中間の沖合約20海里。昨晩風向が変わり上りになったよ うですが、機帆走に切り替えて南ア東岸を順調に南下中のようです。〈宮原〉

リチャーズベイからイーストロンドンへ

　８月27日の朝の８時過ぎに予定より少し遅れてリチャーズベイを出航した。遅 れたのはGPSマップを使っているアンドロイドPADの電源が入らなかったため だ。３台目でやっと電源が入りGPSを起動させてうまく動くことが確認できたの で出航した。２台が動かなかった原因は５か月間放置したことによるバッテリー 切れだった。出航するとすぐに北東の風が10m前後吹き出しメインセールをフル に上げてポートタックで走りだした。ほとんど真追手だったのでジブセールは少 し出してみたもののシバーするばかりなのですぐにファーラーで巻き込んでしま った。風は予想以上に徐々に強くなり強い時は風速計が16mを示すようになった。 追手で16mなので実際にはそれ以上吹いているものと思われる。14時頃には更に 強まりそうなのでメインセールを２ポイントリーフにした。それでも７ノットか

ら8ノットのスピードが出ている。きっと連れ潮が相当強かったのではないかと思われる。波も高まってきて後ろからだけではなく時々横からも来る。そのためたまにだが真上に突き上げられるような揺れもある。5か月ぶりの航海ということもあって船酔いが激しく27日の午前中から28日の午前中まで水だけしか喉を通らなかった。天気は雲一つない快晴が続き風も北東の風が28日の夜中12時まで一貫して吹き続けた。お陰様で40時間で280海里ほどを走ることができた。しかしその後西に振れ3時には南に4時には南西に振れて8mから10m吹き出した。ポートエリザベスに向かうのに真正面の風だったので一旦イーストロンドンに寄って休憩していくことにした。29日の夜明けの6時過ぎから機帆走を開始して40海里あまり走り13時過ぎにイーストロンドンのバッファローリバーヨットクラブのカタマランComfortably Numbのブライアンさんに声をかけてもらい横抱きさせてもらった。イーストロンドンの手前10海里から3海里のあたりでは風もなくなり静かな海で1時間近くクジラウォッチングを楽しむことができた。明日は朝から出航しポートエリザベスに向かう予定だ。

イーストロンドンからポートエリザベスへ

8月30日はイーストロンドンからポートエリザベスに向かう予定だ。今日の風予報では朝のうちは南西の弱い風だが昼前から東、北東に変わって明日いっぱい北寄りの風が吹くようだ。従って朝の10時頃に出航し130海里を航海し明日の朝にはポートエリザベスに着く予定で行く。

うめぼし航行状況　南ア・イーストロンドン〜ポートエリザベス

30日17時、9時半に出港し15時半まで機走した。東の軽風。進路南西へ5ノット。晴れ。うねり1m、波静か。今晩はフルメインで行く。現在位置は、風待ちで寄港したイーストロンドンの南西約40海里。目的地ポートエリザベスの東約90海里。風向きも良くなり、ポートエリザベスまでほぼ1日の行程です。

31日6時、いま無風。6時より機走開始。まだ夜明け前。昨晩は17時半に2ポイントリーフにした。現在位置は、ポートエリザベスの湾口東端の約20海里沖合、ポートエリザベス港の東約50海里。状況が変わらなければ機走10時間程度で目的地ポートエリザベス港到着と思います。

31日14時にポートエリザベスのポンツーンにもやいを取ることができました。今日は６時から14時まですべて機走でした、とのこと。〈宮原〉

イーストロンドンからポートエリザベスへ

８月30日の朝の９時半にイーストロンドンのバッファローリバーヨットクラブを出航した。昨日はどこにも行かずに艇の中でゆっくり休養した。朝港を通り抜けて海に出るとまたすぐにクジラが出迎えてくれた。イーストロンドン沖にはクジラが住んでいるようだ。海に出ると予想に反して南西の風が８ｍ前後吹いておりそのまま機走で15時半まで走った。15時を過ぎてやっと東の風が吹き出したので風が強くなるのを待ってメインセールをフル展開し真追手で帆走を開始した。この風は翌日の３時頃まで続き夜の間に60海里ほど距離を稼ぐことができた。明け方には無風となり６時から機走を開始して40海里14時にポートエリザベスのアルゴアベイヨットクラブのポンツーンにもやいを取ることができた。ちょうどポンツーンで釣りをしていたディーンさんがもやいを取ってくれ、またいろいろとマリーナの状況も教えてくれた。今回のルートは南アフリカの南東端の曲がり角に当たり多くの大型船が航行していた。夜になってAISをパソコンに表示してみると常に10隻以上の大型船が行き交っている。昨晩のうちに３隻とかなりのニアミスがあった。AISがあっても近づいてくると怖いものだ。

ポートエリザベスの町の散策

2016年９月１日は昨夜中吹き続けた西風も朝には収まり静かな夜明けだったが、北側（向かい側）のポンツーンから引いていた３本のもやいロープのうちの先端（西側）から引いていた１本が切れて外れていたのはショックだった。幸い残りのもやいロープとポンツーン側のウィンナー型フェンダーが頑張ってくれたようで艇には何も傷はなかった。今朝も晴れの天気だったので朝のうちに洗濯をして９時にアルゴアベイヨットクラブのオフィスに行き係留手続きをした。そこで係留場所を東側の整備されたポンツーンに移すように指示されハーバー職員のディビッドさんに助けてもらってすぐに移動した。このポンツーンはよく整備されており電気と水道は最短距離から利用できる。またシャワーとトイレはクラブハウスのものを使うように指示された。一日の利用料は150ランド（約1100円）と

いうことでこちらとしてはかなり高価だが日本に比べればまあまあだと思う。その後電気と水道のセットアップをし、エンジンのふたを外して海水冷却水用インペラのふた部分に錆が出ていたのを清掃し併せてエンジン底部の清掃もした。午後からはポートエリザベスの町の散策に出かけた。ここのヨットクラブは商業港の中にあり町に出るためには守衛が常駐するゲートを2か所も通過する必要がある。ポンツーンのゲートを含めると3か所のゲートで守られていることになりセキュリティという意味では相当しっかりしていると思う。ということは逆に町の中はそれなりに危険なのかもしれない。ヨットクラブから徒歩で鉄道駅の前を通り過ぎ繁華街のゴバンムベキ通りをルッセルロードまで行きその後高台の上にあるドンキン保護区まで行った。初代英国ケープ植民地総督ドンキン卿の妻の名エリザベスがこの町の名前になっているということだ。

フームウッドエリアでの買い物

　9月2日は金曜日で明日明後日はヨットクラブオフィスが休みになるので今朝オフィスに行き4日の日曜日の朝に出航予定ということで係留料の支払いをした。31日から4日までを3日分ということで係留料150ランド＋クラブハウス利用料40ランド＝190ランド×3日＝570ランド（約4000円）だった。そのあとポンツーンで声をかけてくれたマリーナ内で船のメンテナンスをしているギーさんに車で町の南側のフームウッドエリアまで買い物に連れて行ってもらった。軽油20リットル、食料調達、SIMカードのデータ購入をして昼前に戻ってきた。これで出航準備は整ったが今日も西風が強く15m以上吹いているようでもうしばらく風待ちをしたいと思う。ギーさんに昨日駅とムベキ通りに散策に出かけたと言ったらそれは危険だと言われた。地元に住んでいる人でも危険だと言うのだから相当なものなのだろう。それに比べると今日連れて行ってもらったフームウッドエリアは家庭用品のショップも多くまた白人の比率も多く買い物もしやすい感じだった。多民族国家である南アフリカ共和国の治安は悪く特に都市の中心部では銃を使った犯罪が多発しているそうだ。

ポートエリザベスでの風待ち

　9月3日（土曜日）は朝から西の風が強く激しい雨が降り続けた。午後になっ

て風もやみ雨も上がってきた。ここポートエリザベスに着いてからずーっと西の風が吹き続けている。風予報では今日の午後から明日いっぱいは東寄りの風が吹く予定だがマリーナの中はまだ西風だ。ということで明日の朝は東風が吹くことを期待して出航予定だ。しかし月曜日にはまた強い西風が吹きそうなので、50海里弱先にあるセントフランシスベイハーバーまで明日中に行って月曜日はそこで風待ちをして火曜日にまたモッセルベイに向けて出航しようと思う。ポートエリザベスは近隣の港と比べても風が強かったり風向が異なっていたりと航海の難所ではないかと思えるので少し刻んで安全優先で行きたいと思う。今日も午前中はフォアキャビンの整理清掃をしたり午後から船外機やエアコンの稼働確認をしたりして過ごした。

ポートエリザベスからセントフランシスベイハーバーへ

　9月4日の朝は雨で始まり気温も16℃と肌寒い夜明けだった。ここポートエリザベスは南緯34度になり日本でいうとちょうど福岡市と同じくらいの緯度になる。9月4日は日本でいうと3月4日にあたるがその頃の福岡に比べると相当暖かい気候のように思われる。ただ風の強い時が多いようにも感じる。7時半どんよりとした曇り無風の中をセントフランシスベイハーバーに向けて出航した。海の上はさすがに寒くて上着はジャンパーを着て足元は長靴を履いてやっと寒さをしのぐことができた。入り江の外の外海に出るとさっそくクジラの歓迎があった。ここは南氷洋にも面しているだけあってクジラさんもたくさん住んでいるのだろう。ポートエリザベスの入り江付近はクジラ保護区域が設定されていてそれを避けて大回りしていく必要があったこともあり、予定より2時間ほど遅い工程となったため、今日は全行程55海里を機走と機帆走で走り抜け16時半にセントフランシスベイハーバーに着いた。午後からは東の風が10m以上吹き出し狭いハーバー入り口をうまく入ることができるかどうか心配したが意外にも海底が浅くなるとうねりも小さくなるようでそれほど危険を感じることもなく無事に入港することができた。ここはプライベートハーバーということで無線で入港を断られそうになったのだがレスキューが必要だと言ったらすんなりと受け入れてくれた。ハーバーオフィスの対応も極めて丁寧で気持ち良く問題なく2泊させてもらえることになった。

セントフランシスベイハーバーの様子

　9月5日の朝は西からの強い風で始まった。しかしこのハーバーは外海からの波が入ることもなく非常に静かな水面だ。寝ていても陸の上にいるのと変わらないくらい静かだ。朝さっそくハーバーマスターのヨハンさんのところに挨拶に行き、軽油を20リットル購入し、そのあとハーバー内を散策した。このハーバーは小さいながら海からの入り口付近に漁船用の港があり漁獲物の荷揚げ施設もある。そして奥の方はマンションに囲まれたプレジャーボート用のポンツーンになっていて一部のマンションは自宅の庭からそのまま専用ポンツーンに行けるようなつくりになっている。ハーバーマスターがいるオフィス付近の共用部にはレストランや船具店、ホエールウォッチングや釣りなどのサービスショップ、貝殻の土産店など十数店が入居している。マンションとハーバーのコンプレックス施設という感じで、とても高級感があるし職員も相当数いてハーバー利用者をサポートしている。天気予報では明日と明後日は東寄りの風が弱く吹くようで明日の朝にはモッセルベイに向けて出航したいと思う。

セントフランシスベイからモッセルベイへ

　9月6日の朝は静かに明けた。気温15℃風も収まり航海日和になったようだ。今日は8時半頃にここセントフランシスベイハーバーを出航し140海里ほど離れたモッセルベイに向かう。1泊2日の予定で明日の午後には着く予定だ。岸の近くを走るので夜もウォッチをしようと思っている。今の時期のこのあたりは日替わりで風が変化するようで、火曜日と水曜日の2日続けての好天は貴重な航海のチャンスだと思っている。今朝の風予報では水曜日は西の風に変わっているが風力は強くはないようなので機走中心に走ることでなんとかなるだろう。朝の8時にハーバーオフィスに行き係留料2泊分400ランド（約2800円）を払ってすぐに出航した。

うめぼし航行状況　セントフランシスベイ〜モッセルベイ

　9月6日17時、現在位置は出港地セントフランシスベイの西約45海里、目的地モッセルベイの東約95海里。南アフリカ南岸の沖合約10海里を西へ航行中です。風がイマイチなので機帆走を続けているようです。

266　世界一周船栗毛

７日６時、現在位置は、出港地セントフランシスベイの西約90海里、目的地モッセルベイの東約50海里。南アフリカ南岸の沖合約10海里を西へ航行中です。西からの向かい風なので機走中ですが波にたたかれ難航しているようです。この調子が続くと本日夕方までに目的地到着は微妙です。風が変わると良いのですが。〈宮原〉

セントフランシスベイからモッセルベイへ

　９月７日の14時半に無事にモッセルベイヨットクラブに到着した。９月６日の朝８時過ぎにセントフランシスベイハーバーを出航しその日18時まで機走、その後21時半までの３時間少し帆走したが21時40分には機走を始め７日の14時半に到着するまで合計で27時間の長時間機走となった。今回は真西に向かうコースだったが西からの風が多く、かつ風が穏やかなこの２日間で航海を終わらせたかったということから先を急ぎ機走中心の走りになった。この間使用した軽油は約50リットルで130海里の走行なので１リットルあたりの走行距離は５km程度になり燃費としては決して良くない。インド洋のパイロットチャートによると９月の南アフリカ南岸は風の強い日が多く3.6メートル以上のうねりが来る時が20％以上あるとされている。今日も南氷洋から３メートルはあると思われる大きなうねりが押し寄せてきていた。そして今回の航海で感じたのは寒さだ。予報では今朝の気温は12℃だが真夜中に船のコクピットに出ていると寒さが尋常ではない。ジャンパーの上に分厚いジャケットとトラウザーに加え長靴を履いて更にもう一枚ウィンドブレーカーの上着を着てもまだ寒い状況だった。手も顔も風が直接当たると冷え切ってしまう。モッセルベイのポンツーンに着くと既にポリス２名が来て待っていた。手続きは必要書類を記入して船内チェックがありすぐに終了したが、親切なポリスでマリーナオフィスの場所を聞くとパトカーで連れて行ってくれた。マリーナオフィスでは月曜日朝までの４日分（初日は無料）の係留費用660ランド（約4700円）を支払い入門カードを作ってもらった。そしてまたポリスに街中のガソリンスタンドまで連れて行ってもらって軽油45リットルを調達することができた。

モッセルベイの町の散策

　9月8日は快晴の日和でさっそくモッセルベイの町の散策に出かけた。小さな町でハーバーから歩いて5分も行けば町の中心部だ。時計塔など古い建築物が残されていて街中もきれいに整備されている。さっそくスーパーマーケットに行って買い物をして一旦船に戻りキャリアを持って再度出かけた。リカーショップで酒類を調達するためだ。450ミリリットルと330ミリリットルの缶ビールをそれぞれ24本ずつ、3リットル入りの箱に入ったワインを4箱買い、750ランド（約5300円）支払った。そして午後からはバルトロメウ・ディアス・ミュージアム・コンプレックスに行った。バルトロメウ・ディアスとは1488年に初めてこの地に上陸したポルトガル人の名前だそうでその当時の大型帆船の複製などが展示してあった。

エンジンの整備

　9月9日はエンジンの整備で一日が終わった。機走中に時々エンジンのピーというアラームが鳴るので足立さんに問い合わせていろいろ点検作業をしていたらクーラントのタンクからクーラントが噴水のように噴き出してきた。どうもヒートエクスチェンジャーからミキシングへの出口あたりが詰まって海水がクーラントに侵入してきたようだ。ちょうど2年前にも壱岐の島で同じことが起こった。以前足立さんに作ってもらったマニュアルを見ながらヒートエクスチェンジャーの両側のゴムカバーを外してヒートエクスチェンジャーの中にある多孔管を清掃し、排気ガスと冷却水が合流するミキシング出口をドライバーで清掃し高圧洗浄機で汚れを飛ばした。そのあとヒートエクスチェンジャーの一番上のキャップを外して水道水を入れ冷却水が熱くなるまでエンジンを回してまた冷却水を抜く。そしてまた水道水を入れてエンジンを回して抜く。これを5回繰り返してヒートエクスチェンジャーなどの中に残っている塩分を抜いていく。6回目はクーラントを入れて終了だ。足立さんによるとエンジン稼働100時間に一回はミキシング部分の清掃をしないといけないということだが、今回は既に昨年11月のクラビーでの整備以来280時間くらいエンジンを動かしていた。今回は水道も電気もあり波も来ない静かなハーバーの中での整備だったので助かった。これからはもっとエンジンの整備に気を付けていきたいと思う。

モッセルベイの散策

　９月10日はまたモッセルベイの町の散策に出かけた。ハーバーを出てカーク通りを南に行くとすぐに町の中心部に出る。そしてマーシュ通りを左折し東に向かうとしばらく商店街が続きその先右側に砂岩でできた高い塔のあるセントピーター教会が見えてくる。更にまっすぐ東に向かって歩くと20分ほどで半島の先端までたどり着く。先端は切り立った崖になっており崖の中腹には1864年に作られたというセントブレイズ灯台が立っておりその海側の崖の下に大きな洞窟がある。ザ・ポイントと言われる洞窟で現代人ホモサピエンスの先祖と言われるコイサン族の８万年前の石器が発見されたところだ。海岸から垂直に近い岸壁を自然の石で造られた階段を伝って登っていくと大きな洞窟が現れる。はるか下からは南氷洋の荒波が打ち寄せるたびに波のくだける大きな音が地響きのように伝わってきて、波しぶきも時々風に乗って舞い上がってくる。人が生活して住むにはとても大変な場所に思えるがそれでもほかの場所に比べればまだ住みよかったのかもしれない。８万年前は最終氷河期が始まった頃になる。コイサンの人々は寒かったのだろうか。ホモサピエンスがグレートジャーニーを始める３万年も前の時代だ。更に階段を登っていくと崖の中腹にある灯台に出る。ここからはモッセルベイの北側に広がるモッセル湾とその先にガーデンルートと言われるリゾート地帯が広がりウテニカ山脈も見渡すことができた。

ヨットクラブのイベント

　９月11日はモッセルベイヨット＆ボートクラブの早春の海開きセレモニーに参加させてもらった。12時のスキッパーミーティングに行きクラブのプレジデントのウィリアムさんに相談してロシア人セルゲイさんの鋼鉄製ヨットに一緒に乗せてもらえることになった。セレモニーは14時に海上に出艇したヨットでクラブ前の岸壁に来ているクラブのコモドールの前を通って敬礼をするというものでクルーザーとディンギー合わせて20艇ほどのヨットが順番にならんで順次敬礼をしながら通り過ぎて行った。そしてそのあと各艇は用意していた風船に水を詰めた水玉をお互いの船に投げ合う水玉合戦を始めた。この合戦にはしばらくするとレスキューボートも参加してきて私の乗った船も相当攻撃を受け私もジャンパーやジーパンが相当濡れてしまった。そのあと15時からクラブハウスでティーパーティ

5 2016年の航海　*269*

モッセルベイヨット&ボートクラブの海開きセレモニー

ーがありこれにもお呼ばれしてしばらく歓談して帰ってきた。小さな町だがクラブの会員は600人もいてジュニアヨットスクールは月曜日から日曜日まで毎日やっていて（学校が14時に終わってそのあとヨットに乗る）子供連れの家族で海を楽しんでいる人が多いという印象だった。

風待ち

　9月12日の月曜日に出航を考えていたが風予報では12日は一日中西風が吹くようなので明日の13日に出航を延期することにした。13日と14日は比較的穏やかな東風が続くようなのでこの2日間でアフリカ大陸最南端であり海況が険しいと言われているアグラス岬を越えてしまいたいと思う。この岬を越えると一応インド洋から大西洋に渡ることになる。今朝は朝から衣類の洗濯をし、高圧洗浄機でコクピットやデッキの洗浄をしてチークブライターという液体を刷毛で塗ってみたところかなり表面の色がきれいになった。その後バルトロメウ・ディアス・ミュージアムの海洋博物館に行き当時の帆船の航路を学習してきた。喜望峰から地中海に向かうためには南大西洋ではまっすぐ北東に向かって進んで行けば良いのだが、北大西洋のアフリカ東岸ではいつも北西の風が吹いているためこれを避けるために一度北上してアゾレス諸島を回ってから地中海に向かっているようだ。う

めぼしもこのルートを取らざるを得ないのかもしれない。

モッセルベイを出航

　9月13日（火曜日）の朝は13℃快晴のようだ（まだ夜が明けていない）。風予報では今日明日と東寄りの風が吹くようなので今朝ここモッセルベイを出航してサイモンズタウンに向かう。距離は200海里程度あり平均5ノットで行くと40時間程度かかる。1泊2日または2泊3日の予定だ。

うめぼし航行状況　モッセルベイ～サイモンズタウン

　9月13日17時、現在位置は、出港地モッセルベイの西南西約55海里、目的地サイモンズタウンの東南東約135海里。南アフリカ南岸の沖合約10海里を西へ航行中。風は良いようです。

　　ご参考：目的地サイモンズタウンはケープタウンの南に突き出しているケープ半島のつけ根部分の東岸にあります。

　14日6時、現在位置は、目的地サイモンズタウンの南東約75海里。南アフリカ南岸アグラスの西約10海里の沖合約3海里を西へ航行中。この調子が続けば今日の夕方には目的地沖合に届きそうですが陽があるうちに入港できるかは微妙です。〈宮原〉

モッセルベイからサイモンズタウンへ

　9月14日の日が暮れる直前18時半にサイモンズタウンのポンツーンになんとかもやいを取ることができた。今日は夜明け前から何とか今日中にサイモンズタウンに着きたいとの一心から風が弱くなるたびにエンジンをかけて機帆走してきた。そのかいもあってかどうか暗くなる前ぎりぎりになんとか飛び込むことができたという感じだ。昨日13日の朝7時5分にモッセルベイを出航して午前中は向かい風の西風が吹いていたので機走し11時頃からやっと南東の風が吹き始めたがあまり強くないのでしばらく機帆走で走り風が強くなってきた14時40分からエンジンを止めて帆走し始めた。南東の風7mをメインジブ共にフル展開ポートタッククォーターで6ノット程度で走ることができた。その夜も同じ風が吹けばいいなと思っていたがあいにく風向が東に変わり真追手になってしまってジブセール

がばたつくので巻き取りメインセールだけをフル展開して走った。翌日０時半に
ジャイブしてスターボードタックにしたが相変わらず真追手だ。なかなか艇速が
出ないので２時から１時間、４時から２時間機帆走した。今回は船酔いはそれほ
どひどくはなかったが夜の艇上の寒さはかなりのものだった。風が追手だったの
でウォッチのために前方を向いていると風は後ろから吹いてくる。首筋から頭全
体を後ろ側からウィンドブレーカーで覆うようにしてやるとだいぶ寒さをしのぐ
ことができた。今朝の６時には北東の８ｍから10ｍの良い風が吹いたのだが長続
きせずに８時には６ｍに落ちてしまったのでまた機帆走を始めてそのまま到着ま
で走ってしまった。トータルで21時間の機走だった。でもエンジンの音が幸いし
たのかどうかわからないが10時半頃から11時半頃まで１時間近くにわたってイル
カさんが遊びに来てくれた。

FALSE BAY YACHT CLUBの係留手続き

　９月15日はさっそくサイモンズタウンのFALSE BAY YACHT CLUBのオフ
ィスに１週間の係留の許可をもらいに行った。ところが来週大きなヨットレース
があるために各地からヨットが集まってくる予定でバースは空いていないという
ことでアンカーを打って岸壁に槍付けにするしかないという説明だった。そこで
困った顔をして船は小さいし何とかならないかと相談したら窓口係のSpillyさん
が現物を見て相談しようということになりうめぼしの係留場所まで見に行ってそ
のうえでポンツーンの先端のそのまた先端の狭いところなら空いているというこ
とだったのでそこに泊めさせてもらうことにした。ヨットクラブの利用料200ラ
ンドを支払い入館証とポンツーンの電子ロックを受け取り、ポンツーン係留料は
１週間の見積もり（956ランド）をもらい後精算ということで手続きは終了した。
そのあとすぐに手伝いに来てくれた人と共に艇を指定されたバースに移動させ
た。そしていつも手間取る軽油を買いたいとSpillyさんに相談すると自分の車で
近くのスタンドまで連れて行ってくれた。午後から町の様子を見に出かけてみる
とサイモンズタウンの鉄道駅で若い日本人観光客３人と出会った。ケープタウン
から鉄道で来てこれから喜望峰までサイクリングで行くということで一緒にサイ
クリング屋までいったがうまくレンタルできずに車をチャーターして行くことに
なった。そこで少し時間ができたのでうめぼしまで来てくれた（寺村茉莉さんと

結城駿太さんの2人でアフリカ大陸縦断中）。

ロイヤルケープヨットクラブ訪問

　9月16日は雨の降る寒い一日だったが思い切ってサイモンズタウンの駅から列車に乗ってケープタウンまで行ってみた。列車は景色の良い海岸線を進み浜辺に咲く早春の紫の花やサーフィンのメッカと言われるミューゼンバーグなどを眺めながらの1時間15分ほどの美しい車窓の旅だった。ケープタウンでは少し街中を散策してそのあとロイヤルケープヨットクラブに行った。というのも南アフリカからの出国手続きはこのヨットクラブでしないといけないようなのでそのあたりの確認とこのクラブは混んでいるという噂があり係留できるかどうかも心配だったのでその確認も含めて行ってみた。その結果、来週の20日（火曜日）か21日（水曜日）から2泊ないし3泊であればOKということでその時のバース（B−13）まで割り当ててもらった。マリーナマネージャーのブルースウォーカーさんが現地の確認を含めて親切に対応してくれた。これで次の訪問地はケープタウンのロイヤルケープヨットクラブと決まり今後の予定について少し安心することができた。

ボルダーズ・ペンギン・コロニー

　9月17日は午前中にエンジンオイルの入れ替えとステーのテンション調整をした。セールドライブのオイルは透明のままだ。東先輩に教えてもらったようにエンジン周りの錆びているところや発電機周りに軽くCRCをかけておいた。午後からサイモンズタウンの南側にあるボルダーズ・ビーチまで散歩に出かけた。ゆっくり歩いて30分ほどでペンギン観察ができるボルダーズ・ペンギン・コロニーという施設に着き65ランド払って自然の中で生息しているペンギンを見てきた。

テーブルマウンテンの観光

　9月18日（日曜日）は最近恒例になってきた朝のルイボス茶を入れて果物ハムサラダパン野菜スープ他を食べた。そして風の弱い晴天だったのでテーブルマウンテンも晴れていることを期待して9時過ぎの列車でケープタウンに向かった。今日の列車は窓を開けることができたので車窓からの景色も直接空気を感じるこ

とができ快適である。それでも直接風に当たると肌寒い気温なのに真っ白い砂浜のビーチでは海水浴をしている人々がたくさんいる。家族連れやカップルなどいろいろだが寒くないのだろうかと余計な心配をしてしまいたくなる。ケープタウンに着くとすぐに観光案内所に行き二階建ての乗り降り自由な真っ赤な観光バスのチケットを190ランド（約1400円）で買ってすぐそのバスに乗りテーブルマウンテンのふもとにあるロープウェイ乗り場まで行った。ロープウェイ乗り場は相当混んでいて長い待ち行列ができている。11時から13時まで2時間待ってやっと240ランド（約1700円）の往復チケットを買って乗ることができた。乗ってしまうと5分足らずで山頂まで着いてしまう。65人乗りでスピードは秒速10m距離は1.2kmだ。高度1084mの山頂だが頂きというより平たいテーブル状になっている。ロープウェイからの景色も山頂からの景色も真下が崖になっていて足がすくんで背筋がぞくぞくしてくる。運良く霧やガスはまったくなくはるか喜望峰をはじめケープタウンの街などの絶景を思う存分堪能することができた。

オートパイロットの修理

　9月19日はサイモンズタウンから列車でケープタウンの手前のニューランズという駅まで出かけた。ケープタウンの街からすると南側にテーブルマウンテンがありその更に南側つまりテーブルマウンテンの反対側あたりになる。ここにレイマリン社の代理店のMDMマリンサービスという会社のオフィスがありそこでオートパイロットST-2000の修理をしてもらおうと思い、壊れたST-2000を持っていった。訪問するとすぐに対応してくれて分解してみると大きく3つの部品からなっている。駆動モーター、プリント基板、方角を検出するマイクロフラックスゲートエレメントだ。駆動モーターは相当錆びついているがまだ動いている。プリント基板は見たところ比較的きれいである。マイクロフラックスの電極にテスターを当てて調べてみるとこれが正常でないとの診断だ。そこでこれを新品の部品に交換してもらったところうまく動くようになった。この代理店はディストリビュータなので金を受け取れないということで、支払いはサイモンズタウンのマリーナ内にあるレイマリン取扱店のロバートさんに支払うことになった。2180ランド（約1万6000円）だ。これでオートパイロット3台ともに稼働するようになった。またある程度内部の構造を理解することができたのでこれからは自分で分

274　世界一周船栗毛

解整備することができる範囲が広がったと思う。

ステーのテンションの再点検

足立さんからステーの張り方について教えてもらったので記録として残しておく。

1　フォアとバックで前後位置確定　4％レーキ　他艇には余りないので注意
　　マスト高は約10mなので垂直で、マストトップが後ろに40cmの位置
　　マストステップの前後隙間で確認でも可
2　アッパー　左右の倒れを修正　マストのセールグルーブで確認
3　ロウアー4本　　左右の湾曲、前後のしなりを修正
4　再度バックとアッパーを確認
　　4％後ろレーキして、真っ直ぐに立っていること。
5　各ステーのテンションは以下の通り
　　ロウアー　5mmは　26-27
　　アッパー、バック　6mm　32-34

手でテンション確認する癖を付けておけば、緩みや張りすぎに対応できる。
今回はかなり緩んでいたので各ステーのターンバックルを2回転から5回転締めて調整した。今朝再確認しロウアーは27、アッパーとバックは33だった。

サイモンズタウンを出航

サイモンズタウンのフォルスベイヨットクラブのマリーナ内の海水は非常に透明度が高く深さ10m以上の海底が見える。マリーナの両側に海水の出入り口があって潮の関係か何かで常に海水が流れているようだ。そういうことでマリーナ内にアザラシがいたりダイビングを楽しむ人がいたりというきれいで美しい海になっている。この静かで整備されたマリーナとも明日でお別れだ。明日21日の朝7時にここを出航して約60海里離れたケープタウンのウォーターフロントにあるロイヤルケープヨットクラブ（RCYC）に向かう。平均6ノットで約10時間を予定している。RCYCには2泊して出国手続きと食料の仕入れをして23日にはセントヘレナ島に向けて出航の予定だ。

5 2016年の航海

サイモンズタウンからケープタウンへ

　９月21日は朝の６時45分にサイモンズタウンを出航した。空は晴れて南風が弱く吹き波もほとんどないという絶好の回航日和になった。エンジンは2400回転で艇速は６ノット前後、メインセールを一応上げたがあまり役には立っていないようだ。港を出てからペンギン保護区を避けてそのあとはまっすぐ南に向かい９時過ぎには喜望峰の岬から100m足らずのところをかすめ通っていった。いつものようにウォッチをしていると何か浮遊物が浮いているように見えているがだんだん近づくとそれはアザラシが寝ているところのようで気が付くと驚いたように潜ってしまった。そこで浮遊物が見えるとカメラを用意して準備するのだがなかなかシャッターチャンスをつかめない。近づきつつある時にシャッターを押しているとそれはアザラシではなくて大きな茶色い昆布のようなケルプという海藻だったりする。そうこうしているうちにテーブルマウンテンが見えてきた。南側から見たショットから始まり順次西側になり最後は北側から見た写真まで撮ることができた。今日は終日風は弱く波も少なく航海も順調に進み距離56海里強を機走し15時半にはロイヤルケープヨットクラブのマリーナ入り口に着き16時にはＢ－13バースにもやいが完了した。

出国手続きと出航準備

　９月22日は朝の８時にヨットクラブのオフィスに行き係留手続きと出国手続きをした。係留費は１泊分220ランドで済んだが出国手続き費250ランドと併せて470ランド（約3400円）を支払った。出国手続きはクラブが手続き申請者になって書類を作成しそれを持ってポートコントロール、イミグレーション、カスタムの３か所を回る必要がありそれぞれのオフィスまでクラブの車で連れて行ってくれた。お陰様で１時間程度で無事に手続きを終了することができた。南アフリカの入出国手続きはリチャーズベイに入国する時は比較的簡単だったのだがリチャーズベイから出港する時が大変だった。その時もズールーヨットクラブが申請者になり南アフリカ国内の寄港予定のスケジュールを添えて３か所を回る必要があったのだが、Hennyさんが車で連れて回ってくれたので何とかなった。その後の各寄港地では基本的に何も必要なかったので楽だった。そして今回の出国手続きはヨットクラブに費用は払ったもののサポートが良かったのでうまくいったという

感じだ。その後エンジンのクーラントを購入できたので念のために塩抜きの交換をして再度エンジン回りの最終チェックをした。そしてケープタウン駅近くのスーパーマーケットまで買い物に行ってこれから2週間分の食料を調達してきた。

ケープタウンを出航

9月23日の朝は昨日結構強かった南風も少し落ち着き静かな夜明けとなった。ケープタウンは南風の時は街の南側にある高度千メートル強のテーブルマウンテンに守られて比較的静かだと思っていたがケープタウン駅の北側にあるこのマリーナでは昨日は体感で10m以上の風が吹き続けていた。吹き下ろしの風なのだろうか。今朝ここケープタウンを出航し北西方向に1700海里離れたセントヘレナ島に向かう予定だ。途中の風次第ではあるが15日前後の航海になると予想している。これまでで最も長い航海距離になる。昨日買った食料はパイナップル、パパイヤ、ぶどう、バナナ、リンゴ、ジャガイモ、玉ねぎ、にんじん、きゅうり、レタス、ブロッコリー、ハム、サラミ、ビーフジャーキー、牛肉、たまご、チーズ、ヨーグルト、野菜ジュース、パウンドケーキ、菓子パン、牛乳、チョコレート、ドライフルーツ菓子、各種乾麺など合計で6000円足らずだ。それでも買い過ぎたのではないかと思っている。足りないより余るほうがましだと思って買った。

うめぼし航行状況　ケープタウン～セントヘレナ島

9月23日18時、7時55分に出港。8時半から帆走。南南西の中風。進路300度。5ノット。快晴。波2m。現在位置は、出港地ケープタウンの北西約55海里、目的地セントヘレナ島の南東1642海里。南アフリカ西岸を北西へ航行中。風は良いようです。

ご参考：目的地セントヘレナ島は南大西洋に浮かぶイギリス領の火山島で、アフリカ大陸から2800km離れた孤島です。

24日18時、現在位置は、出港地ケープタウンの北西約180海里、目的地セントヘレナ島の南東1520海里。南アフリカ西岸を北西へ航行中。風が少し弱くなったようです。あまり食事をとっていないようです。いつもの船酔いかな？ 早く回復すると良いのですが。

25日18時、曇り。現在位置は、出港地ケープタウンの北西約325海里、目的地

セントヘレナ島の南東1388海里。南アフリカ西岸を北西へ航行中。今日の日中は風がやや弱まったようですが風向はよく、着実に距離を稼いでいます。

26日18時、曇り時々晴れ。寒さ和らぐ。現在位置はセントヘレナ島の南東1280海里。今日の日中はずっと強めの横風が続いたので、セールをリーフして帆走し距離を稼いでいます。もう少し進路を西にとりたいのですが上り切れないようです。

27日18時、現在位置はセントヘレナ島の南東1167海里。今朝、風がやや後ろに回って良い風向になったあと、昼前に嵐に遭いました。その後は順風で波も徐々に治まり、天候も回復しているようです。

29日6時、現在位置はセントヘレナ島の南東約1000海里。昨晩はたまにAIS（自動船舶識別装置）で周囲の船舶を確認するだけで、オートパイロットに任せて寝ていたようです。

30日6時、現在位置はセントヘレナ島の南東約850海里。ナミビアの西岸沖を北西へ航行中。今回の航海のほぼ中間点にいます。先週の金曜日にケープタウンを出航しているので、このペースで進めば来週の金曜日にセントヘレナ島へ到着するようです。

10月1日6時、現在位置はセントヘレナ島の南東約760海里。ナミビアの西岸沖を北西へ航行中。強めの真追手の風で追い波がオートパイロットを直撃しているせいか、オートパイロットがNo.1、No.2が相次いで不調になったようです。艇の位置が西進し、経度が東経4度前後になったので、現地時間を南アフリカ標準時＝日本時間−7HからUTC：世界標準時＝日本時間−9Hに切り換えました。今後UTC0600（日本時間1500）とUTC1800（日本時間 翌日0300）に定時連絡が届きます。

2日6時、キャビン温度18℃、だいぶ暖かくなってきた。波3m。横滑りの揺れ大きい。現在位置はセントヘレナ島の南東約620海里。ナミビアの西岸沖を北西へ航行中。

3日6時、現在位置はセントヘレナ島の南東約520海里。ナミビアの西岸沖を北西へ航行中。風が少し弱くなりましたが、順調に距離を稼いでいます。

4日6時、現在位置はセントヘレナ島の南東約445海里。ナミビアの西岸沖を北西へ航行中です。子午線0度を越えて、経度が西経になりました。風が弱くデ

イラン80海里と落ちています。風力発電機が不調なのか電力不足のようです。前回の連絡が欠けたのは電力不足のせいかもしれません。燃料節約のために、機走充電は目的地が近づくまで控え目にしているようです。

　4日18時、今朝20℃、寒さ去る。現在位置はセントヘレナ島の南東約400海里。ナミビアの西岸沖を北西へ航行中です。風の方向は悪くないのですが弱く、今日の日中に稼いだ距離は45海里でした。

　6日6時、現在位置はセントヘレナ島の南東238海里。風は追手、順風で、昨夜は約60海里稼ぎました。この調子が続けば日曜日には目的地近くへ届きそうです。

　7日6時、曇り、現在位置はセントヘレナ島の南東121海里。ナミビアの西岸沖を北西へ航行中です。風は追手の順風。セールは昨日からずっと同じセッティングのまま。昨夜も約60海里稼ぎました。順調に目的地に近づいています。このペースが続けば現地の明朝、目的地ランドフォールの見込みです。

　7日18時、現在位置はセントヘレナ島の南東62海里。今日、日中も約60海里稼ぎました。順調に目的地に近づいています。目的地セントヘレナ島は伊豆大島より少し大きな火山島なので、現地の明日夜明けにランドフォールするでしょう。

　8日10時、黄色ブイにもやいを取りました。手続きはこれからです。ありがとうございました、とのこと。無事セントヘレナ島に到着したようです。

　8日上陸手続きはうまくいった。SIMカードを買えなかった。月曜日に再挑戦。他に問題なし、とのこと。

　無事セントヘレナ島に上陸しました。月曜日にSIMカードを買ったら、詳細な話が現地から直接アップされると思います。〈宮原〉

ジェームスタウンでの入国手続き

　2016年10月8日（土曜日）は9時半頃にはジェームス湾に着き10時前に小型ヨット用に準備された黄色のブイにもやうことができた。しばらく船内整理をしているとフェリーサービスというテンダーで送り迎えをしてくれる小舟が来てワーフステップという船着き場まで連れて行ってくれた。そこにポートオーソリティの係官が車で迎えに来てくれていて近くの事務所まで連れて行ってくれた。そこで入港手続きとカスタムの手続きをする中でセントヘレナにはATMがなく、代

わりに銀行窓口でキャッシュアドバンスというATMの代行業務をしてくれると
いうことがわかった。さっそく窓口が開いている土曜日12時までに車で銀行まで
連れて行ってくれて150ポンドのお金を引き出すことができた。そして入国費用
35ポンド（多分土曜日特別費用）を支払い手続きが終わった。次にイミグレーシ
ョンだがこれは土日はポリスが代行しているようでポリスステーションで仮手続
きをして月曜日に改めてイミグレーションに行くことになった。これで今日の手
続きは終了だ。次にSIMカードを買いに行ったのだがあいにく土曜日は午前中の
営業で終了しており月曜日にまた出直すことになった。セントヘレナは英国領の
一つの島だが独自通貨を持ち4500人の人が暮らしている独立国でもある。断崖絶
壁に囲まれた狭い土地に町並みがありそこは昔の建物が多くきれいに整備されて
いる。

ジェームスタウン散策
　10月9日は日曜日ということで店はほとんど閉まっていると聞いていたので艇
の中でゆっくりして午前11時前にVHF無線でフェリーサービスに来てもらうよ
うに依頼した。10分で来るという返事でサービス会社役員のジョナサンさんが実
際にすぐに迎えに来てくれた。今回はフェリーサービスが充実しているようなの
でゴムボートは降ろさないでこのサービスを使うことにしてみた。さっそく水タ
ンク2個、洗濯もの、シャワーセット、ゴミ袋2つを積み込んでいった。水タン
クは船着き場に置きその他のものを持ってシャワールームまで行くとなんと温水
が出る。そこで洗濯をしてシャワーを浴びて出かけた。日本ではヨットで島を訪
れるとどこでもゴミの処理に苦労するがここでは至るところにゴミ箱が置いてあ
り自由に捨てることができる。ゴミ箱にはゴミを散らかさないようにという標語
まで貼ってある。ゴミを処理して街中に出てみたがみごとにすべて博物館も含め
閉まっている。開いているのはポリス、プール、バー（飲み屋）だけだ。それで
も古い建物が並ぶ街並みを散策するのは良いものだ。有名なヤコブの階段を登り
丘の上の住宅や植生などの景色を眺めながら車道をゆっくりと下りてきた。

ケープタウンからセントヘレナへ
　うめぼしから、ケープタウン〜セントヘレナ島の航海状況がeメールで届きま

した。（日本時間 10/12 0039受信）「夜分すみません。SIMを買ったもののインターネット接続で苦労しています。ホームページもほとんど見ることができません。今までに風予報のページ３枚だけ見ることができました。届くかどうかわかりませんが添付ファイル送ります。」とのことです。航海状況の記事は以下のとおりです。〈宮原〉

　９月23日（金曜日）の朝８時前にロイヤルケープヨットクラブを出航した。夜明け前に起きだし腹ごしらえをしてゴミを捨て電気水道の設備を撤収して出航準備を進めた。直前にちょうど隣のカタマランのメンバー３人が通りかかったのですぐにヘルプを求めてもやいを解いてもらった。というのも南東のブローで10mくらいはありそうな風が斜め後ろから吹いていてバックで出航するのにどうしようかと思案しているところだったので、神様が助っ人を出してくれたというくらいの良いタイミングだった。それでも隣の船に少しぶつかりながらの出航になったが助っ人のおかげもあり特に問題にはならない程度で済んだ。ケープタウンからセントヘレナ島に向けての南大西洋の北西方向1700海里の航海のはじまりだ。アフリカ西岸は南大西洋の高気圧の周辺部にあたりいつも南東の風が安定して吹いている。今回もこの風にうまく乗っていけば結構速く13日〜14日くらいで行けるのではないかと思っていたが実際には15泊16日というまずまずの結果になった。全体的な風の状況だが風速３mから15mくらいの間で安定的に吹き続けた。時には13mから15mのブローが数時間続いたり弱い時は３mから５mが半日続いたり一番多かったのは８m前後だと思う。これは風速計の数字なので今回のように追手の場合は２mくらい足した10m前後が実際の風速になる。前半は風向は南西から南、南東と振れたが後半はほとんど南東だった。夜も昼も無風で止まるということはまったくなく向かい風になることもなくまた嵐のような荒れた突風もなくそういう意味では恵まれた風だったと言える。南西の風の時はアビームで走ったがそれ以外の風がほとんどでクォーターから真追手の間で走った。真追手になるとジブがシバーして時々ステーに当たってガーンと音がするしジブセールも痛むので巻き取ってしまうことがほとんどだった。次に波の状況だが波高２mから３mのうねりが南側から押し寄せてくる。北西に向かっているので波は後ろや斜め後ろから来て船を追い越していく。斜め後ろから大きな波が来ると船は斜め

に傾きながら切り上がっていくので進んでいる方向が大きく右に左にと曲がりそのたびにオートパイロットが激しく動いて舵を切りながら針路を調整する。特にレグ前半は南氷洋から来る波がいろいろな方向から来るためか船の揺れが大きくしかも時々真横に横滑りする。船のスターンがキールを中心にして真横に急激に横滑りするのだ。これが起きると横向きに大きな加速度Gが働き危険なことがある。GPSマップやレーダーモニターのように横向きアームに乗っている装置がいきなり動いてきて壁にガーンとぶち当たる。このパンチで頭を殴られたりしたら大変なことになる。また体もしっかり固定していないと吹き飛ばされる。私も油断をして階段の途中で両手を使って作業をしている時に急にこの横滑りにあい体を飛ばされガスレンジの上に背中から倒れ込んでしまった。幸い重症にはならなかったが強烈な打撲傷を負い10日経ってもまだ肺のあたりに痛みが残っている。後日日本でレントゲン検査をしたら肋骨が折れていた。ベッドで寝ていても両側を囲んでいないと滑り落ちてしまう。コクピットの道具箱の下に入れているステンレス製の燃料タンクも動いてハルにぶつかり始めたので急きょロープで縛って固定した。航海も後半になると波の性質が良くなったのかどうかわからないがこの横滑りもあまり強くなくなってきた。温度変化だが航海の最初の数日はコクピットに出ると厚手の防寒着を重ねて着ていても頬が刺すように冷たく手の指はかじかんで足の指は靴下3枚に長靴を履いても冷たいままだった。同じ大西洋の風でも日を追うごとに少しずつ温かくなりセントヘレナに着く頃には20℃から24℃くらいあり軽いウィンドブレーカー1枚あれば十分な暖かさだった。また航海の後半は曇り空が続いた。この航海で一番頑張ってくれたのはオートパイロットだと思う。28日13mから15mの風で波も3mくらいあり時々波しぶきがコクピットに入ってくる状況で海水で濡れたオートパイロットNo.1が不調になり、交換したNo.2も数時間で不調になり、最後のNo.3が頑張ってくれたおかげで無事に到着できた。次に頑張ってくれたのは風力発電機だ。昼夜問わずによく回って発電してくれた。それでも昼間太陽の日照時間が短いと充電不足で夜半過ぎると電圧が12Vを切ってくる。エンジンによる充電30分間を夜に1回から2回行うことがよくあった。今回の航海全体でのエンジン稼働は11.5時間でそのうち10時間は充電のためでスクリューを回さずに稼働させた。燃料は18リットル使用した。常時電気を使っているのはオートパイロット、GPSマップ（FUSO NF-882）、AIS、

冷蔵庫で夜間はこれに加えて航海灯を点ける。その次に頑張ったのは2ポイントリーフしたメインセールとそれを支えたマストとジャイブプリベンダー、その次はAISとそれを表示したパソコンという感じだろうか。遠洋に出てしまうと目視ウォッチはほとんどせずにAISに表示される大型船チェックのみになる。今回も昼夜問わずAISによるウォッチに頼った。しかし後半はこのAISに表示される船もほとんどない状況だった。船内食はジャガイモ、ニンジン、玉ねぎ、トマト、リンゴを煮た野菜スープをベースに乾麺（スパゲッティ、ビーフン、中華めん）や缶詰（ビーフカレー、スパゲティソース、ツナ、コンビーフ、その他）などを時々によってトッピングとして入れて食べた。また果物、ヨーグルト、ハム、青野菜などもよく食べた。しかし、初めの2日間は船酔いであまり食欲がなく水だけで過ごした。後半は運動不足も重なり食事も量的には多くなかったと思う。また野菜ジュースやスポーツ飲料もよく飲んだ。

セントヘレナ島からアセンション島へ

　10月12日午後、アセンション島へ向けて出航の予定。SIMが不調のようで、eメールはOKですがインターネットにアクセスできないようです。うめぼしへeメールを送ったら返事が届きました。

> 増田さん

> セントヘレナ到着、お疲れさまでした。

> 揺れない地面を楽しんでいることと思います。

> 送っていただいた記事2通をうめぼし航海ブログへアップしました。

> 追い波による横滑りは大変だったのですね。打撲傷の早い回復を祈ります。

> 碇泊している場所の緯度経度を教えてください。

> 岩崎さんのコメントによれば、セントヘレナは慢性的物資不足で買い物に苦労するようですが、アセンション島航海の資材調達は大丈夫ですか?　では。

> 宮原

　宮原さん

　さっそくのアップロードありがとうございます。打撲傷はほとんど良くなりましたがほんの少し痛みが残っています。係留場所は155543Ｓ、0054343Ｗです。黄色い直径2ｍくらいのブイが3列×7列くらい設置してあり5艇係留してい

ます。但し3艇は無人。隣の1艇はケンとサリーさんでナミビアから来てこれからブラジル、アルゼンチン、フォークランドに行くそうです。それ以外に個別のブイに3艇ヨットがありますがあまり人がいるようには見えません。風がよく振れて船がくるくる回りもやいロープがラダーに巻き付いてこまります。これまで2度ロープを張りなおしました。一昨日と昨日買い物をしました。ほぼ調達できたと思います。確かに青物野菜や果物の種類は多くはありませんがそこそこあります。パイナップル、リンゴ、ミカン、トマト（地産）、ジャガイモ、玉ねぎ、人参、ハム、サラミ、牛肉、たまご、牛乳、ジュース、ヨーグルト、その他を買いました。岩崎さんの記事が読めません。何が不足しているのでしょうか。飛行場はできたものの運用していないようです。物資は船で運んでくると思われますが新鮮なものは期待できないと思います。今日、午前中に出国手続きをして午後出航予定です。引き続きブログよろしくお願いします。
〈増田〉

うめぼし航行状況　セントヘレナ島〜アセンション島

　12日18時、東南東の風7〜8m。進路313度。メインセール、ジブセール共2ポイントリーフ、クォーターリーで帆走。14時45分に出航。オートパイロットNo.1を使用。1時間でモーターが動かなくなり、No.2も不調。No.3に頼っている。晴れ。波1.5m。現在位置は出港地セントヘレナ島の北西約20海里、目的地アセンション島の南東681海里。北西へ航行中。オートパイロットが2台不調で最後の1台を使用しています。

　13日18時、現在位置はアセンション島の南東570海里。真追手の風で順調に距離を稼いでいます。インドから帰る東インド会社の帆船もこの風を使ったのでしょうね。

　14日18時、現在位置はアセンション島の南東465海里。北西へ航行中。今日の日中も真追手の風、やや弱まりましたが順調に距離を稼いでいます。不調だったオートパイロットを修理して使える物が2台になったようです。

　15日6時、曇り、波1.5m。キャビン内の温度22〜27℃。現在位置はアセンション島の南東414海里。北西へ航行中。昨晩も真追手の風、順調に距離を稼いでいます。緯度が下がったのと春になったのとでずいぶん暖かくなったようです。

16日6時、現在位置はアセンション島の南東318海里。北西へ航行中。昨晩も真追手の風、少し弱くなったようですが、順調に距離を稼いでいます。

　17日6時、現在位置はアセンション島の南東225海里。

　17日18時、キャビン内は30℃、夏モード。現在位置はアセンション島の南東175海里。今日 日中も真追手の風、順調に距離を稼いでいます。大分暑くなったようです。

　18日18時、現在位置はアセンション島の南東73海里。北西へ航行中。今日の日中も追手の中風〜順風で、順調に距離を稼いでいます。現地の明朝ランドフォールするでしょう。目的地アセンション島は伊豆大島より少し小さな火山島です。

　19日11時、無事にアンカーリングできた。ありがとう。目的地アセンション島のジョージタウンの沖合約250mに無事アンカーリングしています。〈宮原〉

アセンション島の様子など

　うめぼしから、アセンション島の状況がeメールで届きました。〈宮原〉

　10月19日は朝の10時過ぎにアセンション島のクラランス湾に到着ししばらく湾内をうろうろして11時前にアンカーリングを完了した。水深11mでアンカーチェーン30mだ。風が相当吹いているので風と波に船が揺られてチェーンが海底の岩にこすれるゴゴゴゴという音とともに振動も伝わってくる。最初はアンカーが動いているのではないかと心配したがGPSで確認する限りアンカーはしっかり留まっているようだ。12時前にはテンダーを降ろしてピアーヘッドまで行き上陸し、ポートコントロールで35ポンド支払って手続きをし、次にポリスで入国処理をして12時半には手続きは終わっていた。時差はセントヘレナと同じUTC（日本時間−9時間）のようだ。島の人口は600人程度ということで欧米各社の通信基地が多いのが特徴のようだ。セントヘレナと同じように火山噴火でできた島で岩が多く植物はあまり育っていないようだ。町にはスーパーが1軒と大きなホテルがあるが外食する場所が見当たらない。SIMはセントヘレナのSIMがそのまま使えたのは良かったのだがメールを受け取っているうちに使用データ量が制限を超えたようで使えなくなった。明日上陸した時に利用権を購入したいと思う。

セントヘレナ島～アセンション島　航海詳報

　うめぼしから、セントヘレナ島～アセンション島の航海状況がeメールで届きました。

　「アセンション島でもインターネットアクセスはあまり良くならなかった。かろうじて２つの風情報にアクセスできた。明日には出航したいと思っている。次はカーボベルデのミンデロだ。1600海里ほどあるようだ。風が弱い日が続くかもしれない。」

　とのことです。航海状況の記事は以下のとおりです。〈宮原〉

　2016年10月12日（水）の15時前にセントヘレナ島の黄色いブイからもやいを解いてアセンション島に向かった。出航前にメインセールを２ポイントリーフでセットしエンジンをかけずにそのまま追手で帆走して出た。島の北西部に係留していたのでもやいを解いてそのまま南東からの風を受けて風下の北西に向けて走り出すだけでよかったのだ。アンカーを打たずにブイを利用できるとこの辺りが手軽で助かる。アセンション島は北西方向700海里にあり毎日100海里（約4.2ノット）進むと７日間（168時間）の航海になる。実際には７泊８日の163時間で着くことができた。途中の風はほとんど南東からの風で風速も５mから７mを中心に弱い時で３m強い時で８mと安定して吹いていた。今回の航海の最大のリスクはセントヘレナ島でのインターネット利用環境が悪く風予報を十分に事前検討できていなかったことなのだが、幸いにも極めて安定した風の中を航海することができた。空は分厚い中低層の雲がほとんどでたまに薄雲の間から日が射したりたまには逆に黒い雲とともに霧雨のような雨がほんの少し降るという感じで、荒れ模様という状況はまったくなく曇りの安定した天気が続いた。風向としては真追手になるのでそのまま真追手で走るか少し角度をつけてジグザグに走るかを選択することになるが当方は手間がかからずセールにも優しい真追手を選び、メインセールは２ポイントリーフでジブセールは展開しないという方針で走った。それにしてもケープタウンを出てしばらくしてからずーっと続いているこの南東の安定した風は何なのだろう。南大西洋高気圧周辺の風であり後半は貿易風なのだろうか。日本近海を航海している時には想像もできなかった時間と距離感覚である。そして今回もオートパイロットでトラブった。No.１でスタートしたのだが１時間ほど

でモーターが壊れて動かなくなった。後で確認したところモーターブラシの部分が壊れて飛び散っていた。No.2も設置してはみたものの5分もしないうちにアラームが鳴りだした。そこでまた頼みのNo.3に登場してもらった。その2日後、船酔いも収まりかけたところでNo.2のジャイロをNo.1のものと交換して試したのだがまだ駄目で次にプリント基板を交換してみたところうまく動き出した。ということでその後は最後までNo.2に頑張ってもらった。No.1は部品取りとして置いておき新たにもう1台購入したいと思う。やはり3台持っていないと不安な装備だと思う。前回ケープタウンからセントヘレナへの航海で生活水の話をしなかったが、前回はシャワー6回を含め100リットル使った。今回はシャワー4回で55リットルだった。主な使用用途はシャワー、歯磨きなどの洗面、ウォシュレット、料理と皿洗いなどだ。リチャーズベイでバッテリー4台の中の3台を新品に交換して長距離航海中のバッテリーの持ち具合を見てきたが、12V以上を保持しようとするとエンジンで夜間に30分充電を2回実施する必要があるようだ。太陽光パネルは100Wが3枚あり晴れている時は1枚で3アンペアくらい充電しているようだ。風力発電機はサンフォース400Wだが6〜7mで1〜2アンペアくらいしか充電できていないようだ。船が揺れるためになかなか回転が持続しないようでプロペラの尻尾を引っ張っているがなかなか出力アップにつながっていないようだ。今回エルマシステムののびー太EV-12というものを設置してみたが効果のほどは未確認である。

うめぼし航行状況　アセンション島〜カーボベルデ

　10月20日18時、南東の風6〜7m。曇り、波1m。2ポイントリーフ メインセールのみ。17時出航。1620海里。方位336度。早速出航!!　現在位置は、出航地アセンション島の北北西3海里。北北西へ航行中。追手の中風〜順風。アセンション島北西岸のジョージタウンを出航したばかり。アセンション島にはまる1日ちょっとの短い寄港でした。次の目的地は北アフリカ西岸セネガルの沖合にあるカーボベルデ共和国のミンデロで、1600海里強の航程です。

　21日18時、曇り、午後は快晴。船酔い軽い。現在位置はカーボベルデの南南東1515海里。東南東の中風〜順風に、クォーター〜アビームで北北西へ航行中。

　22日18時、午前 曇り、午後 快晴。現在位置はカーボベルデの南南東1388海里。

南東の順風に、ランニングで北北西へ航行中。先日、モーター不調のオートパイロットNo.1からプリント基板を取って機能回復していたオートパイロットNo.2が再び壊れ、No.3を使用しています。今日の江ノ島シーホースポイントレースの様子を尋ねる余裕の走りです。

　23日18時、現在位置はカーボベルデの南南東1258海里。南東の順風に、ランニング～クォーターで北北西へ航行中。昨日故障したオートパイロットNo.2を、No.1のメカ部分を使って修理し現用に復帰させました。これで使用可能オートパイロット2台です。

　24日18時、晴れ、波1m。天気よく洗濯をした。現在位置はカーボベルデの南南東1151海里。南南東の中風に、真追手で北北西へ航行中。ほぼ赤道直下です。明日は北半球でしょう。風がやや弱まりましたが順調に距離を稼いでいます。このあとも良い風が続くか心配しています。

　25日2時に赤道を越え北半球に入りました。うめぼしにとっては、2月にスリランカ～モルディブ間で赤道を越えて以来8か月ぶりの北半球です。風がやや弱まり2割くらいペースが落ちましたが順調に距離を稼いでいます。風がこれ以上弱くならないといいですね。

　25日18時、午前晴れ、午後曇り。波1m。キャビン温度27～30℃、快適。現在位置はカーボベルデの南南東1047海里。南南東の中風に、真追手で北北西へ航行中。風はやや弱いですがメインセールをフルセールにしてまじめに帆走し、順調に距離を稼いでいます。

　26日18時、曇り時々晴れ、16時半に嵐、北東の風8m、雨。現在位置はカーボベルデの南南東936海里。夕方に久々の嵐に会いそのあと風がなくなりました。赤道低圧帯なのでこれまでのように一定した風が吹き続けるわけではないようです。

　27日18時、大雨もやっと止んだ。現在位置はカーボベルデの南南東875海里。不安定ながらも南東から南南東の風を受けて着実に距離を稼いでいます。

　28日18時、現在位置はカーボベルデの南南東834海里。今日は南からの微風～軽風で海況も穏やかなのでいろいろ整備を実施しました。夕方から機走。今日の日中に稼いだ距離は約20海里でした。緯度が上がって赤道低圧帯を脱出すれば安定した北東の風があると思います。それまではこのペースで我慢の航海でしょう。

29日18時、快晴、波静か。現在位置はカーボベルデの南南東782海里。今回の航海の中間点を越えました。

31日18時、現在位置はカーボベルデの南南東624海里。今日の日中は3時間機走のあと南の軽風で帆走しています。まだ安定した風は吹かないようです。オートパイロットでこれまで唯一好調だったNo.3にアラームが出ました。故障を修理したが時々不調になるNo.2と交代でダマシダマシ使うことになると思います。この12時間で稼いだ距離は約40海里でした。

11月1日18時、13時に嵐、竜巻がすぐそばに見えるので機走で逃げた。現在位置はカーボベルデの南南東561海里。ギニアビサウの沖合約350海里。まだ安定した風は吹かないようです。今日、日中に稼いだ距離は約40海里でした。

2日18時、曇り、波静か。現在位置はカーボベルデの南南東442海里。風向が東北東に定まり、中風～順風を受けてアビームで順調に距離を稼いでいます。今日は63海里を稼ぎました。

3日18時、薄曇り、晴れ、波静か。快適。現在位置はカーボベルデの南南東343海里。貿易風帯に入り、風向が東北東の中風～順風にアビームで距離を稼いでいます。この24時間で99海里を稼ぎました。

4日18時、現在位置はカーボベルデ（ミンデロ）の南南東266海里。セネガルの沖合約370海里。カーボベルデの南側の島まであと約110海里。ミンデロはカーボベルデの北西の端にあります。北東の貿易風が続いています。今日、日中は軽風

竜巻

〜中風にアビームで進路300度で航行。もう少し北へ向けたいのですが、うめぼしの上り性能では難しいようです。時々機走しながら距離を稼いでいます。今日日中は39海里を稼ぎました。もうすぐカーボベルデの南側の島群をランドフォールするとおもいます。

　5日18時、快晴、波静か。現在位置はカーボベルデ（ミンデロ）の南南東186海里。カーボベルデの南側の群島まであと約50海里。北東の風が弱まり、時々機走しながら距離を稼いでいます。今日、日中は43海里を稼ぎました。

　6日18時、快晴、波の揺れ大きい。現在位置はカーボベルデ（ミンデロ）の南南東58海里。カーボベルデの群島の中を通過中です。今日の日中は北東からの順風〜強風に、セールを縮帆してアビームで距離を稼いでいます。今日は73海里を稼ぎました。このペースが続けば明日中に目的地近辺に届きそうです。

　7日9時40分、無事ポンツーンに繋留。カーボベルデ（ミンデロ）に無事到着しました。〈宮原〉

アセンション島からカーボベルデ島へ

　11月7日は朝の9時40分（UTC）現地時間で8時40分にカーボベルデのマリーナミンデロのポンツーンにもやいを取ることができた。このマリーナは全艇槍付けだがテンダーの支援艇がいてサポートしてくれるので安心して係留できた。今回の航海は距離1620海里、10月20日から11月7日までの18泊でこれまでの最長期間となった。今回の航海は風によって大きく3つのフェーズに分けることができる。第一は10月20日から26日までの南東風10m前後が吹き続けた期間、第二は26日夕刻から11月1日朝までの赤道無風帯とスコール性嵐の期間、第三は1日から7日までの北東からの北半球貿易風の期間である。第一フェーズは予定通りに吹いたが第二、第三フェーズは予想より風が弱く少し日数がかかったが全体としては安定した良い天気に恵まれたと思う。第三フェーズでは北東の風を受けてできるだけ北に向かうという上りの風だったが風の強さによっていろいろ工夫すると風向に対して80度くらいであればあまりスピードを落とさずに風上に向かう走り方ができたように思う。エンジン稼働時間は全部で33時間で使用した軽油消費量は30リットルだった。1900rpmでの機走と1500rpmでの充電がほとんどだ。航海機器関係ではオートパイロットのNo.2が不調で不安だったがNo.3がよく頑張っ

てくれた。夜間のバッテリーも風力発電機がうまく回れば十分まかなえることがわかったし、エルマシステムもそこそこ役に立ってくれたように感じる。Plan2Navを動かしているアンドロイドPADが充電問題やGPS連携でもたついていたが今回アンドロイドフォンを使ってみたところうまくいったので次回からはフォンを中心に運用したいと思う。AISとPCの連携もうまくいくようになった。気象FAXが使えないのが引き続き問題だ。清水の使い方も工夫をすることで心配が少なくなった。毎日シャワーを浴びるのだが足元にたらいのようなものをおいて頭から全身を石鹸で洗ってちょろ水で流すと一回３リットルくらいで済むようになった。また洗濯用水もペットボトルに入れて別に用意することにした。150リットルの清水タンクに100リットル残っていた。途中で補助タンクから30リットル追加したので今回の航海では80リットルの使用だったことになる。食事もヨーグルト、オートミール、たまごなど日持ちのするものをうまく組み合わせることで20日くらいは十分しのげそうな感じだ。風のない時は艇の整備に力を入れた。ツナタワーのネジのゆるみの締め直し、ステーのピンの補充調整、ビルジポンプの清掃、スイッチの修理などなどだ。しかし、18日間も狭い艇の中だけにいると運動不足にもなるしもううんざりという感じがしないでもない。最後になったが宮原さんの長期にわたるブログ対応に厚く御礼申し上げる。

カーボベルデのマリーナミンデロ

11月８日の朝は心地よい暖かさと静けさの中で明けてきた。昨夜は久しぶりのマリーナで艇の揺れも少なく航海の疲れもあったせいかぐっすりとよく眠ることができた。カーボベルデのサンヴィセンテ島にあるマリーナミンデロは非常によく整備されたマリーナで、ほとんどの艇がポンツーンに槍付けされ効率的に多くの艇が停泊できるようになっている。電気水道が各艇に行き渡るように配備され入退場のキーロックを含めてセキュリティもしっかりしておりこれまで訪問してきたマリーナの中でも最高レベルにあると感じる。11月７日から来年１月７日までの２か月間の係留費は７万2000円なので費用的にもまずまずという感じだ。そういうこともあってか来訪するヨットも非常に多いように感じる。ちょうど今ジミー・コーネル（『ワールドクルージング』の著者）がオーガナイズするラリーBARBADOS 50の33艇が来訪していて、33艇が明日の朝の９時から順次スター

トする予定のようだ。

➡ http://cornellsailing.com/sail-the-odyssey/barbados-50/route-schedule/

そして入れ替わりにARCのラリー艇が入ってくるようだ。ARCは9日から16日まで約70艇分のバース予約をしているそうだ。

➡ https://www.worldcruising.com/arc/arcitinerary.aspx

ということでうめぼしも昨日このマリーナに着いた時には予約がいっぱいで入れないと断られたのだがいろいろ交渉してみるとマリーナオフィスの横の狭い場所を用意してくれ運良く係留することができた次第である。昨日はその後10分ほど歩いてイミグレーションまで行き午前中には手続きが完了していた。今の時期はヨーロッパやカナリア諸島方面から来るラリーがたくさんあるように北東の風が安定して吹く時期のようである。逆に北東方面にある地中海を目指すのは難しいようだ。そういう状況なのでうめぼしもしばらくここに係留して私も日本に一時帰国して休養したいと思う。

ラリー参加艇の出航

11月9日のマリーナは早朝から人の往来がたくさんあり出航前のあわただしさを感じた。昨晩は18時からマリーナ内のフローティングバーでBARBADOS50ラリーの出航前のフェアウェルパーティーが開催されて賑わっていた。18時半頃に行ってみるとカウンターに座るや否やリスボンから来ているペドロさんに声をかけていただきペドロさんのテーブルでビールをご馳走になりながらいろいろと話を聞かせてもらった。ペドロさんご夫妻はラリーとは別に単独でこれからカリブ海に行き現地で息子や娘や孫を呼んでみんなでカリブ海クルージングをする予定だということである。ラリー艇は今朝9時から順次出航ということで私も見送りに行ってみたが艇ごとにかなり時間差があり午前中くらいにかなりの艇が出発していた。クルーが来るのを数日待ってからという艇もあり昼過ぎても10艇くらいはまだ残っている。ポンツーンにはラリー主催者のジミー・コーネルさんも見送りにきており私も挨拶をして地中海に行くのに適している時期はいつかを聞いたところ冬の1月から3月にかけては時々大西洋に低気圧が発生してその時は数日間南西の風が吹くことがあるのでその風を待つのが良いと教えてくれた。

ジミー・コーネルさんと

今年の航海距離について

11月10日は2016年の航海ルートを振り返ってみた。1月13日にうめぼしを長期に預けていたタイのクラビーからプーケットに42海里を移動し出国手続きや食料の買い出しをして1月15日にプーケットを出航した。

 15日 プーケット⇒スリランカのゴール： 11泊 1100海里
 30日 ゴール⇒モルディブのガン：   6泊 590海里
 2月7日 ガン⇒セーシェルのビクトリア： 8泊 1100海里
 18日 ビクトリア⇒マダガスカルのヘルビル：7泊 700海里
 28日 ヘルビル⇒マジュンガ：   2泊 180海里
 3月3日 マジュンガ⇒南アフリカのリチャーズベイ：
                11泊 1150海里

ここまでのインド洋航海の合計は45泊4820海里（＋クラビーからの42海里を入れると4862海里）になる。その後リチャーズベイで5か月ほどお休みをして8月27日に出航した。

 リチャーズベイ⇒イーストロンドン： 2泊 340海里
 イーストロンドン⇒ポートエリザベス： 1泊 130海里
 ポートエリザベス⇒セントフランシスベイ：0泊   55海里
 セントフランシス⇒モッセルベイ：   1泊 140海里

| モッセルベイ⇒サイモンズタウン： | 1泊 | 200海里 |
| セッセルベイ⇒サイモンズタウン： | 0泊 | 56海里 |

サイモンズタウン⇒ケープタウン：

　南アフリカを大西洋側に渡るのに5泊と2日で921海里になる。9月23日にケープタウンを出航してセントヘレナに向かった。

ケープタウン⇒セントヘレナ島：	15泊	1700海里
セントヘレナ⇒アセンション島：	7泊	700海里
アセンション⇒カーボベルデのミンデロ：	18泊	1620海里

　大西洋の北上は40泊4020海里でミンデロに11月7日に到着した。これらを合計すると90泊9803海里になる。航海日数は約3か月で単純に割ると1泊109海里ということになる。所要時間は2223時間で24時間で割ると92日強になる。9803海里を2223時間で割ると平均で4.4ノットの速度になる。エンジン稼働時間は330時間なので航海時間のうちの15%はエンジンが動いていたことになる。

ミンデロの街の散策

　11月11日の朝のミンデロはいつも通り風が強いものの24℃と暖かい気温の中で夜が明けてきた。今日は晴れて太陽が顔を出しているので午前中からミンデロの街の散策に出かけてみた。とはいえまずは一昨日から調子の悪い胃の具合を見てもらうために街のクリニックに行った。海外航海に出かけて医者にかかるのはこれで2回目になる。受付を終えて30分ほど待たされたが医者は丁寧に私の説明を聞いてくれて食事の内容など対応方法を説明し薬も処方して20分ほどの時間をかけてくれた。非常に親切な医者という印象で診察料は約2000円だ。そのあと薬局で払った薬代は800円だった。マリーナは街の中心部にあるので歩いて3分で中心街だ。ミンデロの街は人口7万人ほどの比較的小さな街だが街中は人通りが多く活気が感じられる。昔のポルトガル風のパステルカラーの家並みが続くきれいな街でもあるし街頭広告やネオンサインなども少なく昔の時代にタイムスリップしたような印象だ。昨日は10万トン3000人の乗客が乗る大型クルーズ船も来ていて多くの人が訪れる観光地でもあるようだ（11月12日はAIDAcaraという38000トン乗客1100人のクルーズ船が来ていた）。

イミグレーション手続き　その1

　11月12日はイミグレーション関連について少しまとめてみたいと思う。と言うのも私自身が事前調査不足のまま行き当たりばったりで行ったために結構手間がかかったり時には相手や周りの人に迷惑をかけてきたのではないかという反省の意味も込めて今後の参考になるようメモにしておこうということだ。昨年日本を出てから入国した国は台湾、フィリピン、マレーシア、ブルネイ、タイ、スリランカ、モルディブ、セーシェル、マダガスカル、南アフリカ、セントヘレナ、アセンション、カーボベルデの13か国だ。まず台湾だが、今でもどうすべきかよくわからないというのが実感だ。

http://fujitsuyacht.cocolog-nifty.com/blog/2015/04/post-0891.html

　上記ブログにも書いたがMT-NETへの登録は今でも私には難しそうだ。基本的にイミグレーションとコーストガードの2つの部署の手続きが必要で両方とも手続きそのものは無料だ。Noonsiteによると各港にサポートしてくれるエージェントがいるようなのでエージェントに事前に連絡して対応してもらうと安心だ。碧砂漁港のブライアンさんに頼んだようにエージェントに依頼するとその費用はかかる。次にフィリピンだがプエルトガレラで入国しプエルトプリンセサで出国した。入国処理ではイミグレーションの係官に1万2000円程度支払ったが出国処理は無料だった。事前の情報では港ごとに手続き費用がことなる（係官次第）ようで定まった費用規定はないようだし領収書ももらえなかった。カスタムには結局一度も行かずじまいだった。次にマレーシアだが基本的にイミグレーション、カスタム、Jabatan Lautの3か所で手続きが必要で費用は無料だ。マレーシアでは国内の移動であっても港に着くごとに必ずこの3か所を訪問することが必要だった。ブルネイはマレーシアと基本的に同じだ。タイはプーケットで入国と出国手続きをした。事前にオンラインチェックインシステムへの入力が必要でまたAISの搭載も求められた。手続きはハーバーマスター、カスタム、イミグレーションの3部門に行くことが必要だが実際にはピアーの先の一つの建物にすべて入っていて非常にスムーズに処理できた。費用は800バーツ（約2400円）だった。

イミグレーション関連手続き　その2

　スリランカは事前にオンラインビザ申請（35USドル）が必要であることと現地

エージェントを経由することを求められた。エージェントはWindsor reefにお願いし費用は入出国費用を含めて225USドルだった。ゴールの港の前に午前11時に到着して港に入ろうとしたところVHFで港の外の海岸寄りにアンカーリングして待つように指示された。13時に軍の検疫担当の船が来て船内をチェックして入港が許可された。入港してポンツーンに係留後にエージェントの担当者が艇に来てイミグレーションの担当が来るのを待ち船上で手続きをした。その後エージェントに連れられイミグレーション、カスタム、ヘルスの３か所で手続きをした。エージェントがすべて案内してくれ街中まで連れて行ってくれたので非常に楽だった。

　モルディブは48時間以内の滞在はエージェント不要だということでガンの港に直接乗り入れた。ところがイミグレーションの場所もわからず近くにいた人々に大いに迷惑をかけた。コーストガード、ポートヘルス、カスタム、イミグレーションの４部門の人に艇まで来てもらって入国処理を済ませた。翌日は土曜日だったが出国手続きをする必要があり４部門を回ろうとしたが事務所はお休みのところが多くそれぞれの部門に出勤をお願いして対応してもらうことになった。費用は１万6000円程度だったがエージェントに頼める時は頼んだ方が良いと反省した。セーシェルは首都のビクトリアで入出国手続きをした。入港してVHFで呼びかけるとヘルス、カスタム、イミグレーション、セキュリティの４部門の人がパイロットボートでうめぼしまで来てくれて入国処理は完了した。出国手続きは４か所の事務所を回ったのだが最後のイミグレーションでパスポートを戻してくれない。押印して渡すのは明日の朝出航時にコーストガードの岸壁で渡すと言うのだ。翌朝艇を出航して指定された岸壁に行くと３人の人影がみえるが10m以上の風が吹いていてうまく岸壁に近づけない。港の内側のコーストガードの艇に横抱きすることで必死の思いでやっとパスポートを受け取ることができた。費用は約8000円程度だった。マダガスカルはノシビーで入国手続きをした。上陸するとすぐにロメオというエージェントが寄ってきてあとはロメオに任せきりになった。ポリス、イミグレーション、カスタムを回り7200円程度支払い、ロメオにも2200円程度支払った。マジュンガではイミグレーションとポートキャプテンに行き2000円程度支払い出国手続きは終了した。南アフリカはリチャーズベイのスモールクラフトハーバーで入国手続きをした。ポリスが係留場所を指定してくれイ

ミグレーションに連絡をしてくれたのでQフラグを掲げて艇で待ったがいつになっても来てくれない。現地で知り合ったHennyさんに車でイミグレーションとカスタムの事務所まで連れて行ってもらって手続きをしようとしたところカスタムは受け付けてくれたがイミグレーションは艇で待つようにと言って受け付けてくれなかった。結局2日後丸々49時間待ってやっとイミグレーションの係官がきてくれて手続きが完了した。Noonsiteによれば8日間待たされたケースもあるようだ。費用は無料だった。リチャーズベイから出航する時はズールーヨットクラブが申請者になってイミグレーション、カスタム、ポートポリスの3か所を回る必要があったがHennyさんが車で連れて行ってくれたのでうまくいった。その後ケープタウンまで各地に寄港したが手続きは不要だった。ケープタウンではロイヤルケープヨットクラブで出国手続きをした。ポートコントロール、カスタム、イミグレーションの3か所に行く必要があったがヨットクラブの車で連れて行ってくれたので簡単に終えることができた。ヨットクラブに手数料250ランド（1750円）を払った。セントヘレナでは入国時にポートオーソリティとイミグレーションで約7000円を支払い、出国時に同じ2か所を回って手続き完了した。アセンションでもポートコントロールとポリスで4600円を払って入出国ともに手続きできた。アセンション島については事前にメールで入国許可申請書を送った。またセントヘレナとアセンションでは健康保険証の提示を求められた。カーボベルデのミンデロではマリーナオフィスで受付を済ませ徒歩10分ほどのポートオフィシャルズ、イミグレーションの事務所で5ユーロ（600円）を支払い入国手続きが完了した。

ジブラルタルまでのルート

　11月14日は大西洋高気圧の勢力が弱まったことで北東の風も少し弱くなりマリーナの中は静かな夜明けを迎えた。BARBADOS50のラリー艇が出航して行ったあとのマリーナはがらがらの状態だったが昨日にはARCのラリー艇も71艇のうちのほとんどが到着してまたマリーナのバースは満杯になり多くのクルーメンバーが忙しそうに行き交っていた。また昨日はペドロがうめぼしに来てくれて地中海へ向かうための情報を教えてくれた。大西洋に低気圧ができた時に南寄りの風が吹くのでその時を狙って来年の1月か2月頃にまずカナリア諸島のグラン・カ

ナリア島のラスパルマスに向かう。ラスパルマスのマリーナが安くて設備も良いし大きいので受け入れ可能性も高いということだ。その次は風次第だがマデイラ諸島のポルトサント（Porto Santo）に行く。また場合によってはモロッコのモハメディアのマリーナに寄港するのも良いということだ。モロッコはアフリカ諸国の中では数少ない治安の良い国で寄っても問題ないということだ。そして風が良ければ直接ジブラルタル海峡の南側つまりアフリカ大陸にあるスペイン領のセウタに向かう。これでジブラルタルまでの概ねの計画が見えてきた。またペドロはATLANTIC ISLANDSという本の抜粋をたくさんコピーしてくれた。しかしペドロからは冬の低気圧の風なので時には30〜40ノットの風が吹くと言って脅された。通常ルートを逆行するわけなので多少のリスクはやむを得ないと思っているが用心して行きたいと思う。

うめぼしのメンテナンス状況

11月15日はうめぼしの艇の最近のメンテナンス状況についての話をする。ミンデロに着いてからインバーターが使えなくなった。陸電があるのでとりあえずは差支えないのだが原因を調査したところインバーター本体が動いていない。一応分解して中身を見てみたが集約された電気回路はまったく手のつけようがない。やむを得ず交換することにした。壊れかけているトイレのモーターポンプアセンブリとオートパイロットST-2000の4台目、そして2KW正弦波インバーターを足立ヨット造船に発注して次回こちらに来る時に持ち込むことにした。またガスコンロ用のブタンガスカセットがミンデロでは売っていない。やむを得ず3kgのブタンガスタンクとレギュレータを買ってきて設置した。タンク、レギュレータ、ガス、ホースセットで2500円程度だったのでカセットを買うよりも安くついたと思う。これでカセットガスとブタンガスタンクの二本立てになったのでバックアップの意味を含めて安心できるようになった。カセットガスは3本690グラムで10日くらい持つのでブタンガスタンク3kgあれば40日くらいは持つのではないかと思っている。エアコンはコンプレッサーと海水ポンプは動き暖房はできるのだが冷房が動かないままだ。気象FAXはドイツのハンブルグの電波を受信することができた。しかしなぜ南アフリカで南アフリカの電波を受信できなかったのかは不明のままだ。

298 世界一周船栗毛

ARCラリー艇の出航

　11月16日の朝はこちらではめずらしいほとんど風のない静かな夜明けで気温は25℃、布団から出るとちょっと肌寒く感じる乾燥した気候だ。それでも昼間は暖かく半袖半ズボンで十分だ。今日はARCラリー参加艇の出航が予定されていたがあいにくの微風で午前中は皆出航を見合わせていた。昼前にやっといつもの北東の風がそよそよと吹き出し12時から一斉に出航していった。MASAYUMEという名前の80フィート以上の木造艇や70フィートのカタマランなど大型艇が揃って出航しセールを張っている様子は壮観なものである。ペドロ夫妻が乗る50フィート強の艇OASISも私のお手製のスープを持って出航して行った。マリーナはまたがらがらになったが多分近くにアンカーリングをしていた船が何艇か戻ってくるのではないだろうか。

ミンデロに艇を置いて一時帰国

　11月17日はうめぼしをマリーナミンデロに置いて私は日本に帰ることにした。長期の不在になるために艇の位置をポンツーンから離して沖側になるようにもやいを設定しコクピットには予備のもやいロープを置きビルジをすべて汲み出すなど準備をした。そしてマリーナのバースマネージャーと受付窓口の人に留守中のことを頼み緊急連絡先などを確認した。あとはまた戻る時までうめぼしが無事でいてくれることを祈るだけだ。ミンデロから空港までタクシーで10km約10分、空港からリスボンまで4時間、リスボンではホテルに1泊しリスボンからモスクワ経由で20時間のフライトになる。正月を日本で過ごし次は1月下旬から2月頃に戻ってきて航海を再開する予定だ。

5 2016年の航海　*299*

6 2017年の航海
（カーボベルデからトルコのマルマリスへ：5746海里）

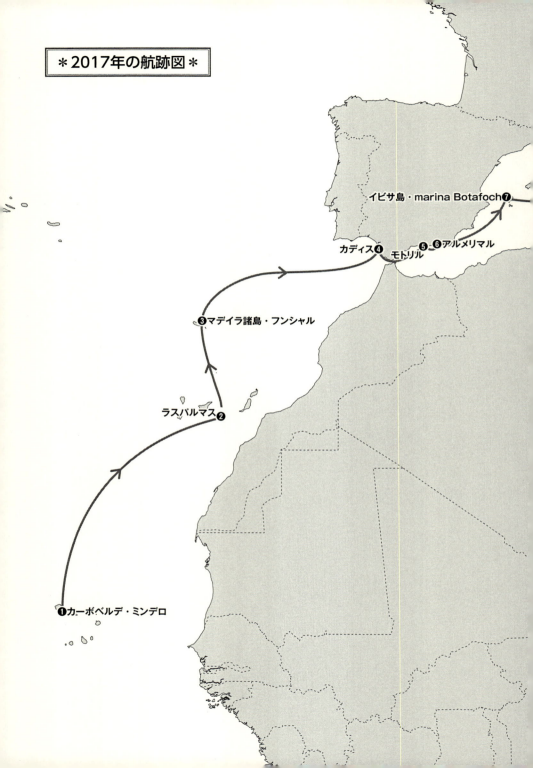

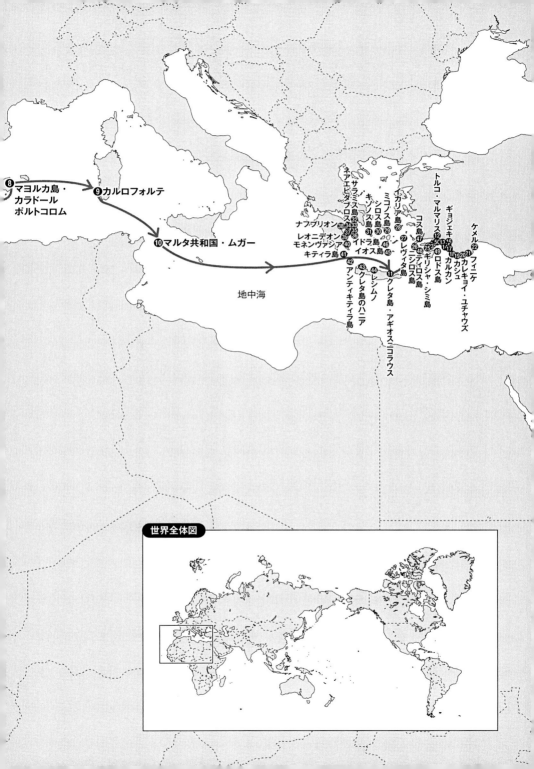

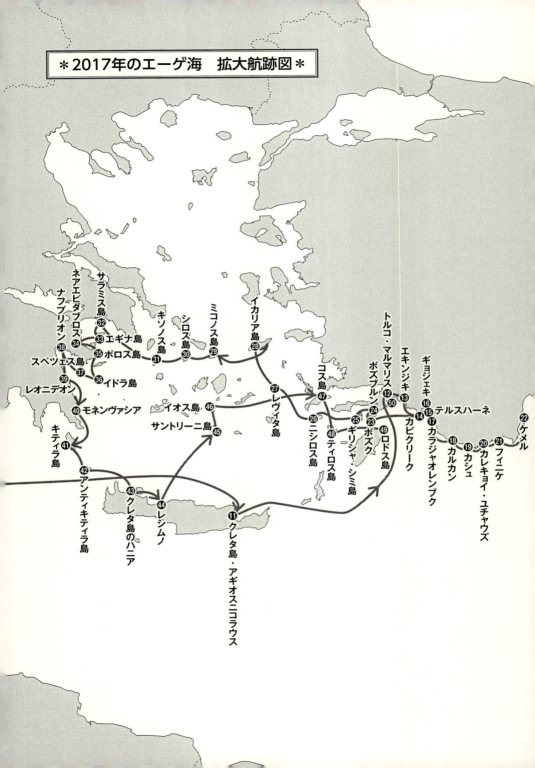

2017年の航海のまとめ

　うめぼしは2014年８月に博多湾をスタートし沖縄まで行き2015年に沖縄から東南アジアのタイまで行った。2016年はタイからインド洋を渡り南アフリカを経由して南大西洋を北上しカーボベルデまで9800海里を航海した。2017年はカーボベルデから北大西洋を北上しジブラルタル海峡を通って地中海に入りトルコ南岸やエーゲ海の島々を巡り5700海里を航海した。これまでの合計で約20000海里を航海したことになる。2017年２月にカーボベルデのミンデロを出航しカナリア諸島のラスパルマスまで1600海里、ラスパルマスからマデイラ諸島のフンシャルまで300海里、フンシャルからスペインのカディスまで600海里、カディスからジブラルタル海峡を通りアルメリマルまで200海里、アルメリマルからバレアレス諸島のポルトコロムまで350海里、ポルトコロムからサルディニア島のカルロフォルテまで240海里、カルロフォルテからマルタのムガーまで340海里、ムガーからクレタ島のアギオスニコラウスまで570海里、アギオスニコラウスからトルコのマルマリスまで160海里を航海した。マルマリスには５月に到着しここに艇を置いて１か月間日本に帰った。６月にマルマリスに戻りその後は地中海の各港に滞在しながらゆっくりと旅を楽しむスタイルの航海をした。まずはトルコ南岸を東に向かいエキンジキ、カピクリーク、テルスハーネ、ギョジェキ、カラカオレン、カルカン、カシュ、カレキョイ、フィニケ、ケメル（アンタルヤ）まで行き戻ってきた。次にボズク、ボズブルンと西に行きここでトルコを出国しギリシャのシミ島、ニシロス島、レヴィタ島、イカリア島、ミコノス島、シロス島、キソノス島、サラミス島、エギナ島、ポロス島、イドラ島、スペッツェス島、ペロポネソス半島のナフプリオン、レオニデオン、モネンヴァシア、キティラ島、アンティキティラ島、クレタ島のハニア、レシムノ、サントリーニ島、イオス島、コス島、ティロス島、ロードス島とエーゲ海の島々を巡りマルマリスに戻ってきた。この間の航海距離は1300海里余りである。

　2017年に航海に携わった期間は約７か月間（日本に滞在した期間は４か月間）でその中でも実際に航海していた時間は合計で1480時間で5700海里を平均速度3.8ノットで航海している。エンジン稼働時間は530時間で軽油730リットル（約12万円）を消費した。係留費用はマルマリスで６か月間と上架費用含め22万円、ミン

デロ1か月間3万円、フンシャル10日間2万円、その他を合わせて合計40万円弱になった。艇のメンテナンス費用は船検費用53万円、セールドライブ修理38万円、セール購入30万円、オーパイ購入と修理11万円、足立さん整備70万円、などを含め合計230万円かかっている。イミグレーション関連費用6万円、飛行機代21万円、飲食費生活費その他95万円、保険料16万円で航海関連の総合計で430万円かかった。今年の航海の特徴は前半のカーボベルデからジブラルタルまでの風上に向かう航海が非常に厳しいものであったことともう一つは一転して地中海に入ってからはのんびりとゆっくりした旅を楽しむことができたことだ。

海外船検

うめぼしは2017年に中間船検を受ける必要があるが日本に戻るのは難しい状況なので地中海近辺で船検を受けることができないかと思いJCIに電話で問い合わせたところ、国土交通省関東運輸局海上安全環境部船舶安全環境課に相談するように言われた。さっそく紹介された船舶安全環境課に電話をしてみると、毎週水曜日が相談日で関東運輸局のホームページから打ち合わせ申込書をダウンロードして送るように言われ、2016年11月30日を指定して送った。そして桜木町駅から徒歩5分の合同庁舎16階に出向き打ち合わせをしてきた。その結果2017年2月下旬にラスパルマスで検査を受けることにした。交通の便の良い地中海沿岸であればどこでも出かけるということだったが、ラスパルマスには日本人の係官が駐在していてなおかつ現地に船検に慣れた整備業者があるということが判断ポイントになった。ほかに日本人係官が駐在している場所は米国ニューヨーク州、ペルー、リオデジャネイロ、シンガポール、スラバヤ、上海だということで大型船舶の検査ニーズが多いようだ。気になる費用だが海外検査手数料11万3700円と第一種中間検査手数料1万4900円の合計12万8600円だということで、12月中に船舶検査申請書とともに収入印紙を貼って申請することにした。中間船検ではライフラフトの展開確認や消火器、火箭、信号紅焔の交換などがあるが現地調達品で良いとのことだった。今後現地係官と直接メールでやりとりをして詳細を詰めることにしている。

海外船検（その２）

　2016年12月7日午前に関東運輸局に行き海外検査手数料12万8600円の収入印紙とともに申請書を提出した。長距離航海懇話会の小島さんからコメントでご指摘いただいた無線局の船舶局の定期検査については中国総合通信局に確認したところ「うめぼし」の船舶局は2017年度に定期検査が予定されており2017年4月に定期検査実施通知書が私の自宅あてに送付されるということだ。この通知書が到着すると2017年度中に検査を受ける必要があるが、電波法第73条2項により延期願いを提出することによりある程度（1年から2年？）延期できるということだ。従って今回の船検では無線局関連は何もせずに終わらせ、2017年度に延期願いを出すことにしたいと思う。しかし無線局の定期検査とは別に船舶検査の救命設備の一つとしてイーパーブ、レーダートランスポンダ、双方向無線電話についても整備が必要であると関東運輸局の係官から指摘された。「うめぼし」はイーパーブと双方向無線電話を搭載しているのでその整備方法について係官と相談した結果、イーパーブは国内で別のイーパーブを整備し現地に持ち込むことにした。双方向無線電話は現地係官の配慮により現地で整備業者が見つかりそこに依頼することにした。

海外船検（その３）

　その後関東運輸局の係官から以下のような丁寧な案内メールを受領した。

ここから引用────────────────────

　中間検査受検の流れと検査準備について、以下のとおりご連絡致します。
　（検査の流れ）
　1．ラスパルマス到着後、在ラスパルマス領事事務所にて検査受験日等の打合せ。
　　　この際、船舶検査証書とイーパーブの検定合格証の提出
　2．ライフラフト及び双方向無線電話の整備のため事業者引き取り
　3．船舶検査実施（詳細は検査準備を確認してください。）
　4．船舶検査証書、検査手帳、次回検査指定票の受取
　検査の流れは以上です。

6 2017年の航海　*307*

（検査の準備）
・船体：係留場所にて閉鎖装置等の外観検査
・機関：効力試験（クラッチの嵌脱や作動状態を確認）
・救命設備：
　ⅰ．ライフラフト：ラスパルマス整備事業者にて検査官立会のもと膨張試験
　　　等検査を実施。
　　　整備後、整備記録の提出及び積付けの確認
　ⅱ．双方向無線電話：ラスパルマス整備事業者にて検査官立会のもと作動確
　　　認等検査を実施。
　　　整備後、整備記録の提出及び積付けの確認
　ⅲ．イーパーブ：検定合格証の提出及び積付けの確認
　ⅳ．その他救命設備：現状での状態確認及び有効期限の確認
　　　※火工品で交換する必要がある場合は現地で入手可能なもので構いませ
　　　ん。
・消防設備：消火器、赤バケツの状態確認
・排水設備：ビルジポンプの効力試験
・無線設備：積付けの確認
・航海用具：
　ⅰ．船灯：点灯試験
　ⅱ．その他航海用具：状態確認
以上となります。
引用ここまで――――――――――――

　イーパーブは三菱電機特機システムのTEB-720という新品を足立ヨット造船
から購入することにした。そのため中国総合通信局に無線局変更申請を出し使用
周波数の変更申請と機器変更の届出をした。

日本からミンデロへ

　2017年1月26日に成田空港を出発しモスクワ、マドリッド、リスボンを経由し
てカーボベルデのミンデロに28日に着いた。途中モスクワとマドリッドのホテル

に泊まる予定だったがモスクワはビザがないと入国できないということで予約したホテルには行けずに空港内のベンチで仮眠するはめになった。また今回は整備用品をたくさん持っていく必要があり飛行機の預け入れ荷物が2個になってしまい追加料金を取られるという予想外のこともあったがこの2件の他には特にトラブルもなく無事にうめぼしまで到着することができた。2か月ぶりのうめぼしもデッキには砂埃をかぶり船底には緑の海藻をたくさん蓄えていたが船そのものには大きなトラブルもなかったようで無事に浮かんでいた。うめぼしの隣に係留していたベルギー艇のDARYAは22日に風にあおられた大型カタマランにぶつけられてマストが倒れるという事故に遭い乗っていた奥さんは腰の骨を折るという大けがをして入院しているとご主人が言っていた。そのカタマランはうめぼしとDARYAの間に流されてきたそうでうめぼしの強運には驚くばかりである。

うめぼしでの生活再開

艇に戻ってきて最初にしなければならないことは電気、水道、ガスなどの設置確認や住居としてのキャビンやコクピットの確認だ。まず陸電を引こうとすると陸電のブレーカが落ちる。どうも途中のどこかで漏電しているような感じだ。テスターを使っていろいろ切り分けていくとケーブルとケーブルの接続コンセントに水が入ったまま放置していたようで錆びている。コンセントを取り換えるとうまく使えるようになった。次にガスを使おうとするとガスは出ているのだが火がつかない。何度やっても火がつかないのでブタンガスボンベをガソリンスタンドまで持って行ってブタンガスを充填済のボンベと交換してもらった。3kgで400円だ。それでやっと火がつくようになった。水は清水ポンプもトイレポンプもビルジポンプも問題なく動いた。船底のビルジはまったくなくからからに乾いていた。ミンデロは常時北東の貿易風が10m前後吹き続けておりそれが小高い丘を越えてくるために土埃が飛んでくるようでデッキやコクピットに土埃が積もっていてシート類も風上側が真っ黒になっている。まずは生活圏でもあるコクピットを高圧洗浄機で清掃した。これでやっと前と同じ生活ができそうだ。

船底の清掃

昨日はウェットスーツを着て海に潜りプロペラと船底の清掃をした。まずバウ

側のもやいロープを引いて艇をポンツーンから離す。そしてスターンにあるスイミングラダーを降ろす。ここから海に入ったり上がったりする。またハルの側面の水面上にロープを張る。このロープにつかまりながら作業をする。気温は27℃あるが水温は23℃前後だと思われ5mmのウェットスーツを着てちょうど良いくらいの温度だ。藤壺でけがをしないように手袋と足袋をつける。水中メガネをつけて木のへらを持ってそろりとラダーから海中に入る。海水がウェットスーツの中に入ってくると冷たく感じる。まず最初に船底の下に突き出ているセールドライブにロープを回す。このロープを伝ってプロペラまで潜っていく。10回くらい潜ってプロペラの表面についている藤壺や海藻類を落としていった。藤壺は数個くらいであとは藻がついている程度だったので2か月間放置していた割にはきれいなほうだったと思う。そのあとハルの水面部分についた海苔のような海藻類を落としていく。艇の周りを2周回って一通り水面上から見える範囲はきれいになった。午前10時半くらいから1時間強の作業時間だったが海中での作業は相当重労働のようで終わったあとにはかなりの疲労感があった。

うめぼしのメンテナンス

　今回日本から持ってきたメンテナンス用品はオートパイロットST-2000を1個、電動トイレのモーターアセンブリ一式、12Vから100Vへの正弦波インバーター2KWを1個、TEB-720イーパーブ1個、俵型フェンダーカバー3個、清水の残量目視のための三つ又とホース一式、スマホホルダー、シャックルなどステンレス部品一式などだ。防寒ウェアやスマホ2台、電子辞書、プリンタ用インクなども持ってきた。またエンジンなど既存の設備の稼働確認や清掃なども行う必要があり、持ってきたパーツを使いながら順次作業を進めていく。九州大学ヨット部の先輩の石橋さんから餞別にもらったカゼッコ山崎の特製フェンダーカバー3個をさっそくセットした。お陰様で後ろ姿も少しは見られるようになった。清水タンクの水量計が動かなくなったので足立さんに教えてもらった三つ又とホースによる水量目視ツールをさっそく設置してみた。清水ポンプのすぐ手前に設置したためポンプが停止する時に水圧が上がるようで水が漏れるのでホースを継ぎ足して天井まで伸ばした。

風待ち

　現在地のミンデロから次の目的地であるカナリア諸島のラスパルマスまでは北北東方面に800海里ほど離れている。そしてこの地域は北大西洋にある亜熱帯高気圧が一年中あまり移動しないで停滞しているためいつも北東の風が吹いている。つまり向かい風が吹いているということだ。たまに（年に数回？）低気圧が来ると西よりの風が吹くと言われているが昨年の11月からまだ一度も西風が吹いていない。このまま低気圧を待ち続けてもいつになれば低気圧が来るのかわからない状況だ。そこで低気圧を待つのではなく、北大西洋高気圧の位置が少しだけ移動する時に風向も少しだけ変化するのをとらえて航海できないかと考えている。つまり高気圧がミンデロの真北あたりまで張り出してくると風が北東から東北東に少し振れる。このタイミングをとらえてスターボで北北西に向けて航海し次に高気圧が大西洋の沖合に引っ込むと北北東の風が吹くのでその時はタックして東南東に向けて航海するという方法だ。今の天気予報では２日から９日にかけて高気圧が張り出してきているので今がチャンスなのだが、残念ながら７日頃までは風速10m以上の風が続きそうなので風速が少し落ち着く８日頃に出航してみてはどうかと考えている。この方法だとまっすぐ行く場合に比べて２倍以上の距離を走ることになり航海日数も15日前後はかかることを想定している。

近くの丘まで散歩

　2017年２月３日は午後から町の東側にある小高い丘の上まで散歩に出かけた。天気は晴れ気温は25℃いつもの北東の風が10m以上吹いている。マリーナから歩いて10分足らずで急な上り坂の道になり丘の斜面には石造りの家が立ち並んでいる。しばらく石畳の坂道を登っていくと道はだんだんと狭くなり家と家の間の狭い階段のような細い道を更に登っていくと高さ100m足らずの小高い丘の上に出た。西側にミンデロの街並みとマリーナが広がり東側にはこの島の最高峰のヴェルデ山（770m）を望むことができた。

気象FAX

　なかなか使いこなせていなかった気象FAXでやっとかなり鮮明な北大西洋の東部の気圧配置図を得ることができた。電波はドイツのハンブルグから発信され

ているもので周波数は13.88MHz送信出力20KWだ。HF受信機アイコムIC-706の音声ボリュームを最大にしてパソコンのマイクに入力する。パソコンソフトKG-FAXは自動制御や同期をオフにして手動で掃引をオンオフする。電離層から反射してくる電波の状況が時間により変わるようで受信品質も良かったり悪かったりする。

イーパーブとインバーターの設置

　中間船検をラスパルマスで受けることにしたためにイーパーブの検査が必要になった。うめぼしにこれまで搭載していたイーパーブは大洋無線のREB-24という型式のものだが交換電池が供給されていないということで検査を受けることができず、今回新たに三菱電機特機のTEB-720というイーパーブを購入し日本から持ってきた。これをさっそくコクピット内部に取り付けてみた。従来の製品よりひとまわり小さくなっている。また2KWのインバーターが故障したので新しい2KWのインバーターも日本から持ってきた。これも設置してみた。

船底清掃と出航準備

　2月6日は午前中に歩いて10分ほどのマリーナの北側にあるフェリー乗り場のビルに行った。ここにポートオフィシャルとイミグレーションがある。ポートオフィシャルではポートクリアランスという書類を700エスクード（約770円）で発行してくれた。次にイミグレーションで500エスクードを払いパスポートに出国の押印をもらった。これで出国手続きは終了だ。明日の午前中にカナリア諸島のラスパルマスに向けて出航の予定である。午後からはマリーナから紹介されたクレイトンさんに船底の清掃をお願いした。先日自分で潜ったのだがキールやラダーなど海の中のほうはほとんど手付かずのままだったのでプロに依頼することにした。作業時間は1時間程度でキールからラダーまできれいにしてもらい料金は5000エスクードだった。その後町のマーケットまで行き航海中の食材を大量に仕入れてきた。ジャガイモ、玉ねぎ、にんじん、かぼちゃ、トマト、大根、きゅうり、レタス、パパイヤ、バナナ、たまご、ヨーグルト、パン、ハム、チーズ、牛乳などだ。既に麺類や缶詰、ジュースなどは調達していたので合わせて十分すぎるほど購入した。

カーボベルデのミンデロマリーナを出航

　２月７日は午前中に出航予定だ。風はいつもの北東の風が10m強吹いておりちょっと強いのだがいつまで待っても収まりそうもないので出航することにした。天気予報によるとこの風は２月11日までの４日間はこのまま吹き続け、12日から15日の４日間はカナリア諸島の北側に停滞する低気圧の影響で北から西よりの風に変わる見込みだ。この風をうまくとらえることができれば10日間くらいで着ける見込みだが運が悪いと15日以上かかるかもしれない。ただ10日後の天気予報は予想確度が低くあまりあてにならない面もある。とはいえ７日に出航することにしたのはこの低気圧の風を狙おうということである。食料と水は十分に積んであるのでゆっくり行きたいと思う。

うめぼし航行状況　ミンデロ～ラスパルマス

　２月７日18時、現在位置は出航地ミンデロの西側にあるサントアンタン島の北西約10海里。17mの風と船酔いで苦労しているようです。大幅に縮帆して北東の風を受けて北西～北北西へ進んでいると思われます。

　８日７時、現在位置はサントアンタン島の北西約80海里。目的地に向かう方向とは直角の方向へ進んでいるので、ラスパルマスへは近づいていません。風向が北東からどちらかへ振れるのを待つしかありません。風速は前回メール時の17mから10mとまだ強風ではありますが弱くなっています。13時間で70海里なので５ノット強で帆走できているようです。

　９日６時、晴れ、波２m。現在位置はサントアンタン島の北西約190海里。風向は相変わらず北東。風速は12mで安定、まだ強風です。セールはメインセール２ポイントリーフにジブセールは少しだけ展開しています。デイラン110海里なので４ノット強で帆走しています。Windytyの予報によればあと２日はこの風向が続きますが、２月12日（日）午後から夜にかけて大きなヘッダーがきて風向が北西に変わりそうです。そうすればラスパルマスへ向けて帆走できるようになると思います。

　10日６時、晴れ、波２m。ヨーグルト食べた。現在位置はサントアンタン島の北西約300海里。デイラン110海里。船酔いのせいか普通の食事がとれていないようです。

11日6時、晴れ、波2m。昨夕オートパイロット3号機不調。2号機が今朝まで稼働OK。現在位置はサントアンタン島の北西約380海里。デイラン80海里。風向は相変わらず北東。風速は8m、強風から少し弱まりました。

12日6時、23時半まで西北西へそこでタックして4時まで東南東へ。風は北6m。ほぼ東に向かっている。現在位置はサントアンタン島の北西約420海里。ラスパルマスの西南西約860海里。風向が北へシフトして艇をタックさせ東へ帆走し始めたので、ラスパルマス方向へ少し近づいた感じです。このあと風向が更に北西へシフトしてようやく東北東のラスパルマス方向へ帆走できるようになると思います。

12日18時、12時から4時間機帆走。北西の風3mから8m。曇り。波2m。静か。メイン、ジブともにフルセール。現在位置はラスパルマスの西南西約733海里。予報どおり風向が北西へシフトして東北東のラスパルマス方向へ帆走しています。風の強さも順風でフルセールのアビーム〜クォーター。デイラン120海里。この風は17日まで続いたあと、また風向が北東へ戻るので、それまでにラスパルマスへ着きたいところです。船酔いもようやく治まり体調回復したようです。メールの文も少し長くなりました。

13日18時、今は西北西の風2m。快晴。波静か。現在位置はラスパルマスの西南西649海里。風が弱くずっと機走です。5m以上の風がある北側の水域へ向けて北寄りに進んでいますがまだ風に出逢いません。

14日18時、現在位置はラスパルマスの西南西568海里。風は5mと、ようやく良い風に出逢いました。

15日18時、現在位置はラスパルマスの西南西452海里。北西〜北北西の風7mと風向がやや北よりになりましたが良い風が続いています。

16日18時、北北東の風6〜13m。メインセールを1ポイントリーフ、2ポイントリーフ、フルセール、と変化が多かった。晴れ（雨少し）。波静か。現在位置はラスパルマスの西南西337海里。順風〜強風で変化が大きかったのでセールチェンジが忙しかったようです。風向は北北東で、進路はラスパルマスの南を向いています。

17日18時、北北東の風13m。晴れ。メインセールを2ポイントリーフ、ジブセールは半分。快晴。揺れ大きい。現在位置はラスパルマスの南西236海里。風向

314 　世界一周船栗毛

が北北東で、進路は東に向いています。うめぼしの上り角度は20度以下のようです。

18日７時、タックした。上り角320度。２月18日、19日は北に行く。風向が20度右へシフトして北東よりやや東よりになったのでタックし北北西へ進路を変えました。

18日18時、北東の風12ｍ。快晴。波２ｍ。タック後、オートパイロット２号機が不調。４号機に交代。現在位置はラスパルマスの南西202海里。進路は北北西に向いています。ラスパルマスの方向とほぼ直角の方向へ進んでいるので目的地へ近づいていません。今日、明日は北東の風が続きそうなので、この方向へ帆走するようです。

19日18時、現在位置はラスパルマスの西南西236海里。風向は北東～北、風速も軽風から強風の間でよく変化したようです。午後に一度タックし東へ進みましたが１時間後にまたタックして再度北北西へ進んでいます。今は北東の風なので、もう少しこの方向へ帆走すると思います。目的地ラスパルマスからは30海里遠ざかりました。

20日18時、８時タック。進路130度。11時から進路110度。北北東の風10ｍ。晴れ。波２ｍ。現在位置はラスパルマスのほぼ西225海里。風向は朝方に北東から北北東へ変わり、うめぼしはポートタックへタックして東南東へ帆走しています。ラスパルマスまでの距離は12時間で34海里縮まりました。この風はこのあと北へシフトしてしばらく続きそうなので、ラスパルマスへの距離を着実に縮めると思います。

21日18時、北の風10ｍ。進路75度。晴れ。現在位置はラスパルマスの西南西128海里。カナリー諸島西端の島の南側を通過しました。うめぼしは東北東へ帆走しています。

22日18時、快晴。西の風６ｍ、真追手。快適。15時、無風。17時、北北東の風６ｍ。現在位置はラスパルマスの西33海里。テネリフェ島とグラン・カナリア島の間の海峡の中央部にいます。今日はテネリフェ島のブランケットで風が弱かったのでずっと機走していました。久しぶりにヒールから解放され快適だったようです。テネリフェ島のブランケットを抜けたので、このあとは北北西～北の順風が現地の明日昼頃まで続き、うめぼしは東北東～東へ帆走する見込みです。グラ

ン・カナリア島北端をこのタックのままでうまくかわせれば、明日の朝に目的地ラスパルマスの沖へ到着し昼頃には上陸でしょう。今晩は、風向が微妙な上に風下側に陸地があり港近くで他の船も多い中を進むので操船に気をつかうと思います。徹夜かもしれません。安全航行・無事到着を祈りましょう。

　23日6時、現在位置はラスパルマスの北北東13海里。ラスパルマスの北側沖を少し通り過ぎてタックしています。厄介な夜間航海を無事乗り切ったようです。現地は朝6時なのでこれから時間を見計らいながら追い風で入港すると思います。

　23日10時にマリーナに仮付け係留できた。〈宮原〉

カーボベルデのミンデロからカナリー諸島のラスパルマスへ

　2月7日10時40分にミンデロを出航して2月23日10時（ラスパルマス現地時間11時）にラスパルマスのマリーナに到着した。直線距離では800海里だが航海距離は1600海里くらいで所用日数も16日間かかった。やはり風上に向かって航行するのは大変だ。今回の航海でもいろいろな新しい経験や試練があったしまた幸運な面もあった。その中でも今回初めて航海中にイリジウムで双方向の通信ができたことは画期的だった。これまで航海中は天気予報の情報を得ることはまったくできなかったが今回は宮原さんから的確な情報を送ってもらうことができ安心してかつより良い航路を選択することができた。厳しかったことは風速12mから19

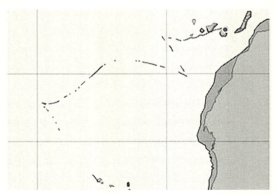

カーボベルデからラスパルマスまでの航跡

mの風の中で風上に向かってセーリングする中で艇は波にたたかれまた大きな波
しぶきが艇の上を越えていく時にキャビン上部ハッチから海水が漏れてきて蒲団
がぬれてしまったことだ。またオートパイロットのNo.2、No.3、そして新品の
No.4すべてが不調でうまく動かなかったことだ。それでも途中良い風に恵まれ
たこともあり宮原さんのサポートもあり何とか無事にラスパルマスまで到着する
ことができた。

ミンデロからラスパルマスまでの航海（その１）

　行程から言うと今回の航海は大きく４つに分けられる。７日から11日までの北
西に向かっての上り行程400海里、11日から15日までの北東に向けての上り行程
500海里、16日から21日までのタックを加えての上り行程500海里、そして最後の
21日から23日までの島陰を含めた機帆走中心の200海里だ。出航してすぐに２つ
の島の間を抜けて機走で北に抜けるつもりでいたが島と島の間は特に風が強まり
15m以上の向かい風で機走だと２ノット以下になり風上へ行くのをあきらめ西側
のサントアンタン島の南側（風下側）を抜けて行くことにした。このため７日は
目的地から20海里ほど遠ざかることになってしまった。島の南西側は無風地帯で
2.5時間ほど機帆走をしてセールを２ポイントリーフにセットして夕方16時から
北西に向けてセーリングを開始した。この時通常平均で12mくらいの風が島の影
響で17mから19mくらいまで吹きあがり５時間ほど吹き続けた。この時は12年前
のセールが破けるのではないかとひやひやしながら30度以上の傾きの中で走らせ
た（この時の状況から新セールを買うことを決心した）。そしてデッキの上を洗う波
がメインキャビンのハッチ部分やその他数か所から漏れてきていることがわかっ
たのだ。あわてて対策を施したがベッドのマットやシーツ、蒲団などが一部濡れ
てしまった。更に船酔いが追い打ちをかけてきて吐き気と寝る場所がないことで
最悪の状況だった。もともと私が小さい頃はバスに乗っても乗り物酔いをしてい
て酔いやすい体質だったのだが大人になった時はある程度慣れてきて小型のディ
ンギーに乗っても酔わないくらいにはなっていた。しかしクルーザーの揺れはレ
ベルが違うのかいくら乗っても慣れることができないようで揺れの大きい航海で
は毎回２日間ほどの船酔いに悩まされている。特に私の場合は胃に対する負担が
大きいようで吐き気が強く何も食べることができなくなる。同時に作業もできな

くなる。このような状況の中で第一の行程の400海里は始まった。

ミンデロからラスパルマスまでの航海（その２）

　第二の行程は低気圧の影響によりたまに吹く西風に乗って北東方向に向かって快適にセーリングすることができた。しかしその風も長続きすることはなく２月16日からまた北東の風に向かって風上に向かう厳しい第三の行程が始まった。この行程の途中19日に最後の頼みだった新品のオートパイロットNo.４までが動かなくなった。うめぼしは風上に向かって航海する時にメインセールとジブセールをバランスよく張ると適度なヒールで舵のヘルムが安定する。つまり舵を固定しておくと自動的に風に対して最適に近い角度を維持しながら走ることができるのだ。この性質を使うことにより上り行程ではオートパイロットがなくてもうまく航海を続けることができるということがわかった。第三の行程は上りだったのでお陰様でオーパイなしでもうまく航海することができた。しかし第四の行程では追手や機走の時がありその時はいつも舵を手で握ってコントロールすることが必要だった。舵を持っているということは他の作業は何もできないということである。第三の行程の中で艇のバウが上下に大きく揺れ持ち上げられたバウが落ち込む時にガーンと激しく波に打ち付けられる状況が続いた。この時バウのアンカーが所定位置から外れてガタガタと音が鳴り始めた。波に打ち付けられる度にアンカーが振り回されているのだ。仮留めをすることで幸いなことに艇に大きな被害を及ぼす状況にはならなかったがバウスプリットのボルトが曲がったり木部に傷が付いたりしてしまった。またブームバングのマスト側ブロックのステンレス部分が破断してブームバングがぶらぶらしているのも見つかった。すぐに代替ブロックに付け替えることで対応した。バウのハルに張り付けてある「うめぼし」のネームプレートが外れてなくなってしまったのもこの行程の中で起こったものと思われる。このような状況の中でバウが大きな浮遊物などにぶつかるとハルに穴が開きかねないが今回も幸いなことにそのような事態に遭遇することはなかった。第四の行程では宮原さんからの風予報が的中し21日に風が北東から北に振れた。このような風の振れは出航時にはまったく予想もできないことで幸運な風の振れだった。第三の行程でこの風を狙って目的地から遠ざかるにもかかわらず北西に向かっていくことができたのは宮原さん情報の賜物である。この風で残り

200海里ほどを目的地に向かって直進することができた。この行程では島陰に入るたびに機走をすることになるのだがその間はずっと手で舵を握っている必要があった。しかしそれは幸いなことに昼間だけだったので何とかクリアすることができた。難関だと思われたテネリフェ島とグラン・カナリア島の間の海峡においてさほど強い風に遭わずに通過することができたのも幸いだった。最後は23日の夜明け前に行きすぎた部分をタックして戻り機走ランニングでマリーナまで辿り着くことができた。

カナリア諸島ラスパルマスの街とマリーナ

　カナリア諸島はアフリカ大陸北西端のモロッコの西側沖合に位置しておりヨーロッパのハワイとも言われる温暖な気候の島々だ。諸島の中ほどに位置するグラン・カナリア島の北東端にラスパルマスの街がある。人口40万人と言われる大都会で人々の生活レベルも日本とほとんど変わらないくらい豊かでありなおかつ治安も悪くないという素晴らしい街だ。また欧米のそれと同じように街の中心部にプレジャーボート用のマリーナがある。2月23日の11時前にこのマリーナに到着しVHFで入港許可を求めたところ現在マリーナは満杯で入港はできない。マリーナの北側にアンカーリングして係留することはできると言われた。それはわかったけれどもこちらは小さいヨットなので何とかマリーナ内のポンツーンに係留させてもらえないかと粘ったところとりあえず1泊は許可するということで給油専用バースに何とか仮泊めさせてもらうことができた。そしてマリーナオフィスで係留手続きをして給油専用バースの裏側の狭いスペースに移動しとりあえず1泊することができた。翌日24日（金曜日）の朝にマリーナオフィスに行くととりあえず27日（月曜日）までは今の場所に係留することを許可すると言われた。大きなマリーナなのだがヨットで満杯になっているのには理由があった。ちょうどこの時期2月10日から3月5日まではカナリア諸島最大のお祭りであるカーニバルが開催されているのだ。カーニバルに合わせて来航する船が多いのに加えてマリーナ内の一部ポンツーンの改修工事のために受け入れ能力自体も少し少なくなってしまっていたのだ。従って今日26日（日曜日）は問題ないのだが明日以降はマリーナから出て行かなければならなくなるかもしれない（でも多分大丈夫ではないかとも思っている。というのはマリーナの係官に日本から持ってきた扇子をプレゼ

北澤さん（右）と佐野さん

ントしたところ非常に喜んでくれていたからだ）。24日の午前中には日本領事館を訪問し領事で船検担当の築山さんと打ち合わせをした。築山さんによるとカナリア諸島には約200人の日本人が在住しているとのことである。長距離航海懇話会の長尾さんにご紹介いただいた現地在住の北澤さんや佐野さん、板垣さんほか多くのかたがたに今後お会いできることを楽しみにしている。

島内観光ドライブ

　2月26日の日曜日の朝の9時半に長距離航海懇話会の長尾さんからご紹介いただいた北澤さんと佐野さんに車でマリーナまで迎えに来ていただいた。そしてすぐに車で島内観光に出発した。北澤さんも佐野さんもグラン・カナリア島に在住20年以上になるということで車中では現地の状況について詳しくお話をお伺いすることができた。そして1時間ほどのドライブのあとに到着したのは島の中央部にある標高1500mほどの高台で、ここに車を置いて登山をしようということだ。山の頂上にそびえたつRoque Nubloという巨大な岩を見に行こうということだ。2月下旬の1500mの高地ではあるが空は晴天で日差しは暖かく風もない。気温は20℃前後で半袖でも寒さを感じない良い天気だった。山頂からは遠く隣のテネリフェ島にある3718mのスペイン最高峰テイデ山をきれいに望むことができた。また足元に見える隣の峠や尾根には山肌に沿ってゆっくりと雲が滑り落ちていくのを見ることができた。現地でもたまにしか見ることができない雲の滝という現象

だということだ。山頂では北澤さんが持ってこられた魔法瓶のお湯でいれたお茶と一緒に果物やお菓子をいただきゆっくりと景色を堪能させていただいた。帰りにはラスパルマスの街の北西側にあるきれいなビーチPlaya de Las Canterasで昼食とビールをご馳走になりそしていつもビーチでのんびり過ごされているという笠間さんや佐藤さんをご紹介いただいた。何から何までお世話になってしまった１日だった。

ライフラフトの整備

　２月27日（月曜日）の朝９時半に現地のライフラフト整備事業者（Seguridad Maritima）の水元さんにマリーナに係留しているうめぼしまでライフラフトを引き取りに来てもらった。そして今回船検を担当していただくラスパルマス領事の築山さんも来られていたので一緒に水元さんの車で整備事業所まで連れて行ってもらい、ライフラフトの中身を開けて内部状況の確認作業をする現場に立ち会わせてもらうことができた。まず最初にケースの両側サイドをつなぎ合わせている細い糸のような紐をナイフで切断しケースの両側を取り外す。中身は更に黄色のビニールカバーのような布に包まれており、それを広げていくとラフト本体と膨張用ガスボンベ２本と積載物を入れた白いザックバッグのようなものが出てきた。うめぼしはライフラフトをスターンのスイミングデッキの上に置いていたので少し天候が荒れるとすぐに海水をかぶる状況にありケースの中身はほとんどが水にぬれている状況だった。ガスボンベの周りには錆が発生しておりガスボンベを包んでいる黄色のビニールケースが固着してなかなかビニールケースを取り外すことができないような状況になっている。またラフト本体も水浸しで食料や緊急医療品などを入れたザックバッグもずぶ濡れの状態だった。それらを一つ一つ丁寧に取り外し個々の状況を診断し交換すべきものそのまま継続利用できるものに仕分けていく。ラフト本体にはガスボンベを使わずに事業所のエアーコンプレッサーから空気を入れて膨らませて状態を確認する。このような段取りでとりあえずライフラフトの内容状況の確認作業に立ち会わせていただくことができた。今日はここまでで明日はカーニバルの祝日なので明後日からラフト本体の水洗いや内容物の乾燥をしてそのあとに個々の機能チェックをしていくということだ。検査担当の築山さんからはラフトの設置場所について強く再考を促された。

ラスパルマスの夜の街の散策

　2月23日にラスパルマスのマリーナに入港してすぐ翌日24日（金曜日）の午前中に日本領事館に行き築山領事と船検の進め方について打ち合わせをした。まずは整備が必要なもの（今回は双方向無線電話とライフラフト）の整備の手配をしてもらった。本来は私が自分でやるべきことなのだが築山さんは優しくてすべて対応してくれた。その結果27日（月曜日）の午前中にそれぞれの会社の人が船まで引き取りにきてくれることになった。そのほかの段取りについても一通りの確認が終わったあとにまた築山さんにいろいろと教えてもらった。到着した23日の午後にマリーナで作成してもらった入港証明書類を持ってイミグレーションの手続きをするために国境警察（Border Police）に行った。そこでEUへの入国証明書を発行してくれたのだがなぜかパスポートに印を押してくれないのだ。それが心配で築山さんに確認したのだが大丈夫だという返事だった。今後はパスポートと一緒にその証明書を持ってEU内の各国を回ることになるようだ。そしてその日の夜は街中のバルでサッカーの試合を見ながらの夕食とそのあとカーニバルの見物に連れて行ってもらえることになったのだ。これまでいろいろな国の港に立ち寄ってきたがいずれの港も夜の街は怖くて出歩いたことはなかった。ここラスパルマスは人口40万人の都会でありながら夜の街もかなり安全で普通に散歩することができるということなのだ。築山さんの友人の小脇さんと3人でカーニバルの歌と踊りのコンテストを見て船に帰り着いたのは23時過ぎだった。小脇さんには26日の夜もこれまでの各年のゲイの衣装の優勝者が街中を練り歩くパレードを見に連れて行ってもらいそのあと旧市街のバルで夕食をとり更にビルの屋上にある景色の良い洒落たバーにも連れて行ってもらった。

殿上さんの来訪

　2月28日はカーニバルの休日なのだが朝洗濯ものを干していると岸壁から日本語の声がかかった。ライフラフトの整備会社を長女に譲って悠々自適の殿上さんがバイクで遊びに来てくれたのだ。昔はニチロ漁業の遠洋漁船に乗り世界の海を回っていたそうでその後この地で事業を始めて既に40年以上経つということだ。ラスパルマスという街は1960年代から70年代にかけて日本のまぐろや鯛の漁船が基地として利用したことが経済発展の礎となっているそうで最盛期には500隻の

漁船と１万人を超える日本人が従事しておりそれらをサポートするビジネスも大きく成長してきたということだ。殿上さんもラスパルマスの街の発展に寄与してきたということを含めてこの街に一方ならぬ愛着を持っておられる様子だった。その後沿岸各国などとの漁獲量交渉が厳しくなり漁船の数は年々減ってきたが今でも年間100隻以上が活動しているそうだ。それと呼応するように代わりに観光業が発展してきて今では島内産業の80％以上が観光業を中心とする第三次産業が占めるようになっているそうだ。このような街の歴史を含めて２時間ほど岸壁の上で日向ぼっこをしながら話を伺ったあと殿上さんのバイクでお気に入りの中華料理店まで連れて行ってもらい昼食にうどん風中華そばをご馳走になりお土産として肉まん５個まで持たせてもらった。更に食後の散歩と称してラスカンテラスのビーチを散策していると殿上さんの旧友の樋口さんにばったり出会った。樋口さんも昔殿上さんと一緒にニチロ漁業の船に乗っていた仲間だそうでその後ラスパルマスで漁獲食品加工事業を始め波乱万丈のビジネスを展開され今でもモロッコで食品事業を経営しているとのことだ。その後またビーチをのんびりと歩いているとまた笠間さんと水元さんご夫妻にお会いした。昔ラスパルマスの発展に寄与された殿上さんや樋口さん笠間さんのようなかたがたが悠々と暮らしておられるのを見るにつけやはりこの街は暮らしやすいのだろうと納得してしまうのだった。私も居心地が良いのでつい長居してしまいそうだ。

マリーナ係留許可と係留費用

　３月３日（金曜日）やっとハーバーマスターと会うことができこの後10日間係留させてもらえることになった。今週の月曜日まではハーバーマスターの許可が取れていたのだが月曜日の朝マリーナオフィスに行くとハーバーマスターが不在で確認がとれない。その他のマリーナ窓口の職員は皆ハーバーマスターに確認する必要があると言うだけだ。その後も毎日オフィスに行ってみるのだがハーバーマスターは不在が多いようでなかなか会えなかった。やっと許可がもらえたのでさっそく２月24日から３月８日までの係留費用の支払い手続きをした。初日の２月23日から24日までの１泊は14ユーロだったが24日から３月８日まで１泊当たりたったの４ユーロだった。船の長さと幅をかけてそれに単価をかけるという料金体系なのだがうめぼしは長さ幅ともに小さいうえに槍付け料金で計算してくれた

6 2017年の航海　*323*

のだ。うめぼしは今ポンツーンに横付けしているが入港した時に窓口係官が配慮してくれて槍付け料金を適用してくれたようでそれが今も続いているということだ。3日に手続きをしてくれた係官によると通常横付けの場合は槍付けの場合の3倍の係留費用になるとのことだ。4ユーロには電気と水道の料金も含まれている。カーボベルデのミンデロに昨年11月7日から今年の2月7日まで3か月間お世話になった時の係留料金が10万7000円（1日あたり1160円）だったのに比べると半分以下だ。カナリア諸島からなるカナリア自治州が直接運営するマリーナであることも低価格を実現できている要因の一つかもしれない。

うめぼし船上でのラーメン試食会

ラスパルマスの街中に京都という日本食レストランがありこの街で唯一の日本人シェフもいるということでかなり流行っているそうだ。そこのオーナーがもう1店ラーメン店を開店したいということでその開設支援にバルセロナからわざわざ応援に来ているのが先日よりお世話になっている築山さんの友人の小脇さんだ。小脇さんはバルセロナの日本食店のベテランシェフだがオーナーからの特別の依頼もあって約1か月間の立ち上げ支援に来て厨房関係はほぼ出来上がり作り方指導も製麺機を新たに入れるなどしてほぼ終了し、今週末5日にバルセロナに戻られることになった。ただお店の客室などの工事はまだ完成しておらず開店は3月末になるそうだ。そうした折に小脇さんからうめぼしの船上でラーメン試食

船上ラーメンパーティー

会をできないかという打診があった。こちらは大歓迎なのですぐにOKをしてコクピットに座れる6人を定員にして3月3日の夜20時からスタートとして招待客に声をかけ簡単なつまみと飲み物を準備した。北澤さんにお願いして19時に車でスペイン広場の近くにある新しい店舗に小脇さんを迎えに行き道具一式を載せてうめぼしに向かった。参加者は領事館の築山さん、ラフト整備をしていただいた水元さんご夫妻、北澤さん、小脇さん、私の6人です。あいにく当日の気温は18度で北寄りの風が10mほど吹き船上は少し肌寒い気候だったが防寒対策をして皆で持ち寄った生ハム、サラミ、各種チーズ、野菜、漬物、果物などをつまみにカナリア諸島特産のワインを楽しみラーメンを食べ終わる頃にはもう24時近くになっていた。そのあと殿上さんに紹介されたスペイン歌謡曲コプラバルに行ってみると殿上さんが来ておられ夜中の2時までコプラとギター演奏を楽しませてもらった。お客が交代で歌ったり演奏したりする生演奏のカラオケという感じでお客さんと従業員が一緒になって楽しんでいる。とうとうスペインの夜更かし族の仲間入りをしてしまった。

ライフラフトの整備終了と積み付け工作

　3月3日の午後に水元さんが整備終了したラフトを艇まで持ってこられた。引き取ってもらったのが2月27日（月曜日）で28日は休日だったので足かけ4日で引き取りから納入まで済んだことになる。極めて迅速な作業実施であったと思う。併せて火工品一式も納入していただいた。費用は1250ユーロで15万円強になるかと思うが前回3年前の初回整備が運送料込で27万円（2023年6月の整備では30万円）だったことと比べるとかなり安く抑えていただいたと思う。またこれまでスターンのスイミングデッキの上に平置きにしてきたライフラフトの中身が海水でびしょ濡れになり膨張用ガスボンベの噴射口が錆びついていたということでライフラフトの設置積み付け方法を改善することにした。足立ヨット造船の足立社長に相談したところすぐに工作概要のラフスケッチを書いて送ってもらうことができた。これをもとに長尾さんにご紹介いただいた現地在住の宮城さんに連絡をとりステンレスパイプの積み付け台を作ってもらうことにした。宮城さんは現地で大型船舶の修理工場を経営されていて社員のかたも10名から30名の間で業務量に合わせて柔軟運営されているということだ。世界一周のハーモニーや菅原さんのカ

宮城さんとライフラフト設置台

タマラン若水の修理も手掛けたということでヨットの修理にかけてもベテランだ。さっそく写真のようなステンレス板を溶接加工したものを工場で作ってきていただき、そしてそれをスターンに取り付けていただいた。スギの板を取り付けニスを塗って取り付け用のロープを通すリングを付けて完成だ。依頼をしてからここまでの作業がたった 3 日だから素早いものだ。しかも無償で良いと言われ驚くとともに感謝の気持ちでいっぱいである。

オートパイロットの修理

　2 月 27 日（月曜日）に修理に出していたオートパイロットが今日 3 月 6 日（月曜日）の夕刻にマリーナのチャンドリー（船具店）に戻ってきた。受け取りに行くとオーパイメーカーのレイマリンのディーラーをしているという人が対応してくれて説明してくれた。その内容は No.4 と No.3 は正常なので何もしていない。カバーを外しもしなかった。No.2 は故障している。メカ部分とコンパス（ジャイロ）が悪いようだということである。要するに 1 週間預けていたのだがその間に診断をしただけで修理は何もしていないということだ。今から No.2 の修理を依頼した場合これから部品を取り寄せるので部品が来るまでに 1 週間かかるということなのだ。「うううーん」とうなってしまったが No.3 と No.4 が本当にうまく動くのかどうか実際にうめぼしに行って確認しても良いと言うので一緒にうめぼしまで来てもらい動作確認をしたところ両方ともまったく問題なく動いている

ように見える。なぜ前回動きがおかしくなっていて今は良いのか理由がわからないので不安ではあるが２台が正常だとすればそれはそれで妥協せざるをえないのかなと思い技術者の艇までの出張費35ユーロを払い今回の修理依頼は完了ということにした。艇のコンセント側が悪いのかもしれないという疑いも持ち何度も確認したのだがそれも現象としては現れなかった。

風予報

　Windytyの風予報によると３月９日から11日くらいまで東から南東の風が吹くようだ。船検が８日までに終了するようであれば９日の朝に出航しマデイラ諸島のポルトサント島のポルトサント港に向かいたいと思う。約300海里なので風が良ければ３日程度で到着できるのではないかと思う。ラスパルマスは日本人のかたがたのサポートが素晴らしく良くて天候も良いので本当に居心地が良くてなかなか離れたくないのだがこのままいるとずるずると長引きそうな感じもするのでうまく風が吹く時に風任せの旅を続けるようにしたいと思う。また今日はうめぼしのすぐ近くのバースに停泊していた大型帆船が訓練生を乗せて出航するのを見ることができた。号令として笛を吹いているのが聞こえてきた。またここラスパルマスはディンギーヨットの活動も活発だ。毎日夕刻になると多くのディンギーがマリーナの近くで練習している。地元に住んでいる人がここまでヨットに親しんでいるのを見るのはうめぼし航海の中では初めてのことだ。また今日は艇関係のメンテナンスも少しした。オートパイロットの内部清掃、メインキャビン上部のハッチのアカ漏れ対策、メインセールのグルーブ付近の補修などだ。

船検終了

　３月８日は午前11時前に地元の無線機整備事業者（www.nautical.es）のスアレスさんの配下の人が検査が終わった無線機を艇まで持ってきてくれた。双方向無線電話機の検査費用はたったの35ユーロと格安だった。ラフト整備をしていただいた水元さんから納入していただいた火工品も格安だった。小型船舶用火せんが１個40ユーロ、信号紅炎が１個15ユーロ、発煙浮信号が１個40ユーロだ。これだけで運輸局に支払う海外船検にかかる費用を十分にカバーできるほどだ。11時から築山領事に船まで来てもらい船検全体の最終検査をしていただきその後領事館

6 2017年の航海 *327*

まで行って船検証を発行してもらった。12時半にはすべて終了していた。現地で対応いただいた築山領事には現地事業者の対応から船検そのものの対応まで大変お世話になった。船検がうまく終了したので明日の朝出航する方向で進めたいと思っている。

ラスパルマスでの海外船検のまとめ

　2017年3月ラスパルマスで海外船検を受検した経緯をまとめてみた。昨年12月に関東運輸局を訪問し打ち合わせをした結果、ラスパルマスには整備業者があり日本人の検査官が駐在しているということで、ラスパルマスで検査を実施することにして関東運輸局に海外船検受検料を納付した。イーパーブは日本で検査をすることが必要とのことだったが国内業者に確認すると現有のREB-24は電池の供給がなく検査できないということで新たに三菱電機特機のTEB-720を購入して持っていくことにした。ラスパルマスではライフラフトの検査と火工品の提供はSeguridad Maritima社に双方向無線電話機の整備はNautical社にお願いし双方ともにスムーズに検査していただいた。そして最終的に3月8日に築山検査官による船上検査の結果検査は合格し立派な船検証を領事館で受領することができた。なお船底検査についてはこれまでの整備状況を確認していただき今回は上架を免除していただいた。また総務省中国総合通信局にはイーパーブの変更に関わる手続きを依頼し完了している。船舶局の検査については延期願いを出すことで今回は何もしないことにした。

　関東運輸局に納付した海外船検受検料：合計13万2950円

　　海外検査手数料：11万3700円

　　第一種中間検査手数料：1万4900円

　　書換申請手数料：4350円（従来の船検は近海だったので遠洋に変更）

　TEB-720購入費用：約24万円（足立ヨット造船のご配慮）

　ライフラフト整備費用：約12万円（水浸しの清掃費用が3万円ほど加算）

　双方向無線電話機の整備費用：約4300円（35ユーロ）

　火工品一式：約3万3000円（270ユーロ）

　総合計：約53万円

うめぼし航行状況　ラスパルマス～ポルトサント

2017年３月９日18時、７時50分出港。南東４ｍの風。快晴。波２ｍ。18時まで機帆走。あと254海里。いま東４ｍの風。快晴。波１ｍ。帆走３ノット。現在位置は出航地ラスパルマスの北北東約50海里。風がやや弱いですが天候も良く快適そうです。オートパイロット４号機も無事に動いています。今回の目的地はマデイラ諸島の北東端にあるポルトサント島です。

10日６時、現在位置は出航地ラスパルマスの北北東約100海里。目的地ポルトサントの南南東210海里。昨晩は風が弱くオートパイロットも不調だったので、風上に走らせて艇の保針性に任せて帆走したようです。２時からは風が後ろに回って南東になったのでオートパイロットを使ってアビームで帆走しています。目的地ポルトサントに向かうコースのだいぶ東にいますが、今の風向があと１日続いたあと北東へ変わる見込みなので、今のうちになるべく東側へ出ておく作戦でしょう。

10日18時、現在位置は、出航地ラスパルマスの北北東約155海里。目的地ポルトサントの南南東145海里。午後から吹いた南東６ｍの風にアビームで距離を稼いだようです。

11日18時、行く先をフンシャルに変更。現在位置は出航地ラスパルマスの北約240海里。新たな目的地フンシャルの南東47海里。北東12ｍの強風が続いており北西へ帆走しています。今のタックのままでポルトサントまでは上りきれないので目的地をポルトサント島の南西にあるマデイラ島のフンシャルに変更しました。

12日10時、無事に槍付けできた。現地時間10時10分にマデイラ島フンシャル港に無事に着岸しました。〈宮原〉

ラスパルマスからフンシャルまでの航海

３月９日の朝７時50分にラスパルマスのマリーナを出航した。ラスパルマスの街は前日から弱い東の風が吹き雲一つない快晴で気温も30℃まであがり真夏のような陽気だった。９日の朝も南東の風４ｍで快晴とこれからマデイラ諸島までの300海里の航海が快適であることを象徴するような良い天気だった。しかし結果はかなり厳しい航海になった。その内容は後ほど述べるとして、朝マリーナを出

て大きな商業港を横切り外洋に出てからジブセールを展開しようとするとファーラーが固まって動かない。バウまでペンチと潤滑油スプレーを持っていきフォアステーのターンバックルのボルトを締めてそのあとファーラーをドライバーを使いながら回すと軽く動くようになった。どうもファーラーが何かに引っかかっていたような感じだ。ちょっとしたトラブルだがスタートからトラブルというのはあまり良いものではない。その後9日は風も弱く昼間はずっと機帆走で走った。夜になっても風が弱くしばらくいろいろ試行錯誤していたが深夜2時前から南東の風が6mほど吹き出しあとは順調に走ることができた。10日も昼間は順調に走ることができたが夜になって風が弱くなり試行錯誤している時に23時半頃に宮原さんから北東に機走するのが良いというSMSが入ってきた。いつもは夜は機走しないようにしているのだが、ここはすぐに機走を始め2時間ほど走ると北東の風が6mほど吹き出した。そこで北西に向けて帆走を開始した。しかし後知恵ではあるがここで北東への機走をあと6時間続けていれば直接ポルトサントに着くことができたのではないかと思っている。11日の午後から北東の風が12mほど吹き出しまた大きな揺れとヒールが続くセーリングが始まった。ここまでは軽い船酔いだったのが船酔いの再発だ。そして左側ジブシート用のウィンチが効かなくなり右側のウィンチで代用してしのぐ状況になりまたブームバングのブーム側ブロックのステンレス部分が破断してしまった。そうこうしているうちに19時頃から風速が14mから16mに強まってきた。ファーラーを引いてセールを小さくしようとするがなかなか引けない。使える一つのウィンチを使って何とか引いたがそうこうしているうちにカッパの中まで波でびしょ濡れになっていた。11日の夜はポルトサントからフンシャルに向かうように変えたのは良いのだがフンシャルの港が近づいてきてウォッチを欠かせない。12日の朝ジブセールを見るとローチ部分がぼろぼろになっていた。ちょっと緩めに張っていたのが災いしたのだろう。たったの8時間でもシバーさせてはいけないということを再認識した。

艇の整備

　3月14日（火曜日）の午前中に地元のセールメーカーの人にジブセールを引き取りに来てもらった。ジブセールのフットローチの青いカバー部分が破れたのを補修してもらうためだ。木曜日か金曜日には出来上がるということだ。その時に

ファーラーを確認したのだが非常に軽く回っていたので特に手当てをしないで済ませた。また左側ウィンチの分解清掃をした。ラチェット部分が２か所ありその部分の固まったグリースなどをふき取り清掃した。しかし組み立てる途中でネジを１個海に落としてしまった。幸いなことに同じ長さのネジが道具箱に入っていたのでそれを使うことで事なきを得た。海の上での作業は極力避けるべきだがウィンチの場合は動かすわけにもいかず作業中に用心するしかないのだろう。また今回の航海中にマストステップのところに部品が落ちていた。今日もマスト周りを確認してみたのだがどこから外れてきたのかわからない。何か重要な部品でないといいのだが。ブームバングはブロックの代わりにロープを使って仮留めしたままだ。もう一つ課題があって艇が左に大きく傾くと船底に軽油が流れ出してくるのだ。そのため航海中はキャビン内が軽油臭くてたまらなくなる。その原因を究明しようと探索しているのだがまだわからない。とりあえずステンレス携帯タンクからは漏れていないことを確認して更に動かないようにしっかりと固定した。今回航海でうまく動いてくれたオーパイNo.4を分解清掃したところ内部に水滴がかなり入っていた。どうも棒が伸び縮みする部分から入ってくるようだ。

艇の整備（続き）

　３月15日（水曜日）も艇の整備を続けた。マストステップに落ちていた部品の出元がわかった。マストの根元からグースネックあたりまたブーム周りをもう一度見直してみたがそれらしきところが見当たらないのでもしかしたらもっと上の方かもしれないと思いスプレッダーのところまで登ってみたところ、右側サイドステーのスプレッダー部分にプラスチックの丸いケースが引っかかっている。よくみるとそれに同じ金具が付いている。上を見てみるとサイドステーのマストトップ近くにあったはずのレーダーリフレクターがない。レーダーリフレクターが壊れて吹き飛びその取り付け金具だけがデッキの上に落ちていたのだ。レーダーリフレクターがないことにまったく気が付かないということはまだまだ素人というか注意力が足りないというか自分の未熟さ加減を改めて感じている次第だ。艇が左に大きく傾いた時に軽油が船底に漏れてくる現象についても原因探究を進めた。コクピット下にある100リットルの燃料タンクとその周りを丁寧に見ていったがそれらしき形跡が見当たらない。エンジンの底部に溜まっているビルジもス

ポンジで汲み出したが軽油の匂いがそれほど強くはない。そうしてみると昨日チェックしたステンレス携行缶を置いているコクピット左側の収納部の床に付いた軽油の匂いが強かったことからこの携行缶2つから漏れている可能性が高いという判断に至った。本当にそうなのかどうかとりあえず確認するために携行缶のふた付近にウェスを巻き付けて様子を見ることにした。また昨日ジブセールの修理を依頼した地元セールメーカーのToríbio Melimさんがさっそく修理したセールを納品してくれた。修理費用は100ユーロと格安だった。

フンシャルの街とマリーナ

　マデイラ諸島の中心都市フンシャルは北大西洋上の亜熱帯地域に位置しており冬は暖かく夏は涼しい常春の温暖な高級リゾート観光都市だ。マデイラ島の南岸に面しており北寄りの風が多いこの地域では山の風下側になり比較的雨が少なく太陽の光がふんだんに降り注いで風も弱く過ごしやすい気候になっている。フンシャルのマリーナは街の中心部に位置しているので歩いてすぐに街の繁華街に出ることができる。昔の建物が立ち並び道路は石畳で敷き詰められ街路樹や鉢植えの花が道を彩っている。先週までいたラスパルマスの街を近代的な各種設備が充実した都会的リゾート都市だとすれば、ここは伝統を大切にした古い街並みが中心で街中の細い街路にテーブルを出したレストランでゆっくりと過ごす人々が多い街という感じだ。人口は11万人とラスパルマスに比べれば少ないようだが街中を歩いている人の密度はフンシャルのほうが多いように感じる。きっと昔からの狭い地域の中に集まって生活しているためなのだろう。Noonsiteによるとフンシャルのマリーナは狭くて空きが少ないということでポルトサントに行くつもりだったのだが強風のためにフンシャルに来てしまい幸運にもバースが空いていて助かった。そしてこのマリーナはマデイラ観光の拠点としてはベストであるということもわかってきた。

艇の整備（続き）

　軽油が漏れていた可能性が高いステンレス携行缶の収納部分に少し加工をして大きな揺れに対しても携行缶が動かないように対策をしてみた。底の部分が動かないように木片を接着取り付けし上部にはアイを2か所付けて細いロープで固定

し缶の隙間にあまりロープを挟んでスペーサーとして動かないようにした。また携行缶を逆様にしてしばらく放置してみて軽油の漏れがないかどうかの確認もしてみた。次にエンジン底部と艇のビルジ溜まり近辺を高圧洗浄機で清掃した。黒い油カスのようなものはある程度除去することができたし船酔いを助長する油の匂いもほとんどなくなったように思える。昨日マリーナ近くの船具屋さんに注文していたレーダーリフレクターと取り付け金具を約28ユーロで購入しさっそくサイドステーに取り付けてみた。マストに登っての作業は一人では難しいと思いマリーナ職員にお願いしてわざわざ艇まで来てもらい、ボースンチェアを着けた私をスプレッダーの少し上まで引き上げてもらい作業をした。前回の航海では機走が約16時間だったが今日軽油30リットルを補充した。これで今回のこの地での整備はほぼ終了しいつでも出航できる状態になったと思う。

風予報と出航予定

　3月18日（土曜日）は小さな低気圧が接近しここフンシャルも昨夜からの雨が降り続き気温も13℃から17℃と肌寒い天気となっている。日本にいればそろそろさくらのつぼみがふくらみ開花宣言が待ち遠しい時のお彼岸の冷え込みという感じだろうか。花冷えと言うにはちょっと早いのかもしれない。整備も一段落し次の航海について宮原さんとメールでいろいろやりとりし教えてもらいながら検討をしている。次の目的地はジブラルタルのセウタで600海里ほど離れており風がよければ6日間程度の航海になる。しかしこのあたりの風はよく変化するようで風予報そのものが毎日のように変わる。なかなか西や南からの安定した風、しかも6日間も続くような風は来てくれそうもない。そして行程終盤のジブラルタル海峡は強い西風が吹くことも多くまた干満の差による潮の流れも配慮する必要がある。更に沿岸部にはまぐろ養殖の網も多いという情報もある。ということでまずはモロッコかイベリア半島南岸あたりまで行ってそこでタイミングを見計らってからジブラルタル海峡に向かうのがよいだろうという結論になった。調べてみるとモロッコではカサブランカの北にモハメディアという新しいマリーナが整備されたという候補地がある。イベリア半島南岸にはポルトガルのラゴスやファロ、スペインのウェルバやカディスなど良いマリーナがたくさんあることがわかった。できれば来週前半くらいには出航したいところだが風予報そのものがどうな

るのか予測が難しいところだ。

フンシャルのロープウェイ

　3月19日（日曜日）は空模様も回復してきたので朝一番で洗濯を済ませ午前中から散歩に出かけた。マリーナを出て海岸沿いに東に向かうとバスセンターがありその近くには魚や果物を取り扱っているメルカドラブラドーレスという大きな市場がある。その少し先に町の北側の山の中腹高度500mまで行くことができるロープウェイ乗り場がある。片道10ユーロを払ってさっそく乗ってみた。登っていくにしたがってフンシャルの街を見渡せるようになってくるとみごとにレンガ色に統一された建物の屋根が連なる美しい街並みが見えてきた。そしてその先にはマリーナと大型クルーズ船と青い海が広がっている。頂上でロープウェイを降りると風が強く少し寒さを覚えたが高台の上に立つ古い教会や植物園などには日曜日でもあり多くの観光客が訪れていた。観光名所にもなっている急な下り坂を箱に乗って滑り降りるサービスを見ながら街までつながるまっすぐな一本道（Comboio通り）を景色を楽しみながらぶらぶらと歩いて下りてきた。ゆっくり歩いても1時間もかからずに街中までたどり着いていた。お昼を過ぎてお腹もすいてきたのでCarreira通りのレストランの街路側のテーブルでビールと牛ステーキを食べて艇に戻ってきた。

ディーゼルエンジン専門技術者

　3月21日の朝隣の艇から声がするので挨拶をするとその艇のオーナーではなくエンジンの修理に来た技術者だと言う。興味があるのでさっそく隣の艇に乗り込んで中を見せてもらうとディーゼルエンジンのピストン3つがむき出しになっている。ヤンマーの3GMか3YMではないかと思うがうめぼしのVolvoとほとんど同じ3気筒の間接水冷タイプのエンジンだ。オーバーホールをしてちょうどこれから最終の本体組み立てをするところのようだったのでその一部始終を興味深く見せてもらい写真にも撮らせてもらった。2人はVirgilioさんとMigelさんで昼食もマリーナ内のレストランで一緒に食べ少し会話もした。最後にうめぼしのエンジンをかけて音の調子を診断してもらい特に問題なしとのお墨付きをもらった。

334　世界一周船栗毛

フンシャルでの入出国手続き

　ラスパルマスはスペイン領になるがマデイラ諸島のフンシャルはポルトガル領になる。これまでは国が異なるたびに通貨や通信会社が異なり毎回その国のものを入手する必要があったし買い物にいくと売っているものや税制も異なった。今回は両方ともにEU加盟国であり飛行機での移動の際は何の手続きもないがヨットで入国する時にはどうなるのか興味のあるところでもある。ラスパルマスではパスポートに入国の印を押してもらえなかったことも気にかかっている。フンシャルでも到着時には押印する必要はないということで印なしのままだったのだが昨日再度マリーナポリスに行って話をしたところイミグレーションの係官を他の事務所から呼んでくれてポルトガルへの入国印を押してくれた。これでパスポート上もEU内へ入ったことになる。しかし今日12時にスペインのセウタに向けて出航予定でありポートクリアランスが欲しいと言ったところそれは必要ないと断られた。EU圏内の移動では必要ないということのようだ。ということで今日3月22日ジブラルタル海峡の南側の町セウタまで約600海里の航海に出かけようと思う。

うめぼし航行状況　フンシャル～セウタ

　3月22日18時、現在位置はフンシャルの東約25海里、目的地セウタの西南西589海里。北北西11mの風にセールをリーフして東北東へ上っています。今回の目的地セウタはジブラルタル海峡を地中海側に入ってすぐのアフリカ側にあるスペイン領飛び地です。

　23日18時、現在位置はフンシャルの東約115海里、セウタの西南西499海里。

　24日18時、現在位置はフンシャルの東約230海里、セウタの西南西381海里。

　25日18時、現在位置はフンシャルの東北東約330海里、セウタの西南西285海里。今日はほぼずっと機走で北東へ走り、待望の西6mの風に入りました。ようやく後方からの風に変わり出航以来続いたヒールから解放されて少し楽になったでしょう。航程も半分を過ぎました。この西風はあと2日続きそのあとは東風に変わりそうなのでジブラルタル海峡通過は微妙な状況です。

　26日18時、現在位置はフンシャルの東北東約430海里、セウタの西南西186海里。南西～南南西12～19mの超強風に真追手で難航しています。ワイルドジャイブ。

大雨。漂流。縮帆していたセールを最終的には下ろしました。艇が壊れていなければ良いのですが。明日は風が弱まる見込みです。

27日18時、現在位置はフンシャルの東北東約520海里、セウタの西南西95海里。明日から数日東風でジブラルタル海峡通過が難しくなりそうなので、目的地をスペイン南岸のカディスに変更しました。風が弱くなったので機走しています。明日夕方までにはカディスに着きそうです。

28日11時50分、先程カディスへ無事到着し、仮もやいを取ったそうです。このあと数日間は東風が吹くのでここで風待ちし、西風に変わったらジブラルタル海峡を通過して当初の目的地セウタへ向かうと思います。〈宮原〉

フンシャルからカディスへの航海

　3月22日の13時45分にフンシャルを出航して28日の11時50分（現地時間13時50分）にカディスのプエルトアメリカマリーナに到着することができた。今回もいろいろあったが宮原さんほかの方々のサポートにより何とか無事に着くことができた。やはり普通に吹く風に逆らって航海するということはたまに吹く風を狙っていくということでありその予報がいろいろと変化することはやむを得ないと言うことなのだろう。今回も予想外のことがいろいろありまた新しい経験を積むこともできた。トラブルを話題にすると枚挙にいとまがないうめぼし航海だが今回もそこから始まった。22日の12時にフンシャルを出航しようとしてエンジンをかけようとしたらスイッチを入れてもランプが点かない。スイッチボックスを開け

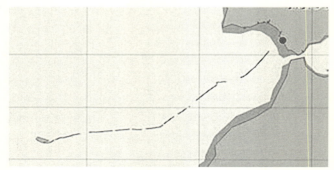

フンシャルからカディスまでの航跡

てテスターを使っていろいろ確認するがスイッチはちゃんとON／OFFできているようだしほかにも特に異常が見つからない。わからないことが起こった時の神頼みでいつものように足立社長にスカイプで電話（日本は夜の10時）をするとエンジン左後ろのヒューズボックスを確認しろという返事が一発で来た。さっそく見てみるとヒューズボックスの端子が錆びて外れているのがすぐに見つかった。そこを修理してすぐに出航したのが予定より2時間弱遅れての13時45分だ。23日から24日は北寄りの風は予報通りだったが少し強めの風速13mの風が吹きポートタックのアビームで走っていると右舷は常に波をかぶり時々ドーンと大きな音を立てて波に打ち付けられ左舷からは波しぶきがデッキの上を越えて流れてくる状態が続き、いつもに増してひどい船酔いが襲ってきて24日の朝まで飲んだのは水だけだった。25日は西寄りの弱い風が吹き機帆走で順調に走ったが26日午前中には南からの風が18mまで吹きあがりメインセールは2ポイントリーフにしジブセールは50cmほどチョイ出しにしてスターボードタックの真追手で走った。真後ろから迫ってくる高さ4mはあると思われるうねりの波頭は白くくだけそれが時々コクピットに入ってきてオートパイロットもびしょ濡れだ。午後13時頃にちょっと風が収まったと一息ついているとそれまでの南南西の風が西南西に急に変化し19mの突風が襲ってきてメインセールはワイルドジャイブしNo.3のオートパイロットのアラームが鳴りだし同時に豪雨が降り出した。オートパイロットをOFFにしてヒーブツーのような感じで2時間ほど漂っていたがメインセールのシバーが気になったのでメインセールを全部降ろして同時にオートパイロットをONにして翌朝までセールなしで風下に流されていった。セールなしでも結構な速度が出て4〜5ノットで走れることがわかった。ワイルドジャイブによる艇の損傷はなかったようで一安心した。27日の朝には風も収まり南西の風7mだったのでメインセールをフル展開し午後からは機帆走で順調に走った。この時コクピット上のツナタワーに設置しているソーラーパネルの揺れが大きくなっていることに気づき確認してみるとステンレスパイプを固定している金具が一つなくなっていた。パイプに溶接した部分が破断してしまっている。その時ライフラフトの積み付け紐が緩んでラフトが波で左右に揺れていることにも気がついた。あわてて紐を追加して動かないように仮止めをした。宮原さんの風予報を頼りに目的地をカディスに変更し27日の夜はカディス湾を横切るために北東に向かって機走を

続けた。AISをパソコンにつないで行き交う船を確認すると予想以上に多くの船が見える。AISはVHF帯を利用しているので20海里四方の船の様子を見ることができるが多い時は十数艇が表示されそれぞれの艇の情報を確認すると船長300m以上の大型貨物船が20ノット前後で行き交っている。28日の朝3時40分まで機走を続け大型船の航路から離れたことを確認してやっと少し仮眠することができた。今回の航海でもいろいろなトラブルがあったが何とか無事にカディスに到着することができた。

艇のメンテナンス

　3月28日の夕刻は風弱くマリーナ内の艇の揺れもなく早めに蒲団に入り久しぶりにぐっすりとゆっくり眠ることができた。29日の早朝から洗濯をしていると前日マリーナ内の整備会社に依頼をしていたステンレス溶接作業のためにペドロさんがさっそく溶接機械を持って来てくれた。壊れて取れてしまった部品を元の場所にボルトで固定し電気溶接でツナタワー本体のパイプと部品をしっかりと溶接して固定してくれた。これでツナタワーの上の太陽光のパネルの揺れは少なくなることだろう。またオートパイロットの清掃確認もした。新品のNo.4はコンセントを差し込むとピーッというアラーム音が出て何も操作できない状態のままで今回の確認でも同じ状況だった。No.3は唯一正常に稼働しており今回の航海でもよく頑張ってくれた。これも分解清掃をしたが海水の混入はほとんど認められなかったし稼働確認もOKだった。ライフラフトの積み付け固定ベルトが緩んでいたものは改めて締めなおした。ステーのピンを確認したところ右側サイドステーのピンがなくなっていたので新たに割ピンを取り付けた。ピンの先が飛び出ているとジブシートが絡んで悪さをするようなのでジブシートが引っかからないようにピンの先が内側になるようにしてみた。前回あった軽油漏れはなくなったようだが今回は黒いオイルが少しだが船底ビルジに混ざってきた。どこからかエンジンオイルが漏れてきている可能性があるが原因の特定はできていない。エンジンオイルはミンデロでゲージ上端まで補充し80時間稼働して今は上端から3分の2くらいになっている。溶接作業の費用は40ユーロと比較的安く済んだ。軽油55リットルを63ユーロで購入し満タンになった。

カディスにてのもろもろ

　28日にカディスに到着した時の手続きは極めて簡単で楽だった。プエルトアメリカのマリーナオフィスに行くと係留の受付と次の港での手続きのためにポートクリアランスを作ってくれた。またポリス（イミグレーション）の係官向けの書類を1枚作成して終了した。ポリスは毎日来るのでその時に書類を渡すということだ。そして30日に精算手続きを済ませたところ係留料は1泊10.09ユーロ×3泊＝30.27ユーロ（約3700円）だった。ミンデロが1泊約1000円、ラスパルマスが約500円、フンシャルが約2000円だったのでマリーナによってそこそこの違いはあるがカディスは真ん中くらいというところだろうか。30日は少し時間が取れたのでカディスの街を散策してきた。ここも歴史の街で昔の城塞に囲まれた旧市街は狭い路地が縦横に交わりそこを多くの歩行者が行き交い時には車が一緒に走っている。そして狭い中に名所旧跡がギュッと詰め込まれている感じだ。街の外側を一周して更に街の中をうろうろしても3時間くらいで回りきれるくらいの大きさしかない。カテドラル、博物館、サンフェリペネリ礼拝堂ほか多くの見どころを回ってきた。そして31日の朝にはカディスを出航する予定だ。次の寄港地はジブラルタル海峡を越えてスペイン南岸のコスタデルソルの中心地マラガの東のモトリル港を予定しており約170海里だ。

うめぼし航行状況　カディス～モトリル

　2017年3月31日18時、現在位置はカディスの南東約55海里、ジブラルタルの沖合4海里を東へ航行中です。風が弱かったので朝6時にカディスを出港してからずっと機走で南東へ進み、ジブラルタル海峡をほぼ通過しました。ようやく地中海です。これからマラガの東約45海里にあるモトリルへ向けて東北東へ進みます。いまは南西の順風に真追手で帆走しています。この風は明日いっぱい続きそうなので、明日夕方にはモトリル沖に着くでしょう。

　4月1日6時、現在位置はジブラルタルの東北東約60海里、マラガの沖合25海里、目的地モトリルの西南西41海里を航行中です。昨夜、南西の風が北西に変わりジャイブして東北東へ進んでいます。マルベリャ沖ではブランケットで一時風が弱まりましたが今は順風を受けています。この風は今日いっぱい続きそうなので、今日の午後にはモトリルに到着しそうです。

1日13時50分、うめぼしは目的地モトリルに無事到着し、仮もやいを取りました。〈宮原〉

カディスからモトリルまでの航海
　3月31日の朝6時のまだ夜が明けきらない頃にカディスのマリーナを出航した。できれば明るいうちにジブラルタル海峡を通過してしまいたいという思いから少しでも早く出かけようということだ。外気は肌寒く厚手のジャンパーを2枚重ねに着て夜明け直後の快晴南南東の風4m波静かなカディス湾をエンジンを吹かせて南下した。船の揺れも少なくいつも航海の初めの2日間くらい悩まされる船酔いもあまり感じることなく快適な航海のスタートだ。12時頃にトラファルガー岬をかわした頃から向かい潮が強くなり始めなかなかスピードが上がらない。エンジンの回転数を2600rpmまで上げて何とか5ノットを確保しながら走った。15時を過ぎた頃からは逆に潮流が連れ潮に変わり始め艇速も6ノットを超えてきた。そして17時にタリファの沖合を通過する頃には連れ潮（＋2ノット）に加え南西の風が8mほど吹き始めメインセールをフル展開して更にエンジン（＋2ノット）も加えて8ノットを超える速度で走っていた。ジブラルタル海峡は長さが10海里ほどあるが8〜9ノットの速度で1時間強全力疾走し18時過ぎには海峡を通り過ぎていた。船長が8mしかないうめぼしにとってはめったにない高速運航で何とか明るいうちに海峡を通過することができたのであとはエンジンを止めてセールだけでゆっくり走ろうとしたのだが、今度は南西の風が10m以上に強まっ

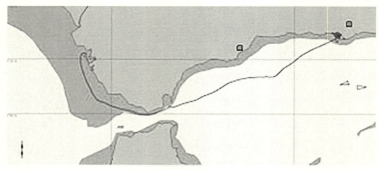

カディスからモトリルまでの航跡

340　世界一周船栗毛

てきてメインセールを２ポイントリーフに縮帆し、それでも７ノット近くの速度で走り続けていた。英国ジブラルタル領の特徴ある岩山が夕日で真っ赤に染まるのを後ろにしながら初めての地中海の夜の航海の始まりだった。海峡通過のために集まってくるためだろうかすれ違う貨物船や客船の数はかなり多くうめぼしにとっては初めての海域ということもありウォッチにはかなり気を使った。真夜中過ぎには風向が南西から北西の風に変わり風速も２～３ｍに落ちてきた。この辺りは途中宮原さんから送ってきたSMSの風予報通りの展開となった。夜が明けるとまた南西の風が10ｍ強吹き出し順調に走り続け４月１日13時50分にはモトリルのマリーナに到着し係留することができた。

モトリルのマリーナ

モトリルのマリーナはそれほど大きくはないが150艇ほどが係留しておりほとんど満杯のような感じでディンギーを含め現地の人々による活動が盛んな地元クラブが運営するマリーナのようだ。４月１日に到着した時もすぐに受付をしてくれ電気水道Wi-Fiなどのサービスも標準で整っておりかなり洗練されたマリーナの部類に入りそうだ。その分係留料金も高く１泊1900円程度かかる。スペインに入ってからはイミグレーションの手続きは何もする必要がないようで非常に楽だし通貨もユーロで共通なので便利だ。Wi-Fi用のSIMチップもスペイン内であればどこでもつながるようだ。ここはコスタデルソルと言われるだけあって毎日快晴の天気が続いていて青い空と青い海を眺めているとそれだけですがすがしい気分になってくる。地中海に入ってもう一つの特徴は干満の差が少ないことだ。カディスでは３ｍ近くの干満差があったのにジブラルタル海峡を越えただけで干満差が50cm程度になってしまった。桟橋も浮桟橋ではなく固定式で十分なようだ。

オートパイロットの修理

モトリルに寄った理由の一つは今使っているオートパイロットST-2000のメーカーであるレイマリン社の修理対応可能ディーラーが現地にあることだ。４月３日月曜日の朝さっそくNo.4とNo.2を持ってそのディーラーに行ってみると快く対応してくれてその場で診断をしてくれた。その結果No.4のプリント板の中の一部が故障であるとのことだが部品の在庫はないということだ。レイマリンに送

って修理すれば保証期間内で無償対応してくれるはずだということだが対応に相当の日数がかかるということだ。そこでNo.2の部品で何とかならないかと相談したところやってみるという返事でその場ですぐに作業に取りかかってくれた。2人がかりでプリント板とコンパスを交換してくれて一応動くようになり2時間の技術料として60ユーロを支払い修理は終了した。これまでまともに動くのはNo.3だけだったので一応No.4が動くようになりやっとバックアップができ一安心というところだ。

モトリルからアルメリマルに向けて出航

昨日4月3日は朝一番でオートパイロットの修理ができたので一安心してさっそくそのあとすぐにバスに乗ってグラナダまで観光に行った。モトリルのマリーナからバスでモトリルの街の東側にあるバスセンターまで行きそこでグラナダ行きの高速バスに乗り換え約1時間でグラナダの北のはずれにある高速バスセンターに着き、そこから系統SN1のバスに乗って街の中心部のカテドラルまで行った。スペイン国内ではバスをうまく利用することができるようになると結構安くて便利なようだ。シエラネバダ山脈を越えていく高速バスはノンストップで料金は6.7ユーロと格安だった。有名なアルハンブラ宮殿も見ようと思って入り口まで行ってみたのだがあいにく本日のチケットは売り切れということで残念ながら入ることはできなかった。それでも13世紀にイスラム王朝によって建築された巨大な宮殿が現代まできれいに保存されているという素晴らしい遺跡であるということを実感することはできた。4月4日は風も弱いようなのでとりあえずモトリルから40海里弱東にあるアルメリマルまで行くことにした。朝の6時半に出航の予定だ。

モトリルからアルメリマルまでの航海

4月4日の朝6時半にモトリルのマリーナを出航しアルメリマルまで37海里をセールを上げることもなく機走だけで駆け抜けた。天気は快晴東寄りの風が3mから5m吹き波は静かで潮流は朝は連れ潮で昼前から逆潮だったが5ノット前後の速度を維持しながら走ることができた。陸から2～3海里のところを海岸にそって航海したが途中漁網や漁船らしきものにもあまり会わずにまっすぐにきた。

342 世界一周船栗毛

そして14時過ぎにはアルメリマルのマリーナに到着しVHF無線で到着を知らせると返事が日本語で返ってきたのにはびっくりした。アルメリマルのマリーナに勤務していたのは林史彦さんだったのだ。オフィスが入っている塔の前に仮係留して林さんに受付処理をしてもらい15時前には指定されたバースに係留することができた。

アルメリマルのマリーナについて

　アルメリマルは年間の日照時間が3000時間に達し年間降雨量も200mmとコスタデルソルの中でも特に雨が少なく平均気温も15～25℃と温暖な気候のこの地に1990年頃から人工的に開発されたマリーナ、コンドミニアム、ホテル、ゴルフ場などからなる大規模リゾートタウンだ。マリーナは1100艇を収容できる規模がありヨーロッパ各国からの艇が集まり艇の中で暮らしている人もかなりの数に上るようだ。マリーナの中には多数のレストランや店舗があり普段の生活に必要な一通りのものはこの中で調達できるようになっている。そしてこのマリーナの最大の特徴はこれだけいろいろなものが整備されているにもかかわらず係留費用が安いことだ。うめぼしの場合１泊５ユーロ電気水道利用料金を含めても7.3ユーロ更に税金21％を入れて8.8ユーロ（約1070円）なのだ。今年寄港した中ではラスパルマスに次ぐ安さだ。そして更にマリーナチーフとして林フミさんがおられるのだ。４月５日も朝からマリーナ内を案内していただきスペインではどこにも売っ

林フミさん

ていなかった電圧100Ｖ対応の電球を船具店から仕入れて、船外機と風力発電機のメンテナンスをラファエル父子にお願いし、日本人艇３艇を見せていただきその後車でフミさんの自宅に行き更に街を一望できる丘の上まで連れて行ってもらった。このように至れり尽くせりのサポートを日本語で対応していただけるのだからここの居心地は最高と感じつつあるし日本人艇が多く集まるのも納得できるというものだ。

アルメリマルのフミさん

　フミさんのおかげでアルメリマルマリーナでいろいろなことができて、またわかって大いに助かっている。ホンダの２馬力の船外機の調子が悪かったのはフミさんに紹介していただいたラファエルさんにキャリブレータとガソリンタンクの清掃をしてもらったことで復旧した。修理費用はたったの60ユーロだ。風力発電機が回る時にカタカタと音がする件も対応していただいた。ラファエルさんの娘さんのお店でブタンガスを補充することもできた。写真付きのメニューを用意しているレストランで50種類くらいのタパスの中からたまご料理や焼き鳥、ゲソなどいろいろな種類の日本人にとっても親しみやすい料理があることも教えてもらった。来週はイースターのお祭りの行列があり地元の人々にとってはとても大切な行事であるということだ。フミさんは大学を卒業してまもなくスペインに来て既に30年近くスペインに住んでおられるということで、スペイン語はもちろんペラペラでほかに英語、フランス語、ドイツ語も話されるということで、このマリーナに来てからはマリーナの経営改革にも取り組んでこられたということだ。そして日本艇のサポートにも積極的に取り組まれKAZI誌にもフミさんの記事が掲載されたということだ。またフミさんがサポートされた艇のメンバーが書き記した感謝の言葉がたくさん詰まった分厚いノートブックをみせていただいた時に、フミさんがこれまで蓄積されてきた支援の偉大さを改めて感じフミさんの長年にわたる好意の支援活動に頭が下がるとともに感謝の気持ちでいっぱいになっていた。

アルメリアの観光

　４月７日はアルメリマルの北東30kmほどのところにあるアルメリアの街まで

バスで観光に行ってきた。バスが郊外に出ると車窓から畑という畑が白いビニールハウスで覆われているのが見えてくる。このあたりは少ない雨にもかかわらず農業が盛んで行き届いた灌漑とビニールハウスで果物や野菜などを栽培しておりEU内でも有数の農産物生産地となっていて生産高の6割は輸出されているということだ。この付近のグーグルアースの地面に白い部分があるのはすべてこのビニールハウスだ。日本からもハウス栽培の先進事例ということで多くの見学者が来ているそうだ。アルメリアのバスセンターに着くとセンターの前に観光案内地図がありそれを参考にしてアルカサバとカテドラルを見に行くことにした。アルカサバは13世紀にイスラム勢力がレコンキスタに備えて建てた城塞で海に面したアルメリアの街の北西側の丘のふもとから頂上まで城壁として残っている。陸側から攻めてくる敵をイスラム兵はこの城を枕にして戦ったのだろう。丘の上まで登ってみるとその城壁が丘を越えて街を囲むように連なっているのが見えた。そして丘の上からはアルメリアの街の白壁やマロン色の建物が青い空と青い海に囲まれて美しく広がっているのを見渡すことができた。カテドラル（大聖堂）は15世紀に建てられたもので外側の石壁はかなり風化していたが内部はきれいに保存されており大きなパイプオルガンやたくさんの油絵など芸術品が展示されている。そしてイースターの行列用と思われる神輿がいくつも飾ってあった。来週のイースターでは多くの信者のかたがこれをかついで街中を練り歩くのだろう。

春の花が満開

　4月8日はアルメリマルのマリーナの近郊を散策してきた。まず海岸に出て夏は海水浴ができるという浜辺に沿って東に歩いていくと7日の夕食を食べたレストランラバルベーラを通り過ぎしばらく行くとPunta Entinas-Sabinarという自然保護公園に出る。大きな池がある湿地帯でフラミンゴほか多くの野鳥が生息しているということだ。残念ながらフラミンゴには会えなかったが松葉ボタンやデージーなど様々な種類の春の花が咲いているのを見ることができた。池のほとりは緑が多いのだが少し陸地側に入ると砂漠のような光景が広がっているのも不思議な景色だった。そして断崖がありその上は平らな乾燥した台地になっていてそこにビニールハウスが広がっている。野生のサボテンにも少しだが花が咲いている。パームの木にも大きな花房ができている。温暖で砂漠のように乾燥してはい

モハカルにて若尾さんご夫妻と

るが野生の植物は少ない水分を巧みに活用しているのだろうか、たくさんの種類の植生があり季節の花も咲き誇っているのが印象的だった。

山頂の村モハカルの観光

　4月9日はフミさんの車でCrow'sNest 7の若尾さんご夫妻と一緒にアルメリマルから北東に100kmほど離れたモハカルの村の観光に連れて行っていただいた。朝10時過ぎにマリーナを出て高速道路を1時間近く走り高速を降りてしばらくすると小高い丘の頂上付近に白い角砂糖を積み上げたようなモハカルの白い街が見えてきた。スペイン国内でも人気の観光スポットになっている小さな村でこの日も多くの観光客で賑わっていた。その歴史は古く8世紀頃にアラブのムーア人の支配下に入り14世紀までキリスト教徒軍に対する防衛要塞として発展してきた。急斜面に沿って建てられた家の半分は崖の中に埋め込まれているし家と家の間の細い路地は曲がりくねっていて街全体が城塞の様相を呈している。とはいえ細い路地の白い壁やベランダには色とりどりの花を咲かせたパティオが所狭しと飾られおしゃれな街並みを演出している。また街の中の至るところが自然の展望台（見張り台）になっていてそこから見下ろす台地の起伏や田園風景、遠くに見える海岸線などは素晴らしい景色となっている。帰りは海岸線を走りアグアアマルガという街の美しい浜辺のレストランコスタアマルガでムール貝、いか、えび、まぐろなど美味しいシーフード料理を若尾さんにご馳走していただいた。

アルメリマル出航

イビサ島に向けて出航

　4月11日（火曜日）朝アルメリマルからバレアレス諸島の中のイビサ島に向けて出航する予定だ。風予報によると先週から続いていた東風がやっと収まりこれから数日は弱い南西の風が吹くようなので火曜日から金曜日にかけて北東約250海里ほどのところにあるイビサのマリーナに向かおうと思う。10日はフミさんが勤務するマリーナオフィスで係留料金を支払いマリーナ内のスーパーマーケットで食材を仕入れ出航に備えた。アルメリマルのマリーナの駐車場には大型のキャンピングカーがたくさん集まってきている。その中の一台CONCORDEというブランドのCHARISMAというモデルの車の中を見せてもらった。ほとんど新車同様の状態の車で2つのベッドルームに4人が寝泊まりできるようになっていてシャワールームトイレ洗面室が別々にありキッチンとリビングがある小さな高級マンションという感じで価格は20万ユーロだそうだ。清水タンクと排水タンクの両方がついていてこれでヨーロッパ中を奥さんと2人で旅をして回っているということだ。ヨットの陸上版という感じだが船酔いはしないで済むかもしれないなどと思いながら眺めていた。10日の夕食を含めて毎日フミさんに違うレストランに連れて行っていただきご馳走になった。

うめぼし航行状況　アルメリマル～イビサ

　４月11日18時、現在位置はアルメリアの東約35海里、アルメリアの東側にある岬をかわしてスペイン南東岸の約５海里沖合をイビサへ向け東北東へ航行中です。午前中は弱い東風だったので機走でしたが昼過ぎからは南南西の軽風で天気はわかりませんが快適に帆走中のようです。この風は数日続く見込みなのでイビサまで追手の帆走でいけるでしょう。

　12日６時、現在位置はアルメリアの東北東約65海里。スペイン南東岸の約20海里沖合をイビサへ向け東北東へ航行中です。昨夜はずっと南南西の軽風天気は快晴で快適に帆走中のようです。

　12日18時、現在位置はアルメリアの北東約110海里。目的地イビサの南西113海里。カルタヘナ沖を通過したところです。今日は昼前から風が弱くずっと機走でした。今は南の軽風天気は快晴で快適に帆走中のようです。

　13日18時、現在位置はイビサの南西38海里。朝から風弱く昼過ぎまで機走。今は南西の軽風が来て真追手で帆走中。

　14日８時50分、無事イビサに到着しもやいを取りました。〈宮原〉

アルメリマルからイビサ島までの航海

　４月11日（火曜日）の朝の６時45分にアルメリマルを出航した。朝早いのにもかかわらず出航前にフミさんとラファエルさんが見送りに来てくれ写真を撮ってくれた。出航時は快晴無風だったのでセールを上げて機走で静かにゆっくりと出て行くことができた。しかし今回の航海もトラブルで始まった。出航してしばらくたった９時半頃に南西の風が３ｍほど吹き出したのでジブセールを開こうとした時にファーラーが何かに引っかかって回らないのだ。波もなく静かな海面だったのでバウまで行ってファーラーのドラムをいろいろ触っていると何かの拍子に回るようになった。次回からは出航前の確認事項の一つに加えた方が良いのかもしれない。その後は風が弱く機走中心の航海になり新たなトラブルはなかったが以前からの懸案であるNo.４のオートパイロットは結局アラームが鳴って使えなかった。ということでNo.３だけに頼る状況が続くことになった。地中海では貨物船やタンカーなどの本船が多く通っておりまた沿岸では漁船が操業しているのを見かけることも多くありそれらのウォッチにはある程度気を配る必要があっ

348　世界一周船栗毛

た。しかし風が弱く波も静かでいつもの船酔いがあまり来ないのが今回の航海の一番のうれしいことで最後まで気持ち良く過ごすことができた。13日の朝はもやがかかって視界が悪く大型船が発する汽笛の音がはるか遠くからかすかに聞こえていた。4月14日の朝の8時半頃にマリーナに入り給油バースにいる人に声をかけたところすぐにマリーナオフィスに連絡してくれて係留バースを確保してもらうことができた。

イビサの町の散策

　イビサ島までの航海はトラブルもなく給水、洗濯と軽油の補給をするくらいで次の出航準備が整ったので14日（金曜日）は午後からさっそくイビサの町に出かけた。カディスの町で買ったSIMカードのデータ2GBを使い切ったのでそれを補充する目的もある。マリーナやマリーナ内レストランのWi-Fiサービスもあるが係留場所が離れているとつながりにくいなど不便に感じることもありそういう意味でも市販のSIMがどこでも使えて一番便利だと思っている。そして14日はイースターの金曜日なので20時からイースター行列があるということでそれを見る目的もある。海沿いに港の景色を眺めながらぶらぶらと30分ほど歩いていくとダルトビラと呼ばれる城壁で囲まれた旧市街に着いた。さっそく城壁の中に入り丘を登っていくと丘の頂上にサンタマリアカテドラルがあり各方面それぞれに眺めの良い城壁の上の見晴らし台があり、ふもと付近にはレストランや土産物店がところ狭しと並んでいた。ダルトビラを出て繁華街があるラマリーナ地区に行きSIMショップを探すがなかなか見つからない。やっと1店見つけたと思ったら18時まで閉店と書いてある。そうなのだ長い昼休みが当たり前のスペインはシエスタの国なのだ。更にしばらく探すと開いている店があった。そこは黒人が運営しているようでSIMにも詳しく親切に対応してくれた。そしてまたダルトビラ近くに戻りバルでビールを飲みながらメールチェックなどをしてしばしゆっくりした。20時半頃に多くの人が沿道に並んで待っている坂道をカテドラルに向かって登っていくと行列の先頭に会った。行列は頂上のカテドラルを出てゆっくりと坂道を降りながら途中各所で待っている神輿を行列の後ろに従えながら街中に入っていく。私も行列の音楽隊と一緒に街中まで降りてきた。

イビサのMarina Botafoch

　イビサの町の近くのマリーナに入りたいと思いアルメリマルでお会いした若尾さんにお伺いしたところ教えてもらったのがこのマリーナだ。イビサの町の北東側に位置しており町の中心まで徒歩30分ほどで行ける高級マンションが立ち並んでいる地域にある。430艇程の収容能力がありビジター艇も積極的に受け入れているようだが見た感じでは利用者が多くほぼ満杯に近い状態だ。係留料金はうめぼし8ｍで1泊23ユーロとこれまでの最高値だがイビサは高いといううわさと重ね合わせればまあまあかもしれない。軽油40リットルを購入して52ユーロだった。マリーナでは電気、水道、シャワー、トイレ、レストラン、スーパーマーケット、チャンドリーなど一通りのサービスが提供されている。マリーナ内に係留しているとほとんど揺れを感じないほど静かで2泊した夜間は陸上にいるのと勘違いしそうなくらいだった。マリーナオフィスでの受付時にはパスポート、船籍証明、保険加入証明の提示を求められた。この3つはEU圏内では必ず求められるようだ。しかしこれまでいつも手間やお金がかかっていたイミグレーションの処理は何も必要ないようだ。皆さんの話を聞いているとEU圏内では滞在限度が90日しかないことのほうが問題だということだ。話は変わるが風予報によると4月16日（日曜日）から17日にかけてはバレアレス諸島近辺は高気圧に囲まれて全般的に風が弱く夜は南寄りの風が少し吹くようなのでこの機会に隣のマヨルカ島まで行きたいと思う。ということで16日の午前中にイビサのマリーナを出航し80〜100海里離れたマヨルカ島に向かいたいと思う。

うめぼし航行状況　イビサ〜マヨルカ

　4月16日18時、現在位置はイビサの東北東45海里。マヨルカ島西端の南約30海里。午前中はやや向かい風で機帆走、昼から徐々にシフトして今はやや後ろからの軽風にセールをフル展開で帆走中です。明日朝にはマヨルカ島東岸沖に着く見込みです。

　17日6時、現在位置はマヨルカ島の南端の南約5海里。行先をマヨルカ島南東岸のカラドールに決めました。これから北東へ15海里、東の軽風なので機走します。あと4時間くらいで到着でしょう。

　17日10時10分に無事にマヨルカ島南東岸のカラドールへ到着しました。〈宮原〉

350　世界一周船栗毛

イビサからマヨルカ島のマリーナカラドールまでの航海

　4月16日の朝の8時半にイビサのマリーナBotafochを出航し約95海里離れたマヨルカ島の南東岸のマリーナカラドールに翌17日の朝10時10分に到着した。今回の航海も特にトラブルもなく風も弱くはあるが適度に吹いて快適に過ごすことができた。緯度も39度を越えて日本で言うと仙台よりも北になるがこの時期になるとこの地はかなり暖かくなってきており夜も寒さをそれほど感じないほどだ。出航してすぐ大型船の桟橋を横切って港の外に出ると南東の風が5mほど吹いており東北東に向けてスターボードタックのクローズドリーチでメインセール・ジブセール共にフル展開し更にエンジンを使って機帆走で12時まで走った。その間風が徐々に右にシフトし12時前には南南東の風になったのでエンジンを止めてアビームで帆走した。その後も風は右にシフトを続け夕刻には南から南南西にまで振れてきたので針路を東にしてその日の夜中の0時まで帆走しマヨルカ島の南端にあるカブレラ島の南を通過する頃には完全に無風になってしまい艇も止まっていた。5時に夜が明ける頃から東の風が3mほど吹き出したがしばらくすると北東に変わり帆走をあきらめ機走に切り替えて最後の12海里ほどを走り無事にマリーナカラドールに着いた。

マリーナカラドール

　マリーナカラドールはマヨルカ島の南東岸に位置しておりリアス式海岸のような深い入り江の奥にある。入り江は深いのだが陸上側の山はそれほど高くはない。ちょうど油壷のような入り江でその陸側の山の20m以上高いところを切り取ってしまったような感じの丘になっている。そして入り江の中には岩場と岩場の間に砂浜の部分もあり多くの海水浴客がそこでくつろいでいる姿も見えた。うめぼしは入り江の一番奥に係留したのでその静けさは格別で夜の間中まったく揺れを感じなかったし風の音もなく静寂そのものだった。マリーナの中には高級なレストランやブティックなどの店舗がたくさん並んでおり周りは豪華マンションに囲まれているという雰囲気だ。案内板によるとマリーナの周りにはゴルフ場、乗馬苑、レンタルボートショップなどがありまさに高級リゾート地の中にいる。朝早くからマリーナの周りの道をランニングやサイクリングするリゾート客と思われる人の姿がたくさん見られた。このように素晴らしいマリーナなのだが係留料金もや

や高く1泊44ユーロだったので今日（18日）はこれから5海里ほど北にあるポルトコロムのマリーナに移動しようと思う。

マヨルカ島のマリーナカラドールからマリーナポルトコロムへ

4月18日（火曜日）の朝8時半にカラドールを出航し5海里ほど北にあるマリーナポルトコロム（Port de Portocolom）に向かった。天気は晴れ北東の風4mということで波は穏やかだしセールは上げずに機走だけで走った。途中深い入り江がいくつかありカタマランがその中から出てきてまた次の入り江に入っていった。きっと良い錨泊地を探して下見をしているのではないかと思う。海から見るマヨルカ島の景色もなかなかなものだ。10時前にはポルトコロムのマリーナに到着しVHFでコールしたが何も返事がない。しばらく桟橋の近くをうろうろしているとゴムボートが寄ってきてどこに泊まりたいのか聞いてきた。ブイではなくポンツーンに泊まりたいというと艇の長さとドラフトを確認してすぐにポンツーンまで案内してくれ10時20分にはもやいが完了していた。

パルマ・デ・マヨルカの観光

4月18日はマリーナに着くとすぐに観光（というか偵察）に出かけた。ちょうど運良く13時35分発のパルマ行きのバスに乗ることができ、1時間半ほどのドライブで車窓からのマヨルカ風景を楽しみながら行くことができた。街路樹として大きなパームツリーが道沿いに植えられておりサボテンも見えて南国の雰囲気満点かと思うと、アーモンドの木がまばらに生えていたりオリーブの若木がきれいに整列して植えてある。灌漑や製粉で利用されたであろう風車がちらほらと見えて、収穫を終えた枯れ麦の束が干し草として丸めてあったりするとヨーロッパの雰囲気を感じる。バスはパルマの町の北東側スペイン広場の前の大きなバスターミナルに着いた。パルマの街をしばし散策し小さなレストランでパエリアを食べ市場やマジョール広場の教会などを見て帰ってきた。

ポルトコロムのマリーナ

ポルトコロムの湾も入り口が狭く奥に深く広がった静かな良い港で昔から漁港として使われていたようだ。ここにはClub Nautico PortocolomとPort de

Portocolomの２つのマリーナがある。Club Nautico Portocolom は湾の奥のほうの桟橋３つを使っていて Port de Portocolom は手前のほうの桟橋３つを使っている。18日の朝ここに着いて無線で呼んでも応答がなかった時にゴムボートで案内してくれたのは Club Nautico Portocolom の人だった。当然 Club Nautico Portocolomの桟橋に連れて行かれてもやうことになった訳だが、１泊31ユーロということでその時はとりあえず１泊分だけ支払った。その後マリーナ内を散歩していたらPortsIBの看板を見つけて事務所に入り確認すると１泊15ユーロ程度（実際には７ユーロだった）だと言う。だったらこちらに移動したほうが良いということがわかり19日の朝に Port de Portocolom の職員に手伝ってもらってうめぼしを手前の Port de Portocolom の桟橋に移動させた。Port de Portocolom は PortsIB というバレアレス州政府から分離した組織が運営しているようで利用料金も安くなっているようだ。PortsIBはここ以外にもバレアレス諸島内に12か所ほどのマリーナを運営しているようだ。Port de Portocolomも水道電気とシャワーのサービスがありサービスレベルはそれほどの違いはなさそうだが電気が来ていないコンセントがいくつかあり設備の整備レベルは少し違うかもしれない。それでもカラドールの１泊44ユーロと比べると３分の１とかなりの差がある（実際には６分の１弱だった）。

PortsIBが運営するマリーナ

Port d' Andratx

Port de Soller

Port de Pollenca

Port de Cala Rajada

Port de Cala Bona

Port de Porto Crist

Port de Portocolom

Port de Portopetro

Port de Cala Figuera

Port de Colonia Sant Jordi

Port de Ciutadella（Menorca）

Port de Fornells（Menorca）

Port de Sant Antoni de Portmany（Ibiza）

パルマ・デ・マヨルカの観光

　4月20日は11時20分発のバスに乗ってまたパルマの町まで観光に出かけた。アルムダイナ宮殿のあるレイナ広場に面しているビルの一角にツーリストインフォメーションのオフィスがあったのでそこで少し情報を仕入れようと立ち寄ってみた。日本語の資料は皆無で英語の資料が少しという感じだ。やむを得ず英語の資料を中心に閲覧しているとMallorca Events 2017という資料の中に先日470クラスで磯崎さんが優勝したプリンセスソフィアカップレースやパルマボートショウなどの案内もあった。まずはアルムダイナ宮殿に入り王様の居室や礼拝堂などを見学しその後カテドラルと博物館を見学した。いずれも立派な建築物で数百年から千年以上経つものがきれいな形で残っておりかつ今も現役で使われているということに感銘を受けた。この地を征服した民族や人は変わっても財産である建築物は大切に引き継いで守ってきた歴史やそういう文化に敬意を表したい。また日本に比べると地震が少ないことも幸いしていると言えそうだ（地震がまったくないわけではないが頻度は非常に少ないと言える）。

ポルトコロムの町の散策

　4月21日（金曜日）はポルトコロムの町を散策してみた。もともとは漁村でありまた近隣で生産されるワインの出荷港でもあったそうだが今はそれらも少なくなり観光が主な産業となっている人口4000人ほどの小さな町だ。入り口が狭く中が広がっている湾の中の奥の方の海岸には、元は漁船が収容されていたと思われる小さな扉付きの艇庫が並んでいた。

　しかし今は漁船と思われる船はあまり見かけられずマリーナの桟橋や黄色いブイにもやわれたプレジャーボートやヨットが大多数を占めているようだ。そして海岸沿いにはレストランやマリンレジャーサービスショップ、ホテルや分譲型マンションなどがたくさん並んでいる。特に夏の避暑地としてヨーロッパ各国からの滞在型リゾート客で賑わっているようだ。それにしても地中海の海の水はどうしてこんなにきれいに澄んでいるのだろうか。それもここのように深い入り江になっているにもかかわらず海の水がきれいに透き通っているのだ。それにはいく

354　世界一周船栗毛

マヨルカ島のポルトコロムの舟屋

つかの理由があるようだ。一つは地中海性気候で温暖で乾燥しているため海水が蒸発しやすく海水の塩分濃度が外海よりもわずかに高くなっており、プランクトンが生息しにくいということだ。また地中海性気候ということで夏期の降雨が少なく年間を通しても降水量は300mmから600mmしかなく、河川から流れ込む水量が少ないためにプランクトンが繁殖するための栄養素の供給も少ないということだ。プランクトンが少ないと浜辺を歩いていても磯の匂いがしない。またポンツーンの水面下にも藤壺や海藻があまり付いていない。ということは船底に付着する海藻類も少ないはずだ。そしてもう一つ言われているのは陸から海へ還った草「ポシドニア」という植物が地中海全域に生息しておりこれが光合成などを通じて水をきれいにしているというのだ。更に地中海沿岸は石灰岩の地層が多く海岸や海底の砂も白く輝いているために水が透き通って見えるという説だ。どの要素がどれだけ影響しているのかはわからないがポルトコロムの湾の中の海がきれいなことだけは間違いない。

ポルトコロムの散策

ポルトコロムの南東沿岸には直接地中海に面している小さな入り江がありそこにはきれいな砂浜が広がっている。カラマルサルという海岸だ。まだ4月だが浜辺で水着姿で遊んでいる人や日光浴をしている人がたくさんいる。この白い砂浜の海のきれいさは格別で光が水の中に入り海底の白い砂に反射して返ってくるこ

とで海の水の明るく澄んだ透明感が増しているように感じるし、遠くの海も青い空のもとに濃いコバルトブルーに見える。

ポルトコロム近郊の散策

　4月22日はポルトコロムから8kmほど西へ行った高さ475mの丘の頂上にあるサントゥエリ城に行ってきた。古代ローマ時代の遺跡もありその後13世紀までムーア人の要塞だった古いお城だ。頂上からの展望は素晴らしく南東側にはポルトコロム湾やはるかカラドールの湾も望むことができ、北西側にはすぐ隣の丘の頂上にあるキリスト教徒の巡礼のメッカであるサンサルバドル修道院を間近に見ることができた。また更にその北西側にあるファラニチュの町にも寄りサンミゲル教会やスペイン広場などを散策してバスで帰ってきた。途中の道沿いにはアーモンドの木がたくさん植えられており既に緑色の固い実をつけていたし、枇杷の実も食べ頃になっていて海沿いの道にはパームの木の実がたわわに実っていた。まだ春なのだが既に実りの季節という趣もかいま見ることができるマヨルカ島である。

出航準備

　4月24日は出航準備のために近くのスーパーマーケットに行って食材や飲み物を調達した。両手にいっぱいのビニール袋を抱えてお店を出ると声をかけてくる人がいて、マリーナですぐ近くに船を置いているけれどもコーヒーを飲んでいかないかというお誘いだった。その船に行くのかと思ったらスーパーのすぐそばのバルに連れて行かれてビールをご馳走になりながらいろいろな話を聞かせてもらった。名前はGeoffreyさんというイギリス人でもう40年以上も船の上で生活しているそうで、ブラジルからカリブ海を航海し今はここポルトコロムに20年いるそうだ。来年はカリブ海に行く予定だと言ったらカリブ海では貿易風がいつも東から吹いており島と島の間の海峡では強風になっているので注意が必要だということや治安面でもいろいろと危険なことがあるから用心しないといけないなどアドバイスをしてくれた。その後PortsIBのマリーナ事務所に行って係留費用の支払いを済ませたところ19日から25日までの6泊で電気水道料込みで41.2ユーロと1泊当たり7ユーロ弱と格安だった。風予報によるとこれから数日は西よりの穏や

かな風のようなので25日午前中に出航したいと思う。行先はサルディニア島の南西端にあるサンピエトロ島のカルロフォルテ港で約240海里ある。

うめぼし航行状況　ポルトコロム〜カルロフォルテ

　４月25日18時、現在位置はポルトコロムの東約45海里、目的地カルロフォルテの西193海里。メノルカ島の南沖合20海里を東へ航行中です。朝８時にポルトコロムを出港して、当初は南東の軽風に機走していましたが、その後風が南南東〜南へシフトしたのでアビームで東へ帆走しています。

　26日18時、現在位置はポルトコロムの東約150海里、カルロフォルテの西89海里。メノルカ島の南を通過して、メノルカ島とサルディニア島の間をアビームで東へ航行中です。

　27日18時20分、今日は朝から風弱くずっと機帆走を続けて夕方に目的地カルロフォルテへ無事到着しました。〈宮原〉

マヨルカ島（ポルトコロム）から
サルディニア（カルロフォルテ）への航海

　ポルトコロムのマリーナを４月25日の朝の８時に出航した。出航前にGeoffreyさんに挨拶をしにGeoffreyさんの艇に行ったのだがまだ朝早くて寝ていたようでなかなか起きてくれない。そこでうめぼしのボートフックを持ち出してGeoffreyさんの艇のバウスタンションをガンガン叩いたところすぐに起きてくれたがボートフックの先端が折れて飛んでしまった。Geoffreyさんにそれを拾ってもらってお別れの挨拶をして出航したところGeoffreyさんが大きな声で待てと呼びかけてくる。艇をＵターンして待っているとGeoffreyさんがテンダーで近づいてきてGeoffreyさんのボートフックを持っていけというのだ。断っても受け付けてくれないのでご好意に甘えてボートフックをいただいて出航した。サンピエトロ島のカルロフォルテは東方向240海里にあり風が良ければ27日に悪くても28日には到着したいところだ。出航してしばらくは南東の風３ｍと向かい風でもあり機走で行った。10時半頃には南の風５ｍになったのでメインセール、ジブセール共にフル展開してアビームで東に向け快適な帆走をした。この風は一時９ｍまで強くなったがまた少し弱くなり夕刻から夜にかけて南西にシフトして適度に良い風が吹

き続けた。26日の15時にはあと100海里まできたがここで風が弱くなった。その後翌朝まで機走したり帆走したりいろいろ試してはみたが風が吹かないと所詮ヨットは走らないのだ。翌朝27日の4時20分に起きてみるとあと70海里とほとんど進んでいないことがわかり機走を始めた。2350rpmで走り続け何とか27日の18時にカルロフォルテ港に入り18時20分にもやいを完了することができた。Marine Sifrediというマリーナだが現地時間で20時ともう薄暗くなりかけている時にテンダーとポンツーンの両方からもやいを取りに来てくれた。時間が遅くなりうまく着けられるかどうか心配している時だったのでこのサービスは大変うれしく思った。

マルタへ向けて出航

　4月29日の朝、昨日まで続いていた北からの強風も収まってきたのでカルロフォルテを出航し350海里離れたマルタのゴゾ島のムガー（Mgarr）港に向かう。カルロフォルテのMarine Sifrediには2泊して20ユーロだった。軽油40リットルを補給し70ユーロと非常に高いのにはびっくりした。引き続きEU圏内なのでイミグレーション関係の手続きは何もしないで済んでいる。

うめぼし航行状況　カルロフォルテ〜ムガー（マルタ）

　4月29日18時、現在位置はカルロフォルテの東南約45海里、サルディニア島南端の南沖合約20海里を目的地マルタのゴゾ島ムガーへ向けて南東へ航行中です。追手の順風で距離を稼いでいます。

　30日18時、現在位置はカルロフォルテの東南約105海里、サルディニア島南端の南東沖合約75海里を目的地マルタ島のムガーへ向けて南東へ航行中です。今日はずっと風がなく朝から機走でした。夕方から南西〜西の軽風が吹き始めたので帆走を始めました。

　5月1日18時、快晴。現在位置はカルロフォルテの東南約180海里。チュニジアとシチリア島の間を目的地マルタ島のムガーへ向けて南東へ航行中です。今朝明け方に強まった風は日中には弱まり機走を続けました。夕方から風が少し強まりました。予報によれば今夜半から明日にかけては良い風が続きそうです。

　2日18時、現在位置はカルロフォルテの南東約300海里、目的地ムガーの北西

51海里。南東へ航行中です。今日の日中はずっと順風の追手で距離を稼ぎました。この風は今晩徐々に弱まり、明朝は軽風になりそうです。明日の午前中にはムガーに到着するでしょう。

3日9時、無事に目的地マルタのゴゾ島のムガーへ到着しました。〈宮原〉

カルロフォルテからムガー（マルタ）への航海

4月29日の朝6時40分にカルロフォルテを出航した。行先は南東方面に350海里離れたマルタ共和国のゴゾ島のマリーナムガーだ。前日まで北西の強風が続いていたがそれも収まり快晴で北5mの穏やかな風の中の出航だ。マリーナを出ようとする時水深7mくらいはあるはずなのに海底の模様があまりにはっきり見えているので水深1mくらいしかないのではないか座礁するのではないかと勘違いして思わずエンジンをスローにしてしまった。その機走もマリーナを出るまでの20分間だけですぐにセールをフル展開し快適なセーリングの開始となった。結果から言うと5月3日朝の9時に到着したので丸4日、つまり98時間の航海で350海里を走ったので平均3.6ノットということになる。4月30日と5月1日は風が弱くそれぞれ機走で9時間程走った。もともと強風を避けて出航しているのだから風が弱いのはやむを得ないということだ。適度に良い風が吹けば良いのだがなかなかそうもいかない。5月1日の夜から北東の風が8〜10mくらい吹き出しこれがほぼ3日の朝まで吹き続け後半は快適にセーリングすることができた。全部で機走20時間、帆走78時間、ほとんど快晴、うねりの大きい時で1.5m程度という比較的平穏な航海だった。

マルタ共和国ゴゾ島ムガーマリーナを出航予定

5月3日の朝ムガーマリーナの入り口からVHF13チャネルで呼びかけるとすぐにテンダーが出てきて係留場所まで案内しもやいを取るのを手伝ってくれた。このようなサービスはシングルハンドにとっては安心でスムーズに係留でき大変ありがたい。係留完了後マリーナオフィスで手続きをしてその隣のオフィスのカスタムで入国手続きをした。係留料は1泊25ユーロだ。ムガーは小さな港町なのでSIMを売っている店はないということで6kmほど離れたビクトリアの町まで出かけてSIMを買い大城塞という高台の上にある騎士団時代の要塞に登ってみ

た。船に戻って配達注文していた軽油40リットルを受け取り近くのスーパーで買い物をして出航準備は完了だ。風予報によるとここ数日はあまり強い風はなさそうで向かい風でもないようなのでさっそくだが4日のお昼頃には出航したいと思っている。行先はクレタ島北岸東寄りのアギオスニコラウス港で東方向に約500海里の距離にある。小笠原レースが500海里と言われているので同じ距離を走ることになる。

うめぼし航行状況　ムガー（マルタ）～アギオスニコラウス（クレタ）

4日18時、現在位置はムガーの東約30海里。10時にムガーを出港し、12時から南東の順風を受けてシチリア島の南沖合を東北東へ帆走中。

5日18時、現在位置はムガーの東約125海里。朝はやや向かい風の軽風でしたが昼前から横風～やや追い風の順風になり、具合が良い風を受けて東へ帆走中。イタリア半島の長靴の南沖合にいます。

6日18時、快晴。現在位置はムガーの東約230海里。イタリア半島の長靴の南を通過しました。今日はずっと風が弱く機走を続けています。このあと西風が徐々に強まり、帆走できるようになる見込みです。

7日19時、現在位置はムガーの東約320海里。ギリシャ西部の南を帆走中です。今日は昼前から風が徐々に強くなり南～西の良い風が吹き始めました。

8日18時、曇り。現在位置はムガーの東約390海里。クレタ島の西端まで約65海里。ギリシャ西部の南海上を東へ航行中です。今日も風が安定しませんでしたが距離はそこそこ稼ぎました。

9日18時、快晴。現在位置はムガーの東約500海里。クレタ島の北岸沖合約15海里を東へ航行中です。今日は朝からずっと西より順風～強風で距離を稼ぎました。この風は今晩から明日にかけて続きそうなので、明日の昼頃には目的地到着と思います。

10日6時、あと30海里。現在位置はムガーの東約550海里。クレタ島の北岸沖合。目的地アギオスニコラウスの北西約25海里を東へ航行中です。昨晩はずっと西よりの順風で距離を稼ぎました。今日の昼過ぎには目的地到着と思います。

10日12時、さきほどクレタ島のアギオスニコラウスに無事到着しもやいを取りました。〈宮原〉

マルタ（ムガー）からクレタ島アギオスニコラウスまでの航海

　５月４日の午前10時にムガーのマリーナを出航した。快晴で東の風が５mほど吹いており機走で２時間ほどマルタ島のブランケットを抜けるところまでいくと本来の南東の風が吹き出した。帆走に切り替えアビームで北東に向かう。しばらくは８mから９mくらい吹いていたのでメインセールを２ポイントリーフしたがマルタ島から離れてくる14時頃には５mから６mに落ち着いてきたのでメインセールをフル展開にして上り角度75度くらいで走った。その日の23時頃までは南東６m程度の良い風が吹いたがその後落ちてきて翌朝４時には無風になり機走に切り替えた。それも２時間ほどで終わり５日も快晴で午前中は南東４m、お昼南６m、午後南南西８mと良い風が続いた。６日から８日までは全体的に風が弱く風がない時は機走で少し風がある時は帆走を繰り返しその間の機走時間は20時間ほどになった。９日の午前０時頃から西風８mほどが吹き出し一時は15mくらいまで強くなりメインセールを２ポイントリーフにしたがその後は10m前後の安定した風が続き平均５ノットほどの速度で走ることができた。10日のお昼12時（現地時間15時）前にアギオスニコラウスのマリーナに着きVHF72チャンネルで呼びかけるとマリーナ職員がすぐにポンツーンまで迎えに来てくれ無事にもやいを取ることができた。まる６日間の572海里の航海において一時無風で霧が出た時もあったが、ほとんどは快晴の良い天気の中で穏やかな良い方向からの風が吹き続けたことに感謝したいと思う。

松崎さんにお世話になった

　アギオスニコラウスのマリーナではアルメリマルのフミさんにご紹介いただいたCAVOK Vの松崎さんに大変お世話になった。松崎さんは昭和43年慶應大学卒ヨット部で現役時代は伝説のスナイプエース艇ネプチューンで活躍され卒業後は全日空の国際線パイロットのかたわら自艇CAVOKで小笠原レースなどレース中心に活動してこられた。現在のCAVOK Vはオランダで購入されオランダ船籍のままの艇で地中海を中心にクルージングを楽しんでおられるそうだ。到着した５月10日の夕刻にはさっそくCAVOK船上でご馳走になり11日は朝から街の中を案内していただきSIM購入、スーパーマーケット、美味しいパン屋さんなどに連れて行っていただいた。そして夕刻からはまたCAVOK船上でトニーさんご夫妻と

共にパーティーに招待していただいた。トニーさんは英国から47フィートモーターボートで黒海経由で地中海に入りクルージングを楽しんでおられるそうだ。

アギオスニコラウスを出航

12日は午前中にポリスやカスタムを回って出国手続きを終えてトルコのマルマリスに向けて出航予定だ。170海里の行程だが3日間ほどは無風かかなり弱い風が吹く程度のようなので機走中心に走ることになりそうだ。

うめぼし航行状況　アギオスニコラウス（クレタ）～マルマリス（トルコ）

5月12日18時、現在位置はアギオスニコラウスの北東約40海里。7時15分にアギオスニコラウスを出港し、当初は無風で機走していましたが12時から南東の軽風を受けてアビームでエーゲ海南部を北北東へ進んでいます。天気は薄曇りでイマイチですが快適に帆走中です。

13日18時、晴れ、もや、無風。現在位置はアギオスニコラウスの北東約110海里。ロードス島の北西沖合を北東へ航行中です。今日午前中は無風で夜明け前から機走していました。昼過ぎから南東の軽風が来てアビームで北東へ帆走しています。夕方に風向が南西にシフトし今は追手です。

14日10時40分、目的地マルマリスに無事到着しました。〈宮原〉

ギリシャのクレタ島アギオスニコラウスから
トルコのマルマリスまでの航海

5月12日の朝7時15分にアギオスニコラウスのマリーナを出港した。朝マリーナオフィスで2日間の係留料37ユーロと電気と水道の利用実績6ユーロ合わせて43ユーロの支払いを済ませ晴天無風の中を静かに旅立った。もともとこの2日間は風が弱いという予報なので1800rpmの機走でゆっくりと5時間ほど走ると、午後から南寄りの風が4～6mほど吹き出しその夜の初め頃まで帆走することができた。13日も朝の3時から10時間機走で走り午後から少し帆走することができた。14日は朝の2時から機走を始め10時40分に到着するまでほとんど機走だった。合計で24時間を機走したが波もなく快適な航海だった。途中小さな島や狭い海域ではウォッチに気を付けオートパイロットが壊れないことを祈りながらの旅だった。

362　世界一周船栗毛

マルマリスヨットマリーナについて

　マルマリスヨットマリーナはマルマリスの町から8kmほど南東側に離れたところにある係留750艇、陸置き1000艇の収容能力を持つ巨大なマリーナだ。330トン、70トン、50トンと3つのクレーンを持っておりヤード内にはエンジンサービスをはじめ電気系など各種サービスを提供する店が数十店舗あり整備に関するあらゆるサービスを受けることができる。レストランやスーパーマーケット、コインランドリーもあり生活関連のサービスも一通りは揃っている。マルマリスの町まで片道約100円のミニバスが走っている。しかも係留料金が安いということもあり冬場はほとんど空きがない状況が続いているようだ。係留してある艇にはヨーロッパ各国から来ている人が住みこんでいて夏場には近隣をクルージングして

出迎えてくれたAysemさん

マルマリスヨットマリーナキャプテンから
記念品

マルマリスヨットマリーナでの出迎え

楽しんでいるそうだ。対岸のNetsel Marinaは町の中にある高級なマリーナで短期の観光客が多く訪れる晴れやかなイメージだが係留費用も高いそうだ。それと対比するとヨットマリーナはヨットに慣れ親しんだ利用者が多い実用的経済的マリーナということだ。今から20年ほど前にAysemさんが日本に勤務している時に数年間Aysemさんと一緒にシーホース級のレースに出ていた。Aysemさんは今はイスタンブールの近郊に住んでおり夏場はマルマリスをベースにクルージングを楽しんでいるということだ。5月14日の朝にはAysemさんほか多くの方々が日本国旗を掲げてモーターボートで出迎えてくれた。5月15日には整備が完了したAysemさんの40フィートHadi Bye Byeが進水するということで一緒に乗せてもらって進水した。

EU各国及びトルコの入出国

2月23日にラスパルマス（スペイン）でEU域内に入りフンシャル（ポルトガル）、カディスからマヨルカまで（スペイン）、カルロフォルテ（イタリア）、マルタ、アギオスニコラウス（ギリシャ）、マルマリス（トルコ）と航海してきた。EU域内では入出国の手続きは比較的簡単だったがギリシャとトルコでは少し手間取ったのでその当たりの経緯について少しまとめておきたいと思う。ラスパルマスでは到着したマリーナで作成してもらった入港証明書類を持ってイミグレーションの手続きをするために国境警察（Border Police）に行った。そこでEUへの入国証明書を発行してくれたのだがなぜかパスポートに印を押してくれなかった。フンシャルでは到着時にマリーナポリスに行き簡単な書類に記入をして終了だった。しかしパスポートへの押印のことが気になって再度マリーナポリスに行き話をしたところイミグレーションの係官を他の事務所から呼んでくれてポルトガル（EU）への入国印を押してくれた。カディスではポートポリス用の書類を作成しただけで終わりだった。その後はスペイン各地及びカルロフォルテでは何も手続きをしないで済ませた。マルタでは入出国時にカスタムに行く必要があり出国時にはポートクリアランスを発行してくれた。ギリシャでは入国時にポートポリスで15ユーロ支払い入国手続きをしてカスタムで100ユーロ支払ってトランジットログを作成してもらった。また出国時にもポートポリスとカスタムともう1か所ポリスに行く必要があった。ポートポリスで出国の押印をしないのかと確認した

ら押印は必要ないと断言された。トランジットログはギリシャ国内の移動は6か月間有効だが一度国外に出ると次にはまた新規にトランジットログを作成することが必要になる。トルコではヨットマリーナに入港した翌日マリーナオフィス内に常駐しているエージェントに150ユーロを支払いその後うめぼしで対岸のNETSEL MARINAに隣接するパスポートポリスのポンツーンまで行きパスポートポリスのオフィスでパスポートに押印をしてもらった。そしてその翌日エージェントからトランジットログを受け取った。トランジットログにはヘルスコントロール、パスポートポリス、カスタム、ハーバーマスターの4つの役所の押印があった。トルコもギリシャと同様にトルコ国内はこのトランジットログで1年間はどこでも行けるとのことだが一度でも国外に出るとまた新たにトランジットログを作成する必要があるとのことだ。つまりギリシャとトルコの間を頻繁に往復するのはあまり得策ではないということだ。またNoonsiteによるとトルコに入国するためには事前にe-visaというサイトでVISA申請が必要という記載があるが実際にe-visaにアクセスしてみると私の場合は「あなたは免除です」という表示が出た。それでe-visaなしで直接入国したが特に問題はなかった。

艇の整備や改善項目

　マルマリスヨットマリーナには当面1か月程度の間うめぼしを係留して私は日本に一時帰国したいと思っている。その期間を利用して艇のメンテナンスや改善をしておきたいと思いその項目をリストアップしてみた。すべての対応はできないと思うが現地技術者と対処方法を相談していきたいと思う。

１．エンジン関係
　（ア）電気系統のアラームの原因究明（スタータ、ジェネレータの分解清掃）
　（イ）エンジンオイル消費量増大の対策
　（ウ）海水アカ漏れ対策（多分給水口近辺のホース）
　（エ）セールドライブギアオイル変色対策（当面の対策）
　（オ）GLOWランプが点いたり点かなかったりする件の対策
　（カ）アワーメーター接触不良対策（一瞬2951時間が見えた）
　（キ）エンジンブロワのホースはずれの補修

2．オートパイロット関係

（ア）No. 2、No. 4の2台のオートパイロットの修理（RAYMARINEに依頼）

（イ）ST-2000用のオーバイコネクタの追加（旧オーバイ用を交換）

（ウ）ウィンドベーン設置の検討

3．デッキ雨漏れ関係

（ア）換気扇からの漏水

（イ）メインキャビンハッチからの漏水

（ウ）ハードドジャーの根元からの漏水

（エ）両サイドの棚からの漏水（右舷エアコン吹き出し口、左舷カッパ入れの棚）

4．給水系

（ア）清水に泡が入る件の対処

（イ）温水器のお湯に油の匂いが混入する件の対処

（ウ）水量メーターの修理

5．電気系統

（ア）バッテリー充電状況表示メーターの追加

（イ）風力発電機が回りにくい件の対処

（ウ）シガーコンセントの追加（キャビン後ろのイリジウム用）

（エ）マスト周りのランプのLED化

（オ）キャビン内部のランプのLED化

6．なくなった船名板の取り付け（英語表記も追加したほうが良いか）

7．ジブファーラー用のウィンチ増設の検討

8．エアコンの冷房が動かない件の対処

9．ホールディングタンクの吸い出し口の追加

ギョジェキへの小旅行

　5月19日はマルマリスの街の郊外にあるオトガル（バスセンター）からミニバスに乗ってマルマリスから高速道路で東へ100kmほど離れたギョジェキという町へ行ってきた。そこにIrmak Yachtingというヨットのチャーター会社がありそれを経営している安田ゆかりさんのアポイントがとれたのでいろいろな現地情報を教えてもらうために行った。ギョジェキは人口3000人ほどの小さな町だが深い

入り江の奥に位置していて多くのヨットが集まる自然の良港になっている。そこのマリーナで十数艇ほどのヨットを所持してそれをチャーターするビジネスを始めて4年目になるということだ。当日はほとんどのヨットはチャーターで出払っていたが残っている2艇を見せてもらいそのあと昼食をご馳走になりながらチャータービジネスのご苦労などを聞かせていただいた。貸し出したヨットを持ち逃げされないようにヨットには必ず追跡システムを積んでいるということや船籍、保険、トランジットログの運用など興味深いお話を伺うことができた。トルコではヨットは必ず汚水タンクを搭載するように義務付けられていてマリーナや外海では一切し尿を放出してはいけないことになっており違反した場合は40万円ほどの罰金が科されるということだ。それを運用するシステムとしてブルーカードというものがありマリーナで汚水タンクから汚水を吸い出してもらうとブルーカードに吸い出し記録が残るようになっておりコーストガードはそれをチェックして監視しているということだ。そのブルーカードの運用方法なども教えていただいた。午後からあいにくの土砂降りの大雨になり帰りはマルマリスの艇までご主人のギュチルさんに自家用車で送っていただいた。

Aysemさんの艇上にて（ギュチルさん、安田ゆかりさん、Aysemさん）

日本へ一時帰国

5月20日の飛行機で日本へ一時帰国することにした。途中イスタンブールに1泊して観光する予定だ。また6月16日にはマルマリスに戻り地中海の中のトルコ沿岸やエーゲ海の島々を航海する予定だ。お世話になったAysemさんのHadi Bye Byeも21日にはマルマリスを出航しギリシャのテッサロニキに向かい息子さんを交えてクルージングを楽しむ予定とのことだ。

イスタンブールの旧市街の観光

5月21日は朝からイスタンブールの旧市街の主な見どころを回った。最初にトプカプ宮殿に行きハレムやスルタンの部屋、海が見える東屋などを見学した。地中海ではいつものことながら500年前の建物がきれいな状態で残っていることには感激する。ハレムは江戸城の大奥と似ていると思うが女性が1000人から2000人いたという説明には意外に少ないという印象を持った。次に国立考古学博物館に行ったがその収蔵品の数の多さは相当なもので私にとっては特に旧石器時代から青銅器時代の中東や地中海沿岸から発掘されたコレクションは見ごたえのあるものだった。昼食を食べた後85リラで買った5日間有効のミュージアムパスでもう一度この博物館に入ろうとしたのだがこの入場券は入場は1回だけということで入れなかったのは残念だった。次にアヤソフィア博物館に行きビザンツ帝国の巨大な建築物カテドラルを見て、更に6本のミナーレがある巨大な現役のブルーモスクの中に入った。ほかにもイスラム美術博物館や地下宮殿も見てきた。

地中海でのチャーターヨット

地中海でのチャーターヨットに関する情報だ。ポイントは2点日本人のスタッフがいることと日本の小型船舶の免許でベアハルチャーターができるということだ。トルコの南西岸の町フェティエの北西20kmにギョジェキ（Gocek）という小さな港町がありマリーナが6つくらいある。欧米から多くのリゾート客が訪れ約1000隻のセーリングヨットが係留されており近くには世界遺産や多くの遺跡がある観光地だ。安田ゆかりさんとご主人が経営するIrmak Yachting／イルマックヨッティングという会社はMarinturk Gocek Village Portというマリーナに合計11隻のヨットを係留し貸し出している。ギョジェキの最寄り空港はダラマン

（Dalaman）空港で、タクシーまたはフェティエ行きの空港バスで20分から30分の距離だ。

　会社のウェブサイトは http://irmakyachting.com/index

　特徴は問い合わせや予約などの手続きはすべて日本語でできることと日本人が対応してくれるので安心感があるということだ。地中海でヨットのチャーターを検討される時にはこの会社もご一顧いただければ幸いだ。日本語での問い合わせは直接日本人スタッフへ：yukari.yilmaz@irmakyachting.com

うめぼしに戻ってきた

　6月16日の昼前にマルマリスのヨットマリーナのFoxtrotという名前がついている桟橋にもやわれているうめぼしにたどり着いた。成田空港を出発してから30時間ほど経っているのでかなり疲れが溜まっている。それにしてもトルコ南西岸の地中海のこの暑さは相当なものだ。安い航空券をとったもので途中モスクワ経由のフライトだったのだがモスクワのシェレメツボ空港では気温が10℃しかなく思わずリュックサックからジャンパーを引っ張り出して着込んでいたのがここでは半袖半ズボンでも暑いのだ。1か月ほど前にここを出る時は夏の始まりかけで多くのクルーザーが出航準備をしてクルージングに出かけている頃でまだ朝夕は肌寒い気候だったのが既に真夏になってしまっている。船に着いてさっそくエンジンの稼働確認をした。スイッチをONにしてGLOWを5秒ほど点けたあとスターターを回すと一発で軽く始動してくれた。地中海では海藻や藤壺の成長が遅いようでエンジンの冷却水もほとんど汚れが見えなかった。電動トイレ、清水、ビルジなどのポンプ類も正常稼働しバッテリー、ガス、陸電も変化はない。そのあとシャワーを浴びてマリーナレストランで夕食を食べてバタンキューと寝てしまった。

海外SIMについて

　海外で艇の上で生活していると新聞やテレビをまったく見ることができないので日本国内で起こっていることに関する情報に疎くなってくる。もっとも日本にいても最近はあまり新聞やテレビを見ることが少なくなっているのだが。それでも最近はインターネット経由でいろいろな情報を仕入れたり知り合いとのコミュ

ニケーションを取ったりすることができるようになりそれなりに情報入手や情報交換については便利な世の中になってきている。そこで3年前にクルージングに出かける前に海外で安くインターネットを使う方法を調べたところ各国ごとにインターネットにアクセスできるSIMがローコストで販売されているということで、それを使うために当時は最新だったと思うのだがNECのSIMフリーモバイルルーターAterm MR03LNという端末を買って出かけた。しばらくの間はこのルーターを重宝して使っていたのだが昨年からはAndroidスマホをルーターとして使うようになった。というのも最近のSIMは起動時に4ケタのパスワードを要求するようになってきており私の持っているAtermではうまく対応できない（私には対応方法がわからないと言ったほうが正確かも）ことからAndroidスマホを使うようになった。しかし最初に使い始めたdocomoのスマホはSPモードの関係からWi-Fiテザリングがうまく使えないために最近はVodafoneのSIMフリー端末を使っている。これは英語表示で使うこともできSIMショップでセットアップをしてもらう時も便利だ。ということで今日6月17日はミニバスでマルマリスの町まで出かけて行きVodafoneショップで1か月4GBの延長契約を40リラ（約1280円）で買ってきた。

地中海クルージング

6月18日（日曜日）はどこにも出かけずに艇の中でゆっくり過ごした。午前中のうちにケルヒャーの高圧洗浄機（K2.200）を引っ張り出して埃だらけになっていたデッキやコクピットをきれいに洗浄し、キャビンの中も雑巾がけをして埃をきれいに拭き取り書類の整理などもして艇の中でゆっくりできるような環境整備をした。そのあとは本を読んだりパソコンで調べ物をしたりしながらのんびりとした一日を過ごした。2014年の9月に博多湾を出航して以来、沖縄、マレーシア、インド洋、南アフリカを経由して地中海にたどり着くまでは比較的先を急ぎながらの航海だった。しかしこれからの1年ほどはエーゲ海を中心に滞在型のゆっくりした航海をしてみようと思っている。そしてこの機会に日本の知り合いのかたがたにも地中海クルージングを楽しんでいただけるような企画も考えていきたいと思っている。先日ご紹介したチャーターヨットの安田ゆかりさんも利用者の大多数は北ヨーロッパの人々であり日本人の利用はほとんどないとおっしゃってい

た。ヨットをホテル代わりにして休暇をゆっくり過ごすスタイルは日本人にとってはまだなじみの少ない過ごし方のようだがそういう遊び方を体験していただく機会を積極的に作っていきたいと思う。長距離航海懇話会の代表理事の大野さんもクロアチアでチャーターヨットを楽しんでおられる。

いつも何を食べているの？

クルージングについての話題の中でよくある質問の一つに船の中では何を食べているのかというのがある。答えは普通の食事をしているということだ。たまに外食する以外は船の中で自炊している。ガスコンロ、電子レンジ、冷蔵庫２台を備えているのでそこそこの食材は保管できるしちょっとした料理も作ることができる。今朝の朝食を例にとるとヨーグルト、スイカ、メロン、プラム、アメリカンチェリー、ミニトマト、キュウリ、チーズ、たまご入りスープスパゲティ、コーヒーというところだ。スープは玉ねぎ、トマト、リンゴ、じゃがいもなどを煮込んで作った自家製だ。食材は行く先々でそれぞれの地場の安くて良いものを買うようにしている。トルコは野菜や果物などの生鮮食料品は自給率が高いようでかなり安く買うことができる。棒スパゲティ500ｇは70円、スイカは30円／kg、アメリカンチェリーは500円／kg、たまごは10円／個などだ。普段よく食べるのはパン、麺類、肉、ハム、野菜、果物、乳製品などだ。

ブルーカード対応

以前にも一度書いたがトルコではヨットからし尿を一切海に放出してはならないというルールがある。ヨットの中で用を足したあとの汚水は汚水タンク（ホールディングタンク）に蓄えておいてマリーナに入った時に専用の施設で吸い出してもらう必要がありその吸い出し記録をブルーカードに残していくという運用だ。これに違反していることがコーストガードに見つかると高い罰金が科せられるということだ。うめぼしは中古で艇を購入した時にホールディングタンクは付けてもらったのだが吸い出し口がなかったものでそれをここのヨットマリーナで加工設置してもらうことにした。ホールディングタンクの真上のデッキとタンクにそれぞれ穴を開けてその間をパイプでつなぐという工事だ。マリーナ内の工事会社はそれぞれ専門領域があって木工はBABAmarine、部品の加工据え付けは

Marlinという分担になっている。BABAmarineにデッキとタンクに穴を開けて
もらい、Marlinにデッキとタンクに金具を取り付けてもらいその間を頑丈なパイ
プでつないでもらった。費用はBABAmarineが40ユーロ、Marlinが150ユーロで
合計で2万3000円程度かかった。これでやっとトルコ沿岸の航海を楽しむことが
できるようになった。

トルコ沿岸クルージング

　これまでトラブルに悩まされてきたオートパイロットだがRAYMARINEの取
扱店に修理依頼をしていたものが戻ってきた。No.2はコネクタの接触不良、
No.4はプリント板不良だということだが交換ではなくプリント板表面の加工と
清掃で良くなったということだ。修理代金は9000円で済んだ。本当にこれで良く
なったのかどうか不安な面もあるが係留中の艇の上でのテストでは一応ちゃんと
動いているように見える。実際にセーリングで使ってみないと本当に良くなった
のかどうかはわからない。当面の必須整備項目は対応が完了したし明日からの数
日は風も穏やかなようなのでさっそく明日の朝からトルコの沿岸クルージングに
出かけたいと思う。とりあえずは東に向かって行きギョジェキやフェティエあた
りをうろうろしてみたいと思う。

マルマリスヨットマリーナを出航

　2017年6月22日（木曜日）朝9時過ぎにマルマリスのヨットマリーナを出航予
定だ。朝8時半にマリーナオフィスのオープンと同時にオフィスに行きこれまで
の係留料の精算と出航手続きを済ませた。係留料は1か月の無料期間があったの
で実際に支払ったのは8日分のみで51ユーロと格安だった。天気は快晴で風は弱
くクルージングには絶好の日和だ。今日は20海里ほど東にあるEkincikの
MyMarinaというレストランマリーナまで行く予定だ。航海時間は5時間程度を
想定している。

Ekincikに到着

　6月22日の14時半にEkincikのポンツーンにもやいを取ることができた。停泊
しているヨットは2艇、それに今着いたばかりの大型モーターボートだけだ。き

っと真夏になるともっと多くのヨットで賑わっていることだろう。今朝もマルマ
リスを出る時にはここのポンツーンに空きがあるのだろうかと心配していたのだ
がまったくの杞憂でがらがらだった。またレストランのオーナーと思われる人が
出迎えてくれもやいを取ってくれたので非常に容易かつ安全に係留することがで
きた。しかも電気も水道もあって1泊の係留料金はレストランで食事をする人は
無料だということなのだ。

Ekincikにて

　夕食前に少しマリーナの中を散策してみると石を積み重ねて作られた大きな係
留杭や建物が残っており今はレストラン1軒しかないが中世頃には自然の良港と
して栄えていたであろうことが偲ばれた。レストランはきれいな石畳の坂道を30
mほど登った崖の上にある古い建物で窓がすべて開放されたオープンテラスに近
いしつらえになっており軒の下には船の艤装品などが飾られ、外を見ると眼下に
マリーナに係留された船が見え遠くには夕日が沈む山を望むことができるように
なっている。夕刻19時半になってもまだ客の数は少なくもやいを取ってくれた料
理長のTurhanさんが出迎えてくれてウェイター一同と記念写真を撮ってくれた。
20時過ぎになってやっと客が入り始めた。皆夜更かしなんだなと思っていたら翌
朝は皆うめぼしより早く出航していていつ寝ているのか不思議だ。着いた時のウ
ェルカムビールといいレストランから帰る時にはプラムジュースのペットボトル
を手土産に持たせてくれるという素晴らしいもてなしをしてくれた。レストラン
の会計はビールとワインを含め5000円だった。

Ekincikを出航

　6月23日の朝8時20分にEkincikのマリーナを出港した。大型モーターボート
以外の4艇のヨットは既に出航したあとでうめぼしが最後になっていた。
Turhanさんがポンツーンから見送ってくれた。天気は快晴で風はほとんどない
という好天だ。今日の行先のKAPI Creekはギョジェキの南の奥まった入り江に
あるレストランポンツーンだ。Ekincikから東に30海里である。

6 2017年の航海 *373*

Kapi Creekに到着

　23日の15時過ぎにKapi Creekのポンツーンにもやいを取った。Ekincikを出航して間もなく東寄りの風が5〜6m吹き出し快適なセーリングができた。但し風は風向風速ともに変わりやすく常に風をチェックしてセールを合わせることが求められた。Kapi Creekのある入り江は昨日のEkincikとは打って変わって数多くの行き交う船で賑わっていたが中に入っていくと昨日と同じようにポンツーンにもやいを取ってくれる人がいてスムーズにもやうことができた。

Kapi Creekにて

　エーゲ海に面するトルコの南西岸はリアス式海岸で複雑に入り組んだ海岸線が連なっているが中でもSkopea湾は特に深い入り江と島々が連なっている地域だ。湾は深く青く水は透き通っていて陸は松の木が生える山が海岸線まで迫っている。ダラマン空港の東、Gocekの南10kmに位置するKapi CreekはSkopea湾の中のトルコ本土につながった場所だが車が通る道はなく海からしかアクセスできないところにある。24日の朝は松の林から蝉の鳴き声がひっきりなしに聞こえてきて時折にわとりの声も聞こえてくる。朝9時を過ぎてもまだ20艇近くのヨットが係留されたままでのんびりとした雰囲気だ。23日の夕刻は19時を過ぎても湾内で泳いでいる人がいるような状況でまだレストランに来る人はほとんどいなかったが特に頼んで早めの夕食をとった。夕食は2900円だった。

Kapi CreekからTersane Creekへ

　6月24日（土曜日）は11時20分頃にKapi Creekを出航しSkopea湾の南奥にあるWall Bayを海の上から偵察して上陸せずにそのままTersane島の北西側にあるTersane Creekに行った。5海里程度の行程で13時にはもやいが完了していた。ここはYildrayさんとYesimさんご夫妻が家族で長らく経営しているレストランで非常にアットホームな雰囲気が感じられた。レストランの周りをうろうろ偵察しているとさっそく声をかけてくれてテーブルに座っていろいろと話を聞かせてもらった。同じテーブルに座っていたRidvanさんとGeksenさんご夫妻はイスタンブールに住んでいてマルマリスに12mのグランドバンクス（アルバトロス号）を置いておりここまでクルージングで遊びに来たそうだ。またErtugulさんとGul

374　世界一周船栗毛

さんご夫妻は同じくイスタンブールに住んでおり自作ヨットでクルージングに来たとのことだ。Skopea湾をちょっと回っただけだが100フィートくらいある大きなヨットから小さなクルーザーまでたくさんの船が行き交いしておりヨットなどのプレジャーボートでクルージングなどをしながらのレジャーの過ごし方という意味ではトルコは日本よりもかなり普及しているという感じである。もちろん北欧各国からの訪問者が多いのだろうが。夕食はお任せ料理（ラマザン・バイラムのお祝いの子ヤギ？　やわらかくてジューシー）で約2000円だった。やぎだけで250頭くらい放牧しているそうだ。

Tersane CreekからギョジェキのVillege Marinaへ

　6月25日（日曜日）は朝の10時過ぎにTersane Creekを出発し5海里ほど北にあるギョジェキのマリーナに向かった。11時半頃にギョジェキのマリーナに着くと安田ゆかりさんと夫のギュチルさんとその友人のさちよさんとのりこさんとその夫のフェティさんの5人が迎えに来てくれていた。そして今は貸出中で空いているチャーターヨット用のポンツーンに泊めさせてもらった。その後マリーナ近くのレストランで昼食をご馳走になりマーケットですいかやメロンを買って夕刻までたっぷり日本語の会話を楽しませてもらった。

フェティエクルージング

　6月26日（月曜日）はさちよさんのりこさんフェティさんと一緒に隣町のフェティエまでクルージングに出かけた。ギョジェキから南東方向に約12海里にフェティエの町がある。快晴微風だったのでほとんどは機走で走ったが途中1時間ほど5m前後の風が吹いてきた時にエンジンを止めてセーリングをした。エンジンを止めると船が波をかき分けていく音が聞こえ風の音が聞こえ吹き抜ける風が心地よくやっぱりヨットの魅力はセーリングにあると妙に一人で納得していた。

天然湧出温泉

　6月27日（火曜日）はギュチルさんとゆかりさんに車で温泉に連れて行ってもらった。午前中にヨットチャーター会社Irmak Yachtingの整備技術者のアジズさんにエアコンの診断をしてもらい概ねの原因を究明していただいた。明日専門

さちよさんとのりこさんとフェティさん

の会社の人に来てもらいより具体的な診断をしてもらうことになった。昼食はまたまたギュチルさんにご馳走になり午後から車で30分ほどの距離にある温泉に連れて行ってもらった。その温泉はBlue Termal Caféという名前の店が運営している温泉でダラマン空港の西4kmほどのところにある。ちょっとした丘のふもとにあり直径20mほどの湯だまりに岩肌の隙間からとうとうと温泉が湧出している。湧出する水量が多く流れが速いので泳いで湧出しているところに行こうとしてもなかなか辿り着かないというほどの泉水量だ。湧水を飲んでみたところ薄い塩味がして湧出地点の岩肌には硫黄のような湯の花が付いている。入浴料は1人5リラ（150円）で飲食物は別料金だ。まだあまり観光地化されていないようで祝日の今日でも30人くらいのお客さんしかいなかった。

ギョジェキのマリントゥルクビレッジポートについて

　現在うめぼしが係留されているギョジェキのマリーナについて簡単に紹介する。名称はマリントゥルクギョジェキビレッジポート（Marin Turk Gocek Villege Port）でマリントゥルクという会社が運営する3つのマリーナ（イスタンブールシティポート、ギョジェキビレッジマリーナ、ギョジェキイクスクルーシブ）の中の一つギョジェキビレッジポートに係留している。

➡ http://www.marinturk.com.tr/en
　ビレッジポートは係留で200艇ほど陸置きで300艇ほどを収容できる規模があり

幅広のポンツーンに電気水道を供給し24時間セキュリティがある比較的高級路線のマリーナだ。ギョジェキの町まで徒歩5分ほどでアクセスできレストランや店舗も一通り揃っていて短期、長期のリゾート客にも対応できるようになっている。ギョジェキには他にもD-Marin GecekやClub-Marinaなどいくつかのマリーナがあり全体では1000隻を超えるヨットが係留されていると思われトルコでも有数のヨットのメッカではないかと思われる。マリントゥルクは高級マリーナだがゆかりさんとGucluさんのご配慮により安く係留させてもらっている。

フェティエと近郊ドライブ

　6月29日は朝からギュチルさんとゆかりさんにギョジェキからフェティエまで車でドライブに連れて行ってもらった。ギュチルさんの自宅に寄りフェティエの街で最大のエチェマリーナに行きヨットスクールの先生と打ち合わせをして用件は終わりだ。そのあとフェティエの西側の半島の海岸線を一周しながら海水浴場やヨットを係留できそうな場所を視察した。その次にマリーナを一望できる高台にあるさちよさんの自宅にお伺いしトルココーヒーをご馳走になりながらお話を伺った。さちよさんは明日から10日ほどイスタンブールに出張ということでお忙しい中ご対応いただいた。このあたりは紀元前2000年から200年にかけて存在したと言われるリキア文明の岩窟墓の遺跡がたくさんありそれを見ることもできた。青銅器や文字を持っていたと言われるリキア文明について私はこれまで知ら

ギュチルさんと温泉で囲碁

なかったがゆかりさんに教えてもらった。これからもう少し勉強したいと思う。その次にフェティエの北側の山脈の中の渓谷に行き清流の上にしつらえられた枡形座敷でビールと昼食をご馳走になった。地中海性気候は夏場はほとんど雨が降らないのだがこのあたりは海岸線近くまで2000m級の山が迫っており冬場に降った雨や雪が氷や地下水として蓄えられ、１年を通して川の流れが絶えることなく付近の森林や畑の緑を養っているそうだ。

ギョジェキのマリントゥルクを出航

　６月30日の朝９時にギョジェキを出航予定だ。行く先は南東方向20海里弱のGemiler AdasiのKaracaoren Bukuという小さな入り江だ（フェティエの南側の半島の南の小さな島の西側）。天気は快晴だが北西の風が10m強吹いている。

Gemiler AdasiのKaracaoren Bukuに到着

　６月30日の朝９時10分に出航し入り江の向かい側にある給油ステーションに立ち寄り軽油20リットル（91リラ）を補給しホールディングタンクの汚物を吸い出してブルーカードに記録を残してもらった（35リラ）。９時40分には給油ステーションを出発し北西の風に乗って行くはずが10時過ぎには東から南の風にシフトしほとんど機走で走ることになった。海風の吹き出しが早かったようだ。Karacaorenの入り江に14時過ぎに到着した。岸に近寄っていくとレストランのテンダーボートが出てきてくれてブイまで連れて行ってもやってくれた。夕食の時にはまたテンダーで迎えに来てくれると言っている。海の水が透き通っているのでさっそく泳いでみた。確かに塩辛くそしてよく浮いた。レストランに日本国旗を飾ってくれた。

Gemiler KaracaorenからKalkanへ

　2017年７月１日の朝７時前にKaracaorenを出航し30海里ほど南東にあるKalkanに向かう。天気は快晴で東風が10m以上吹いている。東側にそびえる高い山を越えて吹き降りる時に温度が上がるフェーン現象のためなのか暖かいと言うよりも熱い熱風が吹いている。熱風でも強風の時は用心しないといけないと思いつつ出航すると１時間も経たないうちに弱い南風に変わってしまった。海から

378　世界一周船栗毛

Karacaorenのレストラン

Karacaorenにて

吹いてくる南風のほうがよほど涼しいという日本の常識では推し量ることができない天気というか風だ。またその変化の速さも相当なものだ。とはいえ穏やかな南風は航海にはもってこいの好天であり不平を言う筋合いではない。ということでほとんどの行程を機走して14時半にはカルカン（Kalkan）マリーナに到着した。しばらく湾内で待っているとマリーナ職員が来てくれたのだがアンカーは自分のものを打てと言う。久しぶりのアンカーでもたもたしながらも何とかバウから打ってスターンからもやいを取ってもらって係留完了したのが15時頃だった。久しぶりのアンカーでウィンドラスの不具合が見つかった。モーターが動かないようだ。日頃のメンテナンス不足がそのまま出てきた。

カルカンからカシュへ

　7月2日朝は快晴無風の静かな夜明けだ。カルカンからクサントス遺跡の観光をしたいと思っていたが係留環境がアンカーリングで不安があるのでカシュ（Kas）に移動する。係留料金も電気水道込みで90リラ（約2800円）とやや高めだ。カルカンを9時前に出航し13時にカシュの旧マリーナにもやいが完了した。15海里を約4時間かけて機走した。最近はセールドライブのギアオイルが白くなっているのでオイルの色を常時チェックしながら回転数も低めの1500〜1700rpmくらいで機走している。マリーナに着いても誰も出てきてくれないのでマリーナの中を一周して待っているとやっとマリーナオフィスの人が迎えに来てくれた。指定された場所に付けると昨日と同じように槍付け用のもやいロープはないという。

こちらもアンカーを打ちたくないので、何とかならないかと粘っていると隣の大型クルーザーに横抱きするような形でもやわせてくれた。観光船のようだがしばらくは出航予定がないのだろうか。とにかく大いに助かった。ここ数日は最高気温が36℃と昼間は猛烈に暑くクーラーなしではとても耐えられない暑さだ。ギョジェキでゆかりさんの会社の技術者アジズさんがエアコンを修理してくれたおかげで大いに助かっており今は艇の中で涼しくしている。

メイス島観光

7月3日（月曜日）はカシュのマリーナからフェリーに乗ってメイス島の観光に行ってきた。メイス島はカシュの町からほんの数キロ沖合にある島なのだがなんとギリシャ領なのだ（ギリシャ語ではカステロリゾ島という）。ロードス島から更に東に130kmほど離れたところにぽつんとある島でギリシャの最東端の島だということだが地理的にみると何とも不自然な領土区分に見える。もともとエーゲ海のほとんどの島がギリシャ領になっていることも政治的な思惑の産物なのだろうがここはその極端なケースだと言えそうだ。フェリーはうめぼしをもやっているところの真向かいが発着場になっていて朝早くに乗り場まで行って往復の船賃を聞くと25ユーロだというのでその程度であれば行ってみようかという気持ちになりその場で切符を買ってしまった。出航は9時半だということで少し時間をつぶしてから乗船したのだが30分程度でメイス島の唯一の村であるカステロリゾ村の港に着いてしまった。入国審査を終えて10時過ぎにはもう自由時間で帰りのフェリーは16時半だということだ。Uの字型に入り込んだ港の周りにはきれいなパステルカラーの小さな家が立ち並びまるで小人の国の絵本でも見ているような美しい眺めだ。島の北東部の小高い丘の周りに遺跡や博物館があるということで1時間ほど散策をしてみたが暑さで長続きしない。海沿いのレストランに戻りビールを飲みながら小休止し青の洞窟へ行くボートの人数待ちをした。3人揃えば1人10ユーロで連れて行ってくれるということだ。このレストランのテーブルとイスは海岸線から10cmのところにあって海の中にはウミガメが住み着いているようで泳ぐ姿をゆっくり観察することができた。1時間半ほど待ってやっと人数が揃い小型ボートで出発。10分ほどで洞窟の入り口に着き狭くて低い穴を抜けて鍾乳洞の洞窟の中に入ると50m以上の空間が広がり天井が高く空気がひんやりとし

て異次元の世界に入った感覚だった。ボートのおじさんは20分以上洞窟の中にいてくれて英語で丁寧に説明し写真も撮ってくれた。

カシュの散策

　7月4日は午前中にカシュの町の西側を散策した。港から西に海岸沿いを歩いて10分ほどいくと海辺にキャンプ場がありその右側の丘のふもとに石灰岩で作られた古代の円形劇場があった。元々は28段あったという客席列は現在もきれいな形で26段残っており当時は全部で4000人分の客席があったということだ。一番下のステージ部分には背景を構成する木製構造物があったと推定されている。構築様式からするとこの劇場は紀元前1世紀の第一四半期頃に作られたもので、そして紀元141年にこの地方で発生した地震のあとに再構築されたということだ。そのあと北側の丘の中腹にある家形の墓を見てきた。この墓は紀元前4世紀の古代ギリシャのドリス様式の墓だということだ。墓全体は上部構造物を除いて大きな岩をくりぬいて立方体の形状に作られていて高さ4.5m幅4.5mありその周りは通路に囲まれている。入り口の上の三角形や柱の上のペディメントはギリシャ様式を示しているそうだ。墓の内部の壁や柱には24人の歌い手が手をつないでいて周りを花で彩られた装飾画が描かれているそうだ。

カシュからカレキョイ（Kalekoy）へ

　7月5日の朝8時前にカシュを出航しカレキョイ（カレ村）に向かう。隣の大型ヨットも9時に出航するということで出ざるを得なくなった。カシュの旧マリーナの係留料金は3泊で230リラ（約7400円）だった。カレキョイはカシュの東側15海里ほどにあるケコワ島の対岸（本土側）にあるレストランマリーナだ。

カレキョイではなくユチャウズに到着

　天気は快晴無風だ。途中洗濯をしながらゆっくりと機走で走り12時過ぎにはユチャウズのポンツーンに到着した。ポンツーンには自分がマリーナオフィスだと自称するおじさんがもやいを取ってくれてその場で係留手続きをしてくれた。係留料は1泊50リラ（約1600円）で電気代は別途だ。カレキョイのレストランマリーナに行くつもりだったのが、間違ってユチャウズのマリーナに留めたのだが意

外にちゃんとした設備が備わっていて安心して係留することができるのは何より
だ。

ユチャウズ散策

　午後からさっそく遺跡に行ってみた。マリーナを出てすぐ東側の丘の斜面にた
くさんの露出した岩が見える。この中にリキアの家形のお墓や要塞跡が入り混じ
って残っている。お墓は三角形のふたが外れたり壊れて散乱しているものがその
まま放置されている。要塞跡も風化するに任されている感じだ。紀元2世紀に起
こった地震のためにこの辺りは海に沈んだということでその遺跡と思われるもの
も海辺にあった。すべてがあるがままに放置されていてその中でも使えそうなも
のには少し手を加えて再利用しているという感じで、ここに住んでいる人々にと
ってはリキア文明のお墓やその後の時代の遺跡は自分の庭の中にある飾り物のよ
うなものなのだろう。まさに遺跡の中で遺跡と共に住んでいるという感じだ。そ
してこのような生活の積み重ねが2000年後にはまた遺跡になるのかもしれない。

ユチャウズ出航

　7月6日の朝9時頃に出航予定だ。次の寄港地は20海里ほど東にあるフィニケ
(Finike) を予定している。天気は今は快晴無風だが午後からはいつものように
南からの海風が吹くかもしれない。途中のケコワロード(海峡)の景色が楽しみだ。

フィニケに到着

　7月6日の午後16時にフィニケのマリーナにもやいが完了した。朝9時前に出
航し途中カレキョイの島やケコワ島の沿岸を岸近くから観光してきた。うめぼし
で直接遺跡を見て回るというのは初めての体験だった。岸近くに寄る（数mくら
い）というのはいつ座礁するかわからないという意味で相当危険だしましてや初
めての土地なので海の中がどうなっているかもわからないわけだし、ひやひやし
ながら舵を握りつつ片手にカメラを持って写真を撮りまくってきた。GPSロガー
の電池不足で航跡が少ししかとれなかったがその近さ具合をグーグルアースの切
り抜きで見てほしい。その後11時頃にケコワ島の東端に出た頃にちょうど南寄り
の3〜4mほどの海風が吹き出しアビームから追手の風に乗ってフィニケマリー

382　世界一周船栗毛

ナのすぐそばまでセーリングできた。フィニケのマリーナはSeturMarinasの運営で非常によく整えられたサービスが提供されている。73チャネルでコールするとすぐに応答がありテンダーが迎えに来てくれて係留場所を指示しもやいロープを取ってくれた。係留料金は95リラ（約3100円）とやや高めだが安心料と思えば安いものかもしれない。

フィニケを出航

7月7日の朝9時前にフィニケを出航予定だ。次の寄港地はケメルだ。北東方面に40海里ほどの距離にある。天気は快晴無風だ。

ケメルに到着

7月7日の19時半にケメルのマリーナにもやいが完了した。フィニケのマリーナの給油ステーションで軽油20リットルを95リラ（約3100円）で購入し8時40分に出航した。マリーナを出るとすぐに南西の風5mほどが吹き出し（元々吹いていた）たのでさっそくセールを上げて帆走した。東南東に向けて15海里ほど走り岬を越えてしばらくすると南の風が弱くなってきたので12時半からエンジンをかけて機帆走で走った。総行程40海里ほどを11時間かけてのんびりと走った。ケメルのマリーナでもVHF73チャネルでコールするとすぐに応答がありテンダーが迎えに来てくれてもやいを手伝ってくれたので安心して係留することができた。

アンタルヤ観光

7月8日（土曜日）は朝9時にマリーナオフィスに行き係留手続きを済ませた。係留料金は2泊で203リラ（約6500円）だった。そのあとケメルの街中まで行き約30km北にあるアンタルヤ行きのバスに乗ったところアンタルヤ郊外のオトガルというバスセンターに到着したのでそこでアントライという新交通システムに乗り換え、アンタルヤ中心部のイスメットパシャ駅に何とかたどり着いた。観光案内の本を片手にハドリアヌス門を見て時計塔に行きそのあと昼食をしてから考古学博物館を見学してきた。アンタルヤという街はトルコの中でも有数のリゾート地だということで多くの遺跡がありまたマリンレジャーも盛んなところだそうだ。ケメルもその一角を担う高級リゾート地という感想だ。ケメルのマリーナか

らほど近いリマン通りは歩行者天国の銀座のような感じでゆったりとした通りに噴水があり高級ブティックや宝飾店土産物店などが軒を並べている。でも私はそういう高級店には無縁で近くのスーパーでスイカ、メロン、チェリー、イチゴなどを買って帰ってきた（スイカは一昨日は１kg１リラ＝32円だったのに今日は１kg４リラだったが買ってしまった）。

ケメルからフィニケへ

　2017年７月９日の朝８時50分にケメルを出航し19時にフィニケのマリーナにもやいが完了した。来た時と同じ40海里だったが長い航海になった。Windytyによると昨日今日と午前中に北東の風が吹くようなのでこの風を利用して戻ることにした。予報通り８時過ぎから北東の風が吹き出したがマリーナオフィスが開くのを待って手続きを済ませてからの出航になったので少し出発時間が遅くなってしまった。マリーナを出て20分ほど北東に機走しそのあと南に転針しセールを上げて帆走に入った。北東の風は初めこそ10mくらい吹いていたが段々と弱くなり11時過ぎには風速３m程度になってしまったので機帆走にして先を急いだ。それでも14時頃までは弱いながらも北東の風が吹いてくれたので助かった。その後南西の風が５mほど吹き出したがあまり強くならないうちに無事に15時半には岬を越えることができた。後は西北西に向けてクローズホールドの機帆走だが17時半頃から風速10mを超える風になってきてかなりヒールしながら波をかき分けての機帆走になった。お陰様で強風の向かい風にはならずに済みなんとか無事にフィニケまでたどり着くことができたが久々の波でマリーナ内の静かな艇内にいても体がまだ揺れている。

フィニケからユチャウズへ

　７月10日は給油ステーションで軽油20リットルを購入して10時20分にフィニケマリーナを出航しケコワロードのカレキョイに向かった。風予報通りに南西の風が５～７mほど吹きしばらくは真向かいの風の中を機走し12時頃岬を越えると今度は５mほどの西風になりまた真向かいの風になった。その後13時半頃から南西の風７mほどになりクローズホールドの機帆走でしばらく走ることができた。14時50分にはケコワロードに入ったのでセールを降ろし機走でカレキョイに向かい

15時半にはカレキョイに着いた。しかしカレキョイのレストラン桟橋には多くの観光船が泊まるということで１泊したいヨットは沖にアンカーリングするように言われてしまった。やむを得ずカレキョイをあきらめて前回と同じユチャウズのポンツーンに行き16時半にもやいが完了した。総行程18.5海里を約６時間かけて航海した。

ユチャウズからカシュへ

　７月11日は朝８時20分にユチャウズの桟橋を出航しケコワ島の沿岸を観光したあとにカシュへ向かった。天気は快晴で南西の風５ｍだ。ほとんどを機走で走ったが途中少しだけクローズホールドの機帆走をした。約17海里を５時間で走り13時20分にはカシュの旧マリーナの南側の入り江にあるDelos Beach Hotelの桟橋にもやいを取ることができた。ここは車が通る道が通じていないところでアクセスは海からの船だけのようだ。皆さん親切でのんびりと休暇を過ごしておられるようだ。ホテルの支配人のOzgur Ozturkさんにはお世話になった。係留料は無料でレストランはリーズナブルな価格のメニューで昼食と夕食（ビール３本とワイン１杯）代合わせて90リラだった。

カシュからカルカンへ

　７月12日７時10分にカシュ旧マリーナの南側のBayindir湾の一番奥にあるホテル桟橋を出航し約15海里西にあるカルカンマリーナに11時過ぎに着いた。弱い西風が吹きセールを上げることなく機走だけで1500rpmとゆっくりと走った。カルカンマリーナに着くとセーリングヨットが６艇ほど係留していたので空いているところを狙ってバウから突っ込みマリーナ設置のもやいロープを要求して無事に係留することができた。前回はアンカーリングがうまくいかず不安定な係留だったが今回はしっかりと係留できた（係留料金は90リラ）。午後からカルカンのバスセンターまで行ってバスで10kmほど西側にあるパタラ遺跡まで行ってきた。パタラは港として栄えた町の遺跡で劇場や集会所、町の中心の店舗、浴場、給水場などの跡が残っていた（バス往復12リラ、入場料15リラ）。

カルカンからKaracaorenへ

　７月13日の朝７時40分にカルカンを出航し30海里ほど西にあるGemiler島の少し東にあるSoguksu湾のレストラン桟橋を目指した。天気は快晴で途中南西の風が３ｍほど吹いた時もあったがほとんどは微風または無風で機走または機帆走で走った。15時半にはSoguksu湾の入り口にたどり着いたが湾内は観光客を乗せた大型ヨットなど10隻ほどがひしめき合っていて入れそうもない。テンダーに乗った案内人によると湾内は無理なので大きな湾の奥のほうにアンカーリングするように言われたのでそこをあきらめて先日立ち寄ったKaracaorenに行くことにした。途中Gemiler島の遺跡を見物しながら行った。ハイシーズンに入ったようでこのあたりは観光船やヨットやモーターボートで非常に混んでいて観光地らしくなってきた。全行程33海里を約９時間かけて航海し16時半にKaracaorenのブイにもやいが完了した。

Karacaorenからフェティエのヨットクラシックへ

　７月14日の朝の８時にKaracaorenを出航しフェティエに向かい11時半にヨットクラシックというレストランマリーナに到着した。航海時間は３時間半、距離は14海里で天気は快晴風は２ｍ前後と弱く機走中心だった。マリーナに着くとマリーナ管理者がポンツーンからテンダーで迎えに来てくれ今晩１泊したいというと今日は金曜日でチャーターヨットが帰ってくる日なのでポンツーンは空いていないがブイはあるということで近くのブイにもやいをさせてもらった。１時間後にテンダーで迎えに来てもらうように頼んであるのでこれから近隣の散策に出かけたいと思う。夕食はヨットクラシックのレストランでさちよさんにお付き合いいただいた（係留料は無料、レストランの食事代は２人で130リラ）。

クサントス観光とフェティエクルージング

　７月15日（土曜日）は朝テンダーを半年ぶりに降ろして桟橋まで行きそのままバスに乗って世界遺産のクサントス遺跡の観光に行ってきた。クサントスは紀元前７世紀から紀元７世紀まで栄えた古代リキアの首都だ。小高い丘の上に劇場や大聖堂の跡が残っている。13時過ぎにはフェティエに戻ってきてさちよさんの自宅にお呼ばれしてそうめんをご馳走になった。そのあとさちよ船長とそのお友達

386　世界一周船栗毛

フェティエにて（さちよさんとメリケさん）

のメリケさんとうめぼしでフェティエ湾の外までショートクルージングに行ってきた。18時にはまた昨日と同じヨットクラシックのマリーナに戻ってきてヨットクラシックのレストランで夕食をご馳走になった（ヨットクラシックの係留料は無料でレストランの食事代は３人で205リラだった）。

フェティエからギョジェキのマリントゥルクへ

　７月16日（日曜日）は朝７時40分にフェティエのヨットクラシックの桟橋を出航しギョジェキに向かった。快晴無風のなか1500rpmの低速運転で４ノット弱のスピードで機走した。ギョジェキのマリントゥルクの入り口の給油ステーションに寄り軽油40リットル（192リラ）を購入した。そして11時半にはポンツーンの最先端に横付けすることができた。また安田ゆかりさんとギュチルさんのご配慮により格安での係留だ。昼食をゆかりさんとギュチルさんと一緒にしたあと日曜マーケットに連れて行ってもらい果物やタルハナスープを買ってきた。タルハナスープというのは野菜とヨーグルトで作った乾燥スープの素だ。

艇の整備

　7月17日はギョジェキのマリントゥルクに滞在して故障していたオートパイロットのNo.2とNo.3をレイマリンの代理店の人に預かってもらった。また動かなくなっていたアンカー用ウィンドラスをIrmak Yachtingのアジズさんに分解診断をしてもらったところモーターとウィンチの間に入っているベアリングが固着していることがわかった。さっそく車でダラマンの部品店まで交換部品のベアリングを買いに行ってもらったがあいにく在庫がないということで明日のお昼までに取り寄せてもらうことにしてきた。ウィンドラスは本体をバウデッキから取り外しまたソレノイドをバウキャビンから取り外して錆びているところやグリースが固着しているところをきれいに掃除をして明日の部品到着を待って再度組み立てる予定だ。オートパイロットもウィンドラスもゆかりさんにすべて手配していただいた。ウィンドラスの分解取り外しをしてもらったアジズさんにダラマンで昼食までご馳走になった。

艇の整備（続き）

　7月18日も艇の整備をした。セールドライブのギアオイルに海水が混入してオイルの色が乳白色になっている件でギアオイル注入口からパイプを差し込んで乳白色のオイルを吸い出して新しいオイルを注入した。オイルはエンジンオイルと同じ15W－40を使い2リットル弱の交換になった。これでしばらくは大丈夫ではないかと思われる。もちろん毎回チェックは続けることにする。エンジンオイルも追加した。午後からアジズさんが車でダラマンまで行って注文していたベアリングを取ってきてくれた。そしてさっそくウィンドラスの組立取り付けをしてくれた。これでウィンドラスも新品同様だし構造も概ね理解することができたので次回からはある程度自分で診断程度はできるようになったと思う。

エルトゥールルさんの来訪

　7月19日は久々に高圧洗浄機ケルヒャーを引っ張り出して艇の清掃をした。ハルの水面付近に緑色の海藻がついていたのでテンダーを降ろしてテンダーからケルヒャーを使ってきれいにした。しかし高圧洗浄機は海の水の中ではあまり有効ではないようで水面下の部分はあまり剥ぎ落とすことができなかったが水面ぎり

388　世界一周船栗毛

ぎりのところはまあまあきれいになった。次にデッキの上を清掃した。チーク材の部分には土埃が染みついていたがある程度落とすことができ黄土色の木の色が少し戻ってきた。11時にはさちよさんとその友人のエルトゥールルさんが来られた。そうあのエルトゥールル号と同じ名前の人だ。エルトゥールルさんはフェティエに9mのクルーザーを持っていて将来はイタリアやスペインまで航海していきたいということだ。昼食はエルトゥールルさんにご馳走になってしまった。

インリジェトレッキング

　7月20日は朝の5時45分にギュチルさんとゆかりさんに車で迎えに来ていただいてギョジェキの西5kmほどのところにあるインリジェ村の近くの遺跡のある丘のトレッキングに出かけた。6時から登り始め250mほどの高台に着くと垂直な岩壁に作られた岩窟墓がたくさん見えた。昔ここに住んでいたリキアの人々はきっとこの丘に何度も登ったに違いないのだが、最近のトルコの人はあまりトレッキングにはなじみがないようで、道はあるのだが背の低い灌木や雑草が道をふさいでいるところが多くあった。また道沿いにはタイムというハーブの一種もたくさん自生しておりゆかりさんはお茶用に少し摘んで持って帰っていた。自然豊かな丘を朝の涼しいうちに登り8時には丘を降りてきて今度はインリジェビーチに行きギュチルさんは海で泳ぎゆかりさんと私は涼しい浜辺でお茶をして過ごし

インリジェビーチにてお茶会

た。帰りにレイマリンの代理店に寄って修理が完了したオートパイロットを受け取って帰った。修理代金は240リラ（約8000円）だった。これで出航準備はすべて終わった。

ギョジェキを出航

ギュチルさんゆかりさんにマリントゥルクでは大変お世話になった。前回同様係留料金にご配慮いただいたことをはじめオートパイロットやウィンドラスなど艇の整備の段取りからトレッキングへのご案内まで何から何までのお心遣いに厚く御礼申し上げる。また毎回のようにお食事をご馳走になり申し訳なかった。お陰様で十分な休養と整備をすることができた。7月21日は朝7時にギョジェキを出航し35海里ほど西にあるエキンジキのレストランマリーナに向かう。

ギョジェキからエキンジキへ

7月21日朝7時20分にマリントゥルクを出航し15時30分にエキンジキの桟橋にもやいが完了した。総行程33海里で所要時間8時間10分と船速は平均4ノットだった。ギョジェキを出航して南の岬を回るまでのレグはほぼ無風で機走しその後次の岬までの北西行のレグは西南西の風が5mから8mでクローズホールドの機帆走、最後の北北西行のレグは南西の風6m前後でエンジンを止めてアビームで帆走という大きく3つのレグだった。2つ目の岬では最後に登りきれずにセールを一旦とじて真風上に機走したのだが風は9mくらいあり波も50cm以上出て少し難儀した。やはり岬の航行には注意が必要だと再認識した。

エキンジキからボズクへ

7月22日は朝の7時にエキンジキを出航しボズク（Bozuk Buku）のレストラン桟橋に16時に到着した。出航時は快晴無風だったが9時には西北西の風が5〜6mほど吹き出し10時には西に11時には南西にシフトしてきた。南西はほぼ真向かいの風になるので行先をCiftlikに変更して西に向かったが岸に近づくと風が弱くなってきたので11時半の時点で残り15海里で再度ボズクに向かうことにした。しかし13時頃から風が強くなりだして10m前後ブローの時は14mになった。全体的にはそれほど吹いていないと思われるのだが地形の影響などで局所的に強い風が

吹くことがあるようだ。早々にセールを降ろして機走でゆっくりと走った。総行程34海里を9時間かけて走った。

ボズクからボズブルンへ

7月23日の朝7時40分にボズクを出航し11時30分にボズブルンのマリーナに係留が完了した。出航時は快晴で北西の風が6m前後吹いていた。初めの岬にかかる8時過ぎには8〜9mになり波もあったが2つ目の岬にかかる9時過ぎには風速3m程度まで落ち岬を回ったあとは無風だった。ボズブルンの港にはモアリンググローブがないということで隣の50フィートヨットに横抱きさせてもらった。14海里を4時間で航海した。桟橋には電気水道の設備があり係留料は1泊40リラ(約1320円)だった。

出国手続き

ボズブルンからギリシャのシミ島に向けて出国することにした。ゆかりさんに紹介していただいたエージェントのLODOS YACHTINGの事務所に行きサーリフ(Salih)さんに手続きをお願いした。明日の9時に再度事務所に行って出国処理をすることになる。費用は40ユーロだった。ボズブルンは小さな町だがシミ島の玄関口として入出国に必要な窓口が狭い範囲に揃っていて手続きをするには非常に便利なところだ。また入り江の奥深いところにあり多くのヨットや観光レジャー船が行き交っていたりビーチホテルがたくさんあってリゾート地として賑やかな雰囲気を醸し出している。

ボズブルンからギリシャのシミ島へ

7月24日の朝7時半頃に出航の準備をしているとマリーナ管理の担当者がうめぼしまで来てマリーナ事務所まで来てくれと言う。ボスが会いたがっていると言っている。何事だろうかと訝しみながらもすぐに一緒に徒歩3分の事務所まで行ってみると大柄な所長らしき人がにこやかに握手を求めてくる。コーヒーをご馳走になりながらひとしきり話をしたあと今度は所長のバイクの後ろに乗せられてツーリングに行くことになった。港に沿って東に5分ほど走ると山畑の中に大きな船が現れた。素材はマホガニーとチークの全長30mの大型木造帆船で所長の

6 2017年の航海 *391*

Durmusさんが息子のために作っているそうで来年には完成予定とのことだ。建造費は百万ユーロくらいとのことだ。その後9時にサーリフさんの事務所に行きマリーナ入り口の一つの建物に入っているポリスとカスタムの3つの部門を回り9時半には出国手続きは終了していた。すぐに快晴無風の中出航し14海里を機走し13時にシミ島の港に到着した。しかしバウアンカーのスターン付けの場所しかなくいろいろとぶつぶつ言っていると港の外に行けと言う。行ってみると担当者が待っていてくれて岸壁を指し示している。横付けの場所を提供してくれたのだ。13時40分には係留が完了しさっそく入国手続きをしに出かけた。まずイミグレーションポリスでクルーリストを作成しパスポートに押印をしてもらい、カスタムでトランジットログを発行してもらい（40ユーロ）、ポートポリスでチェックを受け15ユーロを支払い15時には入国手続きは完了していた。各オフィス共に徒歩5分くらいのところにあり比較的便利に手続きができるところだと思う。係留料は無料のようで払わずじまいだった。

シミ島からニシロス島のパロンへ

7月25日の朝6時10分にシミ島の港を出航し38海里走って16時10分にニシロス島の北岸パロンの港に到着した。快晴無風の中出航し島と島の間の細くて小さな海峡を抜けて西に向かった。トルコの半島の南側を走っている時は南西の風が1〜3mほど吹きクローズホールドでゆっくりと機帆走することができた。11時頃に2つ目の岬を越える頃に西風10m強が吹き出したためニシロス島へ向かうことをあきらめクローズホールドでぎりぎり走れるシロス島へ行く先を変更した。10m強の風なのでメインセールは2ポイントリーフ、ジブセールは半分巻き取って機帆走で走った。ところが13時頃に風が南西に変わり正面からの風になったため再度行く先を変更しニシロス島に向かうことにした。南西の風5〜7mが吹きフルセールのアビームで快適に帆走することができた。ところが14時には再度風が西北西10mに変わりまたしても正面からの風になり残り6海里をセールを降ろして機走で走り何とかパロンの港に入ることができた。ここでもバウアンカーの槍付けだがヨットとヨットの間の狭い空間にアンカーを打ってバックでうまく入ることはうめぼしでは不可能だ。そこで少し大きなヨットの横に横抱きさせてもらうことにした。それでも係留料3.83ユーロを取られた。

Levitha 島に停泊中

7月26日16時半、Levitha 島の入り江の中にもやいを取った。朝6時に出港し機走。ネットが使えない。とのこと。〈宮原〉

ニシロス島からLevitha島へ（Levitha 島に停泊中の続報）

うめぼしから、続報がeメールで届きました。〈宮原〉

Levitha 島にはインターネット環境がないため、このeメールは次の寄港地から発信されました。

7月26日水曜日は夜明け前の朝6時にニシロス島のパロン港を出航し43海里走って16時30分にLevitha島の入り江にもやいを取ることができた。出航時は快晴無風だったが8時には南西の風2mほどが吹き出し8時半頃にコス島の南端を越えてからは南東ないし南の風が2～4m吹き追い風の中穏やかな航海をすることができた。11時半頃から南ないし南西の風が4m前後吹き2時間程度帆走することもできた。50cm程度の波が少しあったが船の揺れはそれほどでもなく快適な航海日和だった。Levitha島の入り江は非常に静かなところでなおかつブイが設置されていて（利用料7ユーロ）安心して係留することができる。島の住人は漁師をしている大人4人と子供2人だけであとは遺跡がたくさんあるようだ。残念ながらここではインターネット回線がまったくつながらず宮原さんにまたしてもお世話になることになった。

Levitha島からイカリア島へ

うめぼしから、続報がeメールで届きました。

イカリア島のインターネット環境があまり良くなく、ホームページへアクセスできないのでeメールで掲載記事が届きました。〈宮原〉

7月27日も夜明け前の5時45分にLevitha島を出航し18時過ぎに何とかイカリア島の南岸のマガニティスの港に着岸できた。天気は快晴で出航時は南西の風6mほど吹いていた。Levitha島の南岸を西に抜けてナクソス島に向かおうとするとクローズホールドの上り角度ぎりぎりで機帆走でもちょっと厳しい感じだったので行く先をイカリア島の南岸西側のカルキナグリ港に変更した。この方向だとアビームで帆走でも行ける感じだった。8時頃には10mくらい吹き出しメインセールを2ポイントリーフにしたが10時頃には6mほどに落ちてきてまたフルメインで帆走した。11時頃には4mまで弱くなり機帆走にした。ところが12時頃にエ

ンジンからゴロゴロと音がし出した。びっくりしてすぐにエンジンを停止していろいろと確認をしたところどうもセールドライブから音が出ているようだ。足立社長にメールで確認するとセールドライブのベアリングの故障だろうということだ。そこでそのあとは帆走中心で行ったが段々と風が弱くなり14時であと8海里ある。運良く15時頃からまた4mほどの風が吹き出し18時にマガニティスの港に入港できたがその時はプロペラはほとんど回っていなかった。

イカリア島のマガニティス港からアギオスキリコス港へ

7月28日は朝からうめぼしの曳航手配に取りかかった。しかしなかなか良い方法が見つからない。マガニティスの村は冬は人口100人程度で夏は500人になるという典型的なリゾート地だ。大型ボートでやって来る人やダイビングをする人などいろいろな人がいるがその中でも地元の人だなと思われる人を選んで声をかけて曳航してくれる船はないかと聞くのだがなかなかちゃんとした返事がない。そうこうしているうちに12時を過ぎた頃に近くのセイシェル海水浴場まで海上タクシーの案内役をしている女性に頼んだところすぐに手配してくれた。手配してくれたのは朝一番で交渉したフェリーの船長でそれが彼女のお父さんだということだったのだ。夕刻18時頃には戻ってくるのでそれからの曳航になるということだった。実際には17時半頃に戻ってきてすぐに曳航してくれ10海里を8ノットで引っ張ってくれた。海上は非常に穏やかで波がほとんどなかったので安心して引っ張られていることができ19時前にアギオスキリコスの港にもやうことができた。曳航料は500ユーロだった。

エンジンのセールドライブの修理

7月29日の朝10時に昨日曳航してくれたフェリーのミハリ船長が手配してくれたエンジンの技術者が3人来て診断をしてくれた。その結果セールドライブの上部の四角い部分のディスクが壊れているということでエンジン本体を10cm弱前に動かしてセールドライブの上部のディスクを取り出しそれをアテネのVolvoに船で送って修理するということで工期1週間修理費1500ユーロという見積もりだった。それであれば上架せずに済むので良かったということで明日の朝の船に間に合うように今日すぐに修理に取りかかることにして作業に着手し14時に作業は

394 ｜ 世界一周船栗毛

曳航してくれたミハリ船長と2人のクルー

終了した。

セールドライブの修理（続き）

29日の作業がほぼ終了した14時頃に再度プロペラの状況を確認したところなんとプロペラが空回りしていることがわかった。彼らは何やら相談したり電話をした後、明日また来ると言って帰って行った。せっかく上架しないで済むと思ったのにこれからどうなるのだろうかと心配だ。ここアギオスキリコスのマリーナには上架用の設備は見当たらないしクレーン車か何かを手配できるのだろうか、それとも隣のサモス島までまた曳航していく必要があるのだろうかと不安な一夜を過ごした（でもよく寝た）。7月30日（日曜日）の朝10時頃に昨日の技術者（ジョージさんということにしておく）がもう一人ニコ（ニコル？）さんと一緒に現れた。船上でニコさんに状況を説明した後ニコさんはダイビングの準備を始めた。そして潜るとすぐに水中

真ん中の部分が壊れているとのこと

カメラでプロペラの状況をリアルタイムに船上のモニターで確認できるようにした。そこからジョージさんとニコさんの連携プレーが始まる。必要な道具を渡したり受け取ったりまた船上からドライブが回らないように固定したりと2人の連携プレーの結果30分くらいでプロペラと胴体をセールドライブから外してしまった。昨日取り外した部品とこの胴体を一緒にアテネに送りVolvo社で修理してもらうことになった。ニコさんの作業料は取り付けを含めて合計100ユーロということだった。

イカリア島のアギオスキリコス港について

アギオスキリコスはイカリア島では最大の町でイカリア島の南東沿岸にある。アギオスキリコスの港は南西側の旧港と北東側の新港の2つがある。うめぼしはこの新港のほうにいるが港そのものができたばかりでまだその他設備がなくサービスは何もない。ただ水道の水が供給されているので大いに助かっている。管理オフィスもなく係留料は今のところ無料のようだ。新港の西側にポートポリスがあり訪問するとギリシャに入国してから訪問した島の記録がトランジットログに記載されていないことをかなり責められた。ギリシャでは立ち寄った港で必ずポートポリスに行ってトランジットログに記載してもらうことが必要なのだ。7月8月のエーゲ海は北寄りの風が強く吹く日が多く特に今日31日と明日は15m以上の風が吹くようだがこの港の中にいるとそれほど波が入ることもなく安心して係留することができている。

セールドライブの修理（続き）

うめぼしから取り外した部品を修理するためにアテネのVolvo社に送ったところさっそくVolvo社から見積もりが届いたということでGiorgos（ジョージ）さんが打ち合わせに来てくれた。セールドライブのディスクとエンジン側の部品（フライホィールの中心部？）の修理費1300ユーロ、プロペラ胴体部の修理費500ユーロ（この2点はVolvo見積もり）それにGiorgosさんの工賃500ユーロとニコさんの潜水作業費100ユーロ、これらの合計で2400ユーロ（約31万円）ということだ。足立社長に確認したところリーズナブルな内容だということだったのでこれで進めてもらうことにした。部品が戻ってくるのは4日後ということだ。

イカリア島について

　イカリア島はエーゲ海の東側のトルコに近いところに位置している。日本ではあまり知られていないがギリシャ神話にも登場しているように昔からエーゲ海の中の島の一つとしての歴史を積み上げてきているし現在はリゾート地として欧米から多くの観光客を集めている。またビュイトナーの著書『ブルーゾーン－100歳人に学ぶ』によると沖縄と並んで世界的長寿の島の一つだということだ。しかも単に島民全体が長寿というだけでなく高齢者が元気に暮らしているつまりピンピンコロリなのだそうだ。それができている理由の一つとして2010年に日本の和食とともに世界無形文化遺産に登録された地中海式食事法（Mediterranean Diet Pyramid）があると言われている。オリーブオイルと新鮮な野菜や果物を豊富にバランス良く食べるということだ。また温泉を利用した湯治も古代ローマ時代から行われているようでアギオスキリコスの隣町のテルマでは個室に日本と同じような湯船を設置した部屋をたくさん用意して湯治客がゆっくりお湯に浸かれるようになっている湯治施設もある。そういうことで映画「ハッピー・リトル・アイランド─長寿で豊かなギリシャの島で」の舞台にもなっている。実際に町を歩いていると相当高齢の方が店の番をしているのもよく見かける。話しかけると実に愛想よく丁寧に話し相手になってくれる。

イカリア島について（続き）

　イカリア島の名前の由来はギリシャ神話だ。イカロスの父ダイダロスは細工の名人だった。ダイダロスはクレタ島のミノス王のために迷宮ラビリンスを造った。しかしダイダロスはのちにアテネの英雄テセウスの手助けをしたという理由でミノス王から見放され息子のイカロスと共にその迷宮の中に幽閉されてしまった。迷宮を抜け出すためにダイダロスは鳥の羽を集めて大きな翼を造った。大きい羽は糸でとめ小さい羽は蝋でとめた。　翼が完成し２人が翼を背中につけて飛び立つ時に父ダイダロスは息子のイカロスに言った。「空の中くらいの高さを飛ぶのだよ。あまり低く飛ぶと霧が翼の邪魔をするしあまり高く飛ぶと太陽の熱で溶けてしまうから」。こうして２人は飛んで迷宮から抜け出した。農作業中の人々や羊飼いたちが２人の姿を見て、神々が空を飛んでいるのだと思った。ところが空中飛翔に夢中になってはしゃぎすぎたイカロスはしばらくすると父の忠告を忘

れ高く高く舞い上がってしまった。そして太陽に近づくと羽をとめた蝋が溶けて
しまった。イカロスは羽を失いまっさかさまに落ちてしまった。その落下したと
ころが小アジアに近い島で以後この島はイカリア島と呼ばれるようになった。イ
カリアとはイカロスが島という女性名詞になって語尾変化したものだそうだ。ア
ギオスキリコスの港の防波堤の突端にこの島出身の彫刻家イカリス氏が建てた高
さ17mのイカロスの記念碑がある。礎石には「一人落下して万人飛翔す」とある
そうだ。失敗を無にしないためにという意味だろうか。今朝港を歩いていたら日
本語で話しかけてきた人がいる。ハリーさんだ。ダイイチという会社の貨物船の
船長をして日本に何度も来たそうだ。お茶をご馳走になった。ハリーさんの木造
ケッチAEOLOS号はうめぼしのすぐ近くに係留されている。

イカリア島ツーリング

8月4日はレンタルのスクーター（レンタル15ユーロ）を借りてイカリア島内
ツーリングに出かけた。島全体に山や崖のところが多く道路も山肌をくねくねと
回りながら上ったり下りたりするところがほとんどでオートバイでカーブを楽し
む人にとっては良いロードなのかもしれないが当方にとってはあまり乗り慣れな
いスクーターでかつ初めての道でもあり時速20kmから30kmくらいでゆっくりと
（恐る恐る）走った。島の北東端まで10kmほど走ると海のそばの高台の上に石造
りの丸い塔があった。紀元前1世紀頃のローマ時代の見張り塔だそうでその頃の
敵はペルシャだったのかもしれない。また島の北側にも行ってみた。北斜面も南
側と同じく急斜面が多いのだが緑の量がまったく違って多いのだ。それほど背の
高くない灌木や草が生い茂っている。きっと北斜面に降る雨の量が多いというこ
となのだろう。しかし期待していた畑や果樹園のようなところはあまり見かけな
かった。豊富な野菜や果物は他の島から持ってきているのだろうか。スーパーマ
ーケットで買うイチジクは今が旬だということで濃厚ないちごジャムのような果
肉は甘くて日本ではなかなかお目にかかれない逸品なのだがこれはいったいどこ
で栽培されているのだろうか。

セールドライブの修理（続き）

8月4日の午後にジョージさんがやってきてアテネから部品が届いたという。

届いたのはディスクとフライホイールの中心部の2つでプロペラはまだだった。さっそくこの2つの部品をフライホイールはエンジン側にディスクはセールドライブ側に取り付けてくれた。そしてエンジンの位置を後ろにずらしながらエンジンとセールドライブをドッキングさせようとするがなかなかピタッと入らない。3人がかりでいろいろ苦労しながら位置合わせをして何とか組み立ててくれた。ギアオイルとクーラントを入れてエンジンを稼働させうまく動いていることを確認して作業は終了だ。前日にインペラを交換したりくたびれたホースを交換したり錆が出ているところには油をさしたりエンジンオイルを追加したりして少し整備をしておいたので全体的にかなり良くなったはずだ。但しダイナモやスターターなどの電気関係は未整備のままだ。

スパゲティパーティー

　8月5日（土曜日）の夕方19時半過ぎにハリーさんが車で迎えに来てくれた。イカリア島の北東端の飛行場の脇にある小さな漁港でスパゲティパーティーがあるということで誘っていただいたのだ。車で20分ほど走るときれいな海岸線に夕日が沈むのが見えてきてすぐに会場である漁港に着いた。パーティーの会場は海辺にテーブルと椅子が並べてあるだけの露天で心地よい風が吹き抜けていく。近くの物置小屋のような小さな建物の中でスパゲティやサラダを作って運んできているようだ。そして地元のワインメーカーの人が生の赤ワインを大きなペットボトルに入れてたくさん持ってきてくれている。このパーティーは地元のヨットクラブが主催するパーティーのようでクラブプレジデントのステファノスさん自らスパゲティを茹でていた。初めての生ワインを片手にスパゲティやファーバービーンズという豆料理を美味しくいただいた。そのあとファナリという小さな町のレストランに行くとまたそこでもヨット関係者のパーティーが開催されていてミュンヘンオリンピックフィン級銀メダリストのイリアスさんほかヨット関係者が多く集まっていた。ギリシャ民謡の生演奏を堪能しワインをお土産にもらって24時過ぎに帰ってきた。

プロペラの修理

　8月6日（日曜日）は朝の9時過ぎにダイバーのニコさんとメカニックのジョ

ージさんがVolvo社から送ってきた新しいプロペラの胴体を持ってきた。すぐに作業を始め10時過ぎにはプロペラの取り付けは完了していた。これで今回のトラブル関連の作業はすべて終了したことになる。そのあとポートポリスに行って明日イカリア島からミコノス島へ移動する届出をしてきた。明日の朝の風を確認してからだが風が良ければ50海里強西にあるミコノス島のミコノスマリーナへ向かいたいと思う。

イカリア島からミコノス島へ

　8月7日（月曜日）の夜明け前6時にイカリア島アギオスキリコスの新港を出航し18時半にミコノス島のマリーナミコノスにもやいを取った。約53海里を12時間半かけて平均4ノットの航海だった。イカリア島の南岸を通過する間は主に南西の風が5～7m吹いていたが島陰ということもあり風向は一定せず風がなくなることもままあった。この間はメインセールはフル展開しジブセールは出したりひっこめたりを繰り返しながらエンジンは1550rpmとスローの機帆走で走り10時頃にイカリア島西端のPappao岬を通過した。島陰を抜けると風予報通りに北北西の風が3～5mほど吹き出しメインジブ共にフル展開しリーチングで機帆走した。12時には風速が7mに上がりヒールが大きくなってきたのでメインセールを1ポイントリーフにしエンジンを止めて帆走した。しかし13時前には風が少し西に振れたこともあり艇速が4ノットを切ってきたので再度機帆走に切り替えた。14時には風速が8mを超えてきてメインセールを2ポイントリーフにしたが14時20分には風向が西北西に変わり風速も10mに上がってきたのでジブセールを巻き取りエンジン2000rpmの機走に切り替えた。ほぼ風上に向かってエンジンだけで機走すること3時間半、時折波がデッキを越えてコクピットまで飛んできて頭から塩水をかぶることもままあった。

ディロス島の観光

　ディロス島はミコノス島のミコノスタウンから南西8kmほどのところに浮かぶ小さな島だ。古代ギリシャでは聖地とされ政治や商業や芸術の中心地として栄えた島で世界遺産にも登録されている。ミコノスタウンから観光フェリーに乗って30分ほどで行くことができる。フェリーから降りてディロス島に上陸するとす

ぐ隣にヨットが係留されていたので近づいてみるとなんと今朝マリーナミコノスでうめぼしの船内を案内した人々が乗っている。ギリシャのWaters Pilotによるとすべての船はディロス島の500mより近いところにアンカーリングしてはいけないと書いてあったのでてっきりヨットでは行けないと思い込んでいたが、帰ってからよく読み返してみるとヨットだけは遺跡の管理事務所が開いている時間帯に限り立ち寄ることができると書いてあった。何ともギリシャらしいというかヨーロッパらしい規則だと感心した。このヨットは毎日お客さんを乗せてマリーナミコノスからディロス島に行っているようだ。

ミコノスタウン散策

　8月9日はミコノスタウンの散策に出かけた。うめぼしを係留している新港からは歩いて30分ほどだがのんびりと海沿いの道を街の中心部がある旧港まで歩いて行った。新港と旧港の間には大型のクルーズ船が2隻アンカーリングをしていて乗客をタウンまで運ぶ小さなフェリーボートが行き交っている。さすが地中海で一番の観光都市ということだけあって訪れる観光客も半端な数ではなさそうだ。まずは旧港の更に南側の海岸沿いにある6台の風車だ。そして白い迷路と言われているタウン中心部の細い路地を散策した。そして昨日も来たディロス島行きのフェリー乗り場のすぐ近くにある民族博物館に寄った。最後に旧港の中にあるアンナ海岸の近くにあるマリアのタベルナでピザを食べて帰ってきた。艇に帰り着くとちょうど隣のバースにババリア46というクルーザーが着岸してきて艇長に聞くと外は45ノット（約23m）の風だったということで相当疲れた様子だった。明後日までこの風が続きそうな感じだ。

マリーナミコノスについて

　マリーナミコノスはミコノスタウンから北へ2kmほど離れたところに新しくできたマリーナで新港と呼ばれている。港の北側は北に入り口があり地元の漁船などが使っているようだ。南の入り口を使う南側の北半分（奥の方）は主にパワーボートが係留されている。そして入り口に近い南半分には主にヨットが係留されていて約50艇分の係留バースがある。北側と南側の海水は道路下でつながっていて海水が環流しやすい構造になっている。また北西から南東に延びる岸壁の外

側は大型客船や大型フェリーの発着する埠頭として使われておりここにポートポリスもある。ここは今日も大型フェリーを利用する観光客で溢れている。ヨットを係留するスペースには約30艇分のビジターバースがありヨットの出入りは頻繁にあるが満杯になることはないようだ。マリーナマネージャーのニコスさんほか数名のサポート要員が常駐していてVHF12チャネルで呼び掛けるとすぐに出てきて係留の支援をしてくれる。桟橋には電気と水道の設備があり従量制で利用することができる。係留料金はうめぼし（8 m）で2泊9.12ユーロだ。このマリーナはまだ建設途中にあってトイレやシャワーはまだできていない。道を挟んだすぐそばに小さなスーパーがあり一通りのものは揃っていてブタンガス3 kgは15ユーロだった。このマリーナの欠点は風の通路になっているようで風が吹き抜けることだ。波が入ってくることはないのだがとにかく一日中北西から15m前後の風が吹きぬけていて風のためだけで船が傾いたり揺れたりする。

プロペラのトラブルの原因

　先日のセールドライブとプロペラのトラブルについてはなぜそのトラブルが起こったのか、いまだにわかっていない。その時の状況を思い起こしてみると7月27日にLevitha島からイカリア島へ向けて機帆走で航海中の12時頃にエンジンからゴロゴロとそれほど大きくはないがいつもとは異なる音がし始めた。その時は特に何か障害物にぶつかったような形跡はなかった。すぐにエンジンを停止してまた何度かエンジンをかけてギアを入れたり切ったりしてみるとギアを入れてエンジンを1500rpm以上にするとゴロゴロという音がし始める。その時はプロペラは普通に動いていたように思う。その後はセーリングでマガニティスの港まで近づいたが風が弱くなった時に1時間ほどエンジンを最低速にして走った。しかしマガニティスの港の入り口30mほど手前まで来た時にはプロペラはほとんど回っていなかった。この時にはエンジンの回転数を上げてもゴロゴロという音はしなくなっていてまたプロペラもほとんど回っていなかった。この1時間ほど最低速で走っているうちにプロペラの胴体の部分が擦り減ってプロペラが回らなくなったのかドライブのディスクが完全に壊れたのかそのあたりがいまだによくわからない。Volvoのセールドライブのプロペラは胴体の中に凹凸のネジ部分がありこれがエンジンの回転をプロペラに伝えるのだが、この凹凸部分が壊れやすい素材

で作ってあり、もしプロペラが何らかの異物にぶつかった時にはセールドライブ本体が影響を受けないようにプロペラとセールドライブの間に緩衝材を入れてあるということだ。今回はこの緩衝材の部分が完全にすり減ってなくなっていた。それでも現地の技術者はディスクのトラブルだということを見抜いたのは大したものだと思うがプロペラについては何かにぶつかったのだろうと言うだけだった。

サボテンの実

アルメリマルでフミさんに教えていただいたサボテンの実が美味しいということで食べるチャンスを探していたところ昨日ミコノスタウンに行く途中の海沿いの道ばたに手ごろなサボテンの実がなっているのを見つけた。とげでけがをしないようにビニール袋で包んでゆっくり回しながらもぎ取って持ち帰り冷蔵庫で一晩冷やして今朝食べてみた。かなりあっさりした甘さでほのかにオレンジ系の香りがして美味しい感じがしたが真ん中の方は小さな種がいっぱい入っていて皮に近い部分だけほんの少ししか食べられなかった。今朝もそれ以外の果物をたくさん食べた。サボテンと一緒に写っているのはスーパーで買ったいちじくだ。皮をむいて半分に切ると中はこってりしたイチゴジャムのような非常に甘くて質量のある果肉だ。これは乾燥させてドライイチジクにしても美味しいそうだ。ほかにスイカ、メロン、小さな黄桃、ミニトマトやヨーグルト、パン、スープ、コーヒーなどを食べた。スープはトマトや玉ねぎその他夏野菜を煮込んだものにタルハナスープの素とコンソメを入れた自家製だ。

ミコノス島からシロス島へ（バウアンカースターン付け係留の事例）

8月13日の朝6時半にミコノス島を出航予定だ。12日はマリーナ事務所で係留費用の精算をした。係留費は6泊で27.36ユーロだった。1泊あたり4.56ユーロ（約600円）だ。そのほかに電気水道の実費が約10ユーロかかった。その後ボートポリスに行ってトランジットログに記録を残してもらった。これで出航準備は完了だ。その後マリーナ内をぶらぶらと散歩していると強風の中で桟橋の風上側に槍付けするうまい方法を見せてもらった。風上側からバックで桟橋に近づき距離1mくらいでエンジンを前進にして止まる。すぐにもやいロープを渡してスターン

と桟橋をつなぐ。そしてエンジンを強めに吹かして前進させるとロープとエンジンでバランスして船は一時的にロープの長さの場所で静止する。その間に風上側のもやいロープを桟橋から受け取ってバウまで持っていきこれをバウに固定する。そのあとエンジンをスローにすると船は風で流されて桟橋に近づき改めて桟橋側のもやいロープを引くとちょうどよい位置で船が固定される。しかしこの作業は相当の操船技術が必要なようでその次に入ってきた50フィートのチャーターヨットは桟橋前でうまく止まることができずにスターンを桟橋に激突させてスターン部分が壊れていた。また更にその隣に係留しようとした船はバックしている時にバウが隣の船のほうに流されバウパルピットが隣の船のバウにぶつかって壊れていた。10m以上の強風にあおられるとバウスラスターを使っても持ち直すことが難しいようだ。13日の午前中だけは風が収まる予報なのでその隙を狙って20海里西にあるシロス島まで行きたいと思う。

シロス島エルムポリスのマリーナシロウに到着

8月13日の朝6時50分にミコノス島のマリーナを出航し12時にシロス島のエルムポリスのマリーナシロウに到着しもやいを取ることができた。19海里5時間の航海だった。出航時は快晴無風、7時半頃から西風3m、11時頃から北風6mが吹いたが全行程1600rpm前後で機走した。11時半にはマリーナに到着しもやいを取ってくれそうな人を探したのだが誰も出てきてくれないのでやむを得ず一人で岸壁に横付けすることにした。バウとスターンにもやいロープをセットし船を岸壁に寄せてロープ2本を持って岸壁に飛び移りすぐに両方のロープをもやうという方法だ。

エルムポリスの町の散策

8月14日（月曜日）は朝からエルムポリスの町の散策に出かけた。マリーナから海沿いに歩いていくと2kmほどで街の中心部になる。フェリー乗り場を通り過ぎて更に歩いていると岸壁に小さな漁船が2隻近づいてきて係留するとすぐに陸に獲れた魚を並べ始めた。するときっとこれを待っていたであろう人々がすぐに集まってきて小さな市が始まった。日本を45回訪問したというおじいさんは25ユーロ分の魚を買っていた。ここでは魚は高級品だ。また少し歩くとヨットやパ

404 世界一周船栗毛

ワーボートが係留している一角がある。エルムポリスを訪問するヨットはここに来ていたのだ。きっと今うめぼしがいるマリーナシロウは主に地元の人が使うマリーナであって外来の船は町の中心部であるここに係留しているのだろう。その先の港の埠頭にThe Customs House（1834）ほかの古い建物（ネオクラシカルビルディング）がいくつかある。ポートポリスはここに入っていたので到着と出航の手続きをしてもらった。埠頭から繁華街を抜けて市役所の建物を見に行った。この建物は市役所としてはギリシャで最大の建物で2階はトスカーナ様式、3階はイオニア様式、角の柱はコリントス様式でできているそうだ。その次にメトロポリタンチャーチに寄ってアノシロスに行った。アノシロスは13世紀にベネチア人が建設した町で丘の頂上にはカトリックの聖ギオルゴス教会がある。次に東側の丘の上に立つギリシャ正教のキリスト復活教会（1870）に行った。

マリーナ内での係留場所の移動

　8月14日は午後から北の風が強まり係留している場所にかなり波が入ってくるので隣のヨットの人に助けてもらって係留場所を50mほど西の反対側岸壁に移動した。元の場所の桟橋の下には海水の通路があってそこから外の波が入ってくるのだ。ブローで10m強の風が吹く中での係留場所の移動は一人ではなかなか難しい状況だったが助けてもらいながらなんとかうまく少し静かなところに移動できた。この新しい場所は海からの風が吹きさらしで強いのだが今のところ（15日午後）波はそれほど入ってこない。15日は午前中にマリーナシロウを出航し同じシロス島の南西側にあるフィニカスの港に移動するつもりだったが当日朝の風はブローで12mくらい吹いていてあきらめた。風予報は北15ノットといつもより少し弱くなるというものだったのだが実際にはかなり吹いている。今の予報では今週いっぱいはここに留まることになりそうだ。

キクラデス文明

　シロス島のエルムポリスはキクラデス諸島全体の県庁所在地だということだ。キクラデス諸島はエーゲ海の中心部にある39島11万人が住む島々でサントリーニ島やミコノス島などリゾート地として名高い島が含まれる。そのキクラデス諸島独自の文明があるということで興味を持った。しかも紀元前3200年から2000年と

いう青銅器時代が始まった頃からでミケーネ文明より古くクレタ島のミノア文明と重なる時代だ。この文明で最も有名なのは極度に様式化された大理石製の女性像だ。1400体ほどが見つかっている。もう一つ有名なのはキクラデスのフライパンと言われる土器だ。この両方がシロス島の北部にあるハランドリアニ遺跡でたくさん見つかっていて市役所と同じ建物にある考古学博物館と隣の文化センターに展示してある。文化センターに展示してあるものはすべてアテネにあるキクラデス博物館にあるものの複製品だったが説明員の人が手に取って説明してくれるので細部

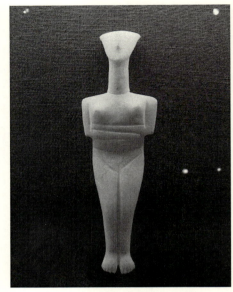

キクラデス文明　大理石の女性像
（少し上を向き首が長く左胸が少し大きい）

まで見ることができた。この土器の表面にはいろいろな模様とともに数十人乗りの船が描かれていて当時から既に島々の間で交易が行われていたことがわかる。またこの土器は用途不明との説もあるが説明員の人は裏返して水を入れて鏡として使うと明快に説明してくれた。墓の中では死者の目線の先にこの土器が置かれていて死者に希望を与える意味があるのではないかという見方もあるようだ。1991年にアルプス山脈で見つかったアイスマンは紀元前3300年頃の人で純度99.7％の銅の斧を持ちつぼ治療をしていたとのことでありキクラデス文明の頃には既に高度な技術文明があったと考えられる。

エルムポリスの町の散策

　エルムポリスの町の名前の由来はギリシャ神話の中の商業の神様ヘルメスから来ているということで今でもキクラデス諸島全体の県庁所在地として諸島全体の政治や経済の中心地になっている。そういうことで観光客も少なくはないのだが地元に住んでいる人の割合が多いようで物価も地元民向けというかミコノス島に

比べると格段に安いように感じる。飛行場もあるが諸島間の往来はフェリーの方が便利なようで町の中心地にあるフェリー乗り場には毎日大型フェリーが来るたびに車や人が満ち溢れている。そこから市役所に行く途中にヒオウ通りという道幅の狭い地元商店街がありそこでシロス島の特産品を売っているということで行ってみた。まずはサン・ミハリというこの島でしか作られていないという固いスパイシーなチーズを買ってみた。そしてハルバドピテスというお米で作った白い煎餅の間に白いヌガーを挟んだ甘いお菓子とロウコウミアというゼリーに白い砂糖をまぶしたお菓子を買ってみた。お菓子についてはさっそく食べてみたが特別に美味しいかという意味では今一歩という感想だ。ほかにも地元ワインにもいいものがあるということだったがそれはパスした。というのもワインはApeliaというブランドの5リットル箱入りが12ユーロ前後で売っていてこれが結構おいしくて自分で飲むにはこれで十分だと思ったためだ。そのあと市役所の隣にあるアポロ劇場に行き入場料2ユーロを払って中に入ってみたところ公演準備の真っ最中だった。内装はミラノにあるスカラ座のコピーということで規模は小さめでも高級な雰囲気は十分に感じることができた。

エルムポリスの南側の散策

マリーナシロウのすぐ南側にシロス国営飛行場がある。滑走路が1000mくらいの小さな空港でプロペラ機が1日2便程度就航しているようだ。この空港の特徴は標高70mくらいのちょっとした丘の上にあって風通しが良いことだ。そしてこの空港は昔の遺跡の上に造られたようで空港の周りには古代の石垣がたくさん残っている。そういう観点ではエルムポリスの町そのものが遺跡の中に造られた町と言えそうで古い石垣を巧みに活用しながら現在の建物が造られているし活用しきれない石垣もたくさん残っている。マリーナシロウの北側にはギリシャで最初の造船所と言われる1861年創業のネオリオン造船所がある。そしてそのすぐ南側のタルサナス地区にはいまだに木造船を造っている小さな工場（港）があった。工場の中には木工用の機械が並んでおりそのそばには建造中（再生中）の船が3艇置かれていた。木造船に必要となる船具をかなり充実した品揃えで販売している船具店もある。また近くには工業博物館もあり昔の船舶用エンジンや外輪船の輪などが展示されていた。現在は観光以外のビジネスは苦しい面もあるようだが

シロス島には19世紀に栄えた産業の一部がいまだに残っていてそれが町の懐の深さにつながっているように思われる。

シロス島のドライブ

　ドライブとは言ってもレンタルスクーターでの島内観光でありまれに吹く突風に煽られてスクーターが横滑りしそうな時などはひやひやしながらスピードを落としてゆっくりと走るのんびりしたバイク散策だ。南側のVariはビーチで泳ぐ人もありまた深い入り江になっていてヨットも2艇アンカーリングしていた。またポシドニアの海岸ではトップレスで泳いでいる人もいたがさすがにカメラを向けるのは憚られた。Aysemさんに勧められたポシドニアの対岸にあるフィニカスのマリーナにも寄ってきた。さすがに勧められるだけあって設備も整っていて静かでビーチも近くにある人気のマリーナという印象で多くのヨットが係留しまた近くにアンカーリングしていた。ヨットで行く時にはシロス島の南側としてはこの2か所がお奨めのポイントではないだろうか。今日19日は北側に行ってみたがビーチやマリーナはなく山の上からの眺望が見どころだった。アノシロスは下から登ると大変だったがスクーターで行くとほぼ頂上まで楽々と登ることができカトリックの聖ギオルゴス教会を再度訪問してみた。ギリシャはギリシャ正教の人が大多数なのだがシロス島は住人の半数弱がカトリックというギリシャの中でもめずらしい島だ。その理由は13世紀にベネチア人がアノシロスの町の建設と共にカトリックを持ち込みその後為政者は変わってもカトリック信仰が許されてきた歴史によるものだ。そういう意味ではシロス島の人々は少なくとも13世紀以降は自主独立の文化を継続してきたとも言えそうだ。

シロス島からキトノス島へ

　8月20日（日曜日）はシロス島から西に30海里弱離れたキトノス島に向かう予定だ。寄港地はキトノス島の北東岸にあるLoutraの港だ。Windytyでは北の風15ノット程度が吹く予報だが朝7時現在北北東7〜8mが吹いている。7時半頃出航予定だ。マリーナシロウには水道がなかったがマリーナ近くの船具店ノーチラスから19日にスクーターを使ってポリタンクで60リットル運び清水タンクはほぼ満タンになった。

シロス島からキトノス島へ（到着）

　20日の朝7時半にシロス島のマリーナシロウを出航した。シロス島の北端の岬を9時50分に越えたが島の東側を北上する時は北の風が結構強く10m前後吹き一時17mの時もあった。また島の北側沿岸は波が悪くて船も揺れが大きく電燈や扇風機など据え付けをしっかりしていなかったものは床に落ちてしまった。北端を越えたあとは一旦風が3mほどに弱くなりセールをフル展開して機帆走し、11時には5mほど吹き出したのでエンジンも止めてアビームで帆走した。12時半には8mから10mになりメインセールを2ポイントリーフして6ノット近くで快走した。31海里を6時間半で走り14時にはキトノス島のLoutra港に着いていたがアンカーを使った係留が難しくハーバーマスターにうめぼしに乗りこんでもらってスターンアンカーで何とか15時前に係留が完了した。風が強い時にバックしながらのバウアンカー槍付けはうめぼしにとっては難しい技だ。

キトノス島からオリンピックマリーナへ

　8月21日はキトノス島のLoutra港から北西へ20海里強のギリシャ本土のオリンピックマリーナに行く予定だ。20日の夕刻にはLoutra港にたくさんのヨットが来ていてほぼ満杯になっていた。この港は結構人気のスポットなのかもしれない。マリーナのすぐそばに露天の温泉がある。係留料は4.1ユーロだった。21日は風が弱まる予報なのでこの機会にできるだけ移動しておこうと思う。

キトノス島からオリンピックマリーナへ（到着）

　21日朝の7時半にキトノス島のLoutra港を出航し14時にオリンピックマリーナに到着した。26海里を6時間半で航海した。出航時は快晴微風で8時にキトノス島の北端を越えるまでは微風、その後西北西の風2～3m、9時50分にケア島の南端を越え北風4mここでセールを上げて機帆走開始12時50分にマクロニソス島の南端まで北風5～7mで機帆走、その後はセールを降ろして機走した。オリンピックマリーナはその名の通りオリンピック用に作られたマリーナで大きく施設も充実しているし入港時の係留支援も手厚く安心感がある。しかし近くに店がなく買い物ができない。そして係留料金は1泊50ユーロと過去最高値だった。

オリンピックマリーナからサラミス島のサラミスマリーナへ

22日は午前中風が弱いようなのでこの機会にオリンピックマリーナからサラミス島の西側の入り江の奥のサラミスマリーナまで移動しようと思う。約50海里と少し距離があるが18時くらいまでに到着できれば良いと思う。

オリンピックマリーナからサラミス島のサラミスマリーナへ（到着）

8月22日は夜明け前のまだ薄暗い6時15分にオリンピックマリーナを出航しサラミス島へ向かった。45海里を走り17時に松崎さんに出迎えていただき無事にサラミスマリーナにもやいを取ることができた。出航時は快晴で北の風3m、8時15分にスニオン岬を通過し北東の風5mセールを上げてアビームで機帆走するも9時には2mほどに、12時頃に北北西の風7mが吹き出しメインセール2ポイントリーフでクローズホールドで機帆走、13時北の風6m、14時サラミス島の手前5海里で風速3m、サラミス島の西端を越えてからは真向かいの風5mということで全行程機帆走で比較的良い風に恵まれた航海だった。CAVOKVの松崎さんにはクレタ島のアギオスニコラウスでお世話になって以来の再会だったが今回も良いマリーナを紹介いただき、また到着早々CAVOKV上でビールをご馳走になった。

アテネ観光

8月23日は朝の9時から松崎さんご家族に連れられて一緒にアテネの観光に出かけた。タクシーでサラミス島の反対側のパルキアの町まで行きそこからフェリーに乗ってアテネ側の本島のペラマまで行った。そしてバスでピレウスまで行きそこから地下鉄メトロに乗ってモナスティラキ駅まで行った。そして市内観光のイエローバスに乗って最初に新アクロポリス博物館に行きそこを見学しアクロポリスに登った。次にまたイエローバスでオモニア広場の北にある国立考古学博物館に行き見学した。帰りは同じルートでサラミス島のマリーナがあるサラミナの町まで戻りタベルナで夕食をご馳走になった。松崎さんには一日中大変お世話になった。

パルテノン神殿にて松崎さんご夫妻とお孫さん

サラミスマリーナについて

　サラミス島の西側に深い入り江となっているのがサラミス湾でその一番奥のサラミナの町にサラミナ港がある。その港の中の南西側の一帯に２つの桟橋がありその部分を管理しているのがSalamis Yachting Club（nautical club vourkari salaminas）だ。このクラブは一般のクルージングヨットには非公開のようだ。オプティミストディンギーやカヌーなどがたくさんあり毎日比較的若い年代の人たちが船を出して練習している。そういった青少年向けの活動もする地元のヨットクラブで現在は新規入会はできないということだ。今回は松崎さんの紹介で特別に係留が許された。そういうことで中に係留している人は地元の人がほとんどだ。水道と電気の設備もあり静かで非常に良いマリーナだ。

➡ https://www.nobs.gr/
➡ https://web.facebook.com/SALAMIS.YACHTING.CLUB/?_rdc=1&_rdr

サラミスの海戦

　紀元前480年９月にアテネを中心とするポリス連合海軍がサラミス島と本土の間のサラミス水道においてアケメネス朝のペルシャ海軍に壊滅的な打撃を与えた海戦だ。ペルシャの主力艦隊約700隻とポリス連合の約400隻が激突したものだ。当時の軍船は三段櫂船という数百人の漕ぎ手兼戦闘員が乗る大きな船で船同士を

ぶつけたり接舷移乗して戦闘をしていた。狭いサラミス水道にペルシャ艦隊をおびき寄せ大きく重く白兵戦に強いポリス連合が接近戦でペルシャを圧倒した。

45フィートトリマラン

　8月25日の夕刻に松崎さんの友人の石坂さんと奥脇さんが45フィートのトリマランに乗ってサラミスマリーナに来られた。時々10m以上の北西の風が吹く中、松崎さん、ポールさん、マリーナ管理者のエリーさん、私の4人で着岸の手伝いをした。大きな船なので適当なバースがなく50フィートくらいあるモノハル艇に横抱きさせる形で係留することができた。フランスの大西洋岸の中ほどにあるラロシェルのNEEL TRIMARAN社で2014年に新造した艇で横幅が8mもある高速艇だ。その後20時過ぎからポールさんご夫妻、石坂さん奥脇さん、松崎さんと一緒にポールさんお奨めのタベルナまでポールさんの車で連れて行っていただいた（石坂さんにご馳走になった）。
➡ http://www.neel-trimarans.com/modele_bateau/neel-45/

アテネ観光

　8月27日は再度アテネの観光に出かけた。パルキアまで3kmほどを歩きフェリー（1ユーロ）に乗って対岸のペラマまで行きそこで一日乗車券（4.5ユーロ）

無事是貴人（45フィートトリマラン）船上の石坂さんと邦子さん

を買ってバスに乗りアテネ中心部のテセイオン駅近くまで行き古代アゴラ（8ユーロ）を見学した。アタロスの柱廊やヘファイストス神殿やアグリッパの音楽堂ほかの遺跡を見たあと近隣のローマンアゴラやアドリアノスの図書館を巡った。そのあとエレフテリアス広場からバスに乗ってダフニ修道院まで行ったがあいにく着くのが遅くなり閉館したあとになってしまって世界遺産のモザイク画を見ることはできなかった。

出航準備

　8月28日は午前中に松崎さんの自転車を借りてフェリー乗り場があるパルキアのポートポリスに行きエギナ島までの出航届をしてきた。そしてマリーナオフィスで明日までの係留料105ユーロ（7泊×15ユーロ）を支払い、軽油20リットル（24ユーロ）を購入して出航準備は完了だ。昨晩サラミスヨットクラブのメンバー3人が艇に訪ねてきてホームページの記事のためのインタビューを受けた。クラブはOPディンギー20艇を持っていてジュニアの育成に力を入れておりその活動資金がクルーザーの係留費からまかなわれているということだ。インタビュアは15歳のクラブ員のジョージ君で昨晩は自分で音声レコーダーを回し今朝はカメラを持って写真を撮りに来ていた。子供でもできることは自分でする手作りのクラブ運営という印象を持った。

サラミス島からエギナ島へ

　8月29日は朝7時にサラミス島のサラミスマリーナを出航しすぐ南側にあるエギナ島のエギナマリーナまでクルージングの予定だ。20海里弱なのでうまくいけば12時頃には到着できると思われる。昨晩は松崎さんのCAVOK Vの船上での海鮮バーベキューに招待していただいた。参加者は石坂さん、奥脇さん、ポールさん、タニアさん、エリーさん、ミハリススさん、松崎さん、私の8人だ。船上で炭焼きの魚、イカ、エビなど新鮮な食材を焼いていただいた。

エギナ島のエギナマリーナに到着

　8月29日11時半にエギナマリーナにバウアンカー・スターンツウで槍付け係留が完了した。風がほとんどなくかつ大きなモーターボートの人がもやいを取って

6 2017年の航海　*413*

くれてうまく着けることができた。

エギナ島の観光

29日はさっそくポートポリスに寄ったあと島内観光に出かけ、まずはバス（往復4ユーロ）でアフェア神殿を見に行った。13時発のバスに乗り12km20分程度で島の北東端海岸近くの高台の上に着いた。紀元前500年頃の建造で一つの石灰岩で造られたドリス式の柱が24本も残っていてエギナ島の女神アフェアに捧げられたというみごとな神殿だ（入場料6ユーロ）。このアフェア神殿とアテネのパルテノン神殿とスニオン岬のポセイドン神殿を結ぶ三角形は月に照らされて白く輝く灯台の役目を果たしていたという話もある。帰りのバスの車窓から聖ネクタリオス修道院を見ることもできた。

エギナ島からネアエピダヴロス（Nea Epidhavros）港へ

8月30日は朝7時頃から久しぶりに雨が降り出し風も少し吹いていた。その後9時頃には雨も止み風も収まってきたのでエギナ島からペロポネソス半島側のネアエピダヴロス港へ移動した。10時に出航し東南東に14海里ほどの距離を機走し13時半にはもやいを取ることができた。出航時には隣のモーターボートの人にアンカーを上げるまでウォッチしてもらったが特に問題なく上げることができて一安心だった。ネアエピダヴロスの港はモアリングロープが設置してあったので比較的容易に係留することができた。係留料は17時に出勤してきた担当者に4ユーロを支払った（0.5ユーロ×8m）。

ネアエピダヴロス（Nea Epidhavros）港からポロス（Poros）島へ

8月31日はネアエピダヴロス（Nea Epidhavros）港を朝の7時40分に出航し23海里ほどの行程のポロス（Poros）島の南端、ペロポネソス半島との間の狭い水路にある港へ向かった。同じエーゲ海だが中央部とペロポネソス半島に近いところとは気圧配置が少し異なるようで中央部とは違う風が吹いている。つまりエーゲ海の中央部では今日も結構強い北風が吹いているのだがネアエピダヴロスあたりは風向も風速も異なりそれほど強く吹いていない。しかしメタナ半島を越えたあたりから8〜10mの北風が吹き出した。中央部ほどではないようだがそこそこ

414　世界一周船栗毛

吹いている。ポロス島では初めポロスタウンに近い方に泊めようとしたが北西の風が強く見合わせて南側水路の東端の方に係留した。55フィートの大きなヨットの風下側に横抱きさせてもらい13時にもやいが完了した。

ポロス島からイドラ島へ

2017年9月1日（金曜日）は朝の7時にポロス島を出航しイドラ島のイドラタウンの港へ向かった。約12海里の近い距離だ。9月になれば風は収まるとこれまで何度も聞いてきたが今日9月1日の風予報によるとこれから5日ほどは穏やかな天気で絶好のクルージング日和になりそうだ。今朝も快晴微風だ。イドラタウンのマリーナは狭くて混んでいるとの噂だったので恐る恐る様子を見に行ったが朝10時と早かったためか少し空きがあった。ここでも隣のヨットに横抱きさせてもらい10時20分にはもやい完了だ。イドラ島は自動車やバイクは持ち込めない島なので主要な交通機関はロバだそうだ。それでも消防車やゴミ収集車など公共の車は動いていた。

イドラ島からスペツェス島へ

9月2日は朝の7時にイドラ島のイドラタウン港を出航しスペツェス島に向かった。快晴無風でほとんど波のない鏡のような海面を機走1500〜1700rpmで16海里を走り抜け11時にはスペツェス島の旧港に着いていた。結構大きな港なのだが係留している船も多くプレジャーボートから漁船まで混在して係留しておりディンギー用のスロープや木造艇の造船所などもありなかなか手頃な係留場所を見つけることができなかった。20分ほど港内をうろうろしているとちょうど出航するヨットがありそのあとの空いたスペースにうまく係留することができた。コスタさんがもやいを取ってくれてモアリングロープも使わせてもらった。街中にあるポートポリスに行った帰りにRonさんから声をかけられCOMPASS ROSEにお邪魔した。イスラエルの海軍を退役した4人で航海中ということで外洋航海のノウハウなどいろいろ教えていただいた。

スペツェス島からナフプリオンへ

9月3日は朝の7時にスペツェス島を出航しペロポネソス半島のナフプリオン

に向かった。今日も快晴無風でしかもアルゴリコス湾の中なので静かな湖面を走るような感じで27海里を揺れもなく快適に機走することができた。13時半にはナフプリオンの港に着き港の中の様子を観察すると意外に船が少なく空きスペースがかなりあったので港の一番奥の岸壁の角の特等席にもやいを取った。

ミケーネ遺跡の観光

　9月4日（月曜日）はナフプリオンの北20kmほどのところにあるミケーネ遺跡までバスに乗って観光に行ってきた。係留場所のすぐ近くのナフプリオンの旧市街と新市街の間にあるシングルー通りのバスターミナルでもらった行き帰りのバス時刻表が便利だった。ミケーネ文明は紀元前1450年頃〜1150年頃にペロポネソス半島で栄えた文明でギリシャ文字の原型の一つである線文字Bが使われていたことやクレタ島のミノア文明の後を引き継いでいることでも有名だ。遺跡は小高い丘の上にあり城塞とその中にある王宮や墓、貯水池などからなっている。専制君主の住まいでもあり外敵から攻められないように堅牢な造りになっているが結局は「海の民」に攻め滅ぼされ同時に文明も消滅してしまったようだ。3000年以上前の人々が安全を確保するために巨大な城を造りより快適な衣食住生活を求めて土器や青銅器を作りまた武具やおしゃれのための装身具も作っていた様子を想像することができるこの遺跡は素晴らしいと感じた。そしてそれを可能ならしめたのは地中海の中でも石灰岩の地層が多いこの地域と穏やかな気候が背景にあるのではないかとも思いを馳せている。

エピダヴロス遺跡の観光

　9月5日は午前中にナフプリオンの町を散策し午後からエピダヴロス遺跡の観光に出かけた。ナフプリオンの旧市街の南東側の200mの丘の上に1700年頃ベネチアが築いたパラミディの城跡がありそこからの展望は素晴らしいものだった。そのあとアクロナフプリア要塞跡に行きナフプリア考古学博物館を訪ねた。午後からバスに乗って25km東にあるエピダヴロス遺跡の観光に出かけた。昨日のミケーネ遺跡に続く世界遺産の連続訪問だ。エピダヴロス遺跡は紀元前4世紀頃に造られた浴場、宿泊所、医療施設、音楽スポーツ施設などからなる複合療養所といった趣の古代のリゾートだ。崖の上に立つ堅固なミケーネ城塞とは異なりエピ

416　世界一周船栗毛

ダヴロスは穏やかな丘陵地帯の上にあり城壁もない。ギリシャクラシカル時代からローマ時代は比較的平和な時が続いたように感じられる。

ナフプリオンからレオニデオンへ

　9月6日は朝の7時40分にナフプリオン港を出航しアルゴリコス湾の西岸中ほどにあるレオニデオン（Leonideon, Plaka）の港に向かった。快晴で北寄りの風3～4mと引き続き穏やかな天候が続く中27海里を機帆走で快適に走り14時15分に到着した。係留している船は数艇で泊地は十分あり初め奥の方を検討したのだが水深に不安があり結局入り口近くの角に係留した。ところが午後から東寄りの風が6mほど吹き出し波が港の中に入ってきて船の揺れが大きくあまり居心地は良くない。港の陸側には山が迫ってきているが海岸は砂浜になっており田舎の自然豊かなリゾート地という感じのところだ。

レオニデオンからモネンヴァシアへ

　9月7日は朝7時20分にレオニデオンの港を出航しモネンヴァシアに向かった。快晴で北寄りの風3m、11時頃から東～南東2mと穏やかな天候の中機帆走で33海里を走り15時過ぎにモネンヴァシアの港に着いた。水深4mと浅く風も弱かったのでアンカーを使ったスターンツウの係留に挑戦してみた。15時半には係留が完了しポートポリスに寄ったあとモネンヴァシア島の観光に行ってきた。

モネンヴァシアからキティラ島へ

　9月8日はモネンヴァシアを朝の7時に出航しペロポネソス半島の南端すぐそばにあるキティラ島のペラギア港へ向かった。快晴で南の風2mを機帆走で快適に走ったが11時10分頃にマレア岬を越えたあと東南東の風が7mほど吹き出した。あわててメインセールを2ポイントリーフにしてクローズホールドで機帆走しようとしたが上りきれない。やむを得ず行先を少し南にあるディアコフティ港に変更しクローズホールドぎりぎりで走った。しかしこの風もだんだん弱くなり14時半にディアコフティ港に着く頃には2mくらいに収まっていた。港にはヨットは1隻もおらずフェリー用の高い岸壁に横付け係留をした。

キティラ島からアンティキティラ島へ

　9月9日重陽の節句のこの日はキティラ島のディアコフティ港を7時10分に出航しアンティキティラ島のポタモウ湾に向かった。快晴、南南東の風2mほどでセールを上げずに機走した。12時頃から南の風5mほどが吹き出し14時頃には7mになったが機走で27海里を走り抜けた。15時前にポタモウ湾に着いたのだが当初予定していたアンカーリングポイントがあまり良くなかったこともありフェリー桟橋の横に横付け係留することにした。夕刻の19時頃にダイビングサービスボートのメンバーに声を掛けられた。10mくらいのモーターボートで遺跡発掘に参加したそうで、今も沈没船のダイビングができるそうだ。皆さん親切で夕食のおかずやダイビングをあしらったTシャツをプレゼントしてくれた。

アンティキティラ島からクレタ島のハニアへ

　9月10日（日曜日）はアンティキティラ島を7時に出航しクレタ島のハニアのマリーナに向かった。今日も快晴でアンティキティラ島の島陰を抜けると南の風が7〜8mほど吹いていて2ポイントリーフにして機帆走でしばらく走ると風が南南西6mほどになり8時半にエンジンを止め帆走に入った。その後風は南西に振れクレタ島のロドポウ半島の岬まではアビーム5ノット強で快適にセーリングできた。12時半頃にロドポウ半島の島陰に入り風が不安定になったためエンジン

アンティキティラ島のポタモウ湾、水中考古学で遺跡発掘中のメンバー

を起動して機帆走に入った。ハニア湾の中に入ってしばらくすると今度は東から5mほどの風が吹いてきてクローズホールドの機帆走でハニア港まで走り16時50分に到着した。43海里だった。ハニア港では外来船用の岸壁付近をうろうろしたりVHFでコールしたが誰も来てくれなかったのでセーリング練習をしていた地元大学生のヨットに声をかけてもやいを取ってもらい無事に係留することができた。

ハニアの町の散策

9月11日はハニアの町を散策してみた。ハニアは人口15万人のクレタ島で2番目に大きい町だが街並みは中世の面影を色濃く残す歴史と観光の町だ。特にうめぼしを係留したベネツィアンポートの近辺は海沿いに古い建物が並び道路にはタベルナが軒を連ね夜遅くまで多くの観光客で賑わっている。海と船の博物館には昔のベネツィアンポートの模型もあり港の入り口のチェーンやシップヤードなど当時の様子が偲ばれる展示も多くあった。ハニア考古学博物館には古代ギリシャ時代やローマ時代、ビザンチン時代のモザイク壁画やライオンのレリーフなど数々の品が展示されていた。そしてミノア文明の線文字Aの青銅器の展示もあった。

ハニアからレシムノへ

9月12日はハニアの港を7時半に出航しクレタ島のレシムノへ向かった。風予報では西の風が8mほど吹くようだったし昨夜夜半から港の中も8m前後の風が吹き出し隣の船ももやいロープの追加をしていた。朝6時の時点では出航見合わせのつもりだったのだが7時過ぎに風が弱くなってきたので急きょ予定を変えて出航することにした。天気は快晴、港の外に出ると西北西の風8mほどでジブセールだけをあげアビームで帆走しその後半島の外側を回る時は10～12mに吹きあがり波も1mほど出てきて久々の船酔いになった。10時過ぎに半島を越えた後も北西の風8mほどが吹き続け15時前にはレシムノマリーナに着き32海里を帆走中心で走った。マリーナでは着艇支援の人がおらず係留しているヨットに乗っている人にもやいを取ってもらった。マリーナはモアリングロープでしっかり固定できて安心だし係留料も安く電気水道別で1泊6.14ユーロだった。

クノッソス宮殿の見学

　9月13日はイラクリオンの町まで行きクノッソス宮殿の見学をしてきた。レシムノのバスターミナルから8時45分発の高速バスに乗り1時間半ほどでイラクリオンに着きそこからまたバスで30分ほどでクノッソス宮殿に着いた。ミノア文明の中でも最大の宮殿と言われるクノッソス宮殿は紀元前2000年頃から1370年頃まで栄えた宮殿で世界でも最古の宮殿だと言われている。160ｍ四方の宮殿は階段でつながる複数階の構造になっており王座の間や広場や倉庫など様々な役割を持つ部屋が1200もあったということだ。その後ミノア文明の多くが展示されているというイラクリオン考古学博物館に行き陶器や青銅器やフレスコ画などを見学した。線文字Bで書かれているのは羊15000頭や槍1000本など当時の人にとって重要だと思われる事項が書き記されていた。牡牛を飛び越える人のフレスコ画やブランコの陶器などから当時の子供から大人までの遊びの様子を思い描くこともできた。長さ2ｍほどもある大きな青銅器ののこぎりもあったが当時の青銅器製造技術はどのようにして次の時代に引き継がれていったのだろうか。

レシムノの町の散策

　9月14日は午前中にポートポリスに寄ったあとレシムノの町の散策をした。クレタ島は他のエーゲ海の島と同じように山や崖が多いのだが緑の多さがまったく違う。農産物も豊富に採れるようで亜熱帯のバナナやアボカドなどもマーケットの棚に並んでいる。ギリシャの中でクレタが最も豊かだと言われるゆえんの一つはこの農産物の豊かさにあるものだと思われる。レシムノの町はハニアと似ていてベネチア時代の要塞で囲まれた旧市街の古い街並みが美しく散歩していても細い道沿いの商店や展示商品を眺めているだけで退屈しない楽しさがある。まずは町の北端の丘の上にあるベネチア時代の城塞に行ってみた。そして街中の教会の中にあるレシムノ考古学博物館を見学した。ここにはレシムノ近郊のゲラニ洞窟から発掘された紀元前4500年頃の女性フィギュアが展示されていた。キクラデス文明の女性フィギュアの原型ではないかと思われる。

クレタ島のレシムノからサントリーニ島へ

　9月15日（金曜日）は朝の7時過ぎにクレタ島のレシムノのマリーナを出航し

420　世界一周船栗毛

北東80海里ほどのところにあるサントリーニ島へ向かう。風予報では夏のメルテメもここ数日は収まり北西の風５m程度が続くようなので16日の午前中くらいには到着できる予定だ。久しぶりのナイトセーリングになるのでうまくいくのか心配な面もあるが注意してウォッチしていきたいと思う。

クレタ島のレシムノからイオス島へ

　９月15日レシムノを出航しオーバーナイトでサントリーニ島の南端にあるVlikadha港に向かった。午前中は南東や西風が適度に吹いたりやんだりだったが12時頃から北西の風が６～８mほど吹き出し５ノット前後で快適に走った。夕刻から時間調整のためメインジブセール共に小さくして３ノット前後で夜の間中帆走し16日の朝７時半にはサントリーニ島のVlikadha港に着いた。港内を見て回ったのだが松崎さん情報の通りヨットが満杯で横付け４艇重ねの状況だったのでここに係留するのをあきらめてアモルゴス島に向かうことにした。朝８時の時点では北北西の風が７～９m吹いていたのだが11時頃から北東の風が吹き出し12時半には５mほどになったのでやむを得ず行先を変更してイオス島に向かうことにした。結果的にはこの判断は間違いで14時頃から今度は西風が吹き出し真向かいの風の中を機帆走で11時間走り続けイオス島のイオスマリーナに18時に無事に係留することができた。トータル113海里の航海だった。

イオス島の観光

　９月17日はイオス島内の観光に出かけた。港の北東1.5kmほどのところに紀元前3000年頃の前期キクラデス文明の古代集落スカルコス遺跡がある。この遺跡は1984年に見つかり1986年から発掘調査が始まり現在も調査が進められている比較的新しい遺跡だ。小さな丘の上に位置しており石で造られたたくさんの集合住宅が通路を挟んで並んで立っており江戸時代の長屋のような感じではないだろうか。２階建ての住居や壁に組み込まれた食器棚やお墓も見つかっている。羊、やぎ、ぶたの骨、また穀物、レンズマメ、果物の種も見つかっており牧畜や農業を中心に生活していて中にはギリシャ本土や他の島で作られた土器や青銅器もあり交易も盛んであったことが窺える。ハンコ（シール）や壺に押されたスタンプなども見つかっておりこれらは特定の農産物の生産組合を示しているのではと言わ

れている。ここから出土した遺物は1999年に開設されたイオス考古学博物館に展示されている。

イオス島からアモルゴス島へ

　9月18日の朝7時10分にイオス島の港を出航しアモルゴス島のカタポラ港に向かった。出航時は快晴無風だったがイオス島の西岸を北上する時は北風2m程度が吹き機帆走した。9時半頃にイオス島の北端を越えてからは西風5〜8mの良い風が吹き一時間近く帆走することができた。しかしその後はだんだん西風も弱くなり機帆走に切り替えて走り13時頃からは今度は逆に東風が吹き出し真向かいの風になるのでセールをたたみ機走で走り16時前にカタポラ港に到着した。全行程で36海里だった。カタポラ港ではバウアンカーのスターン着けにチャレンジしたがなかなかうまくいかず隣の船のアンカーロープがラダーに絡まるなどトラブルになり一苦労した。そうこうするうちにカタマランのキャプテンが助けに来てくれうめぼしに乗って一緒にアンカーを打ち直し何とか17時過ぎに係留作業を終えることができた。

Indigo

　9月18日アモルゴス島にてCAVOK Vの松崎さんに誘っていただきIndigoでの夕食会に参加させていただいた。Indigoというのは船長32mの高級モータークルーザーの船名で持ち主は藤木幸太さんだ。藤木さんは横浜の藤木企業の社長でヨット、乗馬、ヘリコプター操縦など多彩な趣味をお持ちの方だ。Indigoは船長のスティーブさんシェフのトニーさんほか総勢5名で運営しているそうだ。今日の夕食会の参加メンバーは藤木さんご夫妻、松崎さんご夫妻、そして高橋唯美(Tadami)さんご夫妻と私だ。TadamiさんはKazi誌にもよく掲載されている著名なマリンイラストレータでお気に入りのマイタグボートGT-TAG20は現在広島観音マリーナに置いてあるとのことだ。➡ http://www.tadami.com/

　Indigoは19日朝サントリーニ島に向けて松崎さん高橋さんと共に静かに出航していった。

アモルゴス島のIndigo船上にて（藤木さん、松崎さん）

アモルゴス島からコス島へ

　9月19日は午前中にバスで島の反対側の海岸の絶壁に立つパナギア・ホゾビオティサ修道院を観光に行った。そして12時半にはアモルゴス島を出航し70海里ほど東にあるコス島に向かった。というのも明日の夕刻までは風が穏やかだという予報なので明日中に何とかコス島までたどり着けると良いと思い急きょ出航することにした。

　9月19日の12時半にアモルゴス島のカタポラ港を出航し翌日20日の11時にコス島のコスマリーナに着いた。22時間半で78海里を走ったことになる。出航時は快晴無風だったが港を出てしばらくすると東の風が2mほど吹き出すも機走で走り16時半頃にアモルゴス島の東端を過ぎてからも弱い東風が続いた。19時頃に一旦無風になり21時半になってやっと南西の風が4mほど吹き出したのでエンジンを止めメインセールを2ポイントリーフにして帆走に入った。しかしこの風も長くは続かずに翌日2時には無風になり3時頃から弱い東風になったので再度エンジンをかけて機帆走で走った。9時半にコス島の北東端の少し手前あたりで突然東の風10mが吹き出したのでセールを降ろし機走でコスマリーナまで行った。この航海では風予報とはかなり異なる風が吹いた。風予報では西寄りの風が3〜5mだったのに対して実際には東からの風が大半でしかも20日の昼前には10m程度の東風が吹いた。風予報で風が弱い時には陸風海風など地域固有の条件によって実

際に吹く風が異なることが起こっているのではないかと思われる。

コス島の観光

　9月21日はコス島の観光に出かけた。コス島はドデカニサ諸島の中ではロード
ス島に次ぐ人口3万人を擁する大きな島でトルコの町ボドルムからはわずか
20kmに位置するエーゲ海の東側の島だ。医学の父ヒポクラテスの生地でもあり
治療院や医学校などの遺跡アスクレピオンがある。また島の東端にあるコスタウ
ンには古代劇場、西遺跡、古代アゴラ、騎士団の城、考古学博物館など観光ポイ
ントがたくさんある。うめぼしを係留しているコスマリーナはコスタウン中心部
の南東1kmほどのところにあり朝の9時にマリーナを出て古代劇場、西遺跡を
見てアスクレピオンに行った。午後からは旧港にあるポートポリスに行き出航手
続きを済ませ考古学博物館と古代アゴラを見て帰ってきた。

コス島からティロス島へ

　9月22日は朝の7時にコス島のコスマリーナを出航し約32海里ほど南にあるティ
ロス島に向かった。コスマリーナは係留費用は2泊で41ユーロと安くはないが
管理が行き届いた安心できる良いマリーナだった。うめぼしのようにシングルハ
ンドで航海している船にとっては係留の支援があり電気水道などのサービスがあ
るマリーナは大いに助かる。アモルゴス出航時には隣のヨットのアンカーチェー
ンがうめぼしのアンカーチェーンの上に乗っておりなかなかアンカーを上げるこ
とができず30分ほど試行錯誤して何とか引き上げることができた。その時はアン
カー外し用の細いロープも役に立った。これまでも何度かアンカー関連のトラブ
ルがあったが、港の中でアンカーを打って係留するのはいろいろなリスクを伴う
のでできれば今回のコスマリーナのようにモアリングロープなどで係留できると
安心できる。22日コスマリーナ出航時は快晴で風は弱くやや狭いポンツーンだっ
たが問題なく出ることができた。出航後は西の風が2mほど吹いていたが8時頃
にコス島の東端を越えてからは北西の風が7mから9mくらい吹き出しクォータ
ーで走った。14時にティロス島のLivadhi港に到着し14時半にカタマランに横抱
きさせてもらいもやいが完了した。全行程7時間半のうち機帆走は途中風が弱ま
った時の1時間を含めて3時間ほどで残りは帆走で快適に走った。

424　世界一周船栗毛

ティロス島の散策

　９月23日は港の外は25ノットの風が吹いているということで出て行く船はなく時々入って来る船があるだけで港の中は既に満杯状態になっている。うめぼしも風待ちだ。ティロス島は人口700人くらいのあまり観光地化されていない静かな島だ。それでもLivadhi港の前にはホテル、タベルナやミニスーパーマーケットが数件立ち並んでいる。港から1.5kmほど北の丘の斜面にミクロホリオ（紀元前４世紀から1960年代まで人が住んでいた村）という城跡があるということで出かけてみた。この遺跡は城跡というよりも丘の上にある城を囲むように住居が立ち並んでいる城下町の住居跡という感じだ。家の壁には物を置く棚があったり入り口の脇にはかまどと煙突があったりと昔の人の生活が感じられる住居跡がたくさん寄り集まっている。まだあまり発掘されていないところも多いようで遺跡調査が好きな人にとっては絶好の場所かもしれない。

ティロス島からロードス島へ

　９月24日は朝６時45分にティロス島を出航し約40海里東にあるロードス島のロドスマリーナに向かった。出航時には横抱きさせてもらったカタマラン（オーストラリア人でディディムに置いている）のメンバー４人がもやいを解いて見送ってくれた。天気は快晴で北西の風が10mほど吹き波も１mほどある。７時には帆走に切り替えて走ったが９時頃には風が弱くなり機帆走にした。９時半には無風９時40分には南東の風４mが吹き出しその後徐々に南から南西に振れたが良い風が続いた。15時半頃から西風８mほどが吹き出し一時帆走に切り替え走り16時30分にロドスマリーナに着いた。

出国手続きとロドスタウン散策

　明日ギリシャを出国しトルコのマルマリスで入国する予定だ。そのためロドスタウンのカスタムとポリスのパスポートコントロール、そして最後にマリーナ内にあるポートポリスに行き出国手続きをした。手続き費用は無料だった。その後ロドスタウンの旧港のマンドラキ港、トルコ式市場、騎士団長の宮殿、スレイマンモスク、旧市街などを散策してきた。ロドスマリーナは係留費が１泊30ユーロとやや高めだった。明日は７時に出航し27海里ほど離れたマルマリスに向かう予

6 2017年の航海　*425*

定だ。

ロードス島からトルコのマルマリスへ

　9月26日は朝の6時50分にロドスマリーナを出港し約27海里北にあるトルコの
マルマリスのヨットマリーナに向かった。出航時は快晴で北西の風が9mから10
mほど吹いておりメインジブセール共に縮帆して機帆走で上って行った。しかし
9時頃には7mほどになり10時には2mまで落ちてきた。多分トルコの半島の陰
に入ったためではないかと思う。11時にマルマリス湾の岬を越える頃には無風で
ジブセールを巻き取っていた。しかし、12時頃にマルマリス湾の中の島の間を抜
ける時にはまた北西の風が8mほど吹いていた。マルマリス湾は風の通り道にな
っているようだ。13時半にはヨットマリーナに無事に係留することができた。マ
リーナオフィスで半年間の係留手続きをしたあと入国手続きのために再度艇を出
航し2海里ほど離れたマルマリスの町の近くのカスタムとイミグレーションに行
き入国手続きを済ませた。ここは入国手続きをするために船でカスタムに行く必
要があるのだ。

地中海クルージングのまとめ

　昨日の記事にマルマリスに半年間係留と書いたようにうめぼしでの今年の航海
は昨日で終了する予定だ。このあと10月には日本からの来客対応や足立社長によ
る艇の整備などをして11月中旬に日本に帰る予定にしている。そういうことで今
年6月22日からスタートしたトルコ南岸及びエーゲ海クルージングについて簡単
なまとめをしてみたいと思う。6月22日から9月26日まで約3か月97日間で1365
海里を走り寄港地47か所だ。機走時間は305時間で使用した軽油は320リットルに
なる。有料の係留地が40泊で支払った係留料は総額6万7000円だ。最高値はアテ
ネのオリンピックマリーナで1泊50ユーロだ。マルマリスヨットマリーナは6か
月間と整備のための上下架料込で1600ユーロ（約21万円）だ。トルコ南岸航海中
は無風または軽風のことが多く風待ちはまったくなかったがエーゲ海は北または
北西の風が強く吹く日が多く風待ちが非常に多くあった。寄港地はエキンジェキ、
カピクリーク、テルスハーネ、マリントゥルク、カラカオレン、カルカン、カシ
ュ、カレキョイ、フィニケ、ケメル、フィニケ、ユチャウズ、カシュ、カルカン、

426　世界一周船栗毛

Karacaoren、フェティエ、ギョジェキ、エキンジェキ、ボズブルン、シミ島、ニシロス島、Levitha島、イカリア島マガニティス、アギオスキリコス、ミコノス島、シロス島、キソノス島、オリンピックマリーナ、サラミス島、エギナ島、ネアエピダヴロス、ポロス島、イドラ島、スペツェス島、ナフプリオン、レオニデオン、モネンヴァシア、キティラ島、アンティキティラ島、ハニア、レシムノ、イオス島、アモルゴス島、コス島、ティロス島、ロードス島だ。

地中海クルージングのまとめ（続き）

　クルージング中には多くの人にお世話になった。マルマリスではAysemさん、ギョジェキではゆかりさん、フェティエではさちよさん、サラミス島では松崎さん、石坂さんそして藤木さんにもお世話になった。それ以外にも現地の人にもたくさん助けていただいた。寄港先の中でも特に良かった出会いはテルスハーネ島の島で唯一のレストランで一家で運営している皆さんの温かいもてなしと子ヤギのグリルがジューシーで美味しかったことやアンティキティラ島でダイビングサービスを提供している皆さんが今でも古代の沈没船から遺品を引き上げる作業をしたりお客様と一緒に潜ったりしていて、少し話をしただけなのに茄子ひき肉煮込みを差し入れしてくれたり島のダイビングのイラストをプリントしたTシャツをプレゼントしてくれたり本当に温かい対応をしてくれたことだ。観光という視点ではカレキョイの海底遺跡をうめぼしから直接見ることができたことやキクラデス文明の大理石の女性像に出会うことができたことなどが印象に残っている。27日はAysemさんの誕生日でマリーナレストランでお祝い会をした。でもAysemさんにご馳走になってしまった。

Aysemさん誕生日会

地中海クルージングのまとめ（トラブル編）

　地中海クルージングの間に起こったトラブルについてまとめておく。まず第一はセールドライブとプロペラの故障だ。7月27日Levitha島からイカリア島マガニティス港に向かう途中で急にエンジンの振動が大きくなり確認をしたところドライブ系に問題があるようだということでエンジンを止めてセーリングで港近くまで行き最後にスローで入港した。しかしその時は既にプロペラはほとんど回っていなかった。その後大きな港のあるアギオスキリコスまでフェリーで曳航してもらい現地の技術者を紹介してもらって修理をした。プロペラの交換を艇を上架せずにダイバーがやってくれたのは驚きだった。この時はフライホイールの中心部とギアディスクとプロペラの胴体の3か所が悪かったようだ。エンジン系ではセールドライブのギアオイルに海水が混入して白濁するトラブルが起こった。対処はギアオイルをオイルチェンジャーで抜き取り新しいギアオイルを多めにふたぎりぎりまで入れることで海水の侵入を予防するだけだ。そして2000rpm以下で走ることで再度白濁することは起きていない。過去に同じトラブルが一度あった。またエンジンを長時間動かした時に時々電気系のアラームがピーッ、ピーッと鳴る間欠トラブルがあるが今のところ原因不明のままだ（その後風力発電機からの過充電が原因であると判明）。オートパイロットの故障は定常的に発生している。マルマリスで2台修理してもらいギョジェキでも2台修理してもらった。自分でも数回修理している。そしてつい最近またNo.3のモーターが壊れた。ST-2000は強度的にあまり強くなく長時間の連続使用は無理がある機械だと思う。ギョジェキのゆかりさんのところでエアコンの冷房の修理とアンカーのウィンドラスが回らなくなったのを修理してもらったのは助かった。地中海はアンカーを使った係留が多くアンカーが上がらなくなるトラブルがあった。アンカー外しの細いロープを付けておくと便利だが取り扱いには注意が必要だ。AISの電波が発信されていないというトラブルもある。これは現在切り分け中だ。電動トイレのポンプモーターが動かなくなったので新品に自分で交換した。いろいろ書いたが地中海では天候の良い時のみの航海だったので風は強くなく波はあまりなかったのでトラブルの量も少な目だったと思う。

地中海クルージングのまとめ（続き）

　地中海では多くの人がヨットやクルージングを楽しんでいる。夏の間は晴れの日が多く空気は乾燥しておりそれほど蒸し暑くはないし日陰に入ると風が涼しく感じられる過ごしやすい気候だ。そして海の水はどこまでもきれいに透き通っていて水深10mの海底もきれいに見える。またヨットにとって都合が良いのは干満の差がほとんどないことだ。これは係留する時に非常に便利だし安全でもある。そして日本では係留しているとすぐに藻や藤壺などが船底に付着して1年もすると航海に不都合を来すくらいのかなりの付着量になるが地中海にはプランクトンが少ないためなのかほとんどきれいなままなのだ。エーゲ海やトルコ沿岸にはヨットで航海するのにちょうど良い島や深い入り江などもたくさんある。そういうところには停泊用のブイが設置されていたり小さなヨット用桟橋を用意しているレストランマリーナがあったりする。沿岸の町の場合には便の良いところに港やマリーナがありヨットを泊めることができる場所がいろいろな形でたくさん用意されている。そしてそれぞれの場所には古くて長い歴史の中の何らかの遺跡もあり山や渓谷や崖など自然の景観も変化に富んでいて観光という面でも多彩なものがある。このように良いとこずくめの地中海はヨットやクルージングを楽しむ人にとっては最高の場所と言っても良い場所ではないだろうか。

ギョジェキでのクルージング

　10月1日から1週間、私はうめぼしから離れ日本から来る西田先輩ほかと一緒にギョジェキでIrmak Yachtingからヨットをチャーターしてのクルージングに出かける。1日は12時過ぎにダラマン空港まで迎えに行きバスでギョジェキに向かい、そしてマリントゥルクマリーナの前にあるRIXOSホテルにチェックインした。

ギョジェキでのクルージング（2日目）

　10月2日は朝の8時過ぎに近くのスーパーマーケットに食材の買い出しに行き9時にはチャーターヨットに食材を持ち込んだ。そのあとでRIXOSホテルをチェックアウトして手荷物をヨットに運び込み10時過ぎからヨットに関するいろいろなレクチャーを受けた。前半はゆかりさんからトランジットログから船の保険

6 2017年の航海　*429*

ギョジェキにて（左から坂田さん、西田さん、西岡さん、安田ゆかりさん）

や登録証など船に関するいろいろな書類や近隣の訪問先案内などを教えてもらった。その後トルカさんから船の設備の仕様や操作方法などの説明を受けたがなかなかすぐには覚えられない。いろいろ質問したり実際に動かしてみたりしてじっくりゆっくり確認していった。そしていよいよ12時半にゆかりさんに見送られて出航し南の風4mほどの中をクローズホールドセーリングで南東に向かいタックなしで目的地トゥルンチプナルという小さなレストランマリーナに15時半過ぎに到着した。10海里強を快晴軽風という絶好の天候の中ワインをいただきながら青い海を渡った。

ギョジェキでのクルージング（3日目）

　10月3日は船内で朝食をとったあとトゥルンチプナルのレストランマリーナを朝の8時10分に出航しとりあえずフェティエのエチェマリーナに向かった。目的は朝食、昼食の食材を調達するためだ。トルコの焼きたてパン、ハム、ぶどう、レタスなどを購入しすぐにGemiler島に向かった。昼食は船内で坂田さんお手製のサンドイッチとワインだ。Gemiler島ではアンカーを打ってスターンから岸にもやいロープを取り地中海式係留をした。そしてテンダーでGemiler島に上陸しビザンチン時代の教会跡など遺跡を見て回った。その後今晩の宿泊地Karacaorenに行きブイにもやいを取った。総航海距離は23海里だ。

ギョジェキでのクルージング（４日目）

　10月４日は朝７時半にレストランのテンダーに迎えに来てもらいレストランで朝食をとった。レストランオーナーは海洋レジャーをいろいろ経験したあと父親からレストランを引き継ぎ昨年にはオランダ人の奥さんと結婚したというような経歴で日本についてもいろいろな話題を出して楽しい会話のひと時を朝食の間に提供してくれた。９時半頃にはKaracaorenを出航しまずはオルデニズに行きパラグライダーがBabadag山からたくさん降りてくるのを眺めた。その後南西の風７ｍをアビーム７ノットで走りギョジェキ湾のTomb bayに行きリキア文明の岩窟墓を船の上から観光した。15時には今晩の宿泊地テルスハーネ島のマリーナレストランに到着しポンツーンにもやいを取った。23海里の航海だった。テルスハーネ島にもビザンチン時代の遺跡がありやぎの住まいになっているのを見て歩いた。

ギョジェキでのクルージング（５日目）

　10月５日は８時半頃からレストランでゆっくり朝食をとり10時頃に出航しギョジェキ湾の南奥の湾を訪問した。最初にWall Bayの桟橋に係留ししばらく隣の船の航空機キャプテンだった人と雑談をしてその次に隣のRuin Bayに行きクレオパトラが使ったという海中浴場などを観光した。次に更にその隣のFanthom Bayの桟橋に寄り最後にSeagull BayのSeagull paintを船から眺めてギョジェキに戻ってきた。そしてマリーナ前のRIXOSホテルに再度チェックインした。

ギョジェキでのクルージング（６日目）

　10月６日は８時頃からゆっくり朝食をとったあとメンバーは２組に分かれ西岡さんと坂田さんは船でプライベートビーチに行き日光浴をしてそのあとはホテルのプールサイドのソファーで昼寝をされた。西田さんと私はレンタカーを借りて世界遺産のクサントス遺跡（古代リキア文明の首都）、フェティエの岩窟墓と街並み観光、ダラマン空港近くの自然湧出温泉に行き18時頃にホテルに戻ってきた。

ギョジェキでのクルージング（７日目）

　10月７日は朝早く昨日借りたレンタカーでダラマン空港まで西田さん、西岡さ

ギョジェキクルージング（坂田さん、西岡さん、西田さん）

ん、坂田さんと一緒に行った。3人はここから帰国の途に就かれた。日本までの長い飛行機の旅の無事をお祈りして別れた。私はまたギョジェキに戻りゆかりさんとギュチルさんにお会いしタルハナスープの素やイチジクのドライフルーツなど手作りのトルコの名産品をいただいた。チャーターヨットをお借りしてまた名産品までいただき大変お世話になった。そのあとバスでマルマリスのうめぼしに1週間ぶりに戻ってきた。

ギョジェキでのクルージングのまとめ

　今回のクルージングはトルコの南西岸にあるギョジェキという小さな町の中のマリントゥルクマリーナにあるIrmak Yachtingというチャーター会社から2016年製SUN ODYSSEY 349（船名SARITA）を3泊4日1000ユーロで借りて近隣をクルージングしたものだ。またマリントゥルクの前にあるRIXOSというリゾートホテルに4人で3泊4日（1000ユーロでオールインクルーシブ）滞在した。チャーターヨットには4人分のシーツや毛布、タオルなどがセットされ食器や調理具、冷蔵庫なども備え付けられていて自分たちの飲み物と食材だけを調達すればすぐにクルージングに出かけられるようになっている。また燃料や水も満タンにしてありエンジンや航海計器、室内設備などもきれいに整備されていて安心して乗ることができた。ギョジェキの近隣はリアス式海岸のように入り組んだ奥深い湾や

切り立った崖や島がたくさんある自然豊かな地であり美しい景観を眺めたり遺跡を訪ねていにしえを偲ぶことができたし、湾の奥にはレストランが用意した桟橋などヨットを手軽に係留できる設備も豊富にあり安心して夜を過ごすこともできた。私にとっては初めてのチャーターヨットだったが思いのほか手軽に良いとこどりの航海を楽しむことができ良い経験をさせてもらった。

　Irmak Yachting ➡ http://www.irmakyachting.com/JP/index
　RIXOSホテル ➡ http://premiumgocek.rixos.com/

CAVOK Vの松崎さん訪問

　10月9日はサラミス島でお世話になったCAVOK Vの松崎さんがフェティエのクラシックヨットマリーナに係留滞在中とのことで急きょ訪問することにした。Irmak Yachtingのゆかりさんギュチルさんとフェティエ在住のさちよさんにも声をかけて大勢で押しかけた。CAVOK Vには松崎さんと共に1日からボドルムで合流された松崎さんのご友人の太田さんご夫妻とロサンジェルス在住の立石さんがおられ温かく迎えていただいた。12時半過ぎにクラシックヨットマリーナに到着するとすぐに出航しフェティエ湾の外までクルージングをしながらの昼食会が始まった。日本から持ってきていただいた佃煮や太田さんの奥さん（洋子さん）お手製の各種トルコ料理をつまみにしてビールとワインの船上パーティーだ。締

フェティエのCAVOK V（左から立石さん、私、太田さん、松崎さん）

めには日本から持ってきていただいたコシヒカリのご飯のカレーライスをご馳走
になった。その後スキッパー立石さんの帆走で近隣を走り夕刻にマリーナに戻っ
たところ係留後に今度は太田さんとギュチルさんの船上囲碁対局が始まった。そ
の間に明日10日に帰国予定の洋子さんは他の女性陣と共にフェティエ市街でお土
産物の買い物をしておられた。そうこうするうちに快晴の穏やかな一日も終わり
夕日が西の山肌に静かに落ちていった。

足立社長による整備の準備

　10月26日から11月５日まで足立ヨット造船の足立社長にマルマリスまで来てい
ただいてうめぼしの整備をしていただく予定にしている。わざわざ足立さんに来
ていただくようにしている理由はいろいろあるが専門家の足立さんの目で一貫し
てチェックと整備をしていただくことが船の安全確保のために最も良い方法だと
思っているからだ。足立さんに船の状況を継続的に把握していただいていること
で何かトラブルが起きた時にどうすべきかを相談できるし的確なサジェッション
も得ることができる。ヨットに素人の私が何とかこの３年間の航海を続けること
ができた大きなポイントの一つがそこにあると思っている。ということで今日10
月10日は足立さんの指示に基づき船を上架する時の船台をどうするのかというこ
とについて確認をした。またハルのニス塗装のために必要な工具の一つであるエ
アーコンプレッサーの借用ができるかどうかについても確認した。既に上架して
いる船は写真のように鉄の船台と木のつっかい棒で固定されていた。
ブログ掲載 ➡ https://fujitsuyacht.cocolog-nifty.com/blog/2017/10/post-
　　　　　　243c.html

AISのトラブル

　うめぼしに積んでいるAISの信号が送信できていないようだということを９月
２日スペツェス島に係留している時にイスラエルの退役軍人のヨットから指摘さ
れて以来気にかかっていたAIS700の状況について10月11日に切り分けテストを
行った。マルマリスヨットマリーナ内にある電気系修理専門店のオーナーのモハ
メットさんに相談しながら順次切り分けを進めた。まず第一に疑わしいのはアン
テナとAISの間に入っているスプリッターだ。スプリッターをバイパスしてアン

テナケーブルを直接AISにつないで電波が出ているかどうかを確認した。確認するためにAISを持っているヨットに協力してもらって信号を受信できているかどうかを確認する。今回はヨットマリーナ内に係留しているEMMAというヨットに協力してもらった。しかしそれでも信号をキャッチできないので次のステップとして別のアンテナを持ち込み装置に直接つないで確認したがそれでも信号をキャッチできない。ということは装置そのものに問題がありそうだということで装置を艇から取り外しGPSアンテナ、電源ケーブルを含めモハメットさんの事務所に持ち込み改めて電源、GPS、VHFアンテナをつなぎ確認をした。それでもEMMAではキャッチできない。ということは装置から信号が出ていないのだろうということだ。ただ不思議なことにはAIS700につないだPCソフトでは他艇の情報は100艇近く受信できているし自艇情報もアンテナから入力できているということだ。しかしAIS700本体の問題であることはこれまでの切り分け結果からするとほぼ間違いないという結論に達した。モハメットさんはこれだけの切り分け作業をしていながら最終的に修理できなかったということで費用はいらないと言う。トルコ海軍の退役軍人のモハメットさんの矜持に大いに感激した。また無線系の切り分けは非常に難しいということを実感した次第だ。

オートパイロットのトラブル

オートパイロットのNo.3が動かなくなりマリーナのレイマリン代理店に修理に出していたのが戻ってきた。プリント板とモーターが悪いということだがとりあえずモーターだけ注文し自分で交換することにした。No.2とNo.4はどうにか動いているが2台では不安があるのでもう1台新品を購入することにし足立さんに持ってきてもらうことにした。これは5台目のST-2000になる。またAIS700は2017年9月に販売中止になっていたが足立さんが1台在庫として持っているということでこれも持ってきてもらうことになった。AISもオートパイロットも長距離航海には必須のアイテムなのでこの2つのトラブル対応の目途がついたことは大きな進展だ。

ハーブについて

地中海でいろいろな人からいただいたハーブを整理してみた。特にイカリア島

でもらった３種類のハーブは茎がついたままのかさばる状態だったので取り扱い
やすいように使う部分だけを剪定して更に太陽で乾燥させた。イカリア島でもら
ったのはアダチャイ（セージティー）、ケキッキ（タイムの一種）、名前のわからな
い小さな花のハーブの３種類で大量にある。またギリシャでデージーの仲間のカ
モミールももらった。そしてゆかりさんからアダチャイ、別の種類のケキッキを
いただいた。またゆかりさんに紹介してもらったザフテルという各種ハーブ、豆、
スイカやメロンの種などを細かく粉状にしたものにコリアンダーやクミン、塩も
入っているミックスハーブも買ってきた。全部で６種類のハーブがあるので食べ
比べたり飲み比べたりしてみたいと思う。いずれも地中海で古代の人が既に薬と
して活用していたというハーブだ。

　余談だが今日はマルマリスの町に出て生まれて初めて床屋のはしごをした。最
初の床屋で髪を短く刈ってもらいその後街中をぶらぶら散策していると床屋のお
兄さんが声をかけてくる。今床屋に行ったばかりだと言うと私の耳を見てちょっ
と寄っていけと無理やり店の中に引き込む。強引に耳と鼻と眉毛のエステをして
40リラ（1200円強）だと言うので笑いながらおまえはマフィアかと言って10リラ
まで値下げしたところ逆に私のほうがマフィアだと言われてしまった。そのあと
トルコティーをご馳走になりひとしきり話をして帰ってきた。

これまでの航海の中での重大トラブルについて

　うめぼしで航海をする時に最も怖いのは映画「オール・イズ・ロスト」にもあ
ったように航海中にコンテナのような大きくて固い浮遊物にぶつかりハルに大き
な穴が開いて海水の流入が止まらずに沈んでしまうことだ。辛坊治郎さんのエオ
ラス号のケースは原因はともあれこれに近いケースだと思う。しかし現在の航海
機器では海中に浮かんでいる大きなコンテナのような浮遊物を事前に見つけるこ
とは難しく目視によるウォッチ以外にはあまり良い方策がないしましてや夜間に
は見つけることはほとんど不可能だ。これまでのうめぼしの航海では幸いにもこ
のような重大なトラブルには遭遇せずに済んだが、ボブステーワイヤーが破損し
たり船名板がなくなったりというような相当固いものにぶつかった形跡はある。
当たりどころが悪ければハルに穴が開いていた可能性もある。このトラブルを回
避する良い手だてがないことは今申し上げた通りなのだがアルミの船底の船に乗

り換えればかなり安全度は高まるとは思う。同様に怖いのはエンジンやドライブ系のトラブルだ。特に強風下での入出港時や狭い水路を通る時にプロペラが回らなくなると対処の方法がない。浅いところでアンカーを打つくらいだ。うめぼしはこれまでにこの手のトラブルに４回遭遇した。初回はトカラ列島宝島に向かう途中で燃料不足でエンジンが止まった。しばらくセーリングして岸に近づいたところで携帯電話で宝島の漁師さんに救助を求め漁船に曳航してもらって港内に着岸できた。次回は宝島から奄美大島に向かう途中で燃料パイプにゴミが詰まりエンジンが動かなくなった。この時は足立さんに電話をして対処方法を教えてもらい自分で燃料パイプの詰まった箇所のごみを取り除きエンジンが復旧した。この頃はまだ乗り始めたばかりで燃料タンクを空近くにするとゴミが出てくることを知らなかったのだ。対処としては沖縄整備でエンジンの手前に燃料フィルターを付けてもらった。３回目は台湾の碧砂港内でプロペラが脱落した。出航時に気が付いたのだが幸い風が弱く船外機をスイミングデッキに取り付け元の場所に戻ることができた。対処はクレーン車を手配し艇をリフトアップし日本から足立さんに来てもらって新しいプロペラ胴体を取り付けてもらった。４回目はエーゲ海を航海中に突然エンジンから異音がし出ししばらくするとプロペラも回らなくなった。この時はセーリングで港近くまで行き風がなくなったところで自力で（風に流されて）港内に係留することができた。対処は同じ島の大きな港までフェリーで曳航してもらい現地エンジニアにフライホイール内側とクラッチディスクを交換してもらい更に潜水夫によるプロペラ胴体交換をした。エンジンドライブ系は１系統しかないのでトラブル時のリスクは高いという認識だ。

マリーナ主催のパーティー

　マリーナ主催のgood by summer partyがマリーナレストランで10月15日夕刻から開催された。マルマリスヨットマリーナはマルマリスの町から南東側に５kmほど離れた入り江の奥に位置しており町に出る時は30分ごとに運行されているミニバスに乗って行く。750艇の係留バースと1000艇の陸置きバースがありマリーナ内には数多くのヨット修理業者やスーパーマーケット、レストランなどがある。また330トンと70トンのトラベルリフトもありヨットのメンテナンスをするにはかなり良い条件が整っている。そしてうめぼしの場合の係留費は６か月で

約1000ユーロ（約13万円）と比較的安い料金体系になっており数多くのヨット愛好家がトルコ国内に限らずヨーロッパ各国から集まってきている。そういう利用者も夏が過ぎ10月になると徐々にマリーナにヨットを置いて自宅に帰る人が多くなるのだろう。

日本からの来客

10月16日は日本から6名のお客様が来られた。富士通ヨット部の仲間だ。ホテルに寄って荷物を預けマルマリスの町中で昼食をとり午後からヨットマリーナに行きうめぼしで近隣海面のクルージングを楽しんだ。快晴で最大風速5mほどの穏やかな日和の中メインジブをフル展開して帆走した。

日本からの来客（続き）

10月17日はマルマリスの町の港から観光船に乗ってダルヤン、カウノス方面の観光に出かけた。マルマリスを出航して10分ほど走りヨットマリーナがあるイルディズ島の西側の小さな入り江にアンカーリングをした。ここでスイミングタイムだ。青く透き通った水は海底や小さな魚が泳いでいるのが見え泳ぐのに気持ちの良いビーチなのだろうがさすがに10月中旬ともなると少し寒いようにも感じた。地中海の海水は塩分が濃いので人は皆軽く浮いていることができるようだ。

街中の食堂にて
（左から酒井さん、橋本さん、松井さん、荒木さん、谷口さん、宮原さん）

そのあと観光船は9ノットほどの速度で東に17海里ほどのダルヤン川の河口まで行った。船内で昼食を食べたあと底の浅い小型船に乗り換えダルヤン川をさかのぼる。まずタートルビーチでウミガメを見て次にカウノスでリキア文明の王様の岩窟墓を船上から見て、10年若返るというダルヤンの泥温泉で泥に浸かって戻ってきた。丸一日コースのゆったりした船旅で昼食込60リラだった。

日本からの来客（続き2）

10月18日は皆さんはマルマリスの国際埠頭から高速船でロードス島のロドスタウンまでの日帰り観光に行かれた。夕刻18時過ぎに高速船が戻ってきてからマルマリスの町中心部の埠頭沿いの洒落たシーフードレストランGOYAで合流し夕食を一緒に食べた。皆さん明日の飛行機で帰国されるということで短い期間だったが楽しいひと時に感謝申し上げる。24時間ほどの飛行機の旅、無事に日本まで到着されることを祈って別れた。

パイロットブック

地中海の中をクルージングする時にはパイロットブックが必須だ。パイロットブックにはマリーナの情報はもちろん載っているしそれ以外にも小さな入り江のアンカーリングスポットやレストランマリーナの桟橋情報などヨットが停泊する

レストランにて
（左から谷口さん、荒木さん、宮原さん、橋本さん、松井さん、酒井さん）

ために必要な情報が詳細に記載されている。私は今トルコ版とギリシャ版の2冊を持っているがこの2冊があればトルコ沿岸及びギリシャ沿岸とエーゲ海を航海するのにほぼ必要十分な情報を得ることができる。いつも航海に先立ってパイロットブックと風予報を重ね合わせて見ながら次の寄港地をどこにしようかと考えている。それでも実際に海に出てみると予報と異なる風が吹いていて目的地を変更することもたまにはあるし係留しようと思った場所が満杯だったりアンカーリングするのが難しかったりすることもある。そういう場合には他の係留場所を探す必要があるしそこまで行く時間も余計にかかる。そういうわけで私はいつも早めに出航し余裕を持って早めに寄港地に到着できるように心がけている。夫婦で乗っているヨットで夫婦喧嘩が一番多いのは寄港地に到着して係留する時なのだそうだ。私もそうだが皆さんきっと係留する時が一番緊張する時なのではないかと思う。

蚊取り線香

　トルコの人もギリシャの人も屋外のテラスのようなところで食事をしたりお茶を飲んだりするのが大好きなようだ。どこに行っても道沿いや海沿いにテーブルといすを出しているレストランやバーがありそこに座ってくつろいでいる雰囲気のお客さんがいる。外のほうが広々として空気もきれいだし気持ち的にものびやかな気分になれるのだろう。しかし時にはハエや蜂がブンブンと寄ってくることがある。夜になると蚊も出てくる。こちらの人はこういった虫があまり気にならないようで平気な様子で一緒に仲良く過ごしているように見えるが私は気になって仕方がない。特に船の中に入ってくるハエや蚊はそうだ。いつも蚊取り線香を焚いて追い払うようにしている。先日その在庫がなくなり蚊取り線香を買うために町の店を探し回ったが売っていない。電気式のものは売っているのだがこれはいつも使っているのだがあまり効きが良くない。やむを得ず谷口さんに頼んで日本から蚊取り線香一箱を持ってきてもらった。これで夜のハエと蚊はなんとか静かになった。でもうめぼしにはハエと蚊のほかにもう一つゴキブリが住んでいる。船の中の整理整頓と清掃に気をつけながら仲良く暮らすしかないのかもしれない。また宮原さんに持ってきていただいたハッカ油の虫除けも仲良く一緒に暮らしていくのに効果があるのかもしれない。

整備用塗料の発注

うめぼしは木造艇なので木の部分が傷まないように適度な整備が必要だ。特に木の部分に水が浸み込んで木が腐っていくのが大敵だ。今回のマルマリスの整備ではハルの水上部分のニスの塗り替えを予定している（3年ぶり）。もちろん水面下の部分には船底塗料を塗る予定だ。またデッキ上はチークやマホガニーの木肌がそのまま出ている部分もあるのでそこも整備する。そのための各種塗料や木肌のお手入れ用品を足立社長からの指示に基づき発注した。しかし日本で買うことができるものを海外でも売っているとは限らない。サンディングシーラーやチーク保護塗料のアダックススーパーなどがその例だ。代替品を探すためにWebで塗料の仕様を確認し足立社長の了解を得ながら調達するものを決めていく。

以下は今回調達するもののリストだ。

- ・Awlgrip Gloss Topcoat Base
- ・High Gloss Clear Base　G3005　1 litter
- ・Awl cat＃2 Spray Converter G3010　1 litter
- ・Standard Reducer-Spray　T0003　3 litter
- ・Stoppani ISM 9 Isofan Marine Undercoat
- ・ISM 9（SM00900）ISOFAN MARINE UNDERCOAT——A　8 litter
- ・SM00640 ISOFAN MARINE MS HARDENER————B　2 litter
- ・SM00700 ISOFAN MARINE STANDARD THINNER—C　4 litter
- ・Jotun Antifouling Seaforce 90　8 litter
- ・Teak Wonder Dressing and Sealer　2 litter
- ・Sikkens Cetor Marine Light　950ml
- ・Toluene Thinner　500ml（これは調達できない可能性が高い）
- ・Air compressor and hose（吹付塗装をするためにBABAmarineから借用する）

エアーコンプレッサーを借りる予定のマリーナ内の木工塗装屋BABAmarineから調達する予定だ。

航海計器の利用状況

うめぼしに搭載している航海計器の最近の利用状況について紹介する。Chart Plotter NFUSO NF-882（8インチ）は水深計及びGPSプロッターとして必ず使う。

目的地をセットすることで方向と艇速と距離をリアルタイムで確認できる（残念ながら世界の海図はサポートされていない）。そういうことでもう一つ必ず使うのが海図ソフトのPlan2Nav（C-MAP）だ。現在はソニーのアンドロイドスマホに搭載して使っている。以前はアンドロイドのタブレット端末（FUJITSU ARROWS）を使っていたが充電がうまくいかないことから画面の小さいスマホに切り替えた。大きな画面で最大輝度（昼間は最大輝度でないと見えない）にすると充電が間に合わず電池の電気がなくなってしまうのだ。海図では目的地までの概ねのコースや障害物の有無、陸近くを通る時及び係留場所近くで地形や水深などを確認する。地図は地域ごとにダウンロード購入するようになっておりこれまで日本から地中海までで9枚購入し4万6300円だった。同時に3台の端末にインストールできる。アンドロイドのソフトは不安定で度々固まって再立ち上げをしながら使っている。そのため最近航跡採取専用にGT-730FL-SというGPSロガーを使い始めた。AIS-700というAIS送受信機はパソコンにつなぎOpenCPNというソフトを使って利用している。他船の位置と針路と速度を確認でき夜間の航海では非常に有効だ。しかしパソコンの電源が長持ちしないので必要な時だけ表示する運用だ。これらの機能が一つのデバイスに収まっていると良いと思うがそのような機器は高価だし故障すると全部使えなくなるリスクもある。少し手間はかかるが個別機器の利用も実際の航海では慣れてしまえばそれほど不便は感じない。レーダーはKODENのMCD-921（8インチ）だが夜間航海時を含め最近はほとんど使っていない。夜間や視界が悪い時に10海里四方の障害物を確認できるが夜間は陸近くは航海しないし視界が悪い時もあまり航海しない。ほかに風速計を使う。

YAMAHA35CS

マルマリスヨットマリーナのうめぼしのすぐ近くにYAMAHA35CSが係留されている。そのオーナーのGeoffrey Taylorさんが声をかけてきてくれて艇内を見せてもらうことができた。1983年製で1998年にトルコで中古を買ったということだ。艇内は天井が高くキャビンも広くトイレシャワールームは2つありエンジンは新品のようにきれいに整備されている。Geoffreyさんはイギリス人の80歳で仕事は原子力発電の技術者で若い頃からイギリス南部でフライングダッチマンやクルーザーに乗りリタイアしてからこの船を買ったということだ。YAMAHAの

艇としては２代目でとにかくYAMAHAの大ファンだ。

強い風と激しい雨

　トルコ南岸はこの季節でも快晴の日が多いのだが時々（２週間に１日くらい）南からの強い風とともに真っ黒い雷雲が来て激しい雨が降る。気圧配置でいうとエーゲ海に低気圧ができ低気圧の南東側では海からの湿気った空気が低気圧に向かって吹きこみ発達した雷雲となって次々にトルコ沿岸にやってくる。これが半日から一日続き雨量としても100mm以上になることがある。10月23日は夜中南風が吹き続け24日は朝から強い風と共に激しい雨が降り続いていて時々雷鳴も聞こえてくる。この風で風力発電機のプロペラが回り始めたのだがプロペラが回ると同時にツナタワーが激しく振動を始めた。あわてて回転を止めてツナタワーを確認したところ前回破断した溶接部分の反対舷側（前回溶接した部分は問題なし）が破断しているのが見つかった。たまには強い風が吹くのも悪いことだけではない。航海中に破断しなくて幸いだった。

セールの発注

　現在のセールがだいぶへたってきたので新しいセールを買うことにした。発注先は現地セールメーカーのUKセールだ。現在のセールとまったく同じ仕様のセールを作ってほしいと依頼し現在のセールをロフトまで持ち帰ってもらった。UKセールのロフトはマルマリスの町の中のマーケットの最上階にあり2250平方メートルの広さがある。納期は来年の３月25日を指定しクロスはC-BREEZE271（6.3oz）で2450ユーロを2300ユーロ（約30万円）に値引いてもらった。国内のセールメーカーの場合税込で40万円程度のようなので少しは安いようだ。

足立社長の来訪

　10月26日は足立ヨット造船の足立社長がマルマリスまで来られ艇の状況を確認してから船を上架した。まず船をトラベルリフトのあるポンツーンまで持って行きリフトアップ用のベルトをかけて上架し高圧洗浄機で船底を清掃してもらった。その後ティータイムということでトルコティーをご馳走になったあと吹付塗装をするからと言って陸置きバースの奥の方に置いてもらった。

足立さんによるメンテナンス（2日目・3日目）

　10月27日と28日は上架したうめぼしの船底清掃をして、次にデッキ上部のウッド部分の清掃をした。最初にチーククリーナーを散布ししばらく時間をおいてから高圧洗浄機で洗い流しそのあとチークブライターを塗り、デッキが乾燥してからチーク部分にはチークワンダーのドレッシングアンドシーラーを塗った。マホガニー部分にはSIKKENSのCETOR MARINE LIGHTを塗った。船底には船底塗料を塗り、ハルのニス塗りの部分はサンダーをかけ傷部分は少し掘り下げてエポキシパテを塗る。セールドライブのプロペラを取り外しギアオイルを抜き新しいOリングを付けてまたプロペラを取り付けた。

足立さんによるメンテナンス（4日目）

　10月29日は早朝に雷鳴とともに大雨が降ったが夜明け時には雨はやみ分厚い雲が残っていた。お昼頃にはその雲も少なくなり日差しが戻ってきたが今度は強い北西の風が吹き出し気温が下がってきた。午後からはジャンパーを引っ張り出してのメンテナンス作業になった。プロペラにSEAJETのペラクリンを塗ったのだが今までのものとは異なりプライマーを15分ごとに2回塗りクリアの上塗りを2時間ごとに3回塗るというタイプで結構分厚く塗ることができた。価格は約7500円だ。またスイミングデッキに船外機用のブラケットを付けてもらった。これでエンジントラブル時にもちょっとしたバックアップにはなるだろう。

マルマリスでの整備の足立社長

足立さんによるメンテナンス（5日目）

　10月30日は穏やかな晴天に恵まれ整備作業が順調に進んだ。ハルのニス塗部分にサンダー掛けをしたあと傷のある部分にパテ盛りをしてそれが硬化したところでまたサンダーで平らに削った。また木肌が出ている部分にはサンディングシーラーを刷毛で塗った。サンディングシーラーは硬化時間の短いものを購入したつもりだったが実際にはなかなかすぐには硬化してくれなかった。

足立さんによるメンテナンス（6日目）

　10月31日は晴天で北西の風がやや強く吹いていた。ハルに塗ったサンディングシーラーの乾きが遅く一晩経ってもサンディングできる状態にならずそのため今日のハルの作業はあまり進まなかった。シーラーを調達した塗装屋さんに相談して別のシーラーに変えてもらうことにした。船底の亀裂部分を削りエポキシパテを盛ってサンディングしカーボンクロスをエポキシで貼り付けた。またキャビン内の室内灯をLEDに交換した。

足立さんによるメンテナンス（7日目）

　11月1日も晴天で北西の風が昨日ほどではないが吹き続けた。朝一番でハルの吹付塗装ができるように養生テープを張りハルのサンディングと拭き取り清掃をして塗装の準備が完了した。11時頃に塗装屋さんが塗装屋さん推奨のInternationalのClear Wood Sealer Fast Dryというサンディングシーラーを持ってきてくれた。これは乾燥時間が速く吹付塗装をしたあと5分くらいで軽く触ることができるようになった。これで作業がはかどるだろうと喜び勇んでハルの片側を塗り終わった頃にマリーナの職員が来て吹付塗装をする時はボートの周りに塗料が飛散するのを防止する幕を張らないといけないと言ってきた。一難去ってまた一難だ。また塗装屋さんに行って相談したところすぐに大きなカバーシートを持ってきてくれた。それを張ることによってまた作業を再開することができた。お陰様で夕刻までにサンディングシーラーを5回塗り最後にAwlgrip Topcoat Clearを塗ってハルの塗装を完了することができた。

足立さんによるメンテナンス（8日目）

　11月2日も晴天で整備日和が続いた。昨日上塗りをしたハルはきれいに仕上がって鏡のような表面になっていた。船底の補修部分のエポキシの表面にインタープロテクトというプライマーを塗布し船底塗料を塗るだけにした。そのあとマス

トトップに登り航海灯３種をLEDに交換、その後スプレッダーライト２個を48ワットのLEDに交換した。その時フォアステーのワイヤーのトップ部分２本が断線しているのが見つかりジブファーラーを外してステーの新品を発注した。トランサム上部のラフト置き板を取り付けライフラフトを設置した。

足立さんによるメンテナンス（9日目）

　11月３日も晴天で整備日和が続いた。ハルにネームプレートや白いストライプを張りまた少しきれいになった。デッキ上のハードドジャーをマスキングしてサンディングシーラーを２回吹きつけ塗装し３回刷毛塗りをした。また雨漏り対策としてデッキ上の窓枠を外してプライマーを塗りシリコンのコーキング材を塗布した。昨日Aegean Marineに作成依頼していたフォアステーが夕刻に出来上がったのでさっそくステーにジブファーラーをセットした。夕刻薄暗くなってきたがヘッドライトを点けてスイミングデッキ船底の穴をエポキシで塞ぎカーボンクロスを張って今日の作業を終了した。

足立さんによるメンテナンス（10日目）

　11月４日の朝は曇り空で始まった。足立さんによる整備の最終日だ。最初にフォアステー（ジブファーラー）をセットした。引き続きデッキ上の窓枠の雨漏り対策を完了してジブファーラー用のウィンチを新たに設置した。午後からはあいにくの雨になったがオートパイロット用の予備コンセント設置及びエンジンの排気ミキシングをステンレス製に交換し吸気エアーフィルターも新しいタイプのものに交換して今回の整備を終了した。足立さんによる長期間の出張整備に感謝する。

うめぼしのメンテナンス

　11月５日は昨日の雨も止み晴天が戻ってきた。そしてやや強い北西の風が吹いている。うめぼしの整備は続く。船底にマスキングテープを張りプライマーとしてインタープロテクトをニス部分やエポキシ部分に塗った。そのあと船底塗料の塗り残し部分に船底塗料を塗った。水面に近い部分には特に分厚く塗ることができた。またハードドジャーのサンディングシーラーを塗った部分に上塗りとしてAwlgripを塗った。バウデッキのカーボンを張った部分の白ペンキ部分の補修としてスプレーガンタイプの白ペンキを塗ってみた。コクピットのスピーカーが鳴

らなくなっていたのだが足立さんに持ってきてもらったスピーカーに交換してまた鳴るようになった。これで新見さんからもらった８GBの音楽を航海中にも聞くことができる。

うめぼしのメンテナンス（続き）

11月６日も快晴微風で朝は11℃と少し肌寒い気温だが昼間は21℃まで上がり過ごしやすい天気だった。今日も整備の続きだ。キャビン後部にイリジウム電話充電用のシガーソケットを設置した。次にアンカーの上げ下ろしをコクピットから操作できるようにウィンドラスのソレノイドからケーブルを延長しスイッチをキャビン入り口右下に設置した。ジブシートリーダーレール固定用ボルトのアカ漏れ部分のボルトを抜きシリコンを詰めて再度固定した。バウパルピット固定用ボルトも締めた。フォアステーをかなり引き気味にして各ステーのテンション調整をした。デッキのチーク板の隙間に充填してあるシリコンが一部剥離脱落している部分にプライマーを塗りシリコンを充填した。整備用品の整理をしてエアーコンプレッサーを返却し余った塗料の一部もBabaMarineに引き取ってもらった。

うめぼしのメンテナンス（続き２）

11月７日も良い天気が続いた。船を下架するためにマリーナオフィスに行き下架の依頼をするとともに上架時の費用の精算をした。鉄の船台利用料50ユーロ、上架時の船底清掃料45ユーロ、整備用脚立利用料など合わせて126ユーロかかった。午前中に依頼をしたのだがトラベルリフトは混んでいるようで15時に下架することになったので再度ステーのテンション調整をして６mmワイヤーは33、５mmロウアーワイヤーは27にセットし更にデッキ上のチークの板と板の間のシリコンが剥離している部分の補修をした。そのあと下架するために地上に降ろしていたフェンダーなどいろいろなものを整理しながら船に積み込んだ。14時過ぎにトレーラーが来て船台ごと船を運び次にトラベルリフトで艇を吊り上げたところで船底塗料の塗り残し部分にたっぷりと濃いめに船底塗料を塗った。そして16時には無事にＣポンツーンに係留することができた。

6 2017年の航海 *447*

うめぼしのメンテナンス（続き3）

　11月8日は午前中にエンジンの燃料フィルター2種類（外付けとエンジンに付いているもの）を交換し、エンジンオイルの交換と共にオイルフィルターも交換した。午後からマルマリスの町に出かけてマーケットの上にあるUKセールのロフトを訪問し新しいセール一式製作の契約書を作ってもらい前払い金1000ユーロを支払った。来年3月に完成予定だ。担当のバリシュ（Baris）さんはヨットレーサーで先週マルマリスで開催された114艇が参加する国際レース28th MARMAR'S INTERNATIONAL RACE WEEKでA35クラスに乗り僅差の2位だったそうだ。 ➡ http://marmarisraceweek.com/en_index.aspx

うめぼしのメンテナンス（続き4）

　11月9日はインペラ近辺からアカ漏れしていることに対する対処としてインペラ奥のパッキン交換をした。パッキンを取り出すのに少し苦労したが小さなドライバーでこじ開け小さなペンチで引き出すことで何とかなった。その後新しいパッキンをたたき込んでインペラをセットしたところアカ漏れはなくなった。次に足立さんに持ってきてもらったAIS-700をセットアップして電波が出ているかどうかの確認をした。以前確認してもらったスウェーデン艇に行きAIS画面を見たところうめぼしのMMSIがはっきりと表示されていた。

マルマリス滞在の終わり

　11月10日はマルマリス滞在最後の日になった。明日は朝4時半に起きて5時半に手配済みのタクシーでマルマリスの町の郊外にあるオトガルまで行き6時のバスでダラマン空港に向かう予定だ。来年の3月まで艇を留守にするので出発前にやるべきことを忘れないようにメモに書き出してみた。ハードドジャーカバーを付ける、バウ側のもやいロープを長くしスターン側のもやいロープを短くする、陸電を取り外す、水道ホースを取り外す、ガスの元栓を閉める、トイレの船底栓を閉め清水を少し入れる、冷蔵庫の電源を切る、などなどやらなければならないことが結構ある。フライトのチェックイン、搭乗券の印刷、バッグへの荷物のパッキングもあるし町に出て買い物も少ししたいしマルマリスの町の見納めもしておきたいしとわがままを言いだすときりがない。

長距離航海懇話会での話

　11月18日土曜日は14時から夢の島マリーナで長距離航海懇話会の小集合が開催された。テーマは「木造ヨットうめぼしの航海：問題対処と修理サポート」だ。30名弱の方々に参加いただきいつもイリジウムのキャッチャーをしていただいている宮原さんや足立ヨット造船の足立社長にも参加していただいた。プロペラの脱落やエンジンクラッチの故障など航海不能になるような重大トラブルからオートパイロットのトラブルまでこれまでに経験したトラブルの集大成の話をした。燃料タンクを空近くにしてエア噛みやゴミ詰まりを起こしエンジンストップするなど航海経験不足から引き起こされたトラブルや海図用のアンドロイドタブレットの充電不足はタブレットの設定により回避できたかもしれないなど経験不足や知識不足によるトラブルも多数あることがわかった。

7 2018年の航海
（トルコのマルマリスからスペインのアルメリマルへ：3287海里）

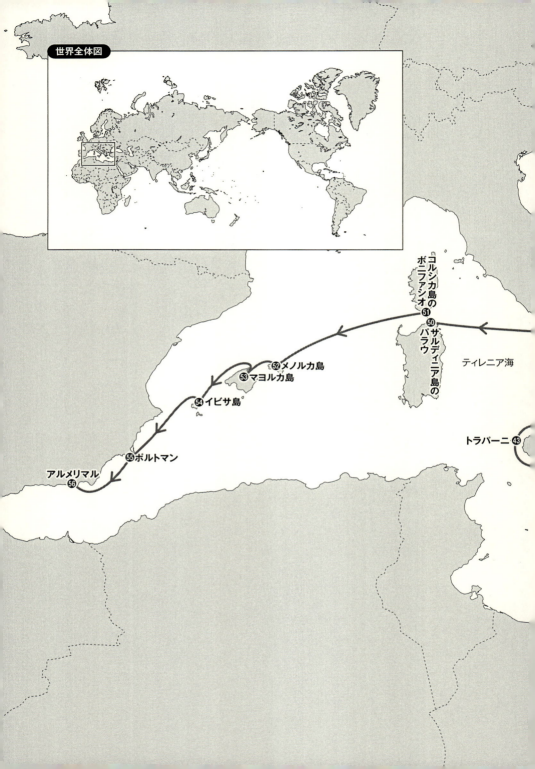

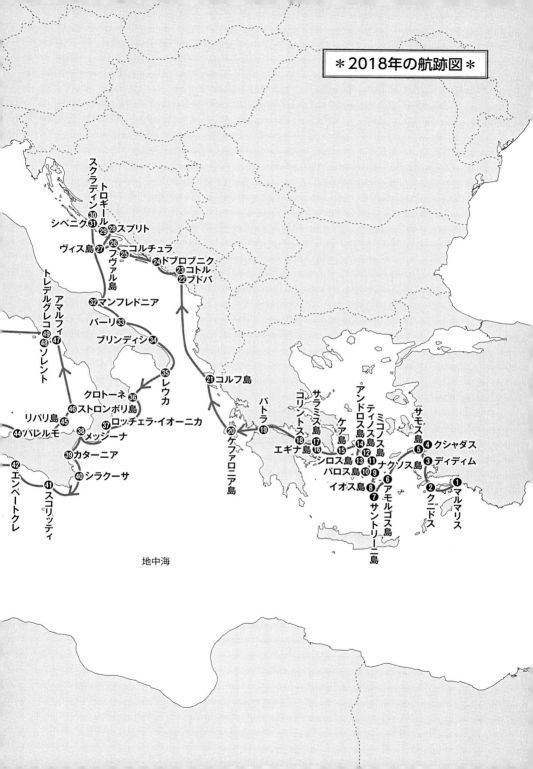

2018年の航海のまとめ

　うめぼし航海は2014年に博多湾を出航してから沖縄、東南アジア、南アフリカを回って地中海に入った。2017年の冬はトルコの南西岸にあるマルマリスのマリーナで越冬し2018年の4月から航海を再開した。今年の航海はこれまでのシングルハンドと異なりケロニアメンバーのベテラン横山さんに同乗していただくことになり教えられることも多くそしてまた安全で安心の航海をすることもできた。航海ルートはマルマリスからクニドス、ディディム、クシャダスとトルコ西岸を北上しギリシャのサモス島、アモルゴス島、サントリーニ島、イオス島、ナクソス島、パロス島、ミコノス島、ティノス島、シロス島、アンドロス島、ケア島、エギナ島、サラミス島とエーゲ海の島々を巡った。5月23日にアテネ近くのサラミス島のサラミスマリーナに艇を置いて一時帰国（横山さんは艇に滞在）し6月15日に戻ってきて航海を再開した。コリントス運河を渡りコリントス、パトラ、ケファロニア島、コルフ島を経由してモンテネグロのブドバ、コトルに寄りクロアチアのドブロブニク、コルチュラ、フヴァル島、ヴィス島、スプリト、トロギール、スクラディン、シベニクを巡った。その後アドリア海を渡りイタリアのマンフレドニア、バーリ、ブリンディシを経由してメッシーナ、カターニア、シラクーサとシチリア島の南岸を回ってパレルモに入った。そしてリパリ島、ストロンボリ島、アマルフィ、ソレントを経由してナポリ近くのトレデルグレコのマリーナに入った。ここで8月15日に横山さんが艇を降りて帰国された。その後サルディニア島のパラーウ、コルシカ島のボニファシオ、メノルカ島、マヨルカ島、イビサ島を経由して8月30日にスペインのアルメリマルに着いた。マルマリスからアルメリマルまでの総航海距離は3287海里、航海時間は707時間、平均速度4.6ノット、機走時間607時間、軽油消費量1049リットル、平均1時間当たり1.7リットル消費である。

　今年の航海の総経費は約220万円で、その内訳は艇のメンテナンス費用55万円（内訳セール新調の残金21万円、上架セールドライブ修理10万円、バッテリー交換6万円、艇名板とメーター5万円、イリジウム利用料6万円その他7万円）、係留費用43万円（最高値はスプリトの1泊1万1700円）、燃料代21万円、飛行機代26万円、保険料13万円、食費等生活費56万円だ。今年の航海も地中海の中だけで比較的のんびりとした観

光中心のものになった。そういうことで今年遭遇したトラブルは比較的少なく主なトラブルとしてはセールドライブのギアオイルの白濁、マリーナのもやいロープのプロペラへの巻き付き、浮遊ロープのプロペラへの巻き付き、荒天時のキャビン内への雨漏りなどだ。地中海クルージングでは寄港地の選択が大切な要素の一つになる。マリーナに係留するかそれともアンカーリングするか。マリーナによっても係留料金には大きな差がある。そういう意味でもパイロットブックは必携の本だと思う。今年も各地でいろいろな人にお世話になった。イズミルではJIKAD（日本イズミル文化友好協会）の中沢さんほか関係の皆さんに大変よくご対応いただいた。アテネ近くのサラミスマリーナではPaulさん他にお世話になった。お陰様で艇を上架できセールドライブの修理をすることができた。そしてソレントやトレデルグレコではPaoloさん千晶さんご夫妻にご自宅でご馳走になったりマリーナに格安で係留させてもらったりとお世話になりっぱなしだった。そして長航会のアルメリマル大集合では大野さんフミさんほか参加された多くの皆さんにお世話になった。

スペインのビザ

　地中海やヨーロッパをクルージングする時によく問題になるのがＥＵ圏内への滞在可能期間だ。シェンゲン協定に加盟している国の間では国境検査なしで国境を越えることができるという便利な協定なのだが域外国の人がビザなしで短期滞在する場合は180日間の内の90日間しか滞在できないという規定があるのだ。そのため地中海沿岸のギリシャ、イタリア、フランス、スペインなどの加盟国をクルージングしようとするとひと夏の中の90日間しか滞在できないということになってくるのだ。この問題を回避するための方策としてスペインの非営利目的居住査証（旧リタイヤメント査証）の取得を検討している。

　2018年２月スペイン大使館を訪問し下記の案内をもらってきた。

1．査証申請書：記入は簡単だ。書式は大使館ホームページからダウンロード可能。

2．写真：自宅カラープリンタで印刷した。

3．パスポートの原本：

4．パスポートのコピー１部：

5．無犯罪証明書：神奈川県警本部で申請から受領まで１週間必要で本人が行く必要がある。

6．健康診断書：近くのクリニックなどで取得。6000円程度？

7．経済的な収入証明書（原本とコピー１部）：当初年金の源泉徴収票とそのアポスティーユ認証を取ろうとしたが外務省の窓口で源泉徴収票に発行年月日がないという理由で認証できないと言われてあきらめた。代わりにゆうちょ銀行の通帳と英文残高証明を取得して申請予定だ。

8．宿泊証明：スペインの知人（フミさん）に依頼して公証人による公正証書を入手中。

9．居住許可申請書：記入は簡単だ。書式は大使館から入手。

10．海外旅行保険：団体生活総合保険で代用できないか検討中。

11．連絡用データ・メモ用紙を記入：

12．返信用定形封筒１通：

13．手数料：

申請してから許可が出るまで３か月かかるそうだ。申請のために必要な書類の中で時間がかかるのは５項と８項、10項だろうか。私の場合は申請書類を揃えるために１か月近くかかりそうな感じだ。費用面では海外旅行保険が最大で宿泊証明や健康診断書にも少しお金が要りそうだ。

スペインのビザ（その２）

2018年３月２日にフミさんに依頼していた宿泊証明用の書類（公証人による公正証書、作成費用約55ユーロ）が郵便で届いたのでさっそく２回目のスペイン大使館訪問をしてビザの申請をした。しかしいくつか不具合点があり受け付けてもらえなかった。１つは海外旅行保険を国内の保険で代用しようとしたが保険会社発行の英文の証明書が必要とのことで却下された。２つ目は経済的な収入証明は預金残高証明だけでは駄目で年金の源泉徴収票と残高証明の両方が必要で更に両方の書類のスペイン語訳が必要だということだ。そこで一旦持ち帰り至急保険会社に依頼して傷害、疾病における死亡、治療保険、救援者保険（これらの５項目が必須）をそれぞれ100万円分加入した。保険金額は４か月で約３万5000円だ。経済的な収入証明のスペイン語訳はグーグル翻訳を使って自分で作った。そして３

月6日の3回目のスペイン大使館訪問でやっと申請を受け付けてもらうことができた。申請受け付け後書類をスペインに送り審査をするとのことで認可までに最大3か月かかるとのことだ。

うめぼしに戻ってきた

2018年4月19日の夕刻18時に半年ぶりにマルマリスのうめぼしに戻ってきた。今回はケロニアの横山さんが一緒だ。これからしばらくの間一緒に航海していただける。非常に心強いことだ。

うめぼしの状況確認

4月20日は艇の状況確認とメンテナンスをした。艇内の床下はからからに乾いた状態で海水の浸水はまったくないようだ。次にテンダーに空気を入れて浮かべうめぼしのバウに付いた傷にエポキシを塗った。強い南風が吹いた時にバウがポンツーンにぶつかって傷がついたようだ。次になくなっていた左舷の船名盤を取り付けた。これは足立さんに日本で作ってもらったものを持ってきたものだ。そして午後からは清水タンクと燃料タンクのメーターを取り付けた。その後エンジンのチェックをして始動してみたところ一発で動き出した。そして船内の整理をして16時半からマルマリスの街に出て買い物をして戻ってきた。

ニューセール

4月21日はマルマリスの街の中にあるUKセールのロフトを訪問した。昨年秋に発注していたメインセールとジブセールがほぼ完成していることを確認した。そしてメインセールのセールバッグ部分とセールを一体化する部分について作り方の最終確認をし、明後日納品してもらうことになった。新セールの価格は2300ユーロ（約30万円）だ。旧セールの修理も130ユーロでお願いし予備品として使えるようにしてもらうことにした。その他の整備はほぼ完了しているので23日の月曜日にセールがうまくセットアップできれば24日には出航可能ということになる。

トルコで最大のロフトにて（Barisさん、横山さん）

パルマとバルセロナでのレースサポート

　2018年は3月9日に日本を出国し4月8日までパルマ・デ・マヨルカに滞在していた。富士通ヨット部のメンバーがプリンセスソフィア杯に参加するということで事前の練習やレース中の生活支援をしていた。パルマの町から南東側に10kmほど離れたエルアレナルのマリーナの近くに部屋を借りての自炊生活だ。現地のデパートで買った炊飯器を使い、近くのスーパーで食材を仕入れながら和洋中華何でもありの料理を作っていた。4月8日から16日まではバルセロナに移動し近郊のバダロナに部屋を借りて滞在した。近くのBISCというマリーナで練習をするための支援だ。スペインでは民泊ビジネスが流行りホテル業界を圧迫したということでバルセロナやバレアレス諸島では民泊を禁止する法律もできているようだ。民泊のような新しいビジネスに対してどのように対応するのかについては地域によってそれぞれ様々のようだ。パルマでの様子をデイリーセーリングの中嶋さんのfacebookに紹介してもらった。

ニューセールセットアップと出航

　4月23日夕刻にUKセールのバリスさんが完成したニューセールを持ってきてセットアップをしてくれた。バテンの取り付けなどに時間がかかり2時間ほどかけてのセットアップ作業だった。これで準備はすべて完了した。明日24日の早朝

に出航したいと思う。とりあえずはトルコの南西岸を北西に向かって走り、ダッチャ、ボドルムを経由してクシャダスまで行く予定だ。27日までにはクシャダスに着いてそこに艇を置いて28日にはバスでイズミルに行く予定だ。28日の午後から日本イズミル文化友好協会でうめぼし航海の講演をすることになっている。

➡ https://www.facebook.com/events/1609291675864766/

マルマリスからクニドスへ

4月24日の朝6時40分にマルマリスヨットマリーナを出航した。天気は快晴で西の風が2mほど。風が弱く快適な機帆走で5ノット前後で走ることができ、当初の目的地ダッチャよりも遠くのクニドスのレストランマリーナに18時40分に到着することができた。走行距離59海里。今日このマリーナに訪問しているヨットはうめぼしだけで桟橋に横付けすることができた。レストランの隣はローマ時代の遺跡だ。夕食は黒鯛のような魚と肉料理を白ワインでいただいた。食事代は210リラ（約6000円）。係留料は30リラ。

クニドスからディディムへ（Knidos to Didim）

4月25日は朝の6時半にクニドスを出航した。今日も快晴で西の風が7mほど吹いている。目的地は44海里北にあるディディムだ。良い風に恵まれ機帆走と帆走で平均5ノットで走ることができ15時過ぎにディディムのD-Marineに着くことができた。係留料は150リラ（4000円強）、軽油40リットルを補給（約6100円）。石坂さんのトリマラン「無事是貴人」が上架されているのを見ることができた。

ディディムからクシャダスへ（Didim to Kusadasi）

4月26日は朝の6時半にディディムのD-Marineを出航した。北乃至北東の風が3〜5mほど吹き機帆走を中心に走った。途中ギリシャのサモス島との間の狭い海峡を抜けて約44海里の距離を8時間半で走り15時過ぎにクシャダスのSeturマリーナに到着した。Seturマリーナの係留料は4泊で587リラ（約1万5500円）と少し高めだが街にも近く非常に整備されサービスも行き届いた良いマリーナだ。マリーナ到着後にすぐに街の散策に出かけ歴史コースを巡って帰ってきた。

エフェスの観光

4月27日は日本イズミル文化友好協会の中沢さんに紹介していただいたクシャダス在住のトルコ人のジョシュクンさんの車で古代ギリシャや古代ローマ時代の大都会の遺跡であるエフェス遺跡の観光に連れて行ってもらった。12時過ぎに北側入り口で車から降ろしてもらい、2万4000人収容の巨大劇場やケルスス図書館を見学し南側出口で13時半に迎えに来てもらい、聖母マリアの家を見て、2000年前から続く古い家並みのシリンジェの町に連れて行ってもらった。シリンジェの町では古いギリシャ教会を見て、ワイナリーでいろいろな果物で作ったワインの試飲をさせてもらった。桃、メロン、イチゴ、レモン、ザクロなど様々な味と香りを楽しむことができた。ジョシュクンさんは羊の皮革の販売ビジネスをしていて12か国語を話すことができ日本語も堪能だ。21歳の娘さんはイタリアのミラノの大学で弁護士の勉強をしているということだ。今晩はジョシュクンさんの3階建ての大邸宅にお邪魔して泊めていただく。

日本イズミル文化友好協会で講演

4月28日はジョシュクンさんのオフィスに行き朝食をご馳走になり観光客向け

エフェス遺跡にて横山さん

の羊の皮のジャケットを見せてもらった。そしてバスでイズミルのバスマーネ駅に行き街の中心部にある日本イズミル文化友好協会（JIKAD）の事務所まで行った。JIKADのオールハンさんとハルクさんにバザールを案内していただきAysaという手作り料理店で昼食をご馳走になった。講演は海沿いのコナックにあるBestWesternPLUSというホテルで開催された。講演終了後18時過ぎから町の西側の海沿いにあるORAという肉料理店に移動し他の2人の講演者と共に会食になった。そして2次会を含めて何から何までお世話になった一日だった。講演の様子をfacebookにアップしていただいた。

➡ https://www.facebook.com/groups/jikad/?multi_permalinks=101563785
　60574717&notif_id=1524876257878116&notif_t=group_highlights&ref=notif

イズミルの観光

　4月29日は朝9時にホテルまでJIKADの中沢さんが車で迎えに来られた。昨日私と同様に講演された梶政雄さんと市川ラクさんとともにイズミル近郊の観光に連れて行っていただく予定だ。梶さんは65歳で若い頃から自転車で世界中を旅行して回られた冒険旅行家だ。今はイズミルに滞在されている。市川さんは「わたし今トルコです」などの漫画の本を7冊も出版されているプロの漫画家だ。イズミルから西に40kmほど行ったUrla（ウルラ）という町に紀元前6世紀頃のオリーブオイル製造工場を再現した施設がありそこを見学に行き、その近くのバザール（新鮮市場）でソラマメなどを買い、中沢さんのご自宅でお茶をご馳走になった。ご自宅の庭には桜の木に食べ頃のサクランボがたくさん生っており食べ放題でいただいた。桑の実も少し早めだが美味しくいただいた。トルコは果物が美味しいところで有名だがそれが生っているところを食べ放題でいただくのは初めての経験だった。その後近くで開催されているアーティチョークフェスティバルに行きアーティチョークを使った料理の数々を見て食べることができた。町の中に1000店をはるかに超える規模の出店があり規模の大きさと人出の多さに圧倒されてしまった。帰りはスメイエさんにイズミルのオトガルまでタクシーで送ってもらいバスに乗るところまで手配していただきクシャダスのオトガルにはジョシュクンさんに迎えに来てもらうという極めて行き届いた対応をしていただいた。JIKADの皆さんに感謝申し上げる。

クシャダスからサモス島へ

　4月30日（月曜日）はトルコから出国するためにエージェントに依頼して朝9時から手続きをしてもらった。タクシーでフェリー乗り場近くのポートポリスまで行ったのだが顔を見せただけで戻ってきた。あとはエージェントがすべて手続きを済ませてくれて10時には出国可能になった。10時20分にクシャダスを出航し約20海里の南西にあるギリシャのサモス島のピュタゴリオンハーバーに向かった。途中北西の風が6mほど吹き出し30分ほど帆走で走ることができた。ニューセールになって上りでの帆走もできるようになりアビームでも1ノット近く速く走れるようになった感じがする。14時30分にピュタゴリオンハーバーにもやいを取ることができた。入国手続きはパスポートコントロールポリス、カスタム、ポートポリスの3か所を回りカスタムで30ユーロ、ポートポリスで15ユーロを支払い16時に終了した。買い物をしたあと艇の真ん前のレストランでビールとワインでゆっくりしたひと時を過ごした。

世界遺産「サモス島のピュタゴリオンとヘラ神殿」

　5月1日のギリシャはメーデーの祝日で現地の人々はのんびり過ごしているようだ。うめぼしメンバーもこの日は観光日としてゆっくりすることにした。それでも世界遺産は見に行きたいということでスクーターバイクを15ユーロでレンタルしてヘラ神殿に向かった。しかし残念ながら祝日は休業日ということでヘラ神殿の門は閉まっており中に入ることができなかった。ギリシャは国として観光に力を入れているはずだが世界遺産でも祝日はしっかりお休みにしているようだ。そこで次に島の北岸にあるこの島最大の町サモスタウンに行ってみた。しかしここでも博物館やVodafone shopなど多くの施設やお店は休業になっていた。やむなくまたピュタゴリオンに戻り町の南側にある城塞や北側の丘の中腹にある修道院を見て回った。サモス島はギリシャ神話の主神ゼウスの正妻である女神ヘラが生まれた島とされ彼女を祭った神殿遺跡は1992年に「サモス島のピュタゴリオンとヘラ神殿」としてユネスコの世界遺産に登録された。またピタゴラスが生まれた島でもある。

サモス島からパトモス島へ（Samos to Patmos）

　5月2日は朝の6時半にサモス島のピュタゴリオンハーバーを出航し約31海里離れたパトモス島のスカラハーバーに向かった。出航時は快晴で無風だったが8時過ぎから南東の風が4〜6mほど吹き出し8時半から11時半まで2時間ほどアビームで帆走した。その後風が弱まり機帆走で13時頃にパトモス島のスカラハーバーに到着した。ここでバウアンカーのスターンツウでの係留にチャレンジしたがバックが思うように動かない。何度かやり直して13時半頃にどうにか係留することができた。ポートポリスで入港手続きをしてそのあとは艇の前の小さなレストランでお茶とワインを飲んでゆっくりした。

世界遺産「聖ヨハネ修道院と黙示録の洞窟の歴史地区」

　5月3日は艇内でゆっくり朝食をしてから9時過ぎに出かけスカラハーバーの透き通った海を眺めながら海沿いにスカラタウンセンターまでしばらく歩き、9時半発のバスに乗って丘の上にあるホラの町に向かった。バス代は1.8ユーロで乗客は6人と少なく大きなバスは急な上り坂を登って10分ほどで見晴らしの良いホラのバスターミナルに着いた。聖ヨハネ修道院はホラの町の中心部の丘の頂上付近にありちょっとした城塞のような姿をしている。しかし中に入ると立派な祭壇があり周りにはきれいな壁画や肖像画が並んでおり今でも現役の教会として使われているような感じだ。また隣接したMuseumには紀元前から19世紀までの様々な絵画や宗教道具などが展示されており見ごたえがあった。そのあとホラの町はずれの丘の上に風車が3台立っているのを見に行ったところこれが2010年に復元された現役の風車でつい最近も小麦を挽いて小麦粉を作り修道院にパンを納めたということだった。更にしばらく古い石畳の道を歩いて降りて行くと丘の中腹に聖ヨハネが暮らしたという洞窟があった。ここも小さいが内部はきれいな教会の作りになっていて厳かな雰囲気に満ちていた。

パトモス島からアモルゴス島へ（Patmos to Amorgos）

　5月4日はパトモス島のスカラハーバーを6時45分に出航し50海里ほど南西にあるアモルゴス島のカタポラ港に向かった。快晴無風の中1900rpm、艇速5ノット強でひたすら機走し結局この日はセールを上げることもなく17時15分にアモル

ゴス島のカタポラ港に係留することができた。

アモルゴス島内観光

　5月5日は朝の8時頃にゆっくりと朝食をとっている時にアンカーが流れて艇のスターンにあるスイミングデッキの上のエンジン排気管が岸壁にぶつかった。幸い大きな損傷はなくすぐにエンジンをかけてアンカーの打ち直しをした。前回は水深8mに対してチェーン長は15m程度だったが今回は水深9mに対してチェーン長35mにした。その後レンタルスクーターを10ユーロで借りて島の反対側の海岸の絶壁に立つパナギア・ホゾビオティサ修道院を見に行った。前回は昨年9月に訪問したが当たり前だがまったく同じ姿で岸壁にへばりつくようにして存在する真っ白な修道院の荘厳な姿は何度見ても見飽きることがない素晴らしいものだった。次に山頂にあるこの島で一番大きな町ホラを散策し、カタポラ港に戻ってきてからギリシャ教会やミノア文明の遺跡などを見て歩いた。

アモルゴス島からサントリーニ島へ（Amorgos to Santorini）

　5月6日は朝の6時半に出航した。前日夕刻フェリーが来る前にフェリー近くの艇は係留場所を変えるようにと指示されアンカーを上げて移動し出艇しやすい岸壁に横付けした。そのためお陰様で今朝は楽に出航することができた。天気は曇りで北西の風が5～6mほど吹いておりすぐにセールを上げて機帆走に入った。途中しばらくは帆走することができたが大半は機帆走でサントリーニ島まで40海里を走った。ティラ港には14時15分頃には着いたのだが適当な係留場所が見つからず付近をうろうろして最終的にティラ港の近くの本船用ブイに係留したのは15時20分頃だった。さっそくテンダーに空気を入れて降ろしテンダー用の小型船外機を取り付けていざ上陸しようとしたのだがエンジンが始動しない。最初に少しだけ動きそうになったのだがその後はまったくだめでエンジンをうめぼしに戻してプラグ交換などしてみたがそれでも駄目だった。結局上陸はあきらめて艇の上でワインを片手に夕食をとりながら岸壁の上のティラの町を眺めつつ過ごした。

サントリーニ島のティラ泊地からブリカダマリーナへ
(Thira to Vlikadha Marina)

5月7日は朝6時半にティラ泊地の本船用ブイから出航しサントリーニ島の南部にあるブリカダマリーナに向かった。わずか10海里程度の距離だが島の南西端を回る時には南西から大きなうねりが来て久しぶりに船酔いしそうな横揺れに悩まされた。それでも機走で2時間ほど走り8時半にはブリカダのマリーナに到着し係留できそうなところを探したがなかなか見つからない。VHFで呼び掛けても応答がない。船上の人に呼び掛けてもマリーナの人に聞けという返事だ。30分ほど狭いマリーナの中をうろうろしていると2艇横抱きしているクルーザーから3艇目の横抱きをしても良いという返事が来た。すぐにフェンダーを降ろして横抱きさせてもらい無事に係留が完了した。マリーナ事務所で2泊の手続きをしてすぐに10時半のバスに乗って島の中心の町フィラに向かった。フィラではポートポリスでトランジットログの入港出港手続きをして旧港や街並みを観光して18時に艇に戻ってきた。

サントリーニ島のブリカダマリーナについて

このマリーナはそこそこの規模がありたくさんの漁船やカタマランヨットが係留されている。しかしそのほとんどは漁師の船か商業用の観光船のようで観光船は毎日多くの観光客を乗せてデイセーリングやサンセットセーリングのために入出港を繰り返している。午前中にマリーナオフィスで係留料2泊分28ユーロを支払った際にマリーナの担当者に聞いてみるとわれわれのようなクルージングヨットは数隻しかいないようだ（多分数隻分しか場所がない）。うめぼしを横抱きさせてくれたクルーザー2隻もそうした商業用ヨットで今日12時に客が来て出航するから11時から13時まで艇にいるように言われた（午前中の観光は見合わせだ）。このマリーナは見た目には規模が大きいのだが外来ヨット用の係留スペースは非常に少ないようだし時には艇を離れられないこともある。マリーナ入り口の東側にオレンジブイがいくつかあり今日は2艇係留している。北西の風の時はそのブイを使うのも一つの方法かもしれない。

横山さんのご紹介

　遅くなったが今回の航海で同乗していただいている横山さんをご紹介する。横山さんは幼少の頃から琵琶湖でシーホースに乗っておられセール番号は45番と266番だったそうだ。その後鎌倉に転居され江ノ島で京都ヨットクラブのシーホース660号艇に乗っておられた。同時にシーボニアでオーシャンレーサーのクルーをしつつクルー仲間で油壷にクォータートンを所有し、のちに佐島にクルーザーを所有しておられた。1978年に「サントリーニⅠ」ソレイユルボン28フィートを進水し、1993年には「サントリーニⅡ」シーベル325を進水された。同時にUFOのメンバーとしてまたケロニアのメンバーとしても活動し続けてこられた。このようにディンギーからクルーザーまで長年にわたって海に親しんでこられそのスキルや経験には奥深いものがあり私も教えられることが多々ある。また船上ではいつも名シェフでありこれまでの主なメニューはラムチョップのステーキ、ワインとガーリックソース、カリフラワー、ローストビーフのグレービーソースかけなど豪華なものばかりだ。ここサントリーニ島には横山さんの深い思い入れが隠されているようだ。

サントリーニ島（横山さんと私）

サントリーニ島からイオス島へ（Santorini to Ios）

　５月９日（水曜日）は朝ゆっくり食事をしてから８時40分にサントリーニ島の南岸にあるブリカダマリーナを出航した。快晴無風の中を機走で快走と書きたいところだが昨日セールドライブのギアオイルを点検したところ白濁を越えてオイルが白くなりかつ固くなりかけていた。すぐにオイルを追加してドライブを少し動かすとオイルがどろっとした状態になったのでオイルチェンジャーで２リットル弱を吸出し新しいオイルを追加した。そういう状態なので無理をせず1800rpmから2000rpmの間くらいで慎重に走った。10時半頃から南西の風が４～５ｍほど吹き出し機帆走クォーターで快適に走り14時前にイオス港に到着し港の岸壁に横付けさせてもらった。近くのスタンドで軽油40リットル（60ユーロ）とエンジンオイル８リットル（60ユーロ）を購入し再度セールドライブのギアオイル交換をした。今日のオイルの状態も真っ白だったが昨日よりは少し潤滑油らしさが残っていた。明日もう一度走れば海水の侵入具合がどの程度なのか把握できるかもしれない。16時のバスで島の中心の町ホラまで行き少し観光と買い物をして帰ってきた。

イオス島からナクソス島へ（Ios to Naxos）

　５月10日は朝の６時半にイオス島を出航して11時半にナクソス島のナクソス港に到着し12時10分にもやいが完了した。天気は快晴で南寄りの風が４～５ｍほど吹き追手の機帆走で28海里を走ることができた。ナクソス港はかなり混んでいて狭いスペースにバウアンカースターンツウで着けようとしたがバックする方向がなかなか思うようにいかず多くの人に助けてもらいながらなんとかもやうことができた。到着後に渡り板を作成しその後セールドライブのギアオイルを交換した。ギアオイルはまだ真っ白だがかなりオイルの潤滑度が戻ってきているのでもう一回次の泊地で交換すればしばらくは使えるようになるかもしれない。それにしても近いうちにどこかで艇を上架してアカ漏れ対策をすることが必要なのだろう。午後からはナクソスタウンの散策をしてきた。

ナクソス島からパロス島へ（Naxos to Naoussa Paros）

　５月11日は朝６時45分にナクソス島のナクソス港を出航し北方20海里強離れた

ところにあるミコノス島に向かった。しかし出航して走り始めると北の風が8m前後吹いて波もあり艇速が4ノット弱しかでない。セールドライブのトラブル状況やこの日の風予報などを考慮し安全策を取って目的地をパロス島のナウサマリーナに変更した。ナウサマリーナはナクソス港の西側10海里ほどのところにあり9時過ぎにはもやいを完了することができた。ナウサマリーナは2006年に新しく作られたマリーナで港の設備が良い割には係留料は無料で水道電気利用料が1泊10ユーロだ。さっそくバスに乗ってパロス島の中心の町パリキアの散策に行ってきた。

Moraitisワイナリー

　5月12日は朝から強い北風が吹いている。ナウサマリーナは係留ロープが備え付けてありこれを使って係留していると少々の強風が吹いても安心感がある。朝食をゆっくりとって11時頃からナウサの町の散策に出かけた。ナウサはパロス島の北側にある静かで小さな漁村だが古い港には小さな漁船が何艘もつながれてそれらは今も現役で動いておりそして漁師さんが網の手入れをしている。港の前には小ぎれいなカフェやタベルナが並び多くの観光客で賑わっている。白い家並みと白く彩られた石畳の細い路地が続きレストランや土産物店が並ぶ様子は他のエーゲ海の島と同じ風景だ。ここは小さな町の割にはそこそこ観光客が来る隠れた人気のスポットのようだ。その東側の町はずれにMoraitisワイナリーがある。1910年創業で10ヘクタールのぶどう畑を持つ老舗のワイナリーだが観光客向けにワイン製造機械や貯蔵庫の見学ができるようになっておりワインの試飲メニューも提供されている。15種のワインの試飲が22ユーロだ。日頃は安いワインしか飲んでいない私でもワイナリーで飲むワインは香りも風味も格別に美味しく感じる。

➡ http://moraitiswines.gr/en

パロス島からミコノス島へ（Paros to Mikonos）

　5月13日は朝ゆっくり朝食をとり午前中に散歩をして12時20分にパロス島のナウサマリーナを出航した。この日の風予報では吹き続いていた北風が午後から収まってくるということと目的地のミコノス島まで20海里強ということでお昼の出

航にした。しかし出航してみると相変わらず8～9ｍの北風が吹いていて更に正面からの波にたたかれて2000rpmだとなかなか艇速が伸びない。3～4ノット前後で機走し夕刻ミコノス島に近づいた頃やっと風速が6～7ｍくらいまで落ちてきて普通に走れるようになった。ミコノス島の新港に18時にもやいを取ることができた。

ディロス島の観光

　5月14日はディロス島行きのフェリーをインターネットで予約し（1人往復20ユーロ）てディロス島観光に出かけた。フェリーはミコノスタウン中心部の旧港から10時に出航し約40分でディロス島に着く。ディロス島で入場料1人12ユーロを支払い観光開始だ。フェリー出航予定時間の13時半まで3時間弱の観光だ。入場口の近くの海には多くのヨットがアンカーリングしてテンダーで上陸している。ヨットでディロス島を訪問するのも一つの選択肢だと思う。14時過ぎにミコノスタウンに戻りリトルヴェニスのタベルナでゆっくりしてシーバスでマリーナまで戻ってきた。

ミコノス島からティノス島へ（Mykonos to Tinos）

　5月15日は朝の6時半にミコノス島を出航し10海里ほどの距離にあるティノス島に向かった。快晴無風の中機走1850rpm5ノットで走り8時50分にはティノス港にもやいが完了した。午前中のうちにポートポリスに行きそのあとギリシャ正教の教会パナギア・エヴァンゲリストリア聖堂に行った。この聖堂は聖母マリアを記憶するものとしてギリシャではよく知られているようで規模も大きく立派な装飾で多くの巡礼者や観光客が訪れていた。そのあと古代の遺跡のアクロポリスを見て戻ってきた。

ティノス島からシロス島へ（Tinos to Syros）

　5月16日は朝6時半にティノス島を出航しシロス島に向かった。出航時は快晴無風で途中から南風が5ｍほど吹き出したが距離が12海里と近いのでセールを上げることなく機走で走り9時20分にはシロス島のエルムポリの港にバウアンカースターンツウでもやうことができた。昨晩は夕刻の19時頃に現地のエンジン技術

7 2018年の航海　　*469*

者のゲオルグさんが来てくれホンダの２馬力船外機を工場に持ち帰り修理をして
くれた。一緒に工場まで付いていき整備の手順を勉強させてもらった。トラブル
の原因はガソリンが古くなっていてキャブレターが汚れていることだった。ガソ
リンを吸出し燃料タンクとキャブレターを清掃しバルブを調整して整備終了だ。
非常に丁寧にかつ的確に整備をしてもらったのだが整備代金は40ユーロと格安だ
った。うめぼしのセールドライブのギアオイルが白濁している件はギアオイルを
満タンにして様子を見ているが今のところ急激なオイル量の変化や色の変化は見
られないのでもうしばらく様子を見ていきたいと思う。

シロス島からアンドロス島へ（Syros to Andros）

　５月17日は朝の６時半にシロス島を出航し30海里ほど北にあるアンドロス島の
バッシ（Batsi）の港に向かった。天気は曇り西から北寄りの風が４〜８ｍほど吹
いたがセールを上げることなく機走で走り12時10分にもやいを取ることができ
た。ここでもバウアンカースターンツウで泊めたが横山さんとコンビで操作する
アンカー打ちもだいぶ慣れてきた。セールドライブのギアオイルは白さが増し少
しどろっとした感じになってきたのでまた交換した。やはりどこかで上架整備を
しないといけないような感じだ。またNo.4のオートパイロットがアラームが鳴
りうまく動かなくなったのでNo.2に交換しNo.4の分解点検をした。

アンドロス島からケア島へ（Andros to kea）

　５月18日は朝の６時半にアンドロス島のバッシ港を出航しケア島に向かった。
弱い低気圧の中心近くにいるようでどんよりとした雲に覆われているが風は弱く
南西の風が２〜３ｍほどだ。約27海里を機走で走り12時５分前にケア島の
Korissiaの町の北側にあるVourkari埠頭にバウアンカースターンツウでのもやい
が完了した。

ケア島からアナヴィソス湾へ（Kea to Anavissou）

　５月19日は朝の６時半にケア島を出航してアッティカ半島の南端のスニオン岬
に向かった。約15海里を機走して９時半にスニオン湾にアンカーリングし、すぐ
にテンダーボートに空気を入れて降ろしエンジンを取り付けてホテルのビーチに

上陸した。ビーチから細い小道をたどって丘の上まで登りポセイドン神殿を見に行った。紀元前444年に建てられた神殿は海からも見えるが近くから見る時の壮大さと美しさはまた格別のものがある。12時には艇に戻り12時10分にスニオン湾を出航しアッティカ半島の西岸アポロコーストを北上して14時にアナヴィソス湾にアンカーリングした。総マイル数は24海里だ。その後は上陸はせずにゆっくり船内で過した。

アナヴィソス湾からエギナ島へ (to Aegina)

　5月20日は朝の6時にアッティカ半島のアナヴィソス湾からアンカーを上げて出航し27海里ほど西にあるエギナ島に向かった。天気は快晴で弱い西寄りの風が2〜3mほど吹く中を機走で走り11時20分にエギナ島のリマニ湾のマリーナポンツーンに係留が完了した。大きな船の間に割り込み両側の船に横抱きさせてもらった。そのあとすぐにエギナ島の観光に出かけた。12時のバスで紀元前6世紀末のアフェアを見て聖ネクタリオス修道院を訪れた。またバスでエギナタウンに戻り紀元前2500年頃の町の遺跡と古代ギリシャのアポロン神殿跡などからなるコロナ遺跡を見学した。夕刻は艇の上でワインを飲みながらゆっくり過ごした。横山さんの感想では、サントリーニ島やミコノス島では断崖の上には白い家が並び街中の細い路地には白いペンキで塗られた石畳が続いていたのだが、ここエギナ島

ポセイドン神殿にて横山さん

ではレンガ色の家並みと白くない路地ということで同じエーゲ海の島でも大きな違いがあるということだ。

エギナ島からサラミス島へ

　5月21日は朝の6時半にエギナ島を出航し17海里ほど北にあるサラミス島のサラミスマリーナに向かった。晴天で北西の風が5mほど吹く中を機走で走り10時にはサラミスマリーナのポンツーンにもやいを取ることができた。さっそくPaulさんとTanyaさんの艇に行きお茶をご馳走になった。昼過ぎにマリーナ管理者のジョージさんと打ち合わせ3週間の係留の承諾をもらった。またPaulさんには私が日本から戻る6月15日か16日頃に近くのヨットヤードに上架の予約をしてもらうようお願いした。

ギリシャのトランジットログ

　5月22日はゆっくりと朝食をとり陸電の接続や艇の状況確認などをしてからバスでパルキアの町に出てフェリーで対岸のペラマに行きそこからまたバスに乗ってピレウスの港まで行った。その港のはずれにカスタムのオフィスがありトランジットログの資料の追加をしてもらうためにそこまで行った。ギリシャでは港に入るたびに必ずポートポリスに行ってトランジットログに入港確認の押印と出港確認の押印をもらう必要がある。ところが私のトランジットログの押印欄がすべて埋まってしまって押印欄がなくなってしまったので追加の用紙をもらうためにわざわざカスタムまで行く必要があったのだ。カスタムで無事に用紙を追加してもらいパルキアの町のポートポリスで入港確認の押印をしてもらってやっと手続きが完了した。今日は19時からPaulさんとTanyaさんの艇で船上パーティーだ。

日本への一時帰国

　5月23日から6月14日まで所用で日本に一時帰国する。その間うめぼしはサラミスマリーナ（NOBS）に係留しておく。横山さんにはそのままうめぼしに滞在していただきうめぼしの面倒も見ていただくので安心だ。NOBSは地元のメンバーが中心になって運営されているプライベートヨットクラブだ。青少年がヨットなど海洋レジャーに親しめるような活動をしている。CAVOK Vの松崎さんの紹

介でNOBSを利用することができている。 ➜ https://www.nobs.gr/

AIS（Automatic Identification System）

　AIS（自動船舶識別装置）は海の上を安全に航海するためになくてはならない装備になってきている。GPSで自船の位置を把握しその情報をリアルタイムに国際VHFで発信することにより数十kmの範囲内にいる船舶は相互に相手の位置情報や進行方向、速度を正確に把握することができるシステムだ。十数年ほど前から利用され始めたが当初は機器価格が数十万円もする高価な装置だった。その後classBという簡易型の装置が出てきて機器価格も下がりうめぼしにはAIS-700という5万円強の装置を搭載している。このAIS情報は世界中の中継局を経由して集められインターネット上でも公開されている。現在サラミス島に係留されているうめぼしの情報も見ることができる。

スペインのビザ（その3）

　3月6日に六本木にあるスペイン大使館に申請した非営利目的居住査証（旧リタイヤメント査証）の進捗確認メールを大使館に送ったところパスポート待ちの状態だという返事が来たので5月29日にスペイン大使館にパスポートを持っていった。そして6月7日に再度スペイン大使館を訪問しやっとビザを取得することができた。ビザには6月1日から9月13日までの期間が指定されておりこの期間内にスペインに入国し入国後1か月以内に住居を定めた都市の管轄の警察署に出頭し居住許可証の交付を受ける必要があるとのことだ。一般的には居住許可証は1年間有効のようだ。

航海再開（うめぼしに戻ってきた）

　6月14日の朝9時にうめぼしに戻ってきた。3週間ぶりのうめぼしは何の問題もなくエンジンも一発でかかった。横山さんに面倒を見ていていただいたおかげだ。そしてさっそくPaulさんに紹介していただいたKoupetori Ship Yardに電話をして明日10時に行くことにした。すぐ近くにあるマリーナでそこでうめぼしを上架してセールドライブのアカ漏れの修理をする予定だ。うめぼしを係留しているサラミスマリーナ（NOBS）の隣には広大な空き地がありそこでは毎週木曜日

7 2018年の航海　*473*

の午前中に大規模な朝市が開催される。お昼前にその朝市に行って果物や野菜類を大量に仕入れてきた。例えばさくらんぼは１kg１ユーロ、トマトは１kg 0.5ユーロ、ホウレンソウ１kg１ユーロというような感じでとにかく地中海沿岸は野菜と果物が安くて美味しいのが何よりだ。

艇の上架

６月15日は朝９時にNOBSを出航し２海里ほど北東にあるKoupetori Ship Yardに向かった。９時半には到着し10時には上架作業が始まった。砂浜の下に鉄板を敷いたスロープで大きな台車が艇の下に入りそれを車で引っぱるという方式の上架だ。そして11時にはベテランの技術者が来てプロペラを外しアカ漏れの状況を診断してくれた。Ｏリングやパッキンの状態が悪いということでアテネのピレウス港まで交換すべき部品を買いに行ってくれた。今日うまく部品調達ができれば明日のお昼までには修理が完了するだろうということだ。せっかく上架したので午後からは横山さんと一緒に船底を掃除して喫水部分を中心に船底塗料を塗った。お陰様で船底も非常にきれいになった。

セールドライブの修理完了

６月16日の午前中にSofrasさん（エンジン修理技術者）がセールドライブにプロペラを取り付けギアオイルを充填してくれた。SofrasさんはVolvoのエンジンのプロフェッショナルだということでプロペラの取り付けも丁寧でかつ安心感が持てる作業内容だった。そしてお昼の12時には既にうめぼしはShip Yardから下架をして海の上に浮かんでいた。今回の上下架料金は320ユーロ、ドライブの修理は部品代を含めて490ユーロ、合計810ユーロ（約10万5000円）だ。午後からパルキアのポートポリスに行き明日の朝の出航の手続きをしてきた。またShip Yardに上架している間に軽油40リットル（55ユーロ）とブタンガスボンベ３kg（９ユーロ）の調達もした。明日は朝一番でコリントスに向かう予定だ。

コリントス運河

６月17日は朝の６時12分にKoupetori Ship Yardのイエローブイから出航し22海里ほど西にあるコリントス運河の入り口に向かった。昨日の夕刻には雷鳴と共

コリントス運河を渡って

に雨が降ったが今朝は快晴で北西の風が３mほどだ。途中から南西の風が８mほど吹き出したが機走で走り10時45分には運河の入り口の桟橋に着いた。運河の事務所で通行料100ユーロを支払いしばらく待つと11時50分にVHF11チャネルで出発して良いという連絡がきた。ヨット３艇が一緒に機走4.5ノットで走りだしたが、運河の幅は狭いところでは20mくらいしかないような感じで常に舵を持って運河の中央部を走るように気を付けていないといけなかった。

　12時半には運河を通過し終わりそして運河を出てすぐ左側にあるコリントスの町のハーバーに向かい13時15分には係留が完了した。機走で28海里走ったあとセールドライブのギアオイルを確認したところ比較的きれいな状態だったので安心した。今後もしばらくはこまめにチェックしていきたいと思う。本日の総海里数は28海里だ。

コリントスからガラヒディへ（Korinthos to Galaxidi port）
　６月18日（月曜日）は朝８時のバスに乗ってコリントスの町から古代コリントス遺跡の観光に行った。岩山がそびえたつアクロコリントス山のふもとに紀元前７世紀からの古代コリントスの町の遺跡が広がっていた。町の大きさは比較的こぢんまりとしたたたずまいだが丘の上のアポロン神殿とその下のアゴラを中心に道路、泉、バシリカ、ストアなどの遺跡がよく残っており往時のさぞかし立派で

あったろうと思われる建築物を思い起こしながら見て回ることができた。新しい
コリントスの町はマリーナの正面から大通りが延びその両側にきれいに舗装され
た升目の街並みが広がる近代的な街だ。そこにバスで11時に戻ってきて11時45分
にはハーバーを出航した。北西に向けて38海里を機帆走で走り19時にガラヒディ
に着いたが港は既にヨットでいっぱいで係留スペースを見つけることができずや
むなく町の北西側の入り江にアンカーリングすることにした。

ガラヒディからパトラへ（Galaxidi port to Patra）

　昨晩は風もなく穏やかな海面で船の揺れもなくぐっすり眠ることができた。 6
月19日はゆっくり朝食をとり 9 時にアンカーを上げガラヒディのポートに寄り小
さくて美しい街並みを軽く散策した。そして10時には38海里ほど西にあるパトラ
の町に向けて出航した。天気はどんよりとした曇りで風は弱く機走で 3 時間ほど
走り南東の風10mほどが吹き出したところでジブセールのみを展開して機帆走で
走った。15時半頃にギリシャ本土とペロポネソス半島の間に架かる全長2252mの
世界最長のつり橋リオンアンティリオン橋をくぐり抜け17時前にはパトラのヨッ
トハーバーに着いたが、ポンツーンが壊れていたりいろいろトラブルがあったよ
うで係留を拒否されそのすぐ南側のコマーシャルハーバーの岸壁に係留した。係
留費は28ユーロだった。

パトラからケファロニア島へ（Patra to Kefalonia）

　2018年 6 月20日は朝の 6 時12分にパトラハーバーを出航し53海里ほど西にある
ケファロニア島のサミの港に向かった。快晴無風の中1900rpm約5.5ノットで機
走し10時頃に北西の風 3 mほどが吹き出したのでメインセール・ジブセール共に
展開し機帆走約5.8ノットで走った。16時にはケファロニア島のサミ港にもやい
を取ることができ、すぐにタクシーに乗ってメリッサニ洞窟とドロガラティ洞窟
の観光に出かけた。18時前に艇に戻ってからポートポリスに行きスタンプをもら
って港の周りの店で買い物をして、 3 日ぶりに清水タンクを満タンにして一休み
している。係留費は9.2ユーロ。

ケファロニア島からプレベザへ（Kefalonia to Preveza）

　６月21日は夏至で北半球では昼間が一番長い日だ。調べてみるとここは６時11分が日の出で21時６分が日の入りということで昼間が15時間近くもあるようだ。朝日が出てすぐの６時半にケファロニア島のサミの港を出航し47海里北にあるギリシャ本土のプレベザマリーナに向かった。天気は曇り風は弱く機走1800rpmでケファロニア島とイターキ島の間の狭い水路を抜けレフカダ島の西岸を走りプレベザのマリーナに15時45分にもやいを取ることができた。

プレベザからケルキラ（コルフ）島へ（Preveza to Corfu）

　６月22日は朝の６時15分にプレベザのマリーナを出航し60海里ほど北西にあるケルキラ島のケルキラのマリーナに向かった。天気は快晴無風の中機走1850rpmで走り午後からは西南西の風が４〜５ｍほど吹き出したのでセールを上げ機帆走で走った。17時にはケルキラの南側のマリーナに着いたが適当な係留場所がなく北側のマンドラキマリーナに17時40分に係留することができた。ここは北緯39度37分で日本で言うと岩手県の盛岡市あたりの緯度と同じだ。かなり北に来て天気予報では毎日短い雨となっていたがこれまでのところは天候は安定している。内陸部では入道雲による雷雨がところどころで降っているようだが海沿いではそれもあまり来ないようだ。昼間は半袖半ズボンでも暑いくらいだが夜になると少し涼しくなる。天候が良ければ明日ギリシャからの出国手続きをして明後日の朝からモンテネグロに向かう予定だ。

コルフ島散策

　６月23日は艇内でゆっくり朝食をとり９時過ぎにケルキラの町の散策に出かけた。スピアナダ公園を通りレンガ色の街並みの旧市街を通り抜けネオフルリオ（新要塞）を外から眺めてオールドポートまで散策したところで雲行きが怪しくなり雷鳴と共に強い雨が降り出した。あわてて近くのカフェに飛び込み雨宿りだ。コーヒーを飲みながら近くの船具屋で買ったアドリア海のパイロットブックを参照しつつこれからの航海計画について横山さんと相談をしながらしばしの時間を過ごした。そのあとニューポートにあるポートポリス、カスタム、パスポートコントロールを回り時間はかかったが無事に出国手続きをすることができた。午後か

ら少し時間があったのでケルキラの町の南近郊の丘にある眺望の良いカノニ岬までバスに乗って観光に出かけた。そして係留料30ユーロを節約するために夕刻17時頃にマンドラキマリーナを出航南側のアンカーリングスポットにアンカーを打ってビールとワインでゆっくりしている。

コルフ島からモンテネグロへ（Corfu to Budva）

　6月24日は朝の6時にアンカーを上げて170海里ほど北にあるモンテネグロのブドバ（Budva）に向けて出航する。明日の午後の16時までの34時間×5ノット＝170海里のオーバーナイトの航海計画だ。昨夜は北西の弱い風で波もなく静かに過ごすことができた。天候は曇り無風で機走で走る。これからしばらくはインターネットを使うことができない。

アドリア海をモンテネグロ　ブドバへ航海中

　インターネットが使えなくなったようで、うめぼしからイリジウムメールが届きました。

　6月25日6時、機帆走。北東の風8m/s。とのこと。アドリア海、アルバニアの西20海里、モンテネグロのブドバの南60海里をモンテネグロへ向けて機帆走中です。北東の順風でうめぼしはちょっと苦手な風です。〈宮原〉

モンテネグロのブドバへ到着（Budva）

　6月24日の朝6時にコルフ島を出航し25日の夕刻18時30分にモンテネグロのブドバのDukley Marinaに無事にもやいを取ることができた。177海里を36時間かけて航海した。しかし今回のオーバーナイトの航海は雨漏りのトラブルに悩まされた。24日の13時頃から北西の風が真正面から吹き始め最大で風速15mくらいまで吹きあがり2ポイントリーフで機帆走するのだが波がデッキの上を洗いフォアキャビンを中心に海水が大量に漏れて入ってきた。そのため横山さんはキャビンで寝ることができずほとんど徹夜状態で大変申し訳ないことになってしまった。今回は天気予報では弱い風で終始するはずだったがまったく当たらずイオニア海からアドリア海に入っても風が吹き続けた。ブドバのマリーナでは一度ポリスのバースに着けてそこから10mの距離にあるイミグレーションとカスタムの事務所で手続きをすることができた。明日の朝ハーバーマスターの事務所に行って手続

きをすれば入国は完了だ。

ブドバの散策

　6月26日は朝ハーバーマスターの事務所に行き乗員2人と船の1週間の滞在許可料として25ユーロを支払い滞在許可証のようなものをもらい入国手続きは終了した。その足で城壁に囲まれたブドバの旧市街に行き昔の面影が残る石畳の狭い路地に土産物店やレストランが並ぶレンガ色の街並みを散策した。モンテネグロという国は2006年に独立した人口62万人ほどの小さな国だが国名に黒い山と名付けるほど緑が多く農業が発達しており他に製造業そして観光で立国している美しい国だ。物価はそれほど高くなく治安も良く豊かな自然に囲まれた生活しやすい環境だと思われる。夕刻に係留料金（1泊46ユーロ）を節約するためにDukley Marinaを出て近くの湾内にアンカーリングしたが風速15mほどの北風が吹き続けていて揺れる船内でビールとワインと共に夕食を食べている。強風下でのアンカーリングは初めてだが水深6mアンカー長は30mで今のところアンカーは効いているようだ。

風待ち

　6月27日は朝から雨模様で北西の風が強く吹き続けたのでブドバの湾の中にアンカーリングしたまままもう一日風待ちをすることにした。いつも使う風予報のサイトはWindytyやPassageWeather.comやWindFinderなどだが、これらのサイトでは全球モデルをベースにした予報が多いようで地域特有の風が吹くアドリア海の沿岸ではなかなか予報通りになってくれない。長航会の井上さんに教えていただいたPredict Windというサイト（アプリ）は4種類のモデルの中から選択できるようになっておりアドリア海に特化した予報モデルも表示できるようになっている。長航会メーリングリストで教えていただいたこれらの情報源を踏まえ観天望気の結果もう一日待って明日の朝コトルに向けて出航することにした。

ブドバからコトルへ（Budva to Kotor）

　6月28日は朝の5時半にブドバの湾からアンカーを上げてコトルの港に向けて出航した。天気は晴れ無風だったが湾を出ると北寄りの風が5～8mほど吹き出

した。メインセールを２ポイントリーフで上げ1900rpmの機帆走で５ノット強で走ったがそれほど波がなく９時頃にはコトル湾の中に入ることができた。コトル湾は深く複雑に入り組んだ入り江になっており険しい山々に囲まれた海岸線にはレンガ色の建物が並び美しい景色をかもし出している。途中の島に教会があり立ち寄ろうとしたが係留場所が見つからずあきらめた。そして12時半頃に湾の最も奥にあるコトルの港の桟橋に係留することができた。ブドバから７時間33海里の航海だった。上陸してすぐに観光に出かけ旧市街の聖トリプン大聖堂を見てその前の広場にあるレストランで久々の海鮮盛り合わせを食べた。そして町の背後にある高さ200ｍはあると思われる城塞に登り素晴らしい景観を堪能させてもらった。

コトルで出国手続き

　６月29日（金曜日）は朝９時に埠頭の港湾事務所に行きハーバーマスター、カスタム、ポリスの３か所を回りモンテネグロからの出国手続きを済ませた。３つの部門がほとんど同じ場所にあったので極めて簡単に手続きを終えることができた。そのあとマリーナのすぐ前に開設されているマーケットに寄り地元産の農産物や畜産加工品などを大量に買い込んで帰った。昼食は横山シェフの手によるそこで買った大きなポルチーニの素焼きとラズベリーにワインという豪華な内容だった。午後から再度旧市街の散策に出かけ海洋博物館などを見学してきた。そして夕刻の16時半にコトルの港を出航し19時過ぎに入り江の入り口付近にあるRoseという小さな町の埠頭に係留することができた。14海里ほどの機走だった。

モンテネグロからクロアチアのドブロブニクへ
(Montenegro to Dobrovnik)

　６月30日は朝の５時半にRoseの埠頭を出航し９時40分頃にクロアチアのツァヴタット（Cavtat）に到着し港の案内人の指示に従いながらバウアンカースターン着けでもやいを取ることができた。周りには大型モーターヨットやスーパーヨットが並んでいる。入国手続きをするだけなら係留料金は無料ということですぐに上陸してボーダーポリス、ハーバーオフィス、ボーダーポリスと100ｍ以内のオフィスを回り、11時半頃に入国手続きを完了することができた。そこで15日間

480 ｜ 世界一周船栗毛

の滞在費他として522kn（クーナ）（約9140円）を支払った。そして11時45分にはツァヴタットを出航しドブロブニクの旧市街を海から眺めながら機走し町の北側の入り江の奥にあるACIマリーナドブロブニクに14時10分頃にもやいを取ることができた。トータルで35海里の航海だった。マリーナの係留手続き（1泊464kn＝約8120円）を済ませたあとまたすぐにバスに乗ってドブロブニクの町に観光に出かけた。15時過ぎには旧市街前のバス停に着きピレ門から旧市街に入ってプラッァ通りを散策し城壁の遊歩道を一周してレンガ色の素晴らしい街並みを見てきた。

ドブロブニクの観光

　7月1日は朝の9時半頃のバスに乗ってまたドブロブニクの観光に出かけた。最初にケーブルカー（往復150kn＝約2630円）に乗って標高412mのスルジ山に登った。山頂からは360度の展望が開けていて南には旧市街のレンガ色の屋根と青い海が広がり西にはグルズ湾とマリーナがありその奥には多くの島々が広がっている。その後また旧市街に戻り総督邸、博物館、キリスト教会などを巡った。昼食をアーセナルレストランで食べて夕刻17時55分にACIマリーナドブロブニクを出航し5海里西の島に錨泊した。

ドブロブニクからコルチュラへ（Dubrovnik to Korcula）

　7月2日（月曜日）は朝の5時にドブロブニクのすぐ西側にあるコロチェプ島の入り江からアンカーを上げてコルチュラに向けて出航した。出航時は快晴無風だったが8時頃から南東の風が風速8mほど吹き出しメインセールを2ポイントリーフで上げて機帆走1900rpmで走った。12時40分頃にはコルチュラの西側埠頭に着いたがあいにく係留場所は予約でいっぱいということで東側のACIマリーナコルチュラに行ったところ、なんとここも予約で満杯ということで更に東側の入り江の中に行き13時20分頃に白ブイにもやうことができた。久しぶりにテンダーに空気を入れ船外機をセットして14時過ぎに近くの岸壁に上陸した。歩いてコルチュラの旧市街まで行き聖マルコ大聖堂やマルコポーロ博物館などを見て帰ってきた（総行程45海里）。

コルチュラからフヴァル島のイェルサへ（Korcula to Jelsa）

　7月3日は朝の5時半にコルチュラの東側の湾内の白ブイを外して出航した。7月上旬のこの地方の気温は昼間で30℃前後で日陰にいればそれほど暑く感じないし夜の最低気温は22℃前後とかなり涼しくなる。クロアチアに入ってからはお陰様で天気も晴れの日が多く過ごしやすい日々が続いている。コルチュラのマリーナが予約で満杯だったためだろうか朝になって見るとこの湾内にも30隻以上のヨットが錨泊している。パイロットブックによれば7月8月はハイシーズンで多くの港がヨットで満杯になるようだ。うめぼしは世界有数のリゾート島と言われるフヴァル島のイェルサの港を目指した。43海里を走り13時過ぎにイェルサの岸壁にもやいを取ることができた。係留料は243kn（約4300円）だ。14時10分のバスに乗ってフヴァルの町に行き城塞や修道院や大聖堂などを観光して20時前に艇に戻ってきた。

フヴァル島からビシェヴォ島経由ヴィス島へ

　7月4日は朝5時20分にフヴァル島のイェルサ港を出航し青の洞窟があるビシェヴォ島を目指した。穏やかな海面約40海里を8時間かけて機帆走し13時10分にビシェヴォ島の青の洞窟近くの港に到着し赤ブイにもやいを取った。そしてすぐにテンダーを降ろして港に行こうとするとそのまま艇で待つように言われた。洞窟観光のヨットがたくさん来ていて洞窟に入れる小型ボートが順番にヨットまで迎えに来てくれるということなのだ。1時間ほど待つと小型ボートが迎えに来てくれ青の洞窟まで100knで連れて行ってくれた。14時55分にビシェヴォ島を出航し17時25分にヴィス島のヴィス港内の赤ブイにもやいを取ることができた（赤ブイ使用料130kn＝約2300円）。今日の総行程53海里だ。

ヴィス島からスプリトへ（Vis to Split）

　7月5日は朝の5時15分にヴィス島のヴィス港内の赤ブイを外して出航し31海里ほど北にあるスプリトに向かった。途中ショルタ島とブラチ島の間の海峡の手前で1時間ほどの間濃霧に遭遇した。北からの冷たい風が暖かい海面に流れ込み発生したものと思われる。視界が100m以下になり久しぶりにレーダーを頼りに航海したが船長50mくらいの高速船が不意に現れた時は肝を冷やした。霧の中で

も観光船やモーターボートがひっきりなしに通り過ぎていく。海峡を過ぎると不思議なことに霧は晴れ快晴の良い天気になった。11時10分にはACIマリーナスプリトにもやいを取ることができた。そして係留料1泊658kn（約1万1500円）を支払いすぐに海上タクシーに乗ってスプリトの旧市街へ観光に出かけた。

スプリトからトロギールへ（Split to Trogir）

7月6日は朝の6時10分にスプリトのACIマリーナを出航し14海里を走り9時にトロギールのACIマリーナにもやいを取った。係留料金1泊496kn（約8700円）を支払ってすぐに旧市街の観光に出かけた。昨日のスプリトに続いての世界遺産だ。聖ロヴロ大聖堂の豪華な彫刻や鐘楼からの景色を堪能してきた。

風待ち

7月7日（土曜日）はトロギールで風待ちをしている。Predict Windによると今日から月曜日まで3日間にわたり北西の強い風が吹き続けるようだ。今日のトロギールは快晴、最高気温32℃、最低気温20℃、日向にいると暑いのだが日陰に入れば風が涼しく感じられる心地よい天気だ。

風待ち（続き）

7月7日夕刻トロギールのACIマリーナで引き続き風待ちをしている。今晩の係留料金は初日と同じでなかなかの金額だが風には逆らえない。このマリーナには多くのチャーターヨットが係留されている。多分、土曜日日曜日でお客さんが入れ替わるためにヨットがホームポートに戻ってきているためではないかと思われる。このあたりにはダルマチアチャーターやピターヨッティングなどヨットのチャーター業者がたくさんある。そして旧市街などを歩いていてもヨット関連のウェアなどを売っている店が普通にある。庶民のレジャーに占めるヨットの割合が如何に多いのかということがこのようなところにも表れていると思われる。

➡ http://www.dalmatiacharter.com/en/#axzz5KYA5QVKC

➡ https://www.pitter-yachting.com/en/

そして今日はバウデッキにスプリングワッシャーが落ちているのを横山さんが見つけた。確認してみるとアンカー用チェーンを固定する金具のネジが緩んでナ

ットがなくなっている。ついでにバウデッキ周りのボルトを確認してみるとバウスプリットを固定しているボルトをはじめ多くのネジが緩んでいた。うめぼし航海を始めてから4年近くが経過したが航海をしているとヨットの多くの部分のネジが緩んでくるものだということを実感した。

　7月7日の夜20時からサッカーワールドカップ準々決勝のクロアチア対ロシア戦が開催され地元クロアチアのマリーナレストランでビールを飲みながら観戦した。PK戦の末にロシアを破った瞬間には町中が歓声に覆われ教会の鐘が鳴り響き船の汽笛も鳴り続き花火も上がりその熱気には圧倒された。

トロギールを出航

　7月8日は朝の7時45分にトロギールのACIマリーナを出航した。そして約40海里ほど北西にあるシベニクに向かった。天気は快晴で北西の風が弱く吹いていたが15海里ほど走った11時前頃から北西の風が強まり風速10m以上になってきたために、Rogoznicaという町の深い入り江の奥に避難しアンカーを打って錨泊することにした。明日午前中は少し風が収まりそうなので5時出航の予定でいる。

スクラディンに到着（Skradin）

　7月9日は朝の5時半にRogoznicaの湾からアンカーを上げてスクラディンに向かった。快晴で少し強い北西の風が吹いていたが25海里を5時間ほどで走りシベニクを通り過ぎて10時半にスクラディンのACIマリーナにもやいを取ることができた。そしてすぐに観光に出かけ11時にはクルカ国立公園内にあるスクラディンスキ・ブクという滝に行く遊覧船（1人往復200kn）に乗っていた。そして滝を観光した後、更に滝の上にある湖の遊覧船の2時間コースに乗ってフランシスコ修道院まで行ってきた。スクラディンのACIマリーナは1泊469kn（約8200円）だ。

スクラディンからシベニクへ（Skradin to Sibenik）

　7月10日は朝の7時40分にスクラディンのACIマリーナを出航しクルカ河を8.5海里ほど下ったところにあるシベニクの町に向かった。快晴無風の中狭い河を下り9時35分にはシベニクの町の中心部の岸壁にもやうことができた。すぐに上陸し近くのポートマスターの事務所でクロアチア出国の手続きを確認し明日の

484　世界一周船栗毛

朝手続きすることにした。その後はゆっくりとシベニクの街の観光に出かけた。まずは世界遺産の聖ヤコブ大聖堂に行き、続いて高台にある聖ミカエル要塞からのシベニクの景観を楽しんだ。教会めぐりのあと小さなレストランで昼食をとりシベニク市立博物館を見学して艇に戻ってきた。街の真ん中の岸壁にうめぼしを係留した（係留費1泊160kn）のだがこの岸壁にはもやいロープが用意されていてそれをスターン側につけていた。午後から北西の風が強くなりそのもやいロープが緩んできてうめぼしのスターンが流され隣の艇にぶつかりうめぼしのバウも岸壁にこすれるという事故があった。あわてて他のもやいロープ2本を使ってスターン側を固定したので幸いにも特に損傷はなかった。

シベニクを出航

　7月11日は朝の6時に出国手続きのためにシベニクの街の中心部にあるハーバーマスターの事務所に行き出国書類に押印をもらった。そして6時20分にうめぼしで入出国専用埠頭に移動しその近くにあるイミグレーションとカスタムのオフィスに行ったが早朝のためかイミグレーションポリスの係官が駐在しておらず30分ほど待たされた。イタリアのマンフレドニアに向けての出国手続きが完了し曇り空の弱風の中7時40分にシベニクの港を出航した。11時頃から南東の向かい風が吹き出し14時頃には風速10m以上になってきたがそのまま機帆走を続け18時にヴィスの港に着いた。しかし港の中は係留のブイを含めてすべて満杯でアンカーリングする場所もなく隣の入り江の奥まで行って18時30分にやっとアンカーリングが完了した。ところがしばらくするとポリスのボートが来て出国済みなのに滞在しているのは法律違反だということでヴィスの港の中のポリスの係留場所まで連れて行かれペナルティだと脅かされたが運良く（ワールドカップサッカーの試合の直前だったためか）今回は見逃してくれるということになり先ほどアンカーした場所に再度戻ってきたのは20時だった（航海距離は53海里）。

イタリアのマンフレドニアのマリーナに入港

　7月12日の朝の7時にヴィス島の入り江からアンカーを上げてイタリアのマンフレドニアに向かった。天気は快晴で東の風が6mほど吹く中メインセールのみを2ポイントリーフで上げて機帆走で走り16時頃に中間点にあるクロアチア領の

パラグルジャ島に着いた。島の近くにアンカーリングして１泊できないかと探ったが急峻な岩壁だけからなる近寄るのも怖い感じのする島で早々にあきらめてそのまま16時10分にエンジンを止めてメインセールだけの帆走にした。翌朝まで北東の弱い風が吹き寝ている間に20海里近く進み、13日の朝の５時半から機走を再開し11時10分にマンフレドニアのマリーナ・デル・ガルガノ（１泊24ユーロ、給油68リットルで104ユーロ）にもやいを取ることができた。すぐに２km西にあるイミグレーションポリスに行き入国の押印をもらい、その後500mほど東にあるコーストガードで艇の登録を済ませて入国処理が完了した（機走16時間で80海里、帆走12時間で24海里、合計航海距離104海里）。

マンフレドニアからバーリへ（Manfredonia to Bari）

　７月14日（土曜日）の朝６時10分にイタリアのマンフレドニアのマリーナを出航し南東54海里のバーリへ向かった。快晴で南西の風３mほどの中をしばらく機走し11時頃から北の風５～６mが吹き出したのでジブセールを展開して機帆走で快適に走り16時40分にバーリの旧港ベッチオ港のスポーティングクラブというマリーナにもやいを取ることができた。ここでマリーナ職員とちょっとした行き違いがあった。ポリスを呼ぶので艇の中で待てということで30分ほど待つとポリスが来てパスポートに再度EUへの入国印を押してしまった。マンフレドニアで入国済だというとポリスは大丈夫だと笑ってごまかされてしまった。ということで入国印が２つになってしまった。コンピュータ管理などはまったくされていないということもよくわかった。スポーティングクラブは１泊40ユーロだ。

アルベロベッロの観光

　７月15日はバーリ中央駅前のバス停から８時30分発のバスに乗ってアルベロベッロのトゥルッリを観光に行った。60kmほどを２時間かけて行くのんびりしたバスの旅で10時半頃にアルベロベッロ駅前に着きサンティ・メディチ・コズマ・エ・ダミアーノの聖所記念堂を見てその裏手にある唯一の二階建てのトゥルッリと言われるトゥルッロ・ゾヴラーノを見た。旧市街に入るとトゥルッリの街並みが続き、それはあたかも白い角砂糖の上に灰色がかったホワイト板チョコを積み上げて作った三角の屋根が乗っているお菓子でできた家が続くおとぎの国に来たよう

世界一周船栗毛

な感覚だった。17時半にはバーリの街に戻りヴィットリオ・エマヌエーレ2世通りのレストランで夕食をとりながらワールドカップ決勝戦を観戦した。

マテーラの観光

　7月16日はバーリ北駅から9時39分発の私鉄アップロ・ルカーネ鉄道の列車に乗ってマテーラの観光に出かけた。1時間半ほどの旅の途中車窓からはなだらかな丘陵にオリーブやアーモンドの木が無数に植樹されていたり刈り取られた麦畑の茶色の絨毯が広がったりとよく手入れされた農業地帯を眺めることができた。また列車は揺れが少なく冷房も適度に効いていて快適な旅だった。マテーラはサッシと呼ばれる洞窟住宅の旧市街があり石灰岩でできたすり鉢状の斜面に薄茶色の屋根の洞窟住宅がへばりつくように規則性もなく密集して立っていた。市街には内装が豪華な教会がたくさん建てられておりその中には石窟教会もあった。紀元前5000年頃の新石器時代から人が住み始めごく最近まで住んでいたという人の住処そのものの歴史が残る文化遺産だ。

風待ちと失敗

　7月17日の朝はバーリのマリーナでゆっくりしてその後バーリの街の観光と食材調達をした。というのも風予報がまちまちで風が強い予報もあればそうでない予報もありかつ60海里先の次の寄港地ブリンディシまでの途中避難港もあまり良いところがないようなので安全策を取って今日一日バーリで様子見をすることにしたためだ。そして17時過ぎに係留費節約のためにマリーナを出てバーリの旧港内に錨泊しようとしたところ、出航時に後進のプロペラを回した時にプロペラに係留ロープを巻き込んでしまい身動きが取れなくなってしまった。ロープを外すために自分で潜らないといけないかと思ったがマリーナ内でもあることでまずはマリーナの担当者に相談したところすぐにダイバーを呼んでくれた。幸いなことに1時間もしないうちに屈強そうなダイバー（100ユーロ）が来てくれ素潜りで巻き付いた係留ロープを切断し巻き付いたロープをプロペラから取り除いてくれた。お陰様で19時過ぎにはマリーナを出航し港湾内にアンカーリングすることができた。

バーリからブリンディシへ（Bari to Brindisi）

　7月18日（水曜日）は朝の6時にバーリの水深2mの港からアンカーを上げてブリンディシに向けて出航した。快晴北西の風が8mのち10m強吹く中を追手の機走で62海里を走り16時10分にマリーナ・デ・ブリンディシにもやいを取ることができた。大きな工業港の中の奥にある設備の充実したマリーナだが空港のすぐそばにあり市街地からはかなり離れた立地だ。1泊34ユーロ。昨日ロープを巻きつけたドライブは順調に動き62海里を10時間平均6ノットで走ることができた。

ブリンディシからレウカ岬へ（Brindisi to Leuca）

　7月19日は朝の5時25分にアッピア街道の終点として知られるブリンディシの街を出発しサレント半島の最南端のレウカ岬に向かった。昨日に引き続き快晴で北西の風が10mほど吹いているが波は少しだけ収まった感じだ。メインセールを2ポイントリーフで上げジブセールを半分展開して真追手で機帆走した。サレント半島は山のない平地なのだが日本の平野とは少し趣が異なっている。海岸線は切り立った崖が多くその上に平地が広がっているのだ。地中海性気候の典型で夏の雨が少ないためか草は生えているが大きな樹木はあまり見えない。風が吹くことが多いのか風力発電機がたくさん立っているのが見えた。12時過ぎにオートラントの岬を越え16時15分にマリーナ・ディ・レウカ（1泊31ユーロ）にもやいを取ることができた。うめぼしとしては超高速の11時間弱で66海里を走った。

レウカ岬からクロトーネへ（Leuca to Crotone）

　7月20日は朝の5時25分にレウカ岬のマリーナを出航しターラント湾を横断してカラーブリア州のクロトーネへ向かった。今日も雲一つない快晴で北西の風が5〜7mほど吹く中セールを上げてアビームより少し上り気味で機帆走した。これまでのアドリア海に比べてイオニア海は波が穏やかで波にたたかれることが少なく6ノット近くのスピードで快走することができた。73海里を13時間強で走り18時40分にクロトーネのLega Navale Italianaというマリーナにもやいを取ることができた。係留料金は30ユーロだった。少し街中の散策に出かけたところここはイタリアの中でも南国のリゾート地のようで海水浴をする人や海岸近くのテラスで夕涼みをする都会的雰囲気の人々が多くみられた。

488　世界一周船栗毛

クロトーネからロッチェラ・イオーニカへ
（Crotone to Roccella Ionica）

　7月21日（土曜日）は朝の5時55分にクロトーネのマリーナを出航し63海里南西にあるロッチェラ・イオーニカのマリーナに向かった。出航時は快晴無風でエンジンの回転数を2400rpmに上げて航海を急いだ。途中インターネットがつながり風予報を確認することができ午後からは南の風が強まるとのことで一時途中の港に寄ることを考えたが、更に詳細を検討し当初の予定通りにロッチェラ・イオーニカに向かうことにした。予報通り13時頃から南の風が7mほど吹き出したがそのまま機走で走り17時10分にポルト・デレ・グラジエ（Porto delle Grazie）というマリーナ（1泊35ユーロ）にもやいを取ることができた。

ロッチェラ・イオーニカからメッシーナへ
（Roccella Ionica to Messina）

　7月22日はまだ真っ暗な朝の4時にロッチェラ・イオーニカのマリーナを出航し80海里ほど南西にあるシチリア島のカターニアを目指した。出航してしばらくは南西の風が弱く吹いていたが7時頃に雨雲が通過し最大8m程度の風が360度時計回りに振れて行った。その後はまた弱い南西の風が吹き10時にはSpartiventoの岬を無事に通り過ぎたのだが10時半頃から風速10mを超える南西の風が正面から吹き始めた。まだ残り45海里ほどあったのでカターニア行きをあきらめてメッシーナに向かうことにした。ところがこの目的地変更が大きな間違いでメッシーナ海峡は北から南に向けて15m強の風が吹いていたのだ。真向かいの風と波にたたかれながらメッシーナのマリーナに着いたのは17時10分だった。航海距離は70海里だった。メッシーナのマリーナは1泊80ユーロだ。

メッシーナからカターニアへ（Messina to Catania）

　7月23日は朝の6時にメッシーナのマリーナを出航し51海里南西にあるカターニアに向かった。天候は曇り時々小雨で西の風が時折強く吹いている。出航してすぐ南に向かうと8ノットの速度が出た。これはメッシーナ海峡の潮流の影響で北から南への流れが2ノット程度あったようだ。メッシーナ海峡はティレニア海とイオニア海の間にあり海峡の潮流は最大4ノットにもなるそうだ。また海水の

塩分濃度がイオニア海の方が濃いので北から南に流れる時は海の表面近くの流れが速くなりその逆の場合は海底近くの流れが速くなるということで海面付近での潮流の差は２倍程度の差があるということだ。また岸近くを走ったためと思われるがしばらくすると艇速が４ノットまで落ちた。多分転流の影響ではないかと思われる。その後シチリア島の東岸を走ったので島陰になっていて風はいろいろな方向から吹いたが比較的穏やかだった。しかしこの西風が熱風のように熱く乾燥していて今日の最高気温は39℃まで上がりまさに南国に来たという感じだった。途中タオルミーナの町の沖を通り海側から町の風景を楽しむことができた。エトナ山の頂上は雲に隠れていたがその裾野の広い雄大な姿を見ることができた。16時にはカターニアのマリーナ（１泊45ユーロ）に係留が完了しすぐにカターニアの街の観光に出かけ夕食用にトルコ料理のケバブを買って帰った。

カターニアからシラクーサへ（Catania to Siracusa）
　７月24日は朝の６時10分にカターニアのマリーナを出航し31海里南のシラクーサへ向かった。天気は快晴で風は弱い風が南から南西、西、北東、東と大きく振れた。機走2000rpmで走り11時40分にシラクーサのマリーナ（１泊45ユーロ）にもやいを取ることができた。60リットルの軽油を97ユーロで購入しすぐに街中の観光に出かけた。旧市街のドゥオーモや新市街側にあるネアポリス考古学公園などを見て回った。

シラクーサからスコリッティへ（Siracusa to Scoglitti）
　７月25日（水曜日）は朝の６時にシラクーサのマリーナを出航しシチリア島の南東端をぐるりと回って68海里の小さな漁村スコリッティのマリーナ（Club Nautico）に18時40分にもやいを取ることができた。今日も快晴で西寄りの風が弱く吹く中機帆走2100rpmで平均5.4ノットで走った。今日の最低気温は23℃最高気温は28℃で航海中の風も涼しく感じた。

スコリッティからエンペードクレへ（Scoglitti to Empedocle）
　７月26日はまだ夜の明けきらない朝の５時半にスコリッティのマリーナを出航しシチリア島の南西岸を51海里航海して15時20分にポートエンペードクレのマリ

ーナに到着した。10時間平均５ノットだ。パイロットチャートによると７月のシチリア島は50％以上の確率で西風が吹くようだが今週はほとんど西寄りの風だった。その西風にもいろいろあるようで今日も快晴の西風だったが非常に涼しく感じた。体感温度23℃くらいだろうか、コクピットで風に吹かれている時は長袖長ズボンでも肌寒さを覚えるような感じだ。風予報のPredict Windは比較的正確なようで毎朝これを確認してから出航するようにしている。シチリア島のマリーナの係留費は比較的高めでここはシャワーなしだが50ユーロだった。軽油40リットルを73ユーロで調達した。

エンペードクレからトラパーニへ（Empedocle to Trapani）

　７月27日は６時10分にエンペードクレのマリーナを出航しシチリア島西端の町トラパーニに向かった。快晴無風の中シチリア島の南西岸を北西に向けてエンジン回転数2400rpmで機走し６ノット前後で先を急いだ。しかし10時半頃から艇速が落ちだして５ノット強になった。多分潮流が逆潮になっている影響だと思われる。それでも14時頃にはシチリア島南西端のカポグラニトラの岬を無事に越え風も波も穏やかな航海をすることができた。途中イルカの少数の群れが艇の周りを遊んでくれた。15時過ぎにはシチリア島西岸で７ノットまで艇速が上がった。連れ潮の潮流のためだと思われる。シチリア島周辺は風も潮もいろいろと難しいようだが何とか明るいうちにトラパーニ近くまでたどり着くことができた。しかし既に19時を過ぎているのでマリーナには入らずに３海里ほど沖合にあるレヴァンツォ島の入り江にアンカーリングして過ごすことにした。総行程78海里。

レヴァンツォ島からパレルモへ（Levanzo to Palermo）

　７月28日（土曜日）は朝の６時にレヴァンツォ島の入り江からアンカーを上げてパレルモに向かった。まだ薄暗い西の空には靄で薄茶色に染まった満月がまさに沈みかけている。そしてしばらくするとシチリア島の山の端からお日様が出てきた。今日も快晴の空とコバルトブルーのティレニア海をシチリア島の北岸に沿って東へ向けて穏やかな風と波の中を航海した。59海里を走り17時半にはパレルモのマリーナに着いた。港の入り口の給油ステーションで66リットル（108ユーロ）を給油し港の左奥のマリーナに行くと満杯だと断られやむなく港の入り口側のガ

リジマリーナに行き係留することができた。ガリジマリーナの係留料は1泊だと50ユーロ、2泊の場合は40ユーロ。

パレルモの街の観光

　7月29日は艇の上でゆっくり朝食をしてから街の観光に出かけた。十字路を装飾で飾ったクアットロ・カンティ、裸体彫刻に囲まれた噴水があるプレトーリア広場、金色に輝くビザンチン様式のモザイクで装飾されたマルトラーナ教会、昔のイスラム教会がそのまま残るサン・カタルド教会、巨大な大聖堂であるカテドラーレ、ノルマン人が征服して設立したノルマン王朝の王宮、その中にある黄金に輝くモザイク画で飾られたパラティーナ礼拝堂などを見てきた。シチリア島は古代ギリシャや古代ローマを含め時と共にいろいろな人種や宗教、文化が入ってきてそれらが交じり合った一種独特の歴史遺産を持っている。ガリジマリーナに2泊することにして80ユーロを支払った。

パレルモからチェファルーへ（Palermo to Cefalu）

　7月30日は朝の6時半にパレルモのマリーナを出航し33海里東にあるチェファルーに向かった。シチリア島の北岸は風が穏やかで快晴無風の中快適に航海し12時55分にチェファルーの港の中のアンカーリングスポットにアンカーを打つことができた。チェファルーの街は巨大な岩山の山裾にたたずむレンガ色の古い家並みが美しい街だ。

チェファルーからリパリ島へ（Cefalu to Lipari）

　7月31日は朝の6時半にチェファルーの湾からアンカーを上げ53海里ほど北東にあるリパリ島に向かった。今日も快晴で弱い西寄りの風が吹く中を追い風で走り16時30分にリパリ湾のルンガ港に入り給油ステーションで33リットル（50ユーロ）を給油してルンガ港内のLa Buona Fondaというマリーナに係留することができた。このマリーナはリパリの町に近いのは良いのだがフェリーが出入りするたびに大きな引き波が来るのが欠点で1泊70ユーロもする割にはシャワーもトイレもない。

492　世界一周船栗毛

リパリ島からストロンボリ島経由でアマルフィへ（Lipari to Amalfi）

　2018年8月1日はリパリ島でゆっくりヴィットリオ・エマヌエーレ通りを散策したり床屋で散髪をしたりして過ごし15時にマリーナを出航する。まずはこれから23海里ほど北東にあるストロンボリ島に向かう。エオリエ諸島はリパリ島やストロンボリ島など7つの島からなる火山列島で世界遺産の自然遺産にも登録されている。ストロンボリ島の西側シャーラ山のふもとでは現在も火山が噴火しており溶岩も流れているということでこれを夜暗い時間に海から見ようというのが今回の狙いだ。火山を見たあとはそのまま110海里ほど北上しアマルフィへ向かう。

リパリ島からアマルフィへ（続き）

　8月1日の19時半にストロンボリ島に到着しエンジンを止めて夕日が沈むのを待った。日が落ちてあたりが薄暗くなりかけた頃観光客をたくさん乗せた観光船が10隻以上出てきたのでその後に付いて少し沖に出た。宵の明星付近の他の星が見え始めるほど暗くなった頃から山の中腹で噴火の炎が見え始めた。噴火が起きると周りが赤くなり収まると暗くなるというのを不規則に繰り返すのが遠くに小さく見えてたまに大きな噴火があると炎が見えるという感じだ。残念ながら溶岩流は見えなかった。21時半頃になると観光船の数も少なくなってきたのでうめぼしもアマルフィへ向けて1600rpm4.4ノットというゆっくりとしたスピードで機走を始めた。翌2日の朝の6時からは1900rpm5ノットに速度を上げて機走しアマルフィの15海里ほど手前の遠浅の海岸に18時40分にアンカーリングをした。17時15分頃から45分頃まで積乱雲の風雨に遭遇し風速15mと強い雨に見舞われた。リパリ島からここまでの総行程は129海里だ。フォチェ・デル・セレというところの海岸で1泊した。

フォチェ・デル・セレからアマルフィへ

　8月3日（金曜日）は朝の6時40分にフォチェ・デル・セレの海岸からアンカーを上げてアマルフィに向かった。お陰様で昨晩は陸からの弱い風が吹き海面は波のない穏やかな状況でよく眠ることができた。10時10分にはアマルフィの港に着き岸壁の先の給油ステーションで53リットルを給油しマリーナのポンツーンに係留した。アマルフィの港は非常に混んでいて船の出入りも多くさすが観光地だ。

係留料は1泊80ユーロだがシャワーは浜辺の海水浴客用のものしかないということだ。

アマルフィとラヴェッロの観光

　8月3日は午後からアマルフィの街の散策に出かけた。街の中心部にあるドゥオーモ（大聖堂）や13世紀の上流階級市民の墓地である天国の回廊などを見て回った。そしてバスに乗って30分ほど断崖の上の集落ラヴェッロに行った。13世紀の大邸宅であるヴィッラ・ルーフォロやドゥオーモを見て回った。しかし15時30分頃から昨日と同じように積乱雲によると思われる強い雷雨に見舞われ1時間ほどBARで雨宿りをして過ごした。

ポジターノ散策

　8月4日は朝9時のバスで海岸線の曲がりくねった景色の良い狭い道を走りポジターノまで散策に出かけた。バスは片道2ユーロでベテランドライバーの究極の運転技術で対向車線の車をうまく避けながら45分ほど走りポジターノの街まで連れて行ってくれた。サンタ・マリア・アッスンタ教会や無数のパラソルが立ち並ぶビーチ、そして細い路地が連なる街並みなどを見て12時にはアマルフィに戻ってきた。午後からは動かなくなったトイレポンプの修理をした。不調の原因は2つあり一つはポンプの排出口のパイプの中にある逆流防止のゴム製の弁の周りに灰汁が溜まり弁が固着して汚水の排出ができにくくなっていた。もう一つはモーターのプロペラに髪の毛などが巻き付き回転が悪くなっていた。16時過ぎに係留費節約のためにマリーナを出てすぐ西隣の湾にアンカーリングし明日はカプリ島に向かう予定だ。若尾さんとお会いできると良いと思っていたが既にアドリア海に向かわれたようで今回は残念ながらすれ違いになった。

アマルフィからソレントへ

　8月5日（日曜日）は朝の6時半にアマルフィの海岸からアンカーを上げてカプリ島に向かった。快晴で東寄りの風が少し吹いているが追い風で快適な走りだ。10時にはカプリ島の北側のマリーナ・グランデに着いたがあいにくマリーナは満杯で係留できない。やむなく島の南側のマリーナに行ってみた。しかしここでも

ソレントにて海からの来客
（Paoloさん千晶さんご家族）

Paoloさんと横山さん

黒ブイや赤ブイにもやってみるもののいずれもすぐにテンダーがやってきて係留不可とのお達しだった。せっかくなので引き続き時計回りに島を一周してソレントに向かうことにした。14時にはソレントのマリーナ・ピィッコラに着いたがここも満杯で隣のマリーナ・カッサノに行ってみたがここも満杯だ。マリーナに係留することをあきらめて15時頃にコッレアーレ展望台近くの海岸に錨泊することにした。18時頃にPaoloさんと千晶さんと4人のお子さんが海から泳いでうめぼしへ来てくれた。

ソレントからトレデルグレコへ（Sorrento to Torre del Greco）

　8月6日は昨日うめぼしまで来てくれたPaoloさんが朝の7時にカヤックで荷物を運び次に泳いでうめぼしまで来てくれた。Paoloさんと共に7時過ぎに出航しプローチダ島に向かった。

　10時半頃プローチダ島のコッリチェッラ地区のパステルカラーの町並みを海から眺めてすぐにトレデルグレコの港に向かった。13時30分にはトレデルグレコ港の中のPaoloさんが所属するヨットクラブのポンツーンに係留させてもらった（総走行距離は35海里）。そしてすぐにPaoloさんのお父さんの車でグレコの駅まで行

き列車でソレントに向かった。14時45分にはソレントの駅に着きソレントの街を散策し19時からPaoloさんの別荘で夕食をご馳走になって22時半にうめぼしに戻ってきた。

エルコラーノとポンペイ遺跡の観光

　8月7日（火曜日）は朝ゆっくりとうめぼし内で朝食をとってから9時半頃に出かけた。エルコラーノ遺跡までは徒歩40分程度で行くことができた。エルコラーノ遺跡はポンペイと同じく紀元79年のベスビオ火山の噴火で埋もれてしまった。ポンペイは火山灰に埋もれたのに対してエルコラーノは溶岩に埋もれたために発掘は大変だったが木材や布や食品などの保存状態が良く見るべきものが多くあるということだ。午後からはポンペイまで電車で行き紀元79年の往時を偲んできた。

カプリ島の観光

　8月8日はカプリ島の観光に出かけた。ソレントまで列車に乗っていきそこから高速フェリーに乗ってカプリ島の港マリーナ・グランデに9時半頃に着いた。港からミニバスに乗って細くて急な坂道を登ってアナカプリまで行きそこでバスを乗り換えて青の洞窟まで行くのだがバスの揺れが大きく座っていても体を飛ばされないようにするのが大変なくらいだった。洞窟前では岩場の階段を下りていきお客4人ほどを乗せられる小さな手漕ぎボートに乗って洞窟内に入る。洞窟内は結構広く船頭さんの歌を聴きながら洞窟内を2周回ってもらった。その後アナカプリ、カプリの街を散策して帰りはマリーナ・グランデからトレデルグレコに直行するフェリーで帰ってきた。

ナポリの観光

　8月9日は午後からナポリの街の散策に出かけた。トレニタリアの列車でトレデルグレコ駅からナポリ中央駅まで行き駅からスカッパナポリ方面に歩いていった。ドゥオーモ、サンパオロ・マッジョーレ教会、サンタ・キアーラ教会などを見て、その次に王宮のあるプレビシート広場に行った。帰りはR2のバスに乗って中央駅まで戻りまた列車で帰ってきた。

世界一周船栗毛

トレデルグレコ港のレガ ナバレのマリーナ（Lega Navale Italiana）

　Paoloさんの紹介で現在係留させてもらっているマリーナはLega Navale Italianaというマリーナで地元密着型のクラブのようだ。Torre Del Grecoの港の中にはたくさんのポンツーンがあるがそれぞれ別の組織が管理しているようで、Lega Navale Italianaは入り口から2つ目のポンツーンを持っているようでその現地管理者がペッペさんだということだ。このクラブのホームページを見ると青少年向けの活動が活発なように見える。今日お昼にPaoloさんが再度マリーナまで来てくれて打ち合わせをした。その結果うまくいけば8月15日までここに係留させてもらえそうだ。➡ http://www.leganavale.it/nazionale/homepage

ナポリの観光（2日目）
　8月10日（金曜日）も午後からナポリの街の観光に出かけた。ヌオーヴォ城、ガッレリア、卵城を見て帰ってきた。

ナポリの観光（3日目）
　8月11日は朝からナポリの観光に出かけた。サン・カルロ劇場のガイド付き見学、王宮の内部見学、トレド通りのピッツェリアで4ユーロのマルゲリータを食べ、フニコラーレ（ケーブルカー）に乗ってヴォメロの丘に登りサンテルモ城からナポリの旧市街や港の素晴らしい眺望を見てきた。

ナポリの観光（4日目）
　8月12日（日曜日）は昼前にナポリの街に出てスカッパ地区のピッツェリアTrianonで8ユーロのマルゲリータを食べた。そして午後から国立考古学博物館に行き、帰りにドゥオーモの中に入って見て帰ってきた。

ナポリの観光（5日目）
　8月13日は午前中からナポリのフニコラーレに乗ってヴォメロの丘の国立サン・マルティーノ美術館に行った。その後斜面を徒歩で下りトレド通りのピッツェリアで昼食をしてからサン・ドメニコ・マッジョーレ教会を見て帰ってきた。

お客様の来訪

　8月14日はお昼前にうめぼしを係留させてもらっているマリーナの持ち主のクラブLega Navale ItalianaのPresidentのSig. Salvatore D'Urzo（サルバトーレ・ド

トレデルグレコのコモドールとバージ交換

ゥルゾ）さんがうめぼしを訪ねて来られた。Paoloさんの計らいでドゥルゾさんの了解をもらって係留させてもらっている。ドゥルゾさんはLega Navale Italianaのバージを持って来られうめぼしに寄贈していただいた。またこちらからは長距離航海懇話会（Japan Ocean Cruising Club）のバージと日本国旗を贈呈した。

　午後からはPaoloさんと娘のサラちゃんが来られたので打ち合わせをして、これまでにお世話になった御礼として手書きのお礼状を手渡した。

　地元の新聞に出たようだ。PaoloさんによればTorre Del Grecoは真珠やサンゴの輸出で日本と関係が深い面があるとのことだ。

➡ https://www.ilmattino.it/napoli/cronaca/dal_giappone_alle_canarie_fanno_tappa_porto_corallino_cerchiamo_compagnia_proseguire_tour-3910671.html

お礼状（Paoloさんはこの漢字を含むレターを読むことができた）

Lega Navale Italiana 様

　小型の木造ヨット「うめぼし」に乗っている増田 潔と横山 孝です。このたびはマリーナを利用させて頂きありがとうございました。「うめぼし」は2014年8月に日本を出航し、台湾、フィリッピン、マレーシア、タイ、スリランカ

を経由してインド洋を横断し南アフリカを回ってジブラルタル海峡を通ってイタリアまで来ました。Torre Del Grecoでは「うめぼし」をマリーナに温かく迎えて頂きそして滞在させて頂きありがとうございました。皆様のご配慮に深く感謝申しあげますとともにご好意に厚く御礼申しあげます。お陰様にてカプリ島やソレントの美しい景色を堪能させて頂き、ポンペイやエルコラーノではすばらしい古代遺跡を訪ねることができ、ナポリの街の懐の深さを感じることができました。今後は大西洋と太平洋を渡り日本まで航海していく予定です。

増田 潔

横山 孝

横山さんの帰国とTorre Del Grecoからの出航

8月15日の午後の飛行機で横山さんが帰国される。約4か月間の同乗に感謝申し上げる。お陰様でその間は楽しくかつ安全に航海をすることができいろいろと教えていただくこともたくさんあった。またおいしい食事も作っていただいた。朝の7時に横山さんはうめぼしを下船され同時にうめぼしはサルディニア島へ向けて220海里ほど2泊3日の航海に旅立つ。

Torre Del Grecoからサルディニア島のPalauへ

8月15日の6時にペッペさんが見送りに来てくれた。あいにくの雨の中だが7時に無事に出航することができた。横山さんペッペさん出航対応ありがとうございました。雨は降っているが風は南東から風速5mほど吹いているので7時半にはエンジンを止めて帆走した。しかし10時半には雨も止んだが風もなくなり機帆走に切り替えた。途中16時にはヴェントテーネ島、20時にはポンツァ島を通過した。そして24時半まで機走しその後は16日の朝の6時まで帆走し（浮遊し）明るくなると機走をした。16日は快晴で無風または微風で機走し夜は同様（浮遊）だ。17日朝4時に機走を始め18時にサルディニア島北端のパラーウ（Palau）のマリーナに到着した。しかしマリーナは空きがなく外のブイにもやった。しかしこのブイも19時過ぎに追い出され近くにアンカーリングして無事錨泊することができた。総行程234海里。

サルディニア島のパラーウからコルシカ島のボニファシオへ
(Palau to Bonifacio)

　8月18日（土曜日）は朝の8時20分にパラーウの港からアンカーを上げて17.5海里北西にあるコルシカ島のボニファシオに向かった。快晴無風の中、国立公園のラ・マッダレーナ諸島を通り過ぎ、風が強いと言われるボニファシオ海峡を横切って行った。ボニファシオ海峡では前線のような細長い入道雲の列を通り過ぎる時に雷と大粒の雨に見舞われたが特に風は吹かずに12時に無事にボニファシオ港のPort de Plaisanceにもやいを取ることができた（1泊21.5ユーロ）。ここで軽油80リットル（129ユーロ＝約1万6800円）を補給し、ブタンガス45ユーロを購入、ビール、ワイン、飲料水、果物など食材を調達した。コルシカ島南部は深い入り江や島が多くヨットにとっては絶好のクルージングポイントのようだ。またボニファシオの港は入り江観光の拠点になっており数多くの観光船が出入りしている。サルディニア島側の国立公園ラ・マッダレーナ諸島を含めヨットでクルージングするにはなかなか良いところだと思われる。しかし風はやや強いことが多いかもしれない。

コルシカ島からスペインのメノルカ島へ

　8月19日は朝8時にフランスのコルシカ島ボニファシオを出航し240海里ほど東にあるスペインのバレアレス諸島のメノルカ島に向かう。3泊4日の航海を予定している。

コルシカ島からスペインのメノルカ島へ（到着）

　8月19日朝7時55分にフランスのコルシカ島ボニファシオを出航し東へ245海里航海しスペインのバレアレス諸島のメノルカ島の北岸の入り江の中にあるFornellsの錨泊地に8月21日20時40分にアンカーリングが完了した。2泊3日時間にして61時間の航海で良い風に恵まれエンジンを回した時間は16時間だった。

メノルカ島のマオン散策

　8月22日（水曜日）の朝は静かに明けた。前夜は絶好の錨泊地で風もなくまったく揺れを感じることなく爆睡していたようだ。ゆっくり朝食をとってから8時過ぎにマリーナに移動した。マリーナの入り口に給油ステーションがあり人がい

500　世界一周船栗毛

る。そこでまずは給油することにして給油ステーションにもやった。そこにいた人はこの付近のブイをヨット向けに貸し出す仕事をしている人でXaviさんという。今日の出会いはここから始まった。Xaviさんに２つのマリーナ情報を教えてもらいVHFで問い合わせたところ一つは満杯でもう一つは10時から営業開始ということだった。間もなくすると給油ステーションの従業員が出勤してきて25リットル（40ユーロ）を入れてすぐにステーションを離れ10時までの時間待ちをしているとXaviさんがテンダーで寄ってきて自分のブイを使って10時まで待てと言う。ブイで10時まで待ってVHFで問い合わせたところ16時以降であればOKとの返事だ。16時までは待てないので断ってそのままマヨルカ島に行くことにしてXaviさんにお礼を言いに行くとまた自分でもう一度マリーナに確認を取ってくれた。そして16時まで自分のブイで待ってはどうかと言う。10時から16時までは仲間のIsaさんがマリーナまで送迎してくれるというのだ。これに甘えて16時までXaviさんのブイにもやってメノルカ島の中心地マオンまで観光に行ってきた。夕刻Club Nautic Fornellsに移動し（１泊45ユーロ）欲しかった清水を補給することができた。Xaviさんはブイの使用料はいらないの一点張りだ。錨泊地から給油ステーション、ブイ１、ブイ２、マリーナと移動した。メノルカ島は17世紀に70年間イギリスの支配下にあったということでイギリスの文化が色濃く残っているというガイドブックの説明があり、その内容を案内所の人に聞くと日当たりの良い出窓（地元では必要ない）が昔の建物に残っていたりハノーバー通りというようなイギリス風の地域名称がたくさん残っているということだった。

メノルカ島のFornellsからマヨルカ島のポリェンサへ

　８月23日は朝の６時20分にFornellsのマリーナを出航し70海里ほどの距離のマヨルカ島のSollerを目指した。デイランとしては距離が長いので快晴西の風が弱く吹く中機走2100rpmと少し急ぎ気味で走った。９時頃に突然プロペラの回転数が落ちたのですぐにエンジンを止めてペラルックからプロペラを確認すると黒っぽいものが引っかかっている。ボートフックを突っ込んで引き上げるとロープが上がってきた。しかしどうしてもプロペラから外れないので手の届く範囲のロープを切り取りエンジンをかけると何とかプロペラは回っている。とりあえずそのまま走ることにしてただ用心のためにSollerよりも近いポリェンサに向かうこと

にした。16時半にポリェンサのマリーナに着き給油ステーションで給油（17リットル＝25ユーロ）してマリーナ情報を教えてもらった。そのまま公営のPort IBのほうのマリーナオフィスに行き手続きを済ませてから艇を指定の場所にもやった（1泊24ユーロ）。そしてプロペラのロープを取り除くためにウェットスーツを着て潜った。作業は簡単に5分ほどで終わり18時には今日の仕事を終えることができた。総行程52海里。

マヨルカ島のポリェンサからソーイェルへ（Pollenca to Soller）

　8月24日は朝の7時半にポリェンサのマリーナを出航し半島をぐるっと回って36海里走り15時半にソーイェルのマリーナに係留が完了した（1泊27ユーロ）。天気は快晴で風は弱くセールを上げたものの機走中心だった。途中、高気圧と高気圧の狭間にできる気圧の谷の帯にできると思われる積乱雲の細長い帯が南北に伸びているところに遭遇し、初め帯は西に動いていたがそのうち消滅しその後また現れて今度は東に移動していった。帯の東側では弱い東風が吹き、西側では弱い西風が吹いた。マヨルカ島の北西岸は切り立った崖になっているところが多くまたところどころに深い入り江になっているところもありそこに係留しているヨットも多く見かけた。

マヨルカ島のソーイェルからイビサ島のポルティナチュへ
（Soller to Portinatx）

　8月25日（土曜日）は朝の7時45分にソーイェルのマリーナを出航しイビサ島の北端にある錨泊地を目指した。天気は曇りのち晴れ北寄りの風が3〜6mほど適度に吹く中を機帆走で70海里を走り19時50分にポルティナチュの入り江の中にアンカーリングすることができた。エンジンを2200rpmで回し平均6ノットで12時間という急ぎ旅になってしまった。

イビサ島のポルティナチュからサントアントニへ

　8月26日は早朝の2時頃アンカーから音が聞こえたのでコクピットに出てみると隣のカタマランと2mほどで並んでいる。GPSマップのスイッチを入れて確認すると70mくらい西に流されている。また走錨したのだ。東の風が3〜4mほど

吹いているがそれほど強くはない。水深は５mほどで深くはないのだがチェーンの長さが足りなかったのかかかりが悪かったのか流されてしまった。幸い月明かりもあり周りのヨットがぼんやり見えるのですぐにアンカーを上げて東へ50mほど移動して再度アンカーを入れた。今度は夜明けまで大丈夫だった。朝も少し強い風が吹いていてゆっくり朝食を済ませてから８時45分に出航した。快晴で東の風が６〜７mほど吹いている。帆走を２時間半ほど入れて13時15分に18海里ほど離れたサントアントニのマリーナに係留が完了した。Port IBに入るつもりが間違ってClub Nautic Sant Antoni（ES Nautic）に入ってしまった（１泊48ユーロ）。でもなかなか良いマリーナだ。給油39リットル＝57ユーロだった。

イビサ島のサントアントニからスペイン本土のポルトマンへ

　８月27日（月曜日）の朝８時10分にサントアントニのES Nauticマリーナを出航しアルメリマルに向かった。風予報ではここ３日ほどは東または北の風が適度に吹くようなので風の様子を見ながら行けるところまで行ってみようという腹積もりだ。11時頃から南東の風が４〜５mほど吹き出し帆走に切り替えた。27日の夜も時々弱まったりしながらも吹き続けて自動帆走にして翌朝の７時に起きると72海里走っていた。７時から機走を始め18時半にカルタヘナ近くのポルトマンという町の小さな入り江にアンカーリングをした。ここまでの走行距離は137海里だ。残りは120海里ほどあり２日は必要なのだがここで風予報を見ると明日29日の夜までは穏やかな風のようだが明後日30日の午後から31日にかけて東寄りの風が強まりそうだ。どこかで風待ちをしないといけないかもしれない。

ポルトマンからアルメリマルへ

　８月29日の朝７時にポルトマンの入り江からアンカーを上げて出航した。天気は快晴、午前中は北東の風が３〜５m、午後からは南西の風が３〜５mほど吹く中を機帆走で走り、夜になってから少し帆走をした。30日の朝３時40分から機帆走を開始して10時10分にアルメリマルのマリーナに到着した。総行程119海里を27時間かけて走りそのうち帆走は3.5時間だった。給油ステーションで52リットル（70ユーロ）補給し満タンにした。29日の午後久々の釣果（小ぶりのかつお４尾）あり。アルメリマルのマリーナでは林フミさん、美帆の辻村さん、つばたかの古

賀さんに出迎えてもらった。VISA取得のために30日午後からフミさんの新車でエルエヒドとアルメリアの警察まで連れて行ってもらった。30日の夜はフミさんにタパスバーにて歓迎会をしていただいた。

アルメリマルに滞在

　8月30日からしばらくの間アルメリマルのマリーナに滞在して少し時間のかかる整備などに取り組みたいと思っている。9月1日はポンプの調子が今一歩だったトイレの全分解清掃をして何とか普通に動くようになった。デッキからの水漏れ対策をしなくてはならないのだがこれが大仕事でなかなか手につかない。毎晩、辻村さんの美帆にお邪魔してご馳走になっている。

フミさん主催のパエリアパーティー

　9月9日は14時からアルメリマルの東岸にあるレストラン「フラミンゴ」でフミさん主催の「美帆お別れ」のパエリアパーティーがあった。辻村オーナーの美帆に乗られている辻村さん、野村輝之さん、古賀道明さんが艇をアルメリマルに置いて日本に帰国されるということでのさよならパーティーだ。野村輝之さんはシーガル号で世界一周や太平洋周回などをされた長距離航海のレジェンドだ。そして古賀道明さんも太平洋横断をされたヨットの達人だ。いろいろなことを教えていただいた。

アルメリマルにて（左から野村さん、私、フミさん、古賀さん、辻村さん）

美帆メンバーの帰国

　9月11日、美帆メンバー3名（辻村さん、野村さん、古賀さん）が帰国の途に就かれた。エル・エヒドの街のバスターミナルまでフミさんの車で送ってもらいバスでマラガまで行きそこから飛行機で帰られるとのことだ。アルメリマル滞在中は大変お世話になった。毎晩のようにジャヌー45.2の美帆の広いキャビンでの夕食兼宴会に押しかけ美味しい料理をご馳走になり楽しくかつ興味深い話を聞かせていただいた。お陰様で来年の概ねの航海計画が見えてきた。

アルメリマルでの越冬

　今年の航海は今滞在しているアルメリマルで終わりにすることにした。予定ではカナリア諸島のラスパルマスまで行ってそこで越冬するつもりでいたのだがラスパルマスのマリーナが満杯で予約できなかったことと、9月末にアルメリマルで長距離航海懇話会の秋の地中海大集合がありそれに参加し、その後10月に妻邦子がスペイン旅行に来ることになりその機会に邦子と一緒に日本まで帰ることにしたためだ。アルメリマルには8月30日から来年1月末まで5か月間お世話になることにして係留料11万3000円を支払った。この間にいつもはなかなか手をつけきれない艇のメンテナンスや整理整頓、清掃などを少しずつ進めている。バッテリー4台のうちいつも使う3台が2年で駄目になったのでフミさんに手伝ってもらってスペインアマゾンから新しいバッテリーを安く購入したり、バウの海水漏れの対策としてバウカバーを新たに注文したりしている。また昨晩はフミさんにタパスバーに誘っていただき会食をしたり今日はマリーナ西側のレストラン「Latita」でパエリアをご馳走になったりとゆっくりした時間を過ごしている。来年は2月上旬にアルメリマルを出航しラスパルマスを経由してカリブ海に向かう予定だ。

てまりの入港

　9月19日（水曜日）は12時前に関山さんご夫妻が乗っておられる「てまり」がアルメリマルに入港してきた。てまりはALUBAT OVNI435というアルミ製の豪華ヨットでこれまでの8年間で地中海、カリブ海、ヨーロッパ各地を航海してきたがここアルメリマルで終止符を打って終わりにするそうだ。今晩はさっそくフ

7 2018年の航海　*505*

ミさんの手配で慰労会をすることになっているので8年間のお話を伺いたいと思う。

てまりのブログ
➡ https://blog.goo.ne.jp/temari0408

バッテリー交換

9月21日スペインのアマゾンで購入（5万6400円）したバッテリー（12V 120Ah Deep Cycle）3台が届いた。購入に当たっては配達先の指定などを含めてフミさんに大変お世話になった。しかしスペインのアマゾンの配送トラッキングシステムでは19日20時配達となっているものが実際に配達されたのは21日の12時だ。やはり時間に対する感覚が日本とはかなり異なっているのだろう。それでも配達のドライバーは親切で3台のバッテリーが一つのパレットに乗っていて82kgもある荷物を艇の前まで運んでくれた。前回は約2年前の2016年8月に南アフリカのリチャーズベイで交換（約4万5000円）している。使い方が荒っぽいせいなのだろうか約2年ごとに交換しなければいけなくなっている。もっともいつもは使っていないもう一つの予備のバッテリーは4年半前のものがいまだに元気な状態なのだが。交換する時に注意しないといけないことの一つはバッテリーのサイズだ。今回はまったく同じサイズのものを購入したつもりだったが電線をつなぐ端子の太さと位置が微妙に違っている。バッテリーの配線は流れる電流が大きいので電線も直径5mm以上ある太いものが使われていて少しでも長さが異なるとうまくつながらない。今回はいろいろ四苦八苦した結果何とかこれまでの配線を使って交換することができた。

長距離航海懇話会の地中海大集合

9月27日から長距離航海懇話会の地中海大集合が始まった。28日午前の会議では垣見さんの司会に始まり大野理事長の挨拶、フミさんの講演、現地中古業者と保険業者の講演があった。現在把握できている範囲でヨーロッパに日本人艇が13艇いてそのうち現在アルメリマルに5艇が滞在しているそうだ。今回の大集合の参加者は15名で日本からも7名参加された。懇話会は長距離航海のための情報交換の場として設立され10周年になる。10周年記念としての今回大集合は地中海の

長航会地中海大集合2018

ヨット市場やヨット保険の状況など地中海を航海している若しくはしようと検討されているかたにとって非常に有益な情報交換の場になったものと思う。

長航会の貸し切りバスツアー

9月29日はフミさんのガイドによるアルメリア近郊のバスツアーに出かけた。まずはアルメリアの11世紀にアラブ人によって造られたアルカザバの城壁を眺め次にその北にある陶器工場のセラミカ・デ・アラビアを見学し、白い村が点々としているアルプハラ地方の中の一つの小さな村オアネスを散策した。そしてメゾン・ラ・ファブリクイラというレストランで昼食をとりBodegasというワイナリーでワインの試飲（2ユーロ）をして帰ってきた。

ブエナビスタ（Buena Vista）でのクルージング

9月30日は橋本さん・橋口さんの42フィートカタマランのブエナビスタにご招待いただきデイクルージングに出かけた。出航時は晴天微風だったが昼から風速5mほどの風が吹き艇速5ノットの帆走も楽しむことができた。5ノットの速度で帆走していてもワイングラスが倒れないという大型カタマランの乗り心地は素晴らしいものだった。

子連れのヨット生活

　9月30日アルメリマルのマリーナのシャワールームの前に泊めているイタリアフラグのヨットのオーナーはジョージさんだ。9歳3歳1歳の3人の子供を連れてクルージングをしている。以前は木製の船長20m35トンのヨットに4年間乗っていた。今はFRPのヨット。ハンガリーのブダペストで生まれ、キプロスに住んでいた。キプロスから航海を始めた。エーゲ海の島々を航海してきた。艇の上では子供の教育は自分でしている。この次はジブラルタルに行く。そこで子供を英語の学校に行かせる。その間はゆっくり休むことができる。その次はマデイラに行く予定。うめぼしをSollerで見た。並行して走っていた。そしてイビザの北側のマリーナでまた会った。日本語を少し知っている。アサヒビールを飲みに来ないかと誘われた。

スペイン国内観光

　10月2日から10日まで妻の邦子がスペインに来て一緒に車でスペイン国内観光をした。マドリッド、セゴビア、コルドバ、アルメリマル、グラナダ、トレドと回り10日にマドリッドの空港を無事に出国し、11日の朝8時に羽田空港に帰り着いた。マドリッドではてまりの関山さんご夫妻と会食をした。またアルメリマルではフミさん、橋本さん、橋口さんといかりで美味しい鮨をいただいた。来年1月29日の飛行機でアルメリマルに行き航海を再開する予定だ。

関山さんご夫妻とマドリッドにて

8 2019年の航海
（アルメリマルからドミニカ共和国へ：4750海里）

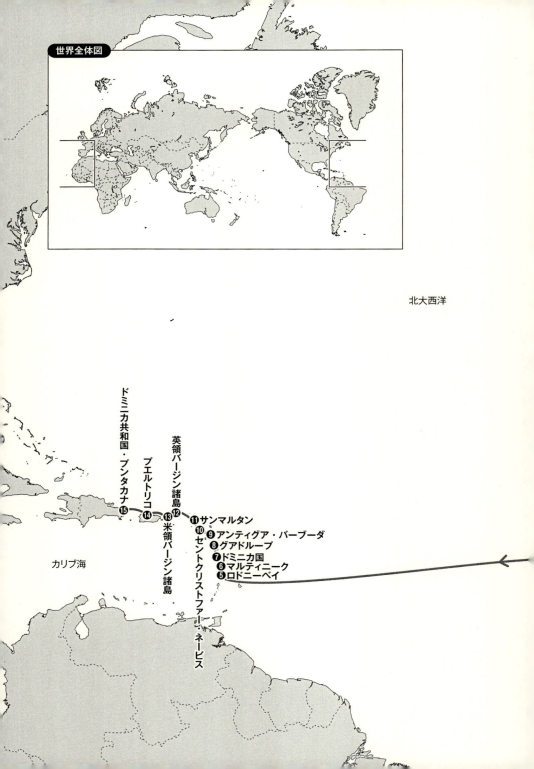

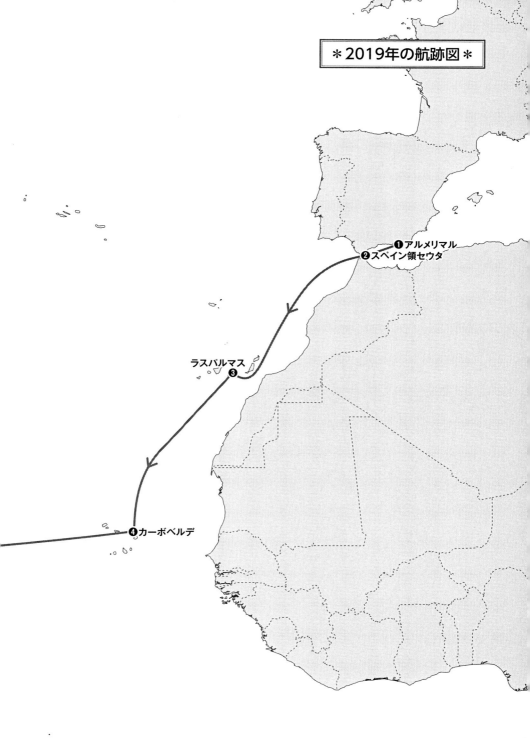

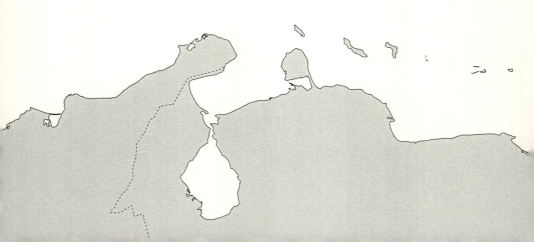

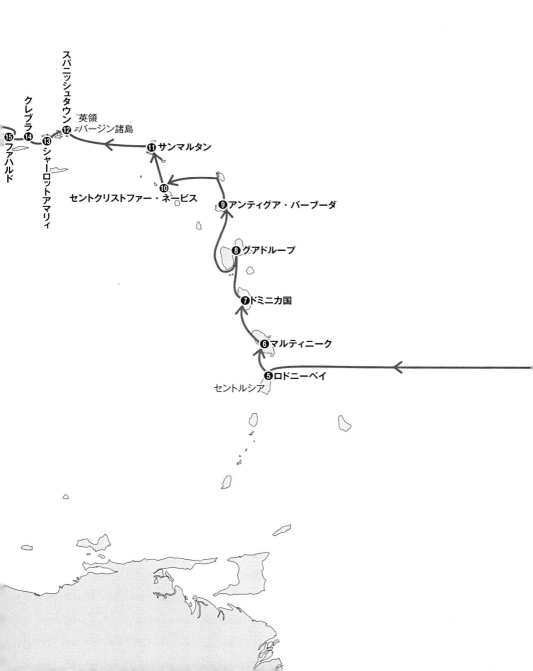

2019年の航海のまとめ

　うめぼし航海は2014年に博多湾を出航し沖縄、東南アジア、南アフリカを経て地中海に入り、2017年と2018年はエーゲ海を含め地中海の中をクルージングして回った。2018年の冬はスペイン南東岸にあるアルメリマルでフミさんにお世話になって越冬した。そして2019年2月初めにアルメリマルを出航し、ジブラルタル海峡の南側にあるスペイン領セウタを経由しカナリア諸島のラスパルマスまで行きそこで富士通ヨット部のメンバー4名と合流ししばしの再会を楽しんだ。その後カーボベルデを経由しこれまでで最長20日間の大西洋横断航海を経て3月28日にカリブ海のセントルシアのロドニーベイに到着した。アルメリマルは冬だったがラスパルマスでは春満開になりカリブ海につくと海水温27℃の真夏になっていた。マルティニーク、ドミニカ国、グアドループ、アンティグア・バーブーダ、セントクリストファー・ネービス、サン・マルタンまでカリブ海を北上した。この間40フィートヨットパスロ号のフレッドさんと村田由希恵さんにはたびたびお世話になった。4月29日には英領バージン諸島を経由して米領バージン諸島、プエルト・リコ、ドミニカ共和国とカリブ海を西に向かいドミニカ共和国東岸のプンタカナに艇を置いて5月16日に急遽帰国した。この間はブエナビスタの橋本さん橋口さんに大変お世話になった。2014年に博多を出航してから昨年のアルメリマルまでの総航海距離は1万5200海里で、2019年はアルメリマルからプンタカナまで4750海里の航海だった（合計約2万海里）。航海時間は1180時間、平均速度4.0ノット、機走時間196時間、軽油消費量302リットル、平均1時間当たり1.5リットル消費だ。

　2019年の航海の総経費は約170万円で、その内訳は艇のメンテナンス費用26万円（内訳エンジン部品12万円、イリジウム利用料6万円、バウカバー3万6000円）、係留費用70万円（ドミニカ共和国プンタカナの係留料は8万3000円／月）、燃料代3万7000円、飛行機代10万円、イミグレーション費用5万円、保険料13万円、食費等生活費40万円だ。2019年の航海は大西洋横断2100海里があったが遭遇したトラブルは比較的少なく主なトラブルとしては外付け燃料フィルターからの燃料漏れとエンジンスターターの不調、オートパイロットの不調、ツナタワーステンレス破断などだ。また走錨やアンカーが岩に引っかかるトラブルがあったが運良く特に

被害はなかった。トラブルの対応にあたってはフレッドさんや橋本さんに大いに助けていただいた。カリブ海では年中東からの貿易風が吹いているので南北の移動はアビームで比較的容易にセーリングできる。しかし東西の移動は西には簡単に行けるが東に行くのは上り風になり相当困難だ。またハリケーンシーズンにはトリニダードトバゴなど赤道近くの南の国に移動することでハリケーンを回避できるので一年中カリブ海の中でクルージングを楽しむことができることが地中海と比べた時の特長だ。

うめぼしに戻ってきた

2019年1月29日に成田から日本を出国しヘルシンキ経由でマドリッドに入った。ヘルシンキの雪の影響でマドリッド到着が2時間ほど遅れたほかにはさしたるトラブルもなかったが飛行機の中に10時間以上缶詰になるのはいつもながら辛い行程だ。日本との時差が8時間あるマドリッドに29日の22時15分に到着しメトロに乗ってアトーチャ近くのバスターミナルに行きそこから23時59分発の夜行バスに乗ってエルエヒドに着いたのが30日の朝の7時15分だ。エルエヒドからローカルバスに乗り8時頃には無事にアルメリマルに着いた。2019年のうめぼし航海の再開だ。30日の夜20時から近くのタパスバーでフミさんとラファエロさんと一緒にワインとタパスをいただいた。フミさんにご馳走になってしまった。ラファエロさんはセウタの出身だそうでセウタの街を紹介してもらった。

ラファエロさん宅でのパエリア昼食会

2月1日は14時にフミさんに迎えに来てもらってラファエロさん宅を一緒に訪問した。ラファエロさん一家のパエリア昼食会に招待していただいたのだ。大きなパエリア用鍋に大きなエビ、イカ、あさり貝、ムール貝などがたくさん入っていてコロランテという黄色の着色材で真っ黄色に炊き上がったパエリアは辛味や塩気が少なく海鮮の出汁を中心に比較的薄味に仕上がっていて非常に美味しくいただくことができた。ビール、ワイン、サラダ、チーズ、イカ天、ムール貝などサイドメニューもあり食後にはプディングとブランデー入りコーヒーという至れり尽くせりの昼食会だった。

風待ち

　こちらは最低気温12℃、最高気温16℃と東京に比べれば暖かいはずだが西からの風速15m以上の強い風が吹き抜けていて夜は結構寒く感じる。日本にいた時と同じ厚手のジャンパーを羽織ってちょうどよいくらいだ。30日から2月2日まではスペインの北に大きな低気圧があってそこに吹き込む強い風が続くようだ。1日の午前中には風に加えて雨も降った。風待ちの間に艇の確認や装備のチェックを進めている。ハンディVHF端末は電池を交換したら動くようになった。オートパイロットのNo.3のモーターを新品に交換した。宮原さんからの提案でイリジウムのSMSの送受信のテストを行った。こちらからの送信は英数字だけで1件160字まで送ることができる。受信は漢字を含む日本語の通信が可能で1件50文字まで受信でき更に受信料は無料だ。AISも正常に動いているようだし確認した範囲では艇の装備については特にトラブルはなさそうだ。いまのところ出航は2月3日を予定している。

雨漏れ対策のバウカバー

　アルメリマルのマリーナ敷地内にあるセールメーカーAnc-SailsのColin Dixonさんに作成依頼をしていたバウのアカ漏れ防止用のカバーが出来上がってきた。カバーの周囲をマジックテープで艇に固定する方式だ。出航したのちに設置する運用で航海中のみ使用することになる。製作費280ユーロだった。また昨年の8月末から今年の1月末まで5か月間アルメリマルのマリーナに係留していたのでハルの水面近くの部分にかなりの藻や藤壺が付着していた。ケルヒャーの高圧洗浄機とボートフックを使って水面近くだけは軽く付着物を落とした。しかし水面下の部分はまだ付着していると思われるのでどこかで清掃作業が必要だ。

アルメリマルからセウタへ

　2019年2月3日の朝9時過ぎにアルメリマルを出航し西南西方面に140海里ほどのジブラルタル海峡の南側にあるスペイン領セウタに向かう。1泊2日の予定で4日の夕刻には着きたいと思う。アルメリマルでは大変お世話になったフミさんが見送りに来てくれた。

セウタに到着

2月5日12時30分にセウタのマリーナに到着した。当初は4日の夕刻くらいまでには着きたいと思っていたが予想以上に時間がかかってしまった。その理由はいくつかある。1つ目は3日の朝出航時は無風または弱い風だったが14時頃から風速10mほどの西風が吹き出し夜まで吹き続けたことだ。そのため西に向かうのをあきらめ南寄りのコースで半分漂っていた。2つ目は船底に着いた藻や藤壺の影響と思われるが機走の速度が1ノットくらい遅かったことがある。そして3つ目はジブラルタル海峡の潮流だ。地中海の塩分濃度の濃い海水は海底付近を西向きに流れ海面表面付近は塩分濃度の薄い大西洋の海水が東向きに流れることが多いようなのだ。そのため向かい潮になる時間が多くなかなかスピードに乗れなかったように思われる。総航海距離は158海里、航海時間は51時間、機走時間36時間だった。給油60リットル50.5ユーロ。（昨年の半値）係留料は20.55ユーロ。

モロッコ観光

2月6日は朝からモロッコの世界遺産テトゥアンの旧市街（メディナ）の観光に出かけた。朝9時半頃にマリーナを出て歩いて国境まで行きそのまま歩いてイミグレーションを通りスタンプを押してもらった。歩道は比較的空いていたが車道の方はかなり車が並んで渋滞していた。特にモロッコ側からセウタに入るほうの車道は1km以上の車列が連なっていた。国境を越えて少し歩くとタクシー乗り場がありテトゥアンまで相乗りで行きたいというとすぐにタクシーに連れて行かれ17ディルハムと言われ2ユーロを渡すとおつりをくれた。乗車席3列の普通乗用車にお客が6名乗り約45km1時間ほどのドライブだ。道路はきれいに整備されており街路樹や街灯もあった。11時半頃にメディナの中心部に到着しさっそくスーク（市場）や街並みを見て歩いた。石造りのカラフルな家が立ち並び狭い路地が交錯する迷路のような街並みだが南欧の旧市街よりも明るい感じがした。一つ一つの家は狭くそれほど豊かさは感じられなかったが清水が豊富で家の周りもきれいに清掃されており住んでいる人は明るくそれぞれの仕事に励んでいるという感じを受けた。何となく江戸時代の日本に似た雰囲気なのではないかと想像していた。帰りも2ユーロの乗合タクシーに乗ってセウタまで行き国境を越えてバスに乗りマリーナに14時過ぎに着いた。5時間5ユーロのテトゥアン観光の国

際旅行だった。

　セウタのマリーナに停泊中の巨大カタマランYANBOに乗っているKikeさんがツナの瓶詰を差し入れしてくれた。一昨年カーボベルデで一緒だったそうだ。海の仲間はこんなところが素敵だ。

セウタからカナリア諸島ランサローテ島のカレラへ

　２月７日（木曜日）の朝８時過ぎにセウタのマリーナを出航し南西600海里強にあるカナリア諸島ランサローテ島のマリーナカレラに向けて航海を始める。１日100海里だとすると６泊７日の行程になる予定だ。ジブラルタル海峡の潮の流れを把握できていないところが不安な点だ。10時６分が干潮なのだが一昨日の経験から海峡の潮の流れは11時から12時頃に西流れが最大になるのではないかと想定している。そして今後はしばらくの間、宮原さんのリモートナビゲーションに頼りたいと思っている。

うめぼし航行状況　セウタ〜カナリア諸島

　２月８日７時30分、うめぼしは昨日朝にジブラルタルの対岸でアフリカ大陸北端にあるスペイン領セウタを出港してカナリア諸島ランサローテ島のマリーナカレラに向けて航海中です。現在位置は、出発地セウタの西南西約60海里、モロッコ西岸の沖合約15海里です。ジブラルタル海峡は昨日午後おそく16時頃に通過しました。いまは無風。濃霧。連れ潮１ノットです。モロッコ西岸よりの南からの軽風と沖合の北西からの軽風の境目にいるようです。もう少し沖だしして岸から40海里離れればこのあとしばらく北西〜北東からの軽風が続く見込みです。今回の船出は穏やかな海況なので船酔いには悩まされていないようです。

　９日７時、現在位置はセウタの西南西約105海里、モロッコ西岸の沖合約40海里です。いまは無風。晴れです。昨日から45海里しか進んでいません。モロッコのラバト沖からカナリア諸島方面は13日まで北東の順風が続くことをSMSうめぼしのイリジウムあてに送ったので、これからそこまで機走します。

　10日７時、快晴。SMS助かった。現在位置はセウタの南西約170海里、カサブランカの沖合約50海里です。いまは北の軽風にフルセールで３ノットで帆走中です。昨日は無風だったので10時間機走で約70海里稼ぎました。あと427海里です。

うめぼしがいるところは高気圧があるので風向は良いのですがまだ弱い風しか吹いていません。このあと明日にかけて高気圧が弱まりつつ北西へ移動するので3日くらい北東の順風が続き距離を稼げる見込みです。

　11日7時、現在位置はセウタの南西約280海里、モロッコの西岸沖合約50海里。残りは327海里で航程の約45％進んでいます。いまは北東10mの風にメインセールを2段縮帆して帆走中です。昨晩20時から良い風域に入りました。昨日はデイラン100海里進みました。これから3日間は今の順風が続き、デイラン150海里くらいを見込めるので、今の風予報が変わらなければ14日にはカナリア諸島ランサローテ島到着です。

　12日7時、快晴。現在位置はセウタの南西約400海里、モロッコの西岸沖合約50海里。昨日のデイランは約120海里、残りは208海里で航程の約65％進んでいます。昨日から続く北東の順風にメインセールを2段縮帆して帆走中です。波が大きくなっておりポートタックのランニングで横揺れが大きいようです。イリジウムの端末が不調のようでこのメールは1時間半遅れで送信されています。このペースが続けば明後日にはカナリア諸島ランサローテ島到着です。

　13日7時、現在位置は緯度の値が誤っているので不明ですが目的地まであと112海里に来ています。風は昨日より少し弱まって北東6mとなり、メインセールの縮帆を解いて帆走中です。不調のイリジウム端末を代替機に交換しました。ランサローテ島のマリーナカレロに寄るか、その西南西約100海里にあるグラン・カナリア島のラスパルマスを直接目指すか迷っています。今後明日にかけて風向が時計回りにシフトして東から南東風に変わっていきます。クォーターからアビームになり明日にはランサローテ島南岸のマリーナカレロ（プエルトカレロ）沖合到着見込みです。

　14日7時、現在位置は当初の目的地ランサローテ島プエルトカレロ（マリーナカレロ）の東北東32海里。南東の風10mにメインセールを2段縮帆して南西へアビームで帆走中です。当初の目的地プエルトカレロには寄らずに、ランサローテ島とフェルテベントーラ島の海峡を抜けて約140海里先のグラン・カナリア島ラスパルマスへ直接向かうようです。

　上記イリジウムメールのあと通常のeメールで以下が届きました。

　「今ランサローテ島の東を通過中です。南の8mの風を機走で走っています。

インターネットを使えましたので風予報を確認しました。なかなか難しい風ですね。とりあえずカレロには寄らずにまっすぐラスパルマスに向かいます。夕刻には海峡を抜けられると思います。増田」とのこと。

　15日7時、うめぼしはアフリカ大陸北端にあるスペイン領セウタからカナリア諸島グラン・カナリア島ラスパルマス（当初の目的地ランサローテ島のマリーナカレロから変更しました）に向けて航海中です。現在位置は目的地グラン・カナリア島ラスパルマスの東北東39海里。西北西の風4mにメインセールを2段縮帆して南西へ機帆走中です。南の強風の中でランサローテ島とフェルテベントーラ島の海峡を通過したあと風が変わったようです。この風が続けば15日の夕方には目的地に到着しそうです。

　AIS（海上交通状況をリアルタイムで表示するシステム）によればうめぼしはラスパルマス港内の突堤のそばに速度0で表示さていますので、目的地へ着いているようです（日本時間　2/16日 0125掲載）。〈宮原〉

セウタからラスパルマスへ

　ジブラルタル海峡の南岸にあるスペイン領セウタを2月7日の朝8時に出航しカナリア諸島グラン・カナリア島のラスパルマスに2月15日16時（現地時間15時）に着いた。総航海距離730海里、期間は8日間と8時間（200時間）かかった。出航時は途中のランサローテ島に寄りたいと思っていたが想定より時間がかかってしまったので直接ラスパルマスまで行くことにした。というのもイリジウム通信の航海支援でお世話になっている宮原大彦さんほか4名の皆さんが16日にラスパルマスまで来てくれることになっていてそれに遅れる訳にはいかないということで寄るのをやめにした。今回航海でまず気になっていたジブラルタル海峡の潮流だが朝8時に出航して1時間後の9時には第一の岬で逆潮4ノット、10時には第二の岬で逆潮3ノット、11時には第三の岬で逆潮2ノットという感じだ。13時から14時頃には3ノット強の連れ潮を感じた。干潮が10時6分だったのでそのあと3時間くらい経つと西流れが最大になるということだろうか。東流れは強く長く西流れは弱く短いようだ。タンジェ沖を16時頃に過ぎ大西洋に出て無事にエンジンを止めることができたのは夕日が沈む19時過ぎ頃だった。

セウタからラスパルマスへ（続き）

　パイロットチャートによれば2月のモロッコ沖はかなりの確率で北東や北の順風が吹くようだがあいにく今回は風が弱く違う方向からの風が多かったようだ。2月8日朝の8時闇が明け始め明るくなってきた頃、あたり一面の濃霧に包まれているのにはびっくりした。相対的に海水温が高かったためだろうか。風も弱く8日は6時間、9日は10時間の機走をして少し沖に向かった。9日夕刻から北寄りの風が吹き始め10日も良い風が吹き続けた。11日からは北東の風が10m強吹き始めメインセールを2ポイントリーフにしてジブセールは巻き取り真追手で走ったが後ろからの2m近い高さのうねりのために横滑りの揺れにまたまた船酔いになってしまった。14日は南7mの向かい風の中ランサローテ島の東側を機走8時間で走り抜けフエルテベントゥラ島との間の海峡を抜けて行った。島と島の間の海峡は風の通り道になるため風が強くなることが往々にしてある。メッシーナ海峡もそうだったがここでも南東の風が急に強まり最大14mまでになりセールをリーフしていても6ノット強のスピードで走った。変化の多い風の中200時間の航海中の機走時間は44時間、給油80リットル76ユーロだった。ラスパルマスのマリーナ係留料は5泊で31ユーロと格安だ。

ラスパルマス在住の宮城さんのご来訪

　2月17日は朝10時にうめぼしへ宮城さんが来られた。宮城さんには2年前にライフラフトの取り付け金具をステンレス溶接して作っていただきラフト取り付け用具一式も無償で提供していただいた。今回も大量のキムチやお米、うめぼし、味噌汁の具などを差し入れしていただいた。本当にお世話になりっぱなしだ。宮城さんはラスパルマスに長年住まわれておりお子さん4人お孫さん4人もラスパルマスや近くのスペイン領にお住まいとのことでどうもラスパルマスがお気に入りのようだ。ラスパルマスはアフリカ大陸の北西の大西洋上に位置するスペイン領のカナリア諸島の中心都市だ。ここは常春の島と言われるように年間を通して春のような気候が続くようで、2月中旬の今でも海水温20℃で気温も20℃という暖かさだ。手洗い洗濯も心地よくできる。衣食住のレベルもスペイン本国と同じように先進国並みだし物価も相対的に安く消費税も離島対策として優遇されている。街の治安も良く夜街中を歩いてもそれほど不安を感じないで済む。このよう

ラスパルマスにて富士通ヨット部のメンバー

に私もラスパルマスはこれまで訪れた多くの寄港地の中でもかなり素晴らしいところだと思っているし宮城さんも同じような感覚なのかもしれない。

来客

2月17日に富士通ヨット部のメンバー4名（宮原さん、谷口さん、酒井さん、中島さん）が飛行機遅延の影響で1日遅れてラスパルマスに到着された。さっそく17日の午後にはうめぼしに乗って湾内をクルージングして海からのラスパルマスの街の遠景を楽しんだ。

そして夕食は中島さんが探してくれた地元の有名ステーキ料理店El Novillo Precozでミディアムレアの肉をいただいた。18日には前回ラスパルマス訪問時に船検用のライフラフト整備をしていただいた水本さんがうめぼしに来られ懇談することができた。

近視用眼鏡

先日の航海中にコクピットでの作業中にちょっとしたはずみでシートが眼鏡に当たり眼鏡を1000mの深さの海の底にプレゼントしてしまった。元々かなり強度の近視なのだがいつもはコンタクトレンズで過ごしている。しかし長い航海の途中には結構ベッドに横になっている時間が長くコンタクトレンズを外して眼鏡で

過ごすことが多くある。先日もキャビンで休憩している時に急に風が吹き出し風力発電機の設定のために急きょコクピットに出て作業をしだしたのだがあいにく眼鏡バンドをしていなかったために落としてしまった。そこでラスパルマスの街に出て眼鏡屋さんに行き店員の人にいろいろ教えてもらったのだが近視用眼鏡を購入するためにはPrescription（処方箋）が必須だということなのだ。しかもコンタクトレンズをしている時はレンズを外して8時間以上経過しないと検査できないということなのだ。そういうことでスペインでの近視用眼鏡の購入は手間がかかることがわかった。そして発注してから3日後の今日やっと現物を手に入れることができた。

島内ドライブ

　2月20日は宮原さん谷口さん他と一緒にレンタカーでグラン・カナリア島内のドライブに出かけた。グーグルマップのナビはなかなかの優れもので知らない土地でも何とか目的地まで行くことができる。島の南端にあるマスパロマス灯台までは約60kmだが高速道路に乗るとわずか50分ほどで到着する。ここは島内でも有数の観光地だということできれいなきめの細かい黄土色の砂浜が広がり多くのリゾート客が訪れていた。こちらのレンタカーはオートマではなくマニュアルチェンジのギアで尚かつ左右のボタン類が日本国内と逆なので運転をしてくれた谷口さんは相当気を使っておられた。そしてビールも飲めないので疲れもひとしおだったことだと思う。

出航準備

　風予報によると明日22日は比較的穏やかな南東の風が吹くようなのでこの機会にラスパルマスを出航してカーボベルデのミンデロに向かいたいと思う。21日は出航のための準備を進めた。これまではＥＵの中のシェンゲン協定の国だったので入出国の手続きはまったく何もしなくてよかったのだがカーボベルデはシェンゲン協定対象外の国なのでスペインからの出国手続きが必要になる。そこで港の北の端にあるPolicia de Fronterasという事務所に行き出国の押印をしてもらった。またマリーナオフィスで22日までの2日分8.36ユーロ係留費用を支払った。そして近くのスーパーマーケットで約8日分くらいの果物や野菜などの食材とビ

ールを調達して準備完了だ。

ラスパルマスからカーボベルデのミンデロへ

　2019年2月22日の朝8時前にラスパルマスのマリーナを出航し約830海里ほどの南西にあるカーボベルデのミンデロのマリーナに向かう。1日100海里として8日間ほどの航海を想定している。来週の後半は北東からの10m強の風が吹くようなので少しは早く着くかもしれない。その間はまた宮原さんのお世話になる。

　出航前に水本さんから現地では調達が難しい大きな大根と生ハム、生ハムを挟んだビスケットを差し入れしていただいた。また北澤さんにはお忙しい中いろいろとお世話をしていただいた。

うめぼし航行状況　カナリア諸島～カーボベルデ

　2月23日9時、快晴。うめぼしはカナリア諸島グラン・カナリア島ラスパルマスからカーボベルデのミンデロに向けて航海中です。現在位置は出発地グラン・カナリア島ラスパルマスの西南70海里。東北東の風3mにメインセールを2段縮帆して南西へ3ノットで帆走中です。昨日ラスパルマスを出た時は南東よりの順風だったので縮帆して西へ進み、グラン・カナリア島西側のブランケットを機走したようです。その後風向が東北東へシフトし軽風・快晴の下を南西へ帆走中です。目的地ミンデロまであと791海里です。

　24日9時、快晴。昨日夜 風弱かった。イルカ来る。現在位置は出発地グラン・カナリア島ラスパルマスの西南145海里。ミンデロまであと717海里です。

　25日9時、快晴。現在位置はラスパルマスの西南210海里。東北東の風4mにメインセールを2段縮帆して南西へ3ノットで帆走中です。ミンデロまで651海里です。気温は19～25℃で過ごしやすそうです。

　26日9時、快晴。現在位置はラスパルマスの西南285海里。北東北の風5mにメインセールを2段縮帆して南西へ3ノットで帆走中です。ようやく予報通りの5mくらいの風が来ました。風向が東北東から北北東へシフトしたのでジャイブして現在はスターボードタックです。真追手でシバーするのでジブセールは巻き取りました。ミンデロまで579海里です。

　28日9時、快晴。現在位置はラスパルマスの西南470海里。北東の風10mにメ

524　世界一周船栗毛

インセールを２段縮帆して南西へ４ノットで帆走中です。ポートタックです。ミンデロまで395海里です。

　３月１日９時、快晴。昨日の昼間は東北東７ｍの風で艇速４ノット。夜は10ｍの風だったようです。この数日北東からの順風が続いているのでうねりが大きくなっているようです。ミンデロまで284海里、追い風の順風が続いているので昨日、今日とデイラン100海里超えです。

　２日９時、快晴。ミンデロまではあと172海里、今回の航程の８割を消化しました。明後日夕方には目的地近くに到着しそうで、そのまま入港するか翌朝まで待つか迷っているようです。

　３日９時、快晴。追い風の順風が続いていてこのまま帆走すると夜半に目的地近くの陸地に接近しそうなので、メインシートを引いてわざと３ノットに減速しています。入港は明日の昼間に決めたようです。

　４日10時、ミンデロに無事着きました。AISでミンデロ港内のうめぼしが見えます。〈宮原〉

カーボベルデのミンデロに到着

　2019年２月22日の朝８時にラスパルマスのマリーナを出航し３月４日の朝10時にミンデロのマリーナに到着した。10日間と２時間（242時間）をかけて総走行距離909海里の航海だった。機走したのは初日の９時間とミンデロ入港時の２時間で合計11時間だ。１日100海里と想定していたのだが実際には実走行距離がやや延びたこともあり１日平均90海里となった。出航日と入港日を除けば基本的には真追手中心の単調な航海の連続だったのでそれほど難しい局面はなかったが唯一トラぶったのは入港前に島と島の間の海峡を抜けようとした時風が急に強まりうねりも大きくなってオーパイのコントロール範囲を超えてしまったことだ。やむなくメインセールを降ろすために艇を風に対して横向きにしたところ横波をまともに受けてコクピットに大きな波が入ってきて全身びしょ濡れになってしまった。逆に途中の真追手の時は基本的にメインセールの２ポイントリーフだけで走ったので特に操作することもなく暇な日々だった。それでも横滑りの揺れは結構大きくて船内で何か作業をしようとするとすぐに船酔いになってしまう。毎日音楽を聴いて過ごした。

8 2019年の航海　*525*

ミンデロにて

　ミンデロは北緯17度近辺に位置しており日本の近くでいうとフィリピンのルソン島あたりになる。この時期で夜は19℃、昼間は23℃くらいと過ごしやすい気候だ。マリーナに着くとまずはマリーナ事務所に行き係留の手続きをする。3泊で4933エスクード（5670円）だった。そして今回のように別の国に到着した場合にはイミグレーションに行く。入国手数料として500エスクード（または5ユーロ）を取られた。次にATMで現地通貨を調達する。1万エスクードを引き出した。そして現地SIMの販売店に行く。6ユーロで1GB分のデータを使えるSIMを購入し

ミンデロにて（ラスパルマスで宮城さんに差し入れていただいた梅干）

た。これでやっとインターネットにアクセスすることができる。10日分のメールをチェックする。そして観光や買い物をすることもできる。艇に戻るとさっそく隣のフランス船のアストメントさんが話しかけてきてくれた。彼は今日3月4日はミンデロのカーニバルの日だと教えてくれ今日入港するのは運が良いということなのだ。さっそくカーニバルを見物しその後現地の床屋で髪を短く切ってもらった。散髪料は300エスクード（約350円）で現地の人件費レベルを測るのには良い指標になる。カーニバル（謝肉祭）の本番は3月5日だった。カーニバルの行列行進は15時からマリーナ前をスタートして繁華街を抜け公園まで2kmほど続いた。

うめぼしの整備

　まずは宮原さんからもご指摘があった船底の清掃を現地のダイバーにお願いした。実際に潜って作業をしてもらったのは40分程度だがかなりきれいになったのではないかと期待している。費用は6000エスクードだ。今回の10日間の航海で頑

張ってくれたオーパイのNo.3からぎーぎーと音がするようになったので分解して中身をチェックしたところロッドシャフトの付け根の固定リングが外れていた。前回修理と同様にエポキシ接着剤で固定してみた。これでまた復活してくれればうれしいのだが。復活すればNo.4、No.5と合わせて3本体制だ。ステーやジブファーラー周りもチェックしたが特に異常は見つからず少し油を注してみた程度だ。船の揺れが大きい時にコクピット後ろのツナタワーから少しきしむ音がするのでチェックをしてみたところタワーの主要なつなぎ目のステンレス溶接部分が破断していた。2年前にスペインのカディスで溶接してもらった同じプレートの反対側部分だ。さっそく手配しようとしたが3月5日と6日はカーニバル（謝肉祭）のために店はほとんど閉まっているということで7日に修理に来てもらうことになった。軽油補給22リットルで2400円だ。バッテリーや風力発電機、太陽光パネル、AISなどは今のところうまく動いているようだ。またトイレ、給水、海水、ビルジなどのポンプ類も動いている。ブタンガスの3kgタンクを370エスクードで購入した。これで更に1か月はもつ。船外機のエンジンがかからなくなったので見よう見まねでキャブレターの清掃をしたところ動くようになった。

出航準備

　キャビン後部のツナタワーのステンレス溶接作業が3月7日午前中にうまくいけば7日の午後にでもミンデロを出航したいと思う。出航準備として出航前にしないといけないことは食材の調達とイミグレーションでの出国手続きだ。行先は大西洋を渡ったカリブ海のバルバドスを予定していたがいろいろな先達からの知見やNoonsiteの情報によるとバルバドスのマリーナには小型ヨットを歓迎してくれるポンツーンが少なくアンカーリングが中心になるようだ。長距離航海の後にアンカーリングはちょっとつらいので行先を変更してセントルシアのロドニーベイに行くことにした。6日の朝少し早めに目が覚めた時にベッドの中でいろいろとネットで確認して行先を変更しようと思った次第だがこのあたりが一人旅の気ままさの良いところと言うかまたいい加減なところでもある。セントルシアに入国するためには事前にsailclearというWebサイトに入港予定を登録するする必要があるということでそれを先ほど済ませた。ロドニーベイまでは約2100海里ほどの距離がありこれまでの最長になりそうだ。とはいえ比較的安定した貿易風が西

に向けて吹いているので20日間弱で着くことができればよいかなと思っている。20リットル清水タンク２個を新たに調達し船内タンク160リットルとポリタンク４個×20＝80リットル合計240リットルになった。2100海里の航海で長引いたとしても24日間くらいは毎日シャワーを浴びても十分に生活できる量だ。代わりに長らくお世話になった洗濯機を廃棄した。ヒールや横揺れで船内の荷物が転げないようにいくつかの対策もした。安全最優先で航海していきたいと思う。

出航準備２

　７日のステンレス溶接作業は技術者が来てくれたのが結局夕刻の17時だった。作業時間はほんの20分ほどだったがかなりしっかりした溶接になっているように見える。作業費は2625エスクード（約3000円）と格安だった。明細書を見ると１時間の料金が9130エスクードでその４分の１に15％の消費税がかかっている。技術者と補助の２人が自分たちの作業時間を15分と報告してくれたようでそれをマリーナの船具ショップの窓口の人がそのまま請求してくれたようだ。カーボベルデの地元の人は皆親切でほがらかでのんびりしているように感じられる。１人当たりの国別所得ランキングでは170位くらいのようでかなり低い方になり町中にもいつも浮浪者のような感じの人が多くいる。でもあまり怖いという雰囲気ではなく浮浪者のような人とも明るく会話をすることができるという感じだ。７日の昼間は買い物に出かけ地元産と思われる野菜や果物、たまご、チーズ、肉、ハム、パンなどを大量に仕入れてきた。８日の午前中に出国手続きをして出航予定だ。市場の人に勧められるままにレタス、玉ねぎ、トマト、パプリカ、じゃがいも、ネギ、カボチャ、キャベツ、きゅうり、バナナ、パパイヤ、たまご、フレッシュチーズなど大量に購入した。

ミンデロからセントルシアのロドニーベイへ

　３月８日の現地時間12時頃に出航予定だ。朝一番でイミグレーションに行き出国手続きを済ませた。宮原さんまたナビとブログ対応よろしく。

うめぼし航行状況　カーボベルデ～セントルシア

　３月９日11時UTC、うめぼしはアフリカ西岸沖カーボベルデのミンデロを出

528　世界一周船栗毛

港し、カリブ海西インド諸島南東にあるセントルシアのロドニーベイに向けて大西洋を横断航海中です。現在位置は出発地カーボベルデ　ミンデロの西120海里。東北東の風10mにメインセールを２段縮帆し西南西へ５ノットで帆走中です。目的地ロドニーベイまではあと1979海里。昨日ミンデロを出港して１日弱で120海里走っており、ミンデロまでに比べて少し良いペースです。ミンデロで船底を掃除した効果かもしれません。うめぼしの航路上は今後５日くらいはこの風が続く見込みなので順調に距離を伸ばすと思います。

　10日11時、曇り。現在位置はミンデロの西240海里。東北東の風、ロドニーベイまであと1859海里。昨日のデイランは120海里。順調に船脚を伸ばしています。同じ風向の順風が続いていますのでうねりが大きくなりちょっと厄介そうです。

　11日11時、晴れ。東北東の風７mに縮帆を解いてメインセールをフル展開し西南西へ４ノットで帆走中です。ロドニーベイまであと1761海里。昨日のデイランは100海里。ちょっと風が弱まりましたが順調に船脚を伸ばしています。

　13日11時、晴れ。ロドニーベイまであと1516海里。昨日のデイランは130海里。順調に船脚を伸ばしています。うねりはやや小さくなったようです。昨日は一時ジブセールを半分張りましたがシバーするので４時間ほどで巻き取ったようです。

　15日11時、晴れ、薄曇り。ロドニーベイまであと1266海里。昨日のデイランは120海里。順調に船脚を伸ばしています。風が少し強くなりうねりも大きくなったようです。75ｃmのシイラが釣れたとのこと。しばらく食卓を賑わすでしょう。

　17日11時、晴れ、ときに曇り。東北東の風７mメインセールをフル展開してスターボードタックで西南西へ４ノットで帆走中です。ロドニーベイまであと1069海里。昨日のデイランは100海里。今回の航程のほぼ半分を消化しました。

　19日11時、晴れ。ロドニーベイまであと884海里。昨日のデイランは100海里。またシイラが釣れたようです。

　21日11時、ロドニーベイまであと681海里。昨日のデイランは110海里。順調に船脚を伸ばしています。春分の日、曇りですが満月が見られたようです。今回のコースではホンダワラのような海藻が延々と連なって浮いているようです。

　23日11時、快晴。ロドニーベイまであと496海里。昨日のデイランは95海里。あと５日でセントルシア沖へ到着しそうです。

25日11時、曇り。ロドニーベイまであと278海里。昨日のデイランは105海里。順調に船脚を伸ばしています。

　27日11時、快晴。現在位置はロドニーベイの東81海里。東北東の風10m昨日のデイランは95海里。明日朝に目的地到着の予定です。

　28日13時UTC、3月8日にアフリカ西岸沖カーボベルデのミンデロを出港したうめぼしは無事に大西洋横断を終え先ほどカリブ海に浮かぶセントルシアのロドニーベイに到着しました。20日間の航海お疲れさまでした。〈宮原〉

カーボベルデのミンデロからセントルシアのロドニーベイへ（大西洋横断）

　3月8日の12時（ミンデロ時間）にカーボベルデのミンデロのマリーナを出航し3月28日の朝の9時（セントルシア時間）にカリブ海の島国セントルシアのロドニーベイマリーナに到着した。ちょうど480時間つまり20日間かけて2116海里を航海した。お陰様で病気や怪我もすることなく大きなトラブルも起こらずに航海することができた。宮原さんをはじめサポートしていただいた皆さんのおかげだ。今回のコースでは全体を通して貿易風の配下に入っていたようで東寄りの風が風速7〜10mの間で安定して継続的に吹き続けた。宮原さんの予報ではコースの北側200海里ほどまでは高気圧や低気圧の影響があったようだが北緯15度から14度くらいの今回のコースにはまったく影響がなく安定した良い風が20日間も吹き続けた。まさにゴールデンコースと言っても良いようなルートで昔のコロンブスも同じようなルートをとったと思われる。コースの前半の10日間はサハラ砂漠からの砂の影響だと思われるが空がいつも薄曇りでセールやシート類が砂埃で汚れきっていた。しかしコースの後半は熱帯に多く見られるスコール性の雨雲（私は嵐と言っている）が頻繁に現れ砂埃も雨に洗われたのかきれいな青空とコバルトブルーの海が戻ってきた。その分局地的な風の振れや風速の変化が大きくなったので安全のためにメインセールは常に2ポイントリーフで航海することになった。そしてもう一つ頑張ってくれたのがオートパイロットのNo.4だ。出航直後にNo.3が不調になりNo.4に切り替えた。しかし風速10m強でうねりが2.5mを超えるような状況になるとフルメインではたまにブローチングが起こって風上に切り上がってしまいオーパイでは対応不可能になりアラームが鳴った。このよう

530 世界一周船栗毛

な状況を避けるためにも２ポンリーフにせざるを得なくなった。最終日にはうねりが来るたびにキーキーと鳴いていたが何とか20日間頑張ってくれた。

カーボベルデのミンデロからセントルシアのロドニーベイへの航海（続き）

　2116海里を480時間で割ると4.4ノットで走っている。機走をしたのは出航時の30分と入港前の３時間だけなのでほとんどがセーリングだけで来た。但し航海中の夜はバッテリーが足りなくなるので毎晩30分から１時間ほど充電のためのエンジン稼働をした。ドライブは回さずエンジンだけでその時間が合計で13時間になった。太陽光パネル300Wと風力発電機だけではオーパイ、航海計器、航海灯、冷蔵庫などの電気をまかなうのは無理なようだ。夜は電気を節約するために照明類はあまり使わない。夜はウォッチをするか寝るだけだがAISを見ても周りにはまったく船が見えないのでほとんどの時間は寝て過ごした。毎日12時間も寝ると耳を澄まさなくてもいろいろな音が聞こえてくる。ハルの外を流れるザーザーピチピチという波の音、時々大きな波がハルにぶつかるとドーンと鳴る。風でシート類が震える音もある。マスト内を通っているシートがマスト内部にぶつかってバンバンと音がする。船が揺れるたびにマストやステーを固定してある部分がきしむ音も聞こえる。そして追手で走っているとスターンが横滑りで揺れる。そのたびに船内の収納物が移動して様々な音が出る。扉の音、食器の音、水タンクの音などだ。一つ一つ音が出ないようにロープなどで固定していく。航海中に出る音をできるだけ少なくすることも大切なことでそれを徹底すると異常時の音を聞き分けることができるようになるようだ。以前マリノアに置いてある40フィートクルーザーの女性オーナーが言っていた話を思い出した。「普段はおとなしい人なのだが、航海中にトラブルがあると誰よりも早くそれに気づきすぐに対処してしまう人がいる。そういう人と一緒に航海したい」。私にはまだまだ到達できないレベルだがそういう方向を目指して努力しようと思っている。今回も航海中に２ポンリーフのメインセールが波の揺れで少しバタつく音がするのでチェックするとブームバングの根元のシャックルが飛んでいた。まだねじもデッキ上に残っていたのですぐに新しいシャックルに入れ替えることで事なきを得た。

艇のチェックと整備

　20日間の航海の後だったので一通りの艇のチェックをしてみた。てんとう虫からもらったボースンチェアを引っ張り出し隣のカタマランのメンバーに助けてもらいながらマストトップまで登りマスト周りに異常がないかチェックをした。またエンジンオイルの交換もした。No.4オートパイロットの分解点検清掃もした。内部のゴムパッドが壊れてコンパスの上などに散らばっていたりモーターから出る電極の黒鉛の粉がそこら中に飛び散っていて壊れる寸前という感じだった。オーパイを20日間も連続で使うというのは元々無理なことなのかもしれない。No.3も再度修理したので次回はNo.3を使ってみたいと思う。ブタンガスや軽油20リットルも調達した。ガスコンロも清掃しゆがみを整形して１口しか使えなくなっていたものを２口とも使えるように修理した。マリーナのランドリーで毛布や枕、パジャマなどの洗濯もしてもらった。

カーボベルデのミンデロからセントルシアのロドニーベイへの航海（続き）

　いつものことだが事前の検討が十分でなかったことが２つあったというか今回たまたま２つ認識できた。１つ目は大圏航路についてだ。元々そういう意識はあったものの何の検討もせずに出航してただひたすらにPlan2Navの海図とGPSマップ（NFUSOのNF-882）に示される方向に向かって航海してきた。これが良かったのかどうかについては未だに未検討というかインターネットで計算方法などを調べても数式が多くて私にとってはチンプンカンプンなのだ。若しかしたらもう少し速く航海することができたのかもしれない。もう一つは海流についてだ。大鹿さんからいただいた海流図によるとNorth Equatorial Currentというのが流れているようだ。日本で言うと黒潮に似たようなものなのだろう。この潮流についてまったく意識せずに航海19日目の午後から深夜にかけて翌日朝にうまく目的地に着くようにと船の速度調整をした。具体的に言うと少し北に走りその後南に向けて走ったのだ。ところが夜半を過ぎた頃から風速が６ｍくらいに落ちてきて1.5ノットくらいしか前に進まなくなった。針路は西南西を保っているようにGPS上では見えるのだが実際の艇の向きは南を向いている。どうも潮流に向かって走らざるを得なくなっているようなのだ。私の感覚ではカリブ海のウィンドワード

諸島の東側ではかなり強い北向きの潮流が流れているような感じがした。そんなこんなで到着が予定より２時間以上遅れそうな感じになってきたので夜が明けた６時頃（現地時間）にエンジンをかけて2100rpmで機帆走し朝９時になんとか無事にマリーナに到着した次第だ。潮流あなどるべからずということを学んだつもりになっている。

セントルシアのロドニーベイマリーナ

　セントルシアの北端に近い西側にあるロドニーベイマリーナは奥まった入り江の中にありARCの拠点にもなっているだけあって安全でかつ設備やサービスが行き届いているマリーナだ。入出国手続きをするオフィスもマリーナ内にあり大変便利だ。係留料金は３泊で245ECドル（約１万300円）と安くはないがリーズナブルに感じる。入国手続きでは30ECドル（約1200円）を徴収された。住民はほとんどがアフリカ系の黒人でマリーナで働いている人々もほとんどが黒人だ。逆にマリーナを利用している人はほとんどが白人でこれほど区別が明確になっているマリーナもこれまであまり見たことがない。熱帯の島国ということでスコールがよく来る。油断するとびしょ濡れになるので艇の戸締まりや洗濯もの干しには注意が必要だ。土曜日の朝８時からマリーナ内で朝市があるということで覗いてきた。バナナ、パパイヤ、マンゴー、サワーソップ（グアナバナ）などの地元産の新鮮な果物や野菜が安く売られていた。

セントルシアのロドニーベイからマルティニークのル・マランへ
(Rodney Bay to Le marin Martinique)

　３月31日の午前８時にイミグレーションオフィスに行き出国手続きを済ませた。出国費用として100ECドル（約4000円）を取られた。９時過ぎには北側隣の島国マルティニークのル・マランに向けて出航予定だ。距離は25海里程度なので夕刻までには到着できるのではないかと思う。

　３月31日の朝の９時40分にカナダのバンクーバー在住でロドニーベイマリーナで隣のバースに係留している85歳のセーラーにもやいを解いてもらって出航した。そして東寄りの風10mのち６mくらいでうねりも1.5mからのち１mくらいと穏やかな天候の中をアビームからクローズドリーチで27海里を帆走及び機帆走し

15時半にはル・マランのマリーナに到着した。マリーナに着いてVHF16チャネルでマリーナキャプテンをコールしても返事がないのでとりあえず給油ステーションに寄り軽油3リットルを給油して給油ステーションの人に手配をお願いした。ちょうどエンジントラブルヨットの入港などが重なりマリーナ職員が忙しかったようで1時間ほど待たされ16時半頃に無事にポンツーンにもやうことができた。

マルティニークのル・マランにて

2019年4月1日（月曜日）令和の元号が決まった朝は静かに明けた。船内でゆっくりと現地産の果物や野菜肉のソテーなどを食べて8時にマリーナオフィスに行った。するとまずオフィスの隣の部屋に設置してある入国手続き用端末に連れて行かれこの端末で入国手続き情報を入力するように言われた。そう言いながら細身で金髪の受付嬢は代わりに自分で全部入力してくれ結果をプリントアウトしてそれに入国印を押してくれた（手続き費用は無料）。パスポートへの押印は不要とのことだ。その後マリーナの係留手続きをして1泊19.24ユーロを支払い手続きはすべて完了だ。セントルシアで買ったDijicelのSIMがうまく動かないのでル・マランの町のDijicelのオフィスに行き再度SIMを40ユーロで購入した。今回もカリブ海諸島で共通に使えると言われたがどうなることか。ここはフランスの海外県の一つということで生活文化的にはかなり開けているようで垣見さん情報によるとパンが美味しくレストランの味も相当良いとのことだ。帰りにベーカリーとスーパーマーケットに寄りパンと食材を購入して船に戻った。隣に係留している3人の子供を連れたスペイン人に梅干を試しに食べてもらいいろいろ話していると本人いわく小声でマルティニークよりもセントルシアの人の方が親切で良いと言っていた。そう言われれば確かにセントルシアの人は明るく開けっ広げで親切な人が多かったように感じる。13時半にマリーナを出航し0.6海里西にあるル・マランの街に近いアンカーリングポイントに行きアンカーを打ったところ隣の船のスターンアンカーのロープにプロペラが巻き付きエンジンが止まってしまった。やむを得ず手袋と水中メガネをつけて潜りプロペラに一回転巻き付いたロープを取り外すことで事なきを得た。運良く大きなトラブルにはならなかったがアンカーリングにはそれなりのリスクがあることを再認識した次第だ。明日は垣見さんお奨めのPetit Anseに行ってみたいと思う。

ル・マランからプティット・アンス・ダルレヘ
(Le Marin to Petite Anse Darlete)

　4月2日の朝7時半にアンカーを上げてル・マランの街の近くの錨泊地を出航した。天気は晴れ東から北東の風が10m前後吹いている。20分ほど機走したあとジブセールだけを半分展開して帆走に入った。連れ潮の影響もあり西へ向けて5ノット前後で快適に走った。10時頃にはマルティニークの島の南西端を回り最後は機走にしたがプティット・アンス・ダルレの近くはペットボトルのブイがたくさん浮いていてプロペラに巻き込まないように注意が必要だった。11時にはアンカーリングが完了しさっそくテンダーに空気を入れて上陸しようとしたが船外機がうまく動いてくれない。やむを得ずオールを使って手漕ぎで桟橋まで行き上陸することができた。艇に戻りコクピットに座って夕刻の心地よい風を感じている。隣の船の親子は透き通った海でいつまでも泳いで遊んでいる。こんな素晴らしい場所にただで係留しのんびりした心地よい時を過ごすことができるのは最高だ。垣見さん橋口さんに紹介してもらった場所だ。

プティット・アンス・ダルレからアンス・ミタンヘ
(Petite Anse Darlete to Anse Mitan)

　4月3日も朝の7時半にプティット・アンス・ダルレの錨泊地からアンカーを上げて更に北側のアンス・ミタンへ向かった。北東の風が10m前後吹いていたのでセールを上げず機走で6.5海里を走り9時過ぎにはアンス・ミタンの錨泊地に着きアンカーリングも完了した。さっそくテンダーを降ろしてマリーナや街並みを眺めてきた。

マルティニークのアンス・ミタンからフォール・ド・フランスヘ
(Anse Mitan to Fort de France)

　4月4日の朝の7時半にマルティニークのアンス・ミタンを出航し2海里ほど北にある首都フォール・ド・フランスに8時半に到着しアンカーリングが完了した。東側のマリーナに係留しようと思って行ってみたのだが受け入れてくれる雰囲気ではなかったので街の真ん前の海岸にアンカーリングすることにした。機走だけで約1時間4海里の航海だった。錨泊地の水深は3.7mでチェーンを10m程

走錨を助けてくれたアダムさん

度出してしばらく様子を見た。そのあとテンダーを降ろしてさっそく上陸した。サン・ルイ聖堂や市場などを見て1時間ほどで戻ってきたところで事件が起こった。うめぼしがいないのだ。あわてて周りを探すと観光船の桟橋の陰にいるようだ。急いでテンダーに乗ってうめぼしまで行ってみると桟橋にロープでつないである。艇を離れた1時間ほどの間に走錨して誰かが助けてくれたようだ。艇に上って状況を確認しているとすぐにテンダーが近づいてきてロープを回収にきたと言う。聞くと船が流れていたので桟橋にもやっておいたということだ。近くのヨットに乗っているアダムさんが助けてくれたのだ。アンカーリングで長時間艇を離れることはリスクが大きいということを再認識した。

カリブ海の干満差

　カリブ海に来てから干満の潮位の差が少ないことに気がついた。30cmから40cmくらいしか引いたり満ちたりしないのだ。そこで潮汐表で調べてみた。

セントルシア：

https://www.tide-forecast.com/locations/Port-Castries-Saint-Lucia/tides/latest

マルティニーク：

https://www.tide-forecast.com/locations/Fort-de-France-Martinique/

tides/latest

　すると確かに干満差は50cm以下の数十センチしかない。同じ大西洋のカーボベルデやカナリア諸島はどうだろうか。

カーボベルデ：

https://www.tide-forecast.com/locations/Porto-Grande-Cape-Verde-Islands/tides/latest

　80センチくらいある。

ラスパルマス：

https://www.tide-forecast.com/locations/Las-Palmas/tides/latest

　1.5mから２m近くある。

赤道直下のガラパゴス諸島：

https://www.tide-forecast.com/locations/Puerto-Ayora/tides/latest

　1.5mくらいはある。

　地中海が潮の満ち引きの差が少ないのは何となく理解できるのだがカリブ海の干満差がどうしてこんなに少ないのか腑に落ちない。

フォール・ド・フランスからサン・ピエールへ
（Fort de France to Saint Pierre）

　４月５日の朝７時にマルティニークの首都フォール・ド・フランスを出航し10時半に13海里ほど北にあるサン・ピエールに着き水深３mにアンカーリングが完了した。前半はジブセールのみの帆走で後半は機走で走った。ここで出国手続きを済ませることができた。レストランに置いてある入出国手続き用パソコンに自分でデータを入力してそこに設置してあるプリンタで印刷してそれにレストランの人に押印してもらって完了だ。印刷代として５ユーロ取られた。明日の朝ここを出航して40海里ほど北にあるドミニカ国のロゾーに向かう予定だ。

マルティニークのサン・ピエールからドミニカ国のポーツマスへ

　４月６日（土曜日）の朝７時10分にマルティニークのサン・ピエールを出航しドミニカ国のポーツマスに17時10分にアンカーリングが完了した。10時間で54海里を走った。途中ドミニカ海峡は風速12mうねり2.5mを２ポイントリーフメイ

ンセールとチョイだしジブセールのアビームで走ったがヒールとローリングが大きく船酔いになってしまった。船酔い対策はコクピットに出てウォッチをするのが一番と思い波しぶきをかぶりながら外で頑張ったので疲れた。途中エンジンのスターターがロックして回らないという症状が出た。めったに起こらないのだが今回で2回目だ。対処はエンジンのベルトがかかっているクランクシャフトを少し回してやることで良くなる。しかしうめぼしではこれをするためにキャビン内部の階段を外しカバーを開ける必要がありその作業に15分くらいかかる。緊急時にこの症状がでると大きなリスクになることを再認識した。ドミニカ国には入国せずに翌朝グアドループに向かうことにした。

ドミニカ国ポーツマスからグアドループのポアント・ア・ピートルへ

4月7日の朝7時10分にアンカーを上げてドミニカ国のポーツマスの海岸を出航し17時30分にグアドループのポアント・ア・ピートルのマリーナに係留が完了した。総航海距離は45海里、総航海時間は10時間20分かかった。出航時は快晴東の風8m程度島陰を抜けるまで1時間ほど機帆走しその後東北東の風8〜9m、うねり1〜2mで昨日に比べると穏やかな海況の中をクローズドリーチで帆走した。11時頃にスコールの嵐が通り過ぎると風が東南東7〜8mに変わりクォーターリーで波しぶきを受けることなく快適に走ることができた。15時半にはポアント・ア・ピートルの沖に到着しセールを降ろして機走で港に入ろうとしたのだがまたエンジンのスターターがロックして動かない。一昨日同様キャビン内の階段を外してエンジンルームを開けてクランクシャフトを少し回すとスターターは回りだしたがエンジンのかかりは良くない。何とかエンジンを始動することができ機走でマリーナを目指したのだが事前の確認が不十分で今度は間違った場所に行ってしまった。いろいろとミスが重なったがやっと17時半に係留できた。

ポアント・ア・ピートルのマリーナBas du Fortにて

4月8日の朝8時にBas du Fortのマリーナオフィスに行き係留手続きをした。3泊で49ユーロだ。ここは人気のマリーナのようで予約は受け付けないということだったがフランス人のフレッドさんが交渉してくれて何とか係留させてもらうことができた。軽油の給油17リットル23ユーロだった。7日の夜にはさっそくフ

40フィートクルーザーパスロ号にてフレッドさんと村田由希恵さん

レッドさんと村田由希恵さんの40フィート艇パスロにお邪魔してご馳走になった。8日もパスロで夕食の鍋をご馳走になった。村田さんは2年前にアルメリマルに寄港されておりアルメリマル会のメンバーでもありフミさんの紹介で連絡を取り合いこのマリーナで落ちあうことができた。フレッドさんと村田さんは6年前から地中海で一緒にクルーザーに乗り始めこの2年間はカリブ海をクルージングしているということでカリブ海での生活ノウハウをいろいろ教えていただいた。フレッドさんは日本に20年以上在住して語学の教師やスマホアプリの会社を立ち上げたりされたかたで日本語が話せるほかフランス語、英語、スペイン語も話すそうだ。またお子さんは日本の大学に通っているそうだ。

<u>村田由希恵さんとフレッドさんのユーチューブ投稿記事</u>
https://www.youtube.com/watch?v=QnoYeRKzpFE

艇の整備

　4月9日は朝の8時にフレッドさんから依頼してあったVolvoエンジンの技術者にうめぼしまで来てもらい始動しにくくなっていたエンジンのチェックをしてもらった。その結果外付け燃料フィルターのボルト部分からわずかに燃料が漏れているのが見つかりそこから燃料に空気が入って始動しにくくなっているとのこ

とだった。さっそくVolvo代理店から外付け燃料フィルター（236ユーロ）とエンジンオイル5リットル（33ユーロ）を購入しフレッドさんと村田由希恵さんに手伝ってもらって燃料フィルター2個交換、エンジンオイル及びオイルフィルターを交換した。その結果エンジンは一発で始動するようになりエンジンオイルも透明な状態になった。フレッドさん村田さんに感謝申し上げる。また、No.3のオートパイロットもシャフトロッドの軸受け固定部分の部品を自作し交換したのできっとうまく動くようになったと思う。Plan2Nav用のスマホのUSBコネクタが壊れ充電ができなくなっていたものも外付け充電端子にケーブルをはんだ付けして使えるようにした。しかしフレッドさんやその仲間の人たちの自前修理主義には頭が下がる。フレッドさんはエンジン関係はほとんど自分で修理するしまた隣の艇のアレックスさんは太陽光パネル用のツナタワーの設計と木材での試作品を自分で作っている。更に隣の艇ではマストの中段まで電動工具を持ち上げてマストの修理を自分でやっている。

いろいろな一日

　4月10日は午前中にマリーナの北側2kmほどのところにある奴隷博物館を見に行った。博物館の建物は近代的な立派なものだがアフリカからサトウキビやラム酒を作るための労働力として奴隷として連れてこられた人々の悲惨な状況を主に説明してあるようで内容的にはあまりお奨めするほどのものではないと思った。日本がヨーロッパの侵略を受けずに済んだのは本当に幸いだったという印象を持った。お昼にフレッドさんの艇に行くと今日は誕生日だということでレストランで昼食をしてお祝いした。帰りにVolvoショップでスターターモーター（586ユーロ）やその他予備品を買ってうめぼしに戻りエンジンのチェックをしたところ燃料フィルターにつないでいる透明ホースの部分に空気泡が見える。フレッドさんの指摘でフィルターとホースのつなぎ目部分のテフロンテープの巻き直しとホースバンドの交換締め直しをしたところ見事に空気泡はなくなった。船外機の調子が今一歩だったものもフレッドさんの指摘でガソリンを新しいものに変えたところ快調に動きだした。ついでにセールドライブのギアオイルも交換した。そういうことでこのマリーナにもう1泊（16ユーロ）することにした。

マリーナの外のル・ゴジエ沖にアンカーリング

　4月11日はマリーナ事務所から係留の場所がないと言われたこともあり10時50分に出航しマリーナの外を2海里ほど東に行ったところにある錨泊に適していると言われるル・ゴジエ沖に行きアンカーリングをした。航海距離は3.5海里で機走だけで行き12時にはアンカーを打つことができた。しかし、少しずつアンカーが流れて風下にいるカタマランに近づいてきたので13時にもう一度すぐ隣にアンカーを打ちなおした。水深2.5mのところでチェーンを20m出した。今回は停まっているようだ。ここは島陰ではあるが東側と南側が外に面しており少し波が入ってくる。風は東が8〜10mくらい吹いている。今日はここに泊まって明日の早朝5時くらいにアンカーを上げてレ・サント諸島のテール・ド・オーに向かいたいと思う。

ル・ゴジエ沖からレ・サント諸島のテール・ド・オーへ

　4月12日は午前零時に目が覚めた。昨晩からゴジエ沖にアンカーリングをしていて時々風が強くなったりスコールがきたりして船の周りにはいろいろな風の音が聞こえるし常時揺れてもいる。GPSマップで確認しているのでアンカーが効いていることは間違いない。それでもなぜか不安感が募って「明日の朝うまくアンカーは上がるだろうか」、「アンカーを上げている時に艇が流れて周りにいる船のアンカーチェーンにプロペラを引っかけることはないだろうか」というようなトラブル対応の想念が頭の中を巡りめぐりしてなかなか寝付くことができなかった。しかし朝5時過ぎに起きて出航の準備をしているとなぜか自信が湧いてきて夜中の不安感はどこかに吹き飛んでいた。長い航海をしていると不安な思いに駆られる時もあれば退屈な時もありもう航海はやめてしまおうかと思う時もある。でもしばらくすると不思議なことにまた航海に出たいという思いが湧いてくるのだ。周りが明るくなった5時50分にアンカーを上げてレ・サント諸島のテール・ド・オーへ向かった。天気は快晴東の風8mメインセール2ポイントリーフ、ジブセール半分で快適に走った。10時半にはテール・ド・オーの23番ブイにもやうことができた。さっそくテンダーを出して街の散策に出かけた（航海距離22海里、機走1時間）。

8 2019年の航海　*541*

レ・サント諸島のテール・ド・オーからブイヤントへ

　4月13日も朝の5時50分にテール・ド・オーを出航しグアドループの西側の島（バステール島）の西岸中ほどにあるブイヤントに来た。快晴で東の風8mほどの中21海里を前半は帆走、後半の島陰は機走2時間で10時10分にはアンカーリングが完了した。水深6.5mチェーン長25mだ。グアドループは2つの島からなっており蝶が羽を広げたような形をしている。ポアント・ア・ピートルはつなぎ目の部分にあり運河で2つの島に分かれている。西側の島がバステール島で山が多く火山島だ。東側の島がグランドテール島で山がまったくない平坦な島で相対的に古い時代にできた島だ。ブイヤントでは温泉に入ることができると聞いてきたが波があるためテンダーにエンジンを積み込むことができず上陸をあきらめた。

ブイヤントからデエエへ

　4月13日の昼間は西からの4～5mの風が吹き続けていたが夕刻に風向が変わり始め720度回転した。その後東からの風が8～10m吹き出したが山越えの風で吹いたり止んだりしていた。そして夜の20時30分頃にふと気が付くと艇が流されている。ゆっくりとではあるが風下側に係留しているカタマラン2隻の方向に向かって流れている。10分ほど様子を見たが一度流れ始めたアンカーは再度かかる様子はない。東の風が10～12mくらい吹いている。カタマランにぶつかりそうになってきたので急いでアンカーを引き上げエンジンで船を少し動かしかろうじて接触せず済んだ。夜の海は真っ暗で何も見えない。GPSの海図だけを頼りに沖側に流されていった。エンジンも止めて艇を風に対して横向きにしていると1ノットくらいで流されていく。そのまま夜明けまで漂流することにした。14日の朝の5時半にエンジンをかけて機走でデエエに向かい8時10分に水深5mチェーン長25mでアンカーリングが完了した。漂流が9時間で9海里、機走2時間半で9海里合計18海里の航海だった。

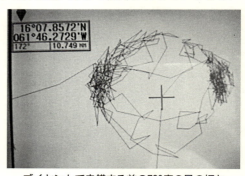
ブイヤントで走錨する前の720度の風の振れ

グアドループのデエエからアンティグア・バーブーダの
イングリッシュハーバーへ

　4月15日（月曜日）の朝どんよりと曇った空に時折激しく降るスコールの雨が小雨になるのを待ち6時15分にグアドループのデエエの湾からアンカーを上げて真北にあるイングリッシュハーバーに向けて出航した。14日にデエエの街の土産物屋さんの中にあるカスタムの端末で出国手続きを入力し印刷した紙に店員が押印してくれ4ユーロ支払い出国手続きができた。島陰を抜けるまで1時間ほど機帆走で走った頃には雲はどこかに行ってしまって空は快晴東の風6〜7m波も少なくアビームで快適な帆走になった。しかし10時頃にはまた分厚い雲が空を蔽い遠くにはスコールが見え始めた。風も風速10m前後になりうねりも出てきた。いくつかスコールが通り過ぎて行ったあと11時半頃にあいにく風が北に振れ北東から東北東になったので機帆走にして走った。15時半にはハーバーに到着しネルソンズドックヤードマリーナに係留しようとしたのだがバウアンカーでスターンツウの係留に少し手間取り16時に何とか係留が完了した。すぐに目の前にあるカスタムに行きアンティグアへの入国手続きを済ませた。費用は83ECドルだ。44海里、10時間の航海だった。

ネルソンズドックヤードマリーナにて

　ネルソンズドックヤードは西インド諸島東部、アンティグア・バーブーダのアンティグア島にある英国海軍の造船所跡で同島南岸の深い入り江であるイングリッシュハーバーに位置している。18世紀建造のジョージア様式の海軍関連施設が残り、2016年に「アンティグアの海軍造船所と関連考古遺跡群」の名称で同国初の世界遺産（文化遺産）に登録されたそうだ。ドックヤード敷地内には18世紀後半に建築された建物が数多く残っておりその建物の中に博物館やホテル、レストラン、土産物屋、ベーカリーなど多くの店が入って営業をしている。このマリーナはドックヤードの敷地内にありマリーナオフィスも昔の海軍将校宿舎の中にある。ドックヤード全体が入場料が必要な観光施設になっており多くの観光客が訪れうめぼしにもヨットとは関係のない一般の観光客が声をかけてくれるのでいつもに増して賑やかだ。係留料は2泊で91USドルだった。

　ネルソンズドックヤードを出てすぐのところにアブラカダブラというイタリア

レストランがある。これは野村輝之さん著の「風と海と仲間たち」に出てくるレストランでアンティグア在住日本人の理容室オーナーのアケミさんのご主人が経営しているということでさっそく行ってみた。アケミさんはお出かけのようで会うことはできなかったがご主人のアンジェロさんが丁寧に対応してくれた。夕食に美味しいシーフードスパゲティを食べて帰ってきた。

　その後の村田由希恵さんからの情報（2019年4月25日更新）によると、アンジェロさんは7年前にアケミさんと離婚されたそうだ。アケミさんはカタマランヨットに乗って普段はグレナダにいるとのことだ。4月末に開催されるアンティグアヨットレースに合わせてアンティグアに来る予定だそうだ。

イングリッシュハーバーからバーブーダへ

　2019年4月17日の朝6時15分にイングリッシュハーバーのネルソンズドックヤードマリーナのもやいを解きアンカーを上げて出航した。アンカーとチェーンにはハーバー内の300年分のヘドロがしっかりと付いていた。行先は40海里北にあるバーブーダのCocoa Pointの西側ビーチだ。イングリッシュハーバーを出て風上になる東に向けて8海里2時間ほど機走で走り島の東端を越えてから帆走に切り替え14時半にCocoa Pointの西側のきれいなビーチにアンカーリングすることができた。水深4.8mチェーン長25mだ。天候は晴れ時々曇り東の風6～10mうねり1.5mという感じで、スコールが近くを通過したが雨に遭うことはなく快適な航海だった。それでも波しぶきは十分にかぶり体中が潮っぽくなっていた。

バーブーダからジョリーハーバーへ

　4月18日の朝6時15分にCocoa Point西側ビーチからアンカーを上げて出航した。32海里南にあるアンティグアの西岸にあるジョリーハーバーに向かう。天気は快晴で風は東の風が6～8m、うねりも1m前後と穏やかな海面をクォーターリーに近い感じで5ノット強で快適に走り12時半にはジョリーハーバーマリーナに到着していた。このマリーナは係留方法がこれまで経験したことがない方式で、スターン両側に杭がありスターンと杭の間をもやいロープで留め、ポンツーンにバウ側2本のもやいロープで係留するというものでマリーナスタッフが親切に対応してくれたが少し手間取り13時に係留が完了した。軽油20リットルを56ECド

ル（約2200円）で給油し、マリーナの隣のカスタムとイミグレーションで出国手続きを済ませた。明日はネイビスのチャールズタウンに向かう予定だ。

ジョリーハーバーマリーナにて

　4月19日はもう1泊ジョリーハーバーマリーナに係留してゆっくり過ごした。No.4オーパイが動かなくなったので分解清掃をしたところまた動き出した。海水が装置内に侵入しプリント板周りに付着していたのが不調の原因のようだ。No.3オーパイも内部を清掃したが相変わらず電源を入れるとアラームが鳴りっぱなしで使えない。現在はNo.4、No.5の2台体制だ。No.3はどこかで修理に出したいと思っている。エンジンがかかりにくいことと時々スタート時にロックすることは相変わらずの気になるポイントだ。船内のステレオのスピーカーの配線の接触不良を修理した。航海中に横向きに寝ることができる特製ベッドを作成中だ。また航海中に清水を予備タンクから清水タンクに補給するための仕組みを作った。航海中はうねりが大きいので静水タンクに水を補給することができない。そこでコクピットから清水タンク注入口までをホースでつなぎ予備タンクをコクピットに置いてそこからホースを通して清水タンクに水を入れる仕組みだ。これで30日連続程度の長距離航海でも水の心配をする必要がなくなった。整備をしたあとローカルバスでアンティグアの首都セント・ジョンズの街の散策に出かけたが今日19日はGood Fridayの祝日ということで博物館もお店もほとんど閉まっていた。街の雰囲気を眺めて戻ってきた。

ジョリーハーバーにて

　4月20日（土曜日）も朝の5時半から起きて艇のチェックをした。エンジンのスターター周りの配線を確認し電気用錆止めスプレーをかけたりして電気周りの不具合がないように注意を払った。しかしスターターやジェネレーター関係はこの5年間一度も整備していない。バッテリーからスターターへの配線やフューズなども確認した。するとNo.2バッテリーのマイナス電極のボルトが緩んでいるのが見つかった。どうも昨年秋にバッテリーを自分で交換した際にボルトを締め忘れたのではないかと思われる。東先輩からのアドバイスが役に立った。その後9時頃にカスタムに行って1日出航が遅れたことを報告し、マリーナオフィスで

係留料（160ECドル＝6400円）を支払い、11時に予約した理容室で散髪（50ECドル）をしてもらい11時半過ぎにはマリーナを出航した。そして1海里ほど機走し12時過ぎにはジョリーハーバーの出口付近にアンカーリングをした。水深1.8〜2m チェーン長15m強だ。ここで一晩過ごして明日はネイビスのチャールズタウンに向かいたいと思う。

アンティグアのジョリーハーバーからネイビスのチャールズタウンへ

4月21日は朝の6時半にアンカーを上げて出航した。空には入道雲があちらこちらにあり時折スコールも来るが風は弱い東風だ。出航時にNo.4のオーパイが動かなかったので新品のNo.5を初めて使った。私にとってはNo.4のオーパイの不調はショックだ。再度の清掃で良くなってくれれば良いのだが。すぐにセールを上げて帆走に入ったが島陰で風が弱く2時間ほど2ノット前後で走り9時頃にやっと本来の東北東7mほどの風が吹き出した。真追手の風なのでジブセールを巻き取って2ポンリーフのメインセールだけで真追手で走るのとジブセールをフル展開して30度くらい上らせてジブセールに風が入るようにして走るのと比べてみた。明らかにジブセールを開いた方が速いことがわかった。特に風速8m以下では顕著だ。航海中うめぼしの航路の南側5海里ほどのところに東西に長い入道雲の列ができていてところどころでは雨が降っているのも見える。雲低は高度1000mくらいだろうか、この雨雲の列が一日中横にいて西に移動しているのだがうめぼしの航路は一日中晴れの良い天気で風も東北東6mから9mくらいで安定していた。48海里の航海で17時半にチャールズタウンの湾内水深3mアンカーチェーン15mでアンカーリングすることができた。今いる場所はカリブ海の中でも一番北東の端あたりだ。アンティグアのジョリーハーバーからネイビス島のチャールズタウンまで48海里だった。

チャールズタウンからバセテールへ

4月22日（月曜日）は朝の8時にテンダーを桟橋に着けてセント・キッツ＆ネイビスへの入国手続きをするためにポートオーソリティ、カスタム、イミグレーションがあるフェリーターミナル横の建屋に行った。しかし今日はイースターの祝日で9時に事務所が開くとのことでしばらくチャールズタウンの街を散策して

待ち10時過ぎに入国手続きが完了した。ポートオーソリティで120ECドル、カスタムで30ECドル（合計約6000円）を支払った。その後一度船に戻り橋口さんに教えていただいた街の南側のはずれにある露天の無料温泉に入りに行った。いつもシャワーだけなのでお湯に浸かるのは３か月ぶりくらいになりゆっくり体をほぐすことができた。12時20分にチャールズタウンの湾からアンカーを上げて12海里離れたセント・キッツ＆ネイビスの首都バセテールに向かい15時40分にアンカーリングが完了した。水深３mチェーン長18mだ。今朝分解清掃したオーパイNo.４がうまく動いてくれたのでとてもうれしく思う。プリント基板上の液晶部分に水が浸入していたものをきれいに拭き取ったところ動き出した。液晶の表示は見えなくなったが何とか使えている。

セント・キッツ＆ネイビスのバセテールにて

４月23日は出国手続きのために朝の８時にテンダーをPort Zante Marinaの中に着けてマリーナ事務所と同じ建屋の中にあるカスタムに行った。そこで３枚複写カーボンの必要書類に記入し無料でポートクリアランスを発行してもらった。次に東の隣にあるイミグレーションのオフィスで手続きをして出国手続きは完了した。その後街中で１日分のSIMを購入（15ECドル＝600円）し、バスセンターからバスに乗って島の西側にある世界遺産ブリムストーン・ヒル要塞国立公園前まで行きそこから徒歩で30分ほどのハイキング兼山登りをして要塞にたどり着いた。この要塞からの景色は素晴らしく南東にはネイビス島の標高1000mを超えるネイビス山を望み北西にはユースタティウス島が見え360度の景観を堪能することができた。明日は早朝から50海里ほど北西にあるセント・マーティンのフィリップスバーグに向かう予定だ。

セント・キッツ＆ネイビスのバセテールから
サン・バルテルミー島のグスタビアへ

４月24日は朝６時にバセテールからアンカーを上げて出航した。天気は晴れ弱い東風で島の北西端を抜けるまで３時間機走した。島陰を抜けると東の風５〜６mが吹き出しメインセール、ジブセールをフル展開して帆走に切り替えた。12時過ぎ頃から東北東の風３〜４mになり艇速も３ノット前後になったが帆走を続け

16時にサン・バルテルミー島のグスタビア近くまで来たのでここで機走に切り替え一晩過ごすためのアンカーリングポイントを探した。しかしここの泊地は相当人気があるようで手頃な場所は既にヨットでいっぱいだ。数えてはいないが百艇以上が錨泊しているような感じだ。少し空いているところがあったので一度アンカーを降ろしたが下が岩場だったのでやめにしてまたアンカーを上げた。結局南東側の隣の狭いビーチにアンカーリングが完了したのは17時半だった。海底は砂地で水深5mチェーン長20m弱だ。バセテールからグスタビアまで45海里だ。

グスタビアからマリゴへ

　4月25日は朝の5時50分にグスタビアの錨泊地からアンカーを上げてセント・マーティンのマリゴに向かった。橋口さんからの情報によると当初予定していたフィリップスバーグよりもマリゴのほうが入国手続きが簡単で買い物なども便利だということで変更した。今日も晴れで5m前後の東風なのでメインセール・ジブセール共にフル展開してクォーターで5ノット前後で快適に帆走することができた。10時過ぎには島の北端を回り島陰に入ると風が弱くなったので機帆走にして11時にはマリーナ・フォート・ルイスに着いたのだが、マリーナは予約でいっぱいで入れないということでマリーナ横の錨泊地にアンカーリングをした。11時半にはアンカーリングが完了し水深4m、チェーン長18mだ。すぐにテンダーを降ろして上陸しIWWという船具屋で入国手続き（2ユーロ）をしてDigicelでSIMを購入（20ユーロ）し少し買い物をして船に戻ってきた。グスタビアからマリゴまで26海里、5時間の航海だった。

サン・マルタンのマリゴにて

　セント・マーティンは東西南北共に17kmの小さな島だが北側半分がフランス領のサン・マルタン（Saint Martin）、南側がオランダ領シント・マールテン（Sint Maarten）となっている。ヨットでの行き来は手続きが必要で面倒だが陸上での人の行き来は自由だ。そしてオランダ側の首都フィリップスバーグもフランス側首都のマリゴもともにタックスフリーだ。4月26日はマリゴからバスに乗ってオランダ側のシンプソンベイラグーンに面している船具屋バジェットマリーンに行ってきた。その中にオーパイメーカーであるレイマリンの代理店が入居しており

548　世界一周船栗毛

カリブ海近辺では比較的大きい方だということでNo.3の修理を依頼した。しかし結果は駄目で詳細に診断はしてくれたが既に部品の供給は打ち切られており修理不可能とのことだった。残念。マリゴに戻ってセントルイス砦に登りスーパーUで買い物をして昨日入国手続きをしたIWWで出国手続きをして戻ってきた。明日は英領バージン諸島のゴルダ島のスパニッシュタウンに向かう予定だ。

サン・マルタンのマリゴにて（2）

　4月26日の18時に2013年4月から6月に日本を訪れたというアルミ製ヨットPatagoのアランさんとソフィーさんがディンギーでうめぼしに迎えに来てくれ、Patagoを訪問したあとアランさんの友人のレミーさんの船で夕食パーティーになった。Patagoは石垣島で入国し佐渡島、函館を経由してその後アリューシャン列島やアラスカを通って北米に渡ったそうだ。元々ヨット関係の仕事で長らくヨットに乗っていたそうだが今の船に乗り出してから7年で世界中の海を訪問したとのことだ。27日の9時にまたアランさんにうめぼしに来ていただいてカリブ海や南太平洋の航海ルートや寄港地情報などを具体的にクルージングガイドを見ながら教えてもらった。また27日は出航する予定だったが村田由希恵さんがマリゴに来られるということで出航せずに待つことにした。

サン・マルタンのマリゴにて（3）

　4月27日の午後村田さんから電話が入り愛艇パスロ5でマリゴに着き浅い砂底が広がるマリゴ湾の広大な錨泊地にアンカーリングしたとのことだ。アンティグアのイングリッシュハーバーからは100海里ほどの距離があり昨日からオーバーナイトで航海してきたとのことでフレッドさんは疲れておられるようだったがインフレータブルのテンダーを膨らませてうめぼしまで来てくれた。久々の再開を祝ってうめぼしのコクピットでミニパーティーを開催した。フレッドさんも村田さんもマリゴは初めてということで28日の午前中は一緒に上陸し入国手続きの場所などを案内した。その後、アランさんのPatagoに一緒に行きフレッドさんと村田さんをアランさんに紹介した。13時頃に英領バージン諸島のスパニッシュタウンに向けて出航する。到着は明日29日の午後を予定している。

サン・マルタンのマリゴから英領バージン諸島のスパニッシュタウンへ

　4月28日の13時にマリゴ湾からアンカーを上げて英領バージン諸島のゴルダ島のスパニッシュタウンに向かった。天気はどんよりとした雲に空一面覆われているが雨は降っていない。東の風が8mから10mほどでメインセールのみ2ポイントリーフで追手の風4ノット前後で走り、暗くなってからはいつものようにAISとオートパイロットに任せて寝ていた。時々ウォッチのために外を見ると空は満天の星に包まれている。明け方カタマランが1隻うめぼしを追い抜いて行ったのが唯一ミーティングした艇だ。4月29日の朝の9時半にはスパニッシュタウンのゴルダハーバーのポンツーンにもやいを取ることができた。84海里を20時間半かけて約4ノットの航海だった。

スパニッシュタウンにて

　4月29日は英領バージン諸島の中のバージンゴルダ島スパニッシュタウンのイミグレーションとカスタムに行き入国手続き（22.5USドル）を済ませDigicelのSIM（50USドル）を買い軽油20リットル（27USドル）を補給し清水をタンクに満杯にしてテンダーを降ろしテンダーから艇のハルの水面付近に付着してきた緑色の海藻類をへらで落とした。18時にはブエナビスタの橋本さん橋口さんがハーバーの入り口のブイに係留されたということでハーバーにうめぼしを置いてテンダーでブエナビスタ（42フィートカタマラン）を訪問しアルメリマル以来の再会を祝して大宴会になった。これまでも橋本さん橋口さんにはいろいろな情報をいただき大いに助かっていたのだが、今回はUSバージン諸島（米国）へのヨットでの入国方法について教えていただく目的があった。結果はNoonsiteに記載してある通り（アランさんに教えてもらった内容でもある）でうめぼしでUSバージン諸島へ入国する前に一度フェリーで英領バージン諸島からUSバージン諸島へ入国し90日ビザを取得してから、その後うめぼしでUSバージン諸島に行き船の入国手続きをする必要があると言うことだ。米国へヨットで入国するためには事前にビザの取得が必須であるということだ。またバージン諸島は160もの島々からなる自然豊かなそしてヨットに最適な静かな入り江がたくさんあり、ヨット用のブイの利用方法やアンカーリングできる場所など多くのことを教えてもらいカタマランのベッドに寝たのは明け方の4時だった。4月30日は橋本さんたちと一緒に巨大

550　世界一周船栗毛

な花崗岩が積み重なっている国立公園The Baths Trailを訪問し午後にはハーバーを出航しハーバー入り口にアンカーリングした。

スパニッシュタウンからロードタウンへ

　2019年5月1日は英領バージン諸島のバージンゴルダ島のスパニッシュタウンからトルトラ島のロードタウンに移動した。朝8時20分に出航しジブセールだけの帆走中心で12海里走った。ロードタウンは英領バージン諸島の首都でマリーナもたくさんあり最初に入った東側のJoma Marinaはプライベートマリーナだということで係留を拒否された。やむを得ず西側隣にあるVillage Cay Marinaに行ったところ何とかポンツーンに係留することができた。ここからフェリーで米国バージン諸島に入国してビザを取得しようという算段だ。ESTAをインターネットから入力し14USドルをカード決済で支払い近くのフェリーターミナルに行ってチケットを買おうとしたらまだESTAの承認番号が取れていないのでチケットを発行できないと言われた。翌日の朝6時15分に再度チケット売り場に行くことにした。

ロードタウンからピーター島へ

　5月2日は早朝に確認したところ申請していたESTAが承認されていたので6時15分にフェリーターミナルに行き、米領バージン諸島の首都シャーロット・アマリィまでの往復チケット（40ドル）を買い20ドルの出国税を払って7時出発のフェリーに乗った。30人乗りくらいの小型フェリーはセント・トーマス島のシャーロット・アマリィまでの23海里を23ノットで約1時間走り8時過ぎにはシャーロット・アマリィに着いた。ここで米国へ入国するためにイミグレーションに並び20分ほどで無事に入国することができ同時に90日間有効なビザ印をパスポートに押してもらうことができた。帰りのフェリーは8時30分出発で隣のフェリー乗り場に着いた時は既に出航直前だった。あわてて出国税10ドルを払ってフェリーに飛び乗り9時半過ぎにはロードタウンに戻って来ることができた。外国に行って滞在期間10分程度というのは多分私にとって最短記録ではないだろうか。Village Cay Marinaに戻ってきて清水を補給したりスーパーマーケットで食材を買ったりし1泊60ドルの係留料を支払って11時50分にVillage Cay Marinaを出航

した。マリーナ係留費を節約するために出航したのだが手頃なアンカーリングポイントがなかなか見つからず結局ピーター島のGreat Harbourにある白ブイにもやいを取ったのは14時半だった。

ピーター島からウェストエンド経由でクルズ・ベイへ

　５月３日は朝の６時にピーター島を出航し８時には英領トルトラ島の西の端にあるウェストエンドのハーバーに着き白ブイに係留した。テンダーを降ろしフェリー桟橋の中にあるイミグレーションとカスタムの事務所に行き出国手続きを済ませうめぼしに戻ってきたのは９時半だった。白ブイ利用料30ドルを節約しようとウェストエンドのハーバーを出航し途中のアンカーリングポイントを探したのだがなかなか安心できるところが見つからない。ということで米領セント・ジョン島の西端にあるクルズ・ベイまで行き水深２mのところに12時半にアンカーリングした。

クルズ・ベイからシャーロット・アマリィへ

　クルズ・ベイでは５月３日夕刻にブエナビスタの橋本さんがテンダーで来てくれてうめぼしをブエナビスタの隣にアンカーリングし直した。非常に浅くて広いスポットで安心してアンカーリングできた。そしてまたブエナビスタにお呼ばれして夕食をご馳走になった。５月４日は朝の６時に米領バージン諸島セント・ジョン島のクルズ・ベイを出航し８時40分にセント・トーマス島のシャーロット・アマリィのマリーナ前の白ブイを取った。すぐにテンダーで上陸しフェリー桟橋にあるカスタムとイミグレーションのオフィスに行き米領バージン諸島への入国手続きと同時にプエルト・リコへの出国手続きをした。イミグレーションの係官は２日のフェリー入国の時の係官とたまたま同じ人で先方も覚えていてくれて親切に対応してくれた。10時10分には入出国手続きが完了したのだがAT&TのSIMが買えない。なぜか３日も４日もショップがお休みなのだ。艇に戻ると少し風が強くなり白ブイに係留していたうめぼしが隣にアンカーリングしているカタマランにぶつかり始め強くぶつかった時に風力発電機の羽が折れてしまった。予備の羽に替えることで風力発電機は動き出したがツナタワーにも強い衝撃がかかったようでタワーの揺れ方が少し大きくなったような感じがする。

552　世界一周船栗毛

シャーロット・アマリィからクレブラへ

　5月5日は朝の6時に米領バージン諸島セント・トーマス島のシャーロット・アマリィを出航しプエルト・リコのクレブラ島の奥深い入り江の中に行き11時にアンカーリングした。すぐにテンダーを降ろして上陸しSIMを買いに行ったがこの島では売っている店がないようだ。13時半頃艇に戻ると橋本さんからVHFで連絡があり一緒にイミグレーションに連れて行ってもらった（私はここでは入国手続きができないと思っていた）。空港で手続きを終えつり橋のある運河の観光にも連れて行ってもらい夕食はまたまたブエナビスタでご馳走になった。

クレブラ島からファハルドへ

　5月6日は朝の6時にクレブラ島を出航しプエルト・リコ本島の東岸にあるファハルドへ向かった。天気は曇りだが風はいつものように東から風速8m前後吹いている。ジブセールだけをフル展開して真追手に近い感じで走り11時半にファハルドの中のPuerto Chicoというマリーナに係留することができた。このマリーナは固定客専用で1泊だけのヨットは受け入れないということだったがマリーナオフィスのマネージャーに頼み込んで何とか1泊だけ認めてもらった（1泊58ドル）。ファハルドの街は米国の街に似ていて車中心の生活のようで広い敷地に店舗と駐車場がありそれが点々と散在している。それと同時に20階以上ある高層マンションや守衛付きの扉と塀で囲われた大規模戸建住宅群などもある。ショッピングセンターの近くにあるAT&TでやっとSIMを買うことができた（8GBで56ドル）。

ファハルドからサンファンへ

　5月7日は朝の8時にプエルト・リコのファハルドのマリーナを出航し首都のサンファンに向かった。ブエナビスタがサンファンに行くということを聞きうめぼしも南沿岸ルートをやめにして一緒に北岸の首都サンファンに行くことに変更した。サンファンまでは約37海里で途中1時間ほどの機帆走を含め8時間で16時にはサンファンベイマリーナに係留中のブエナビスタに横抱きさせてもらった。橋本さん橋口さんにカスタム＆ボーダープロテクション（CBP）に連れて行ってもらってクレブラと同様の入国費用37ドルを支払った。夕食はまたまたブエナビ

8 2019年の航海 ┊ 553

スタで日本食のカレーライスをご馳走になった。

サンファンの旧市街散策

　５月８日はブエナビスタの橋本さん橋口さんに連れられてプエルト・リコの首都サンファンの旧市街の散策に出かけた。昨日は午後からスコールのような雨が降りびしょ濡れになったのだが天気予報では今日は降らないということで傘も持たずに出かけた。マリーナから北にドスエルマノス橋を渡って高層マンションやホテルが立ち並ぶ新市街の一つプエルタデティエラ地区の公園などを通ってしばらく歩くと国会議事堂がある。議事が行われていないこともあってか中を見学することができた。次にサンクリストバル要塞に登ると旧市街や大型クルーズシップを目の当たりに見ることができた。昼食は紹介してもらったレストランRaicesに行きリアス・バイシャスの白ワイン２本にアソパオスープ、海鮮と肉のモフォンゴ、イカやチーズの唐揚げなどをいただいた。午後からは真っ黒な雨雲が出てきたが小雨がぱらつく程度で済み逆に太陽が隠れてくれて涼しく歩くことができ、ナショナルギャラリー、カサブランカ、世界遺産のエル・モロ要塞、大聖堂などを見て回ることができた。多分10km以上歩いたのではないかと思う。橋本さん橋口さんの健脚には頭が下がる。

プエルト・リコ島内の観光

　５月９日もブエナビスタの橋本さん橋口さんと一緒にレンタカーでプエルト・リコ島内の観光をした。高速道路で100kmプエルト・リコの南岸にある第二の都市ポンセまで行きティベスという原住民の遺跡と博物館を見学した。ここの原住民は文字を持たず金属製品も持っていなかったのだがゴムの木から作ったボール競技をしていてその競技場の跡と思われる遺跡が残っている。次にスペイン領時代の町並みが残るポンセの旧市街を散策した。旧市街のレストランでごはんに煮豆をかけて食べるアロス・コン・アビチュエラを食べ午後からはヨーロッパの中世から近世の美術品が集積されたポンセ美術館を見学した。帰りは途中でAguas Termales de Coamoという温泉に寄り42℃の温泉で体をほぐして帰ってきた。

554 　世界一周船栗毛

ブエナビスタの橋本さん、橋口さん
（レストランRaicesでリアス・バイシャスの白ワイン）

サンファンからアレシボへ

　5月10日はプエルト・リコのサンファンから北岸中央のアレシボへ移動した。朝サンファンベイマリーナのオフィスで軽油20リットル分17ドルと3泊の係留費87ドルの支払い手続きをして9時20分に出航した。結局3泊ともブエナビスタに横抱きさせてもらった。天気は晴れ東の風5mほどの中11時半まで機帆走しその後帆走で総距離37海里を走り17時15分にアレシボの湾内にアンカーリング（水深3m、チェーン長23m）した。ブエナビスタも隣にアンカーリングしている。

アレシボからマヤグエスへ

　5月11日は朝6時にアンカーを上げアレシボを出航した。曇り空、南東の風5m、機帆走でマヤグエスまで50海里を一気に走り抜けた。16時にはマヤグエスの港の水深3mにアンカーリングすることができた。マヤグエスではプエルト・リ

コからの出国手続きをするためにブエナビスタのテンダーで一緒に上陸しカスタ
ムで手続きをした。帰りにはブエナビスタで大阪風のお好み焼きをご馳走になっ
た。橋本さん橋口さんには引き続き大変お世話になった。

マヤグエスからモナ島へ

　5月12日は朝の6時にプエルト・リコのマヤグエスを出航しドミニカ共和国と
の間のモナ水道に浮かぶモナ島に向かった。天気は曇り時々晴れ南東の風が初め
3mから5m、12時前頃から7〜8mで12時まで機走しその後帆走で17時にモナ
島の西側の砂浜にアンカーリングできた（水深5m、チェーン長25m）。

モナ島からドミニカ共和国のプンタカナへ

　5月13日は朝6時にモナ島西岸を出航するためアンカーを上げようとしたとこ
ろ大きな岩にアンカーが引っかかってどうしても外れない。風はほとんど吹いて
いないが水深5m程度で50cmくらいのうねりが入ってくる状況だ。すぐにブエ
ナビスタの橋本さんにVHF72チャネルで連絡をとり助けに来てもらった。橋本
さんにテンダーから潜ってもらいアンカーの状況を見てアンカーが3mほどの大
きな岩の片側に引っかかっているのを手で外してもらって上げることができた。
本来は私が潜らなければいけないところだが5mの深さまで潜るのは怖くて躊躇
している時に橋本さんに助けていただいた。本当に助かった。今後はこのような
砂浜の中に岩があるところにはアンカーリングしないように肝に銘じておく。7
時にモナ島を出航し14時半にドミニカ共和国のプンタカナのマリーナ・カップ・
カナに着いた。先に到着していた橋本さんがVHFで入国手続きなどを予約して
おいてくれたおかげでマリーナへの係留は多くのサポート要員が来てくれてスム
ーズに済んだ。そしてすぐにイミグレーションやカスタムなど7名くらいの職員
が船まで来てくれて入国手続きを済ませることができた（入国費用88ドル）。その
後マリーナオフィスで係留手続きをしてタクシー（往復60ドル）でショッピング
モールまで行きSIMを買いスーパーマーケットで食材を調達してマリーナまで帰
ってきた。モナ島からプンタカナまで36海里。

プエルト・リコの入出国手続き

　プエルト・リコの入出国手続きはこれまでのカリブ海諸国の手続きと比較するとかなり面倒だったので記憶のために記載する。今回の手続きはすべてブエナビスタの橋本さんに連れられて行き一緒に行った。私だけではかなりハードルの高い手続きになったと思われる。米領バージン諸島のシャーロット・アマリィからクレブラ島に５月５日に入国した。入国手続きはクレブラ島の空港内にあるカスタムの事務所で行った。カスタムの事務所は鍵がかかっていていたが中に職員が駐在していて快く対応してくれた。ここで強く言われたことは到着した時に必ずカスタムに電話をすることだ。プエルト・リコのカスタムは東西南北大きく４つの地域に分割されているようでこの４つの地域をまたがって航海する時は必ず次のカスタムで手続きをする必要があるということだ。そして地域ごとに37ドルの入国手数料（クルージング許可料）を支払う必要がある。次にファハルドに行ったがここはクレブラ島と同じ地域になるということで何もしなかった。次にサンファンに行った。サンファンのカスタムは極めてわかりにくい場所にありベイマリーナの人に場所を教えてもらったにもかかわらずなかなか見つからなかった。ここでも入国手数料37ドルを支払った。最後がマヤグエスだ。橋本さんが電話で連絡すると空港まで来いということだったが、橋本さんが交渉して街中のカスタムオフィスに来てもらうことになった。ここではテンダー置き場がないことやオフィスの場所がわからないことに加え強い雨が降り出し大変だったがフロリダから来ているモータークルーザーの人に助けてもらい何とかなった。カスタムではマヤグエスへの入国手数料37ドルとマヤグエスからドミニカ共和国への出国手数料19ドルを支払った。書面としてはそれぞれの手数料の領収書（ピンクの紙）と入国、出国証明書をもらった。プエルト・リコは米国領ということで米領バージン諸島からの入国ではパスポートへの入国印はなかった。マヤグエスでは個人の船での出国は出国印を押さないということだった。代わりにドミニカ共和国に入国したのちに入国印をコピーして米国のオハイオ州の事務所まで郵便で送る必要があるということだった。それをしないと次回米国に入国する時に出国していないとみなされトラブることになるそうだ。CBP ROAMというスマホアプリは今回の手続きの中では一度も話題に出なかった。

プンタカナのマリーナ・カプ・カナにて

　5月14日はマリーナ内でゆっくり過ごした。軽油40リットル（2194ペソ＝約5000円）を補給しエンジンオイルを入れてエンジン回りの確認をした。冷却水がかなり汚れてきているようなのでそろそろ交換しないといけないのかもしれない。何よりうれしいのは先日サンファンを出航する時にNo.4オートパイロットが不調で正常動作しなくなっていたのだが分解してプリント基板をシリコンスプレーで清掃しコンパスに引っかかっていたゴムのかけらを取り除き清掃したところまた正常に動き出したことだ。2台あるのと1台とでは安心感に大きな違いがある。このマリーナはコンドミニアムと一緒に開発された大型リゾート施設のようで敷地内はきれいに整備されバースには釣り用の大型モーターボートがたくさん並んでいる。マリーナ事務所の職員は大変親切で軽油を買うためにトラックで遠くの給油スタンドまで連れて行ってくれた。

一時帰国

　5月15日はブエナビスタと一緒にサマナに向けて出航する予定だったが急きょ出航をやめにして12時にブエナビスタの出航を見送った。
　私は急な用件で明日の飛行機で日本に帰ることにした。うめぼしはマリーナ・カプ・カナに係留して置いていく。このマリーナは海からは非常に奥まったとこ

ブエナビスタの橋本さん、橋口さん

ろにありハリケーンにもかなり耐えることができるのではないかと思っている。メインセール、ジブセールを外しハリケーン対策をした。

フレッドさんと村田由希恵さんのユーチューブ放送

アルメリマル会の会員でもある村田さんがユーチューブSailing Fuujinの中でうめぼしを取り上げてくれた。フレッドさんたちは40フィートクルーザー「パスロ5」でカリブ海をクルージング中だ。

➡ https://www.youtube.com/watch?v=lNw0_LX077Q&t=113s

うめぼしの苦労話をうまく引き出してくれている。

父親の入院と逝去

5月15日に弟の孝からメールが来た。

「お元気ですか？　お父さんが昨日腸閉塞で浜の町病院に入院してCTで小腸のがんであろうとの診断でした。先週から吐いたりしていましたが食欲もなくなり昨日近くの内科医院で腹部レントゲン検査の結果腸閉塞と診断され即入院となりました。今後検査をしますが口からは食べられない状態です。本人はTVを見たり今のところ元気にはしています。がんは転移して散らばっているようです。今後も随時経過を報告します。」

その後の検査の結果は悪性リンパ腫だった。普通は悪性リンパ腫の場合抗がん剤治療をするが今回はしないということだ。大正13年11月生まれの94歳だ。11月4日に近くの内科医院で静かに息を引き取った。

9 2020年の航海
（ドミニカ共和国から米国デルタビルへ：1418海里）

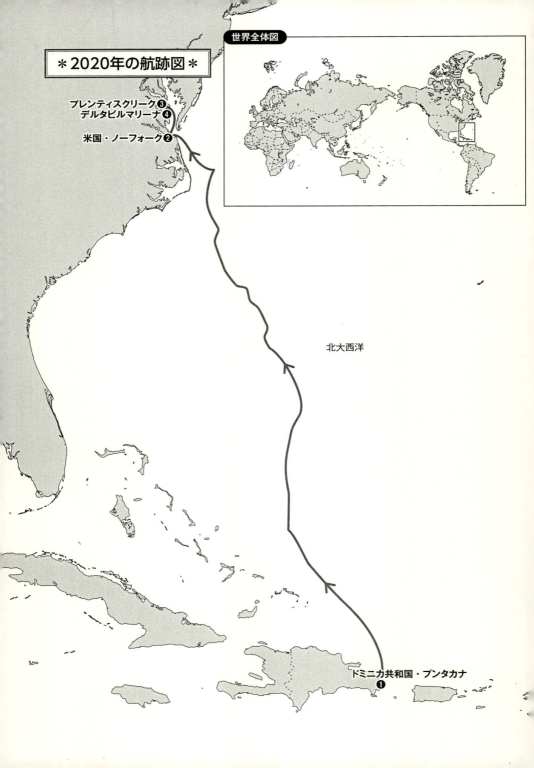

2020年の航海のまとめ

　2020年の航海は新型コロナウィルスの流行の影響を受けて元々の計画から大きく異なるものになった。元々はドミニカ共和国からパナマ運河を渡り南太平洋に向かう予定だったが入国拒否や入国が制限されている国や島が多く安全でスムーズな航海はとてもできそうもないので入出国が自由で艇の保管や整備をやりやすい米国に行くことにした。振り返ってみると3月17日にドミニカ共和国に入国しうめぼしの状況を確認し整備をしようとしたその夜に19日からの国境封鎖のドミニカ共和国大統領令が発表された。ちょうどプエルト・リコからドミニカ共和国に向けて航海してきた鎌田さんは18日夜中にマリーナ・カプ・カナに到着していたが入国手続きが19日朝になったために入国することができなかった。鎌田さんはその後キューバ、ジャマイカに入国できず1か月後にやっとパナマに入国できたという大変困難な航海をされた。ドミニカ共和国は国境封鎖に続き国内のマリーナ間の移動も禁止になり20日には夜間外出禁止令も発表された。うめぼしはまったく身動きできない缶詰状態になった。このまま推移すると飛行機も飛ばなくなる可能性があり日本に帰ることができなくなる恐れも出てきた。やむを得ずうめぼしの整備は最低限にして24日の飛行機で一旦帰国することにした。その後7月にドミニカ共和国の国境封鎖が解除され、8月にブエナビスタの橋本さんから米国のアナポリスに来ないかというお誘いがあり8月26日にまたドミニカ共和国に行った。すぐにエンジンのオーバーホール修理やその他の整備をして9月23日にマリーナ・カプ・カナを出航し16日間1347海里の航海で10月9日に米国ノーフォークに到着した。そののちプレンティスクリークを経てデルタビルマリーナまで行きそこでこの冬を越すことにした。2020年の総航海距離は1418海里、総航海時間400時間、エンジン稼働時間32時間だった。

　費用面では総支出213万円で内訳は係留費89万円、艇メンテ費用39万円、飛行機代40万円、生活費28万円、保険料16万円だ。艇のトラブルとしてはドミニカ共和国に1年強係留している間に動かなくなったエンジンのオーバーホール修理とその後のエンジンオイル漏れ、セールドライブギアオイルの海水混入、オートパイロットの故障、デッキからの雨漏りなどだ。艇の故障とは異なるが艇内でのゴキブリの大発生には往生した。特にゴキブリの糞のたちが悪くセールを汚し、布

団や洋服類、艇内の木肌部分などが汚れその清掃や洗濯などに大いに苦労した。アナポリス在住のミッキーさんとブエナビスタの橋本さん橋口さんには大変お世話になった。プレンティスクリークのベイハウスでの２日間、デルタビルマリーナ入港時の出迎え、帰国時のアナポリス自宅での歓待と送り迎えなど何から何まで大変お世話になった。またいつものように航海中は宮原さんにサポートしていただいた。特に今回はハリケーンシーズン中でもありきめ細かな気象情報の提供は安心安全につながった。

うめぼしに戻ってきた

2020年３月17日新型コロナウィルスが世界中に広がり渡航制限などが各国から公表されている折ではあるが、昨年末に予約した航空券が格安の変更できないタイプだったので予約通りの飛行機に乗ってドミニカ共和国のプンタカナまで来た。羽田空港は欠航便が多く利用客も少なめで搭乗手続きはスムーズに済んだ。トランジットのミネアポリスの空港でも特に混み合うこともなく事前に取得していたB2ビザでスムーズに入国できた。ドミニカ共和国のプンタカナ空港でも赤外線センサーでの体温測定や手荷物の確認など厳しいチェックはあったが着陸して１時間後にはタクシーに乗っていた。こちらではマスクをつけている人はまだ少ないが、スーパーマーケットに入ろうとすると警備員が寄ってきて検温をし手のひらに消毒薬を噴霧してくれた。うめぼしは無事に浮いていたが、気温が28℃と真夏モードのためなのかキャビンの中にはゴキブリが大発生していた。

ドミニカ共和国が国境を閉鎖

在ドミニカ共和国日本国大使館から以下のメールが17日の夜に届いた。ドミニカ共和国が19日午前６時から15日間すべての国境を閉鎖するというものだ。このメールを見て大変な時にドミニカ共和国に行ったものだと思われるかたもおられるかもしれないが私は運よく閉鎖される前に入国できて良かったと思っている。しばらくはうめぼしの整備とドミニカ共和国内のクルージングをしながら過ごしたいと思う。以下はメールのコピーだ。

件名：新型コロナウィルスにかかる新たな規制措置

【ポイント】

3月17日，ドミニカ共和国政府は新型コロナウィルスにかかる新たな規制措置を発表しました。本措置は3月19日午前6時から実施されますので，最新情報の入手に努めてください。

【本文】

3月17日，メディーナ大統領は新型コロナウィルスにかかる新たな規制措置を発表しました。そのうち，日本人に直接的または間接的に関係すると思われる措置は次のとおりです。

1　19日午前6時から15日間，全ての陸・海・空路の国境を閉鎖する。当地に滞在する外国人の本国帰国のための航空便の離発着及び国民への物資供給にかかる貨物便（航空・船舶）の入国は許可する。

2　大学を含む全ての教育機関を4月13日まで休校とする。

3　今後15日間，以下の活動を禁止する。

（1）文化・芸術・スポーツ活動等を含む不特定多数が集まる全ての国内・国際イベント・行事

（2）テイクアウトと宅配サービスを除くレストランでの食事

（3）露天市場やハイチ国境における二国間市場

（4）選挙活動，政府関連式典

4　小規模販売店，生鮮・加工食品店，スーパーマーケット，薬局，ガソリンスタンド，公共・民間の病院及び医療検査機関の営業は許可するが，それ以外の商業施設は閉鎖される。

5　全ての行政機関において，60歳以上の公務員，糖尿病，高血圧，心疾患，呼吸器疾患等の基礎疾患を有する公務員は自宅待機措置とする。その他一般の公務員については，幹部職員を除き，50％の体制で交替制勤務とする。

【問い合わせ先】

在ドミニカ共和国日本国大使館領事部

うめぼしの状況確認と整備

　2019年5月に急遽帰国してからうめぼしを10か月間海上係留で放置していたのでいろいろなトラブルが起こっているのではないかと思っている。戻ってきてか

ら24時間経過した時点での確認状況を報告する。艇の外観には特に大きな傷はないようだ。４方向につないでいたもやいロープはクリート部分がガチガチに固まっていて解くのに一苦労という状況だ。もやいロープを調整して艇を岸壁側に引き寄せ乗り移った。ここは艇の横に桟橋があるがポンツーンではなく固定桟橋なのでロープの張り具合にはかなり気を使う。艇内ではバッテリーは正常なようで電動ポンプ類も清水ポンプを含め概ね動いた。太陽光パネルが貢献してくれていたようで冷蔵庫２台を動かした後でも12.5Vを示している。調理用のブタンガスボンベは空になっていたのでスペアに交換してうまく使えるようになった。到着した17日の夜はここまでの確認で無事に自炊夕食を食べて寝ることができた。18日は、このマリーナは上架設備がないので上架しての船底塗装をあきらめ、ダイバーに依頼して２名態勢１時間半200USドルで船底清掃をしてもらった。船外機や釣り用リールをビニール袋で覆っていたのだが完璧にぼろぼろになって吹き飛んでいた。またメインセールのセットアップを一人でした。ゴキブリ対策で船内清掃も継続して実施している。なぜか昨日からビルジも増えている。一日に何度か来るスコールのせいだろうか。そんなこんなでまだエンジンの確認ができていない。

鎌田さんとの出逢い

　ブエナビスタの橋本さん橋口さんにご紹介していただいた鎌田さんはヨットでのヒッチハイクなどをしながら世界中を旅行しておられるかただ。プエルト・リコのサンファンでオーストラリア船籍の42フィートヨットAKASYAにクルーとして乗り込まれた。キャプテンはドイツ人のイアンさんでプロのヨット乗りでかつ会社経営者だった人だそうだ。プエルト・リコ内を観光したあと３月17日に南岸にあるポンセで出国手続きをしてドミニカ共和国に向かわれた。ドミニカ共和国が19日の朝６時から国境閉鎖を公表したのは17日の夜だ。イアンさんはその情報を聞き夜を徹して航海して18日の真夜中の24時にマリーナ・カプ・カナに到着しマリーナ職員にもやいを取ってもらい翌朝８時にイミグレーションの人が来ると言われたそうだ。そして19日の午前10時過ぎにイミグレーションやカスタムなどの係官が来て交渉した結果入国を拒否されたとのことだ。鎌田さんとは初対面だったが私は陸上から鎌田さんは艇上からご挨拶だけはすることができた。ドミ

入国禁止令で上陸できなかった42フィートヨットAKASYAの
イアンさんと鎌田さん

ニカ共和国側は燃料や食物の調達は対応してくれたが船から下りることは一切認められなかったそうだ。私も鎌田さんとの会話を制止された。イアンさんは入国を拒否され次にどこに向かうのかはまだ思案中とのことだ。

ゴキブリ対策
　3月19日、ゴキブリ対策には水で煙が出る燻煙、水がいらない燻蒸、毒入り餌、スプレータイプなどいろいろな種類があることがわかった。今日タクシーで近くのスーパーマーケットまで対策用品を買いに行った。スーパーマーケットまでは歩いていくと3.7kmとやや遠い距離なのだが運動がてらにちょうど良いと思い歩いていこうとしていたところマリーナオフィスでタクシー代は片道3USドルだと言われつい頼んでしまった。タクシーの運ちゃんは大柄だが愛想の良い人で私は24時間いつでもあなたのためにというようなことを何度も言っていた。近くの

このスーパーはそれほど大きくはないけれども一通りのものは揃っているという
規模なのだが、ウィルス対策が厳しく入り口で体温測定をされ更に手に消毒剤を
スプレーされた。そして従業員は全員マスクをしていて決して私に近づこうとは
しない。ゴキブリのことがスペイン語でなかなか伝わらないのでグーグル翻訳で
見せようとしても近寄らない。それでも意味がわかると親切に売り場の棚まで案
内してくれた。残念ながら燻煙も燻蒸も毒入り餌タイプもなくてスプレータイプ
を２缶買った。艇に戻りバウキャビンの物をデッキ上に引っ張り出しスプレーを
大量に噴霧したが荷物が残っているとなかなかすべてのところまでは行き届かな
いようだ。これからしばらくは２億年前から生存しているというゴキブリとの戦
いが続きそうだ。

　このような駄文を書いている間にまた大使館からメールが来て４月３日まで夜
間外出禁止令が出たようだ。以下はメールのコピー。

　19日にメディーナ大統領は国家非常事態宣言を行い，本20日には夜間外出禁止
令が発出されました。夜間外出禁止令は本日（３月20日）から４月３日まで実
施されますので，最新情報の入手に努めてください。
【本文】
　当国での新型コロナウィルス感染者の増加を受けて，19日にメディーナ大統
領は国家非常事態宣言を行い，本20日には夜間外出禁止令を発出しました。こ
れらの概要は次のとおりです。
１　国家非常事態宣言
19日，議会による決議を経て，メディーナ大統領は大統領令を公布し，今後25
日間の国家非常事態を宣言した。同宣言により，交通の自由の抑制を含む新型
コロナウィルスの流行を防ぐために必要なあらゆる措置を講じることが可能と
なる。
２　夜間外出禁止令の発出
20日，メディーナ大統領は，夜間外出禁止令に係る以下の大統領令を公布した。
　（１）３月20日から４月３日までの15日間，国内全土に午後20時から午前６
　　　　時までの夜間外出禁止令を命じる。
　（２）ただし，以下の者は例外とする。

ア　医師，看護師，医学分析者等の医療関係者

イ　医療上の緊急を要する患者

ウ　民間の警備会社に正式に勤務する者

エ　メディア関係企業に正式に勤務する者

オ　配電会社に勤務する者の内，緊急事態に備える者

（3）今次大統領令による措置が履行されるよう，国防省，内務警察省及び国家警察に本大統領令を共有する。

【問い合わせ先】

在ドミニカ共和国日本国大使館領事部

新型コロナウィルス

　ドミニカ共和国でもコロナウィルス感染者が急激に増えているようだ。19日に72人だったのが20日に40人増えて112人になった。またマリーナオフィスで確認したところドミニカ共和国内の主要なマリーナは4月上旬まですべて閉鎖されていてもし次のマリーナに行っても入港できないということだ。そしてブエナビスタの橋本さんからメールが来て状況が急速に悪化しているのですぐにでも帰国したほうが良いというアドバイスをいただいた。今のところプンタカナから米国へ向けての飛行機はまだ飛んでいるようなので来週の早めに帰国する方向で進めることにした。

カリブ海の生活

　ドミニカ共和国のプンタカナは北緯18度30分の亜熱帯に位置しており一年を通して夏の季節が続く。昼間は28℃くらいで暑いのだが夜は22℃まで下がりいつも貿易風が吹いているので涼しく心地よく寝ることができる。また毎日スコール性の強い雨が降り緑の多い美しい自然が広がっている。朝はいつも野鳥のさえずりで目が覚める。そしてマンゴーやパパイヤなどの南国フルーツとドリップコーヒーで朝食が始まる。しかし新型コロナウィルスの感染者は22日までに202人とこの2日間で倍増した。出国できなくなる日も遠くない感じもする。せっかく来たカリブ海だが明後日24日午後の飛行機を予約した。

帰国準備

　うめぼしのディーゼルエンジンはVolvo2030で3気筒27馬力だが2003年から4100時間くらい稼動している。2013年にうめぼしを購入した時は1750時間だったのでそれからでも2300時間強使ったことになる。今回のエンジントラブルは少し手間がかかりそうだ。現地の技術者のSucreさんに診断してもらったところピストンへの吸気が少なく圧縮が十分でないようだ。修理するためにはエンジンヘッドの分解整備が必要とのことだ。修理は次回ドミニカ共和国に来た時に依頼することにして今日までの対応費用150USドルを支払ったところ修理ができたら100USドル値引きすると言われた。また修理をするのに海軍の許可が必要だと言っていたがそれぞれのお国の事情があるようだ。今日23日は帰国に備えうめぼしのメインセールを外しビミニトップも外した。次回ここに来ることができるのはいつになるのか皆目検討がつかないのでハリケーンが来ても大丈夫なように対処しておこうと思っている。

帰国の途についた

　3月24日は朝から荷物の整理をして10時半にはもやいの再セットも完了し11時に呼んだタクシーでプンタカナ空港に向かった。空港では無事にチェックインはできたが搭乗券にはSSSSと書かれていて最厳重セキュリティチェックという意味だそうで、手荷物検査やウィルスチェックなど特別対応のチェックをされた。18時にはアトランタの空港に到着し無事に米国に入国できた。

帰国して自宅に着くまでに3泊4日かかった

　デルタ航空でプンタカナ24日14時発、アトランタ、シアトル経由で26日15時成田着の飛行機を予約した。予定通りアトランタで1泊したのだが25日朝8時発のアトランタからシアトルに向かう飛行機が機材トラブルのために大幅に遅れシアトルでも1泊することになった。26日12時にシアトルを出発し27日15時に成田に到着した。成田ではウィルス検疫に関わる書類を5枚記入し簡単な問診を受けただけで16時には入国できた。しかし14日間のタクシーを含む公共交通機関の利用停止と自宅待機を要請され誓約書に記入したので27日は成田の東横インに泊まり28日にレンタカーを借りて川崎の自宅まで帰った。アトランタからシアトルの便

は乗客数が１割もいない感じだったがシアトルから成田便は団体の留学生などがいて結構混んでいた。

ドミニカ共和国から米国アナポリスに向けて計画変更

　元々の計画ではドミニカ共和国からキューバやジャマイカを経てパナマ運河を渡りガラパゴス、仏領ポリネシアと航海する予定だったが、コロナの感染拡大が続いており各国ともに国境封鎖や14日間の隔離などを実施しており、なかなか安全にかつスムーズに航海をすることができそうもない状況だ。じっと自宅待機をして我慢していたらブエナビスタの橋本さんから素晴らしいご提案をいただいた。橋本さんの友人のアナポリス在住のMickeyさんがうめぼしの面倒を見ても良いということなのだ。Mickeyさんは自分専用のプライベートポンツーンとヨット工房を持っており週末はそこでヨットを楽しむことが多いそうだ。幸いなことにドミニカ共和国は７月から国境封鎖が解かれ米国は入出国ともに自由なのでドミニカ共和国から米国のノーフォークまで直接行くことはできそうだ。航海距離は1400海里で14日間くらいかかる見込みだ。ハリケーンシーズンなのでハリケーンに遭わないようにタイミングを見計らうことが重要になる。航海ルートは少しフロリダ半島寄りを行き湾岸流に乗る予定だ。CBPの対応は州ごとに異なるようでフロリダ州ではクルージングパーミットを発行してもらえないそうだ。

またドミニカ共和国に向けて出発

　2020年８月25日の16時20分羽田発のデルタ便でアトランタまで行った。羽田空港第３ターミナルはほとんどの国際線が欠航になっていて飛んでいるのはほんの少しの便だけだ。空港内のお店もほとんど閉まっていてわずかに開いているduty free shopもお客はまばらだ。飛行機はA350-900で定員306人だが乗客は80人だった。お陰様で３列席を独占してゆっくり寝て行くことができた。25日15時にアトランタ空港に到着し空港ではCDC要請の用紙一枚に記入するだけで他はいつもと変わらない対応で（乗客が少ないこともあり）簡単に入国することができた。ドミニカ共和国行きの飛行機が翌日の便だったのでベストウェスタンホテルに泊まり近くのT-mobile shopで米国SIMを購入したらgalaxy A01スマホ付きで１か月使い放題のSIMを70ドルで購入できた。

ドミニカ共和国に無事に着いた

　８月26日は９時45分アトランタ空港発の飛行機でドミニカ共和国まで行った。機材はB737-900ERで乗客定員180人だが130人くらい乗っており（デルタ航空の隣の席を空けるという方針からすると）満席に近い状態だった。子供連れのバカンス風のお客もたくさんいた。13時にプンタカナ空港に到着し４つの書類に記入することでスムーズに入国することができた。事前に駐ドミニカ共和国大使館から教えてもらって日本から持っていったPCR検査陰性証明書（３万円）は不要だった。空港からタクシーに乗って途中SIMショップとスーパーマーケットで買い物をしてマリーナ・カプ・カナに15時頃に着きうめぼしに戻ることができた。コロナ対策という観点からするとマスクの着用はあらゆる分野で徹底している。スーパーマーケットに入る際には体温測定と手消毒が必須だ。人の往来は普段とそれほど変わらない感じでマリーナの別荘にも避暑客が結構来ている。しかし３密は避けられているので感染リスクはそれほど大きくはない感じだ。

エンジンの修理

　前回３月訪問時にエンジンが始動せず現地技術者に診断してもらったところ空気を吸い込んでいないのでバルブ系統がうまく動いていない可能性が高いという診断だった。修理するにはオーバーホールが必要とのことで８月27日の午前10時に現地技術者のSucreさんに来てもらった。２時間ほどかけてエンジンを取り外せるように分解してエンジン本体を取り出して持って行ってしまった。納期を確認すると交換部品をサントドミンゴから取り寄せるのに時間がかかるので10日くらいとの回答だった。予想外に長い納期で出航はしばらく先延ばしになりそうだ。

船底の清掃

　８月29日土曜日は朝の９時頃から前もって頼んでいた潜水ダイバーによる船底の清掃が始まった。キャビンにいると船の底のほうから何やらざわざわと音が聞こえ始めた。コクピットに出てみるとホースが船底のほうに伸びていて船底で作業している人がいる。ホースに空気を送るポンプが桟橋に置いてあり回っている。そのホースの先端を口にくわえて潜っているのだ。作業は11時頃に終わった。前回は２人で200ドルだったが今回は１人で180ドルだった。

ゴキブリについて

　前回３月にうめぼしに戻ってきた時に大発生していたゴキブリ君はどうなっていたか。実はまたしても大発生していた。しかも今度はメインキャビンの中で。前回はメインキャビンの両サイドの物入れの中と床下を中心に生活しているようだった。そこで両サイドの物入れの中身を全部引っ張り出してバウキャビンとメインキャビン内にぶら下げ物入れの中はからっぽにしてキラースプレーを噴霧しておいた。また床下もきれいに掃除をして同様にキラースプレーを噴霧しておいた。そして船を離れる直前にメインキャビン内にもキラースプレーを噴霧して帰ってきた。今回はバウキャビン、メインキャビン両サイドの物入れ、床下にはあまり発生していなかったのだがメインキャビンそのものの中で大発生していた。メインキャビン内に置いていたメインセールとジブセールはゴキブリの糞できたなく汚れてしまった。またキャビン内に吊るしておいた布団やシーツ類も被害にあった。今回は日本から持ってきたブラックキャップと現地で買ったキラースプレーを使ってのゴキブリ対策だ。今日までにバウキャビンとメインキャビンと物入れ床下を清掃したのでゴキブリ君はスターンの物入れのほうに退却しているのではないかと思っている。明日からスターンの清掃に取り組む予定だ。

艇の電気系統の確認

　艇に戻ってきて最初に確認したのは４台のバッテリーだ。今回もソーラーパネルが活躍してくれたようで昼間は13.7Ｖくらい出ている。明け方になっても12.3Ｖくらいはキープできている。冷蔵庫は２台ともに稼働している。電動トイレポンプ、清水ポンプ、海水くみ上げポンプ、ビルジポンプ２台、ウィンドラスなどモーター系も皆動いた。陸電を引いて電子レンジ、扇風機やウォシュレットも動いた。エアコンは故障したままだ。VHF無線２台、AISも動いているようだ。航海計器も一応使えるようだ。航海灯やスプレッダーライトも点いた。あとはイリジウムの確認が残っている。

セールのセットアップ

　９月１日火曜日の朝はいつも通り小鳥のさえずりとともに明けていった。日本との時差は13時間でこちらがほんのり明るくなり始める朝の６時は日本では夕方

9 2020年の航海 ｜ *573*

の19時になる。昨晩は久しぶりにスコールが降った。パソコンを置いていた棚に雨漏りしていた。置き場所の再配置をしたほうが良さそうだ。今日は風が弱く穏やかな天気だったのでメインセールとジブセールのセットアップをした。出航に向けてやるべきことはまだまだたくさんある。宮原さんのご支援でイリジウムの通信確認はうまくいった。

テンダー関連の確認と整備

いつもデッキの上に折りたたんで載せているインフレータブルのゴムボートを確認のために広げて電動ポンプを使って空気を入れてみた。しばらく放置していると真夏の太陽の直射日光で空気が膨張したようでボートはパンパンに膨らんでいた。つまり空気漏れはなさそうだということでまた空気を抜いて元通りにカバーを掛けて縛り付けておいた。ゴムボートは大丈夫なようだが直接太陽光が当たるカバーの表面は紫外線のためにボロボロになってしまっている。またテンダー用のホンダ2馬力の船外機もキャブレターを分解清掃したところ一発で始動したが回転が不安定だ。以前フェフェさんに教えてもらった通りエンジンのガソリンタンクの燃料を入れ替えタンクを振って清掃し新しいガソリンを入れたところ回転のコントロールを含めて順調に動き出した。耳学問が役に立っている。午後から軽く潜ってプロペラの確認をした。表面もきれいになっていてフォールディングもうまく動くようだ。

蚊対策

南国のドミニカ共和国にはマンゴーやパパイヤなど安くて美味しい果物がたくさんある。果物好きの私にとっては毎日いろいろな種類の果物を食べられるのは素晴らしいことだ。しかし南国にはやっかいな虫もたくさんいる。蚊もその一つだ。マラリアやデング熱などいろいろ怖い病気を蚊が媒介する。ヨットのキャビンの中にいるとなぜか蚊がすぐに入ってくる。そこでうめぼしでは蚊対策が重要な施策の一つになっている。キャビンの出入り口やハッチには必ず網戸を設置する。それでも出入りする時に潜り込んでくるのでキャビンの中では24時間蚊取り線香を焚いている。蚊取り線香を焚いている時には蚊もおとなしくしているが線香が切れるとまた元気になってきて刺される。今日はオートパイロットの稼働確

認をした。No.5はうまく動いたがNo.4のコンパスがうまく動いていない。さっそく分解してコンパスのコネクタを半差しにしてみたところうまく動き出した。長持ちはしないかもしれないがとりあえず2台体制だ。

買い物ドライブ

　9月4日金曜日は午前9時からマリーナ職員のホセさんにマリーナの車でプンタカナの町まで買い物に連れて行ってもらった。近くのミニスーパーマーケットではなかなか買えないものをリストアップしてあらかじめホセさんに説明してから出発した。買い物リストはUSB扇風機、電気テスター、12ボルト用USBコンセント、単4乾電池、蚊取り線香、ブタンガスプロパンガスコネクター、Claroショップ（SIMショップ）だ。USB扇風機は自動車用品店で売っていることがわかり来週水曜日に入荷することがわかった。テスターは4500円程度、乾電池は12本で1100円程度、USBコンセントは480円ほど、蚊取り線香は8巻き入り5箱で550円ほどで購入することができた。線香はさっそく焚いてみているが煙も少なく効くのかどうか不安だ。カリブ海の島々のうちサン・マルタンなど東側の国のマリーナはヨーロッパ仕様の電源で220Vが供給されていたがプエルト・リコやドミニカ共和国は米国仕様で110V供給だ。燃料ガスもヨーロッパ仕様のブタンガスがドミニカ共和国ではまったく売られていない。プロパンガスはあるが栓の仕様がまったく異なりボンベが使えない。そこでブタンガスプロパンガスの栓変換コネクタを探したがどこにも売っていない。ちょっとした文化の違いや物の違いだが意外に慣れるまでが大変だ。

艇の整備状況

　艇に戻ってきて10日ほどが経過した。艇の稼働状況確認と整備もある程度進んできた。重要なエンジンの修理は部品の調達遅れで9月9日になるという連絡を受けた。AISのパソコン表示ができないことがわかったが隣のモーターボートに確認してもらったところAISの電波は正常に出ていることが確認できた。レーダーも1年以上放置していたが無事に動いた。船内のステレオも無事に動いている。ステー（シュラウド）の目視チェックをして久しぶりにテンションゲージを取り出してテンションの測定もした。サイドステーが31kg、バックステーが28kgと

少し緩い感じもする。燃料タンクのゲージがまったく動かなかったのが電源を3日ほど入れっぱなしにしていたらいつの間にかちゃんと表示されている。びっくりした。こんなこともあるのだ。少しゆとりも出てきて5日間使い放題のSIMを購入できたので今日は朝の6時から新川崎の走ろう会のメンバーとZOOMミーティングをした。時差13時間で日本は土曜日の午後19時からとなり皆で乾杯をして盛り上がった。ZOOMをセットアップしていただいた立平さんに厚く御礼申し上げる。

自転車を借りてサイクリング

9月6日は午前中にAISのPC表示ができるようにならないかとケーブルの付け替えなどいろいろトライアルしてみたが結局まったく表示できそうな気配さえ見つからなかった。また久しぶりにドローンを取り出して船内でいろいろと確認した上で近くの広場まで出かけて飛ばしてみたが高度1m3秒で終わってしまった。なかなか素人にはハードルが高いようだ。午後からは気持ちを切り替えマリーナの無料の貸自転車を借りてサイクリングに出かけた。サイクリングロードが整備されていて気持ちよく安全に走ることができた。帰る途中いつものミニスーパーマーケットで買い物をして帰った。でもこれはマリーナのコンシェルジェに自転車で買い物に行くのは駄目だと言われていたことなのだ。実はマリーナとその近辺の住宅は総合開発地域になっていて一般の地域とは隔離されており途中にいくつものセキュリティゲートが設置されているのだ。ミニスーパーマーケットはセキュリティの外になるので自転車で行くのは危険だというのがコンシェルジェの判断のようだ。しかし今日はいつものセキュリティゲート要員ににこやかに挨拶をして通過することができた。

懐中電灯の点検

遠洋航海をしている時に夜間にウォッチやセールのトリムなどちょっとした作業をする時がある。そういう時に必要になるのが懐中電灯だ。うめぼしには懐中電灯3個とヘッドライト2個を積んでいる。1年以上放置しておくとこういう備品も結構動かなくなっている。点検したところ懐中電灯1つとヘッドライト1つが点かなくなっていた。電池を入れ替えたり整備したりして5つとも使えること

を確認した。またCanonのPIXUS IP110というポータブルプリンタを搭載しているがこれも１年以上放置していた。無線LANで接続してユーティリティまで動いたのだが印刷のヘッドが悪いようで何度もヘッドクリーニングをしたがほとんどインクが出てこない。あきらめた。アマチュア無線のVHF無線機は電源が入るがHF無線機は電源が入らない。こちらは両方とも雨漏りの影響でかなりさび付いているので修理そのものをあきらめた。先週から夕刻にマリーナ内を20分ほどランニングしている。ゴキブリもあまり表立っては出てこなくなってきた。ブラックキャップが結構役立っているような気がする。こちらの生活も少し落ち着いてきた感じがする。

ドミニカ共和国について

　在ドミニカ共和国日本大使館のホームページを見ると夜間外出禁止令が９月３日から25日間延長されていた。平日は午後19時から午前５時まで、土日は午後17時からだ。人口1000万人強でコロナ感染者数10万人と日本と比べるとかなり多いのだがここ数日の新規感染者数は減少傾向で７日は233人だ。マリーナ・カプ・カナとファニーリョ海岸はドミニカ共和国の中でも有数の観光地のようでマリーナと近隣の宿泊施設では多くの従業員が仕事をしている。６日の日曜日には夕刻16時頃に多くの従業員の自宅があるプンタカナの町に帰るための通勤用大型バスがたくさん動いていた。外出禁止令のために皆早めに自宅に帰っていたのだ。１人当たりGDPは2004年以降急速に伸びて2019年は8300ドルと４倍近くになっている。もともとは砂糖やカカオなど農業中心の経済だったのだが近年では観光産業が成長を大きくけん引しているようだ（今は世界の中で１人当たりGDPは80位前後？）。隣のハイチの800ドルと比べると大きな違いがある。この１人当たりGDPの10倍の差は人々の生活様式に大きな違いとなって表れてくる。電化製品や自動車などの普及度合いや医療や衛生レベルなどだ。しかし田舎の平和で静かな場所では基本的な人々の食生活の内容には大きな違いはないように感じる。皆夕刻には家の前で美味しいビールを飲みながら近くの人と語らい、そして新鮮な農作物や魚介類を食べているのだ。

9 2020年の航海

米国への入国手続きについて

　9月10日、エンジン修理屋さんのSucreさんからエンジンの修理が遅れて今週末になるという連絡があった。ハリケーンもたくさん発生していていつ出航できるのかなかなか予定が立たずにいる。今回の計画では今いるドミニカ共和国から直接米国のバージニア州ノーフォークに行こうと思っている。つまりノーフォークで米国への入国手続きをしようと思っているということだ。ヨットで航海しながら相手国に入国するためにはport of entryという入国できる港があらかじめ決められていてそこに最初に行く必要がある。ノーフォークはport of entryであり対応してくれる係員の対応が非常に良いという話を橋本さんから聞いている。ヨットで航海する時に結構神経を使うのは初めて訪れる国に入港する時だ。ヨットを停泊する場所はどこにすれば良いのか、上陸手段はどうするか、入国手続きはどう進めれば良いのかなどいろいろとわからないことがたくさんある。ノーフォークではWaterside Marinaに泊めてVirginia port authorityに行けば良いと聞いている。そして事前にCBPのROAMというスマホアプリで到着申請を出しておけば良いということだ。先ほど申請を提出しようとしたら出航する場所が遠すぎて受け付けられないというアプリレスポンスになり提出ができない。いろいろなことが思った通りに進まないことは日常茶飯事だ。どうするかこれから検討したい。

天気予報モデル

　ハリケーンがたくさん発生している状況でいつ頃に出航できるのか気になる。そこでいくつかの天気予報や風予報などを見ているとハリケーンの予測進路に結構な違いがあるようだ。そもそも風予報はどうやって作られているのだろうか。よく使われている全球予測モデルは欧州中心のECMWFと米国のGFSの2つがあるようだ。日本の気象庁のGSMもある。これらのモデルを基本にして各予報会社が独自の情報を加えて予報を作成しているようだ。私がよく参照するのはWindy、Predictwind、PassageweatherなどだがハリケーンについてはNATIONAL HURRICANE CENTERを見る。NHCはGFSを含め多くの情報を加味しながら独自予測しているようだ。基本的に予測シミュレーションはグリッドの細かさ（5km、10km、20kmなど）や初期値としての現在の気象情報を如何に

578　世界一周船栗毛

細かく設定するかによって精度に大きく影響してくる。全球モデルはグリッド20km前後が多いようで（局地的積乱雲の予測は不得意だが）ハリケーンのような広域にまたがる嵐の進路予報などはかなり精度が上がってきているようだ。それでもある程度の精度が確保できるのは５日後くらいまででそれ以上後になると進路予報もなかなか難しいのが現状のようだ。

果物が安くて美味しい

　ドミニカ共和国は南国だけあって果物が豊富だ。1.5kgのマンゴーが230円、２kgのパパイヤが250円という感じでパイナップル、スイカ、アボカド、オレンジ、バナナなどをスーパーマーケットで安く買うことができる。お陰様で毎日美味しい果物をたくさん食べることができている。また毎日のようにスーパーマーケットで買い物をするので物の見分け方も少しわかってきた。マンゴーは色が同じでも柔らかくて甘いものと少し硬くて甘酸っぱいものが混在して売られているので少し柔らかめで甘いものを買うようにしている。パパイヤは黄色くて熟れたものを買う。野菜も日本と比べると相対的に安いのだが種類はそれほど豊富ではない。トマト、玉ねぎ、パプリカやピーマン、レタス、人参などはよく買ってきて料理して食べている。パンも種類が多く美味しいものがたくさんある。肉や魚などは冷凍品が多く、ヨーグルトやハム、チーズなどの加工食品は比較的高くて日本と同じくらいの価格だ。たまごやスパゲッティなどもよく食べる。お酒はラム酒が美味しくてよく飲んでいるが価格は安くはない。

雨漏り状況とその対策について

　昨晩零時頃に久しぶりにスコールが来て大雨になったようだ。雨音で目が覚めて艇内を見まわすと各所で雨漏りしていることがわかった。お陰様で雨漏りする場所や雨漏りのレベルを確認することができた。大きく漏ってきているのはバウキャビン右側１か所、メインキャビン右側無線機を置いている近辺３か所だということがわかった。大粒のしずくがぽたぽたと落ちて来ていた。今朝船底のビルジを確認すると１リットルかそれ以上溜まっていた（もちろんそれは汲み出して今はビルジはないが）。無線機を置いているエリアにあるVHFマリン無線機、AIS、アンテナ分配器、ステレオなどが無事に稼働していることは奇跡に近いことだと

9 2020年の航海　*579*

認識した。一応それぞれの機器の上にビニールシートで気持ちだけのカバーをしてはいるが。そういうことから今朝テント屋さんに来てもらって両サイドデッキの上に雨漏り対策のカバーを作ってもらうことにした。

航海計画について

　9月中旬ということでハリケーンの最盛期だ。Paulette、Sally、Teddy、Vickyと名前がついているものだけでも4つもある。そしてそれぞれの動きがなかなか複雑というか方向と速度を予測するのが難しいのだ。今回はドミニカ共和国から米国のノーフォークへ1400海里を14日間くらいかけて行く計画だがこのような複雑な状況ではなかなか出航に踏み切れない。そこで行先を少し変えてジョージア州のブランズウィックというところに行先を変えてみようかと思っている。航海距離は1000海里で10日間くらいだ。期間が少しでも短いとハリケーンに遭遇するリスクも減るし、かなり西にあるので貿易風などの東風に乗っていきやすいということもある。ポートオブエントリーでもあるのでそこで一旦米国に入国して南西の良い風を待ってアナポリスへ向かおうということだ。フロリダ州ではクルージングパーミットがもらえないということだがNoonsiteによるとジョージア州のブランズウィックではもらえる可能性が高いようだ。ブランズウィックランディングマリーナという大きなマリーナも近くにあるようだしアプローチしやすそうな感じだ。ジョージア州にはアトランタ空港で既に入国した実績もある（あまり関係ないか）。アトランタ空港からプンタカナまで約3時間の飛行だったが今回の航海コースはその逆を行くコースで10日間前後かかる。飛行機の100倍くらいの時間がかかるということだ。

船底の汚れ

　Kicoさんに潜ってもらって船底の清掃をしたのは8月29日の土曜日だった。それからまだ18日しか経過していないがもう既に日当たりの良い喫水線付近にはかなりの藻が付き始めている。水温が高いのはもちろんだが水面を見ているといつも海水が流れているし海水の透明度もある程度あって3mくらい下を泳いでいる大きな魚をはっきり見ることができる。東から西に流れるカリブ海流がマリーナ東側開口部あたりから何らかの形で流れ込んできて海水が循環しているのではな

580　世界一周船栗毛

いかと思う。そのため水質が維持され外海から栄養素も運び込まれてきているような気がする。そこで防水ケース付きビデオカメラApemanを引っ張り出してきて船底を撮影してみた。喫水線付近に藻が見えるしペラルックからカメラを差し込んでセールドライブの根本を見たところ藤壺らしきものが見える。

防水カバーの作成

　13日の日曜日の夜に大雨が降り雨漏りしたので14日の月曜日の朝マリーナのコンシェルジェにカバー作成業者の紹介をお願いしたところその日の昼前にはJuanさんが来てくれて一通り寸法を測って帰った。翌日15日の火曜日の昼前にはカバーの上半分だけ作成したものを持ってきて、上部を固定して現物で実測しながら両サイドのいろいろな突起物の部分に穴を開けて帰った。そして今日17日の朝10時には出来上がったものを持ってきて船への据え付けをしてくれた。素晴らしいスピード対応だ。以前作成したバウ部分ともつながり全部で5つのシートの組み合わせになっている。おまけにボロボロになっていたデッキ上のテンダーカバーも作ってくれた。これである程度の雨や波からはキャビン内への漏水を減らしてくれることだろう。すべて含めて350USドルだった（キャビン内は結構暗くなったがデッキのハッチから光が入ってくるのでまあまあという感じだ）。

エンジンの修理について

　マリーナに着いた翌日8月27日に予約していた通りSucreさんに来てもらって修理をしてもらうつもりだったのが船で修理をするのではなくエンジンを船から取り外して持って帰ってしまった。それから3週間経ってやっと修理ができてエンジンがSucreさんのところで動いたようだ。初めはVolvoの部品をサントドミンゴから取り寄せるのに時間がかかるということで急送費用200ドルを負担することにした。その後部品がなかなか揃わずにSucreさんがサントドミンゴまで取りに行くという話だった。そしてここ数日は燃料ノズルの調整を研究所の専門家に頼んでいて時間がかかっているということだった。そして今日の午後エンジンがうまく動いたというビデオが送られてきた。すぐにうめぼしまでの運送手配とともに海軍にエンジンを船に運ぶ許可を取るということで今はその許可待ちだということだ。きっとSucreさんなりに燃料噴射ノズルを新品に交換せずに現物の

清掃と調整で安くすませようといろいろと努力してくれたのだと思う。しかし長い３週間だった。明日うまく船に設置できると良いのだが。

エンジン冷却水取水口バルブ故障

うめぼしのエンジンはVolvo MD2030という３気筒27馬力のモデルで冷却系統は間接冷却になっている。つまりエンジンを直接冷やすのは真水（クーラント）でその真水をヒートエクスチェンジャーを通して海水で冷やすという仕組みだ。クーラントはサーモスタットで管理されていて摂氏85℃くらいまで高温になると循環を始めるようになっている。クーラントは温水器も通っていて生活用水を温めて温水（シャワー）の供給もしている。海水は船底に開けた穴（スルーホール）とセールドライブの取水口の２か所から取り込まれポンプを通って海水濾し器を通りヒートエクスチェンジャーに送られる。スルーホールにはボールバルブが取り付けてあるがこのボール部分が回らなくなっていることがわかった。レバーハンドルは動くのだが空回りで弁になっているボール部分は動かない。多分2003年の新艇建造時の部品そのままでそれがさび付いてしまったのだろう。自分で交換できるかもしれないとボルトを回してみたがびくともしない。Sucreさんに連絡してエンジン設置時に一緒に交換してもらうことにした。

スペイン語圏

ドミニカ共和国はヨーロッパ仕様とは異なることがいくつかある。電気の電圧が230Vではなくて110Vでありまた使われているガスタンクもブタンガスタンクではなくプロパンガスタンクでガス充填のためのバルブの仕様もブタンガスとは異なる。使われている単位もポンドやガロンなど米国主流の単位だ。通貨も米ドルが主体だ。経済的側面ではいろいろなことが米国仕様になっている（サン・マルタンまではヨーロッパ仕様だった）。しかしドミニカ共和国は英語ではなくスペイン語が公用語になっている。帝国による支配の歴史が複雑に影響しているのだろう。また戦後の日系移民が500人以上在住していることもあまり知られていない。そういう中でドミニカ共和国駐在日本大使のスペイン語圏についてのこの文章に出会った。文系文化と理系文化を区別して観ているのだ。

「科学者等の理系分野で有名な人が非常に少なく、理系のノーベル賞受賞者数

582　世界一周船栗毛

はスペイン（西）語圏全体では３名しかおらず、理系の大統領も非常に少ない。これは、伝統的に理系文化が存在しない、また理系文化が尊重されてこなかったためかもしれない。私は西語諸国に約30年間勤務してきた。毎日楽しく暮らせるのは有り難いが、ラテンアメリカ諸国には国家財政の柱になる工業（製造業）が何故少ないのか、何故何時までたっても貧富の格差やら汚職事件等がなくならないのか等々、常に疑問に思っていた。また、更に深刻な問題として、西語諸国では何故どこでも学校からの脱落者が多いのか。」

　これは本当なのだろうか。もしそうだとしてもなぜそういう状況になっているのだろうか。文系文化よりも理系文化のほうが伝播速度が速いと思っていたがそうでもないのかもしれない。

ドミニカ共和国の世界遺産

　ドミニカ共和国には一つだけ世界遺産がある。首都サントドミンゴの旧市街ソーナコロニアルだ。コロンブスらによって建造された新大陸における最初の植民都市で、16世紀前半には大聖堂や病院、大学などが建てられていたようだ。現在でもサンタ・マリア・ラ・メノル大聖堂（アメリカ首座大司教座聖堂）、アルカサル宮殿、オサマ砦、ラス・カサス・レアル王宮博物館など当時の建造物や街並みなど見どころ満載のようだ。ここだけはドミニカ共和国にいる間に行ってみたいと思いいろいろと検討してみた。コロナ対策を考えるとやはりレンタカーで移動するしかないのだが約200kmの距離がある。１日で往復は無理なのでサントドミンゴに１泊か２泊するとしてホテル予約サイトを見てみると価格は高くない。逆にマリーナ・カプ・カナのホテルのほうが高いくらいだ。レンタカーも１日6000円前後で借りることができそうだ。それでもなおあきらめたのは夜間外出禁止令と道路通行時の検問だ。ドミニカ共和国政府もコロナ対策を継続しているし感染者が多い首都に行くのは自重したほうが良いと思った次第だ。

エンジンの修理

　昨日（９月21日）SucreさんからWhatsAppで連絡があり今日13時半にエンジンを据え付けにうめぼしまで来るということだ。しかし12時半に14時になると連絡があり14時になっても現れない。15時になって連絡があり今マリーナの駐車場に

いてエンジンを運び込む人３人を待っているということだ。そこで駐車場まで行きSucreさんに状況を確認し駐車場に助手を残して先に取水口のバルブを交換してもらうことにした。15時半からうめぼしで交換作業をして16時に駐車場に戻ると３人の運び手は来ていたがエンジンを駐車場から船まで運ぶカートが来ていない。慌ててSucreさんがカートの手配をしたがカートが来たのは30分後の16時半だ。それから船にエンジンを運び入れて据え付け作業を開始したのは17時過ぎだった。18時20分に据え付けが完了しテストをしようということでエンジンのスイッチを入れようとしたがランプが点かない。いろいろ調べたが原因不明のまま18時半になり19時からの外出禁止令のためにSucreさんたちは引き上げて行った。明日は朝８時に来てもらうことにした。今日午後の全体状況を眺めているとSucreさんが一人で手配をしていて他の人は誰も主体的に動こうとしていない。多くの人は時間に遅れることを気にしないばかりか早く終わらせようという意識そのものが薄くて待ち時間を会話をしながら楽しんでいるという雰囲気だった。こういう文化社会の中で納期を守って仕事をするというのはなかなか難しいものがあるのだろうと思った次第だ。

マリーナ・カプ・カナを出航

　23日の７時45分にSucreさんが来てくれて10時に無事にエンジンが動いた。セールドライブも動いている。１年４か月ぶりだ。修理費用はトータルで2280USドルだった。ということでハリケーンもしばらくなさそうなので今日の午後にもノーフォークに向けて出航の予定だ。

うめぼし航行状況　ドミニカ共和国プンタカナ〜米国ノーフォーク

　うめぼしは2019年５月に入港以来艇をおいていたドミニカ共和国プンタカナのマリーナ・カプ・カナを出港しアメリカ合衆国バージニア州ノーフォークへ向けて約1300海里の航海に出発しました。航海中はうめぼしから直接ブログを更新できないので増田さんに代わって宮原がブログ更新します。うめぼしからドミニカ共和国プンタカナ〜米国ノーフォークへの航行状況がLineで届きました。23日19時に第１便として３枚の写真と「船酔いしてます」というメッセージが届きました。マリーナ・カプ・カナを出て北東へ約７海里進んだところです。これからノ

ーフォークまでは順風に恵まれれば２週間程度の航海になる見込みです。写真を見ると今のところ風は穏やかそうです。増田さんは１年４か月ぶりの海上で船酔いのようです。

　９月24日10時半UTC、現在位置は出発地マリーナ・カプ・カナの北北西約30海里。東の微風にうねりで船脚を稼げないようです。追い潮が１ノットあるのが救いです。

　25日10時、現在位置はマリーナ・カプ・カナの北北西約95海里。東の軽風にうねり１ｍ。風が少し強まり、うねりは小さくなりました。おかげでデイラン65海里となり船脚が昨日の倍になりました。天候も好転し気分良いとのことで、船酔いも気にならなくなったようです。鰹が１匹つれた由。

　26日10時、晴。現在位置はマリーナ・カプ・カナの北北西約170海里。デイランは約75海里。東の微風にうねり50cm。うねりは小さくなりました。メインセールは縮帆しましたがジブセールはフルセールで速度を優先して帆走しているようです。軽風の中で船脚を伸ばしています。

　27日10時、快晴。現在位置はマリーナ・カプ・カナの北北西約230海里。デイランは約60海里。東北東の軽風。昨日ほど船脚は伸びませんでした。当初予定の日程２週間程度より延びそうです。天気は今のところ大西洋にハリケーンの気配はありません。オートパイロットは無事動作しており、水、食料も十分あります。

　28日10時、快晴。現在位置はマリーナ・カプ・カナの北北西約325海里。デイランは約95海里。東北東の軽風。20時過ぎに嵐が来て東の風が８ｍ吹いたようです。そのおかげか船脚も大きく伸びました。

　29日10時、現在位置はマリーナ・カプ・カナの北北西約445海里。デイランは約120海里。東北東の風４ｍ。夜に嵐が来て南東の風が11ｍ吹いたようです。そのあと中風でジャイブし今南東の風６ｍで再度ジャイブしてスターボードタックに戻し進路は真北に向かって帆走しています。風は変化が大きいようですが全般に昨日までより強くなりおかげで船脚も順調に伸びて今回の航程の30％を消化しました。

　30日10時、現在位置はマリーナ・カプ・カナの北北西約540海里。デイランは約95海里。南南東の中風にうねり１ｍ。昨日は嵐が多かったようでメインセールとジブセールをそれぞれ２ポイントリーフに縮帆しています。船脚は順調に伸び

ています。

　10月１日10時、現在位置はマリーナ・カプ・カナの北北西約610海里。デイラ
ンは約70海里。南南東の中風。進路は20度で真北よりやや東より。５時にジャイ
ブして進路は北東から北西に変更。６時は雨に雷のようです。今日は風が安定し
てないのか船脚があまり伸びていません。

　２日６時、現在位置はマリーナ・カプ・カナの北北西約710海里。デイランは
約100海里。南の中風。ジャイブして進路は332度で北西よりやや北より。ジブセ
ールは巻き取ってメインセールのみで帆走。15時、21時、５時に大雨、雷で天
気は良くないようです。今回の航程の半分消化です。

　３日６時、現在位置はマリーナ・カプ・カナの北北西約780海里。デイランは
約70海里。昼間に南西の強風から西の中風に変化。17時以降は風が弱まり南の軽
風。今朝オートパイロット５台目が故障して使えるものがなくなったので舵は手
操作または固定で帆走しているようです。夜半にメインセール降下しジブセール
は半分に縮帆。天候は度々大雨に遭っているようです。目的地ノーフォークまで
はあと500海里。今回の航程の６割消化です。

　４日６時、現在位置はマリーナ・カプ・カナの北北西約815海里。デイランは
約35海里。一日中微風に終始したため船脚伸びず、天候は晴れ、波静かで穏やか
な様子。目的地ノーフォークまであと460海里。

　５日６時、デイラン75海里。昨日 昼間 南の風５ｍ。夜半 北西の風 ５ｍ。そ
のあと 南西の風５ｍに戻った。５ｍ前後の風が続いたので昨日に比べると船脚
が伸びました。目的地ノーフォークまであと370海里。今回の航程の７割消化。

　６日６時、デイラン約90海里。昨日朝は北西の風だったが徐々に時計回りにシ
フトして夕方には北北東から北東の風に変化。風速は４～８ｍの範囲を保ってい
たので風向に合わせてタックを変えて船脚を伸ばしています。目的地ノーフォー
クまであと270海里。今回の航程の８割消化。

　７日６時、デイラン約80海里。昨日朝は北東の風だったが徐々に時計回りにシ
フトして夕方には東南東から南東の風に変化。風速は夕方に微風だった以外は４
～５ｍの範囲を保っていたので船脚はそこそこ伸ばしています。目的地ノーフォ
ークまであと200海里。

　８日６時、デイラン約70海里。昨日朝は南東の風だったが徐々に時計回りにシ

フトして夕方には西から北西の風に変化。風速は5〜10mの範囲を保っていたので船脚はそこそこ伸ばしています。うめぼしが苦手な上りの帆走で苦労しています。目的地ノーフォークまであと130海里。

9日6時、デイラン約65海里。チェサピーク湾の入り口にあるCape Henryの東2海里を機走しています。ノーフォークの停泊予定地まであと30海里弱です。今日はこのあと軽風が続くので機帆走で午後には目的地に到着するでしょう。

9日13時過ぎにWaterside Marinaに着きました。うめぼしと増田さんは目的地のバージニア州ノーフォーク Waterside Marinaに無事到着しました。長旅お疲れさまでした。〈宮原〉

うめぼし航行状況　ノーフォーク（USA）〜デルタビル（USA）

ドミニカ共和国プンタカナから2020年10月9日13時すぎにバージニア州ノーフォーク Waterside Marinaに到着したうめぼしは、当地で米国への入国手続を終えましたので、一夜あけた10月10日6時半にノーフォーク北方のチェサピーク湾西岸にあるデルタビルに向けて出港するとの連絡が届きました。

今回の航程は約50海里。チェサピーク湾の内海を走ります。今日のチェサピーク湾ノーフォーク沖からデルタビル沖にかけては南の風4m〜南西の風3mの軽風が1日続くので、10時間程度の機帆走で夕方には目的地到着の見込みです。〈宮原〉

うめぼしから、18時にミッキーさんのポンツーンに係留しました、との連絡が届きました。デルタビルから約10海里北側にあるプレンティス川の奥の入り江です。ノーフォークのWaterside Marinaを今朝6時半に出航してPlentice Creekまで11時間半の航海でした。うめぼしはしばらくここに腰を落ち着けるようです。桟橋に隣接しているのはミッキーさんの別荘かな？　ミッキーさんのベイハウスでした。小網代に桟橋つき別荘を持っている感じかな？　うらやまし！〈宮原〉

うめぼし航行状況　プレンティスクリーク（USA）滞在中

現地時間10月10日夕刻からプレンティスクリークのミッキーさんのポンツーンに係留しているうめぼしから状況連絡が入りました。また状況が変わりました。エンジンオイルが5リットルくらい漏れていることがわかり火曜日にデルタビル

出迎えてくれたMickeyさん

マリーナに行くことになりました。そこでエンジンの修理をしてそこで越冬する方向です。今日はミッキーさんに連れられてマリーナの下見やWestmarineや食材の仕入れなどに連れて行ってもらいました。ブログアップの時間がとれません、とのこと。

　当初はプレンティスクリークからアナポリスへ移動してそこで越冬しようと考えていましたが、状況が変わって約10海里南側のデルタビルで越冬するとのことです。デルタビルマリーナへ移動したら連絡が入ると思います。〈宮原〉

うめぼし航行状況　デルタビルマリーナへ移動

　プレンティスクリークのミッキーさんのポンツーンに係留していたうめぼしから状況連絡が入りました（日本時間10月14日　0404受信）。今日13日の朝9時過ぎにミッキーさんのベイハウスを出航し13時前にデルタビルマリーナに着きました。ミッキーさんと橋本さん橋口さんに出迎えてもらいました、とのこと。先日の予

告通りうめぼしはデルタビルマリーナに移動しました。現在位置は北緯37度32.97分、西経76度19.77分。ここでエンジンオイル漏れを修理してもらって越冬します。〈宮原〉

ドミニカ共和国から米国ノーフォークまでの航海

9月23日の12時40分にマリーナ・カプ・カナを出航し10月9日の13時にノーフォークのウオーターサイドマリーナに到着した。実航海距離は1347海里で期間は16日間（384時間）かかった。23日の出航時は南東の風2m程度ですぐにセールアップして帆走に入った。14時半頃から雨になり3時間降り続き同時に無風、15時半からは北西の風6m、16時半からは南東の風6mと目まぐるしく風が変わった。しかも北東方向から南西方向に向けて1ノット程度の潮の流れがありなかなか進まない。夕刻の18時頃までにやっと7海里ほど走りドミニカ共和国の北東端の岬を越えることができた。初日から雨でずぶぬれになり更に船酔いが重なり逆潮でなかなか進まないという厳しいスタートになった。その後27日までは良い天気が続き風も東寄り3m前後と弱くハリケーンTeddyのものと思われる2mくらいのうねりもありなかなか進まなかった。28日頃からは6m前後の東風が続き時々スコールのような雨が来るものの良い走りができた。29日にオートパイロットNo.4が壊れNo.5に取り換え10月2日の朝の嵐の最中にNo.5も壊れその後はまた厳しい航海になった。初めのうちはできるだけ自分で舵を握ろうとしたがなかなか長続きしない。その日の午後からは舵を固定した状態でまっすぐ進むやり方をいろいろ試してみた。それでも幸いなことに南寄りの風が続き風に流される形で進むことができた。米国東海岸のハッテラス岬を越えてからは北寄りの風が続いたがセールが新しいためか風に対して60度程度の上り角度で走ることができた。9日は朝の3時半から機帆走を始め13時にマリーナに着いた時にエンジンが止まりそのまま惰性でポンツーンに到着することができた。

エンジンとセールドライブの状況

ドミニカ共和国でSucreさんにオーバーホールしてもらったエンジンの調子は良いのだがエンジンオイルが大量に漏れることがわかった。カプカナマリーナを出航する時のエンジン稼働時間は1時間弱だったが船底にエンジンオイルが少量

溜まっていた。その時はエンジンを設置する時にオイルをエンジンルーム内にこぼしたものが流れ出てきたと勘違いしていた。その後一日に1回30分弱の充電のための稼働を全部で10回した。その時は漏れていなかったと思われる。10月9日に着艇のために朝の3時半から午後13時まで8時間半稼働した。そして翌日10日朝プレンティスクリークのミッキーさんのポンツーンに向かう途中の10時過ぎに4時間稼働した時エンジンオイルのアラームが鳴りだした。すぐにエンジンを停止してオイルを確認したところ激減していて3〜4リットル補給した。その後8時間機帆走し到着した時にはまた2リットル減少していた。11日に船底に溜まったオイルを汲み出したところ5リットル以上あった。13日にデルタビルマリーナまで4時間弱稼働したがオイルゲージの下端近くまで減っていたので1リットル以上減少していると思われる。これから船底にこぼれたオイルのふき取り清掃をする予定だ。原因はよくわからないがインペラの奥のエンジン底部シールあたりから漏れてきているようだ。30分弱の稼働時間だとあまり漏れないところからある程度温度が上昇して（多分内部圧力が上がって）くると漏れるようだ。またセールドライブの状況もあまり良くないようでプロペラを回しながらエンジンを2100回転以上にしようとしても回転がそれ以上には上がらない。昨日修理を依頼したところ技術者が診断に来るのは来週の半ばになるということだ。

ミッキーさんとブエナビスタの橋本さん橋口さん

　今回ミッキーさんのプレンティスクリークのベイハウスではミッキーさんとブエナビスタの橋本さん橋口さんに大変お世話になった。橋本さん橋口さんはブエナビスタをアナポリスに置いたままミッキーさんと一緒にプレンティスクリークのベイハウスまで来ていただき出迎えていただいた。またベイハウス滞在中は朝昼夕食をお世話になった。美味しい牛肉のすき焼きやチェサピーク湾の名物のブルークラブやオイスターを地元風の豪快な食べ方を含めてもてなしていただいた。またエンジントラブル対応のために近隣のマリーナを5か所以上訪問し条件を確認していただきベストと思われるデルタビルマリーナを予約し当日は現地で出迎えまでしていただいた。至れり尽くせりのおもてなしをしていただいた。ブエナビスタの橋本さん橋口さんは今日アナポリスで回航しHartge yacht harborに無事に到着されたそうだ。ここで今年の冬を越されるとのことだ。ミッキーさ

んはアナポリスで奥さんと二人暮らしだが週末はプレンティスクリークのベイハウスで過ごされることが多いそうだ。元は高等学校の美術の先生をされていたそうで日本の浮世絵などにも精通されているそうだ。子供の頃からヨットに親しみ今もアナポリスやプレンティスクリークのベイハウスに複数の船を持っておられヨット生活を楽しまれているそうだ。

ドミニカ共和国からの出国手続きと米国への入国手続き

　9月23日の朝10時にSucreさんのエンジン修理が完了したのですぐにカプカナマリーナのマリーナオフィスに行き当日の午前中に出国手続きを終えて出航したいと申し入れた。マリーナコンシェルジェのNoemiさんはすぐに手配をしてくれて12時に係官がマリーナまで来てくれることになった。9月分のマリーナ停泊料7万円を支払い、セールドライブのテストを兼ねてうめぼしを係留していた場所からマリーナオフィスの前まで移動して出航準備をしながら係官の到着を待った。12時ちょうどに係官4人が艇まで来て2人が艇内に立ち入り冷蔵庫の中身などを確認していた。係官がTipを要求してきたので3人に56USドルを支払い米国向けデスパチョを受け取りパスポートに出国印をもらい出国手続きを終えた。手続き終了後はすぐに出航しないといけないということで12時40分に出航した。10月9日は13時にノーフォークのウオーターサイドマリーナに到着したらすぐにマリーナの要員が出迎えてくれもやいを取ってくれた。VHF無線で話している時は空きがないので他のマリーナに行くように言われたのだが無理やり着艇してエンジンの調子が悪いというとすぐに快く係留させてもらえることになった。係留料1泊63ドルを支払いマリーナの手続きは終了した。マリーナWi-Fiを使ってCBP ROAM アプリで到着申請を出そうとしたが入力文字に日本語コードが含まれているというエラーメッセージで結局送信できなかった。14時にノーフォークのCBPオフィスに電話をすると途中からうまく言葉が通じなくなったが15時にマリーナまで来てくれるということでそのまま艇内で待つことにした。15時に係官3人がマリーナまで来てくれて手続きをしてくれた。果物は持ち込み禁止ということで残っていたオレンジ3個は没収された。またごみ袋の中身について生ものが入っていないかどうか確認された。生ものはすべて海に返却したと説明したところ了承してくれた。昨年日本国内で取得したb1/b2ビザにも入国印を押してく

れた。CBP ROAMについては何も言われなかった。15時半には入国手続きは終了しクルージングパーミットを取るために係官と一緒にCBPのオフィスまで行き19ドルを支払い無事にクルージングパーミットも取得することができた。これで1年間は米国内を自由に航海することができる。

ドミニカ共和国から米国ノーフォークまでの航海中の天候

今回の航海は9月23日出航ということでハリケーンシーズンの真っ盛りでありハリケーンに遭遇するリスクがあった。しかし結果は16日間の航海で何度か前線やスコール性の雨に遭遇しただけで済んだ。これは運が良かったということだけでその幸運に感謝している。航海中は毎日、宮原さんからイリジウムの日本語SMSでハリケーン情報や風向風速予報などを送っていただいた。お陰様で強風や嵐などの悪天候に遭遇しそうにはないという予報をあらかじめ知ることができたので気持ち的にはかなり安心して航海をしていくことができた。結果としてはスコールに遭遇した時に瞬間的に風速13mくらいの風になったのが最大であとはほとんどの時が風速10m以下で2〜3mの微風、5〜6mの軽風の時が多く風向も東〜南が大半だった。ただ米国東海岸まで100海里ほどに近づいてからは北や西風を含め風速9mくらいの風もあった。気温も東海岸から100海里までは夏の気温が続き半そで半ズボンで過ごしたが、その後は急に涼しくなり秋に入っていった。特に10月9日の早朝には小雨も降り寒く上下カッパの上に厚手のウィンドブレーカーを羽織って寒さをしのいだ。宮原さんにはブログの更新を含め手厚い航海のサポートをしていただいた。改めて厚く御礼申し上げる。

オートパイロットなしでの航海

うめぼしで使っているオートパイロットはレイマリンのST-2000＋というティラー用の比較的コンパクトなタイプのものだ。長距離航海などで十数日間も連続使用するのは少し無理があるのかもしれない、ということでよく壊れる。これまでにまったく同じタイプのものを5本買ったが今回の航海でNo.4とNo.5の両方が壊れてしまった。オートパイロットがない時は自分で舵を握って操船するしかないのだが長距離航海の場合はなかなか舵を握り続けることは困難だ。そこで舵を特定の位置に固定しておいてなおかつ船が一定の方向に進む方法をいろいろ試

してみた。風の強さや保針性など船の特性により異なるとは思うがうめぼしの場合は風に対して上り60度から真横90度更に下り120度くらいまでの間はセールの出し具合と舵の位置を調整することで比較的まっすぐ進んでくれる。しかし更に風下に行こうとするとどちらかのタックの120度くらいになってしまう。メインセールを降ろしてジブセールだけにすると140度くらいまでは行くが真追手にはならない。そこでジブシートを両方共引いてジブセールのクリュー部分をマストのところに固定してやると風がリーチからラフへと逆に流れ比較的安定して真追手になる。しかしこの状態では時々ジブが大きくシバーするのが問題だった。いずれの場合も艇速はオートパイロットを使う場合の6割から7割くらいになる。機走する場合は舵を固定することはまったくできなかった。舵をまっすぐ直進するようにしていてもすぐに進路が変わり始める。従って機走中はほとんど舵を手で握っていた。

デルタビルについて

　ここデルタビルは米国東海岸のバージニア州でチェサピーク湾に面している小さな半島だ。チェサピーク湾は昔陸地だったところに海水が入ってきて海になったようで深く入り込んだ入り江がたくさんある。そしてなおかつ陸地は山らしい山がほとんどない広大な平野になっている。同様に入り江の水深もそれほど深くはない（干満差も50cmくらいしかない）。日本ではあまり見られない光景だ。入り江がたくさんあるということはヨットにとっては自然の良港であり大小のマリーナがひしめき合って存在している。その中でもデルタビルはヨット利用者がたくさん集まる人気の場所になっていてマリーナやヨットの販売やメンテナンス業者、セールメーカー、ヨット用品店などが集積している地区だ。うめぼしが停泊しているデルタビルマリーナは比較的規模が大きくマリーナ内にメンテナンス業者もたくさんある。係留料金は来年4月までの6か月間で1800ドルだ。ここは北緯37度33分で日本でいうと福島県あたりと同じ緯度になる。10月16日（金曜日）は朝からしとしと雨が一日中降り続いた。そして17日の朝の気温は9℃まで下がった。キャビン内でも14℃だ。一気に秋を通り越して冬の気配がしてきた。うめぼしのエアコンは故障していて暖房も使えない。冬用の羽毛布団を取り出して分厚い上着を着込んで寒さをしのいでいる。そして17日の昼は快晴になりまた過ご

しやすさが戻ってきた。陸上には濃い緑の背の高い木がたくさんあり大豆畑も広がっている。私にとってはお気に入りの場所になりそうだ。

レンタカーを借りてドライブ

16日（金曜日）は朝からしとしと雨が降っていた。朝10時にアーニーさんにマリーナまで迎えに来てもらってレンタカー会社がある30kmほど離れたグロスターの町まで連れて行ってもらった。私設タクシーで30ドルだ。グロスターのEnterpriseレンタカーから３日間ニッサンの小型車を314ドルで借りた。アメリカは車社会で特に田舎では車がないとお出かけは難しくなる。16日と17日は近隣のSIMショップ訪問とWilliamsburgのコロニアル歴史地区やヨークタウンのアメリカ革命ミュージアムを訪問して観光をした。18日の日曜日は近隣のプロパンガス販売店やシーフードレストランなどを訪問して過ごし19日（月曜日）の朝ガソリン24ドル分を入れて満タンにして10時半にグロスターのレンタカー会社に返却した。そしてまたアーニーさんの私設タクシー30ドルでマリーナまで帰ってきた。私も先日69歳の誕生日を迎えて自動車運転歴も50年を超えたが慣れない土地で慣れない道を運転するのは結構疲れを覚えるようになった。長距離航海をしている時のほうが楽なように感じる。でも車の信頼性は大したものだ。車はめったに故障しないがヨットはトラブル続きだ。

エアコンの整備

今日20日（火曜日）の朝は昨夜からのしとしと雨がやみ無風の静かな深い霧に覆われていた。昨夜は弱い南風だったので気温は低くなく外気で17℃ありしっとりとした空気で喉や肌に優しい過ごしやすい一日の始まりだ。その後は徐々に霧が少なくなり10時頃には快晴の良い天気になった。うめぼしから海側に10艇離れたところに係留している50フィート超の大型オランダ艇のLiropinにはRobさんとBaudineさんが乗っている。今年はカリブ海を航海していたがコロナの影響で４か月前にこのマリーナに来てここに落ち着き整備をしているということだ。Robさんは艇の近くの小さなスペースの中で木工で大きなハードドジャーを自作している。既に作り始めて５週間が経過したそうだ。Baudineさんも艇内の塗装などに取り組んでいるそうだ。自分で整備をする技術があるということは素晴らしい

ことだと思う。私にはハードドジャーを自作するなどとてもできないがエアコンの修理くらいならできるかもしれないと思い今日は一念発起してエアコンの修理に取り組んだ。結果は海水ポンプは動き始めエアコンの暖房も動くようになったが海水ポンプの近くから大量の海水漏れが発生する事態になった。ポンプ本体かポンプ周りに海水ホースのつなぎ目がたくさんありその中のどこかから海水が漏れているようだ。慌てて取水口のキングストンを閉めた。とりあえず今日はここまでにしてまた明日以降対策に取り組みたいと思う。昨日のエアコン海水ポンプの続きだ。ポンプの回転軸から漏水している可能性があるという東先輩からの指摘でポンプのモーター側もシーリング材を使ってみた。見事に漏水量は激減した。しかしまだ少し漏れている。そしてモーターが海水の中で動いているということになる。モーターを交換したほうが良さそうだ。

ヨット生活の文化

　今うめぼしが係留しているデルタビルマリーナには多くのヨットが係留しており毎日ヨットの入出港がある。その中には他のマリーナから来て1泊だけしてまた航海に出る船もあるしまたしばらくここに係留してヨットの中で生活している人もそれなりにいる。日本でいうと沖縄の宜野湾マリーナの雰囲気に近いと思う。1か月300ドルの係留料金で電気と水は使い放題だしシャワーやトイレはもちろんコインランドリーや近くのスーパーマーケットまで行ける無料のレンタカーや自転車もある。またヨット関連の整備業者やショップも近くにたくさんありヨット用の中古部品を販売している店まである。ヨットの中で生活をしながら航海をしている人のためのサービスが整っている。マリーナの中で生活している人が皆さん声をかけてくれる。今日も「ウェストマリンは価格が高いからもっと近くにある荒物屋に行ったほうがいいよ」と教えてくれたり、その荒物屋に行くとまた別の人が声をかけてくれて水漏れ対策用のコーキング材はどれが良いかを親切に教えてくれた。多分ベストのコーキング材を購入して漏れていそうなところ2か所に適用してみたが結果はまだかなりの水漏れがあった。エアコンの冷却用海水モーターの本体近くから漏れているようだが特定できない。米国でヨット生活をしている人から見ればあり得ないことかもしれないが自分で対処することをあきらめかけている。

エンジンの修理と日本への帰国

　昨日（21日）デルタビルボートヤードのボビーさんに船まで来てもらってエンジンとドライブを診断してもらった。「エンジンの海水ポンプから海水が漏れていてポンプ固定用ボルトからオイルが漏れている。ポンプとフロントカバーのガスケットを交換したほうが良い。セールドライブは下部のシールから海水が入ってきていると思われる。シール交換と更なる診断と最後に加圧テストをしたほうが良い」ということで修理には上架が必要で日数もかかるということだ。11月には自宅での所用もあるのでとりあえず修理はボビーさんに任せて私は一旦日本に帰りたいと思う。上架の日程や概算見積もりなどは後日知らせてもらうことにした。ミッキーさんに今週末のベイハウス滞在からアナポリスの自宅に帰る時に一緒に連れて行ってほしいとお願いしたところ早速今朝返事が来て来週月曜日の朝8時にデルタビルマリーナまで迎えに来ていただけることになった。月曜日中にワシントンまで行くことができる目途が立ったので27日の火曜日の朝7時の飛行機で日本に帰ることにした。ミッキーさんからは、アナポリスの自宅でゆっくりしてHartge yacht harborのブエナビスタまで遊びに行こうという温かいお誘いを受けたが今回は申し訳ないが私の勝手な都合で失礼したいと思う。

雨漏りによる被害

　うめぼしは私が雨漏り対策の整備をサボっているため以前からいろいろなところから水が入ってくる。とは言え船底からの海水侵入は今のところはあまりない。上から降ってくるタイプの侵入が多いのだ。これには2つのタイプがある。一つは航海中にデッキの上に波をかぶってその海水がキャビン内に入ってくるものだ。例えばカーボベルデからカナリア諸島に向かう時には向かい風が続き大きな波がメインキャビンの天井を洗っていった。その時にはメインキャビンの上にあるハッチから海水が侵入してきて布団まで濡れてしまい大いに苦労した。しかしそれに対しては侵入防止対策を施したので今は大丈夫だ。もう一つは雨が降った時に雨が侵入してくるものだ。先日もドミニカ共和国からノーフォークまでの航海の中に何度かスコールのような大雨に遭ったがデルタビルのマリーナに着いてからフォアキャビンのマットを確認するとたくさんの水を吸い込んでいた。これは多分雨水が漏れて侵入してきた結果だと思われる。侵入してくる場所は大きく

分けるとフォアキャビンとメインキャビンの両サイドの棚とメインキャビン後部のハードドジャーの付け根あたりだ。特にフォアキャビンとメインキャビンの右側の棚の漏れが大きいように思われる。これまでの被害は数えきれないほどたくさんあるが右側の棚に設置していたアマチュア無線用HF機IC－706は錆びて電源が入らなくなったので今日廃棄した。右側の棚には他にもAISやマリンVHFなどたくさんの電子機器を設置しているが今のところかろうじて動いている。そして今日左側の棚にある12V系のスイッチパネルのランプの一つが点灯しないのでパネルを開いてみると中央の列のスイッチがすべて錆びていた。ここにも雨漏りがあったようだ。スイッチに油をさして様子を見ることにする。

トイレの整備と清掃

　最近電動トイレのモーターが動かないことが時々ある。そういう時はモーターのシャフトをプライヤーで回してやると動くようになる。モーターにかかる負荷が大きくなっているものと思われる。そこで今日はトイレ全体の清掃に取りかかった。これまでに２回経験があるがすっかり手順を忘れてしまっている。まずウォシュレットを取り外し次にトイレ本体を取り外す。次にモーターを取り外して２種類のペラを清掃する。一つは海水汲み上げ用ペラでもう一つは汚水汲み出し用のペラだ。この汚水汲み出し用のペラに食物繊維のようなものがたくさん巻き付いていた。ペラを清掃しトイレ全体を洗って組立てだ。そしてモーターの取り付けだがこれが難しいのだ。直径６cmくらいの円形の細いゴムパッキンを溝に沿って正確に設置する必要があるのだが接合部が垂直なのでなかなかうまくいかない。今回は先日購入した優れもののシーリング材があったのでこれを活用して組み立てた。組み立てたあと水を入れてモーターを回したところうまく動いているようだし水漏れもないようだ。朝から始めて14時頃完了だ。ところが２時間ほど経過した16時過ぎに先ほど汲み出したばかりのビルジがもう溜まっている。トイレを見ると水がなくなっていてモーター取り付け部分から水が流れ出ている。モーターの取り付けに失敗したようだ。とりあえず今日の作業はこれまでにして明日また取り組みたい。

ミッキーさんに感謝

　昨日（24日）ミッキーさんがプレンティスクリークのベイハウスからデルタビルマリーナまで（約40km）来られた。私が日本に帰国している間うめぼしのビルジをチェックするので船の中に入る方法とビルジポンプの使い方を確認したいということだ。本当にありがたいことだ。うめぼしは雨漏りするので大雨が降ると船内にビルジが溜まる。そしてうめぼしはビルジが増えると自動的にビルジポンプが動いてビルジを排出するような仕組みになっていない。長期間船を離れる時にビルジチェックは心配事の一つだった。更に明日は朝の８時にデルタビルマリーナまで迎えに来ていただいてアナポリスの自宅まで（約250km）連れて行ってもらい夜はブエナビスタの橋本さん橋口さんと一緒にパーティーをしようということだ。その日はミッキーさんの自宅に泊めていただき翌朝早朝の３時半に出発してDCAワシントンナショナル空港まで（約60km）送っていただけるということだ。本当に至れり尽くせりのおもてなしだ。今日は一日中雨が降る中トイレのモーターの再取り付けをして冬季の凍結対策として清水タンクやモーター類の水抜きなどをした。

アナポリスのミッキーさん宅へ

　26日の朝の８時にミッキーさんにデルタビルマリーナまで迎えに来ていただきベイハウスに寄ってアナポリスのミッキーさん宅まで連れて行ってもらった。12時過ぎにはアナポリスの東側Naval Academy（海軍大学）のほど近くにある自宅に到着し軽く昼食をしてすぐ500mほど離れたプロビデンスクラブのポンツーンからヨットに乗ってミル川近辺を１時間前後クルージングした。

　10月下旬ということで肌寒い曇り空で風はほとんどなく静かな海から紅葉の混じる木立に囲まれたプライベートポンツーンや豪華な建物などヨットの町のたたずまいを観光した。その後Naval Academyの中を車でドライブしながら専用ゴルフ場や訓練船、マリーナのヨットなどを案内していただいた。17時にはブエナビスタの橋本さん橋口さんが到着しミッキーさんの奥さんのScotさんの手作りの料理で賑やかなパーティーが始まった。

Mickeyさんのヨットでクルージング

ワシントン空港から成田空港へ

27日は早朝4時に深い霧に包まれたミッキーさんの宅を出発し約70km離れたワシントンの町に近いポトマック川沿いにあるロナルドレーガン空港まで連れて行ってもらった。秋から冬にかけての気温が下がり始めるこの時期は陸地の温度が下がり海水の温度は下がらず温かいために海沿いでは霧が発生することが多いそうだ。まだ夜が明けない真っ暗で視界が悪い中をミッキーさんは鹿が出てこないかと用心しながら運転していた。その霧もしばらく走ると海から離れたせいかきれいに晴れてきた。ロサンゼルス行き7時発のAA1275便はエアバス321NXという機材で定員197名に126人の乗客を乗せていた。ロサンゼルス国際空港では約3時間の乗り継ぎでJAL61便に乗り成田空港へ向かった。

成田空港に到着

ロサンゼルス空港の国内線ターミナルはそれなりの賑わいがあったが国際線ターミナルに移動すると店舗の多くは閉まっていて人の流れもまばらだった。搭乗ゲートでは厚労省検疫所の「質問表web」への情報入力の案内があった。Webへ入力をしてから搭乗したJL61便の機材はボーイング777-300で定員244に対して

乗客は32人ということで機内ではエコノミークラスの３列席を独占してゆっくり体を伸ばして眠ることができた。16時過ぎに成田空港に到着すると最初に厚労省検疫所で唾液によるCoV2抗原検査があり１時間弱の待ち時間で陰性の結果が出た。また待ち時間に厚労省からLINEでの友達登録の要請があり毎日の健康情報を入力することになった。それでも更に２週間のホテルまたは自宅での待機を要請され28日は東横イン成田空港に泊まっている。

⑩ 2021年 （米国デルタビルにて）

2021年の航海のまとめ

　2021年のうめぼしはエンジントラブルのために米国東海岸のデルタビルマリーナから出ることができなかった。当初は4月頃から9月までの間に東海岸を北上しその後ジョージア州まで南下する計画でいたが日本での所用のため出発が6月末にずれ込みデルタビルボートヤードに行ったもののエンジンの修理が完了せず8月末に日本に戻ってきた。今のエンジンVolvo2030を修理することをあきらめて同じVolvoのD1-30という最新同型のエンジンを購入することにして10月に発注し2022年3月に現地に納入予定にしている。その時は足立ヨット造船の足立社長に現地まで出張してもらいエンジンの載せ替えを行うつもりでいる。

　2021年のうめぼし関連の費用のまとめをしてみる。合計で221万円の支出になっている。艇の維持整備費用が142万円を占めている。内訳はデルタビルボートヤードへの支払いが64万円だ（その内訳は越冬対策費用が25万円、エンジンとセールドライブの調査取り外し費用が10万円、組み立て据え付け費用が29万円だ）。中古セールドライブとエンジンカバーの調達整備費として足立ヨット造船への支払いが50万円、その米国への輸送料が5万円だ。オートパイロットST-2000＋を2台米国で新品購入した費用が12万円だ。船底塗料や雨漏り対策防水塗料が5万円、バッテリー交換、ブタンガス機器、その他が6万円だ（来年は更に新エンジン購入に9200ドルその設置他整備費を足立ヨット造船へ支払う必要がある）。係留費は毎月125ドルで上下架費を含めて20万円だ。旅費は27万円でその内訳は行きのカタール航空9万円、帰りのエアカナダ（往復）11万円だ。残り7万円は途中の宿泊費やPCR検査費、成田からのレンタカー費用などだ。保険料は合計18万円でその内訳はうめぼしの保険が13万円、私の海外旅行保険が5万円だ。6月末から8月末までの2か月間の食料お酒SIMなど買い物は14万円だ。

　動かなかったエンジンについて経緯を含めて述べてみる。うめぼしにはVolvoのエンジンMD2030とセールドライブ130Sが装備されている。もともとエンジンもセールドライブもそれほど良い状態ではなくトラブルが続いていた。2019年5月にドミニカ共和国に船を係留して帰国し10か月放置したあと2020年の3月に船に戻ってみるとエンジンが始動しなかった。現地技術者のSucreさんに診断してもらったところエンジンの吸気口から空気が入っていないということでオーバーホールが必要だと言われた。2020年8月にSucreさんに依頼してオーバーホール

602　世界一周船栗毛

をしたところエンジンの調子は良くなった。しかしその後ドミニカ共和国から米国まで航海しその間にエンジンを20時間ほど使ったところエンジンオイルが多量に（10リットル程度）漏れてきた。やむを得ずデルタビルボートヤードに船を置いて10月に帰国した。ここから私のミスが始まった。つまり私が船にいない時に修理を依頼したことが大間違いだった。デルタビルボートヤードの技術者ボビーさんは2021年1月上旬にエンジンを分解しエンジンフロントカバーの腐食がエンジンオイル漏れの原因であると指摘し同時にセールドライブも交換した方が良いという診断だった。ボートヤードの見積もりは新品のセールドライブが1万100ドルとのことで非常に高価だったので足立社長と相談して日本から中古のセールドライブとエンジンフロントカバーを送ることにした。航空便で発送し4月上旬には現地に到着したのだが送ったセールドライブの型式が合わないことが判明し再度5月中旬にもう一つ正しいセールドライブを発送した。その後セールドライブはボートヤードに到着したもののエンジンカバーとセールドライブの取り付けは7月上旬私がデルタビルボートヤードに行ってから行われることになる。つまり1月から7月までエンジンのフロントカバーは外されたままでインジェクションポンプも半分外され野ざらしに近い状態で放置されることになったのだ。米国ではコロナ流行で船を購入する人が増え同時に船の技術者へのニーズも増え技術者は超多忙な状況が続いているとのことだ。7月中旬にセールドライブを取り付け更にその後エンジンのフロントカバーを取り付け7月23日に下架したがインジェクションポンプの動作不良でエンジンが動くことはなかった。その後現地のTAD社にVolvoの新エンジンD1-30の見積もりを取ったところセールドライブ込みで1万2800ドル、セールドライブを除いてエンジン本体だけで9200ドルだったのでエンジン本体を新品に交換することにした。しかし納期が3か月かかるということだったので一旦日本に帰国し来年3月にまたデルタビルボートヤードに行き購入設置をすることにした。今回の経験で学習したことは米国のボートヤードの置き場料金は安いのだがボートヤードのVolvo部品の見積もりは高価であるということとボートヤードの技術者の作業費用は高価であるということだ。今回のエンジンフロントカバーとセールドライブの取り外しと取り付けの費用は4000ドルだった。

ウィンターライズ

　うめぼしは2021年1月現在米国東海岸バージニア州のデルタビルマリーナに係留している。そこは北緯37.5度にあり冬場はかなり冷え込むようで天気予報によると1月29日の昼は＋2℃夜は－4℃となっている。またデルタビルはチェサピーク湾の中にあり半分は川の中のようなところで海水の塩分濃度が低く、氷点下になるとマリーナ内の海水面がすぐに凍るようだ。そういうこともあり冬場にはヨットの中の水の凍結対策が必須だということだ。昨年艇を離れる前に清水タンクと清水ポンプ、温水器、ホースなどの清水関連は水を抜いてきたが、エンジン周りの不凍液冷却水や海水冷却水、トイレのホールディングタンク、エアコン冷却ポンプなどの凍結対策（ウィンターライズ）は現地の整備業者デルタビルボートヤードに依頼した。ボートヤードにはエンジンのオイル漏れの修理とセールドライブの点検整備も依頼しており、先日ボートヤードからeメールでウィンターライズ完了と修理着手という連絡がきた。寒冷地での越冬は初めてのことでいろいろと心配することがある。でもゴキブリはそれほど増えていないのではないかと思っている。

エンジンとセールドライブの修理

　米国東海岸のデルタビルマリーナに係留しているうめぼしはデルタビルボートヤードに上架された。そして現地技術者によるエンジンのオイル漏れ修理とセールドライブの診断整備が始まった。セールドライブは交換したほうが良いということで見積もりを取ったところ1万ドルという見積もりが来た。当方にとっては高すぎるので足立ヨット造船の足立社長に相談したところ比較的レベルの良い中古品を大阪から調達してくれた。またオイル漏れは海水ポンプの奥のフロントタイミングカバーのつなぎ目のところが海水漏れのために腐食していることが原因ということでフロントタイミングカバーと海水ポンプの交換（1300ドル）を推奨された。これも足立社長に相談したところ手持ちの壊れたVolvo2030から部品取りできるということでそれをお願いすることにした。今後これらの部品を米国に郵送するか足立社長に持って行ってもらい修理までしてもらうかの調整をする予定だ。

エンジンとセールドライブの修理（続き）

　米国東海岸のデルタビルマリーナに係留しているうめぼしはデルタビルボートヤードに上架され、現地技術者によるエンジンのオイル漏れ診断とセールドライブの診断がなされ、セールドライブ交換とタイミングカバー交換を推奨された。現地の交換部品の見積もり価格が高かったので足立ヨット造船の足立社長に相談し中古の部品を調達してもらった。このほど交換部品の整備が終わり当方の川崎の自宅まで送ってもらった。セールドライブ本体は23万5000円、タイミングカバーと海水ポンプは合わせて5万6000円と格安で提供していただいた。これを米国に送る方法として郵便局の国際小包EMSを利用するつもりでいたがコロナの影響でサービスが一時停止になっていた。そこで代わりに佐川急便のSGXを利用して送ることにした。総重量34kg、送料5万4000円だ。

米国へ出発

　6月29日の22時半の成田空港発カタール航空807便で米国へ向けて旅立った。空港での搭乗手続きでは、米国への入国にはコロナの陰性証明が必要で、他にいくつか書類にサインを求められたが30分ほどで済んだ。飛行機はボーイング777-300と大型機だが乗客数は70人程度とガラガラ状態でドーハまでの10時間を中央4列席を一人で独占してゆっくり横になって眠ることができた。ドーハでのトランジット時間は5時間ほどだったが空港内で過ごした。ワシントンDCのダレス空港への707便はA350-1000で乗客は定員の3分の2ほどで隣の席は空いていたもののかなり混んでいた。13時間の飛行時間でトータル30時間の飛行機の旅はかなり疲れた。

米国へ到着

　6月30日の16時にワシントンDCのダレス空港に到着し、入国審査で1時間ほど待たされたが迎えに来てくれたミッキーさんとパナマから来た鎌田さんと無事に落ち合うことができアナポリスのミッキーさんの自宅に19時過ぎに着いた。鎌田さんはうめぼしのクルーとして今回の航海に同乗してもらう。その夜はブエナビスタの橋本さんと橋口さんも合流して賑やかなピザパーティーになった。ブエナビスタは整備を終えて7月8日頃にはアゾレス諸島に向けて出航する予定だそ

うだ。ご安航をお祈りする。

デルタビルのうめぼしに到着

7月1日の7時にミッキーさんの自宅を出発し途中朝食をしてキルマーノック
の別荘とSIMショップに寄り13時にうめぼしに到着した。うめぼしは陸置きされ
ておりセールドライブの整備は完了しておらずエンジンは半分分解された状態だ
った。陸置き場所まで水道と電気を延長してもらい艇内を整理して陸置きの艇内
で何とか生活できるようにした。トイレや清水、ビルジなどのモーター類は正常
に動きバッテリー関係は比較的問題ないように見える。夕刻にはマリーナの自転
車で近くのスーパーマーケットまで買い出しに行った。その後雨が降り出し問題
が発生した。鎌田さんが滞在する予定のフォアキャビンのマットの上に複数個所
で雨漏りがし始めたのだ。あわてて大きなビニール袋を天井に貼ったり鍋を置い
たりデッキ上にビニールシートを張ったりして応急対処をした。

セールドライブの修理

7月2日の9時にデルタビルボートヤードのマネージャーのハイジさんと打ち
合わせをしてセールドライブとエンジンカバーとウオーターポンプの取り付けを
依頼した。ハイジさんは比較的てきぱきと回答してくれて来週中には整備を完了
したいと言ってくれた。また取り外した古いセールドライブやカバー類を来週火
曜日に日本に向けて発送することにした。またこれまでの作業費用や陸置き費用
など総額4200ドルを現金で支払った。陸置き費用は月額125ドルと安いのだが技
術者の人件費は時間100ドルとかなり高めだ。また日本から船便で送った荷物は
開封されエアコン用ウオーターポンプとモバイルプリンターはなくなっていた。
多分米国のカスタムで没収されたものと思われる。

サイクリング

7月3日はマリーナの自転車を借りてAT&TのSIMを買うために朝9時半か
ら35km離れたグロスターの町までサイクリングをした。この辺りは比較的平ら
な台地が広がっており道路の高低差は少なくサイクリングには絶好の環境だがそ
れでも往路には3時間を要した。サイクリングだと通り過ぎる周りの景色をゆっ

くり見ながら行くことができたんぽぽのような花や背丈の低い大豆畑や高く伸びたトウモロコシ畑、また濃い緑の針葉樹林や赤い花が咲いているはぜの木など季節感溢れる自然を堪能することができた。12時半にグロスターの町に着きスターバックスで軽い昼食をとってAT&TのSIMショップでプリペイドSIMを購入したのだがアクティベイトして使えるようになるまでに2時間半を要した。15時半にグロスターの町を出発し復路は2時間半で帰ることができた。デルタビルのテイクアウト中華料理店で夕食を買いマリーナのベンチで沈みゆく夕日や飛び交う蛍を眺めながら現地ヨット仲間とともに楽しいディナータイムを過ごすことができた。

ブタンガス

世界中を航海しているヨットが不便に思うことの一つに国によってガスコンロのガスの種類が異なることがある。ヨーロッパ諸国はブタンガスが一般的で小型の3kgのガスタンクが小さくてうめぼしにも搭載可能な大きさなのでタンクを2つ積んで使いまわしていた。しかし米国はプロパンガスが主流でガスタンクもレギュレータもコネクタの仕様もブタンガスとは異なる。米国でブタンガスタンクにガスを補充することはほぼ不可能に思われる。プロパンガスタンクを購入しようと検討したがサイズが大きくうめぼしのコクピット後部に収納することが難しいこともあり断念した。そのため東邦金属工業の3連結カセットガス供給機を日本から持ってきて取り付けた。これでブタンガスボンベを購入するだけでガスコンロを使えるようになった。また今日はケルヒャーの高圧洗浄機を取り出して船底の清掃をした。

マリーナの車

デルタビルマリーナは利用者向けに無料の車を1台提供している。コーテシーカーと言われていて利用は1回1時間以内でマリーナオフィスに置いてあるノートに名前を書くだけで利用できる。しかもガソリン代はマリーナの負担だ。今日はこのコーテシーカーを借りて半島の先端までドライブに行った。デルタビルの半島の先端近くにStingray Point Lighthouseという昔の灯台がありそこに登ってみた。スティングレーポイントもそうだがデルタビル半島にはリアス式海岸のよ

うに奥まった入り江がたくさんありヨットにとっては自然の良港であり大きなマリーナもたくさんある。米国東海岸でも有数のマリーナ集積地となっている。1時間後に一度デルタビルマリーナに戻ったが次の利用者がいないようなので再度借りて3kmほど離れたスーパーマーケットまで買い物に行きビールなど重い物を含めてビニール袋5個分の買い物をして帰ってきた。

船底の塗装

　7月5日にはケルヒャーの高圧洗浄機を使って藤壺がたくさん付いていた船底の掃除をした。そして今日6日にはハードショップから買ってきた船底塗料、シンナー、刷毛、バケットを使って船底の塗装をした。260ドルで買った船底塗料が少し古かったようで缶の底に塗料が固まっていて電動攪拌機で混ぜたもののなかなか攪拌できず半分くらい固まったまま缶の中に残ってしまった。それでも何とか1回は全船底に塗ることができた。またローラー刷毛で塗ろうとしたが塗料が地面に垂れる量が多く結局使うのをやめて普通の刷毛で塗ることになった。お陰様で全身青い塗料だらけになった。朝10時頃から塗り始めぶっ通しで作業をして14時半頃には塗り終わることができた。それでも船底部分の塗装の厚さが足りていないようなので缶の中に固まっている塗料を使ってもう一度塗りたいと思っている。

船底の塗装（続き）

　7月7日は昨日に続き船底塗装とハルのニス塗り部分の補修と雨漏り対策用のブルーカバーに防水薬剤を塗布する作業を予定した。ハードショップで購入した船底塗料の半分近くが固まっていたので前回整備で使用した船底塗料のあまりを使えないかとハードショップに相談しに行ったところハードショップで購入した固まった塗料を軟らかくすることができるという話を聞いてさっそく缶を持って行ったところ1950年製という塗料攪拌機を使って柔らかくしてくれた。それで今日も身体じゅう真っ青になりながら船底塗装をしてある程度完了することができた。またハルのニス塗り部分の大きな傷には1液性のニスをタッチアップして応急処置は済ませることができた。最後に雨漏り対策のためにブルーシートに防水薬剤を塗布した。明日の午後には雨が降る予報なので防水効果のほどがどの程度

になるのか楽しみにしている。

船内の船底の清掃

　セールドライブの交換のために現在は艇からセールドライブは取り外されエンジンも半分分解された状態で放置されている。この際に普段はなかなか手が届かないエンジン周りの船底部分の清掃をした。エンジンの後ろの燃料タンクの辺りは比較的汚れが少なく恐れていたゴキブリの死骸などもあまりなかった。しかしエンジンの真下から前のほうには20リットルくらいのオイルと水の混合物が溜まっておりその中にはエンジンの部品と思われるボルトなども落ちていた。修理を依頼しているデルタビルボートヤードの技術者のレベルに疑問符が付いた出来事だった。窓口のハイジさんは今週中には修理すると言っていたがどうなるか心配になってきた。午前中に鎌田さんが頑張ってブルーのカバーを設置したところ予報通りに13時頃から雨が降り出した。17時時点ではまだ雨漏りはしていないようだ。

ワイナリーまでサイクリング

　昨晩、ちょっとした事件が起きた。昼間にTシャツに付着した船底塗料を落とそうとシンナーをウェスに含ませて作業したのちにそのウェスを船内のゴミ袋に捨てた。ウェスの大きさは10cm四方くらいの小さなものだ。夕刻17時頃からビールを飲み始め18時頃に急に眠くなり食欲もなくなった。その時少しシンナーの臭いがするように感じられたのだがカレールーを作ってくれていた鎌田さんはあまり匂っていないようだった。しかし気分が悪くなるのは何かおかしいと思っていろいろ確認する中でごみ袋の中身の臭いを嗅いだところシンナーの臭いがすることに気がついた。ごみ袋は私がいつも座っている座席のすぐ下にぶら下げてあったのだ。結果からするとビールを飲んでいる間中気づかずにシンナーの臭いをかぎ続けてそのために軽いシンナー中毒になっていたようだ。その後19時まで横になって寝たところ気分は良くなった。更にその後は軽くカレーライスを食べワインを飲んで20時には就寝したところ翌朝までトイレ起床がなかった。一晩中トイレ起床がないというのはここ数年なかったことで如何によく眠れたかということの証でもある。そういうことで今日9日は元気に20km離れたワイナリーまで

サイクリングをすることができた。

セールドライブの修理

　昨日デルタビルボートヤードのハイジさんに確認したところ今日10日にメカニックのボビーがセールドライブの組み立てに来るということだったが10時過ぎになっても来ないので事務所に確認に行くと土曜日で事務所は閉まっていた。あきらめて買い物に行こうと自転車に乗ったところちょうどサイクリングに来ていたハイジさんにばったり会いさっそくボビーに電話をかけてもらった。買い物から戻るとボビーは既に来ていてセールドライブが船底のホールに合わないということで船底の穴を広げて広げた部分をファイバーグラスクロスとエポキシで固めていた。夕刻ボビーが戻ってきたがまだエポキシが固まっていないということで今日は作業を中断して明日の朝の7時半にまた来るということで帰って行った。明日中に修理が完了すれば幸いだ。

セールドライブの修理（続き）

　7月11日は朝の8時にボビーが来てセールドライブを差し込む穴のファイバーにサンダーをかけて次に白いゲルコートを塗布した。このゲルコートは10分で硬化する優れものなのだが鎌田さんの提案で余ったものをもらいデッキ前方上部のシリコンカバーのひび割れた部分に塗布した。ボビーは次にセールドライブを穴に差し込みエンジンと接続しそののちにセールドライブのゴムクッションを固定する丸い金属カバーを固定し同時にエンジン本体を台座に固定した。最後にセールドライブの後部を金属台座で固定した。感覚としてはセールドライブはエンジン本体の後部にぶら下がっているような感じで設置されている。12時で今日の作業は終了し明日エンジンカバーやウオーターポンプを設置すると言って帰った。週末の土日でかなり作業が進んだことは大変喜ばしいことなので昼食はマリーナレストランでお祝いをした。午後は隣のマリタイムミュージアムを徒歩で訪問した。

のんびりした一日

　7月12日は朝からエンジンルーム内を清掃したりデッキのサンダーかけをした

りしながらボビーたちが来るのを待ったが結局現れなかった。ボートヤードには来ていたのできっと他の船の作業が忙しかったのだろう。また鎌田さんはバーナードさん一家の車でグロスターのウォルマートまで買い物に行っていたこともあり久しぶりにゆっくりと本を読んだり今後の航海に必要な海図の確認などをしてのんびりした一日を過ごすことができた。米国東海岸は内海航路がたくさんあり海図にはそこに架かっている橋の高さが書いてある。航路の水深と架かっている橋の高さを確認することでその航路を通ることができるかどうかを事前に確認していく。またインターネットが使えない状態でも海図が使えるかどうかの確認も必要だ。夕刻17時からマリーナレストランでバーナードさん一家に誘われノルウェー人カップルと共に会食をした。

忙しい一日

13日の朝はいつもより遅く7時半に起きてゆっくり朝食をとった後マリーナラウンジでパソコン作業をしているとフランス人のHubert Hartmannさんから声をかけられて満タンのブタンガスタンクを譲ってくれるというので一緒にうめぼしに行き空のタンクを取ってHubertさんの艇Koudaraに行った。そこで満タンのタンクと新品のレギュレータを50ドルで譲ってもらった。これでしばらくはブタンガスの心配をしなくて済む。その後Hubertさんがマストに登ってブロックとシートの交換をするというのでマスト登りの手伝いをした。HubertさんはフランスでChateau D'Orschwihrというワイナリーの経営をしているということで明後日にはフランスに帰るということだ。今夕17時からお別れワインパーティーを開くということで招待された。お昼前にうめぼしに戻るとバーナードさんに出会い、立ち話をしていると車で通りかかったThyra Harrisさんとその娘のTheresa Linnさんからドライブに行かないかと声をかけられて、そのままその車に乗って歴史を感じる古い建物が立ち並ぶUrbannaの町までドライブに連れて行ってもらった。お二人の自宅はうめぼしから歩いて50mのところにあった。

何もしない一日

14日もボビーは来てくれなかった。なかなかエンジンの修理が完了できないのでクルージングに出航できない。今日も一日ゆっくりして過ごした。午後からテ

ンダー用の船外機の稼働確認をしたが動かない。気化器を分解清掃したがそれでも動かない。燃料のガソリンが古いためではないかと思われるので明日コーテシーカーを借りてガソリンスタンドまで行って買ってこようと思う。テンダーに空気を入れて膨らませて問題ないかどうかの確認やウィンドラスの稼働確認もまだできていない。手動ウィンチの動作確認などいろいろと確認すべきことはたくさん残っているが切羽詰まるまでなかなか取りかからない。

船外機の整備

　15日はKoudaraのHubertさんがパリに向けて旅立つ日だ。10時にタクシーを呼んでいるということだったので9時半頃にKoudaraに行ってみるとほぼ旅の準備は終わっているようだ。余った食材を大きな袋いっぱいもらい、Hubertさんの荷物を3輪自転車に乗せてマリーナラウンジまで一緒に歩いて運んだ。ここにタクシーが来るということでワシントンDCのダレス空港まで直接行くそうでそのタクシー代は飛行機代の半分だそうだ。Hubertさんにお別れの挨拶をしてから船外機用の古いガソリンを軽油のタンクに移して新しいガソリンを2ガロンほど買って船外機に入れてみたが相変わらず動かない。そこでノルウェー人のElias Eeg-Henriksenさんに助けを求めた。Eliasさんはすぐにうめぼしに来てくれてまずスパークプラグを清掃した。そしてキャブレターのメインジェットを外

EliasさんとCeciliaさん

しメインノズルを取り出して清掃してくれた。最後にキャブレタークリーナーと高圧エアークリーナーでキャブレター全体を清掃した。そして組み立てて始動したところ一発で動き出した。感謝感謝だ。

知らないことだらけ

昨日はEliasさんにメインノズルの清掃方法を教えてもらった。今日はテンダーの膨張確認をしようと電動の空気ポンプを取り出して動かそうとしたが動かない。どうも12Ｖ電源プラグから空気ポンプまでの電源ケーブルのコネクタが錆びていて接触不良になっているようでコネクタの接触部分をやすりで磨いたりテスターで電圧測定や導通テストをしてみるがどうしても原因を特定できない。一度だけ一瞬モーターが動いたことが切り分け手順に悪影響を及ぼしたように思われる。最終的原因は12Ｖプラグの中に内蔵されていたフューズが切れていたということでそれを交換して通常に使えるようになった。12Ｖプラグの中にフューズが入っているとはまったく想像もしていなかった。多大な苦労をしながら一つ一つ賢くなっていくものだと思いつつも併せて一つ一つ忘れていく年齢にもなっている自分がここにいるということを認識した次第だ。夕刻うめぼしの目の前の家に住むRicさんから今朝釣ったコビア（スギ）の切り身をもらった。

ゴードン君の誕生日のお祝い会

17日はバーナードさんの長男のゴードン君の11歳の誕生日ということで弟のアンドリュー君がうめぼしに来てハルをノックしゴードン君手書きの誕生日お祝い会の招待状を持ってきてくれた。お祝い会は今日の17時からマリーナオフィス前のcrab shackというバーベキュー小屋で開催するということだ。この小屋の周りはすべて網戸になっていて風が吹き抜ける。そして内部にはChar-Broilのガスグリルが２台設置され簡単な机と椅子があるだけだ。ガス代はマリーナ持ちということだ。バーナードさんと鎌田さんは昨日グロスターの町まで買い物に行き誕生会のお祝い品や食材を買い出しに行ってくれた。

コビアの解体とバーベキュー

18日朝隣に住むRicさんが来てコビアの残りをくれるということでクーラーボ

ックスに入ったまま全長１ｍくらいの尾頭付きでもらった。さっそく包丁とまな板を持ち出して全身さかなだらけになりながら解体作業に取りかかった。まず尾を切り離しえらを取り出し頭とカマを切り離して内臓を取り出した。次に背骨を真ん中から２つに折って両側を切り身にして最後に身の付いた骨が残った。えらと内臓の一部は海に捨てたがそれ以外はすべてジップロックとビニール袋に入れて小型冷蔵庫にしまい込んだ。切り身は刺身にしても食べられるし頭やカマや身付き骨などはバーベキューにして食べると美味しいと思われる。２時間ほどかけて解体作業を終わりシャワーを浴びてキャビンで昼食をとっていると日本語で呼びかけてくる声が聞こえた。出てみるとCraig Pennyさんが訪ねてきてくれた。KIMOSABIというCNB64フィートのモノハルのオーストラリア艇でノースカロライナ州のビューフォートから３日掛けてデルタビルまで来て昨晩嵐の中を入港しマリーナ沖にアンカーリングしたそうだ。CraigさんはANA旅客機パイロットでかつ奥さんが日本人ということで日本語がうまく地中海のイビサ島から大西洋を横断しマルティニークでは村田由希恵さんにも会ったということだ。16時にKIMOSABIに行ってご飯を炊いて17時から一緒にバーベキューをすることにした。

バーナードさん一家の出航とバーベキュー

19日はバーナードさん一家がトリマランで出航するということでマリーナに見送りに行きお世話になったお礼のプレゼントを渡した。そしてバーナードさんがアナポリスに行くということだったのでMickeyさんに連絡をとりMickeyさんのバースの付近にトリマランを係留させてもらうようにお願いをした。鎌田さんは英語が得意なのでこれらの手配をすべて電話ですませた。その後Eliasさんの艇に行き船外機の整備でお世話になったお礼のプレゼントを渡した。Eliasさんは車でチェサピーク湾の向こう岸の友人宅まで２日間ドライブに行っていたということだ。ノルウェー人のEliasさんの艇Vallyはアルミ艇で北極航路も航海できるということだ。昨日のコビアの切り身がたくさん余ったので今日もマリーナのバーベキュー小屋でバーベキューをすることにしてEliasさんにも来ていただけることになった。３日連続のバーベキューで開催要領も少しわかってきた。

バーベキュー小屋

今日もバーベキュー

20日はEliasさんの車でCraigさんと一緒に買い物に出かけた。その折に今日の夕食は日本から持って来たSBゴールデンカレーを使ってカレーライスを作りみんなで食べようということになりスーパーマーケットでカレーの食材を仕入れた。そして午後から鎌田さんが玉ねぎ、にんじん、サツマイモ、トマト、リンゴ、鶏肉などにワインを加え圧力鍋で煮込みそれをバーベキュー小屋に持っていき最後にカレールウを加えて完成させた。昨日余ったコビアの切り身を刺身とローストにしてまたブロッコリーを電子レンジで茹でたものをビールのツマにして次にカレーライスを食べ最後にスイカを割って皆で楽しく過ごすことができた。

エンジンとセールドライブの整備

17日の土曜日にボビーが来てくれてエンジンのフロントカバーを設置しその他の各種組み立てをしてくれた。あと少しで完成だがその後がなかなか進まない。20日の火曜日に別のエンジニアが来てプロペラを着けてくれたがそのエンジニアはそれだけが担当のようでプロペラのペラクリン塗布のことはわからないと言う。残りの作業はエアーフィルターとジンク取り付け、ペラクリン塗布だけだ。これらは自分自身でもできる作業だが依頼してしまっている以上実施してくれる

のを待つしかない。今日ハイジさんのところに確認に行くとハイジさんは外出中だったがその事務所にいるボートヤードのTシャツを着た老人が「一緒に仕事をしているものです」と言ってきた。そこでペラクリン塗布はいつやってくれるのか知りたいと言うと「私が確認してあなたに伝えます」というのでお願いしたところ1時間ほどしてうめぼしにやってきて明日ペラクリン塗布と残りの部品を設置し明後日艇を海上に浮かべるという返事だった。後で鎌田さんに聞いた話によるとどうもこの老人はこのボートヤードのオーナーだったようだ。期待して待ちたいと思う。

エンジンとセールドライブの整備（続き）

22日は朝からボビーが来てくれてエンジンオイルとセールドライブのオイルを満タンにしてまた冷却水も補充してくれた。明日の海水上での最終確認の準備だ。その後クーパーが来てくれプロペラに防汚塗料を塗ってくれた。クーパーが船を陸上に固定しているスタンドをずらしてくれるというのでさっそく少しだけ残していた船底塗料を出してスタンド下の8か所の船底部分に塗装した。また同時にセールドライブの胴体部分にも塗装した。これでジンクとエアーフィルターを除いてほぼ完了だ。オートパイロットも米国に来てから新品を2台オンラインショップで購入した。ボートヤードのオーナーもまたうめぼしまで来てくれて進捗状況を確認してくれた。明日の海上での最終確認テストがうまくいってくれることを祈るばかりだ。

艇の下架

23日は朝の7時から東京オリンピック開会式があるということでマリーナラウンジのテレビを見に行った。しかしラウンジに置いてあるテレビでは中継しているチャネルを見つけることが難しくパソコンからインターネットでNHKプラスを見ようとしたがこれも海外からは見ることができないようでノルウェー人のセシリアさんから中継しているアドレスを教えてもらってやっと見ることができた。しばらく開会式を見て8時前に艇に戻ると艇がなくなっている。なんと艇から離れている間にボートヤードの人がクレーン車でうめぼしを下架するために移動していたのだ。ということで今朝無事にうめぼしを下架することができた。そ

616 世界一周船栗毛

の後ハイジさんが発注していたエアーフィルターの到着が月曜日になると言って
きたのでEliasさんに相談すると今まで使っていたエアーフィルターでもいいの
ではないかという提案がありEliasさんが持ってきてくれた100℃以上の高温に耐
えるテープを使って取り付けた。そしてボートヤードのエンジニアがテストに来
てスターターを回そうとしたが3分の1回転も回らない。結局ボビーが来る来週
月曜日まで待つことになった。

マリーナの菜園

24日の土曜日はマリタイムミュージアムで毎月第四土曜日に開催されるマーケ
ットを見に行った。木工の造船所では製作途中の木造船を展示しており海上では
昔の木造貨物船の復元された物が展示されていた。マリーナに帰ってくるとマリ
ーナ管理者のデニスがマリーナの菜園の手入れをしていた。菜園ではオクラやケ
ールや芽キャベツなどを作っていて持って帰って良いということだったのでオク
ラを収穫して夕食に食べた。

艇の整備と買い物

25日の日曜日は午前中にウィンチの分解整備、分裂した床板の接着、ハルの汚
れのアセトン清掃、雨漏れ対策としてのガムテープ貼り、ニスによる名前板のタ
ッチアップといったこまごまとした整備をして過ごした。午後からカタマラン
Follow Meのロンさんとメンリーさんに連れられてスーパーマーケットまで買い
物に行った。ロンさんは日産自動車栃木とトヨタ自動車東富士に仕事の関係で何
度も訪問したことがあるということで蕎麦やお好み焼きなど日本には美味しい食
べ物がたくさんあると褒めてくれた。

温水器からの清水漏れ

26日月曜日はボビーが来るのに備えてビルジの汲み出しをした。ところが全部
汲み出してもスターンの方からほんの少しずつアカが出てきている。スターンの
スイミングデッキ辺りから海水が漏れてきているのかもしれないと思い、どこか
ら来ているのか確認するためにエンジンルームの後ろにあるエンジンルームブロ
アーを取り外してみると左舷後方に設置してある温水器の方が湿気っている。そ

10 2021年（米国デルタビルにて） *617*

こでコクピット左舷座席下の工具入れの中身を全部取り出して床板を取り外して
温水器の左端を確認するとステンレス製箱状の温水器の最下部から水がしみ出し
ているのが確認できた。しみ出しているのはエンジンから来るクーラント液では
なく清水のようだ。そこで温水器に行く清水ホースを切断し両サイドを止水した。
午後になって確認したところ一応ビルジはなくなったようだ。久しぶりにカラカ
ラの船底が戻ってきた。しかし温水シャワーは使えなくなったようだ。そしてボ
ビーは今日来なかった。

エンジンが動かない

27日はボビーが来てくれてエンジンの状況をチェックしてくれた。まず最初に
エンジンのヘッドカバーを外しクランクシャフトを回していろいろ確認してい
た。そしてExhaust manifoldにスラッジが溜まっていること、オイルに水が入っ
ていること、クーラントに加圧して検査したところクーラントが漏れていること
などがわかった。午後からEliasさんに参加していただいてボビー他ボートヤー
ドのメンバーと打ち合わせをした。どうもエンジンの状態が良くなくエンジン全
体を新品に替えるかクーラントが漏れているところを個別に交換するかという話
のようだ。とりあえずドミニカ共和国でエンジン整備した時の写真をボビーに送
って精査してもらい今後の対応を検討してもらうことになった。もうしばらくは
デルタビルに滞在することになりそうだ。

デルタビルについて

米国東海岸のチェサピーク湾内にあるデルタビルについて改めて紹介する。ワ
シントンDCから南へ約200kmほど離れたチェサピーク湾中央部の半島だ。米国
東海岸は平地が広がっていたところに100万年くらい前から何度か氷河の影響で
平地が削られたのちに海水面が上昇して海水が入り込み非常に入り組んだ入り江
がたくさんできた。入り江は遠浅でヨットにとってはどこにでもアンカーリング
できるのでクルージングに最適だ。この地域は米国内でも比較的早く開拓が進み
漁業や海運が栄えた歴史がある。現在では米国でも有数のヨットなどマリンレジ
ャーのメッカになっている。

世界一周船栗毛

バッテリーの不具合と交換

　28日の早朝からバッテリーの電圧が下がり始めた。12Vを大きく割り込んで11.5V台になってきた。何かが悪さをしていると思いバッテリーを利用している機器のスイッチを一つずつ切っていった。28日の昼間はソーラーパネルのおかげで12V台には回復したが夕刻にはまた11.2Vまで下がった。そこでもっと根本的な問題があるのではないかと思い今度はバッテリー本体のスイッチを一つずつ切っていった。すると第三バッテリーのスイッチを切った時電圧が12.2Vまで回復した。第三バッテリーの本体を触ると非常に高温になっていて電圧は10.9Vしかない。これが原因だった。さっそくEliasさんに相談して同等のバッテリー1台をハードショップで購入し交換したところ元に戻った。

クーラントタンクの取り外し

　30日は午後からクレグさんとEliasさんの助けを得ながらクーラントタンクの取り外しに取り組んだ。最初にヒートエクスチェンジャーの両側にある海水とクーラント共用カバーを取り外した。次に排気ガスと冷却用海水排出口の部分を取り外しそしてクーラントタンク全体をエンジン本体に固定している6本のボルトを取り外した。これでタンクは本体から離れたがクーラント用のパイプがまだつながっている。これを外してやっとタンクとヒートエクスチェンジャーの両方を取り外すことができた。ピストンごとの排気口の汚れ具合からタンクのスターン側からクーラントが漏れている可能性があるというのがEliasさんの意見だ。夕方からEliasさんがタンクの清掃をしてくれ夜にかけて取り付けた。

手動燃料ポンプの取り外しと清掃

　31日は朝一番から手動燃料ポンプの取り外しに取り組んだ。まず燃料ホースを取り外し次に燃料フィルターにつながるパイプを取り外した。そして最後にポンプ本体を固定している2本のボルトを取り外し本体を分離することができた。8時にはEliasさんも来てくれてポンプの清掃をしてくれた。ポンプはドミニカ共和国で整備した時に緑のペイントで塗り固められていて手動部分がまったく動かない状態になっていた。そして再度取り付けて燃料の供給状態を確認してからスターターを回したがやはり始動しなかった。インジェクションポンプのところま

では燃料が来ていることが確認できるのだがインジェクションポンプ自体がうまく動いていないようだ。

手巻き寿司パーティー

31日は夕刻17時半頃からマリーナオフィス前のCrab Shack（バーベキュー小屋）で手巻き寿司のパーティーを開いた。クレグさんからもらった日本米を鍋で炊きすし飯にしてまたクレグさんからもらった大型の海苔を4分の1に切って、鎌田さんが海鮮専門店から買ってきたサーモンとマグロを刺身盛り合わせにしてまた生の貝柱もネタになった。人参の細切り、大根の細切り、キャベツのマヨネーズ和えも寿司ネタに加わった。Eliasさんとセシリアさんクレグさんにちょうどアナポリスから戻ってきたバーナードさん一家も加わり皆さんの持ち寄り品も加えて賑やかなパーティーになった。

エンジンのインジェクター清掃と始動テスト

8月1日は午後からクレグさんに来てもらいエンジンのピストンのヘッドに付いているインジェクターを取り外し清掃した。そしてスプレー缶に入ったエンジン始動用の燃料をシリンダー内に噴霧してインジェクターを取り付けてからスターターを回して始動テストをした。今回はごくわずかだがエンジン内で燃料が発

クレグさんとスーパーヨットキャプテン

火している兆候があった。そこでエンジンのトップカバーを外して排気口側から
スプレー燃料を噴霧してまた始動テストをした。何回か燃焼しているのだが連続
して動くようにはならない。しかしこのことからインジェクションポンプからイ
ンジェクターの間に問題があるというのが皆さんの意見だった。

エンジンのインジェクションポンプ取り外し

　８月２日は高圧管を外して詰まっていないか確認をした。最後にインジェクシ
ョンポンプの上の高圧管のボルトを一つずつ外してエンジンを回して噴射がある
かどうかを確認した。一番前のポンプからは噴射があったが次の２つからは噴射
が確認できなかった。これでインジェクションポンプの不具合が確認できた。そ
こでインジェクションポンプを取り外しボートヤードのボビーのところに持って
行って修理を依頼したが自分のところでは修理できないという返事だったので新
しいインジェクションポンプを発注することにした。ついでにインジェクター３
個と高圧管も発注した。ボビーからはマニュホールドタンクも交換した方が良い
と言われたのでそれと併せてヒートエクスチェンジャーの見積もりをとることに
した。

KIMOSABIの上架

　クレグさんの64フィート艇KIMOSABIが今日11時過ぎから雨が降る中クレー
ンで上架された。巨大な船は手で動かそうとしてもびくともしない。クレーン車
のバースに入ってからもエンジンとバウスラスターで艇が動かないように操作し
ている。ベルトを艇の下に潜らせて引き上げるがバランスを取るのが難しいよう
で複数人で前後左右から確認している。またクレーン車の上部の横柱がバックス
テーに当たりそうになったので一度下げてバックステーを緩めてから再度引き上
げていた。日本語が得意なクレグさんは東京の自宅の売却契約をするために再来
週の飛行機で日本に向かうそうだ。愛犬フラッピーの健康診断書が取れないとい
うことで困っておられた。

高価なVolvo部品とリーズナブルな新エンジン価格

　デルタビルボートヤードからのVolvo部品の見積もり価格は非常に高いものだ

った。インジェクションポンプ3648ドル、インジェクター3個が1576ドル、ヒートエクスチェンジャーが1272ドル、高圧管が223ドル合計で70万円以上になる。取り付け人件費は別途だ。それに対して足立社長お勧めのVolvoの新エンジンD1-30をグロスターの近くのショップから見積もりを取ったところ9200ドルだった。これはリーズナブルな価格だ。しかし残念ながら納期が10～12週間ということだ。そこでまた対応案が変わった。できるだけ新規投資をしないで現在のエンジンを使うか新エンジンに一気に置き換えるかだ。新エンジンにする場合はこのままここに艇を置いておいて来年置き換えることになる。

デルタビルボートヤードの請求書

デルタビルボートヤードから7月分の請求書をもらった。セールドライブの据え付け費が工賃2600ドル、部品代380ドルだ。エンジンカバーの取り付け工賃250ドル、プロペラの防汚塗料塗装237ドル、海上に出てからのトラブル診断275ドルだ。クレグさんにその話をしたら工賃は高いのでできるだけ頼まないようにして

デルタビルマリーナとボートヤード

いるという返事だった。工賃の単金は時間100ドルだが請求される時間が長いように感じるし部品代も高いようだ。艇の置き場代金は陸置きで月額125ドルと安いのだ。ドミニカ共和国では係留費が月額８万円だったので置き場代はかなり安いと言える。既に６月までの分として4000ドル払い今回4000ドルでセールドライブとエンジンカバーの修理費などでのデルタビルボートヤードへの支払いは合わせて8000ドルになる。これからはできるだけボートヤードの技術者への依頼はしないようにしたいと思う。

EliasさんとCeciliaさんの旅立ち

この１か月間大変お世話になったEliasさんとCeciliaさんが今朝米国横断の旅に出かけた。キャデラックにテントや生活用品を積んで車でナイアガラの滝に行きその後カリフォルニアに行き約２か月後にここに戻ってくる予定だそうだ。Eliasさんには船外機の修理から始まってVolvoエンジンの分解清掃、旧エンジンを整備するか新エンジンを購入する方が良いかなどを含めていろいろな作業方法や情報収集方法などを具体的に教えていただいた。また毎週木曜日のタコスレストランやコーヒーショップにも連れて行ってもらった。更に昨晩はお別れパーティーをクラブシャックで開催していただいた。本当にお世話になったEliasさんがいなくなることは大いに寂しくなるし、また今後の課題解決にも困難が増えることになるかもしれない。

エンジンの入れ替え方針

グロスターの町の近くにあるTrans Atlantic Diesels社から新エンジンD1-30に現在のセールドライブMS25をつないで使うにはMS25のシリアルナンバーが必要だと言われセールドライブの写真を撮って送った。ところがうめぼしのセールドライブは最新版の130Ｓだと指摘された。旧型のMS25だというのは私の思い違いで足立社長は最新型の130Ｓを送ってくれていたのだ。Trans Atlantic Diesels社からは130Ｓと組み合わせて使うことができる新エンジンの見積もりとしてThe D1-30 package with gauges, harness, 12V electrics, heat exchanger cooled is $9200.という連絡をいただいた。納期は８〜10週間だ。９月末にはどうしても所用で日本に帰る必要があったのでやむを得ず納入を来年春にして来年春にま

たここにきて入れ替え作業をすることにした。その間うめぼしはデルタビルボートヤードに陸置きにして置いていくことになる。

釣りと浮き輪で楽しむ穏やかな午後

8月8日（日曜日）は土曜日の大雨も過ぎ去り午後からは無風晴天の穏やかな天気になった。土曜日の大雨ではまた雨漏りがあったので鎌田さんは日曜日に自分で雨漏り対策をしていた。一つはバウスプリットにカバーを取り付けた。もう一つはバウキャビンの天井にタッカーを使ってビニールシートを取り付けた。また私はコクピットの塗料収納スペースでニスが漏れ出ていることがわかり収納スペースの大掃除をした。そして午後から訪ねて来たバーナードさんの素晴らしい提案を実践して誤って船側から海底に落としてしまったボルト回しの小さな道具を磁石とロープを使って海底から釣り上げることができた。鎌田さんは大きな浮き輪を膨らませて手漕ぎボートのようにして付近の船を訪ねて楽しんでいた。

日本への入国手続き

日本への入国手続きは更に厳しくなってきているようだ。ブエナビスタの橋口さんからのメールでPCRの陰性証明が必要だということがわかった。さっそく在米国日本大使館のホームページで確認すると証明書を発行してくれる医療機関が紹介されている。さすが日本大使館だ。

リストにある最初の医療機関Passport Healthで予約しようとしたが受け付けていないという案内が出る。そこで2つ目のLJ Medical Health & Wellness Clinicにアクセスすると比較的簡単に予約できた。飛行機はダレス空港を19日の22時半出発なので18日の16時40分に検査の予約を入れた。65ドルをカードで支払った。ドライブスルー方式だが車無しでも大丈夫なのかどうか結果の証明書の受け取り方法は大丈夫かなどまだ少し不安はあるが多分何とかなるだろう。

スパニッシュ・マッカレル

サワラのことだ。以前大きなコビアをもらったデルタビルマリーナの隣に住んでいるボビーさんが大きなサワラ3尾をうめぼしまで持って来てくれた。8月10日は南風が少し吹いていたものの晴天でボビーさんはいつもの大型モーターボー

トで釣りに出かけられたようだ。さっそくうめぼしのコクピットで大きな切り身6枚に捌いて冷蔵庫にしまった。鎌田さんはそのうちの1枚の皮をうまく剥いで刺身にして手作りのチーズケーキと一緒にボビーさんの家までお礼に持っていった。しばらくは新鮮な魚のメニューを楽しめそうだ。

ワシントンDCまでの交通

デルタビルはヨットで訪れるには良いところだが陸上交通という意味では陸の孤島のようなところだ。公共交通機関は何もない。ワシントンDCまでどうやって行くのが良いのかいろいろと検討した。その一つがAMTRAKだ。ワシントンDCからウィリアムズバーグまで来ている。1日に2本走っているようで所要時間は4時間弱、運賃は28ドルと価格も手ごろだ。

➡ https://www.amtrak.com/virginia/discover-williamsburg-virginia

あとはウィリアムズバーグまでどうやって行くかだ。車を持っているバーナードさんに17日の予定を聞いたところ何とウィリアムズバーグではなくてワシントンDCのボルチモア空港まで奥さんのセラピーさんと息子のアンドリュー君を送っていくということだったので一緒にワシントンDCまで乗せていってもらうことになった。

アカ漏れ場所の特定

うめぼしを下架してからしばらくして船底にビルジが溜まるようになった。ほんの少しなので最初は雨漏れの水が溜まっているのかと思っていた。しかししばらく晴天が続いても毎日溜まっている。24時間で2リットルくらい溜まっているようだ。そこでアカ漏れしている場所の特定作業をした。バウ側から漏れているので船底をキールに沿ってバウに向かって少しずつさかのぼっていくとバウキャビンの直前でまったく濡れた形跡がなくなった。そこでマストステップの真下辺りを詳細に確認してみるとフィンキールの最前部の付け根辺りが濡れているのがわかった。昨年は漏っていなかったので今年1月から7月までの6か月間の上架期間中に漏れるようになったと思われる。対処方法については足立社長に相談したところハルの外側のダイニールが割れている部分にエポキシでカーボンファイバーを貼りバキューム工法でハルにしっかり吸着させると良いとのことだ。

ヨークタウンへのドライブ

　8月14日土曜日は午後からバーナードさんの車を借りてヨークタウンまでドライブに出かけた。初めにウオーターマンズミュージアムを訪問した。ウオーターマンとはチェサピーク湾の海で仕事をする人のことだそうで、その初めは1600年頃にイギリス人が来る前まで現地に住んでいた現地人であるという説明があった。その後は海運やカニ、牡蠣など海産物を生産加工する人々の総称であるとのことだ。その中でも私は特に現地人の様子に関する展示が興味をひいた。その次にスクーナーに乗っているというデルタビルで知り合ったディランさんを訪ねた。ディランさんはアライアンス号という3本マストの大きな帆船に乗っていて毎日観光客を乗せているそうだが船内には空調付きの大きな自室があるそうだ。秋にはカリブ海をチャーター船として航海し冬には人件費が安いパナマで整備をして来年また米国に戻ってくるそうだ。

バーナードさんのトリマラン訪問

　15日はマリーナの沖にアンカーリングしているバーナードさんのトリマランを訪問した。私が都合で予定より早く日本に帰ることにしたため鎌田さんは米国滞在ビザの期限である9月末までの過ごし方をどうするか検討していた。できればヨットでの航海を経験したいと思っている時にバーナードさんから鎌田さんにクルーとして乗ってほしいという依頼が来た。バーナードさんの家族は17日にヒューストンの自宅に帰ってしまいあとはバーナードさん一人になるが船をヒューストンまで回航したいということで鎌田さんにクルー乗艇の白羽の矢が当たったのだ。そこで事前に艇を見てほしいというバーナードさんの要請でトリマランを見に行くのに私も便乗させてもらった。

うめぼしの上架とボビーさん宅訪問

　16日の朝は昨夜からの雨が降り続いていたが8時過ぎにはその雨もやみ9時過ぎからうめぼしの上架作業が始まった。エンジンが動かないうめぼしをポンツーンからロープを渡してクレーンの下まで引っ張っていった。小さなうめぼしはいとも簡単にクレーンに釣り上げられ6個の脚立で無事に陸に上がることができた。そののち帰国のために船内の整理をしてゴキブリ及び雨漏れ対策として両サ

イドの棚に入っているものをビニール袋に入れて吊り下げた。午後14時半過ぎに午前中にお誘いを受けた隣家のボビーさん宅を訪ねた。ところが奥さんのエリーさんとともに大歓迎を受けて3時間余りにわたってビール5本を開け地元特産品をはじめとする豪華なつまみをたくさんいただいた。

ワシントンDCへ

17日は朝4時半に起きてバーナードさんの車に乗せてもらいワシントンDCのボルチモア空港まで行きヒューストンに帰るセラピーさんとアンドリュー君を見送った。その後ワシントンDCのホテルにチェックインして近くのトリニダードトバゴのロティ料理の店で昼食をとった。午後からは地下鉄メトロに乗って中心街まで行きアメリカ歴史博物館を訪問し夕刻には中華街まで歩いて行きベトナム料理店で温かいスープのフォーをいただいた。

PCR検査

18日は午前中にバーナードさんの車でワシントンDCの野球場ナショナルズパークの近くの駐車場に行き車を駐車して国立自然史博物館を訪問した。博物館のプレートテクトニクスの絵を見て米国東海岸は北アメリカプレートの内部にあるので地震が少ないのだということがわかった。夕刻からはバーナードさんと鎌田さんはナショナルズパークで16時から始まるブルージェイズ対ナショナルズの試合を見に行き私は日本入国に必要なPCR検査を受けに行った。PCR検査の場所は地下鉄の駅の近くの大きな駐車場の中にバスのような車が1台止まっているだけの極めてシンプルなものだった。対応する人も一人で丁寧に対応してくれた。

ダレス国際空港

19日は朝の10時に再度PCR検査会場に書類を受け取りに行った。ところが書類を書き間違えたということで新しい日本語の書類を入手するために検査会社のオフィスまで連れて行かれた。バーナードさんの車で来ていたのでバーナードさんには遠くまでドライブしてもらうことになり大変迷惑をおかけした。午後からは早めに空港に行ってチェックインを済ませた。

思わぬ出来事

　19日は早めにチェックインを済ませて手荷物を預け空港内で時間をつぶした。そして22時30分発の飛行機に乗ってピッツバーグまで行った。ピッツバーグではタクシーでホテルまで行きゆっくり寝て翌20日の朝7時半にはまた空港に行き発券済のチケットで入場し搭乗ゲート前で10時45分発のカナダトロント行きエアカナダとユナイテッドのコードシェア便への搭乗を待った。10時頃に名前を呼ばれたので搭乗口カウンターに行くとPCR検査の陰性証明とカナダへの入国のためのeTAの提示を求められた。eTAはインターネットで簡単に申請及び取得できる簡易VISAだが事前の申請が必要だ。カナダ政府は2016年からトランジットの場合でもeTAが必要としたようだが私はそのことを知らなかった。結局トロント行きの飛行機には乗ることができなかった。そこでどう行動するかだが、普通はeTAを申請して翌日の同じ便に乗れるように調整するのだろうが今回は思わぬ展開になった。航空会社の係員が21日発のユナイテッド便ニューヨーク経由成田行きを手配し今晩のホテルハイアットリージェンシーの宿泊バウチャーと80ドル分の食事券をくれた。eTAが必要なトロント経由を回避してくれて更に1日遅れになることにより必要となるものを補ってくれたのだ。預けた手荷物は成田空港で受け取ることにした。

無事に成田空港に到着

　22日13時に無事に成田空港に到着した。UAの飛行機はボーイング787の最新鋭機だったが乗客数は25人ということで定員の1割前後と空いていたので3列席を独占して寝てくることができた。成田空港での検疫体制は更に強化されていてコロナの陰性テストやスマホを利用した14日間の自宅待機期間のフォローなどを要請されそれらの丁寧な説明がなされた。その日はUA手配の日航ホテルでゆっくり休み翌日レンタカーで自宅まで行くことにした。乗り継ぎ地のニューヨークNewark空港はすべての席にタブレット端末が設置されていた。

11 2022年の航海
（米国デルタビルからグアムへ：11716海里）

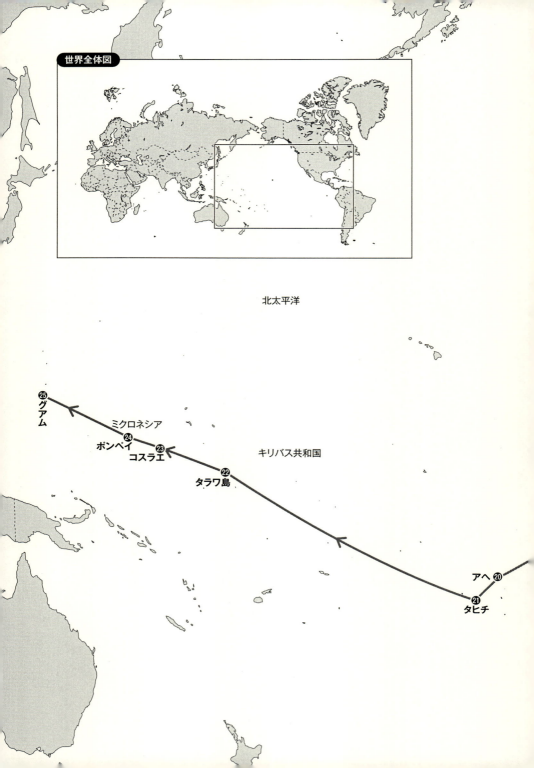

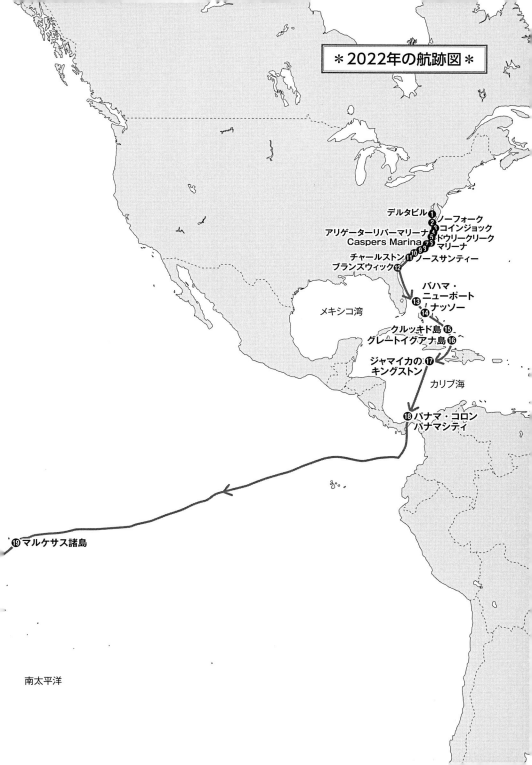

2022年の航海のまとめ

　2022年は3月15日に米国に向けて日本を出発し足立社長に一緒に出張してもらい東海岸のデルタビルでエンジンを新品に載せ替えた。そして4月6日にデルタビルを出航して10月24日にグアムに到着した。総航海距離は1万1716海里、航海日数は123日で全体日数202日間の半分以上は航海していたことになる。エンジン稼働は612時間である。米国東海岸のICWを南に下りチャールストンを経由してブランズウィックからバハマに渡りナッソーで上架しジャマイカからパナマに行った。パナマ運河を渡りマルケサス諸島に行きタヒチでしばらく滞在した。そしてキリバスを経てミクロネシアからグアムに入った。今回の航海では長距離航海が大変であった。パナマからマルケサス諸島のNukuhiva島までは4100海里を38日間の航海で、航海中にバウキャビンに海水が漏れ入ってきてキャビン内の多くの荷物が濡れてしまった。またタヒチからキリバスまでは2500海里を25日かけて行ったがこの時は追い潮追い風で快適な航海になった。全体的に航海は概ね穏やかな天気に恵まれ激しい時化に遭うことはなかった。

　そして細かいトラブルはいろいろあったものの重大なトラブルもなかった。セールドライブのギアオイルが白濁化したものの何とか走り通すことができたしオートパイロットも2台壊れたが新品購入でしのぐことができた。また入国手続きのトラブルが多かったように思う。ジャマイカでは3日目に入国してすぐに出国する事態になった。キリバスでは25日航海したのちに入国審査チームを4日間待つことになった。費用面では全体で430万円かかった。内訳は艇のメンテナンス費用が211万円、係留料が39万円、パナマ運河通行料が40万円、食費やお酒などの生活費が65万円、保険料41万円、ディーゼル燃料費16万円、入出国費用11万円、飛行機代5万円である。艇のメンテナンス費用のうち112万円は新エンジン購入費である。

米国へ向けて日本を出発

　3月15日の17時成田発のNH2でワシントンDCに向かった。搭乗手続きはコロナ抗原検査陰性証明とワクチン接種証明の提示を求められたが比較的スムーズに終わった。機体はボーイング787-9で乗客定員215名のところ搭乗した乗客は91名とのことでかなり空いていて3列席を独占して横になって眠ることができた。ロ

シアのウクライナ侵攻でロシア上空を通過できないことから通常よりも南寄りの
コースを飛び12時間30分でIAD空港（ワシントン・ダレス国際空港）に到着した。
空港では前日に到着していた足立ヨット造船の足立社長がレンタカーを借りて迎
えに来てくれていた。Sonder Georgetown C&Oという比較的都心に近いホテル
に19時には到着し近くのメキシコ料理店で再会を祝した。

デルタビルマリーナに到着

　3月16日の朝はワシントンDCのホテルでゆっくりして11時にホテルを出発し
た。グーグルマップのナビゲーション機能は世界中で利用できかつ日本語で案内
してくれるので外国の慣れない道でも何とか自分で運転していくことができる。
今回は足立さんのレンタカーに同乗させてもらいデルタビルまでの237kmを途中
1時間の休憩を含め約4時間の快適なドライブで行った。午後15時に無事にデル
タビルマリーナに到着しさっそくうめぼしの状況を確認した。ビルジが少し溜ま
っていた他には大きな変化はなかったようだ。しかし足立さんに艇の全体を確認
してもらったところスターンのスイミングデッキのカバー部分のチークが腐って
しまっているとのことで上部合板の交換とカーボンファイバーでのカバーをして
もらうことになった。エンジンの新品への交換とキール前方部分からのアカ漏れ
対策と併せて大仕事が一つ増えた。夕刻に近くのウェストマリンにエポキシの硬
化剤WESTSYSTEM205（206ml）を買いに行き、レジで足立さんが自分はウェ
ストマリンの取引業者だと言って名刺を見せたところ28.99ドルが19.98ドルにな
った。

材料調達とスイミングデッキ剥がし

　3月17日は朝から雨が降りだし午後まで降り続いたが気温は8〜17℃と先週に
比べると暖かくなった。午前中は近隣のハードショップやウェストマリンなどを
訪問し合板（1.5m×0.6m×厚さ1cm）やのこぎり、ファイバーグラスクロス、エ
ポキシの上に塗るインタープロテクトや上塗り塗料、塗装用カップ、刷毛などを
調達した。午後からは私はSIMカードを買いにグロスターの町まで出かけ足立さ
んは小雨の中にもめげずにスイミングデッキの上板をすべて剥がしエンジン取り
外しの準備をしていただいた。スイミングデッキの中には100kgくらいの水が溜

まっていたそうである。

旧エンジンの取り外しと新エンジンの受け取り

　3月18日は早朝濃い霧が出ていたがその後快晴になり暖かい一日になった。9時半にTAD社のオーナーがエンジンをトレーラーに積んできた。ボートヤードに頼んでフォークリフトでうめぼしの横に置いてもらった。エンジンを吊り上げるためバックステーを外しその根元に電動ホイストを取り付けメインハリヤードでシートを通したブロックをマストトップ近くまで引き上げ反対側のシートをブームの後端を通して旧エンジンにつないだ。エンジンはすぐに持ち上がったのだがセールドライブに引っかかってなかなかコクピットのデッキまで出てこない。セールドライブをずらしたりしているうちに突然ドーンと大きな音がしてエンジンがボトムに落ちてしまった。メインハリヤードのシートストッパーがシート張力で壊れてしまったのだ。幸い怪我などの事故にはならなかったがシートストッパーだけではなくクリートにも留めるべきだった。私のミスである。マストに登る時も同じでシートストッパーに頼るのは危険である。その後無事に旧エンジンを吊り上げブームを振って艇の左舷横の地上に降ろすことができた。次に温水器の取り外しである。クーラントの出入ホースと清水出入ホースを外し100V電源コードを外し艇側の木枠も外して取り出すことができた。逆手順でアマゾンで買っておいた新品の温水器を設置した。次は新エンジンの積み込みである。エンジンの梱包を解いて積み込むための下準備をしている時にフライホイールのカバーがないことが判明した。セールドライブをエンジンに取り付けるための直径30cmくらいの丸い合金製のカバーである。すぐにTAD社に電話したが金曜日の午後17時半過ぎでオフィスは閉まっていてつながらない。メールで対応を依頼して返事を待つしかない。その後エンジンをコクピットデッキ上まで持ち上げて19時頃に今日の作業は終了となった。足立さんは来週中に日本に帰る必要があるがフライホイールのカバーがないとエンジンを据え付けられない。困った。

船底とスイミングデッキの補修

　3月19日は朝から良い天気になった。朝一番で補修用の木材、アクリルパネル、電動のこぎり、クーラント、シートストッパーなどを買い出しに行った。その後

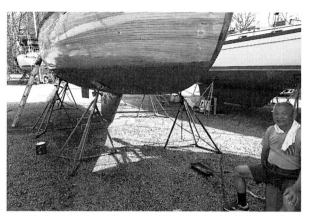

デルタビルマリーナにてエンジンの載せ替え（足立社長）

足立さんはキール付け根のファイバーが裂けてアカ漏れしている部分のファイバーを削りカーボンファイバークロスをエポキシで貼り付け補修をし、スイミングデッキの木工とパテ塗りをしてくれた。私はフライホイールのカバーをebayで探しだし500ドルで買いフロリダまで飛行機で受け取りに行くことを検討している最中に、TAD社のSheriさんからメールが来てフロリダ行きの検討を中断したり右往左往の一日だった。

船底とスイミングデッキの補修（続き）

　3月20日の日中は暖かい良い天気だったが夕刻から曇り空となり冷たい西風が吹き始めた。艇の整備は昨日の続きでスイミングデッキのパテ塗り、サンダーかけ、グラスファイバークロス張り、エンジンの計器類の設置などが進んだ。18時からマリーナオフィス前のバーベキュー小屋で足立さんお手製の関西風お好み焼きをクレグさんたちと一緒にいただいた。

フライホイールのカバー

　3月21日の朝一番でTAD社のSheriさんからメールが来てフライホイールのカバーは明日22日に納入可能とのことですぐに注文した。これで大騒ぎしたトラブルもひとまずは一件落着である。引き続きスイミングデッキにサンダーをかけパ

テを塗り更にサンダーをかけ下塗り塗装までした。ハルのニス塗り部分の傷を削りパテを塗りバウステムの傷に木材を接着して補修した。旧エンジンからいくつかの部品取りをした。夕食はバーベキュー小屋でクレグさん一家とともにエッグヌードルを茹でて足立さんお手製の和風焼きそばにしていただいた。

新エンジンの設置

　3月22日（火曜日）は寒くもなく暑くもない穏やかな春らしい天気になった。スイミングデッキの上塗りをした。ハルのニス塗り部分の補修を継続した。またハルの水面下部分に船底塗料を塗った。午後にはフライホイールのカバーをFedExから受領した。YaZu yachtingのジョナサンに来てもらってうめぼしの価格査定をしてもらおうとしたが米国に輸入するのでなければ輸入税を払う必要はないのではないかということで、クルージングパーミットを延長する方向でCBPに確認してもらえることになった。夕刻から新エンジンを船内に設置しセールドライブを固定する作業を実施して今日の作業を終了した。夕食はバーベキュー小屋でご飯を炊いて牛肉ステーキと野菜炒めをいただいた。

新エンジンの設置（続き）

　3月23日は午後から雨のあいにくの天気になった。雨が降りだす前の午前中にハルのニス塗りや船底塗料の塗布、スイミングデッキの部品取り付けなどをした。午後からはエンジンとセールドライブの合体をしたがここで思わぬトラブルが発生した。セールドライブとエンジンとを固定するボルトが足りないのである。セールドライブは中古の130Ｓでエンジンは新品のD1-30なのだがその両者を接続するフライホイールカバーが欠品しそれを何とか調達したところ今度はそれをつなぐボルトが不足していることが判明したのである。足立さんがボルボペンタジャパンのホームページで確認しようとしたがわからないので夜20時（日本時間の朝9時）に日本に電話をして確認することにした。

新エンジンの設置（続き2）

　3月24日は朝から雨が降り続いた。前日足立さんが確認したところM10×60のボルトが2本必要であることがわかった。近くのハードショップはインチサイズ

636　世界一周船栗毛

しかないがウェストマリンに行くとM10×60のボルトが在庫としてあった。艇に戻ってきて再度エンジンをラチェット式ベルトで吊り上げセールドライブと高さを合わせて結合しボルトで留めた。明日の午前中には艇を海に降ろすことができそうである。

うめぼしの下架

　3月25日は雨はやんだが曇り空が続いた。朝一番からエンジンの冷却水の配管、燃料配管、電気系統接続などを行った。11時にクレーンでうめぼしを海に降ろしテンダーでビジターバースまで引っ張ってもらい係留した。その後クーラントを入れてエンジンを始動したところ一発で動きセールドライブの前進後進もスムーズに動いた。足立さんは26日の朝一番でサンフランシスコを出航する堀江謙一さんを見送るために、今晩遅くの飛行機でサンフランシスコまで行くということで15時半にはレンタカーでワシントンDCのIAD空港に向かった。足立さんの3月16日から25日まで10日間のデルタビルでの整備に感謝申し上げる。お陰様で新品のエンジンを搭載できスイミングデッキやハルの補修をすることができた。

キッチンシンク用の温水混合栓の交換

　3月26日は一日中冷たい西の強風が吹き続ける寒い一日だった。キッチンシンクで使っている温水と冷水の混合栓が壊れて清水が大量に漏れていたのでその交換に取り組んだ。まず壊れた混合栓を取り外し温水ホースと冷水ホースを外した。その混合栓を持ってハードショップに行きホースに合う接合部と混合栓をシンク台に取り付ける穴が同じものを探したがなかなかぴったりのものがない。新しい混合栓の口をホースに合わせるために3つのつなぎ部品を組み合わせてやっとつながった。シンク台の穴は少し小さかったのでドリルで穴を大きくすることでうまく収まった。新しい混合栓はうまく使えるようになったのだが今度は清水ポンプが定期的に止まったり動いたりを繰り返している。このような状態になる時は普通はどこかから清水が漏れているのだが漏れているところがなかなか見つからない。海水のアカ漏れも修復できていなかったので船底にはいつもアカが溜まっている。それをスポンジですべて汲み出してどこから清水が漏れているのかを確認しようとしたがわからない。今日は清水漏れ箇所の発見はあきらめて清水ポン

プのスイッチを切った。午後フロリダにいるはずのEliasさんが突然マリーナに現れてびっくりした。なんとフロリダからここまで直接シングルハンドで、順風に乗って帆走9ノットで5日かけて来たそうである。

清水、温水、海水系統の確認

3月27日（日曜日）はワシントンのポトマック川沿いの桜並木も満開になったそうである。デルタビルは花冷えの寒い一日だった。うめぼしの配水管には清水系と海水系がありそれぞれポンプが1つついている。清水系ポンプは間欠泉のように定期的に動いたり止まったりしているし海水系は回るが海水がなかなか出てこない。両方ともチェックが必要である。清水系は冷水部分と温水部分があり今回新品に取り替えた温水器を経由した部分は温水が出てくる。温水は100Vの陸電とエンジンのクーラントの両方で作ることができる。陸電で温水ができることは確認できた。トイレのモーターとウォシュレットは動くことが確認できた。No.1バッテリーが劣化していたものはRobさんからもらったバッテリーに交換したところうまく動いているようだ。

船底からのアカ漏れがなくなった

25日の11時にうめぼしを下架し海上に浮かべたところ以前と同じようにキールの付け根部分からじわりじわりとアカ漏れがしていた。一晩で4リットルくらい漏れ出ていた。ところが28日になって漏れが止まった。まだ止まってから数時間しか経っていないのでもう少し様子を見る必要はあるが奇跡のような話である。海水で木材が膨らんで水が止まったのだろうか。海水ポンプを分解清掃したところまた水が出るようになった。清水ポンプは分解してみたが良くならない。アマゾンで清水ポンプの同等品を58ドルで購入した。

今後の航海計画

3月29日は北西の冷たい北風が吹き続け朝の気温が－2℃と大きく冷え込みお昼になっても2℃しかない。あまりの寒さに窓を締め切り艇の中で布団にくるまって過ごした。午前中は今後の航海計画を検討した。今年はできればパナマ運河を渡って南太平洋に出たいと思っている。そこでまずは4月からAICW（Atlantic

Intra Coastal waterway）という河と運河を組み合わせた海沿いの水路を通ってフロリダまで行きたいと思っている。水路には橋げたを上げてもらったりロックの水門を通過したりといろいろな難所があるようなのでそのあたりを少し調べている。また交通標識も独特のものがある。昼食はEliasさんがラザニアを作ってごちそうしてくれた。

エンジンの最終チェック

3月30日はデルタビルボートヤードのRannieさんに艇まで来てもらってエンジンの最終チェックをしてもらった。セールドライブを船底に固定するボルトとエンジンに固定するボルトを締めエンジンを台座に固定するボルトに白いスペーサーを入れてしっかりと固定してもらった。また配管の一部がエンジンに接触している部分を2か所結束バンドで持ち上げて接触しないようにした。最後にエンジンの回転音を聞いて確認してもらった。今日は風が強いので機走確認はあきらめ明日以降にした。

クルージングパーミット

3月31日は南寄りの強風が吹き続け16時から激しい雨になった。気温は18℃と一昨日の寒さがうそのようだ。この時期の米国東海岸は天候の変化が大きく速いようでヨットでの航海には相当の注意が必要なように思われる。米国にヨットで入国し米国内をクルージングするためにはクルージングパーミットが必要になる。私の場合は2020年10月にノーフォークに入国しそこでクルージングパーミットを取得した。しかしクルージングパーミットの有効期限は1年間となっている。つまり既に有効期限切れになっている。そこでAnneさんに延長できないかCBP（Customs and Border Protection）に問い合わせてもらったが結果として延長は難しく港から港に移動するたびにCBP Form 1300という書類をCBPに提出するように言われた。そこで明日Deltaville地区担当のRichmond CBPにForm1300とDelaware船籍証とパスポートのコピーをeメールで送ろうと思っている。Form1300には次の入港地をジョージア州にあるBrunswick Landing marinaということにしている。

11 2022年の航海 *639*

クルージングパーミット（続き）

　2022年4月1日（金曜日）多くの企業で新しい年度が始まる。新卒の入社式もある。新たな思いに胸を膨らませていた頃が懐かしく思い出される。うめぼしも2014年8月に博多湾を出航してから8年近く経過した。今年度もまた新たな航海に向けて旅立ちたいと思う。CBPにメールを送ったところすぐに返事がきた。記入不足があるとの指摘で自宅住所を追記して送ったところしばらくしてクリアランスの書類が送られてきた。これでBrunswickまでは行くことができそうである。航海再開に向けていろいろなものを再確認しているが米国に入国してから1年半近くも経っていてダメになっているものもたくさんある。懐中電灯の電池も総取り換えをしたしイリジウムの電池も使えなくなっていた。途中どこかで日数がある時にアマゾンから購入する必要がある。

船外機と清水ポンプの整備

　4月2日は快晴の穏やかな天気になった。午前中にホンダの2馬力船外機BF2Dの整備をした。キャブレターを分解してチャンバー、メインジェット、メインノズルを取り出し丁寧に清掃したがエンジンが始動しない。次にガソリンをタンクから抜いて新しいガソリンを入れてみたが動かない。エンジンのスターターフルードを少し入れると少しだけ動く。もう一度キャブレターを分解清掃してみたがそれでも動かない。今日のところはそれであきらめることにした。まだまだノウハウが足りていないようである。お昼にアマゾンに発注していた清水ポンプが届いたので午後からは清水ポンプ交換に取り組んだ。最初に付属の部品を使ってホースをつないでポンプを回したところポンプの出口側から大量の水漏れが発生した。そこで手持ちの継ぎ手を使ってつなぎ替えたところ水漏れはなくなったが肝心のポンプが定期的に（15秒程度の間隔で）動くという事象は解決できなかった。どうもポンプは悪くなかったということのようである。アキュームレータタンクが悪くなっているのかもしれない。次はこれを交換してみよう。

コクピットの清掃

　4月3日も暖かな過ごしやすい天気になった。ケルヒャーの高圧洗浄機を取り出してコクピットの木肌部分の清掃をした。コクピットの木肌部分はチーク材や

マホガニー材で作られているが外気に露出しているのである程度の期間が経過すると埃や汚れが溜まってくる。それを高圧の水で一気に洗い流してしまう方法である。航海を始めるとコクピットで過ごす時間が長くなるがコクピットがきれいになると過ごしやすくなる。またオートパイロットの電源が使えるかどうかC-MAP用のスマホの電源が使えるかどうかなど航海に必要となるもろもろの確認もした。

AICWの航海予定

４月４日も暖かな風の弱い出航日和になったがアマゾンに３月21日に発注したブタンガスボンベ24本の受け取りができないので出航できない。サクラメントからFedExで陸送しているようで４日の配送予定が５日になってしまった。出航は早くても６日になりそうである。AICWはバージニア州ノーフォークからフロリダ州キーウェストまでつながっている。まずはノーフォークまで行きエリザベス川をさかのぼってAlbemarle Chesapeake Canalを通ってノースランディング川を下り次の運河の中にあるコインジョックマリーナに寄りたいと思う。次にAlbemarle湾を南下してBeaufort Docks Marinaまで行きたいと思っている。途中VHF無線のチャネル13で橋守りの人に依頼して橋を上げてもらう必要があるところがあるようだ。

バードウェルさんの来訪

４月５日も艇内で航路の検討をしているとバードウェル（Bardwell Sidney）さんが声を掛けてくれた。バードウェルさんは日本の高知県で４年間仕事をいたそうで日本語が非常に流暢である。そしてノースカロライナ州のOrientalからAICWを通ってデルタビルまできてこれからニューヨークを経由して運河を渡り五大湖まで行くということである。そこでさっそくAICWについて教えてもらった。ノーフォークからアルベマーレ湾まではAlbemarle Chesapeake CanalとDismal Swamp Canalの２つがあってDismal Swamp Canalのほうが自然が美しくお勧めとのことである。またコインジョックのステーキは世界一うまいとかRE Mayoはただで係留させてもらえて地元で取れる海老やカニを安く売ってくれるというような地元民ならではのいろいろな情報を教えてもらった。

11 2022年の航海 *641*

2022年のAICW航跡図

デルタビルからノーフォークへ

　4月5日は夜中に強い南寄りの風と大雨が降り続いた。6日の早朝には雨風ともにやみ西寄りの風が3mほど吹いていた。昨日アマゾンから荷物を受け取ったので6日は朝の5時に起きて朝食をとり出航の準備をした。あたりがかなり明るくなってきた6時34分には風速も7m程度に上がっていたが出航した。出航直後に細い水路を通っていく部分があるのだが海図の見誤りで反対方向に舵を切ったところ泥の海底に座礁してしまった。あいにく風下側に座礁したのでそのままだと風に流されて抜け出せない。スクリューを後進にして強く回したところ少し後ろに動いた。その時運良く風で艇のスターン側が風下に流されたのでバウが風上側につまり水路側に向いた。そこでスクリューを前進に入れて強く回したところゆっくり少しずつ動き出した。九死に一生を得たという思いである。その後は比較的順調に行ったが途中C-MAPを表示するスマホの電源が切れてしまった。充電より消費電力のほうが大きかったようである。予備のスマホを2台持っているので予備に取り換えて対応できた。16時20分にTidewater Marinaに係留できた。総航海距離は48海里でエンジンの稼働時間は9.8時間だった。

Tidewater Marinaにて

　4月6日の16時20分にノーフォークのTidewater Marinaに着いたらすぐに隣に係留しているEnigma号のオーナーのTomさんから声をかけられた。Tomさんはデラウェアを航海してチャールストンの自宅に帰る途中で明日はAICWを通ってコインジョックまで行くということなので一緒に連れて行ってもらうことにした。Enigma号の乗組員はTomさん、Yevさん、Chrisさんの3人だ。

ノーフォークからコインジョックへ

　4月7日は小雨が降る寒い朝だったが午後からは快晴になり南風8mほどの良い天気になった。7時10分にノーフォークのTidewater MarinaをTomさんのEnigma号と一緒に出航しエリザベス川をさかのぼって行った。最初にオープン待ちになった橋はGilmerton Highway Bridgeだ。8時15分に到着し20分ほどの待ちで通過できた。そして運河の入り口でロックに遭った。運河の横に船を仮止めすると先ほど通ってきたロックの入り口は既に閉まっている。そして5分ほど

で水面が１ｍ以上高くなった。次に出口のロックが開いて出発である。運河には他にも３つ開閉式の橋があった。コインジョックに近づくと水路の幅が3.5ｍくらいの狭いところがあってかなり緊張した。17時40分にコインジョックマリーナに到着しほっとしている。初めての場所で初めての経験でかなり疲れた。でもTomさんのおかげで大いに助かった。ステーキは美味かった。

コインジョックからアリゲーターリバーマリーナへ

４月８日は朝の６時に起きて朝食を済ませて６時45分にコインジョックマリーナを出航した。快晴無風の機走日和である。マリーナを出てすぐは細い運河だったがしばらくすると川に出て入り江になって湾になり比較的に幅の広い航路だった。アリゲーターマリーナの入り口の水深がC-MAPに出ていなくて少し緊張したが特に問題なく入港できた。出迎えは誰もなく一人で着艇し少し時間はかかったが無事に13時30分に係留が終わった。ガソリンスタンドの係りの人が一人でマリーナの受付を兼務していた。それでも電気、水道、Wi-Fi、シャワー、トイレ、洗濯機などは一通り揃っている。昨日も夕刻に雷と夕立が降ったが今日も16時頃から南東の風と共に雨が降り出した。日照による積乱雲だと思われる。16時の気温は18℃とデルタビルから少し移動しただけだがかなり暖かくなった。コインジョックからアリゲーターリバーマリーナまで32海里。

アリゲーターリバーマリーナからドウリークリークマリーナ（Dowry Creek Marina）へ

４月９日は朝の６時に起きて朝食を済ませて出航準備をしている時にEnigma号のYevさんからメールが来て７時に出航するということになった。朝の気温は９℃無風曇りである。マリーナを出てすぐアリゲーターリバーブリッジの中央部分まで行き橋が開くのを待った。７時22分に橋が開き無事に通過することができた。８時過ぎ頃から西南西の風が吹き始めしばらくすると風速８ｍから10ｍに吹き上がってきたのでジブセールを３分の１ほど開いて機帆走に切り替えた。11時には細い運河に入り湿地帯が広がる周りの自然を楽しみたいと思っていたが相変わらず10ｍ前後の風が正面から吹き付け気温も13℃前後しかなく寒さに耐えるのに精一杯だった。長い運河を15時半頃に抜けてドウリークリークマリーナに17時

過ぎに到着した。マリーナの従業員が総出で出迎えてくれた。燃料の軽油も艇までホースを伸ばしてもらい15ガロン（57リットルくらい）を給油してもらった。44海里10時間平均4.4ノット。

ドウリークリークマリーナでのその後

マリーナのレストランは休業中ということでマリーナ従業員に車で送ってもらってすぐ近くのベルヘブンという町の海鮮料理店Fish Hooks Caféに行ったところTomさんたち３名とばったり会った。帰りにはTomさん運転する車でFood Lionという大きなスーパーマーケットによって食材を仕入れることができた。

ドウリークリークマリーナからPamlico River運河のGale Creekまで

４月10日の朝は快晴だが気温６℃と冷え込み西寄りの風が10mほど吹いている。６時半に起きてゆっくり朝食をとっているとEnigma号のTomさんから８時に出航すると言われた。大急ぎで防寒対策と出航準備をして８時過ぎに出航した。昨夜の夢の中では強風なので今日は１日マリーナの中で風待ちをする予定だったのにびっくりである。出航してから１時間半ほどは真正面から10m以上の風を受けEnigma号は２GMのエンジンなので2.5ノットしか出ない。進路が南向きに変わるとセールを張れるので一気にスピードが上がり５ノット強で軽快に走った。Pamlico River運河を通って出口付近に来た時にTomさんからこの先も風が強く航海が厳しいので今日はここでアンカーリングすると言われた。確かにここは周りを陸に囲まれていて水深2.5mなのでアンカーリングには最適な場所だと思われる。14時10分にアンカーリングを完了させてエンジンを止めた。再度エンジンをチェックして見たところセールドライブのオイルが白濁していた。エンジンオイルの量も少し減っていたのでエンジンオイルを追加しセールドライブのオイルも蓋いっぱいまで入れてしばらく様子を見たいと思う。

Gale Creekからモアヘッドシティへ

４月11日は朝の５時に起きて朝食をとり出航準備をした。６時15分夜明け前のあたりがやっと見え始める頃に出航した。朝は快晴無風だったがしばらくすると西南西の風が８mほど吹き出し向かい風での機走が多くなった。11時頃から運河

に入り15時にモアヘッドシティの小さな係留施設に係留した。 9時間40海里の航海だった。着艇してすぐにセールドライブのオイルを確認したところ蓋を開けるとオイルが少しこぼれてきた。多分温度が少し上がって油が膨張していたのではないかと思われる。白濁の度合いは昨日とそれほど変わっていないように見えた。しばらくは毎日チェックをして様子を見たいと思う。昨日のアンカーリングの際にYevさんがバウで水深を測るためにスマホを操作していて誤ってスマホを海に落としてしまったということで町のベストバイまで買い物に行った。夕食は隣のレストランで生牡蠣とシーフードパスタをいただいた。

モアヘッドシティからCaspers Marinaへ

　4月12日は晴れ時々曇り気温18℃南西の風がやや強い予想だ。ここまでのＡＩＣＷは内陸部の湿地帯を通るルートだったがこれからは海岸沿いを進むことになり周りの景色も異なるものになることだろう。Enigma号のTomさんのおかげで安心して航海できる。特にマリーナに入港する時が安心なのが最高である。今日はEnigma号のエンジンをチェックするために午前中は係留施設でエンジンのエンジニアが来るのを待った。診断の結果航海は無理だということになりここに艇を１週間置いて修理をすることになった。彼らは車でチャールストンまで行くと言う。そこで私が誰かうめぼしに一緒に乗って行ってもらえないかとたずねたところYevさんが一緒に乗ってくれることになった。11時50分にモアヘッドシティを出航し16時30分にスワンズボロというところのCaspers Marinaに到着した。強風で係留に手間取ったがYevさんのおかげでうまく係留できた。モアヘッドシティからCaspers Marinaまで22海里。

Caspers MarinaからCarolina Beach Marinaへ

　4月13日は朝の６時30分に出港し18時にCarolina Beach Marinaに到着した。出港時の天気は晴れ南西の風５ｍ前後だった。 ８時30分に第一の橋に着いて35分に通過した。午後になると南西の風が10mから12mくらいに吹き上がってきた。14時30分に第二の橋を通過した。15時27分に第三の橋の前に着いたがこれまでは30分ごとに要請によって開く橋だったが第三の橋は１時間に１回しか開かない橋だった。そこでやむなく16時まで橋の手前で待ち開くのを待って通過した。モア

ヘッドシティまでの航海は少しだが内陸の湿地帯の水路や運河を通る航海で、水の色はこげ茶色で水辺には水生の木や草が生い茂っていて多くの野鳥の声が聞こえてくる自然豊かな景色だったが、今日の航海では水の色は透明で白い砂浜がありプライベート桟橋付きの豪華な邸宅が数十キロにわたって続いていた。多くの人がマリンレジャーを楽しんでおられるように思う。11時間半で57海里の航海。

Carolina Beach MarinaからCricket Cove Marinaへ

4月14日は朝の6時に起きて7時にCarolina Beach Marinaを出港した。天気は曇り南寄りの風が5mから7mくらい吹いている。昨日に引き続き海沿いの水路を約2000rpmで機走する。海沿いなので潮の干満の影響を受ける。8時が干潮で14時半が満潮である。ケープフィア川を追い潮に乗って7ノット強で下ることができた。午後になってからYevさんに今日係留するマリーナを探してもらう。昨日予定していたマリーナに連絡すると17時でクローズするということで間に合いそうもない。もう少し近くのマリーナを探すがどれも満杯で入れない。やむを得ずCricket Cove Marinaというプライベートマリーナに無理やりお願いをして15時過ぎに係留させてもらうことができた。約8時間で43.5海里の航海だった。Yevさんに乗ってもらえるチャールストンまであと110海里である。

Cricket Cove Marinaからノースサンティー近くにアンカーリングするまで

4月15日は朝の5時半に起きて朝食をとり6時半に出港した。天気は快晴軽風だったがしばらくすると東寄りの風が吹き始め8mから10mの風が吹き続けた。6時45分に第一番目の橋を通過した。7時44分に第二の橋を10分待ちで通過した。航路はワカモウ自然保護区の中を通っており水際まで緑の林が迫り水鳥が飛び交う自然豊かな水路が続いた。10時20分に第三の橋を待ちなしで通過できた。今回の航海で初めての東風となり追い風を受けて6ノット近い艇速もあった。12時10分頃からワカモウ川の流れが追い潮になり7ノット前後の速度で快走した。17時40分にノースサンティー近くのアンカーリングポイントにアンカーリングすることができた。11時間強の航海で距離は62海里だった。アンカーリングをした後に清水ポンプが止まらないトラブルについてYevさんと共に原因究明をした。一つ

一つ水漏れする可能性があるところをチェックしていった。最後に残ったスターンのシャワーから水漏れしていることがわかった。Yevさんのおかげで解明できた。論理的思考力が劣ってきていることを実感した次第である。チャールストンまで残り48海里である。

アンカーリングポイントからチャールストンまで

4月16日は朝の5時半に起きて朝食をとり6時半にアンカーを上げて出発した。天気は曇りで風は微風である。海沿いの湿地帯の中のクリークや川や運河を通り抜けていく。気温が上がってきたこともあるのだろうかたくさんの種類の虫が飛び交っている。コクピットの中にも小さなハエのような虫が飛び交って露出した肌に止まってチクリと刺してくる。エンジンは2000rpmで艇速は5.4ノット程度だが潮の影響で5ノットから7ノットの間で常に変化している。14時に開いた橋を通過してチャールストンのCooper River MarinaのTomさんのバースに15時半に到着した。9時間で48海里の航海だった。Yevさんは出迎えてくれたTomさんの車でTomさんの自宅に向かわれた。YevさんTomさんにはノーフォークからチャールストンまで本当にお世話になった。

チャールストンにて

4月17日（日曜日）は朝からチャールストンのダウンタウンに観光に出かけた。キングストリートを南に下り次にミーティングストリートを北上してt-mobileショップでSIMを購入しビジターセンターに寄りイエローキャブを呼んでマリーナに帰ってきた。14時にTomさんが車でマリーナまで迎えに来てくれてTomさんの自宅まで連れて行ってもらった。イースターパーティーに招待していただいた。参加者はTomさんと奥さんのAlisonnさん、Alisonnさんのお姉さんのBrendaさんとご主人のCliffさん、YevさんとChrisさんに私を加えて7名だ。そしてまたTomさんとYevさんに車でマリーナまで送り届けてもらい見送っていただいた。TomさんYevさんには本当にお世話になった。

チャールストンにて（続き）

4月18日は低気圧が通過するのに伴い一日中雨の予報だったこともあり艇内で

Tomさん宅にて（左からTomさん、Chrisさん、Yevさん、Cliffさん、Alisonnさん、Brendaさん）

ゆっくり休養を取ることにした。6日にデルタビルを出発してからチャールストンに到着するまでほとんど休みを取ることなく移動してきたのでこの機会に身の回りの整理や今後の航海計画などを検討した。ここからブランズウィックまでは直線距離にして約130海里だが運河を通っていくと180海里ほどの距離になる。途中に依頼をして開いてもらわないと通れない開閉式の橋が3か所ある。毎日50海里進むとしても4日間くらいはかかりそうである。手ごろな位置にマリーナがない場合もあるのでアンカーリングの場所も検討が必要である。これまではこれらの作業をすべてYevさんがやってくれていた。これからはすべて自分でやる必要があり入念な事前準備が求められる。セールドライブのオイルを3日前に交換したがやはりかなり白濁している。これからも毎日チェックが必要である。

チャールストンからブランズウィックまで

4月19日はICWを通ってブランズウィックまで行く計画を変更してチャールストンからすぐに外洋に出て直接ブランズウィックまで行くことにした。というのも19日と20日は比較的穏やかな追い風の予報になっており尚かつ直接行けば翌日にはブランズウィックに到着できると考えたからだ。確かに初日は朝は北からの風が10m前後吹いていたが11時頃には風が収まり無風から3mくらいの追い風が吹き続けた。夕刻にはビールを片手に20時の日の入りの写真を撮ったり20時40

分にはエンジンを切ってセーリングをしながらのんびりと過ごせた。しかしその後結構大変な航海になってしまった。

チャールストンからブランズウィックまで（続き）

　4月19日の朝は快晴北風10mで6時半にCooper River Marinaを出航したが外洋に出たのは8時50分だった。港の出入り口は結構細長くて風が強い時は走りにくいものである。10海里程度だったが結構時間がかかった。不注意による間違いはこの時に始まった。ここからブランズウィックの入り口にあるセイントシモンズアイランドまでの距離を調べたところ124海里と出たのだ。この日の22時には残り60海里で翌日午前中には余裕で到着できると考えていた。しかしチャールストンと同じようにブランズウィックも外洋に出る通路は結構長いということに気が付いたのだ。いろいろ検討すると悪環境が重なると夕刻までに到着できないのではないかと思い始めた。そこで23時過ぎにエンジンを始動して真っ暗闇の海を走り始めた。沿岸地帯なのでウォッチは必須である。徹夜でウォッチをしているが昨夜のビールの影響もあってか睡魔が襲ってくる。20日午前10時15分に外洋からの入り口に到着し12時40分にブランズウィックランディングマリーナに係留できた。総距離152海里。外洋からの入り口からマリーナまで13海里ほどあり2時間半くらいかかった。

ブランズウィックにて

　4月21日の朝は昨夜からの爆睡の後で鳥の鳴き声とともに心地よく目覚めた。北緯31度9分のブランズウィックは日本でいうと鹿児島県の薩摩半島の最南端の長崎鼻辺りと同じで周りにいる人は皆さん半そで半ズボンで既に真夏の雰囲気を醸し出している。布団も薄い羽毛布団1枚で十分だ。昨日ブランズウィックのCBPに電話をしたところ到着報告は電話で良いとのことでまたバハマへの出国手続きも書類などは一切不要とのことでいつでも好きな時に出国して良いと言われた。但し米国のクルージングパーミットの延長はできないようでこれ以上米国内を移動することもあきらめざるを得ない感じだった。そういうことでここから米国を出国しバハマへ行くことにしようと思う。午前中にバハマへのルートや入国手続きを検討した結果グランドバハマ島のフリーポートに行こうと思う。330海

里だ。グランドバハマヨットクラブで入国手続きもできるようだ。

ブランズウィックにて（続き）

　4月22日は昨日挑戦した船外機の修理の続きだ。バハマではアンカーリングの機会が増えるはずなのでテンダーと船外機が必須である。再度キャブレターを分解清掃してシリンダーヘッドのプラグの清掃を念入りにした。それでもだめだ。やむを得ずブランズウィックボートヤードまで行き技術者1時間95ドルの注文書にサインをして修理を依頼した。午後13時に技術者が来て船外機をボートヤードまで持って帰りスパークが出ているか確認して始動したところ何も修理していないのに動いた。それですぐにうめぼしに船外機を持ち帰って終わりになったのだがその後自分で確認しても動かない。やむを得ず電話をして再度技術者にうめぼしまで来てもらいチェックしてもらったところチョークの設定位置とアクセルの設定位置により動くようである。技術者は動くから良いだろうという感じで帰ってしまった。多少不安が残る展開だがこれ以上いろいろ言うのもどうかという思いで本日は終了にした。バハマに着いてからまたトライしよう。

うめぼし航行状況　ブランズウィック〜バハマ

　ブランズウィックから南南東約330海里のバハマのフリーポートにあるグランドバハマヨットクラブへ向かいます。東風なのでしばらくは機帆走のようです。

　4月23日18時、快晴、現在位置は出発地ブランズウィックの南南東約35海里。ほぼ進行方向からの順風で機帆走していると思います。1mのうねりで少し船酔いのようです。

　24日18時、晴れ、現在位置は出発地ブランズウィックの南南東約130海里。今回の航程の40％を消化したところ。ディズニーワールドがあるフロリダ州オーランドの東、デイトナ24時間レースで有名なデイトナビーチの沖合30海里を南南東へ航行中です。風が安定しないようです。

　25日18時、晴れ、現在位置は出発地ブランズウィックの南南東約200海里、目的地フリーポート北北西130海里で今回の航程の60％を消化したところ。昔、巨人軍がキャンプしていたベロビーチの沖合を南南東へ航行中です。フロリダ半島東岸沿いを2ノット以上の速さで幅30海里の川のように北上するメキシコ湾流に

行く手を阻まれているようです。

　26日18時、現在位置は出発地ブランズウィックの南南東約280海里、目的地フリーポートの北西60海里で今回の航程の80％強を消化したところ。４時半から17時半の間エンジン2000rpmで機走して、北向き２ノット以上で流れるメキシコ湾流を横断し終えたようです。晴れで海況おだやかそうなので明日には目的地フリーポートへ到着すると思います。〈宮原〉

ブランズウィックからバハマのフリーポートへ

　４月23日の朝６時半にブランズウィックのマリーナを出航し27日の10時30分にバハマのフリーポートにあるグランドバハマヨットクラブにもやいを取ることができた。４日間と４時間（100時間）で実走行距離385海里の航海だった。お陰様で途中は風速４〜10m、特に５〜６ｍが多く海面の波も１ｍ以下でそれほど高くもなく穏やかな天候に恵まれた。それでもいろいろな想定外のことがあった。１つ目は風に対して上がり角度の調整が難しかったことだ。１つ目の航跡図のＺ形になっている部分だが風に対してうまく調整すれば60度くらいの角度で上れるのだがそれがなかなかできない。それでもうめぼしはタックして風上に向かうことはほとんど不可能だということが再認識できた。２つ目は２つ目の航跡図のＺ形になっている部分だ。湾岸流は強いので注意が必要だということは何度も言われて確認もしてきたのだが今回の出航前の確認ではそれが漏れていたのだ。湾岸流に入って初めてこれは大変だと気付いたのだ。真夜中だったこともあるが元の場所に戻るのに３時間以上機走した。そこで宮原さんに湾岸流の情報を教えてもらい早めに横断することができた。他にも３年ぶりの外洋航海で艇内はいろいろなことが起こったがまたの機会に記載したいと思う。

バハマのフリーポートのグランドバハマヨットクラブにて

　４月27日の朝の10時半にグランドバハマヨットクラブのマリーナに到着しすぐにマリーナオフィスに行くとマリーナスタッフがマリーナ係留手続きの前に入国手続きの対応をしてくれた。ここで問題が起きた。バハマ入国のためにはPCR検査の陰性証明書が必要だったのである。私はそれを取っていなかったのだ。そこでマリーナスタッフのフェビアンさんが車でLucayan Medical Centerまで連れ

て行ってくれてPCR検査を受けさせてくれた。30分ほどして検査結果が陰性だったということでカスタムとイミグレーションの手続きがうまく進んだ。その後バハマのSIMを買いたいと言ったところフェビアンさんがボートで対岸のポートルカヤマーケットプレイスにあるSIMショップまで連れて行ってくれた。フェビアンさんを紹介してくれた山中さんに感謝だ。お世話になったグランドバハマヨットクラブだが風の具合から明日の朝6時半にナッソーに向けて出航したいと思っている。

フリーポートのグランドバハマヨットクラブからナッソーへ

4月28日の朝6時半にフリーポートのグランドバハマヨットクラブを出港した。快晴南5mの中機帆走1900rpmで走った。8時頃に海面も穏やかだし機帆走なので走りも安定しているので久しぶりにトローリングでもしてみようとリールをセットしルアーを付けて流してみた。幸いにも1時間ほどして大物が食いついた。いつも逃げられてしまうので今回は慎重にゆっくり巻き取り尚かつ飛び跳ねなくなるまで待った。9時半頃にボートフックを使ってエラに引っ掛けて何とかコクピットまで引き上げた。ところが9時50分頃に突然エンジンがスローダウンした。てっきりプロペラに何か巻き付いたのではないかと思いすぐにギアをニュートラルにしてペラルックからプロペラを確認するが何も見えない。そこでもう一度ギアを入れて1900rpmで走ってみたところ2分くらいでまた同じ症状が出た。何かわからないがセールドライブに大きな負荷がかかってエンジンがスローダウンしているようだ。ここでエンジンを止めてしばらく冷却期間を設けることにした。ちょうど釣れた136cmのシイラをさばく必要がありこれをさばいた後セールドライブのギアオイルを1.8リットル交換して12時30分頃に再度エンジンを始動して1300rpmで1時間走りその後1500rpmで24時間走ることができた。ナッソーのベイストリートマリーナに着くと大型モーターボートばかりでヨットがあまりいないのでマリーナの前にアンカーリングして様子を見ることにした。今晩はここでゆっくり過ごしたいと思う。119海里31時間の航海で、エンジンは28時間稼働だった。ベイストリートマリーナのすぐそばに13時30分にアンカーリングした。水深2mでアンカーチェーン10m程度である。潮流は変わらないものだと思っていたが6時間で逆になった。20mくらい移動している。

ナッソー散策

　4月30日朝ゆっくり食事をして8時過ぎにコクピットに出てみると周りのヨットの位置が昨晩と少し異なっている。GPSマップを見ると40m以上北西に移動している。しばらく様子を見ると今も少しずつ流されている。潮流が反転してアンカーが外れてしまったようである。風下のヨットに数メートルまで近づいてきたのでエンジンをかけて南東に数十メートル移動して再度アンカーリングをした。9時頃からテンダーに空気を入れ始めたがエアポンプの圧力が弱くなっていてなかなか膨らまない。それでも10時半頃にはどうにか膨らみテンダーを降ろしてエンジンを載せた。エンジンは幸いにもすぐに動いた。11時にベイストリートマリーナのテンダードックに係留し係留料10ドルを払って町に出かけた。町中を一通り散策してスーパーマーケットで買い物をして13時半にうめぼしに戻ってきた。うめぼしに着く直前に突然エンジンがストップした。まだ調子は今一歩のようである。

ナッソーの艇内で

　5月1日（日曜日）はナッソーのハーバー内にアンカーリングした艇内でゆっくり過ごした。新しく買った2台のオートパイロットのうちの1台は既に250時間くらい稼働している。分解清掃をしてよく頑張ってくれたことに感謝した。海水ポンプも水を吸い上げなくなっていたので取り外した清水ポンプに取り替えたところ海水をくみ上げてくれるようになった。これで食器洗いなどを丁寧に行うことができる。また今後の航海ルートも検討した。エグズーマ諸島の西岸を通りロングアイランド、クルック島を経由してイナグア島で出国してサンチャゴデクーバに向かいたいと思う。イナグア島までは東に向かうので風に向かって行くことが多くなりエンジンに頼る機会も多いと思われる。そこでナッソーに滞在中にセールドライブの上架整備ができないか検討中である。

ナッソーハーバーでのセールドライブの修理手配

　5月2日もナッソーハーバー内にアンカーリングした艇内でゆっくり過ごした。セールドライブの修理対応を打診した2か所のうちBrown's Boat Basinからはすぐに反応がありWhatsAppをつないで対応をしてくれた。マリーナでは上架

はできるが技術者はいないということで近くのCompass Power社を紹介してくれた。ここで部品の手配と修理対応が可能なようである。しかし部品の納期などについてはまだ返事がない。バハマの首都とは言えVolvoの修理対応となるとかなりハードルが高いようである。潮汐により東向きと西向きに定期的に流れが変わるので注意が必要だ。

ナッソーにて

5月3日は再度テンダーを降ろしてベイストリートマリーナのテンダードックまで船外機で2往復走った。船外機はエンジンをスタートさせてからしばらくアイドリング状態で慣らし運転すると調子が良くなるようだ。コインランドリーで洗濯をして待ち時間に床屋で散髪してもらった。その後Brown's Boat Basinのオフィスを訪問して社長のRobert Brownさんと打ち合わせをした。修理に必要となる保守パーツである軸シールとOリングの納期についてCompass Power社の人に確認してくれることになった。その後ナッソーで旅行会社を経営されているYuri Boggsさんのオフィスを訪問したところお忙しい折にもかかわらず突然の訪問に丁寧に対応していただき、また貴重な現地情報をたくさん教えていただいた。セールドライブの修理についての見通しは現時点ではまだ何もわからない状況である。もうしばらくはナッソーに滞在することになりそうだ。

ナッソーハーバー内のアンカーリング

5月4日は早朝から雷鳴が響き渡り8時頃から突風とともに激しい雨が降り出した。アンカーリングしているうめぼしは突風に煽られて北東方面に30m以上流されたがうまく止まってくれた。しかしその後半日間の軌跡を確認するとアンカーが流れたのではなく20mくらい長めに出していたチェーンの分だけ流されただけだったようでアンカーが流れたと思ったのは私の杞憂だった。午後からは太陽も出て天気になってきたので昨日横田先輩から教えていただいた船外機の点検清掃をした。ガソリンタンクを取り外しタンクの底に付いている燃料フィルターを確認した。プロペラのギアオイルは8年間一度も確認していなかったが透明なオイルがちゃんと入っていた。エンジンオイルが少なめだったので20ミリリットルくらい補給した。

11 2022年の航海 ∫ 655

セールドライブの修理について

　5月2日にBrown's Boat BasinのRobert Brownさんに上架してもらえることがわかり、次のステップとして部品手配と修理をCompass Power社にお願いしたつもりだったがうまくいかず6日になってもまだ部品発注すらされていないことがわかった。足立社長とも相談して軸シールとOリングを日本から送ってもらいその交換作業は自分ですることにした。FedExで送ると12日には到着するようなので来週中には作業完了できるのではないかという見通しを得ることができた。海外では言葉も通じず文化も異なることから今回のようなコミュニケーションミスがままあるがすべては頼んだ自分に責任があると言い聞かせている。

ナッソーヨットクラブ

　5月7日はテンダーで上陸して海沿いのEast Bay Streetを東に向けて2kmほど行ったところにあるナッソーヨットクラブを訪問してきた。ここも多くのヨットクラブがそうであるようにメンバー以外は立ち入り禁止ということだったが、日本から来たビジターだと言うと快く入れてくれた。日頃はOPディンギーを中心に活動しているようで今日も数艇のピカピカの新艇が出艇準備をしていた。

アンカーの走錨

　5月8日は日曜日だが天気予報では一日中雨の予報になっていたので艇内で過ごすことにした。というのもこちらの雨はスコールのように急に風雨が強まったり風向きも頻繁に変わるのでアンカーの走錨に注意が必要だからだ。昨日7日も午前中は良い天気だったが15時から激しい雷雨になり16時頃に突風に煽られてうめぼしが走錨したのだ。雷雨の中エンジンを始動し風下の艇にぶつからないように風上に向けて少し走って流されないようにした。幸い10分ほどで風雨も収まりアンカーも止まったようである。雨でずぶ濡れにはなったが大事に至らずに済んだ。今日も12時前に雨と突風がきた。周りの様子を見ているとまさにうめぼしのすぐ横にアンカーリングしていた艇が東側に50mほど流されて何とか止まったようだが乗組員は乗っておらず近くのカタマランの乗組員がテンダーで駆けつけてアンカーのチェックをしたりしていた。そもそもここは海水が透明で海底の白いきれいな砂がはっきり見えるので海底は泥ではなく砂だと思われそのためアンカ

656　世界一周船栗毛

ーのかかりが悪いのかもしれない。うめぼしのアンカーチェーンは水深３ｍに対して35ｍ出している。それでも流されるのだから注意が必要である。

水深計

　５月９日はめずらしく北寄りの穏やかな風が吹き空も雲が多く時折パラパラと雨が降るような天気だった。いつも使っているFUSOのNF-882というGPSマップの水深計の表示が米国に着いてから表示されなくなった。やはり実際の水深を把握できないことはアンカーリングをする際などに不便だ。そこで昨年アマゾンで大漁くんデラックスという魚探を3900円で購入して日本から持ってきた。振動子を台所付近のアクセスしやすいハルの底にエポキシ接着剤で貼り付けペットボトルで手作りのインナーハル収容器を作ってみた。しかし残念ながら不凍液を注入したところほんの少しだが漏れてきた。それでも不凍液なしで測定してみると2.6ｍという表示が出てきた。

バハマ滞在期間の延長手続きなど

　５月10日は昨日に引き続き北寄りの弱い風が吹き空は晴れの良い天気になった。朝からテンダーを降ろして上陸しBrown's Boat Basinの事務所まで行って社長のRobertさんと上架の日時や方法、またセールドライブの修理手順や所要時間などの打ち合わせを行った。当方からはセールドライブの部品から軸シールを取り外す時に必要となる油圧プレスを借りることができないか打診をしたところ協力するという返事をもらうことができた。Robertさんは潮流も気にかけていて13日は12時過ぎが干潮だと確認していた。その後イミグレーションの事務所まで行って５月17日までになっていた出国期限を２週間延ばしてもらった。足立社長に無理を言って９日朝に岡山のFedEx事務所まで持ち込んでもらった保守部品が今日10日の午後にはナッソーに届いていて税関の審査待ちになっていた。ボグスユリさんの協力を得ながらできるだけ早く受け取れるようにしたいと思う。

ナッソーの気候

　５月11日も艇内でゆっくり過ごした。５月上旬のナッソーは暑くもなく寒くもなくとても過ごしやすい気候である。時々雷雨が来ることはあるが雨の時間とい

う意味ではそれほど長くはなく全体的には晴れの良い天気に恵まれている。また蚊やハエのような虫も比較的少なく蚊取り線香も不要だ。4月16日に米国のICWを航海している時は湿地帯に無数の小さな虫がいて蚊取り線香を焚いても甲斐なく露出部分を虫に刺されて痛かったことが思い起こされる。それに比べると何と過ごしやすいことだろう。今日もジブセールの補修をしたり雨漏れカバーを止めるマジックテープの傷んだところを日本から持ってきたタッカーを使って補修したりした。ホンダ2馬力船外機BF2Dはその後は一発で始動するようにはなったが急にアクセルを上げるとプスプスと止まってしまう。しかし普通にゆっくり走っている間はかなり安定して動くようになった。AISの情報も接続ケーブルを取り替えてパソコンで見ることができるようになった。

セールドライブの修理手配

5月12日は穏やかな天候だ。安心して艇から離れることができる。朝一番でボグスユリさんの事務所に行った。というのも前日夕刻にFedExのトラッキングシステムに「通関のためにインボイスに送り主のサインが必要」というメッセージが表示されたためである。すぐに足立ヨット造船に確認したところ間違いなくサインをしたとのことでインボイスのどこが不都合なのかメッセージからは読み取れない。そこでボグスユリさんにお願いしてFedExに電話をして解決策を探ってもらうためである。結果はインボイスの写しと私のパスポートの写しそして税関のシステムへの登録承認の手続きをすればOKとなり明日昼頃に受け取ることができるようになった。その後Brown's Boat BasinのRobertさんの事務所に行って打ち合わせをした。その結果明日の朝8時に上架してもらえることになった。金曜日の朝に上架して月曜日の朝に下架する予定である。3日間かけてゆっくり整備することができそうだ。

艇の上架とプロペラの取り外し

5月13日（金曜日）の朝の7時は穏やかな南東の風が吹いているが潮流が西向きにかなり（1ノット以上？）流れている。7時半からアンカーを上げ始めたのだが潮に流され上げ終わる前に近くにアンカーリングしている艇にぶつかりそうになったのでアンカーをぶら下げたまましばらく機走して離れてからアンカーを

上げ終わった。わずか1海里の距離だが3ノット以下の速度で西向きに機走してちょうど8時にBrown's Boat Basinの桟橋に到着した。複数のメンバーが待ち構えてくれていてもやいを取ってくれた。8時20分に上架が終わった途端に嵐が来て大雨になった。30分ほどで止むのだがこの嵐が午前中に更に2回来た。嵐の吹き出しの時は上架している艇が揺れるほどの突風になる。上架していても恐怖を感じるほどである。さっそくセールドライブのオイルを抜いてプロペラと胴体と軸シールカバーを取り外した。ここまでできたのは足立社長に送っていただいた手順書のおかげである。足立社長のサポートは絶大だ。

セールドライブの保守完了

　5月13日の午後はRobertさんに助けてもらいながらオイルシール交換に取り組んだ。200年前のプレス機とぴったり合うスペーサーを使って軸シールを取り出し新しい軸シールを押し込んだ。

　そしてセールドライブに組み込み最後に上からエンジンオイルを注入して保守作業は終了した。後は下架して実際に走ってみて確認するだけである。13日の夜は嵐と激しい雨が続いた。ちょうど都合よく上架していたので安心して眠ることができたがアンカーリングしたままであれば相当不安だったと思う。14日は午前中にコインランドリーでの洗濯やエンジンオイル購入などをして午後からは近くのレストランLatitudesでボグスユリさんにお付き合いいただいて、ゆっくりとブランチをいただいた。

船底塗装ほか

　5月15日は午前中良い天気だったので余っていた船底塗料を引っ張り出して一応全体を1回塗った。動かなくなっていたレーダーのアンテナカバーを外して確認したところ動くようになった。一応ギア部分に少しオイルを入れておいた。組み上げていたプロペラを再度分解してついでにジンクも交換してボルトを水中コーキング材を使いながら緩まないように固く固定した。もちろんゆるみ止めワッシャーも固く折り曲げた。ソーラーパネルのコントローラーの1台のチャージ電流がゼロになっていたのでパネル関連の配線チェックをしたが特に悪いところは見当たらない。8年間使ってきたのでそろそろパネルも替え時かもしれない。

社長のロバートブラウンさんと200年前の手動プレス機

うめぼし航行状況　ナッソー出航

　5月16日増田さんからeメールでナッソー出港予定の知らせが届きました。目的地はクルッキド島のピッツタウンポイントの港です。「安全第一を心掛けてナッソーで上架整備をしました。上架している時は安心して過ごすことができます。うまく良くなったかどうかは走ってみないとわかりません。この後の航海ですが当初はエグズーマ諸島の西岸をゆっくりアンカーリングしながら航海しようと思っていましたが、今後2日間の風の予報は南または南西になっています。そこで予定を変更して直接クルッキド島に行こうかと思っています。エグズーマ諸島の東側を通るルートで215海里、4ノットで54時間です。北端にあるピッツタウンポイントの港を目指しています。」とのこと。その後、LINEで5月16日8時20分に出航しました。南風5mくらい。機帆走しています、とのこと。〈宮原〉

うめぼし航行状況　ナッソー～クルッキド島

　16日18時、現在位置は出発地ナッソーの東南東約45海里、目的地クルッキド島の北西140海里で今回の航程の約25％消化。14時に嵐。Windy.comの予報によれば風は東～南の軽風が数日続きそうです。

　17日18時、現在位置は出発地ナッソーの南東約115海里、目的地クルッキド島の北西125海里で今回の航程の中間点あたり。6時にギアオイル点検してOK。風が南東6m/sで真向かいから吹いているのでセールを降ろしてずっと機走を続けています。

　18日18時、現在位置は出発地ナッソーの南東約145海里、目的地クルッキド島の西北西105海里で今回の航程の約60％消化。ギアオイル点検OK。波静か。17時半にエンジンを停止しアビームで帆走中です。〈宮原〉

ナッソーからクルッキド島まで

　5月16日の朝の8時から艇を下架して8時半にはナッソーを出港した。19日の10時半にクルッキド島の北端のマリーナにもやいを取ることができた。74時間で259海里走った。全体的に風が弱く機走することが多くなった。機走時間は16日が6時間40分（1500rpm）、17日が14時間（1700rpm）、18日が10時間40分（1400rpm）、19日が4時間20分（1400rpm）である。17日が終わった時まではギアオイルは透明だったが18日が終わった時点で真っ白になっていた。前回デルタビルを出港した時も出港後40時間ほどで白濁化に気づいたので似たような感じである。せっかくのナッソーでの上架整備だったがうまく良くはならなかったようだ。これからも毎日オイルの様子を確認しながら走りたいと思う。今回の航海は予想に反して風が無風か向かい風が多かったのでほとんどの行程が機走になった。また18日夜の帆走がうまくいかずに行程が予想より延びた。代わりにうねりはほとんどなく穏やかな海面だった。

クルッキド島を出港

　5月19日は到着してすぐにマリーナ事務所で係留手続きをした。係留料1泊114USドル、今のレート127円で換算すると1万4500円となり多分過去最高ではないだろうか。軽油40リットル87USドル、単価276円だ。でもマリーナのスタッ

フは近くのスーパーマーケットまで車で連れて行ってくれたり皆さんとても親切である。マリーナはまだ建設途中ということでサービス施設は何もないが結構大型のモーターボートが入ってきている。地元ではそれなりに隠れた人気施設のようにも見える。そういうことでびんぼう症のうめぼしは20日の朝7時にここクルッキド島のピッツタウンポイントを出港してグレートイナグア島のマシュータウンに向かおうと思う。

うめぼし航行状況　クルッキド島～グレートイグアナ島

　5月20日6時40分、LINEでクルッキド島のピッツタウンポイント出港の知らせが届きました。7時20分から帆走します。東4m、クォーター。目的地はクルッキド島の南南東115海里にあるグレートイグアナ島のマシュータウンです。

　5月20日18時、第一レグ10時40分通過。第二レグ17時通過。1450rpm機帆走、第三レグ機帆走中。東南東5m、波静か、とのこと。現在位置は出発地クルッキド島の南約45海里、東南東の軽風にタックしながら機帆走で進んでいるようです。

〈宮原〉

クルッキド島からグレートイナグア島のマシュータウンまで

　5月20日の朝の6時40分にクルッキド島を出港して5月21日の11時40分にグレートイナグア島のマシュータウンドックに無事にもやいを取ることができた。126海里29時間の航海だった。進路188度の第一レグ18海里は東の風5m前後でアビームより少し下り気味で快適な帆走だった。進路174度の第二レグ26海里は5mの風が少し南に振れたのか上りギリギリで機帆走になった。進路152度の第三レグ80海里は東の風5mで機帆走を続けた。その後22時前に風が強くなり東10m前後吹き出したのでエンジンを止めて帆走に切り替えた。21日の4時40分に風が南に振れ上れなくなったのでエンジンを始動してジブを巻き取り機走にした。多分東南東の風8mくらいではないかと思う。その後また風が東寄りに振れたので9時15分にジブセールを出して機帆走にした。第一第二レグは波も穏やかだったが第三レグは9m前後の風で波も1m弱出てまた船酔い状態になった。東向き航海は今回で最後になるので今後しばらくの間はエンジンを使う機会も少なくなると思う。

マシュータウンにて

　5月22日の朝はゆっくりと過ごした。午前中に昨日もやいを取ってもらった隣のバースのMandyさんとJohnさんが艇Nansheをバースから岸壁に移動しようとしていたので少し手伝いをした。岸壁に移動したのは清水を補給するためだがドックマスターのジョージさんが13時まで来ないということで待ち時間に一緒に散歩に連れて行ってもらった。途中いろいろ話をする中でバハマからの出国手続きをする必要があると言ったらイミグレーションとカスタムの担当者が月曜日の午前中にうめぼしまで来てくれるように手配してくれた。スーパーマーケットが日曜日ということで閉まっていたので近くの音楽演奏バーでビールを飲んで帰った。午後15時から貨物船で着いたばかりの野菜の販売が始まるということで一緒に連れて行ってもらいトマト、オレンジ、バナナ、玉ねぎなどを仕入れることができた。スコットランド在住のMandyさん夫妻はこの後クルッキド島で甥っ子2人を拾いナッソーまで一緒にクルージングし更に米国バージニア州まで航海して英国に戻る予定とのことだ。

ジャマイカのキングストンへ向けて出港

　5月23日朝のマシュータウンは前日に引き続き東寄りの風が10m前後吹き続けている。しかしここからジャマイカまではほぼ直線で風下のクォーターで帆走できると思われる。当初はサンチアゴデクーバに行く予定だったが入国手続きの煩雑さや強い風が吹き続けることなど考慮して直接ジャマイカに行くことにした。航海距離は約280海里なので3泊の予定である。26日には到着したいと思っている。目的地はロイヤルジャマイカヨットクラブである。12時にカスタムの職員が港まで出国に必要な書類を持ってきてくれた。13時半くらいには出港したいと思う。

うめぼし航行状況　バハマ～ジャマイカ

　5月23日18時、13時半出港後すぐセールをあげ帆走。晴れ、東8m、揺れが大きく船酔い。とのこと。現在位置は出発地グレートイグアナ島マシュータウンの南南西約23海里、目的地キングストンの北東240海里。東の順風にアビーム～クォーターで帆走しています。

24日18時、現在位置は出発地グレートイグアナ島マシュータウンの南南西約115海里、目的地キングストンの東北東150海里。ハイチ島の西側を南西に向けて帆走しています。ハイチ島のブランケットをぬけるまで東風３m前後の軽風での追い風帆走が続きます。

　25日18時、現在位置はハイチ島の南西端の半島沖合10海里をほぼ西に向けて帆走しています。軽風とサルガッソー（海藻）に悩まされあまり進めていないようですが、まもなくハイチ島のブランケットをぬけるので船脚も伸びるでしょう。

　26日18時、現在位置はハイチ島とジャマイカ島の間、目的地キングストンの東70海里。東からの順風を受けて西へ４ノット前後で帆走しています。このペースだと明日夕刻にキングストン沖に届きそうです。

　27日19時、入国待ちのため税関そばに停泊中、とのこと。〈宮原〉

バハマからジャマイカへ

　５月23日13時半にバハマのマシュータウンを出港しジャマイカのキングストンの入国手続きをするためのカスタムの近くのブイに係留できたのは27日の18時半になっていた。まる４日間と５時間をかけて実走行距離325海里になっていた。23日に出港してから24日午前４時頃までは東10〜８mの風に乗って順調に走ったのだがハイチの島陰に入ると急に風がなくなり東２〜３m時々５mの風が吹くのみで26日午前４時に東８mが吹き始めるまでの48時間は試練の長い時間だった。26日は吹き出したものの昼間は東５〜６mの穏やかな風で艇速はなかなか伸びない。27日中に到着することを目指して27日午前４時にエンジンをかけ1600rpm機帆走にした。10時半頃から東８m強になり５ノット前後で走ることができ16時半頃にロイヤルジャマイカヨットクラブに着いたのだが入国手続きはポートロイヤルにあるカスタムとイミグレーションでしかできないとのことでまたポートロイヤルまで戻ったのだ。しかし教えてもらったカスタム用の桟橋はとても泊められる状況ではなく近くのホテルの桟橋に寄って助けてもらった。

ジャマイカのキングストンでRoyさんに助けられた

　2022年５月27日はその日中にキングストンのロイヤルジャマイカヨットクラブに到着したいという思いで午前３時（時差１時間）にエンジンをかけて機帆走を

664　世界一周船栗毛

始めた。当初は東５m程度の軽風だったが10時半頃から８mほどの良い風が吹き始め予定より少し早く15時半にロイヤルジャマイカヨットクラブに到着した。しかしマリーナ職員から入国手続きのためには湾の入り口のポートロイヤルにあるカスタムに行く必要があると言われてやむなく今来たルートを５海里ほど戻ることとにした。

17時頃にポートロイヤルのカスタムの事務所近くに着いたが周りは漁船や観光船などがたくさんいて係留できそうなところが見当たらない。しばらく海岸沿いをゆっくり様子を見ながら進むとちょっとしたマリーナのようなところがありそこに近づいて泊められそうなところがないかを探していると桟橋にRoyさんが現れた。桟橋に向かって微速前進して近づくとうめぼしのバウステムを捕まえてくれた。その時プロペラの後進がうまく動いていないことがわかりペラルックで確認すると黒いビニールのようなものがプロペラに巻き付いているのが見えた。入国手続きをしたいので停泊させてほしいというと法律違反になるのでダメだとの返事で、プロペラに何か引っかかっていてうまく動けないというと50mほど沖にある白ブイを使ってよいという返事が返ってきた。しかしそこまで行く自信がないというと、その場ですぐにテンダーを出してうめぼしのバウラインを取り白ブイにつないでくれた。うめぼしは何とか前進することはできたので白ブイにたどり着くことはできただろうが一人で白ブイを捕まえることは至難の業であったであろう。白ブイに係留できた時疲れ果てていた私はバウに座り込んでRoyさんにお礼を言うと忘れられない返事が返ってきた。「I like your boat.」Royさんは私を助けてくれたのではなくてうめぼしを助けてくれたのだということである。Royさんは入国手続きの手配をしておくと言って戻って行った。

翌日28日は朝の７時に海に潜ってプロペラから大きなビニール袋を取り外し８時からセールドライブのギアオイルの交換をして艇で待っていると13時にQuarantineだと言ってボートが来てうめぼしに横付けして担当者が乗り込んできてQuarantineの手続きが終了した。これで上陸できるのでさっそくテンダーを膨らませてホテル専用の桟橋に乗り付けた。ホテルの名前はGrand Hotel Excelsior Port RoyalでRoyさんはホテル従業員だった。さっそくお礼を言って白ブイ利用料を払うというと３泊で80USドルとの返事だった。しかしオールインクルーシブのホテルで宿泊者は食事や飲み物がすべて無料なので宿泊利用者でな

い私は食べることもできず微妙な感じであった。Royさんがホテルの外に連れて行ってくれてジャマイカドルに両替のためにドルが使える酒屋でラム酒を買い釣銭で近くの店で飲み物とランチボックスを買うことができた。次の入国手続きはカスタムだがRoyさんは忙しくて16時半にRoyさんに同行してもらってカスタムの事務所に連れて行ってもらうことになった。というのも一度ホテルを出ると二度と入ることができないからだ。カスタムではすぐに手続きが終わった。次はイミグレーションだがカスタムで明日イミグレーションからVHF無線16チャネルに連絡が来るので待つように言われた。現地SIMがないので連絡が取れるのはVHF無線だけなのだ。インターネットはホテルのWi-Fiにつないで使えるようになった。しかし残念ながら海上のうめぼしまでは電波が届かない。

　翌々日29日の朝はドリップコーヒーを入れてゆっくり過ごした。昨夜は深夜3時まで巨大スピーカーを使ったレゲエ音楽の生演奏が続きやや寝不足気味だ。昨夜はちょうどホテルのイベントの最終日だったようでホテルの桟橋では仮設スタジオや大型スクリーンの撤去作業が行われている。朝からイミグレーションからの連絡を待つが何も連絡が来ない。Royさんに言われてこちらからしつこく何度も呼びかけたところ12時頃にカスタムから返事が来てカスタムの事務所に今すぐ来るようにと言われてRoyさんに連れられて行った。どうもカスタムが気を利かせてイミグレーションに連絡してくれたようである。しかしカスタムまで行くと13時半にイミグレーションが来るのでその時再度来てほしいと言われた。一度ホテルに戻って再度13時半にカスタムの事務所にRoyさんに連れられて行ったがイミグレーションの担当者2名が来たのは14時半である。それから手続きに30分間ほどかかり入国手続きが15時頃にやっと完了した。すぐにカスタムで出国手続きをして5分後にはポートクリアランスを発行してもらった。その間Royさんを2時間近く待たせることになり大変申し訳ないことになった。これ以上Royさんに迷惑をかけることは良くないと思いその場でカスタムの担当者から出国手続きをしてもらいクリアランスをもらった。

　整理するとキングストンではQuarantineとカスタムとイミグレーションの3つの部門の手続きが必要だがそれをすべて個別に手配することが必要だったということだ。Quarantineの担当者がエージェントを頼まないのかと何度も聞いてきたのはそういうことだったのだ。

666 ｜ 世界一周船栗毛

Royさん

　Royさんに明日の朝パナマに向けて出港する旨を伝えるとすぐに必要なものを調達しようということになり近くの店に連れて行ってもらい、果物、野菜、パン、生たまご、缶詰、水などを仕入れた。また燃料と清水それぞれ40リットルをホテルの施設から購入することができた。Royさんはモーターボートのエンジンが得意分野だと言っていたが入出国手続きについても詳しくヨットの航海に必要な物資についてもよく理解していた。Royさんは体格のしっかりした大柄な人であるが人懐こく誰にでも話しかける明るい人柄の人である。一緒に歩いていると何となく西郷隆盛さんもこんな感じではなかったのかと思いたくなるような人であった。ジャマイカではRoyさんへのお礼の200ドルを含め入国手続きや係留費や燃料水食料品の調達などで700ドルほどの支出になった。しかしRoyさんのおかげで無事に通過できたと感謝している。

ジャマイカのキングストンで入国手続きをする際の覚え

　ジャマイカのキングストンでは今回入国手続きに手間取ったがもし再度同じこ

とをするとすればどうするのが良いのか簡単にまとめておく。まず最初にポートロイヤルのカスタムの事務所近くの海上にアンカーリングする。そしてCH16（16チャネル）でQuarantineをコールして検査に来てもらうように依頼する。もしQuarantineが返事をしない場合はカスタムをコールしてQuarantineを呼んでもらう。カスタムは一応CH16をウォッチしているようである。Quarantineのボートを艇に横付けできるようにフェンダーを2個艇側につけておく。Quarantineの検査が終わったらカスタムの事務所の海側に小さなテンダードックがあるのでそこにテンダーで行って係留しカスタムの事務所を訪問する。事前にカスタムにCH16で連絡しておくと良いと思う。カスタムの手続きが終わったらロイヤルジャマイカヨットクラブに移動する。そこでイミグレーションに連絡して入国手続きは完了になる。従来はMorgans harvour hotel&marinaがヨットを受け入れて上記サービスを提供していたようだが、ホテルがGrand Hotel Excelsior Port Royalに代わってサービスがなくなったのではないかと想像している。

うめぼし航行状況　ジャマイカ〜パナマ

5月30日18時、Colon Shelter Bay Marinaに行く。6時出港。東風10〜8m。曇り。うねり2m。船酔い。とのこと。今回はキングストンから南南西へ向けて515海里の航海です。現在位置はキングストンの南南西65海里です。このあと数日この東風が続いたあと南東〜南へシフトする見込みです。

31日18時、現在位置はキングストンの南南西180海里、東南東の中風を受けてほぼアビームで帆走しています。

6月1日18時、東南東の風10〜7m。波1m、曇り。ジブ、メイン共に2ポイントリーフ。とのこと。現在位置はキングストンの南南西265海里、今回の航程の約半分消化です。

2日18時、現在位置はキングストンの南南西365海里、コロンの北北東160海里、昼過ぎまで南東風6〜5mの順風を受けていましたが、その後風が落ちました。パナマの北岸150海里に横たわる大きな微風帯に入ったようです。このあとはエンジンの機嫌を窺いながら目的地コロンまで機帆走でしょう。

3日18時、現在位置はコロンの北北東100海里、南の軽風で機帆走しています。夕方、風が落ちたのでジブセールを巻き取り今晩は機走する予定です。

4日18時、現在位置はコロンのほぼ北40海里、今回の航程の90％強消化です。東の微風で機走しています。今晩も機走する予定です。現地の明朝に目的地コロン到着でしょう。

　5日朝7時半にマリーナにもやいを取りました、とのこと。〈宮原〉

ジャマイカのキングストンからパナマのコロンへ

　5月30日の朝6時にセールを上げてそのまま出港し6月5日の7時半にパナマのコロンのシェルターベイマリーナにもやいを取ることができた。実総航海距離572海里を6日間と1.5時間かけての航海だった。前半は東寄りの風が8mから10mほど吹き続けジブセールメインセール共に2ポイントリーフのアビームからクォーターで5ノット前後で快適に走った。6月3日の6時までに72時間で330海里走った。しかしうねり2mの中、船は大きく揺れて船酔いに悩まされた。お昼に飲んだコーラがそのまま夕刻に胃袋から出てきた。後半は南寄りの微軽風となり機走中心の航海になった。波も静かになり食欲も出てきた。サルガッソーの隙間を狙ってトローリングの糸を出したところうまくカツオがかかった。向かい風になる南寄りの風が6mほど吹き上りに弱いうめぼしは機走中心にならざるを得ずエンジンの稼働時間は40.4時間になった（アワーメーター317.1H）。途中熱帯特有のスコールにも何度も遭ったが突風になることは少なく激しい雨が通り過ぎていくだけなのでそれほど不安になることはなかった。北緯9度のパナマまで来ればハリケーンももう来ない。

パナマ運河の渡航

　2022年6月5日（日曜日）の朝パナマの北岸コロンのシェルターベイマリーナに到着した。翌6日の午前中はマリーナ内で週一回開催されるという小さな野菜市場でたまごやメロン、ブロッコリーなどを購入したりSIMショップで7日間有効のSIMを購入したりした。11時に鎌田さんに紹介してもらったパナマ運河渡航エージェントCentenario&Co.S.A.社のジェームスさんがうめぼしまで来てくれて入国手続きを案内してもらった。ハーバーマスターとイミグレーションのオフィスはマリーナオフィスから50mほどの場所にあり15分ほどで手続きは完了した。シェルターベイマリーナの係留料は1泊40USドルである。

翌日6月7日も天気予報では雷雨となっていたが実際には午前中は曇りがちの天気で推移した。布団や枕をマリーナのランドリーに持ち込み10ドルできれいに洗濯してもらった。またよく頑張ってくれたオートパイロットを分解清掃した。6本目の今回の機器は比較的長持ちしていて内部への水漏れも見られなかった。午後13時にパナマ運河の担当者のCesarさんがうめぼしまで来て事前のインスペクションをしてくれてすべてOKとの返事をもらった。これでうまくいけば金曜日から運河を渡ることができそうである。

6月8日は午前中にマリーナのシャトルバスに乗ってコロンのソナリブレ免税地区にあるクアトロアルトスというショッピングモールに行ってきた。次の航海に備えて缶詰やインスタントラーメンなど日持ちのする食材を仕入れてきた。パナマ運河の渡航についても進展があった。予定より1日早く明日9日と10日の2日間で渡航する予定になった。Centenario&Co.S.A.社のジェームスさんに渡航費用も支払った。

Transit tolls	$1,600.00	up to 65ft
Transit inspection	75.00	
Transit Security fee	165.00	
Canal ElectronicDataCollectionSystem	75.00	
Fenders & lines rental	75.00	(no tires)
Bank charges credit card payment	60.00	
Agent service Fee	$350.00	
Line handlers for transit	400.00	(4 line handlers)

（1 captain + 4 line handlers over 18 years old）

合計2800USドルである。130円換算で36万4000円になる。これ以外にも4人のラインハンドラー用の3食分の弁当代など多少の費用がかかる見込みである。10日の午後にはパナマシティのFuerte Amador Marinaに係留できるつもりでいる。そこに2泊して12日にはガラパゴス諸島に向けて出航したいと思っている。

6月9日は運河渡航の初日である。前日に渡航開始時間が提示されるということで8日の19時にエージェントからメールが来た。エージェントのジェームスさんと4人のラインハンドラーが昼頃にマリーナに来て4人はうめぼしで一緒に13時にマリーナのすぐ外に移動してアンカーリングして待ちその後VHFで指定さ

れた場所に移動して14時45分にトランジットアドバイザーが乗り込んでくるようである。合計５人が乗り込んでくる予定である。当日はガトゥン閘門を渡り途中ガトゥン湖のどこかにアンカーリングして一夜を過ごし翌朝７時からまた渡航を開始する。そのため５人分の夕食、朝食、昼食と水を用意する必要があり今回はジェームスさんが調達して持ってきてくれることになっている。10日の午後にはパナマシティのアマドールにあるバルボアヨットクラブに着き５人は下船する予定である。その時謝礼を12USドル渡す必要があるそうである。９日の午前中は清水補給、燃料補給、ギアオイル確認、係留料支払いなどを済ませて出港準備をした。11時にジェームスさんと４人のラインハンドラーがマリーナに来た。私を入れて６人×３食分として90USドルを支払った。ラインハンドラーの一人J.R-JUNIORさんと打ち合わせて14時にマリーナを出て直接トランジットアドバイ

パナマ運河にて太平洋こんにちは

ザー（TA）を迎えに行くことにした。６月９日の14時にシェルターベイマリーナを出港して10日の17時にパナマシティのフラメンコマリーナに到着した。27時間で47海里の航海であった。９日の14時45分に指定された海域で待っているとTAのローレンスさんがパイロットボートでやってきてうめぼしに乗り込んだ。すぐにガトゥン閘門に向けてエンジンで走り出した。16時半頃にガトゥン閘門に到着ししばらく待っているともう一艇のヨットが来てそのヨットと横抱きして閘門に入って行った。そして３段階のステップで海面が上昇していった。ガトゥン湖は海面との標高差が26mある。ラインハンドラーはここが出番で閘門側のスタッフと息を合わせて艇の安全移動に対応していた。18時頃に閘門を抜けてしばらく走って暗くなる前に大きなブイにもやって１日目を終わった。TAはここで迎えに来たパイロットボートで帰って行った。４人のラインハンドラーはうめぼしに宿泊した。２人はコクピットで寝ることになったが幸いにして雨が降らずに助かった。10日の７時45分頃に昨日とは別のTAが来てすぐに走り出した。65フィート以下の船の渡航のアドバイスをするのがTAで32名いるそうだ。65フィート以上の大型船の案内をするのがパイロットで300人いるそうだ。13時頃にペドロミゲル閘門に到着し大型船が来るのを待って昨日と同じヨットと横抱きになって通過した。15時過ぎにはミラフロレス閘門を抜け17時にフラメンコマリーナに到着した。

　６月11日はフラメンコマリーナで出港準備をした。キングストンにてセールドライブのギアオイルを1.8リットル交換してから54時間しか稼働していないがオイルの白濁化がかなり進んでいるように見えたのでまた1.6リットルを交換した。清水タンクを満タンにして軽油42リットルを購入した。またビール48缶とラム酒３本、ワイン２本を購入した。11時にエージェントのErickさんにフラメンコマリーナまで来てもらい出国手続きを完了しガラパゴスで必要になるfumigation証明を発行してもらいそしてAlbrook Mallまで車で連れて行ってもらった。ショッピングモールで散髪をしてスーパーマーケットで食材を購入してタクシーでマリーナまで戻ってきた。これで出港準備はほぼ完了である。明日の朝にはガラパゴス諸島に向けて出港したいと思っている。しかしこの買い物でちょっとしたアクシデントがあった。出国手続きをしてそのままErickさんに車で送ってもらったので重要な書類をすべてリュックサックに入れていたのだがスーパーマーケット

の入り口でリュックサックをコインロッカーに預けないと入れなかった。そこで預けたのだが帰りにそれを忘れてタクシーでマリーナまで戻ってしまったのだ。マリーナに着いてからすぐに気が付き再度タクシーでスーパーマーケットまで往復することで大事に至らずに済んだがもし気づかずに出航してしまったら大変なことになるところだった。

パナマからマルケサス諸島への航海（宮原さんの記事）

2022年6月12日（日曜日）朝の6時45分にパナマシティのフラメンコマリーナをパナマシティの南西約860海里にあるガラパゴス諸島東端のサンクリストバル島へ向けて出航した。

12日18時の位置はパナマシティの南45海里。目的地サンクリストバル島は南西だが南から南南西の軽風〜中風を受けて進路150度（ほぼ南東）へ向けて機走している。当分南風〜西風のようなので、しばらくはうめぼしが苦手なアップウィンドの機走または機帆走が続きそうだ。

13日18時の位置はパナマシティの南南西150海里。プンタ・マラをクリアして目的地サンクリストバル島へ向かっている。西南西の順風を受けて、進路170度（ほぼ南）へ向けて機帆走している。船酔いしているようだ。

14日18時の位置はパナマシティの南南西220海里、知る人ぞ知る絶海の無人島マルペロの北約100海里にいる。雨で、雨漏りが再発したようだ。

15日18時の位置はパナマシティの南南西290海里、微風〜西南西の軽風の中を進路170度（ほぼ南）へ向けて機帆走している。昨日からの雨はやんだようだ。

16日18時の位置はパナマシティの南南西325海里、ほぼ南西の軽風の中を風の振れにあわせて数時間おきにタックを繰り返しながら機帆走している。今の進路は西のようだ。雨が来ると風が変わるようだ。

17日18時の位置はパナマシティの南南西370海里、昨晩は南南東へ進んだあと今朝9時にタックして西へ進んでいる。南西の中風にジブセール、メインセールを共に2ポイント縮帆して帆走しているようだ。天候はず〜っと曇りか雨とのこと。

18日18時の位置はパナマシティの南南西395海里、しばらく西行を続けるかタックして南に向かうか迷っている。

19日18時の位置はパナマシティの南西440海里、南の中風でほぼ西へ帆走して

いる。

20日18時の位置はパナマシティの南西530海里、南からの中風を受け西～西南西へ順調に船脚を伸ばしている。

21日18時の位置はパナマシティの南西600海里、ここで今回の行き先を仏領ポリネシア マルケサス諸島ヌクヒバに変更するとのことだ。ヌクヒバは現在位置から西南西約3300海里でこれから40日前後かかる。しばらく南風が続くので南側のガラパゴス諸島に寄り道せず西へ続行することにしたのだと思われる。水も食料も十分にあるので心配はいらないようだ。

22日18時の位置はパナマシティの西南西700海里。南風の中風を受けほぼ西（進路300度～280度）へアビームで進んでいる。天候も良さそうだ。

23日18時の位置はパナマシティの西南西780海里。南～南西の中風を受けほぼ西へアビームで進んでいる。CELIEだけでなく、世の中の情報何もない、平和だ、体調よしとのこと（CELIEはメキシコ沖にいるストームで、うめぼしには影響ないことを先程イリジウムのSMSで伝えたところだ）。

24日18時の位置はパナマシティの西南西860海里。南～南西の軽風を受けほぼ西へアビームで順調に進んでいる。

25日18時の位置はパナマシティの西南西1000海里。今日の早朝は曇りで惑星パレードは見えなかったようだ。午後天気が良くなってきたようだ。南の軽風を受け真西よりやや南へアビームで順調に進んでいる。

26日18時の位置はパナマシティの西南西1130海里。南の軽風、進路250度。ジブシート少し緩める。曇り、午後晴れ間が多くなるようだ。南の軽風を受け真西よりやや南へアビームで順調に進んでいる、今日のデイラン130海里。ヌクヒバまで2800海里。

27日18時、ヌクヒバまで2620海里。今日のデイラン180海里。リーフしていたジブセールを更にすこし縮小。引き続き南の中風を受け真西よりやや南へアビームで順調に進んでいる、

28日18時、ヌクヒバまで2450海里。今日のデイラン170海里。曇っていて惑星パレードはあまり見えないようだ。オートパイロット６号機が故障し７号機へ交換した。引き続き南の軽風を受け真西よりやや南へアビームで順調に進んでいる。

29日18時、ヌクヒバまで2330海里。今日のデイラン120海里。昨日故障したオ

674　世界一周船栗毛

ートパイロット6号機はロッドのネジ外れが原因で、修理復旧した。14時半に赤道を通過し南半球へ入った。南西の軽風、進路256度、5ノットで引き続き真西よりやや南へアビームで順調に進んでいる。

　30日18時、ヌクヒバまで2210海里。今日のデイラン120海里。午前曇り、午後晴れ。南西の軽風、気温昼間2℃、夜24℃で過ごしやすい。赤道直下だが今は日本より快適そうだ。

　7月1日18時、ヌクヒバまで2100海里。今日のデイラン110海里。南の風5m、波1m、晴れ。引き続き真西よりやや南へアビームで進んでいる。バウマットをコクピットで干す。穏やかな日。

　2日18時、ヌクヒバまで2000海里。今日のデイラン100海里。南の風6m、波1m、晴れ。

　3日18時、ヌクヒバまで1900海里,今回の航程の中間点を過ぎた。今日のデイランは100海里。南東の風4m、波1m、晴れ。引き続き真西よりやや南へアビームで進んでいる。風が南東へシフトし帆走しやすくなったと思われる。天候も良く快適そうだ。アンカー固定作業。

　4日18時、ヌクヒバまで1800海里。今日のデイランは100海里。うめぼしでは今回の出航以来パナマ時間を使っているので8時半に日の出を迎えるようだ。南東の風5m、波1m、晴れ。引き続き真西よりやや南へアビームで進んでいる。穏やかな天気で夜よく眠れる。晴れ、星きれい。

　5日18時、ヌクヒバまで1670海里。やや追い風の順風になり今日はデイランが少し伸びて130海里。南東の風7m、波2m、晴れ。引き続き真西よりやや南へ進んでいる。天候も良く快走している。

　6日18時、ヌクヒバまで1540海里。快走している。今日のデイラン130海里。オートパイロット6号機が故障し一時的に7号機に交換したが、修理して6号機も現役復帰した。南東の風7m、波3m、晴れ。引き続き真西よりやや南へ進んでいる。順風が続いている。一時的に13mのミニ嵐にも遭遇。

　7日18時、ヌクヒバまで1390海里。全体的に風が強まったようで船脚が伸びて今日のデイラン150海里。晴れると風速15m強のミニ嵐が来るようだ。

　8日18時、ヌクヒバまで1240海里。南東の順風で船脚が伸びて今日のデイラン150海里。あと10日くらいか。オートパイロット6号機がまた故障し7号機を使

用中。

9日18時、ヌクヒバまで1120海里。今日のデイラン120海里。進路真西より少し南（262度）。東の順風で真追手。ジブセール巻き取る。

10日18時、ヌクヒバまで1005海里。今日のデイラン115海里。東南東の順風で真西より少し南へ進んでいる。天気も良さそうだ。マットレスを干す。

11日18時、ヌクヒバまで905海里。今日のデイラン100海里。20日くらいにヌクヒバへ到着しそうだ。

12日18時、ヌクヒバまで790海里。今日のデイラン115海里。東南東の順風で真西より少し南へ進んでいる。天候も悪くなさそうだ。南十字座が見えた。

13日18時、ヌクヒバまで680海里。今日のデイラン110海里。

14日18時、ヌクヒバまで570海里。今日のデイラン110海里。東南東の順風で真西より少し南へ進んでいる。天候も悪くなさそう。きれいな夜空に一句うかんだようだ。「帆風うけ夜空にマゼラン太平洋」

15日18時、ヌクヒバまで465海里。今日のデイラン105海里。東南東の順風で真西より少し南へ進んでいる。天候も良さそうだ。今日の一句「夢を追い順風つれて三千里」。季語がないようですが季節がないところで詠んでいるので良いのかな？

16日18時、ヌクヒバまで380海里。今日のデイラン85海里。東南東の順風で真西より少し南へ進んでいる。天候も良さそうだ。今日の一句「嵐来て帆縮め我慢長渡海」。

17日18時、ヌクヒバまで260海里。今日のデイラン120海里。東南東の順風で真西より少し南へ進んでいる。風も天候も良さそうだ。今日の一句「ドッカーンとハルぶち当たりしぶき飛ぶ」。

18日18時、ヌクヒバまで180海里。今日のデイラン80海里。東南東の順風で真西より少し南へ進んでいる。風も天候も良さそうだ。明後日には目的地ヌクヒバをランドフォールするでしょう。

19日18時、ヌクヒバまで100海里。今日のデイラン80海里。東の軽風で真西より少し南へ進んでいる。風も天候も良さそうだ。明日、目的地ヌクヒバにつくよう今晩は徹夜覚悟で操船するようだ。

7月20日18時20分マルケサス諸島ヌクヒバに無事到着し、投錨した。〈宮原〉

パナマからフレンチポリネシアのマルケサス諸島ヌクヒバまで

　6月12日の午前6時45分にパナマシティのフラミンゴマリーナを出航して30時間ほどパナマ湾を出るまでは向かい風でもあり機走中心に走った。また、当初はガラパゴスに寄るつもりで南寄りのコースを取ろうとしたが南寄りの風が吹き続けタックを繰り返しながら進むもなかなか南に行くことができない。6月20日ガラパゴスの北東300海里辺りでこれ以上南に行くことは不可能だと判断して直接フレンチポリネシアのヌクヒバ島に向かうことにした。それでもうめぼしにとってはぎりぎりの上り角度70度くらいのクローズドリーチだ。バウは波に突っ込み時には大きな波にハルを叩かれてドーンと大きな音がすることが続いた。アンカーチェーンが緩みアンカーがバウスプリットに当たり揺れるたびにガンガンと音がしたのもこの頃だ。これは風が弱まった折を見てウィンドラスのネジを締めてチェーンを引くことで解消した。後から気付くのだがこの頃にバウの防水カバーが波にさらわれてなくなりバウキャビン内に海水が漏れてきて収容していた荷物の多くが濡れてしまった。衣服や書類やカメラなどの電子製品、またマットや敷板などである。一部は天候の良い折に引っ張り出して乾かしたが多くはまだ濡れたままである。それを30日近く放置したままなので中はどうなっているか恐るべしである。7月3日頃から風向が南東寄りにシフトし始めまた風速も5〜8m前後で安定してきて快調な走りが続いた。オーパイはNo.6とNo.7の2台を新規購入してスタートしたがNo.6が壊れてまだ修理ができていない。航海灯もネジが外れたのか揺れ動いている。ウィンドラスのバウのスイッチがうまく動かない。いろいろなトラブルを抱えているが安定した穏やかな風に恵まれて無事にフレンチポリネシアのヌクヒバのTaiohae湾に7月20日18時20分（現地時間で午後13時50分）にアンカーリングすることができた。38日半（924時間）で約3800海里の航海になった。

ヌクヒバにて

　7月20日の午後13時50分にアンカーリングが完了したのですぐに宮原さんにイリジウムSMSを送り、ヨットサービスという現地エージェントのケビンさんにVHF無線の72チャネルで連絡を取った。ケビンさんの返事は今日は事務所は既にクローズしたので明日の朝8時に事務所に来いというものだった。ということ

で入国手続きは明日になったので今日はとりあえず上陸してみようとテンダーを膨らませて海に降ろしたが船外機が始動しない。やむを得ずパドルで漕いでいくことにしたが500mくらいの距離があり20分くらいかかった。風が弱かったので良かったのだがパドルで行くにはちょっと距離がありすぎた。午後15時半頃には上陸してまずはSIMカードを買おうと思って開いているお店に聞くのだがなかなか見つからない。多くの店が午前中で終了しているようだ。5回くらい聞いてやっと2つ目のスーパーマーケットLARSONでSIMを売っていた。すぐにSIMを購入してセットしたがAPNを入力する必要があった。レジの人に聞いてもわからない。現地はフランス語中心で英語がなかなか通じない中でいろいろと粘って店の若い経営者を呼び出してやっとインターネット検索で調べてもらってセットアップができた。その時は既に16時半を回っていて日暮れが近づいていたのでスーパーマーケットでパンとツナ缶を買ってすぐに艇に戻った。新鮮な野菜や果物などは何も買えなかった。それでも20日の夜は揺れのない艇内でゆっくり寝ることができた。翌日21日は朝久しぶりにドリップコーヒーをいれてゆっくり朝食をとり7時半には艇を東に300mほど移動してテンダードックまで200mくらいのところにアンカーリングした。ケビンさんの案内で無事に9時過ぎに入国手続きは終了した。しかし燃料は歩いて1kmくらい南に行ったところまでポリタンクを持って買いに行く必要があり清水は遠くの別の入り江まで行く必要があるということである。水道水は品質が悪く清水としては使えないということだ。火山島で高い山があり雨が多いのに水道水が汚いというのはまったくの想定外である。午前中に野菜や果物も取れたばかりのマグロなど新鮮な食材を購入できた。夕刻に他のクルーザーの人がわざわざめぼしまで来てくれて土曜日には大波が入って来るので湾内の西側に移動したほうが良いと忠告してくれた。21日の夜は少し不安を抱えながらもゆっくり眠ることができた。22日は朝ゆっくり朝食をとり8時にはケビンさんの事務所まで処分したい荷物と空いたポリタンク4個を持って行った。清水タンク160リットルにポリタンクに残っていた清水約50リットルを入れたところ清水計が半分強になった。つまり清水タンクには30リットル以上残っていたということだ。38日間の航海で清水タンクを130リットルくらい使い洗濯用にポリタンクを30リットル、他に飲料用ペットボトルを20リットルそしてビールなど酒類を20リットル消費したことになる。燃料タンク100リットルは60リット

ル補給してほぼ満タンになっている。ケビンさんにお願いして車で燃料を買いに行くことができまた清水タンクにも40リットルの水道水を補給することができた。これは洗濯専用用途だ。鎌田さんが残して行った荷物はすべてケビンさんに託した。これでバウキャビンの荷物はかなり少なくなった。スーパーマーケット他で食材を購入しこれで最低限の出航準備はできた。11時にはテンダーを艇に引き上げアンカーリング場所を1km弱西に移動した。ヌクヒバ島は高い山があり天気予報は毎日豪雨になっているがお陰様で今のところTaiohaeでは雨に遇っていない。そんなこんな状況でなかなかゆっくり整備や休養ができる環境でもないので早めにパペーテのマリーナTainaまで行こうかと思い始めた。途中アヘやランギロア環礁に寄ることも考えている。なかなかゆっくり観光や交流を愉しめないのが残念だ。

パナマからマルケサスまでの総航海距離

　横田先輩が計算してくれた。4138海里だ。前半はログデータ、後半（6月27日以降）はうめぼし航海のデータで計算してみた。約7665km（4138海里）になった。平均4.2ノットだった。googleマップの距離測定ツールで画面上のポイントをプロットした結果は、6月27日迄：2879km、27日以降：4769km、合計：7648km。計算値では6月27日まで：2904km、27日以降：4760km、合計：7664kmとなり、計算値はまあまあ信頼できると思う。計算方式：ヒュベニの式を用いた、緯度・経度と距離・方位の相互変換の解説は以下の通りだ。

➡ http://hp.vector.co.jp/authors/VA002244/yacht/geo.htm

➡ https://www.google.com/maps/d/u/0/edit?mid=1wrvHCYLyiUhLwcf7SmyULIAPMjTUG64&usp=sharing

うめぼし航行状況　マーケサス〜タヒチ

　7月23日朝の7時にパペーテのマリーナTainaに向けて出港。

　23日17時、現在位置はヌクヒバの南西40海里。目的地パペーテまで731海里。東の順風を受けクォーターリーで南西（進路226度）へ向けて帆走しています。天候は悪くなさそうです。

　24日17時、現在位置はヌクヒバの南西130海里。デイランは90海里、目的地パ

ペーテまで641海里。東の順風を受けクォーターリーで南西へ向けて帆走しています。

　25日17時、現在位置はヌクヒバの南西230海里。デイランは100海里、目的地パペーテまで541海里。東の順風を受けクォーターリーで南西へ向けて帆走しています。天候は良いようです。

　26日17時、現在位置はヌクヒバの南西295海里。デイランは65海里、目的地パペーテまで476海里。東風３m、波１m。快晴。嵐が来ない快適な航海。東風が弱まり船脚がいま一つ伸びていませんが嵐に遭わず快適に航海しています。

　27日17時、現在位置はヌクヒバの南西405海里。デイランは110海里、目的地パペーテまで366海里。７時ミニ嵐、東南東17m。波２m。ミニ嵐が来て東風が順風に戻り船脚が回復しました。今回の航程の半分を越えました。途中のアヘ環礁に寄るかどうかは思案中。

　28日13時にうめぼしからアヘ環礁に投錨したとのLINEが届きました。〈宮原〉

ヌクヒバからアヘへ

　2022年７月23日の朝の６時45分（現地時間７時15分）にヌクヒバのTaiohae湾を出航し７月28日13時にタチヒ島まで行く途中ツアモツ諸島にある環礁アヘに立ち寄りアンカーリングした。約500海里を５日と６時間（126時間）での航海だった。当初は直接タヒチ島のパペーテまで行く予定だったが、ブルーラグーン、清水補給、インターネット情報入手、生鮮食品補給、休息などを期待して立ち寄ってみた。出航してから７月26日までは東寄りの風が７mから３mくらいの間で吹き穏やかな海面だった。ガラパゴス諸島を過ぎてから１か月近く嵐に遭遇していない。赤道直下でもこんなに静かな天気が続くこともあるのだと思っていたら27日朝さっそく嵐が来た。その後も曇りがちの不安定な天気が続き時々雨嵐が通り過ぎて行った。28日朝の５時に環礁入り口まで30海里だ。手頃な距離なのでアヘに向かって行くことにした。しかし８時半頃から連続的に嵐が来て９時半頃には一時的に風速20メートルにもなりオーパイでは対応できないのでコクピットに出て１時間ほどずぶ濡れになりながら手でラダーをハンドリングした。11時半頃にラグーンの入り口に差しかかり逆潮ではないことがわかりエンジンをかけて一気に入り口を走り抜けたが向かい風は風速19mまで上がっていた。ラグーンの中に入って

も予想に反して風速15mくらいが続き静かなラグーンのイメージは吹っ飛んだ。改めて嵐の怖さを実感した一日だった。

アヘにて

　7月29日は朝一番でテンダーを膨らませて上陸しようとしたがエアポンプの具合が悪くてなかなか膨らまない。途中でバッテリー側の電圧計の調子も悪くなってきたのでテンダーを膨らませるのをあきらめて隣にアンカーリングしているスペイン人のテンダーに乗せてもらって上陸した。ポリタンク1個分の清水とマンゴー、バナナ、キュウリ、インスタント麺を仕入れることができた。バウデッキについているウィンドラスのフットスイッチが壊れて常にスイッチオンの状態になっていたのでこれを切り離してしまった。今後はコクピットのスイッチで操作することになる。ウィンドラス本体は常に潮をかぶっているが壊れずによく動いてくれるので助かっている。午後15時が満潮なので午後14時頃に出航してパペーテまで行きたいと思う。

うめぼし航行状況　アヘ環礁～タヒチ

　7月29日13時半、うめぼしからアヘ環礁の泊地を抜錨しパペーテへ向けて出航したとのLINEが届きました。環礁の出口は波が集まって来て更に逆潮でかなり大変でした、とのこと。

　15時に環礁の出口に来ましたが出口をなかなか出られず15時20分頃にやっと出て15時30分にメインセール2ポンリーフで上げました。東の風8メートル、波1メートルで比較的穏やかな海面です、とのこと。現在位置はヌクヒバの南西515海里、目的地パペーテまで265海里。アヘ環礁出口の西側3海里です。東の順風を受け南西に帆走しています。

　30日17時、デイランは110海里、目的地パペーテまで155海里。東南東の風9m、ジブセールを少し出す。波2m。進路227度。揺れが大きい。東の順風を受け南西へ向けて順調に船脚を伸ばしました。明後日にはパペーテへ到着しそうです。

　31日17時、デイランは92海里、目的地パペーテまで62海里。ジブセールを巻き取り減速、東の風12m、波3m。晴れ。東の順風を受け南西へ向けて進んでいます。到着が早すぎないように船脚を落として調整しました。明日午前にパペーテ

へ到着します。〈宮原〉

アヘからタヒチ島パペーテまで

　7月29日の13時半頃にアンカーを上げてパペーテに向けて出港した。アンカーを上げる時アンカーが岩に引っかかって外れなかったのでチェーンを少し緩めてエンジンで前進してみるがなかなか外れない。5回目に少し右寄りに前進をかけたところガリッと音がして外れた。艇にかなり無理をかけたと思われる。その後環礁の出口までは機走で走るがアビームより少し上りで波も大きく4海里に1時間半ほどかかり15時頃に出口に差しかかった。環礁の中から出口に向かって東寄りの風が12mくらい吹いていて波が出口に向かって集まってくるように出口付近だけ白波だらけになっている。そして予想外だったのは潮の流れが逆だったということである。不規則な波を後ろから受けながら出口に入ると艇速が1ノット以下になりPlan2Navの表示がおかしくなった。多分逆潮は3ノット前後あったのではないかと思われるがエンジンをふかして1〜2ノットくらいでわずか500mくらいの出入り口を何とか通過できた。波がある時に艇速が落ちると舵が効きにくくなり狭いパスなどを通る時は危険だ。その後はメインセールを2ポイントリーフで上げて東寄り9m〜南東12mくらいの風が続いたが幸いにも嵐が来ることはなく8月1日朝の8時20分頃にマリーナTainaに着いた。VHF無線の9チャネルでマリーナを呼ぶとマリーナは満杯で入れないと言うので、予約メールを送ったし艇は小さいので何とかしてくれと頼んだところ、ヘンドリックさんという日本語を話すマリーナキャプテンが出てきて何とか係留させてもらえた。約270海里を67時間で走った。

マリーナTainaにて（その1）

　8月2日（火曜日）のタヒチは快晴で最低気温22℃最高気温28℃、湿度61％と過ごしやすい天気だ。昨晩は揺れのないマリーナ係留でもありゆっくり眠ることができた。マリーナTainaはパナマのフラメンコマリーナを6月12日に出航して以来の50日ぶりのマリーナでその間貴重品として節約してきた清水も豊富にある。このマリーナはかなり大きくマリーナ内にヨット用品店が2店舗もあり品ぞろえもかなり豊富だ。ウィンドラス用のフットスイッチとシリコンとサンドペー

パーを購入することができた。ニューカレドニアから南回りでタヒチ島まで来たという強者の隣のヨットの助けを借りてマストトップに３回登り航海灯他のチェック手入れをした。そしてインフレータブルボート用の手動式エアポンプを20ドルで譲ってもらった。またジブシートがかなり傷んできたのでラスパルマスでお世話になった水元さんから購入した１本の長いシートに交換した。そしてジブセールを巻き取るジブファーラー用のロープも傷んでいるところを補修した。バウキャビンのマットレスをすべてデッキ上に出して乾かしバウキャビン内の荷物の整理も少しした。シーツやパジャマ類もコインランドリーで洗濯して干すことができた。シャワーを浴びる時はまだ身体が揺れているように感じるが休養と艇の整備を少しずつ進めることができた１日だった。

マリーナTainaにて（その２）

　８月３日は天気予報では雷雨だったが日中は曇りがちながら雨は降らずに済んだ。昨日購入したウィンドラス用のフットスイッチをさっそく取り付けた。取り外した古いフットスイッチの下に残っていた古いシリコンをドライバーでこすり取りきれいになったデッキ上に新しいシリコンをたっぷりと載せてその上から新しいフットスイッチを押しつけて木ネジで止めた。その後フォアキャビンに潜り込みリングスリーブを使って配線をした。最後に結束バンドを使って配線が邪魔にならないようにキャビン上部に束ねて止めた。次にセールドライブのギアオイル２リットルをオイルチェンジャーで吸出し新しいエンジンオイルを同量補充した。古いオイルを捨てに行きついでにマリーナの南側隣にあるガソリンスタンドまで行って軽油20リットルを購入した。ブタンガス３kgタンクが２個あり古い方を持って行ったのだが錆が酷くて残念ながら補充できなかった。古いタンクは処分した。今使っているカセットボンベのガスがなくなったら３kgタンクに切り替えたいと思っている。まだ船外機の修理や防水カバーの再固定などのメンテナンス作業が残っているが明日に持ち越しだ。

マリーナTainaにて（その３）

　８月４日も天気予報では激しい雷雨だったが午前中からどんよりとした雲に覆われて時々雨や小雨が降る天気で雷も激しい雨もなかった。高い山の風下側に位

置しているのであまり激しい雨や風が来ないのかもしれない。そういうことで今日は船内での作業が多くなった。故障していたオートパイロットのNo.6の修理にトライしたがまったく動きそうもない。心臓部のプリント板が壊れているようだ。No.7の1台だけではとても出航できないということに気がついてさっそく購入する方法をチャンドリーショップに相談に行ったところRaymarineの代理店を紹介してくれた。一応安全のためにあと2台購入する方向で進めている。

マリーナTainaにて（その4）

　8月5日も曇天が続き時々お日様が顔を出したりまた小雨が降るというのを繰り返している。船外機の整備をしたがブルルンとほんの少し動くだけでなかなか連続的には動かない。マリーナオフィスにお願いして専門家に来てもらうようにお願いをした。艇内で今後の航海予定について少し検討した。クック諸島、米領サモア、サモア、ツバル、キリバス、ミクロネシア、グアムというルートを想定してNoonsiteを見たところ米領サモア、サモア、ツバルはコロナ対策でヨットでの入国はできないということがわかった。キリバスとミクロネシアも8月1日からやっと入国できるようになったという状況だ。日本もヨットでの外国人観光客の入国は認めていないようだ。クック諸島、フィジーは入国できるようだ。このような状況の中でどうするかゆっくり検討したいと思う。

モーレア島とパペーテの町の散策

　8月6日はバスに乗ってパペーテの町に出てみた。バスの終点がフェリー乗り場のすぐそばだったのでそのままフェリー乗り場のチケット売り場に行きモーレア島往復チケットを2360フラン（約2600円）で購入した。フェリーは9時出航ということで搭乗口でしばらく待って乗り込んだ。高速フェリー・アレミティは12海里の距離を所要時間約30分間で走りモーレア島の東側にあるバイアレ港に9時半には着いていた。残念ながら標高1000mを超える切り立った山の上の方は雲に覆われていて見ることができないが港の周りには南国の赤や白、黄、紫などのきれいな花が咲き乱れていてその生花をレイにして売っていたり作ったりしていた。午後にはパペーテの町に戻りマルシェやカテドラルを訪問してまたバスでマリーナまで戻ってきた。

パナマからマルケサス諸島までの航海中の代表的な1日の過ごし方

　毎日ブタンガスコンロで食事を作る。朝は出汁スープ、昼と夕食はご飯を炊くかスパゲティを茹でる。毎食後に歯磨きをする。あとはトイレ、シャワーを浴びる、洗濯、アカ汲みをするくらいだ。アカはデッキやコクピットに被った海水が艇内に入って来るもので毎日2リットルくらいあり一日複数回汲むこともある。トローリングしている時は時々リールを巻きあげてルアーの状況を確認する。基本的にかなり暇である。しかし艇の状況についてはいつもかなり神経をとがらせている。特に音に関しては少しでも変化があるとそれをとらえその原因または危険度を確認している。また24時間いつも身体が波で揺れていることは体力や体調管理の面で相当な負担になっていると思われる。寝ている時間を長くとることで相殺しているように感じる。読書やパソコン作業は船酔いになるのであまり長時間はしないようにしている。記録は日誌に鉛筆でメモをしている。夜のウォッチでは星を眺めることもあった。午後20時には南十字座が午前4時頃にはオリオン座が見える。

0600：夜明け前、風向、風速、進路、艇速、セール状況などの確認

0630：朝食作り始め、出汁スープ、ロングライフパン、ハム、チーズ、イワシ缶詰

0700：朝食終わり、日誌記入、読書30分間、ベッドで30分間休憩

0800：風向、風速、進路、艇速、セール状況、水平線、天候などの確認、ベッドで休憩

1000：海水で洗濯、清水ですすぎ、風向、風速、進路、艇速、セール状況、水平線、天候などの確認

1200：昼食作り始め、スパゲッティ（またはご飯）、刺身、ハム、ジュース

1230：昼食終わり、風向、風速、進路、艇速、セール状況、水平線、天候などの確認、ベッドで休憩

1400：シャワーを浴びる、アカ汲み、風向、風速、進路、艇速、セール状況、水平線、天候などの確認

1600：風向、風速、進路、艇速、セール状況、水平線、天候などの確認、ベッドで休憩

1800：イリジウムでSMS送信、夕食、風向、風速、進路、艇速、セール状況、

水平線、天候などの確認

2000：風向、風速、進路、艇速、セール状況、水平線、天候などの確認
　　　　以降2時間ごとに風向、風速、進路、艇速、セール状況、水平線、天候などの確認

0200：バッテリー電圧が12ボルトを切ったらエンジンを始動して20分間充電

タヒチの物価について

　2022年8月8日（月曜日）の朝は昨日の強風から一転し穏やかな晴天となり気温も21℃と過ごしやすい天気となった。さっそく毛布や敷布などを引っ張り出して水洗いしブームの上に干した。マリーナの北側500mくらいのところにはカルフールの巨大なスーパーマーケットがある。近いので散歩がてらに毎日のように買い物に行っている。洗濯用洗剤、石鹸、綿棒、タッパーウェア小型保存容器など日用雑貨品も調達することができた。しかしタヒチは一般的にかなり物価が高くてなかなかおいそれとは何にでも手を出すことはできない。例えば今日の散髪代は3000XPF（パシフィックフラン）（約3450円）、オートパイロットST-2000×2台は19万1187XPF（約21万9750円）だ。もっと一般的な食材でも牛乳やたまご、パンなど多くのものが日本の2倍以上するように思われる。そしてかなりインフレも進んでいるようだ。

　しかしフレンチポリネシアの政府も対策を講じていてPPN、DGAEなど生活必需品については価格を抑えて販売するように指導しているようだ。例えばお米1kgは110XPF、バター200g153XPFなどだ。カルフールのスーパーマーケットでもPPNと表示して生活必需品を安く売っている。お米、スパゲティ、マカロニ、イワシ缶詰、トマトソース缶詰、チーズ、バター、コーンフレーク、トウモロコシ缶詰、豆缶詰など非常に安く販売されていて少し多めに買いだめした。

船外機の整備

　8月9日は曇天で弱い北風が吹いている。ホンダの2馬力船外機の整備を自分でやったのだが動かないのでマリーナキャプテンのヘンドリックさんに相談してエンジン技術者のMaui Tehivaさんを紹介していただいた。Mauiさんに8時半に車でうめぼしまで来ていただきエンジンを持ってMauiさんの工場まで一緒に

行った。そこでMauiさんが実施する整備作業を注意深く観察してみたがほとんど私が実施した内容と同じように見えた。しかし整備後に一発でエンジンが始動したのだ。ただアクセルを急激に変化させると回転が不安定になる。チョークを引いたり戻したりしながら動作状況のモニタリングをしばらく実施した結果エンジンのプラグが良くないということである。交換したいというとMauiさんの車でパペーテの町の東側にある大きな自動車部品販売店まで連れて行ってもらい420XPFでプラグを購入できた。新しいプラグで試運転するとかなり調子良くなったように感じる。うめぼしまで車で送ってもらい艇のスターンに据え付けて始動確認をしたところ一発で動いた。Mauiさんへの支払いは8000XPFである。低価格で良心的なサービスをしていただいた。

ヘンドリックさん

ヘンドリックさんはお母さんが日本人だそうだ。VHF無線でいきなり日本語で返事が来たのはアルメリマルのフミさん以来2度目だ。

今後の航海計画

8月10日は晴天で弱い北寄りの風が吹いている。船外機の整備が終わり一通り最低限の整備は終わった。あとはオートパイロットの納入を待つだけで出航可能な状況である。しかしオートパイロットの納期はあまりはっきりしないのだがどうも来週末の19日前後ではないかという返事だ。しばらくの間タヒチ島でゆっくりできそうだ。そこで今後の航海計画について再度検討してみた。結論から言うとタヒチ島からキリバスのタラワ島のベティオ（2000海里）、ミクロネシアのコスラエ島のレル港（640海里）、グアムのApraハーバーのMarianas Yacht Club（1220海里）、沖縄の那覇港から宜野湾マリーナ（1240海里）という直行ルートで行きた

いと思う。途中にあるサモアやツバルはコロナのためにまだ入国できない。クック諸島からフィジー経由で行く案もあるが南緯18度近辺及びその南側は風向や風速の変化が大きいようで荒天に遭うリスクがあるので今回は避けることにしたいと思う。タヒチ島よりも北側は比較的安定した貿易風が吹いているようで（例えばガラパゴスからヌクヒバはそうだった）今回もタラワ島まで2000海里と長距離ではあるが風予報を見る範囲では安定した風を期待できそうなのだ。北緯13度のグアムまでの予報はないが安定した貿易風という観点で大きな荒天は来ないことを期待している。グアムから沖縄は多分10月後半となり台風シーズンでもありかなり難しい航海になりそうなのでその時その場の状況を見ながら対応していきたいと思う。

今後の航海計画（続き）

8月11日も午前中は穏やかな天気だったが12時過ぎから北寄りの風速10mくらいの風が吹いてきた。ただそれも短い時間で14時頃にはまた穏やかな天気になってきた。今日宜野湾マリーナに電話をして確認したところ宜野湾マリーナへの係留希望者は70人くらいいて長期の係留は難しいことがわかった。そこで入国ポイントを沖縄地区だけに限定せず小笠原諸島の父島を含めて幅広く検討することにした。グアムに到着してから風予報などを踏まえて検討したいと思う。

タヒチ島ドライブ

8月12日も穏やかな良い天気だった。朝の9時頃にマリーナ内のスーパーヨットディーラーの事務所にロランさんを訪ねてみた。ロランさんは妙高高原に大きな別荘を持っていて冬はスキーをしに行くそうだがこの2年間はコロナのために行けていないという大の日本ファンだ。ロランさんにレンタカーの予約がいっぱいでなかなか借りるのが難しいと言うとさっそく電話で予約を取ってくれた。そこですぐにバスに乗って空港近くのレンタカー会社まで行き10時にはドライブをしていた。タヒチ島イティの南岸のTeahupooまで行って午後からはマラア洞窟やタアタのマラエ、バイタベェール墓地などをめぐった。タヒチ博物館は残念ながら臨時休業だった。

688 世界一周船栗毛

マリーナTainaについて

　8月13日も穏やかな良い天気が続いている。このマリーナは私にとっては非常に居心地の良いマリーナだ。多分これまで私が立ち寄ったマリーナの中で一番居心地の良いマリーナではないかと思う（スペインのアルメリマルも良かった）。まず安全だ。島の周りが環礁で囲われているので波がほとんど入って来ないし潮の干満差も10cmくらいしかないのでマリーナのコンクリート造の固定桟橋に係留しているが艇の上下方向の移動は少なく波による揺れもほとんど感じない。タヒチの高い山の風下側にマリーナがあるためだと思うが強い風はほとんど吹かない。更にコンクリート製桟橋の海中部分は柱だけで海水は外とつながっているためマリーナ内の水も透き通っていて艇の周りを熱帯魚がたくさん泳いでいる。また飲用可能なきれいな水道水が豊富にあり陸電も利用できる。マリーナ内にはシャワーや洗濯機があるし艇整備のためのチャンドリーショップも2軒、レストランも2軒ある。近くにはカルフールの巨大なスーパーマーケットもあり買い物にも不自由しない。実はまだ係留料を支払っておらず料金が不明なのだが4000円／日くらいではないかと思っている。他にも陸置きラックや海上係留のためのブイなどもある。ただ陸置きやクレーンがないので上架整備ができないのは難点である。

エンジンのクラッチレバーハンドルの整備

　8月14日でこのマリーナに係留して2週間が経過した。その間エンジンをまったく動かしていなかったので久しぶりに確認のためにエンジンを始動してみた。エンジンは一発で動いたのだが前進後進のクラッチが動かない。確認してみるとコクピットにあるレバーハンドルが固着して動かなくなっている。スロットルの方は動くのでエンジンの回転数は制御できる。レバーハンドルまで来ているクラッチ制御用のワイヤーも問題なく動いている。レバーハンドルを分解清掃しようと試みたが難しくてどうしても分解できない。やむを得ずクラッチだけを別に操作するためのレバーをコクピットの物入れの内側に取り付けて操作することにした。今後は前進後進の操作を行う時は物入れの蓋を開けてから操作することになる。やや危険ではあるが窮余の一策でしのぐしかない。

インターネット通信の恩恵と入国サポート

　8月15日（月曜日）はタヒチの祝日（Assumption of Mary）だが祝日にはバス
が運行されないということを知らずに予約していたパペーテの町のスクーターレ
ンタル店に向かうために朝の7時半からバス停で1時間待った。レンタル店から
メッセンジャーで催促が来て初めて今日は祝日でありバスは来ないということが
わかった。そこでヒッチハイクに切り替えて手を上げたところ2台目の車に乗せ
てもらえた。米国では絶対に無理だとYevさんに言われていたがタヒチでは多く
の人が乗せてくれるようだ（ロランさんの奥さんの話）。9時過ぎにはレンタル店
でスクーターを2日間借りたのだがあいにくの空模様で雨が降り出した。30分ほ
ど雨宿りをして小雨になったところでマリーナまで戻ってきた。天気予報を確認
すると今日から明後日までは雨模様のようだ。せっかくのバイクも桟橋の上で雨
に濡れている。情報収集には疎い私だが今後の航海計画を検討する際の次の寄港
地の情報は非常に重要で今回は少し進歩したようだ。キリバスのタラワ島でサポー
トしてもらうエージェントとはWhatsAppで連絡ができたしミクロネシアのエー
ジェントともeメールで連絡できている。グアムも受け入れてくれるマリーナ
にメールを送る準備をした。国際航海では次に訪問する国の港に艇をどのように
係留できるかどうかと入国手続きが最初の課題になる。そういう観点でみると日
本入国は小笠原諸島の父島の二見港が良いように思われる。

航海中の食事

　8月16日は昨晩から継続して一日中雨が降り続いている。レンタルしたバイク
で外には出られないが気温は22℃と過ごしやすく艇内でパソコンを使ったり読書
をしたりしている。今年は3月15日に日本を出国し米国デルタビルで艇のエンジ
ンを新品に載せ替え4月6日にデルタビルを出航した。今日で出航から4か月と
10日ほど経った。記録を見るとデルタビルからタヒチまで7356海里、航海時間
1752時間、エンジン稼働時間400時間、軽油517リットルとなっている。その間で
比較的辛かったのはパナマからマルケサス諸島までの38日間の航海だ。代表的な
1日の過ごし方は先日紹介したが今日は食事について少し紹介したいと思う。実
は38日目には食料がほとんど残っていなかったのだ。残っていたのはトマトピュー
レ缶詰2缶、スパゲティ200g、ハム缶詰2缶くらいだ。パナマ出航時点では

690　世界一周船栗毛

各種缶詰30缶、お米500ｇ、スパゲティ1.5ｋｇ、ソーメン500ｇ、インスタントラーメン15袋、食パン2袋、ロングライフパン1ｋｇ、玉ねぎ、リンゴ、オレンジ、バナナ、チーズ、ハム、鶏肉、たまごなどを積んでいた。もちろんお酒もラム酒7リットル、ワイン6リットル、ビール100缶と十分にある。また途中でサワラ、シイラ、カツオなど4尾が釣れた。しかし玉ねぎやリンゴなどの生鮮食品は20日後にはほとんどなくなっていたしトローリング用のルアーがなくなって後半は釣りもできなかった。後半はご飯やスパゲティなどと缶詰などを中心に食べ量的には十分だったが種類が少ないのがやや辛い感じだった。そういう中で毎朝食べたのが出汁スープだ。だしの素とみやこ麹10ｇくらいを毎朝200ccくらいの水を沸かしてスープにしてちょっとしたトッピングを入れて食べる。これが結構体調維持に役立ったように感じている。今日も出汁スープを作って食べた。長距離航海でも20日間くらいまでは生鮮食品が持つがそれ以上の期間になるとかなり厳しい状況になることがわかった。

レバーハンドルの交換

　8月17日も曇り空で時々小雨が降る天気だが借りたスクーターを返しに行く必要があるので7時半にビニールカッパをかぶってパペーテの町へ出かけた。それでもレンタル店に着いた時にはカッパが届いていないズボンはかなり濡れていた。無事にスクーターを返却したあとレンタル店の近くにある船具店Ocean2000Marineに寄ってレバーハンドルを買いたいというとなんと在庫があったのだ。4万890XPFとやや高価だが即決で購入した。次にマルシェでまぐろの刺身（かたまり）を買ってバスで9時半にはマリーナに戻っていた。さっそくレバーハンドルの交換作業に着手したがかなり苦労した。一つはコクピット側面に取り付ける金具がないので現在のレバーハンドルから取り付け金具を取り外して使う必要があるのだがそれがリベットで固く固定されているのだ。リベット4個をグラインダーで削り取って新しいレバーハンドルにボルトナットで取り付けた。もう一つはクラッチとアクセルのワイヤーの長さ調整である。アウターをこれまでと同じ位置に固定するのに手こずり何度も何度も外したり取り付けたりを繰り返した。それでも14時半には何とか作業を終了することができた。

11　2022年の航海　*691*

出航準備

　8月18日も曇りがちで時々激しい雨が降る。今週初めにパペーテのハーバーマスターに出国申請をメールで送りその指示に従って今日は空港にあるイミグレーションポリスに行ってクリアランスを入手しパスポートに出国印を押してもらった。帰り道にカルフールに寄って食材や果物、飲み物などを調達した。次にマリーナオフィスに行って係留費用を支払った。18泊で5万3352XPFだったので1泊3000円強とタヒチにしてはかなり安かったのではないかと思う。最後にレイマリン代理店のアレックスさんからオーパイ2台を受け取って出航準備は完了だ。19万1200XPFはかなり高めだが航海の安心料なのでやむを得ない。明日の朝8時から9時の間くらいにキリバスのタラワ島に向けて出港予定である。約2000海里あるので20日間の予定で9月9日頃までには到着したいと思っている。

キリバスのタラワ島へ向けて出港

　8月19日の朝は昨日までの強い風も少し収まり曇りがちではあるが穏やかな天気になった。朝食はコーヒー、パン、レタス、トマト、キュウリ、マンゴー、バナナ、刺身、グレープフルーツなどだ。船酔いに備えていつもより少し控えめにした。今回の航路は比較的低緯度になるので風は全般的に安定した貿易風を期待している。場合によっては微風になる時もあるかもしれない。事故やトラブルが起きないことを祈っている。

うめぼし航行状況　タヒチ〜キリバス

　8月19日10時、モーレア島の南端を通過中。北東の風7m、南西沿岸、島陰に入って波静かです。

　19日17時、現在位置はパペーテの西北西34海里。北東の風でタヒチ島のブランケットを帆走した割に船脚は伸びている感じです。しばらくぶりの帆走ですが船酔いもなく順調な滑り出しのようです。

　21日17時、現在位置はパペーテの西北西222海里。8時にマウピティ島南端を通過。東の軽風を受け北西へ帆走しています。昨日から100海里進んでおり順調に船脚を伸ばしています。

　22日17時、現在位置はパペーテの西北西335海里、今日のデイランは113海里。

東の軽～順風を受け順調に船脚を伸ばしています。

23日17時、現在位置はパペーテの西北西445海里、晴れ、穏やかな安定した天気が続いている。今日のデイランは110海里。東の軽～順風を受け西北西へ向けて順調に船脚を伸ばしています。

24日17時、現在位置はパペーテの西北西545海里、今日のデイランは100海里。今 南東の軽風、晴れ、穏やかな天気。風が南東へシフトしたのでジャイブして現在ポートタックで順調に船脚を伸ばしています。

25日17時、現在位置はパペーテの西北西630海里、今日のデイランは85海里。風が南よりにシフトし少し弱まりましたので船脚がやや落ちました。

26日17時、現在位置はパペーテの西北西715海里、今日のデイランは85海里。快晴。風が少しシフトし東風になりジャイブしました。昨日に引き続き軽風なので船脚も昨日並です。

27日17時、現在位置はパペーテの西北西800海里、今日のデイランは85海里。相変わらず東の軽風で好天が続いています。

28日17時、現在位置はパペーテの西北西890海里、今日のデイランは90海里。気温27～31℃。相変わらず東の軽風が続いています。

29日17時、現在位置はパペーテの西北西1000海里、今日のデイランは110海里。北東の順風になり船脚が少し伸びました。

30日17時、現在位置はパペーテの西北西1095海里、今日のデイランは95海里。東～北東の順風で船脚も順調です。オートパイロットが不調になり、パペーテで入手した8号機に交換しました。

31日17時、現在位置はパペーテの西北西1210海里、今日のデイランは115海里。SMSありがとう、70mは怖い。快晴、気温28～32℃。東の順風で船脚も順調です。「70mは怖い」はSMSで状況を知らせた台風11号への感想です。

9月1日17時、現在位置はパペーテの西北西1305海里、今日のデイランは95海里。安定した穏やかな天気。少し風が落ちましたが東の順風で船脚順調です。今回の航程の中間点を越えました。

2日17時、現在位置はパペーテの西北西1415海里、今日のデイランは110海里。穏やかな海面。星がきれいに見える。東の順風で船脚順調です。

3日17時、現在位置はパペーテの西北西1515海里、今日のデイランは100海里。

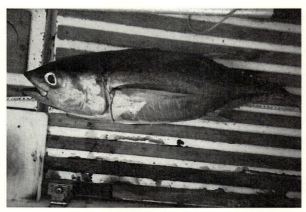
130cmのカツオ

　ジブセールを張るのが難しい。東の順風で船脚順調です。ジブセールをうまく張るのに苦労しています。大きなカツオ（130cm超）が釣れた。
　4日17時、現在位置はパペーテの西北西1625海里、今日のデイランは110海里。快晴。マゼラン星雲が見えた。艇内はパペーテ時間に合わせているため経度20度以上西に進んだせいで日の出時刻が1時間半くらい遅くなっています。東北東の順風で船脚順調です。好天で星がよく見えるようです。
　5日17時、現在位置はパペーテの西北西1735海里、タラワ島の東南東830海里。今日のデイランは110海里。東の順風で船脚順調です。好天でカツオも釣れました。体調も良いようです。
　6日17時、現在位置はタラワ島の東南東715海里。今日のデイランは115海里。快晴、穏やかな天気。東の順風で船脚順調です。今回の航程の7割を消化しました。あと1週間でタラワ島に到着しそうです。
　7日17時、現在位置はタラワ島の東南東595海里。今日のデイランは120海里。東の順風で順調に西北西へ船脚を伸ばしています。
　9日17時、日付変更線を通過したので艇内時間の日付だけ1日進めました。現在位置はタラワ島の東南東470海里。今日のデイランは125海里。東の順風で順調に西北西へ船脚を伸ばしています。いよいよ東半球に入りました。2019年2月に地中海を出て大西洋横断からずっと西半球でしたが3年半ぶりの東半球です。

10日17時、現在位置はタラワ島の東南東340海里。今日のデイランは130海里。カモメが１羽住み着いている。東の順風で順調に西北西へ船脚を伸ばしています。ギルバート諸島の島々が近いのでカモメがうめぼしに遊びに来ているようです。

　11日17時、現在位置はタラワ島の東南東240海里。今日のデイランは100海里。昨夜 満月。穏やかな良い天気が続いている。風は東の軽～順風で少し弱まりましたが順調に西北西へ船脚を伸ばしています。今晩赤道を越えて明日は北半球でしょう。あと３日で目的地タラワ島に到着しそうです。

　12日17時、現在位置はタラワ島の東南東145海里。今日のデイランは95海里。晴れ。メインセールのみ。風は東北東の軽風ですが順調に西北西へ船脚を伸ばしています。今日午後に赤道を越えてほぼ２か月半ぶりに北半球に入りました。あさって午前中に目的地タラワ島へ到着する見込みです。

　13日17時、現在位置はタラワ島の東南東55海里。今日のデイランは90海里。快晴。15時からスコールまだ降っている。東の軽風ですが順調に船脚を伸ばしています。明日の早朝には目的地のタラワ島ベティオ沖合に到着し、昼までには上陸しそうです。

　９月14日12時にキリバス（タラワ島ベティオ）に無事到着し投錨しました。〈宮原〉

タヒチ島からキリバスのタラワ島へ

　2022年８月19日の８時20分に出航し９月14日の12時20分にキリバスのタラワ島のベティオの沖にアンカーリングが完了した。航海距離2500海里を25日間と４時間（604時間）かけて航海した。エンジンは出港時に１時間、入港時に９時間稼働し毎日夜20分ほどバッテリー充電のために稼働したので全体で22時間の稼働になりアワーメーターは431時間になった。今回の航海は全体的に東からの貿易風が安定的に吹き大変穏やかな天気に恵まれた。前半に何日かと最後の数日スコールが来たが雨が降るだけで風は弱くなるようなものだった。しかし今日14日の朝の９時に初めての嵐に見舞われて慌ててセールを降ろす間にびしょ濡れになってしまった。主なトラブルとしてはオーパイNo.7の故障とNo.8への交換、海水ポンプの故障は分解清掃で対処、冷蔵庫電源のヒューズ部分腐食による断線は銀紙で応急対処などあったが何とか乗り越えられた。

タラワ島のベティオ港にて

　9月15日は南東の風が7m吹き晴れの良い天気だった。14日の10時20分にアンカーリングができた後にVHF無線の16チャネルでTARAWA RADIO局に連絡し入国手続きを依頼し、また現地エージェントのBarereさんにイリジウムSMSで連絡をし同様に手続きを依頼した。しかし担当のカスタムは14日は来てくれず15日もBarereさんからカスタムがうめぼしに向かっているという連絡をもらったのだが結局来てくれなかった。それでも船内でやらなければいけない仕事はそれなりにたくさんあって休養と併せてゆっくりといろいろな整備をした。エンジンの確認をしたところエアーフィルターが外れて落ちていたので元の状態に復元した。またマストのガイドレールのフックとメインセールをつなぐシャックルの一つが外れて落ちていたのでそれも修復した。また漁師さんが話しかけてきてくれて小ぶりのアマダイのような魚を13尾無料で置いていってくれたのでそれを捌いて煮付けにしたりしてのんびりと船内で過ごした。

　うめぼしからイリジウムメールで mada nyukoku dekite inai imamo sennai taikichuu 16日も船内待機中で入国できていません。とのこと。かなりノンビリした土地柄のようです。上陸にはもう少し時間がかかりそうです。〈宮原〉

　うめぼしからイリジウムメールで kyoumo nyukoku dekimasendesita. nonbi siteimasune. tenkiha odayakadesu. 17日も入国できませんでした。ノンビリしています。天気は穏やかです、とのこと。

　タラワ島は相当ノンビリした土地柄のようです。上陸は週明けになるかも？〈宮原〉

やっと入国できた

　9月18日の9時に入国審査チーム5人（イミグレーション、カスタム、ポリス、バイオセキュリティ、カランティン）がうめぼしに来てくれて審査が終了し入国できるようになった。遅れた理由はVHF無線のスタンバイを私がポートコントロールの06チャネルにしていたためタラワラジオが16チャネルでコールしたのに対応できなかったことと、16日金曜日の16時に入国審査チームが来てくれたのだが私がテンダーを準備しておらずにハーバーまで迎えに行けなかったことである。18日はエージェントのBarereさんがチャーターした小型船で入国審査チームが

696　世界一周船栗毛

来てくれた。18日は15時にBarereさんとハーバーで落ち合いSIMの購入や島内観光に対応してもらった。

ミクロネシアのコスラエに向けて出港予定

　9月19日は朝の10時にBarereさんと港で待ち合わせて車でいろいろな用件を済ませた。清水40リットルの調達、衣類の洗濯、ウィスキー購入、ルアーの購入、たまご、たまご麺、醤油、砂糖、オレンジ、キウイフルーツなど食材の購入である。これで一応出港準備はできたので出国手続きについてBarereさんと相談をしたところ手続きをしてから2時間以内に出航しないといけないということなので今日の15時半から手続きをして17時半までに出航することにした。ミクロネシアのコスラエまで650海里程度だが比較的風が弱い日が多いようなので8日から9日くらいかかるかもしれない。Barereさんへの支払いは355オーストラリアドルだった。

うめぼし航行状況　キリバス ～ミクロネシア

　9月19日うめぼしから航行状況がLINEで届きました。17時半頃に出航しました。とのこと。

　20日17時、現在位置はタラワ島ベティオの西北西90海里、東の軽風ですが順調に船脚を伸ばしています。オートパイロットが不調になったので、パペーテで購入した2台の一つに交換しました。新調しておいて良かった。

　21日17時、現在位置はタラワ島ベティオの西北西160海里、コスラエの東南東500海里、今日のデイランは70海里。今日は無風から一時的には10mの嵐、風向も北東-南東と安定しない風で船脚の伸びは今一歩でした。

　22日17時、現在位置はタラワ島ベティオの西北西230海里、コスラエの東南東430海里、今日のデイランは70海里。今日は風が弱かったので機走に頼り船脚の伸びは今一歩でした。

　23日17時、現在位置はコスラエの東南東365海里、今日のデイランは65海里。今日も初めのうちは風が弱く機走に頼りがちで船脚の伸びは今一歩でした。

　24日17時、現在位置はコスラエの東南東285海里、晴れ、穏やかな天気。エンジンオイル交換。今日のデイランは80海里。南東からの軽風でまぁまぁの船脚で

した。今回の航程の中間点を越えました。

　25日17時、現在位置はコスラエの東南東215海里、今日のデイランは70海里。東から南東の微軽風で機走に頼ってまぁまぁの船脚でした。

　26日17時、現在位置はコスラエの東南東140海里、午前、薄靄の快晴。午後曇り、今日のデイランは75海里。北東からの微軽風でずっと機走でした。あと2日で目的地到着の見込みです。

　27日17時、現在位置はコスラエの東南東60海里、今日のデイランは80海里。昼頃久しぶりに順風が来て昨日来の機走を止めましたが、1時間ぐらいでまた微軽風となりまた機走しています。あす午後目的地沖に到着の見込みです。

　28日10時20分、投錨完了。昨晩順調に船脚を伸ばして今朝目的地コスラエに到着しました。〈宮原〉

　28日17時うめぼしから現在の状況がLINEで届きました。コスラエは入国が比較的スムーズに進みたった今入国手続きがメールベースで完了しました。SIMも買えたのですが速度が遅くなかなか進みません。〈宮原〉

キリバスのタラワ島からミクロネシアのコスラエへ

　9月19日の17時30分にアンカーをあげて出港した。暗くなる前の18時半には環礁の出入り口を通過できた。後は追い風を受けて一本道だ。20日までは良い風が吹いたが21日の午前2時に無風となりオーパイのアラームが鳴ったのでオーパイの電源を切って6時半まで漂った。以降は3mから4mほどの弱い風が最後まで続いた。22日からは適宜エンジンを始動して機走と帆走を交互に繰り返していた。25日の朝の6時から28日10時半まではほぼ連続してエンジンで機走した。28日の10時20分にコスラエの港の一番奥にアンカーを打つことができた。645海里を209時間かけて約3ノットの速度で走った。そのうち約100時間はエンジンを使った機走で主に1400rpmで走った。全般的に波は少なく穏やかな海面だったのでエンジンオイル3リットル交換、ギアオイル1.8リットル交換、No.2バッテリーの電圧が低下したのでデルタビルでもらった良品と交換などの整備も行った。No.7のオーパイもいろいろ部品交換などしてみたが修理できなかった。

コスラエの港での入国手続き

　9月28日9時20分にアンカーリングを終えるとすぐに宮原さんにイリジウムSMSで到着連絡をして9時半頃にVHF無線の16チャネルで呼び掛けたところ親切な人がいて私が到着したことをイミグレーションとエージェントのスミスさんに連絡してくれた。そのまま船内で待っていると11時半にイミグレーション2名、カスタム2名、カランティン2名が来てくれて岸から声をかけてくれた。すぐにテンダーを出して岸まで行き岸辺の小屋で手続きをした。カスタムとカランティンは手続きが終わったが、イミグレーションだけはエントリーパーミットがないとダメだということで保留になった。エントリーパーミットについてポンペイ島のイミグレーションに問い合わせるということで12時半には一旦打ち合わせを終わりにした。13時半にイミグレーションの担当者2名がまた岸まで来て声をかけてくれたので、すぐにまたテンダーで岸まで行った。エントリーパーミット申請の書類を記入して再度許可待ちになった。ここでイミグレーションの担当者が親切だったのだ。食料は十分にあるかと聞いてくれたのだ。私が「いやない」と答えると近くのスーパーマーケットまで車で連れて行ってくれた。そして更にSIMを買いたいというと港の反対側のSIMショップまで車で連れて行ってくれたのだ。そして夕刻にはエントリーパーミットが発行されたとeメールで連絡をくれた。29日は未明から土砂降りのスコールや10m以上の突風を伴う嵐などが続き午前中は雨が降り続いている。イミグレーションがエントリーパーミットとパスポート押印のために来ることになっているが雨が止むまでは船内で待機だ。アンカーリングしている場所は水深4mの奥まった場所で波がほとんどない。海底は砂のようだがアンカーもよく効いていて嵐の時も安定していた。お陰様で昨晩は久しぶりにぐっすり眠ることができた。2時のスコールまでは。

コスラエにて

　9月29日は午前2時から12時まで激しい雨が降り続いた。13時半にイミグレーションの担当者が岸まで来てくれてエントリーパーミットと押印をしてくれた。そしてACE hardwareまで連れて行ってくれた。スミスさんは不在だったが15時半に戻って来られたのでさっそく酒屋に連れて行ってもらいワインとラム酒を購入して艇に戻ってきた。スミスさんは25歳の時にACE hardwareを立ち上げ現在

11　2022年の航海　*699*

コスラエにて谷垣さん（左）とスミスさん（中）

　56歳でACE hardwareとその向かい側にあるスーパーマーケットのオーナーだということである。スミスさんの曾祖父はコスラエの王様だったとのことでスミスさんの父親がヨットのサポートを始め、サポートしたヨットの記録が4冊の本になっていた。
　9月30日はスミスさんにサポートしてもらって多くのことを実施した。9時にテンダーに空きタンク7個（燃料と清水）を積んで岸まで行くとスミスさんがトラックで迎えに来てくれた。ガソリンスタンドに行き軽油100リットルを購入した。そこで谷垣さんにお会いした。谷垣さんは13年前にコスラエに来て農業をしているとのことだ。谷垣さんが作ったトマトやキュウリ、なすなどの野菜類をガソリンスタンドの棚に並べると飛ぶように売れていく。
　清水はスミスさん自宅のタンクから60リットルを分けてもらった。マリーナまで行きチャーターテンダー（20ドル）で艇まで運んだ。その後散髪をしてレストランでスミスさんと一緒に昼食をとった。午後からはコインランドリーで洗濯をしてスーパーマーケットと酒屋で食材を調達しカスタム、ポートポリス、イミグレーションに連れて行ってもらいクリアランスを取得した。明日の朝7時にポンペイに向けて出港予定だ。

うめぼし航行状況　コスラエ〜ポンペイ

10月1日6時45分、うめぼしはポンペイへ向けてコスラエを出航しました。

ポンペイまでは約300海里、グアム経由で父島まで2000海里ちょっと。〈宮原〉

1日17時、現在位置はコスラエの西北西35海里、ポンペイの東南東275海里、今日は出航から半日で35海里、昼過ぎに嵐に遭ったりして船脚はまぁまぁ。今は順風のようです。

2日17時、現在位置はコスラエの西北西100海里、ポンペイの東南東210海里、デイラン65海里。今朝から無風でずっと機走しています。

4日17時、現在位置はコスラエの西北西230海里、ポンペイの東南東80海里、曇り。デイラン65海里。今日も機走が中心です。明日夜には目的地沖に着きそうです。上陸は明後日になるでしょう。

5日17時、現在位置はコスラエの西北西285海里、ポンペイの東南東30海里、曇り。穏やかな海。デイラン50海里。今日も機走が中心です。今夜、目的地沖に着きそうです。明るくなるまで待って明日午前入国・上陸でしょう。

6日9時、ポートポリスの船に横抱きされて入国審査待ち中。〈宮原〉

コスラエからポンペイへ

10月1日の6時45分にコスラエの港を出航し10月6日の午前9時にポンペイの商業港のポートポリスの船に横抱きされた。約300海里を5日と2時間（122時間）かけて速度は平均2.5ノットとかなりゆっくりとした航海になった。1日は北東の風が風速8mくらい吹いてまずまずの走りができたが2日目からは2〜3mの微風から無風の状態が続きエンジンで機走した時間が46時間になった。海面は穏やかで過ごしやすい航海でもあった。スミスさんの自宅の庭に植わっているチェリモヤの大きな実をもらったのだがそれを毎朝5日間食べたし谷垣さんが作ったトマト、キュウリ、オクラ、なすなど野菜たくさんの料理で食生活も充実したものになった。VHF無線でポートコントロールから呼び出され商業港の埠頭で入国審査が終わったのは15時だった。その後スコールが来て土砂降りの中マングローブベイマリーナに向かったがその時スコールでスマホ画面が濡れてC-MAPの表示ができなくなりその間に隠れた岩にキールがぶつかり船が止まった。しかし大事にはならず15時40分にマリーナに係留することができた。

マングローブベイマリーナにて

10月6日はポンツーンまでマリーナ職員のWilmarさんが出迎えに来てくれてもやいを取ってもらった。そしてWilmarさんに車で通信会社のオフィスまで連れて行ってもらいSIMカードのリチャージをしてもらった。7日はまたWilmarさんに車でガソリンスタンドまで連れて行ってもらい軽油40リットル（69ドル）を購入することができた。マングローブベイマリーナは少し不便なところにあるが親切で気のいいフィリピン人のWilmarさんのおかげでやりたいことがサクサクと進んでいる。マリーナの係留費用は1泊75ドルとやや高めではあるが静かで水道水もあり浮き桟橋で安全でもあることから私にとっては大変居心地の良いマリーナである。

マングローブベイマリーナにて（続き）

10月8日は雨が断続的に降り続いていたこともあり艇内でゆっくり過ごした。船外機がまた動かなくなっていたので確認したところプラグのヘッドが外れているのが見つかり差し込んだところうまく動くようになった。また清水ポンプが断続的に動くので水が漏れている場所を探したところポンプの出口のホースが半分外れていてそこから水が少しずつ漏れているのが見つかった。さっそくホースをしっかりと固定したところ良くなった。午後からはワインを飲みながら囲碁名人戦第四局の芝野虎丸九段の頑張りをユーチューブ中継で鑑賞させてもらった。

マングローブベイマリーナにて（続き2）

10月9日も雨模様だったので艇内でゆっくり過ごした。マリーナにいる時は水道水を十分に使えるので雑巾を使って艇内の床やキッチンの拭き掃除をし洗濯もした。コスラエの谷垣さんの話では10月に入ると貿易風が吹き出し12月にかけてかなり強くなるということだったがWindyの風予報では今週13日木曜日までは雨模様の微風が続くようだ。しばらくはこのマリーナにて風待ちをしたいと思う。

マングローブベイマリーナにて（続き3）

10月10日は朝の6時半に隣のカタマランを所有しているアンディさんに会った。いろいろヨットマンにとって有用な情報を持っておられて現地の人としては

702　世界一周船栗毛

マングローブベイマリーナのアンディさんとアンディさんのカタマラン

貴重な存在だと思われる。そのあと船内でゆっくり朝食をとり少し暑くなり始める9時過ぎにマイカップを持って冷房が効いているマリーナオフィスに行きコーヒーを飲みながらマリーナ職員と雑談をして過ごした。今日は入国した時に申告した出航予定日なのでそれを延長するためにイミグレーションの事務所に行く必要がある。オフィスは首都パリキールにあり少し離れている。マリーナ職員に相談するとタクシーで行くのが良いと言う。往復5ドルで十分だと言う。それは安いと思ってすぐに手配をしてもらった。30分ほどで来た5人乗りのタクシーには既に3人の乗客が乗っている。つまり効率の良い乗合タクシーなのだ。イミグレーションで出航予定日時を13日13時と申告して手続きは終了した。出航日にはイミグレーションがポートコントロールの手続き場所まで来るということだ。帰り道にスーパーマーケットに寄ってもらってお酒や食材を仕入れて帰ってきた。

マングローブベイマリーナにて（続き4）

10月11日はアンディさんにお願いして車でコロニアの町まで連れて行ってもらった。ACEハードウェアでエンジンオイル15W-40を購入することができた。また生鮮食品店でバナナ、ココナッツ、パイナップルを購入した。帰り道にアンディさんが経営するレストランでマグロ刺身弁当を作ってもらい持ち帰った。弁当代はアンディさんが払ってくれた。エンジンオイルを購入することができたので

さっそくセールドライブのギアオイル1.9リットルを交換した。アンディさんは弁当を持ってもう一艘の船で釣りに出かけたようだ。

マングローブベイマリーナにて（続き5）

10月12日も雨模様が一日中続いた。今日もアンディさんにお願いして夕刻から車で買い出しに連れて行ってもらった。航海記録用のノートや乾電池、フレッシュココナッツ、グレープフルーツ、キュウリ、トマト、キムチ、ソーセージなど航海に必要なものはほぼ調達することができた。

グアムへ向けてポンペイを出航

10月13日は出航予定日だ。風予報サイトのWindyとPredictwindによれば今晩から東寄りの風が吹き始め1週間ほど吹き続ける予報である。グアムまでは約900海里なので23日か24日くらいには到着したいと思っている。12時にマングローブベイマリーナを出航し13時にポートコントロールの事務所がある商業港の岸壁に行く。そこでカスタムとイミグレーションの出国手続きをしてそのまま出航することになる。

うめぼし航行状況　ポンペイ〜グアム

10月13日うめぼしからポンペイ出航の状況がLINEで届きました。13時、今出国手続きをしています。ポートオーソリティのオフィスで215ドルも取られました。今艇に戻ってイミグレーションが来るのを待っています。今カスタムが来ました。あとイミグレーションが来たら終わりです。やっとイミグレーションが終わり今出航しています。

13日17時、環礁の出入り口を出てセールをあげました、とのこと。グアムへ向けて安全航海を祈りましょう。

14日17時20分、現在位置はポンペイの西北西55海里。スターボードタック、メインセール2ポイントリーフ、真追手。進路294度。晴れ。東の軽風で帆走していますが船脚はイマイチです。冷蔵庫が故障しました。AISの位置表示がおかしいのでスイッチを入れ直しました。

15日17時、現在位置はポンペイの西北西135海里、今日のデイランは80海里。

風向が結構変わりましたが軽風から順風で船脚はまぁまぁでした。AISの具合は回復したようです。

16日17時、現在位置はポンペイの西北西205海里、今日のデイランは70海里。昨日からたびたびスコールに遭いました。南の風で船脚はまぁまぁでした。冷蔵庫が復活しました。

17日17時、現在位置はポンペイの西北西255海里、雨、微風、機走。今日のデイランは50海里。

18日17時、現在位置はポンペイの西北西325海里、今日のデイランは70海里。今朝から北東–東北東の順風が吹き始めたので、このあと船脚を伸ばせそうです。

19日17時、現在位置はポンペイの西北西455海里、今日のデイランは130海里。スコールが2回来て風向、風速が変わったものの基本的には東〜東北東の順風が吹き、船脚を大きく伸ばしました。今回の航程の中間点を少し越えました。

20日17時、現在位置はポンペイの西北西595海里、目的地グアムの東南東310海里。今日のデイランは140海里。東北東の順風にクォーターで船脚を大きく伸ばし、今回の航程の約2/3を消化しました。

21日17時、現在位置はポンペイの西北西685海里、目的地グアムの東南東220海里。今日のデイランは90海里。東の順風–強風でしたがスコール、嵐、大雨に遭い船脚はまぁまぁでした。このあと風が弱まりそうですが、機走も交えてあと3日くらいでグアムに到着しそうです。

22日17時、現在位置はポンペイの西北西765海里、目的地グアムの東南東140海里。曇り。今日のデイランは80海里。東北東の順風でしたが船脚はまぁまぁでした。明後日にはグアムに到着しそうです。

23日17時、現在位置はポンペイの西北西865海里、目的地グアムの東南東40海里。今日のデイランは100海里。スコールその後曇り、雨。東南東〜東北東の順風で船脚を伸ばしました。明朝にグアム沖合に到着し昼には入国・上陸しそうです。

ShipInfoによればうめぼしは10月24日9時にグアムの Sasa Bayに入っています。まもなく入国・上陸すると思います。〈宮原〉

グアム到着

24日の朝5時にグアム島の南端を通過し6時から機走1400rpmを開始した。ま

だ周りは真っ暗だがグアムの町の灯りはよく見える（グアムとポンペイは時差1時間なので5時と書いたがグアムは4時になる）。宮原さんのブログ掲載にもあったが9時にはApra harborに入りVHF無線13チャネルでharbor controlとも連絡が取れてMarianas Yacht ClubにCBPとカスタムが行くという確認も取れた。Marianas Yacht Clubの沖合の停泊地に10時には着いたのだが周りは岩だらけでアンカーリングできる良いポイントが見つからない。2艇のカタマランが停泊しているがいずれも白ブイにつないでいる。2艇の間に空いている白ブイがあるのでそれを捕まえようとするができない。そこでVHF無線13チャネルでharbor controlを呼び出してヘルプを要請したところ30分ほどでアルミ艇のディンギー2名乗りが助けに来てくれた。無事にブイに係留することができた。ディンギーの人が岸まで連れて行ってくれるというので書類を持ってMarianas Yacht Clubまで連れて行ってもらった。Clubではカスタムの2名が待っていてくれて手続きはすぐに終了しCBP（イミグレーション）も来てくれて手続きは完了した。しかし艇に戻る手段がない。Marianas Yacht Clubには誰もおらずCBPとカスタムが引き上げた後は無人である。やむを得ず砂浜に置いてある小さなカヤックを借りて艇まで漕いで戻ってきた。戻ってきたのはグアム時間で12時半だった。海外で新しい港に到着するたびに苦労することが3つある。入国手続きとインターネット通信環境の確保と現地通貨の確保である。今回は入国手続きは無事に終わりインターネット通信環境は日本の楽天のSIMがサポートしてくれている。通貨はUSドルなので問題ない。

ポンペイからグアムへ

　ポンペイを10月13日の16時に出航してグアムに24日の10時に着いた。約900海里を10日と18時間（258時間）で航海した。平均艇速は3.5ノットである。14日から16日は東寄りの風が6m前後吹いたが17日は風がなく10時間機走した。18日から23日までは東寄りの風が6m前後吹き順調に走った。23日の15時から24時半まで機走して24日の6時から10時まで機走した。258時間のうち24時間半が機走時間になった。今回は非常に雨の多い航海になった。ほとんどの日が曇りで日に何度かスコールが来る。スコールにもいくつかのタイプがあり、激しい雨と共に風速20mくらいまで吹き上がる嵐型のタイプと雨と共に風向が変わり10m前後吹く

タイプと雨のみで風は微風というケースもある。20mを超えるとオートパイロットの能力の限界を超えるようで風上に切りあがってアラームが鳴りっぱなしになったこともあった。またクォーターの風（135度）だとジブセールがうまく機能してくれて6mの風でも4ノット強の速度が出ることもある。もちろん追い潮のおかげもある。

アプラハーバーにて

10月25日はアプラハーバー内のMarianas Yacht Club前の白ブイに係留してゆっくり過ごした。朝7時からテンダーを膨らませて降ろした。タヒチのマリーナの隣の船からもらった手動式ポンプはなかなかの優れものである。少し時間はかかるが確実にパンパンに膨らませることができる。船外機を始動しようとしたがまた動かない。やむを得ずパドルで昨日借りたカヤックとパドルをヨットクラブに返しに行ってきた。その後艇に戻ってからアガットマリーナに電話をかけて艇の係留が可能かどうか確認するが次々に電話を転送されてなかなか要領を得ない。4人目にJohnなる人がメールでのやり取りに応じてくれた。肩書を見るとCommercial Division Port Authority of Guamとなっている。どうも役所が権限を持っているようだ。いろいろやり取りをして明日Johnさんと会うことになった。夕刻16時半にはヨットクラブに行き昨日依頼したヨットクラブのサポート要員のビルさんにスーパーマーケットとSIMショップまで買い物に連れて行ってもらった。白ブイ利用料は1日7ドルとのことだ。

アプラハーバーからアガットマリーナへ

10月26日も穏やかな天気で朝食も昨日調達した寿司、サンドイッチ、ブロッコリーやオクラ、ピーマンなど新鮮な野菜を塩茹でしトマトやココナッツなどを加えたサラダにして健康食をたくさんいただいた。その後9時にJohnさんがMarianas Yacht Clubに来てくれてアガットマリーナのC-14バースを確保してくれたということで今日アガットマリーナに移動することにした。テンダーを艇に引き上げ白ブイに係留しているロープをカッターナイフで切って10時半に出航した。ミリタリー訓練水域を避けて大きく遠回りをして14時前にもうすぐアガットマリーナというところでUSコーストガードにつかまった。うめぼしに2人が乗

11 2022年の航海　*707*

り込んできて船内装備のチェックをされた。結果いくつかの改善命令を受けた。消火器2個とライフジャケット1個についてUSCG認定のものを装備すること。他にも環境保全のための指摘をいくつか受けた。16時にはマリーナに到着したがC-14バースは他艇のロープが張られていたので近くの空きバースに係留した。マリーナオフィスは既に閉まっていて誰もいない。静かで安全な良いマリーナである。

アガットマリーナにて

10月27日もほとんど揺れを感じないマリーナでゆっくり過ごした。9時にJohnさんがマリーナまで来てくれて案内をしてもらった。マリーナにはマリーナオフィスはないそうである。番号鍵が付いたシャワートイレ室がある。電気と水道は供給されているそうだ。係留場所の候補を確認してJohnさんが持ち帰った。マリーナ係留料金は月額137ドルだということでとりあえず6か月間契約することにした。17時にJohnさんがまた来てくれてスーパーマーケットまで連れて行ってくれることになった。UBERやtaxiは高くて危険だということで明日はタモン地区のザプラザセンターまでワクチン接種をしに連れて行ってもらうことになった。Johnさんは係留しているヨット向けのサービスをサイドビジネスにしているようである。14時頃にダイビングサービス会社を経営されている「ごう」さんが艇まで訪ねて来られた。先日ブログにコメントを書いていただいたかたである。アガットマリーナにダイバー向けの大きなボートを係留しておられてこのマリーナの情報や風情報など貴重な話をたくさん聞かせていただいた。このマリーナには艇内に住んでいる人が多いそうである。そういう人向けの料金体系もあるという話だった。

アガットマリーナにて（続き）

10月27日の続きである。16時にJohnさんがマリーナまで迎えに来てくれた。そして海軍病院の南側にあるJohnさんの自宅に行きビールをご馳走になった。自宅の庭にはたくさんの鶏が放し飼いになっていて毎日異なる餌を与えているということだ。またマンゴーやバナナ、レモン、グリンペッパーなど多くの果樹や野菜類が育てられていた。18時にはタモンビーチにあるチャモロバーベキュー＆

Johnさんの自宅にてJohnさんの従兄弟（右）と

シーフードに連れて行ってもらいディナーをいただいた。帰り道に東京マートというスーパーマーケットに寄って納豆や豆腐、ラーメン、果物などを買って帰った。そして28日は朝の8時にJohnさんがマリーナまで迎えに来てくれて9時過ぎにはコロナのワクチン接種会場に入り無事に3回目の接種をすることができた。これで日本への入国もできるようになった。その後マリーナ近くのコインランドリーで降ろしてもらい洗濯をして徒歩で帰ってきた。明日はJohnさんの自宅でのバーベキューに誘われている。

アガットマリーナにて（続き２）

　10月29日はマリーナの艇内でゆっくり過ごした。Johnさんの息子さんの車が故障してJohnさんの車で仕事に行ったので今日の予定は明日に順延された。久しぶりにゆっくり時間が取れたので艇内の荷物の仕分け整理をして袋ごとに何が入っているか名札を付けた。船外機の分解清掃、ハルのニス剥がれ部分の補修、ウィンドラスのカバー、トイレモーターへの油差し、コクピットへの12Ｖ供給とUSBへの変換アダプタの稼働確認などを行った。午後にはハワイからここに来てマリーナの艇内に5年間住んでいるというジョージさんというご老人が来てひとしきり雑談をしていった。船の上にエアコンの放熱器を置いている船だけでも10艇くらいはいそうだ。11月1日の早朝発のチェジュ航空で日本に帰国することにした。あと少しで日本だが低気圧が発生し小笠原諸島近辺はあまり良い風予報に

なっていないので宮原さんとも相談をして無理をしないでここにとどまることにした。たまたまアガットマリーナという低価格で安全で住みやすいマリーナに入ることができたこともう一つの理由である。

アガットマリーナにて（続き3）

10月30日（日曜日）は朝の8時過ぎにJohnさんに迎えに来てもらった。先日USコーストガードにつかまって購入するように指導されていたライフジャケットと消火器2個他を買うためにKマートまで連れて行ってもらった。しかし残念ながらコーストガードの認定品は売っていなかった。Johnさんに電話でコーストガードに確認してもらったところ別の店で売っていて日曜日は閉まっているということである。その後Johnさんの自宅に戻り焼肉と魚フライを酒の肴にしてビールをいただいた。13時に近くのLone Star Steakhouseに連れて行ってもらいランチにステーキをいただいた。その後Johnさんが50年以上利用しているという理容室に寄って散髪をしてもらい16時過ぎに艇に戻ってきた。明日は7時半に迎えに来てもらってJohnさんの事務所でマリーナ係留契約をしてコーストガード認定品を購入しに連れて行ってもらう予定である。

アガットマリーナにて（続き4）

10月31日は朝の7時50分にJohnさんにマリーナまで迎えに来てもらいピティの半島の先端近くにあるポートオーソリティのJohnさんの事務所まで連れて行ってもらった。そこの会計係に今年分の係留料313ドル（約4万5000円）を支払い来年の係留料については毎月137ドルをクレジットカードカードから自動的に引き落とす手続きをした。契約期間は来年6月までだが途中いつでも解約することができるということだ。その後タムニン地区にあるCoral Reef Marine Centerというマリンショップに連れて行ってもらいコーストガード認定の消火器2個とライフジャケット1個を180ドルで購入した。環境保全のためのゴミ分別収集の表示についてはオーダー品になるということで後日Johnさんが受け取っておいていただけることになった。そして10時半には艇に戻ってきた。今日の夜23時にまたJohnさんに艇まで迎えに来てもらい空港まで連れて行っていただく予定だ。Johnさんには一連のサポートのお礼として200ドルを渡した。

⓬ 2023年の航海
（グアムから小笠原経由油壷へ：1343海里）

2023年の航海のまとめ

　2023年の航海はグアムから油壺までの航海である。４月12日の飛行機でグアムに行きアガットマリーナで出航準備をして17日に出港し25日に小笠原二見港に着き入国手続きを済ませ５月１日に小笠原を出て６日に八丈島神湊港に着き11日に八丈島を出て12日に油壺に到着した。航海したのは17日間で1343海里だ。エンジン稼働時間は112.2時間だ。

　その間の交通費と生活費は約20万円だった。油壺に５月12日から６月27日まで滞在し整備と船検取得をした。その間の整備費は108万円（内訳YBS山下75万円、足立ヨット23万円、船検、トイレ用モーター他）だ。年間保険料12万6000円、その他を入れて総合計141万円の支出になった。

アガットマリーナのうめぼし

　2023年１月19日グアムのアガットマリーナの管理者のJohnさんからうめぼしの写真が送られてきた。うめぼしはマリーナ内に無事に係留されているようだ。また３月にはグアムでダイビングショップを運営しておられる中根豪さんからメッセージが届いた。うめぼしのビルジをチェックして少量のビルジを汲み出しておいたとのことだ。また船全体も問題なさそうとのことだ。

Kazi誌５月号に記事掲載

　Kazi誌５月号の長距離航海の夢想という特集の中でうめぼしの取材記事（32ページから37ページ）を掲載していただいた。取材して記事を書いていただいたKazi編集部の森口さんに感謝申し上げる。４月12日の飛行機でグアムに行き航海を再開したいと思う。うめぼしは昨年11月から５か月以上グアムのアガットマリーナに係留したままなので船底の汚れをはじめ気になるところがたくさんある。まずは艇の状況を確認することから始めたいと思う。

うめぼしに戻ってきた

　４月13日の午前３時にグアムのアントニオＢウォンパット国際空港に到着しJohnさんに空港まで迎えに来てもらって午前４時にはうめぼしに到着した。１時間ほど荷物の整理をした後午前９時頃まで仮眠を取った。船の状況は全体的に

は良い状態のようだ。エンジンはすぐに始動しプロペラも回っているようだ。ウィンドラスも動いた。清水ポンプ、冷蔵庫も動いた。トイレのモーターポンプがサビ着いてまったく動かない。これは交換が必要だ。海水ポンプも日本から持ってきた新品に交換したところうまく動き出した。船底のビルジは少し溜まっていたがきれいな茶色をしていて比較的きれいな状態だった。ハルにはかなり藻が付いているので清掃が必要だ。5か月以上放置していた割には全体的に良い状態のように見える。今回は鎌田さんが同乗してくれることになり釜山空港で合流してきた。

中根豪さんありがとう

　4月14日の朝は鳥のさえずりと共に目が覚めた。アガットマリーナはグアムの中では結構田舎になるようで静かな夜にぐっすり眠ることができた。今日も艇の中の整理整頓や装備品の確認調整をした。これまでのところトイレのポンプ以外には目立ったトラブルは見つかっていない。お昼過ぎに中根豪さんがマリーナに来られて一緒に昼食をすることができた。中根豪さんは明日午前と午後に2組のお客様が来られるということでその準備に忙しい折にもかかわらず当方をスーパーマーケットまで連れて行っていただいた。お陰様で食材の調達とSIMカードを購入することができた。

中根豪さん

鎌田さんありがとう

　４月15日（土曜日）の朝はドルフィンウォッチングの観光客の声で目が覚めた。アガットマリーナは観光客のためのマリンアクティビティの最大拠点のようで休日になると多くの観光客で賑わう。船底に着いた海藻類をきれいにするために依頼したケイスさんが９時に来られたがうまくニーズにフィットしなかったので断ってしまった。その代わり鎌田さんが潜ってくれるというのでお願いしたところスキンダイビングで１時間以上潜ってケルヒャーの高圧洗浄機をうまく使って船底をきれいにしてくれた。その後ケルヒャーでコクピット周りを清掃しウィンチが回らなくなっていたので分解清掃した。トイレのポンプはグアムに在庫がないようなのであきらめる。夕方17時にJohnさんが迎えに来てくれてココナッツフェスティバルに連れて行ってくれることになった。

防水カバー

　４月16日はケルヒャーの高圧洗浄機でコクピットやデッキの清掃をした。また

鎌田さん

雨漏れ対策としてバウデッキにビニールシートをかぶせた。これでバウキャビンの雨漏れが止まると良いのだが。これでほぼ出航準備が完了したので明日10時にカスタムに行って出国手続きをすることにした。17日12時頃には小笠原に向けて出航したいと思う。

うめぼし航行状況　グアム〜小笠原

　4月17日うめぼしからグアム　アガットマリーナを出航した、との連絡がLINEで届きました。11時50分に出航しました。中根さんにもやいを外していただきました。とのこと。アガットマリーナの北西約20海里を北西へ向けて進んでいる模様。北東の順風でアビームのようです。しばらくは船酔いかな。

　18日11時、南東の強風、嵐。メインセール、ジブセールともに2ポイントリーフ。船酔い。とのこと。現在位置はグアム島の北北西110海里。今日のデイランは110海里。南東の順〜強風で船脚を伸ばしています。船酔いしているようです。

　19日11時、現在位置はグアム島の北北西255海里。今日のデイランは145海里。東南東の順風で順調に船脚を伸ばしています。冷蔵庫の調子が悪いようです。ビールを冷やせないのは痛いかも。

　20日11時、現在位置はグアム島の北北西350海里。今日のデイランは95海里。東南東の中風で船脚を伸ばしています。

　21日11時、現在位置はグアム島の北北西470海里。今日のデイランは120海里。今回の航程の中間点を過ぎました。東の中〜順風で船脚を伸ばしています。船酔いも治まったようです。

　22日11時、現在位置はグアム島の北北西550海里。今日のデイランは80海里。穏やかな海に南東の軽風で船脚は今一歩。

　23日11時、現在位置はグアム島の北北西645海里。今日のデイランは95海里。南東の軽風で鎌田さんがセールを操作しています。連れ潮があるようです。明日、明後日は北東の順〜強風が来そうです。小笠原　父島到着は25日か？

　24日11時、SMSありがとう。古賀さん、ありがとう、とのこと。現在位置はグアム島の北北西735海里。今日のデイランは90海里。南東の軽〜中風で船脚を伸ばしています。25日午後には小笠原　父島に到着しそうです。古賀さんのブログコメントへのお礼です。

25日11時、現在位置はグアム島の北北西820海里、小笠原 父島の南27海里。今日のデイランは85海里。北東の順風ですが昨夜から機走を続けています。25日午後に小笠原 父島に到着を目指しています。

25日16時30分過ぎに二見港に到着しました。すぐに海上保安庁の係官が3人来て今まで取り調べがありました、とのこと。〈宮原〉

グアムから小笠原諸島父島への航海

4月17日の11時50分にグアムのアガットマリーナを出航し4月25日16時30分に小笠原諸島父島の二見港に到着した。約840海里の航海に8日間と5時間弱（197時間）かかった。出港直後は東北東の風が7mほどあり30分ほど機走したのちにセールを上げてエンジンを停止した。その時は沖縄に向けて走っていたがしばらく走ると徐々に風が東に振れて深夜頃には小笠原に向けて針路を取ることができるようになった。しかし深夜頃にアカが床板が持ち上がるレベルまで床下に溜まり慌ててトイレやいくつかのバルブを閉めてビルジポンプをフル稼働させた。大半を汲み出すのに3時間ほどかかった。アカ漏れの原因は未だにわかっていない。また翌朝には冷蔵庫が動いていないことがわかり鶏肉など生の食材を調理して対策を講じた。海水ポンプも2日間ほど動かなかった。アビームに近い上りの風なので艇の揺れが大きく2日間は船酔いで水のみしか飲めなかった。その後は5日間ほど東〜東南東〜南東の順風が吹き順調に船脚を伸ばすことができた。24日の20時頃には南東の風3mほどまで弱まってきたので機走を開始しそのまま到着まで20時間ほど機走した。全体的には比較的穏やかな風だったが船酔いが酷くトラブル対処もありかなり疲れたが鎌田さんがセール操作など適宜対応してくれたので助かった。

ほとんどの日は東〜南の軽風で、穏やかなセーリングでした♡ 最終日、風は北東に変わり、上りいっぱいのクローズホールドとなった小笠原入港直前の動画〈愛子記〉 ➡ https://youtu.be/qHAf2PPZp4s

小笠原諸島父島の二見港にて

4月25日の16時30分に小笠原諸島父島二見港の避難岸壁に横付けすることができた。既に岸壁には海上保安庁やカスタムの係官が待機していてくれた。着岸す

ると同時に艇に乗り込んできて情報収集が始まり1時間半ほどいろいろなことを
聞かれた。入港前に必要な手続きは①入港前手続様式（その1）、②船舶保安情報、
③外国船籍の場合閉港許可証の3つを海上保安庁に提出することが必要とのこと
だったが私は①だけしか提出していなかったため注意を受けた。

➡ https://www.kaiho.mlit.go.jp/01kanku/solas/yourei_pdf/tuhoyosi_jpn.pdf

またイミグレーションやカスタムの入国手続きは25日の業務時間外だったので
26日の朝9時からということになり25日は船内で待機することになった。

4月26日は朝の9時に再度海上保安庁、イミグレーション、カスタム、検疫の
担当者が艇まで来てくれてそれぞれの手続きをしてもらいその後カスタムのオフ
ィスまで車で連れて行ってもらい各種書類に記載をして11時半にやっと入国手続
きが終わった。しかし海上保安庁からは艇の船検の有効期限が切れている状態で
入港したのは法律違反だと指摘され26日13時から15時まで取り調べが続いた。26
日現在は海上保安庁が内部で検討を進めている状態で艇の移動は禁止されたまま
だ。

海上保安庁の取り調べ

4月27日の16時に海上保安庁の担当官が来て日本船籍であることは間違いでデ
ラウェア船籍（USA船籍）として入国手続きをするという説明があり、更に不開
港場寄港の特許申請が必要であることと今後の航海には六級海技士の同乗が必要
であるという説明があった。そこで小笠原レースで来られていた児玉萬平さんに
相談したところ六級海技士の同乗は不要のはずだとの説明を受け再度海上保安庁
の担当官にその話をしたところ18時頃に海上保安庁の担当官から六級海技士の同
乗は不要との説明があった。児玉萬平さんに感謝感謝。やっと予定した通りの航
海ができる見通しが立ってきた。

艇の整備

4月28日は朝一番で不開港場寄港特許の申請書類を国土交通省関東運輸局にメ
ールで送った。この申請の許可が下りればいつでも出航できることになる。午前
中はセールドライブのギアオイル1.8リットルを交換し、弥勒2のクルーの若井
さんに車でガソリンスタンドまで連れて行ってもらい軽油30リットルを調達し

718　世界一周船栗毛

巨大な57フィートカタマランを自分で建造中の水野さん

た。また冷蔵庫のヒューズボックスの接触不良を応急措置で復旧させた。午後から巨大な57フィートカタマランを自分で建造中の水野さんを訪問した。

小笠原レースの閉会式に参加

　4月28日は小笠原レースの閉会式があった。優勝は貴帆の北田さん、宇田川さん、吉富さんだ。2位はThetis-4の児玉萬平さん他6名のクルーの方々だ。3位はZeroの山田さん他4名のクルーの方々だ。レース艇の方々はレース終了後も小中高の生徒を招待して体験乗船会を開催されるなど地元貢献もされていた。また夜の懇親会にも飛び込みで参加させていただき皆さんと交流することができた。29日の11時におがさわら丸の入港があり600名強の旅客が来島していた。船が入港すると町は大いに賑わう。

小笠原出航予定

　Windyで風予報を見ると5月8日頃に八丈島付近を低気圧が通過するようだ。これを避けるために早めに八丈島に着く方が良いとの思いになった。そこで5月1日に不開港場寄港特許の許可を取得次第に海上保安庁とカスタムの許可を得て14時頃には出航したいと思う。2日と3日は北寄りの風だがそれほど強くはないようなので機帆走で乗り切りたいと思う。5月5日か6日頃には八丈島神湊港に

着きたいと思う。東京都八丈支庁港湾課には事前に甲種漁港施設利用届を提出して入港相談をしている。

小笠原父島二見港を出航

　5月1日の朝も穏やかな南寄りの風の中、鶯の鳴き声とともに静かに明けていった。避難岸壁ではThetis-4とZeroのメンバーが（BITTER ENDは母島で）今日も午前午後2回に渡って中学生の生徒30人ずつの体験乗船会の準備をされている。中学校の先生や海洋大学の教授など多くの関係者も一緒になって生徒の体験の指導やサポートをされる。13時45分に不開港場寄港特許の許可がメールで送られてきたので海上保安庁と税関の許可を得て15時に出航する予定だ。

うめぼし航行状況　小笠原父島〜八丈島

　5月1日うめぼしから八丈島へ向けて小笠原父島を出航したとの連絡がLINEで届きました。14時50分に出航しました、とのこと。

　2日12時、現在位置は小笠原父島の北北西80海里、今日のデイランは80海里。出航後ずっと機帆走を続けています。風は当初南西の軽風、今朝からは北の順風。進路は300度。船酔い、雨、波1.5mでちょっと辛めの航海初日です。

　3日12時、快晴。嬬婦岩まで10海里、とのこと。現在位置は小笠原父島の北北西190海里、今日のデイランは110海里。今日も機帆走を続けています。風は時計回りにシフトして北東〜東北東の順風。アビームに近くなり昨日より帆走しやすくなったと思います。この風はこのあと更に東〜南東へシフトしそうなので、明後日には八丈島沖に着きそうです。

　4日12時、現在位置は小笠原父島の北北西270海里、今日のデイランは80海里。風が時計回りにシフトして東〜東南東になったのでエンジンを停止しました。このあとも東南〜南の軽風が続くようなので明日の午後には八丈島沖に着きそうです。

　5日12時、現在位置は小笠原父島の北北西350海里、八丈島の南南東45海里。青ヶ島のほぼ東17海里。今日のデイランは80海里。風は南南西の軽風。このあと南の順風になりそうです。今日明るい内に八丈島へ入港できるか微妙です。

　うめぼしから八丈島に到着したとの連絡がLINEで届きました。朝6時10分に

神湊漁港にもやいを取りました、とのこと。〈宮原〉

小笠原父島二見港から八丈島神湊港への航海

　2023年5月1日14時50分に小笠原父島二見港を出航し5月6日朝の6時10分に八丈島神湊港の岸壁に仮もやいを取りその後8時に漁協の了解を得て港の奥の安全な場所に本もやいを取った。総航海距離380海里を4日と15時間20分（合計111時間20分）で航海し平均艇速3.4ノットになる。機走時間は63時間で1300rpmから1500rpmでほとんど機帆走だった。風は初め南の微風から2日朝に弱い前線を通過したあとにしばらく雨が降り北寄りの10m前後の強風が4日朝まで吹き続けた。その後は東南東から南南西3m前後の穏やかな風になった。6日の朝の3時には南西10m強が吹き始めこのあと数日間は南西の強風が続く予報だ。今回の航海中は一時冷蔵庫が動かなくなったこと以外はそれほど大きなトラブルはなかった。ただ相変わらずトイレなしの生活で鎌田さんにはご不便をおかけした。児玉萬平さんの紹介で赤間さんに出迎えていただき車まで貸していただいた。赤間さんに感謝。

不開港場寄港特許について

　うめぼしはドミニカ共和国滞在中2020年3月にコロナウィルスのロックダウン

赤間さんに出迎えていただき車まで貸していただいた

になりまったく航海をすることができなくなった。その後2020年10月に米国東海岸に移動したが太平洋の島国はほとんどの国で入国禁止状態が続いていて日本への帰国ができない状態が続いた。そのため船検の期限が切れてしまった。その対策として船検の廃止手続きをして2022年1月に米国デラウェア船籍を取得した。2022年4月にやっと米国を出航してパナマ運河を渡り10月にグアムまでたどり着いた。そして2023年4月にグアムから小笠原父島二見港に帰国した。つまりデラウェア船籍で小笠原に入国したわけだが小笠原は不開港なのであらかじめ不開港場寄港特許という国土交通省の認可が必要だった。そこで小笠原滞在中に国土交通省関東運輸局に申請をして認可を得て八丈島神湊港まで航海をすることができた。ただ認可を得ても寄港地ごとに毎回必ず税関に入港届と出港届を出すことが必要だ。更に燃料や水の調達購入は都度申請して税関の許可を得ることが必要だ。外国船籍による日本国内航海はかなり不便な状況にあるようだ（しかしこれは船舶資格変更届を税関に提出し内航船への資格変更をすることで回避できることが後日判明した。5月15日の記事参照）。

　税関よりのメール（抜粋）UMEBOSHI号は、現在外国籍の船舶であることから、八丈島神湊港の入出港に伴い、小笠原二見港と同様の税関手続きが必要になります。5月7日に入港予定とのことですが、八丈島神湊港に入港後で構いませんので、下記の書類について八丈島神湊港の出港までに東京税関へ提出をお願いします。

〈提出書類〉
1. 入港届
2. 乗組員名簿
3. 乗組員携帯品申告書
4. 船用品目録
5. 指定地外交通許可申請書
6. 内貨船用品積込承認申告書（給油等を積込む場合）
7. 船名・とん税等変更届（日本船籍からUS船籍に変更したことに伴う書類です）
8. 運行計画書

春の嵐

　5月8日は関東を通過する低気圧とそれに連なる前線の影響で八丈島神湊港は

夜明け前から南西からの風速20m前後の強風と激しい雨に見舞われた。午前中は艇内に待機して艇が岸壁にぶつからないように注意した。メイストームとも言われる春の嵐の発生要因は日本付近に北から入り込んでくる冷たい空気と南から流れ込む暖かい空気がぶつかりあって上昇気流が生まれることで温帯低気圧が急速に発達するためだ。9日から10日にかけても八丈島の南に弱い低気圧が発生して北東の風が強まる予報だ。この季節の日本付近は天候の変化が早く急激に強風になることもあり注意が必要だ。しばらくは八丈島神湊港でおとなしく風待ちをしたいと思う。

八丈島の温泉と黄八丈

小笠原父島には温泉がなかったのだが八丈島にはたくさんの温泉がある。やすらぎの湯とみはらしの湯に入った。ナトリウム塩化物の源泉かけ流しの温泉で入湯料が300円とか500円という格安の温泉だ。9日の昼食はいそざきえんという郷土料理店でご赦免料理をいただいた。その後八丈島の名前の由来とも言われる絹織物の黄八丈の工房の見学をした。八丈島の絹織物は室町時代に始まったと言われる古い歴史がありその特徴は他の着物には類をみない「鮮やかに輝く黄色の美しさ」にある。その染料は島に自生する八丈苅安の葉から採れ数十回の染色工程を経て美しい色が出る。1疋の長さが8丈（24m）で出荷されたことから八丈の島と呼ばれるようになったということだ。夕食は弥勒Ⅱのメンバーと一緒に藍ヶ江水産で会食をした。八丈島を堪能した一日だった。

出港準備

風予報では5月11日の朝には八丈島南東にある低気圧に吹き込む北東の風も弱まりまた北側には徐々に移動性高気圧が日本海に張り出してきている。この高気圧に覆われる11日12日は関東地方は比較的穏やかな天候になりそうだ。この機会に油壷に向けての航海をしたいと思う。セールドライブのギアオイルを2リットルほど交換し燃料を40リットル補給した。今のところ明日11日の朝の4時半出港の予定だ。車を貸していただいた赤間さんそして岸壁との間に挟む板を2枚提供していただいた安藤さんに感謝申し上げる。

うめぼし航行状況　八丈島〜油壺

　5月11日4時半頃八丈島を出航した、との連絡がLINEで届きました。いよいよ最終レグ。油壺到着は明日5月12日午後の見込みです。

　11日17時、今南西の軽風。うす曇り。とのこと。現在位置は八丈島のほぼ北58海里、油壺の南68海里。三宅島の東岸沖合5海里にいます。出航してほぼ半日で58海里進みました。風は南東の軽〜中風。このあともこの風が続きそうです。適宜機走して明日昼頃には油壺沖合に到着するでしょう。

　12日4時のうめぼしの位置は伊豆大島 波浮の南6海里、油壺まで36海里。今日の昼過ぎには油壺沖に到着するでしょう。

　うめぼしは世界一周を終え5月12日14時25分に無事油壺に着岸しました。今日はうめぼしのお出迎え帆走に出たケロニアに同乗させていただき、城ヶ島沖でうめぼしと洋上会合したあと油壺まで伴走しました。〈宮原〉

八丈島から油壺へ

　5月11日の朝の4時半に八丈島神湊港を出航した。出港に当たっては早朝であるにもかかわらず赤間さんと安藤さんが差し入れを持って見送りに来てくれた。

　弥勒IIも一緒に出航し北東の風10mの中ぎりぎりの上りで機帆走でしばらく並走した。6時40分に東北東8mになったのでエンジンを停止し帆走に切り替えた

見送りに来ていただいた赤間さん（左）と安藤さん

出迎えていただいたケロニアメンバー
（左から大谷さん、宮原さん、横山さん、三好さん）

が12時20分には東の風2mにまで落ちたのでまた機帆走に切り替えた。15時に東6mが吹き出しエンジンを停止した。しばらくは安定した風が吹いていたが19時過ぎには暗くなってきたのでメインセール2ポイントリーフ、ジブセールすべて巻き取り状態にした。21時に風が北に急変し風速17mまで吹き上がり強い雨も降り出しオートパイロットのアラーム音がピーピーと鳴りだした。慌ててエンジンを始動しメインセールを引き込み機帆走の態勢にセットアップした頃は身体じゅうびしょ濡れになっていた。春の日本近海は天気の急変に注意が必要だ。12日の13時頃には城ケ島沖に到着し小網代ヨットクラブのケロニアとたかとりの2艇の出迎え伴走を受けた。2014年8月4日に岡山を大谷さんとともに出航してから9年、また大谷さんに出迎えてもらった。今回の航海は123海里を34時間で走り内機帆走が22時間だった。

山下ボートサービスと打ち合わせ

5月15日（月曜日）は三浦港にある税関に出向き入港届と関連書類を提出した。そして船舶資格変更届を提出しデラウェア船籍のまま内航船への資格変更をすることができた。所要時間は30分弱だった。結果論としては小笠原でこの手続きをすれば油壺までの不開港場寄港特許と入出港届は不要だったということだ。その後山下ボートサービスの山下社長と今後の整備計画について打ち合わせをした。

セールドライブのギアオイル白濁化の原因については水平ギアシャフトの不良の可能性があるとのことで上架時に対応してもらうことにした。船検は航行区域沿海での申請をすることにしてラフトの整備を依頼した。トイレ用モーターは私が手配して自分で修理することにした。風力発電機、エアコンの取り外し廃却、200Vトランスなど海外でのみ必要なものは整理廃却することにした。マスト灯チェック、エンジンの整備清掃とエンジンカバー水漏れ防止パッキン交換、ハルのニス塗り部分のタッチアップ、風力発電機の取り外し（廃却）、エアコンの取り外し（廃却）、冷蔵庫ヒューズ接触不良対策、マストのメインハリヤードウィンチの整備または交換、ライフライン類の交換、ステー類のチェックなどの打ち合わせをした。対応項目が多いので1か月から2か月かけてゆっくり整備したいとのことだった。NFUSOのNF-882の水深計が表示されない件については山下さんが操作したら表示されるようになった。

油壷のうめぼし

　5月22日（月曜日）は川崎の自宅からうめぼしに来た。12日に油壷に着いた日から風邪気味で咳が出ていたのだが到着にかかわる諸々の作業と15日に無理をして税関と山下ボートサービスとの打ち合わせをしたことがたたったようで風邪をこじらせてしまった。夜になると咳が出てなかなか寝付けない日が続き21日まで自宅で静かに養生していた。22日はネットで購入したJabsco37064トイレ用モーターを早速取り付けてみたがシャフトからアカ漏れすることがわかった。そこで軸シールが入っている部品を新たに調達購入することにした。

エアコンの取り外し

　5月23日は夜明け前から雨が降りだし一日中雨が降ったりやんだりのぐずついた天気だった。午前中にエアコンの取り外しをした。部品としては海水ポンプ、エアコン本体、コントロールボックス、定電圧トランス、各種海水ホースなどだ。取り外した跡は物入れになりそうだ。お昼ご飯を食べに近くの蕎麦屋上州屋まで行った。陸に上がると小雨に結構な風が吹いていたが油壷の山下ボートサービスの係留場所は素晴らしく静かだ。さすが天然の良港だ。

ライフラフトとEPIRBの取り外し

5月24日は朝から良い天気になったのでライフラフトを艇のスターンから取り外してテンダーで桟橋まで運んだ。桟橋上でラフトの蓋を開けて収納物を引っ張り出し何が入っているかを確認した。非常用飲料水、非常用食材、火箭類、パドル、バケツ、着色剤、エアポンプなど緊急時に必要となるものがたくさん入っていた。EPIRBも取り外して埃を払ったところかなりきれいになったのでヤフオクで20万円で出品してみた。その後出品を取り消して足立さんに引き取ってもらった。

うめぼしの整備

後部コクピット部分のライフライン6本が錆びていたので取り外して山下ボートサービスに新品作成を依頼した。ウィンドラスのスイッチ用の電源ソレノイドのスイッチケーブル部分が折れて壊れていた。そこでソレノイドをバウキャビン天井から取り外しケーブルをつなぎなおし修理した。結果ウィンドラスはまた無事に動きだした。

通関証明書の取得

5月31日は朝から横須賀税関支署三崎監視署を訪問し通関手続きの申請書類（他所蔵置許可申請書と指定地外貨物検査許可申請書）を提出した。その後税関の職員による艇の検査が油壺の山下ボートサービスで実施された。その後輸入（納税）申告書と証明書交付申請書を提出し、通関証明書を取得することができた。税関の職員の方はとても親切で丁寧に書類の書き方を教えていただいた。これでやっとデラウェア船籍で入国した後の日本国船籍の取得（船検取得）が可能になった。

船検の申請

6月1日は久しぶりの青空が見え深い緑の中に鶯の声も聞こえた。油壺に係留しているうめぼしの船内はまったく揺れがなく静かにゆっくりと朝食をとることができた。隣に係留しておられる鈴木さんとお話をしてそのまたお隣の占部さんともしばしお話をさせていただいた。平日の油壺にもヨットに乗りに来られる方が結構おられるようだ。その後自宅に戻り船検の申請書類を提出した。昨日税関

から入手した通関証明書でやっと船検の申請書類を提出できるようになった。

・通関証明書（昨日税関より発行されたもの）
・新規登録申請書
・印鑑証明書１通
・船舶検査申請書
・手数料払込証明書（３万3200円）

JCI横浜支部は地域別に船検実施日が決まっていて油壺は月曜日ということなので６月19日の月曜日に船検を受検することにした。それに合わせて17日から19日まで三崎マリンに艇を上架することにした。

電動トイレの修理完了

今年の４月グアムに係留中から動かなくなっていた電動トイレの修理がやっと６月６日に完了した。悪くなっていたのはJABSCOの電動モーター（37064）だったので油壺に着いたあとユニマットマリンから２万8000円で購入して取り付けたのだがモーターの軸シールから海水が漏れてきた。そこで軸シールのベース（12554）と軸シール（1040）を追加購入して６日にセットアップしたところ海水漏れはなくなりモーターもうまく動き出した。海水取り入れ口のバルブを閉めないと海水がトイレの中に満杯になるのでトイレ利用時以外はバルブを閉める運用を思い出した。軸シールを固定するための金属の小さなワッカがうまくはまらずにワッカなしで取り付けた。もしかすると軸シールが早くダメになるかもしれない。

三崎マリンに上架

６月17日（土曜日）は８時半に足立ヨット造船の足立社長が車に整備用品を満載して到着された。そして９時前には三崎マリンにうめぼしを上架した。ハルを見ると１か月強油壺に係留していたためと思われる藤壺の子供がかなり付着していた。さっそくケルヒャーの高圧洗浄機を引っ張り出してハルの汚れを落としたが藤壺は取れないのでへらでこすり落とした。午前中にはハルの清掃は終わり午後からは船底塗料の塗装をして同時に山下ボートサービスの鯉渕さんがセールドライブの分解とロウアーステー２本の交換をし夕刻にはプロペラの清掃とペラク

728 　世界一周船栗毛

油壺整備でお世話になった鯉渕さん

リンの塗布まで終わった。足立社長と鎌田さんと私の3人体制なので仕事が早く進んだ。大谷さんも応援に来ていただいた。

上架整備の続き

　6月18日も三崎マリンでの上架整備を継続した。午前中にプロペラの組み立てが終わりペラクリンの上塗りも終わった。フィンキールの錆びた部分を削りカーボンファイバーをエポキシで貼り付けその上にパテを盛った。ハルの傷ついた部分をサンダーで削りその上にニスを5回塗った。ロウアーステー2本の取り付けを実施した。ほとんどの作業を足立社長と鯉渕さんで実施した。お陰様で天気も崩れることもなく船底塗装もハルの補修も順調に進んでいる。

上架整備の続きと船検

　6月19日（月曜日）も曇りの穏やかな天気になった。12時に船検を実施するとJCIから連絡があったので船検準備のためにバウキャビンの下に入れてあるライフジャケット12個を取り出し船検に必要な備品（消火器、救命浮き輪、沿海セット、火箭類、保温具）とともにコクピットに並べて揃えた。その時バウキャビンにあ

る清水タンク（ステンレス製150リットル）の固定ネジがなくなっているのに気がつき足立社長にチェックしてもらったところタンクを固定している４か所のネジすべてが飛んでいることが判明した。清水が半分くらい入っていたので清水ポンプで残りの水を汲み出しタンクを空にしてから足立社長に固定用木材を追加してタンクを再固定してもらった。同時にJCIの船検が始まり鯉渕さんに対応していただいたが100Ｖ系の漏電検査が必要との指摘があった。すぐに山下ボートサービスの山下社長にホシノ無線電機に手配していただき午後から検査を実施してもらい一応船検をパスすることができた。多分木曜日くらいには船検証が山下ボートサービスに着くと思われる。

100Ｖ系の漏電検査

　昨日は100Ｖ系の漏電検査を受けたが足立さんは100Ｖ系の配線図を作ってくれていた。検査員の方はそれを見て陸電とインバーターの使い分けについて納得されていた。つまり温水器と冷蔵庫は陸電の時のみ100Ｖ電源が働くように設計されていたのだ。６月20日は艇内の整理整頓をした。また鎌田さんはデッキ上のすべり止めペンキを塗ってくれた。途中から休暇中の鯉渕さんが釣った烏賊の差し入れを持って来てくれてペンキ塗りまで手伝ってもらった。

整備終了と荷物整理

　６月21日は山下さんと鯉渕さんでステーの張り具合を調整していただきマストトップのライトの接触不良を直しライフラフトをスターンに固定してほぼ今回整備は終了だ。コクピットの荷物を整理してケルヒャーの高圧洗浄機で軽く清掃をした。足立社長は19日の夕刻車で帰られたが外洋航海用の備品をたくさん積んでいってもらった。イーパーブ、双方向無線電話装置、風力発電機、イリジウム無線機、古いオーパイ４台、ジェネカー、海外仕様の電気ガス系コネクター、トランス、工具類などだ。午後からBARONESSに乗せてもらい江の島まで回航して自宅に帰った。

家族サービスデー

　６月26日（月曜日）は曇り時々晴れの穏やかな天気になった。24日の土曜日に

家族サービスデー

小学校の授業参観があり26日の月曜日が代休ということで孫5人がうめぼし試乗にきた。小一時間ほど油壺近辺を機走して久しぶりに海風を感じた。山下ボートサービスから船検証と100V系の漏電検査結果（絶縁抵抗試験成績表）を受け取った。これで航海を再開することができる。明日の午前中は比較的穏やかな風の予報なので朝の6時頃に千葉県の保田港に向けて出港したいと思う。

10年間の総費用

　初期費用は中古艇の購入費800万円と追加装備費500万円である。2014年から2023年までの航海中の総費用は2447万円。内訳は艇のメンテナンス費1054万円、係留費367万円、飛行機代（19往復）187万円、生活費（42か月）468万円、エンジン燃料費82万円、保険料188万円、パナマ運河通行料40万円。イミグレーション関係費37万円、レース参加費24万円である。10年間は120か月でそのうち42か月をうめぼしで生活し航海した。残りの78か月は船を預けて日本に帰省していた。42か月は1260日になるがそのうち約420日（約10000時間）くらいは航海していた。10000時間のうち3000時間はエンジンで機走していたと思われる。

10年間の航海費用の内訳

	総額	給油	係留	メンテ	飛行機
2014	1,043,578	106,574	218,133	300,000	53,230
2015	2,678,884	103,346	120,025	1,117,745	224,268
2016	1,645,532	60,354	194,423	383,276	258,391
2017	4,261,061	119,072	415,479	2,338,644	209,129
2018	2,172,974	211,173	434,584	548,013	257,320
2019	1,701,017	37,237	698,277	261,119	102,909
2020	2,210,511	4,144	890,041	458,257	403,776
2021	2,213,816		200,000	1,423,038	271,229
2022	4,372,344	156,882	423,504	2,127,416	49,365
2023	2,052,371	23,081	75,021	1,582,132	37,710
合計	24,471,097	821,863	3,669,487	10,539,640	1,867,327

10年間の航海データ

	寄港地数	マイル	航海時間	機走時間
2014	44	1385	245	247
2015	46	3668	637	378
2016	14	9803	2216	330
2017	62	5746	1480.5	527
2018	68	3287	707.5	607
2019	37	4750.1	1180	195.5
2020	3	1418	400	32
2021	0	0	0	0
2022	28	11716.33	2950	612.2
2023	3	1343	341	112.3
合計	305	43116.43	10157	3042

通行料	イミグレーション	買い物1	買い物2	保険料	レース
		106,965	40,676	150,000	68,000
		731,000		210,000	172,500
	77,578	357,209	97,748	216,230	
	64,420	939,729	131,027	162,360	
	27,852	510,077	56,165	127,868	
	50,277	235,999	188,022	128,732	
8,000	85,182	196,511	163,500		
		12,308	125,031	182,210	
395,846	146,735	259,509	402,127	410,960	
		60,144	147,513	126,770	
395,846	374,862	3,298,122	1,384,820	1,878,630	240,500

あとがき

　2014年8月4日に岡山県の足立ヨット造船の造船所を出港してから博多を経由して九州西岸を南下し沖縄宜野湾マリーナで上架整備をして2015年に石垣島から出国した。台湾、フィリピン、マレーシア、シンガポールを経由してタイのプーケットまで行きキングスカップに参加した。2016年にはスリランカ、モルディブ、セーシェル、マダガスカルを経由して南アフリカのリチャーズベイで一時帰国した。8月に航海を継続し南アフリカの南端を回ってセントヘレナ、アセンションを経由してカーボベルデまで行った。2017年にはカナリア諸島で船検を受けてマデイラ諸島に寄りスペインのカディスからジブラルタル海峡を越えて地中海に入った。フミさんがいるアルメリマルを経由してマヨルカ諸島、サルディニア、マルタ、クレタ島からトルコのマルマリスに行った。その後トルコ南岸とエーゲ海を航海してマルマリスで越冬した。2018年は横山さんに同乗していただきエーゲ海、アドリア海、シチリア、ナポリ、コルシカ島を経由してアルメリマルで越冬した。2019年は地中海を出てカナリア諸島、カーボベルデを経由してカリブ海のセントルシア、サン・マルタンなどの島々をめぐりプエルトリコからドミニカ共和国まで行きそこに艇を置いて帰国した。2020年は3月にドミニカ共和国まで行ったがコロナウィルスのロックダウンで動けず10月にドミニカ共和国から米国東海岸のデルタビルに避難した。2021年はデルタビルに行ったもののエンジンが動かずそのまま置いて帰った。2022年はデルタビルで新設エンジンに載せ替えICW、バハマ、ジャマイカ、パナマ、マルケサス諸島、タヒチ島、キリバス共和国、ミクロネシアを経由してグアムまで来た。そして2023年に小笠原父島、八丈島を経由して油壷に戻ってきた。総航海距離は43000海里あまり、立ち寄った国と地域は40か国、寄港地は300か所にのぼる。

　クルーザーに泊まったこともない小型ヨットでの長距離航海についてはど素人だった私が、シングルハンドでの世界一周航海から無事に戻ってくることができたのは幸運だった。根っからの楽天家でろくな準備もせずに何とかなるだろうと出かけた2014年から10年弱の航海はトラブルの連続で多くの人に助けてもらった。そして多くのヨット乗りのかたに出会いいろいろなことを教えてもらった。

私にとってはそれが貴重な体験でもあり財産でもあると思っている。しかし私も2024年には73歳になる。油壷に戻ってきた時の感想は疲れたの一言だった。パナマ運河を渡った後にパナマシティのマリーナでスーパーマーケットに買い物に行った時に航海に必要な重要書類をスーパーマーケットに置き忘れた時には自分でも驚いた。もし忘れたまま出航していたらとんでもないことになっていた。そろそろ自重しなければならないと思った。そういうこともありタヒチ島から日本までのルートは安全第一に最短で戻ってきた。

この場を借りてトラブルの度にリアルタイムで相談に乗っていただき対策をご指導いただいた足立治行様に厚く御礼申し上げる。またブログ対応や航海中の情報提供をしていただいた宮原大彦様にも厚く御礼申し上げる。そして放浪の旅に出かけるというわがままを許してくれた妻や家族に感謝あるのみである。

それでも自宅でゆっくり過ごしてしばらく経つとまた放浪癖が頭をもたげてくる。これからしばらくは国内航海を愉しみたい。

著者プロフィール

増田 潔（ますだ きよし）

1951年10月14日生まれ
1970年九州大学ヨット部入部
1975年富士通ヨット部入部

世界一周船栗毛

2025年4月15日　初版第1刷発行

著　者　増田　潔
発行者　瓜谷　綱延
発行所　株式会社文芸社
　　　　〒160-0022 東京都新宿区新宿1−10−1
　　　　　　　電話 03-5369-3060（代表）
　　　　　　　　　 03-5369-2299（販売）

印刷所　株式会社晃陽社

©MASUDA Kiyoshi 2025 Printed in Japan
乱丁本・落丁本はお手数ですが小社販売部宛にお送りください。
送料小社負担にてお取り替えいたします。
本書の一部、あるいは全部を無断で複写・複製・転載・放映、データ配信する
ことは、法律で認められた場合を除き、著作権の侵害となります。
ISBN978-4-286-25771-6